社会发展译丛

意识形态的终结
50年代政治观念衰微之考察

［美］丹尼尔·贝尔◇著　张国清◇译

The End of Ideology
On the Exhaustion of Political Ideas in the Fifties

中国社会科学出版社

图书在版编目(CIP)数据

意识形态的终结：50 年代政治观念衰微之考察 / 丹尼尔·贝尔著，张国清译． —北京：中国社会科学出版社，2013.7（2021.12 重印）
ISBN 978－7－5161－1978－5

Ⅰ.①意… Ⅱ.①丹…②张… Ⅲ.①政治—研究—世界 Ⅳ.①D52

中国版本图书馆 CIP 数据核字(2012)第 309476 号

THE END OF IDEOLOGY ; On the Exhaustion of Political Ideas in the Fifties by Daniel Bell.
Copyright © 1960,1961,1962,1988,2000 by Daniel Bell.
Published by arrngenment with Harvard University Press.
Through Bardon－Chinese Media Agency, Simplified Chinese translation copyright © 2013 by China Social Sciences Press.
ALL RIGHTS RESERVED.

出 版 人	赵剑英
责任编辑	王　茵
特约编辑	韩国茹
责任校对	王雪梅
责任印制	王　超

出　　版	中国社会科学出版社
社　　址	北京鼓楼西大街甲 158 号
邮　　编	100720
网　　址	http：//www.csspw.cn
发 行 部	010－84083685
门 市 部	010－84029450
经　　销	新华书店及其他书店

印　　刷	北京君升印刷有限公司
装　　订	廊坊市广阳区广增装订厂
版　　次	2013 年 7 月第 1 版
印　　次	2021 年 12 月第 3 次印刷

开　　本	710×1000　1/16
印　　张	34.5
字　　数	585 千字
定　　价	78.00 元

凡购买中国社会科学出版社图书，如有质量问题请与本社营销中心联系调换
电话：010－84083683
版权所有　　侵权必究

《社会发展译丛》编委会名单

主　　编　　李汉林　　赵剑英

编　　委　　渠敬东　　折晓叶　　沈　红
　　　　　　葛道顺　　钟宏武　　高　勇

项目统筹　　王　茵　　杨清媚

《社会发展译丛》编辑部

主　　任　　王　茵

成　　员　　夏　侠　　喻　苗　　侯苗苗
　　　　　　孙　萍　　韩国茹

推荐语

《意识形态的终结》这本天问集，仿佛尼采喊出"上帝已死"，引起舆论大哗。其划时代意义在于：它带头指示欧美思想危机，由于摈弃马克思主义，西方人思想枯竭，惶惶不知向何处去。

——赵一凡，中国社会科学院外国文学研究所研究员

《意识形态的终结》，最有影响、最有争议也最受误解的讨论20世纪50年代之专著，当代思想史当之无愧的核心读本。

——Alan Brinkley，哥伦比亚大学历史教授

一个人要是不深谙《意识形态的终结》的论题，就算不得有政治修养。

——Theodore Draper，美国历史学家和政治学家

《意识形态的终结》集哲学思辨性、文学人文性、历史趣味性和科学严谨性于一身，成为20世纪哲学社会科学经典。

——张国清，浙江大学政治学教授

目　录

2013年中文版译者序
　　——待价而沽的良知和思想的价值……………………（1）
2001年中文版译者序
　　——丹尼尔·贝尔和西方意识形态的终结……………（14）
2000年英文版作者序
　　——新世纪续写历史……………………………………（37）
1961年英文版作者序
　　——令人不安的自负……………………………………（58）

第一部分　美国：理论的模糊性

第一章　作为大众社会的美国
　　　　——一个批判……………………………………………（3）
第二章　家族资本主义的解体
　　　　——论美国阶级的变化…………………………………（24）
第三章　美国有没有统治阶级？
　　　　——关于权力精英的再思考……………………………（31）
第四章　美国资本主义的前景
　　　　——论凯恩斯、熊彼特和加尔布雷思…………………（60）
第五章　美国过去的折射
　　　　——关于国民性问题……………………………………（79）
第六章　身份政治学和新的焦虑
　　　　——论"激进右派"和50年代意识形态………………（87）

第二部分　美国:生活的复杂性

第七章　作为一种美国生活方式的犯罪
　　　　——社会流动的奇特阶梯……………………………（109）

第八章　犯罪浪潮的神话
　　　　——美国实际犯罪率的下降……………………………（132）

第九章　非法活动猖獗的码头工人
　　　　——经济学与政治学之网………………………………（155）

第十章　无产阶级的资本主义
　　　　——美国工联主义的理论………………………………（188）

第十一章　工作及其不满
　　　　——美国的效率崇拜……………………………………（203）

第三部分　乌托邦的衰落

第十二章　美国社会主义的失败
　　　　——伦理和政治的张力…………………………………（251）

第十三章　三代人的心态……………………………………………（276）

第十四章　研究现实的10种理论
　　　　——对苏联行为的预见…………………………………（293）

第十五章　来自马克思的两条道路
　　　　——异化和剥削主题以及在社会主义
　　　　思想中的工人管理………………………………………（338）

意识形态在西方的终结:一个结语……………………………………（377）
跋:重读《意识形态的终结》,1988年
　　——为纪念雷蒙·阿隆而作……………………………………（392）
致谢………………………………………………………………………（431）
附录　人名、地名和术语索引…………………………………………（434）

2013年中文版译者序
——待价而沽的良知和思想的价值

哈佛大学政治哲学教授迈克尔·桑德尔担心："有些东西是用钱买不来的。但是现在，用钱买不来的东西已经为数不多。今天，几乎每一样东西都可以待价而沽。"[①] 由于人们模糊了价值和利益的差异，自由市场法则已经超越自由市场领域，向几乎所有日常生活和社会生活领域渗透。公民的基本政治权利，如公民的政治资格、社会身份、入学和就业机会、就医和医疗保障机会、基层公民权利，等等，都可以用货币单位来交易。其中，最令人忧虑的莫过于权力、良知和思想的待价而沽。

权力是不得"待价而沽的"公共善。按常理，权力最应当受到严格的监督和约束。中国先哲早就发出"苛政猛于虎"的警告。"苛政猛于虎"是"权力滥用"的现实表现，其根源在于权力的币值化。"待价而沽的"权力虽然理论上站不住脚，但是作为现实效用原则，权力寻求对等的社会、政治、经济和文化价值，必须给予认真对待。

至少从道义上讲，权力不得"待价而沽"，那么，与权力相比，人的良知可以待价而沽吗？人的思想可以自由买卖吗？谁是买主，谁是卖主？谁来决定良知或思想的价值？什么是思想市场？假如意识形态是一个封闭的体系，思想市场如何开展？假如思想不能自由流通，思想市场还会存在吗？自由开放的思想市场根据什么规则运作？如此等等，这些是我们谈论思想观念、智慧产品、文化产业、传媒市场时常常涉及的话题，而它们又总是与同一个核心概念"意识形态"纠缠在一起。

现在，借丹尼尔·贝尔《意识形态的终结》2000年修订版出版的

[①] Michael J. Sandel, *What Money Can't Buy: The Moral Limits of Markets* (Farrar, Straus and Giroux, New York; D & M Publishers, Inc. 2012), p. 3.

机会，我想重提这些问题，至于答案，则留给读者和研究者去探讨。

一

丹尼尔·贝尔（Daniel Bell，1919—2011）是当代美国著名社会思想家、哈佛大学社会学教授。贝尔著作等身，代表作有《意识形态的终结》（1960，1961，1988，2000）、《后工业社会的来临》（1973）和《资本主义文化矛盾》（1976），标志着贝尔在不同时期学术研究的不同侧重点。贝尔是一位综合性思想家，其学术活动同时涉足经济、政治、文化、历史、社会等专门领域。借用赵一凡先生的说法，哈佛学生戏称贝尔为一座"圣三一学堂"，以"嘲讽"其渊博学识（贝尔生前长期居住在哈佛神学院边上的一幢别墅里直到去世），这使他在众多领域具有发言权，且产生了广泛影响。

《意识形态的终结》是20世纪50年代西方学者对冷战在观念上作出的直接反应。贝尔对当时主流意识形态作了全面介绍和评估，较为公允地展示了当时思想市场和意识形态的整个场景。贝尔看到，东西方严峻的意识形态对垒，导致思想市场实际上被人为割裂为几个相互封闭的市场。两大阵营在军事、经济、政治、文化等方面的全面对抗，导致现代世界的高度分裂。贝尔认识到，这种冷战情形是不可持续的，于是便有了《意识形态的终结》。

《意识形态的终结》的核心主张是，发端于19世纪人道主义传统的普遍性意识形态已经走向衰落，新的地区性意识形态正在兴起。在资本主义和社会主义之间存在的"左""右"论战已经丧失意义。《意识形态的终结》对美国社会阶级结构变化、职业结构变化、社会流动、劳工运动、犯罪浪潮、权力腐败、政治意识等问题作了新颖的社会学剖析，对20世纪后半个世纪的政治思想论战产生了重要影响，对当今世界格局具有重大预见力。在2000年版的新版序言里，贝尔表达了对人类未来的深切忧虑：在挣脱意识形态沉重枷锁之后，东欧许多地区及其他地方将重返种族冲突和宗教冲突的老路；随着全球经济一体化，世界正经历重大的政治分裂；各族人民追求自我认同，有可能倒退到更加原始的状态。它是唤醒世人躲避普世性意识形态陷阱的警世录，被西方媒体评为20世纪最具影响力的学术经典之一。

赵一凡称赞《意识形态的终结》："这本天问集，仿佛尼采喊出'上帝已死'，引起舆论大哗。其划时代意义在于：它带头指示欧美思想危机，由于摈弃马克思主义，西方人思想枯竭，惶惶不知向何处去。"[1] 在我看来，《意识形态的终结》集哲学思辨性、文学人文性、历史趣味性和科学严谨性诸多优点于一身，是一部非同一般的学术经典。在《意识形态的终结》中，贝尔采用的是文学文献和社会科学文献的综合分析方法。文学文献的引用增加了著作的可读性，丰富了著作的历史文化底色。社会科学文献的大量参照，尤其是科学数据的精确引用，保证了著作的可信度。穿插其间的大量社会历史事件，加上顺手拈来的人物典故，添加了著作的趣味性，使它成为一部非同一般的政治思想读物。作者在书中同时涉猎文学、哲学、政治学、经济学、历史等人文科学和社会科学的众多领域，而他对每一个专题都能够作出精确无误的把握和恰如其分的评价，这的确令人叹为观止。

二

第二次世界大战结束，一方面导致了以纳粹德国为中心的法西斯同盟的失败和解体，另一方面导致了反法西斯同盟的瓦解和欧洲的分裂。以美国为代表的资本主义国家和以苏联为代表的社会主义国家全面对垒，世界进入冷战时代。而这种分裂和对立的种子在第二次世界大战期间就已经埋下。丹尼尔·贝尔对此作了如下评论：

> 实际上，自由主义者有意贬低共产主义问题的重要性。杜鲁门政府的矛盾立场加深了这些混乱，并且增加了恐慌：一方面，政府领导人，包括杜鲁门本人在内，都低估了过去共产主义渗透的严重程度；另一方面，政府放任安全条例的滥用，那个条例无视个人自由和权利。对韩国的入侵、对中国和苏联共产党的情绪化反应，那个反应把矛头指向了国内的共产党；特别是惠特克·钱伯斯对共产党人进入政府担任要职和存在间谍网的揭露；加拿大间谍调查、对英国人阿伦·南梅的审讯以及罗森柏格案件中对苏联窃取美国原子

---

[1] 赵一凡："他见证了美国世纪"，载《东方早报》2011年2月20日。

秘密的披露，所有这些都大大强化了国内的紧张气氛。①

世界的分裂具有意识形态的根源，冷战的双方都有责任。与右翼知识分子一味指责苏联不同，在"诚实的错误"一文中，美国哲学家理查德·罗蒂披露了在第二次世界大战关键时刻，坚定反共的极右力量代表、美国《时代》周刊外事编辑钱伯斯对苏联关键新闻报道的篡改、控制和封锁。罗蒂写道：

> 钱伯斯曾经帮助说服美国舆论，一旦把希特勒安顿好了，希特勒必定会向斯大林开战。在一个关键的年份——1944年年中到1945年年中，作为《时代》周刊外事新闻编辑，他无情地篡改甚至简单地丢弃外事新闻记者撰写的报道，因为那些报道矛盾于或削弱了他想要《时代》周刊传递的反共信息。
>
> 比他的编辑工作更重要的一件事情是，钱伯斯成功地说服亨利·卢斯，推行强硬的反共路线，所有卢斯出版物最终都采纳了这一路线。钱伯斯为雅尔塔会议拟写了一篇诋毁报道，卢斯根本不相信它会发表出来。到了1945年，他同样真诚地怀疑，正像拒绝奥威尔《动物庄园》的各出版商野蛮地对待奥威尔那样，我们是否会野蛮地对待斯大林。像那些出版商一样，卢斯仍然希望有机会，把苏联和民主国家之间战时合作扩大到战后。他们不想做将妨碍这个希望的任何事情。
>
> 最终，钱伯斯的文章仍然登了出来。替卢斯工作的大多数记者向钱伯斯爆出了最猛烈的抵制怒火。亨利·华莱士在1948年总统竞选中表达了许多美国媒体在1945年持有的意见。华莱士在那一年赢得的百万张选票，见证了美国舆论就斯大林和战后世界性质存在的分歧。那个分歧在左翼知识分子中间表现得尤其明显。他们既为美国对待列宁时期的苏联感到羞耻，又合理地担忧，反共政策将被共和党利用，用作尽可能废除新政的借口。这些人实际上很勉强

---

① Daniel Bell, *The End of Ideology* (Cambridge, Mass: Harvard University Press, 2000), p. xvi

地支持杜鲁门主义，或接受乔治·凯南关于有必要包容苏联的意见。钱伯斯完全理解这些华莱士铁杆支持者的心理状态，他要尽量改变它，他取得了重大成功。三年以后，卢斯迫于同事抱怨的压力，把钱伯斯从外事新闻岗位上撤了下来。但《时代》周刊的观点已经成为如钱伯斯所愿的那个样子。在卢斯组织内部，当时的媒体核心层，钱伯斯输掉了一次战斗，却赢得了战争的胜利。[①]

这个例子说明，在所谓新闻自由的美国，出于意识形态的偏见，利益集团操纵新闻和公共舆论。美国政府及其利益集团对后来日益加剧的东西方不信任、猜忌和紧张，冷战的逐渐升级，负有很大责任。东西方冷战的逐步升级，正构成《意识形态的终结》的国际社会背景。

三

贝尔在《意识形态的终结》1988年英文版的"跋"中，长篇回顾了20世纪40—50年代发生在西方知识分子阵营内的意识形态争论，贝尔多次提到一些右翼知识分子扮演的特殊角色。贝尔自称是文化上的右翼知识分子，但他是政治上的左翼知识分子或进步人士。这一点从他一再主张的自己的政治思想来源中得到明示。贝尔把《意识形态的终结》题献给悉尼·胡克，具有深刻的政治寓意。

贝尔在"致谢"中特别提到思想导师悉尼·胡克对自己的人格和思想产生的决定性影响。

> 无论如何，在人格思想上，我最应当感谢悉尼·胡克。他教会我鉴赏各种观念。虽依常理，我从未做过他的学生，但在与他共事过程中，在与他作偶有争议的丰富思想交流中，我受之于他的实在太多。尽管我不赞成胡克的某些偏好，但我分享着他的绝大多数思想关切。我仰慕其人格和思想勇气，无论事业有多么不顺，他都一如既往，拒绝逃避战斗，拒绝抛弃朋友。但凡受其传道授业者皆

[①] 理查德·罗蒂：《文化政治哲学》，张国清译，北京大学出版社2011年版，第71—72页。

知，此乃一代宗师耳。①

胡克是实用主义者杜威的得意弟子，当时担任纽约大学哲学教授和哲学系主任，又是美国著名的马克思主义者。胡克用实用主义来解释马克思主义，是一位在实用主义阵营和马克思主义阵营两面都不讨好的美国哲学家。但他认为自己是为数不多真正读懂马克思的美国学者。1947年，胡克对自己的马克思研究作出了如下自我评价："在过去的二十年间，我提出了一种对马克思的解释，它与关于他的基本学说的流行观点和理解相冲突……假如我对马克思的意思的理解都是正确的话，那么我也许将是世界上唯一真正的马克思主义者。"把在美国探索和传播"真正的马克思主义"当作一项事业，这是贝尔评价胡克"无论事业多么不招人待见"所指的对象，也是贝尔对胡克在人格和思想上表示敬佩的原因。在晚年自传中，胡克回顾了《意识形态的终结》在那场著名文化争论中扮演的思想解放角色，并称赞贝尔是那场争论的出色领导者：

> 在丹尼尔·贝尔的思想领导下，以米兰大会为开端，该大会组织了达到任何一所名牌大学都将引以为荣的思想水平的二十四场国际研讨会，这些研讨会讨论了大量论题，其中最著名的当数"意识形态的终结"。它与其说表现了真实的事态，不如说表达了人们的希望。②

关于意识形态终结的争论，表达了西方知识分子对人类文化正在面临极权主义威胁的担忧。贝尔的工作无疑是在胡克的影响下进行的。因此，在写作《意识形态的终结》时，贝尔又自称是马克思和杜威的弟子，就不难理解了。贝尔说：

> 本人的导师是杜威和马克思。我之所以认杜威为导师，是因为他坚持不从结构（习惯）开始，而从问题开始，从这样的问题开始：某件事情何以会产生问题，事物何以处于流变之中，人们做了

---

① Daniel Bell, *The End of Ideology* (Cambridge, Mass: Harvard University Press, 2000), p. 449.

② Sidney Hook, *Out of Step: An Unquiet Life in the 20th Century* (New York: Harp & Row Publishers, 1987), p. 447.

什么，等等。我之所以认马克思为导师，是因为他看到了意识形态和权力之间的相互作用，是因为他对历史的重视，对作为变革环节的危机的重视，对政治的重视。他认为，作为一种活动，政治深深地扎根于具体利益中并体现在各重大战略中。①

贝尔把马克思和杜威当作自己的思想导师，更自称是胡克的弟子，这样从马克思开始，经过杜威，一直到胡克，贝尔清晰地交代了自己的哲学和政治思想的主要来源。贝尔是进步的有良知的世界主义的公共知识分子，他对当时美国社会和政治的全面反省和批判，并不逊于他对当时苏联的全面反省和批判。

四

我们今天回过头来看，《意识形态的终结》虽然写于东西方资本主义阵营和社会主义阵营严重对立时期，但它也正好是中国在意识形态方面寻求自己的发展道路时期。表面看来，它与中国当时主流意识形态是对立的，但实际上，中国谋求的"独立自主、自力更生"发展道路，正是贝尔所希望的第三世界地方性意识形态发展的新趋势。

《意识形态的终结》出版之后，意识形态并没有马上走向终结，在一定程度上，冷战的紧张气氛反而有日益加剧意识形态斗争激化的趋势。1972年，布热津尔斯基发表《不战而胜》，1989年弗兰西斯·福山发表论文"历史的终结?"，并在不久出版了同名著作。20世纪90年代，塞缪尔·亨廷顿发表《文明的冲突》。② 这些著作在当时都曾引发广泛争论。透过其争论的表面，我们可以清楚看到贯穿其中的一条主线，即西方社会尤其是美国冷战思维的轨迹。"历史终结"论和"文明冲突"论既是以美国为代表的西方国家的冷战思维在不同历史条件下的

---

① Daniel Bell, *The End of Ideology* (Cambridge, Mass: Harvard University Press, 2000), p.48n.
② 1993年夏季，哈佛大学塞缪尔·亨廷顿教授在《外交季刊》(*Foreign Affair*)上发表"文明的冲突"(The Clash of Civilizations)一文，三年后，该文扩展为以《文明的冲突与世界秩序的重建》(*The Clash of Civilization and the Remaking of the World Order*, 1996)为题目的著作。

不同表现，也是其重要组成部分。

在《意识形态的终结》中，贝尔提出的一个重要思想是，美国社会并不是没有产生过马克思主义者、社会主义者甚至共产主义者，但是这些社会思潮和社会运动最终都不成气候。一些原来主张马克思主义、社会主义或共产主义的社会活动家、知识分子，最后要么半路退出，要么走向反面，要么停留在理论和思想层面的反省，探索美国何以产生不了社会主义运动或工人革命的原因。贝尔认为，之所以如此，一方面是因为美国面临的问题，不是通过意识形态的认同或阶级立场的简单站队就能解决的。教条的马克思主义，正统的意识形态和阶级分析方法不适用于美国社会，美国的问题不是工人阶级的强大和自觉，而是工人阶级被日益成长的工薪阶层和中产阶级所取代。随着中产阶级成为美国社会的主导阶级，加上大量外来移民的不断介入，使得美国工人阶级社会革命的可能性和要求被一再地延后，直到最终被完全取消。

另一个重要方面是，从20世纪30年代开始，美国历届政府推行的社会改革，美国民权运动的兴起，对缓和美国社会矛盾所起的作用。各种社会思潮和正义理论对引导社会朝着良序社会发展所起的作用。

有意思的是，丹尼尔·贝尔先于约翰·罗尔斯、米歇尔·福柯和迈克尔·桑德尔看到了杰米里·边沁圆形监狱（功利主义效用原则的最完美体现）在现代社会基本制度建构中所发挥的决定性作用。先于罗尔斯、福柯和桑德尔，丹尼尔·贝尔看到了杰米里·边沁设计圆形监狱的政治社会学意义。贝尔写道：

> 对于边沁来说，工厂和监狱的这种同一化也许是非常自然的。在他的哲学思想中，监狱和工厂借助功利主义的整齐和效率观统一了起来。功利主义的根基——边沁给予阐明的这种新的行为样式——是一种对秩序的狂热寻求，并且是对于各种动机的精确计算。假如确切地给予测算的话，那么那种精确计算将刺激每个个体达到一种恰当的诚实和工作的程度。功利主义提供了一个关于合理性的新定义：它不是理性的规则，而是测量的规则。有了它之后，

人们自身就可以受到约束。①

贝尔接着引用了阿尔多斯·赫胥黎的一个说法："在今天，每一个有效率的办公室，每一个时新的工厂，都是一个圆形监狱。在其中，工人们痛苦地……意识到自己正被囚禁于机器之中。"贝尔进而评论道："如果说这种谴责是真的，那么它向美国提出了最为沉重的控诉。"② 同样，福柯把边沁的圆形监狱称为人类心灵史的一个重大事件。与赫胥黎和贝尔不同的是，福柯从空间角度来解读圆形监狱，他把圆形监狱看做一种功利主义的空间哲学。福柯说：

> 政治实践和科学技术对空间问题的双重介入迫使哲学只能去研究时间问题。从康德以来，哲学家们思考的是时间。黑格尔、柏格森、海德格尔（莫不如此）。与此相应，空间遭到贬值。因为它站在阐释、分析、概念、死亡、固定，还有惰性一边。③

福柯虽然实现了在解读圆形监狱上从时间关系向空间关系的转换，但是并没有改变圆形监狱的基本哲学内涵。福柯几乎是原原本本地搬用了赫胥黎和贝尔对边沁功利主义哲学的解读。

贝尔承认，当代美国首先是一种机器文明，一种典型的注重效率的功利主义文明。在《意识形态的终结》中，他用多章篇幅讨论了美国工人阶级实际生活条件的改善，美国工人运动的逐渐衰落。他认为，功利主义从根本上有利于提高美国工人阶级生活条件和社会地位。在经济领域，贝尔仍然相信自由市场在有效配置资源方面的基本合理性。

五

同近代启蒙、近代科技一起发展起来的一个重要政治成就，是"意

---

① Daniel Bell, *The End of Ideology* (Cambridge, Mass: Harvard University Press, 2000), pp. 228—229.
② Daniel Bell, *The End of Ideology* (Cambridge, Mass: Harvard University Press, 2000), p. 229.
③ 米歇尔·福柯：《权力的眼睛：福柯访谈录》，严锋译，上海人民出版社1997年版，第152—153页。

识形态"的出现。政治哲学总是带有时代烙印的,免不了同时代要求、主流意识形态发生关系。意识形态曾经是一个贬义词,至少在马克思那里是如此。意识形态总是与国家机器联系在一起。在整个20世纪,意识形态曾经发挥过重大的作用,甚至成为冷战时期的主要武器。政治哲学一直重视意识形态在社会政治生活中的作用。

意识形态涉及公共话语权或公共舆论问题。一方面,每一位公民都有表达自己的意见和主张的权利,即使他们的意见和主张是错误的。在社会中,不同个体的思想观念通过在公共空间或媒体的发表和传播,形成一定的公共舆论,公共舆论最终会影响甚至左右公民的思想和言论。因此,意识形态领域也涉及公共的重要权利。它涉及,第一,每一位公民都有自由表达自己言论的权利。第二,每一位公民有表达自己的言论的权利,但保证不了都能得到其他社会成员的认同。也就是说,公民意见的社会影响力大小存在显著差异。第三,能够在公共舆论中发表意见的公民只是极少数,与那些从来没有机会在公共媒体上发表意见的公民相比,他们在公共舆论中占有明显优势。第四,在公共舆论中,会形成主流公共舆论,它们对社会的影响超过了其他舆论的影响。

显然,在现代社会,国家或政府直接或间接地控制着意识形态或公共舆论。公共舆论是不同社会力量的较量在思想观念层面的反映,力量的强弱不表示观念的正确或错误,但总是涉及不同社会利益集团的要求。政府总是千方百计控制公共舆论,以便使公共舆论更好地为政府服务。意识形态体现了国家意志。无论是专制国家,还是民主国家,都是如此。在战争年代,国家对意识形态的控制尤其严厉。

从20世纪70年代开始,中国尝试全面的社会主义改革和开放,东欧社会主义阵营在1989年前后的迅速崩溃,美国"9·11"事件的实际发生,中东地区的长期动荡不安,所有这些事件进一步证实了贝尔当年的预言。2000年,在《意识形态的终结》出版40年之际,贝尔写了一篇以"新世纪续写历史"为题的新版序言,对"意识形态的终结"和"历史的终结"的关系作了澄清。他在文中特别提到:

> 颇具讽刺意味的是,20世纪以宣布两个终结——意识形态的终结和历史的终结——而告终。两者看似相似,实则相去甚远。意识形态的终结,是历史的回顾,而不是历史的终结。历史的终结,是

谬论的成全，而不是意识形态的终结。[①]

贝尔的态度非常明确而坚定，他是真正的"意识形态的终结"派，认为世界应当早一点结束冷战状态。"历史的终结"是"意识形态的终结"的反面，因为福山仍然纠结于历史的"唯一性"，人类历史方向的无法选择性，甚至是人类苦难的不可避免性，仍然把19世纪以来的普遍主义思想强加于整个人类社会。这是贝尔无法容忍的。

在贝尔之后，布热津尔斯基、福山和亨廷顿这样的西方学者千方百计地替资本主义的政治、经济、文化等制度进行辩护。表面看来，其各自的观点似乎存在着矛盾，但是他们都充分暴露出了欧洲中心论或西方中心论的思想倾向。一方面，他们宣告历史已经终结，乌托邦已经破灭；另一方面，他们又拼命为自己所推崇的意识形态进行辩护，把历史的终结点引向资本主义，引向西方自由民主制度。并且，其所谓的"终结"还隐藏着这样一层含义：西方社会已经或正在走向所有的其他人类社会和民族都迟早要走向的某个唯一的目标和终点。这同贝尔《意识形态的终结》的宗旨相背离。

可喜的是，在《意识形态的终结》发表26年之后，中国也渐渐走上了一条告别教条马克思主义的道路。从1978年开始，中国逐渐摆脱教条马克思主义的思想束缚，开始以实事求是和思想解放为先导，以经济建设为中心，进行全面的社会主义改革开放。思想解放的核心是实事求是，就是突破旧的意识形态框框，在思想上进行伟大创新和积极借鉴。

今天，中国社会主义改革开放已经取得令世人瞩目的政治、经济、科技、文化等全面成就，在丰富和发展马克思列宁主义和毛泽东思想基础上，中国共产党和中国人民大胆创新，创立了邓小平理论、"三个代表"重要思想和科学发展观等指导中国社会主义改革实践的伟大理论。中国人民以自己的理论创造和伟大实践，回应了胡克和贝尔的疑虑。实际上，至少从孙中山一代开始，中国就一直在摸索一条适合中国国情的社会发展道路，经过一个多世纪的摸索，中国已经成功地从封闭走向开放，从落后走向文明，从分裂走向团结，从专制走向民主，从独裁走向

[①] Daniel Bell, *The End of Ideology* (Cambridge, Mass: Harvard University Press, 2000), p xvi

自由。更重要的是，我们找到了用来指导中国社会发展实践的科学理论。

真正科学的马克思主义是与教条的马克思主义相对立的。马克思主义自身一直在发展，一直在回应各种挑战。毛泽东思想、邓小平理论、"三个代表"重要思想和科学发展观，是当代中国马克思主义理论的重大成就，表明中国共产党和中国人民在意识形态上正日益成熟。当代中国的马克思主义，已经摆脱封闭和教条年代，是一种开放的充满活力的意识形态。中国正在全面融入世界，在维护世界和平，促进全球正义，推动各国人民开展积极对话和文化交流方面，扮演着越来越重要的角色。中国已经成为维护世界和平的重要力量。在中国，开放、积极、和谐、民主、自由的社会主义核心价值已经自成体系，并对整个世界产生着积极影响。中国人民正在"续写"社会主义的新篇章。我们有理由相信，随着中国特色社会主义道路的日益成熟，中国特色社会主义意识形态也将迎来一次新的发展。

不可否认，随着中国社会、经济、政治、文化的快速发展，腐败、犯罪、腐化、堕落等社会问题也会长期困扰着我们。腐败就是以权谋私或假公济私。腐败的本质就是抹去价值和利益的差异，一切都可以待价而沽。于是，金钱、权力、良知和思想各取所需。有人说，权力先天地倾向腐败，不受监督的权力必定腐败。这实际上指出了基于价值的公权和基于利益的私利之间的交易。表面看来，权力是社会的中心，实际上金钱才是社会的焦点。金钱完成对一切事物包括权力在内的收购或竞购，它们或公开，或隐秘。《意识形态的终结》用了很大篇幅来讨论犯罪和腐败问题，但是贝尔仍然认为，腐败和犯罪案件的数量随着社会的发展而趋于减少，虽然民众的印象是上升。贝尔的见解值得我们借鉴：

> 同25年以前和50年以前相比，犯罪和暴力实际上有了大幅度下降（尽管电影和电视给人更多有身临其境感觉的暴力，以及报纸上有更多关于犯罪的"专栏"）。……在今天，美国的社会和文化变化或许比别国更大更快。但是关于社会混乱和道德沦丧将不可避免

地伴随着这种变化的假设是与实际不相符的。①

六

《意识形态的终结》在 1960 年出版之后有过三次修订。1961 年作者删除初版讨论"利益和意识形态"的一章,重写了结论章"意识形态在西方的终结"。1988 年,作者写了一个长篇"跋",回应了各种批评。2000 年,作者以 82 岁高龄完成新版序言"新世纪续写历史",表达了对新世纪的深切忧虑和殷切期望。《意识形态的终结》中文版根据 1988 年哈佛大学出版社英文版最早由译者完成,于 2001 年 9 月由江苏人民出版社出版。现经重新校订,新版根据 2000 年哈佛大学出版社英文版译出。中文版新版除了增加"2000 年英文版序言",译者重写了"译者序",还添加入不少中文注释,以便读者了解原著涉及的人物和事件。我们觉得,尽管《意识形态的终结》存在明显的立场错误和学理错误,但是,它比较真实地记录了 20 世纪 50 年代的美国社会状况。当然,对于书中存在的学理错误,希望读者在阅读时注意批判和鉴别。在中文版新版出版之际,我感谢中国社会科学出版社冯春凤女士的支持,感谢妻子饶月琳和女儿瑶瑶的理解和支持,允许我继续游戏于学院文字之间。

张国清
2012 年 11 月 22 日写于求是园

---

① Daniel Bell, *The End of Ideology* (Cambridge, Mass: Harvard University Press, 2000), p. 37.

2001年中文版译者序
——丹尼尔·贝尔和西方意识形态的终结[①]

一

丹尼尔·贝尔是一位中国读者并不陌生的当代美国著名学者和重要思想家。从20世纪50年代以来的近半个世纪里，贝尔一直是一位具有广泛读者的著作家。我们一般称他为批判的社会学家，不过，在美国社会学家乔纳森·H.特纳所著的《现代西方社会学理论》[②]一书中，我们却见不到关于丹尼尔·贝尔的专门介绍。学术界反而更频繁地把他看做是一位未来学家[③]、哲学家[④]、政治学家[⑤]、社群主义者、新保守主义者，等等。[⑥] 贝尔的学术活动同时涉足了经济、政治、文化、历史、社

[①] 在"冷战思维的轨迹：《意识形态的终结》及其以后"（载于《国际政治研究》，浙江大学出版社1999年版，第84—104页）和"观念的终结：后现代的意识形态状况"（张国清：《后现代情境》，台北扬智文化事业股份有限公司2000年版，第163—193页）中，我对贝尔的《意识形态的终结》及相关问题作了探讨。本文是在前两文的基础上修改而成的。

[②] 乔纳森·H.特纳：《现代西方社会学理论》，天津人民出版社1988年版。

[③] 由于丹尼尔·贝尔写了《后工业社会的来临》一书，他同《第三次浪潮》一书作者托夫勒一起，被看做是一位对人类社会未来发展具有深刻预见力的学者。参阅丹尼尔·贝尔《后工业社会的来临》，商务印书馆1986年版。

[④] 参阅涂纪亮编《现代资产阶级哲学资料选辑》第四辑，中国社会科学出版社1994年版。

[⑤] 俞可平：《社群主义》，中国社会科学出版社1990年版，第23—24、59—60页。由于贝尔写了《社群主义及其批评》一书，他便同麦克·桑德尔、阿拉斯太·麦金太尔、麦克尔·华尔采和查尔斯·泰勒一起，成了社群主义的代表人物之一。

[⑥] 赵一凡先生在《资本主义文化矛盾》"中译本绪言"开头对丹尼尔·贝尔一生的学术活动和成就作了很好的概括：丹尼尔·贝尔"在战后西方的社会学、未来学与发达资本主义研究诸领域具有领先地位。50年代以来，贝尔一直在哥伦比亚大学（1952—1969年）和哈佛大

会等专门领域。由于其学术活动领域的广泛性，贝尔是一位不太好把握的思想家。

贝尔的主要学术著作有：《美国的马克思派社会主义》（1952年）、《意识形态的终结》（1960年，1961年，1988年）、《极端右翼》（1964年）、《今日资本主义》（1971年）、《后工业社会的来临》（1973年）、《资本主义文化矛盾》（1976年）、《蜿蜒之路》（1980年）等。其中《后工业社会的来临》和《资本主义文化矛盾》的中译本已经分别由商务印书馆和三联书店出版。贝尔是一位综合性思想家。这种综合性使他在众多领域具有了发言权，且产生了广泛影响。这一点从《意识形态的终结》一书中也得到了证实。

作为冷战的产物，《意识形态的终结》是20世纪50年代西方学者对冷战在观念上作出的直接反应。其核心主张是，发端于19世纪人道主义传统的普遍性意识形态已经走向衰落，新的地区性意识形态正在兴起。在资本主义和社会主义之间存在的"左"、"右"论战已经丧失了意义。[1]他较早提出且较全面地讨论了资本主义社会和社会主义社会正在日益趋同的见解。他认为两大社会正在面临着相似或相同的基本社会问题。因此，两者不仅有对抗的一面，而且还可能有相互可以借鉴的方面。因此，丹尼尔·贝尔探讨了在意识形态领域首先结束"冷战"状态的可能性。他实际上是较早提出"全球化"观念的西方学者。在两大阵营在军事、经济、社会制度、意识形态等几乎所有方面都存在着严重对垒的情况下，在当时实际上不存在"第三条道路"的情况下，贝

学（1969年至今）担任社会学教授，参与创办了在美国社会科学界声誉遐迩的刊物《公众利益》。1972年全美知识精英普测时，他曾以最高票名列20位影响最大的著名学者之首。近年来，他作为美国艺术与科学院'2000年委员会'主席，批判社会学和文化保守主义思潮的代表人物，在欧美思想界声望益高，颇具影响"。参阅《资本主义文化矛盾》，赵一凡等译，生活·读书·新知三联书店1989年版，"中译本绪言"，第1页。

[1] 例如，贝尔在《意识形态的终结》临近结尾处明确地提出："摆在我们美国和世界面前的问题是坚决地抵制在'左派'和'右派'之间进行意识形态争论的古老观念，现在，纵使'意识形态'这一术语还有理由存在的话，那么它也是一个不可救药的贬义词。"（参阅 Daniel Bell, *The End of Ideology*, Cambridge, Mass: Harvard University Press, 1988. p. 406.）过了30多年之后，邓小平同志在1992年的"南巡"讲话中也提出了相似的观点。不过两者之间具有完全不同的语境和动机。东西方之间由对抗趋于对话的过程，经历了几乎一整个世纪。当"现代性"带有太强烈的西方色彩的时候，也就是说，当"现代性"作为西方专利强加于非西方国家和民族的时候，由于抗拒"西方化"进而抗拒"现代性"的运动便不可避免。因此，东方的现代化进程从一开始便具有一种要走出一条东方式道路的潜意识动机和动力。

尔的思想显得尤为可贵。

《意识形态的终结》还对美国社会的阶级结构变化、职业结构变化、社会流动、企业工作效率、劳工运动、政党、政治意识、种族等问题作了新颖的社会学剖析。这是对20世纪后半个世纪的政治和思想论战产生重要影响的一部著作，是对当今世界格局具有重大预见力的一部著作。当然，由于作者立场所致，对于书中某些观点，请读者在阅读时注意鉴别。

在20世纪80年代，布热津斯基发表了《实力与原则——1977—1981年国家安全顾问回忆录》、《运筹帷幄：指导美苏争夺的地缘战略构想》[①]等著作，前美国总统尼克松发表了《1999，不战而胜》[②]，1989年美国学者弗兰西斯·福山（Francis Fucuyama）发表了论文"历史的终结？"，并在不久后出版了一部同名著作[③]。进入90年代后，美国的又一位学者塞缪尔·亨廷顿发表了《文明的冲突》[④]，等等。这些著作在当时都曾经引发了广泛争论。透过其争论的表面，我们可以清楚地看到贯穿于其中的一条主线，即西方社会尤其是美国的冷战思维的轨迹。"意识形态终结"论、"不战而胜"论、"历史终结"论和"文明冲突"论既是以美国为代表的西方国家的冷战思维在不同历史条件下的不同表现，也是其重要组成部分。

我们认为，在今天重提这些话题，重现这些话题的历史语境，将有利于我们更加清楚地看到冷战时期发生在资本主义和共产主义两个阵营之间的激烈争论，更加清楚地看到发生在当时西方学术界内部的激烈争论，更加清楚地看到在冷战结束后，西方的冷战思维仍然延续的方式。并且，对于这段特定历史的重新了解和评价，将进一步丰富和深化中国学术界在近几年关于后现代话题的讨论。[⑤]

---

　　① 参阅布热津斯基《实力与原则——1977—1981年国家安全顾问回忆录》，世界出版社1985年版；《运筹帷幄：指导美苏争夺的地缘战略构想》，译林出版社1989年版。
　　② 尼克松：《1999，不战而胜》，世界知识出版社1989年版。
　　③ 弗兰西斯·福山：《历史的终结》，远方出版社1998年版。
　　④ 塞缪尔·亨廷顿：《文明的冲突》，新华出版社1998年版。
　　⑤ 我在最近出版的一本书中指出："由于西方的后现代主义思潮同西方知识界的"左倾"思想和右倾思想的争论具有密切的联系。并且，那股思潮同20世纪60年代在西方国家引发的学生运动和各种政治运动具有密切的联系。因此，围绕'意识形态是否已经终结？'的问题而开展的争论既构成了后来的后现代主义思潮的一个理论来源，又构成了它的一个重要组成部分。"张国清：《后现代情境》，台北扬智文化事业股份有限公司2000年版，第164页。

在这里，通过对贝尔的《意识形态的终结》所作自我辩护做一番还原和重读工作，我们试着阐明这样一个观点：像贝尔及后来的布热津斯基、福山和亨廷顿这样的西方学者千方百计地替资本主义的政治、经济、文化等制度进行辩护。他们既作了许多歪曲历史和事实的报道，但也道出了某些实情。在表面上看来，其各自的观点似乎存在着矛盾，但是他们都充分地暴露出了其欧洲中心论或西方中心论的思想倾向。一方面，他们宣告意识形态已经衰微，历史已经终结，乌托邦已经破灭；另一方面，他们又拼命地为自己所推崇的意识形态进行辩护，把历史的终结点引向了资本主义，引向了西方式的自由民主制度。并且，其所谓的"终结"还隐藏着这样一层含义：西方社会已经或正在走向所有的其他人类社会和民族都迟早要走向的唯一的目标和终点。

二

丹尼尔·贝尔的《意识形态的终结》有一个有点哗众取宠的论题：20世纪"50年代政治观念衰微之考察"。贝尔承认，这本著作是"因其书名而非内容才出名的"[①]。这本书一出版就遭到了来自左翼批评家们的批判。他们认为激进主义在20世纪60年代的高涨反驳了《意识形态的终结》的主题。其他批评家则把它看做是替"技术治国论"或美国资本主义"现状"所作的一次"意识形态"辩护。对于这些批评和指责，贝尔进行了自我辩护和反驳。那么，《意识形态的终结》究竟算一部什么样的著作呢？

第一，作为一部"警世录"，《意识形态的终结》是当时发生在欧洲知识分子中间的关于苏联和斯大林主义的前景所展开的一场观念论战的一部分。那场论战的一方是萨特、梅洛—庞蒂、贝尔托特·布莱希特、恩斯特·布洛赫和卢卡奇。他们是共产主义苏联的同情者。另一方是加缪、雷蒙·阿隆、亚瑟·柯斯特勒、伊尼佐埃·西罗尼、乔治·奥威尔和C.米洛兹等人。他们是共产主义苏联的批判者。

在第二次世界大战之前，由于莫斯科审判几乎是对整个老布尔什维

[①] Daniel Bell, *The End of Ideology* (Cambridge, Mass: Harvard University Press, 1988), p. 409.

克领导班子的可怕处理,由于斯大林大肃反的被披露,再加上纳粹和苏联签订的互不侵犯条约,所有这一切都打消了西方知识分子对苏联的迷恋。但是,在第二次世界大战期间,苏联人民所作出的顽强抵抗和巨大牺牲,对于由苏维埃政权所带来的新气象的种种希望,使人们重新萌发了对社会主义苏联的向往。于是,梅洛—庞蒂写了一部小册子《人道主义和恐怖》,论证了压迫是螺旋式进步的辩证逻辑。布洛赫发表了《希望原理》,提出了一种揭示人类启示之乌托邦原理的历史哲学。萨特则声称,历史将选择苏联或者美国作为通向未来的继承人;并且,苏联比美国具有更多的优越性。因为前者是工人阶级的化身,而后者是粗俗的资产阶级的化身。于是,在意识形态领域里,一场围绕苏联和斯大林主义的未来,进而围绕整个人类的未来而展开的争论便在整个西方知识界轰轰烈烈地开展了起来。

第二,第二次世界大战结束之后,随着冷战的展开,有人提出了"意识形态是否将要终结?"的问题。第二次世界大战结束后,敏感的西方知识分子开始探讨人类的未来问题,随着东西方越来越多的著名知识分子介入这场论战,一场规模浩大的论战便在世界范围里开展了起来。而文化和思想领域成了一个主战场。

在这场论战中,第一个使用"意识形态的终结"一语的人是加缪。他在1946年就提出"意识形态已经走向了自我毁灭"。在加缪看来,意识形态是一种骗人的把戏。这个论题在西方右翼知识分子那里得到了重大发展。由克罗兹曼主编的《失败的上帝》(1949年)一书收集了西方右翼学者对苏联社会中存在的虚假性的各种证明。在《被囚的心灵》(1953年)一书中,米洛兹证明了苏联知识分子教条化马列主义所导致的一些消极后果。由于苏联的意识形态高度同一于其无产阶级专政的政治体系,它导致了人们对权力的极度迷恋。于是,一些西方学者明确地把攻击的矛头指向了斯大林和当时的苏联,他们把苏联的无产阶级专政和纳粹德国的法西斯主义相提并论。因此,随着冷战时代的到来,一些西方右翼知识分子开始向当时的苏联全面发难。而恰恰在这时,赫鲁晓夫1956年对斯大林重大错误的披露,随之而来的波兰十月事件,1956—1957年的匈牙利革命,进一步印证了西方右翼知识分子的预想,使得他们的反共反苏势力更加嚣张。

第三,雷蒙·阿隆在《知识分子的鸦片》的最后一章中提出了意识形态时代是否已经终结的问题。并且，那个问题变成了一个主要由西方右翼知识分子组成的国际文化自由协会发起的1955年在米兰召开的一次国际会议的主题。在递交那次大会的论文中，阿隆、波拉尼伊、希尔斯、克罗斯兰、李普塞特和贝尔的观点都是一致的，即19世纪的传统意识形态已经过时，已经被新的历史事实和社会条件所否证。在接下来的几年中，虽然侧重点和论题各有所重，但是这个核心思想在他们的各种研讨会和著作中得到了精心的探讨。

第四，也正是在这样的历史条件下，从1950起，贝尔开始了围绕"意识形态的终结"主题而开展的写作。10年之后，它终于以《意识形态的终结》的书名由自由出版社出版。

三

按照贝尔自己的说法，《意识形态的终结》不是一部前后连贯的研究专著，而是由一些共同线索联结起来的一个论文集。这些线索是：对从事观念论战的知识分子角色作一番社会学考察；考察在其历史背景中的意识形态观念，对它与宗教的早期角色，即宗教在变更情感和信仰方面所起的作用进行比较；对美国社会作一些社会学研究，以期证明19世纪的社会发展理论已经无力处理20世纪的美国社会正面临的极其鲜明的复杂问题。[①]

因此，《意识形态的终结》是一部属于实证社会学性质的著作。不过，贝尔还是在书的最后部分作出了一些预测。在考察了青年左翼知识分子一再地表现出来的对意识形态的渴望之后，贝尔指出，新的启示、新的意识形态和新的认同将来自于第三世界。他写道：

> 一个非同寻常的事实是，正当旧的19世纪意识形态和思想争论已经走向穷途末路的时候，正在崛起的亚非国家却正在形成着新的意识形态以满足本国人民的不同需要。这些意识形态是工业化、现代化、泛阿拉伯主义、有色人种和民族主义。在这两种意识形态

[①] Daniel Bell, *The End of Ideology* (Cambridge, Mass: Harvard University Press, 1988), p. 412.

之间的明显差异中存在着20世纪后50年所面临的一些重大的政治和社会问题。19世纪的意识形态是普世性的、人道主义的，并且由知识分子来推行的。亚洲和非洲的大众意识形态则是地方性的、工具主义的，并且由政治领袖创造出来的。旧意识形态的驱动力是为了达到社会平等和最广泛意义上的自由。新意识形态的驱动力则是为了发展经济和民族强盛。[1]

在1961年增补的结语的最后几页中，贝尔以一种忧虑的语气写下了这样几段话：

> 意识形态的终结结束了本书。从政治思想上讲，这是一部讨论一个时代的著作，一部由于社会的变化而使其论断易于被推翻的著作。但是，结束本书不是想要人们对它置之不理。现在，鉴于对过去不甚了了的"新左派"正在出现，这一点就显得更加重要啦……
> 在对待古巴和非洲新兴国家的态度上，思想成熟的意义和意识形态的终结将受到检验。因为在"新左派"中间，有人时刻准备着以一颗纯洁的心灵，去把"革命"作为暴行的托词来接受……简言之，以可怖的激情，去抹掉最近40年的教训。[2]

从上述引文中我们可以清楚地看到，贝尔对于20世纪后半世纪世界格局的基本发展有一个正确的估计。他看到了一种新的民族主义运动将在亚洲、非洲各地兴起，预见到了地区性意识形态的兴起。他预见到这些新式意识形态将同本地区、本民族的经济发展密切地结合起来。或者说，发展经济和增强本民族或本国的实力将成为新的意识形态的主题。"经济建设"将成为发展中国家的主题，而"革命"、"阶级斗争"等意识形态将成为过去。这是由普遍性意识形态终结之后所带来的话题。然而，在当时情况之下，那种普遍性意识形态不仅没有终结，反而有日益激化的趋势。这种激化构成了冷战的另一个方面，即思想斗争、

---

[1] Daniel Bell, *The End of Ideology* (Cambridge, Mass: Harvard University Press, 1988), p. 403.

[2] Ibid., p. 405.

意识形态斗争、精神斗争的方面。

四

从《意识形态的终结》的产生经过中我们可以清楚地看到，它反映的并不是贝尔个人的见解，而是一个时代的西方右翼知识分子对于一系列重大理论和实践问题的根本看法。《意识形态的终结》既是那场冷战在观念上的反映，又自觉地充当了参与那场冷战的西方右翼知识分子的理论武器。它甚至成了他们的一个招牌和一个口号。但是，作为一部个人著作，贝尔也鲜明地提出了自己的一系列理论见解，并且千方百计地从现实中去寻求可靠的依据。因而它是对于一个时代的忠实记录，既具有较高的史料价值，也具有较高的理论价值。

第一，《意识形态的终结》明确地反对19世纪的普遍性的社会发展理论，尤其是阶级斗争理论，提出了一个新的社会构成要素互动模型。贝尔承认，《意识形态的终结》是冷战的产物，是一部"政治性"读物。不过，由于其所探讨的政治学问题也是一个社会学问题，它为摆脱大陆社会学范畴结构作了一些努力。贝尔对社会的思考是以假定文化和社会结构之间的分离为根据来进行的。贝尔认为，19世纪的普遍性社会发展理论把这两者要么看做合而为一的，具有调节行为的价值体系，要么看做一个整体。在其中，物质世界的基础结构"决定着"政治的、法律的和文化的秩序。贝尔认为，这些观点混淆了不同社会历史水平上的不同变化节奏。就经济或技术方面的变化而言，由于它们是工具性的，是以"线性的"方式进行的，因此存在着一个清晰的新陈代谢原理：假如新事物具有更高的效率或更强的生产能力，那么，从成本上考虑，它将被人们所采用。但是在文化领域，不存在这样的新陈代谢原理：文化的各门各派要么受到了传统的维护，要么因不同学术观点的融合而无规则地发生嬗变。但是审美的革新并不"淘汰"以前的形式；它们只是开拓了人类的文化种类。从历史上看，这些领域有时会宽松地兼容在一起，但是在更多时候处于一种相互牵制的关系中。

第二，《意识形态的终结》强调美国社会的独特性，尤其是美国社会结构和阶级构成的独特性。贝尔在《意识形态的终结》的前面两个部分探讨了美国社会结构的变化。他认为，美国社会结构的变化主要体现在以下方面：作为一个经济仲裁者，出现了国家的角色；家族资本主义瓦解了，资产阶级从统治集团中分离出去；从害怕个人债务的封建社会向推崇享乐的消费社会转化；作为一股政治力量，显赫的上层社会集团的形成；职业样式的基本变化，产业工人阶级的萎靡不振，工会的停滞不前，以及社会阶级结构的变化。假如人们精确地给予认定的话，那么这些结构的变化经历了一个漫长的时间才得以明朗起来。因此，西方的社会学理论，尤其是传统的普遍性社会发展理论和阶级斗争理论都不适用于美国社会。贝尔认为，美国社会的独特性否证了19世纪社会发展理论的普遍性。

第三，《意识形态的终结》表明西方右翼知识分子对20世纪的政治运动，尤其是对无产阶级的暴力革命表现出了极度的厌恶和恐惧。他们几乎出于本能地反对所有形式的革命运动。《意识形态的终结》探讨了各种信念，探讨了某种信念体系，即意识形态作为一种世俗宗教的具体表现。不过显然地，其中强烈地带上了个人的主观色彩。因为，这种分析、这种语气和这种情感把贝尔这一代人的经历同他们对人性和历史的判断联结在了一起。同很多人一样，贝尔在年轻时曾经加入青年社会主义运动。他担惊受怕地度过了30年代和40年代。贝尔认为，当时曾经有过纳粹的死亡集中营，一种超乎所有文明人想象的野蛮；还有过苏联的集中营，它们使所有的乌托邦景象都蒙上了一层死亡的阴影。因此贝尔指出，"我们这一代人是在悲观主义、罪恶、悲剧和绝望中找到了其智慧的一代人"。

贝尔由此产生了对集体运动的恐惧、对政治的恐惧以及对煽动仇恨的政治学的恐惧。并且这种恐惧形成了贯穿于他的一生的观点。这种恐惧首先在其专著《美国的马克思派社会主义》（1952年）中得到了明确的表达。那部著作探讨了伦理和政治之间的张力，一种"在不道德社会中的道德人"的状况。贝尔使用的一个支配性隐喻是"生存于这个世界但不归属于这个世界"[①]的政治运动的两难境况。他认为，由于布尔什维克运动既不生存于这个世界，也不归属于这个世界，它不为"常规"道德问题所困扰。所以，为了达到其目的，任何手段，所有手段——包

[①] 贝尔在《意识形态的终结》中，多次引用了这一短语。他认为，共产主义运动是"既不生存于这个世界又不归属于这个世界"的运动，社会主义运动是"虽然生存于这个世界但是不归属于这个世界的运动"，而放弃了政治权力目标的劳工运动是"既生存于这个世界，又归属于这个世界"的运动。

括谋杀和恐怖——在道义上都是可行的。与此相反,在现实中谋求生存的工会运动务必使自己同社会相适应。但是,反对资本主义社会的社会主义运动在现实中找不到自己生存的基础。由于社会主义运动与资本主义社会的政治意识形态势不两立,因此它很难获得成功,即使取得了一时的胜利,也很难长期维持下去。

第四,《意识形态的终结》到一些西方国家对某些重大政策的实施过程中去寻找和确证"意识形态的终结"的实践方面。贝尔认为,战后西方一些国家很快就走向了这条道路。例如英国的克莱门特·艾德礼工党政府在短短7年时间里便确立了贝弗里奇社会保障和国家卫生体系,为建立一个公正的福利国家奠定了基础。贝尔还在《意识形态的终结》中多次提到了克罗斯兰。后者对社会主义学说进行了反省,把平等、机会和美德作为英国工党想要实现的目标的核心。他后来在其颇有影响的著作《社会主义的未来》(1964年)中阐发了这些观点。贝德·戈德斯贝格领导德国社会民主党在1959年采纳了一个新的纲领,声明自己不再是一个"阶级政党",认为民主是任何社会主义的政治秩序的核心。它寻求改革而非革命。从这些国家的实践中,贝尔看到了改良主义的希望。为此,他推崇走一条合法的工联主义道路,主张实实在在地改善民众的生活条件和福利待遇,在政治上采取温和的改良主义,建立一种工联主义性质的福利国家,即如他后来在《资本主义文化矛盾》中说的那样:"在经济领域是社会主义者,在政治上是自由主义者,而在文化方面是保守主义者。"[1]

第五,《意识形态的终结》还试图为"意识形态的终结"寻求到理论的支持。贝尔认为,这个论题得到了当时的一些社会学家所进行的理论探索的支持。在《工业社会的阶级和阶级冲突》一书中,德国社会学家拉尔夫·达伦多夫认为,阶级不可能再像第二次世界大战以前那样是按照一个单一的尺度来对社会进行两极化划分的东西。曾经是法兰克福学派成员之一的奥托·基希海默强调了"以意识形态为旨归的19世纪政党的衰微"的主题。贝尔指出,也许在20世纪30年代,由两个人提出的思想反叛是最为引人注目的。他们在说服思想界接受资本主义必然

---

[1] 丹尼尔·贝尔:《资本主义文化矛盾》,赵一凡等译,中国社会科学出版社1992年版,第21页。

灭亡和社会主义必然胜利方面产生过重大影响。一个是英国作家约翰·斯特雷奇。他的著作《将来的权力斗争》在大萧条时期成为一本畅销书。另一个是路易斯·科莱。他的《美国资本主义的衰落》（1932年）认为，由于利润率下降，一场无法避免的世界性经济危机、政治危机和社会危机已经来临。20年之后，这两个人都变成了混合经济和经济计划的先驱。但是正如科莱说的那样，那是一种没有中央政府经济统制的混合经济和经济计划。①

贝尔还提到了勒纳的《控制经济学》（1944年）。他认为，勒纳为混合经济的理论基础给出了最为精辟的公式。勒纳曾经是一位托洛茨基主义者。他从20世纪30年代开始为世人所关注。在当时，同奥斯卡·兰格一起，他写了许多有关社会主义经济理论的著名文章。那些文章就在计划经济里确立合理价格问题对米塞斯和哈耶克的挑战作出了回应。在第二次世界大战之后，当他回到波兰，成为受苏联控制的新制度的一位官员的时候，兰格不再提倡"市场社会主义"。勒纳后来移居美国，成为把凯恩斯原理应用于经济管理的最初作者之一。②

贝尔指出，竭力推崇"意识形态的终结"论断的还有一个人物是瑞典政治评论家赫尔伯特·廷格斯顿。1955年，廷格斯顿在总结斯堪的那维亚诸国经验之后写道："重大的［意识形态的］争论到处泛滥……无论是在保守党中间，还是在自由党内部，古老意义上的自由主义已经死亡；社会民主思想几乎已经丧失了纯粹马克思主义的所有特点……'社会主义'或'自由主义'这些实在的词汇正在蜕变为仅仅是一个空洞的称谓而已。"

第六，贝尔提出了一个代替由"意识形态的终结"所留下的空缺的方案。他认为："发端于法国大革命的19世纪意识形态的景象形成于社会的整体转变。在西方，出现在战后的常规见解是，市民政治学可能会取代意识形态政治学；按图索骥那样地组织社会的梦想将失败无疑；如不努力地澄清人类和社会的代价，就无法了解那些似乎必然发生的深刻的社会变化；假如生活方式的变化（如土地集体化）是不得人心的，那

---

① Daniel Bell, *The End of Ideology* (Cambridge, Mass: Harvard University Press, 1988), pp. 417-418.

② Ibid., p. 418.

么就不会有这些变化。总而言之,这是一个在过去——以及在现在——被人们错误地称作政治学实用主义的观点……在自由主义的价值框架之内,这种观点热衷的是把解决问题看做弥补社会弊端和无能的工具。"①贝尔认为,建立一个常规的市民社会比建立一个反常的无产阶级专政的国家更加符合20世纪后半个世纪的世界状况。哪些国家实施了这一治国方略,哪些国家便获得了优先发展的机会。或者说,哪些国家先放弃意识形态的争论,哪些国家便争取到了发展自己的时间和机会。这是一个典型的实用主义的社会改良主义方案。它迎合了当时美国政治的需要。因此,当《意识形态的终结》出版后,这个主题在当时美国总统肯尼迪的言论中得到了共鸣。1962年6月,肯尼迪在耶鲁大学发表的毕业典礼演讲中说道:

> 现在,我们国内的主要问题已经变得越来越微妙和复杂。这些问题虽然无关乎哲学和意识形态的基本冲突,但是却关系到去实现共同目标的途径和手段——关系到去探索解决各种复杂而棘手的难题的经过认真推敲的方案。在我们今天的经济决策中所面临的危险,不是来自将以激情扫荡整个国家的那些相互竞争的意识形态的重大论战,而是来自对现代经济的实际管理……各种政治口号和意识形态的途径都同解决这些难题的方案无关。②

五

《意识形态的终结》出版之后在学术界尤其是思想界引发了一场旷日持久的争论。右翼思想家们对它表示了热烈欢迎,而左翼思想家则对它提出了激烈的批评。并且这场争论仍然在继续之中。批评家哈瓦德·布里克对这场争论作了这样的评论:它"逐渐地承载起了随后几年知识界热点问题的分量:什么是现代社会变革的前景和局限;激进运动在美

---

① Daniel Bell, *The End of Ideology* (Cambridge, Mass: Harvard University Press, 1988), p. 419.

② 肯尼迪的这个演讲发表在《美国总统公报》第234号,美国政府印刷局1963年版,第470—475页;另请参阅 Bell, Daniel, *The End of Ideology* (Cambridge, Mass: Harvard University Press, 1988), p. 419。

国何以必败无疑;知识分子应该对其国家和文化担负起什么责任;知识分子应该对现存的社会关系采取什么样的姿态——究竟是敌对的姿态还是肯定的姿态,在何种程度上知识分子在得势精英的唆使下共同犯了滥用权力的错误"。经过 28 年之后,贝尔在"重读《意识形态的终结》"一文中对思想界对他的著作的各种批评进行了归类。他把它们归结为五个不同层面的批评:

《意识形态的终结》是对现状的辩护。
《意识形态的终结》寻求以专家制定的技术治国方略代替社会上的政治争论。
《意识形态的终结》寻求用舆论代替道德话语。
《意识形态的终结》是冷战的工具。
《意识形态的终结》已经被 20 世纪 60 年代和 70 年代的事件所证伪。那些事件证明,激进主义和意识形态在西方社会和第三世界获得了新的高涨。[1]

对于上述批评,贝尔一一作出了反驳。贝尔认为,这些批评都没有对其有关社会结构变化的基本分析提出挑战,那些变化危及了 19 世纪传统社会发展理论的核心:关于西方社会的描绘和预言,关于在资本主义条件下日益加深的经济危机和两极化的阶级冲突的不可避免性的信念。这些批评都没有涉及这样一个论点:国家的对外政策不是"国内阶级分裂的反映",也不是各国经济对抗的反映,而是各国历史冲突的结果。这些批评都没有注意到在经济力量的性质方面的结构变化。在这些变化中,私有财产作为反对技术技能的一股力量所起的作用已经越来越小,或者说,作为社会的职业基础,"工薪阶级"的兴起取代了"无产阶级"。如布里克指出的那样:"显然地,没有一个贝尔的批评家直接地对其核心论点提出了挑战:社会主义已经不再相关于西方工业社会的问题。"

第一,贝尔否认存在着一套放之四海而皆准的真理,否认单一的模

---

[1] Daniel Bell, *The End of Ideology* (Cambridge, Mass: Harvard University Press, 1988), pp. 420—421.

式适用于解决一些极其复杂的社会问题。贝尔回避单一的概念术语（如"资本主义"），回避对相关的复杂问题作出分析性区分。这些分析性区分几乎贯穿于这本书关于社会结构变化的每一次讨论中。因此，批评家们很容易把他的非整体性分析当作批判的对象。

第二，《意识形态的终结》之所以引起重大反响，还因为它触动了西方知识分子自身的状况。在对浪漫的激进主义感到悲观绝望因而抛弃它成为一种基本格调的情况下，许多批评家从这本书中愤怒地读出了自己的推测，便顺理成章地对它作出了自己的反应。他们推测道：假如承认了"意识形态的终结"，那么知识分子"将无法扮演作为独立批评家和观察家的角色"。也就是说，它将剥夺知识分子的生存权。因此它同福柯关于普遍性知识分子的衰落具有异曲同工之妙。这个话题直接引申出了关于"人的死亡"、"理性的死亡"、"浪漫主义的终结"、"乌托邦的消解"等话题。

第三，贝尔认为，关于《意识形态的终结》是在为现状作辩护的论断是无的放矢的。贝尔认为，没有一个社会是整齐划一的，任何一个单一的术语，诸如"资本主义"，都无法包容社会的不同维度：由势均力敌的集团所组成的信奉着不同价值观念和推崇着不同权利主张的民主政体、复合经济、福利国家、社会团体的多元差异、不同因素融合而成的文化、法律体系，等等。其中没有一个维度直接地依赖于其他维度。民主政体虽然不是市场经济的产物，但是在司法体系和社会的自由和权利传统中具有其独立的根源。由于技术的发展，而不是社会关系的发展，职业的结构发生了变化。公民权利的扩张——在过去几十年里黑人进入政治舞台的过程就是证明——并不是依赖于经济上的阶级冲突。不过，《意识形态的终结》确实提倡过在社会民主方向上的"逐渐"变革，并且在这一点上呼应了或预示着后来的弗兰西斯·福山的《历史的终结》的论题。

第四，贝尔认为，断定《意识形态的终结》鼓吹对社会实施技术治国的方略，即从社会学角度杜撰出一个"资本主义的偶像"同样是无效的。因为书中的一些文章（尤其是"工作及其不满"）对生活的合理化，对韦伯考虑问题的思路，感到了悲哀。并且其半数以上的文章致力于对各种理论进行详尽的探讨，其目的不仅是为了揭露它们对经验事实的歪曲，而且是为了证明，在观察事实的过程中，在从事社会分析时阐述和解决问题的过程中,理论扮演着必不可少的推测性角色。并且,贝尔既承认社会政策离不开经验依据,又坚持在形成政策的过程中原则和价值取向——以及政治学必要作用——的首要性。

第五,贝尔还反驳了由哲学家亨利·艾肯提出来的关于意识形态的终结意味着"在政治生活领域道德话语的终结和融贯的'实用主义'话语的开始"的指责。艾肯把贝尔称作"修辞学的终结"[①]的意思曲解为"雄辩的终结"、"道德判断的终结"、"哲学陈述的终结"、"政治抽象的终结"、"诗歌的终结"(因为自从柏拉图以来,理性主义者一直害怕诗歌)、"形象语言的终结",并因此指责贝尔提倡一种享乐主义的及时行乐的哲学。贝尔认为,艾肯之所以会有这种误解,是因为他把意识形态的终结等同于实用主义了,而实用主义是对立于政治话语和第一原理的。为此,贝尔辩护道,像艾肯之类的误解都源于他们混淆了政治哲学和政治意识形态。不过,贝尔所自我否定的这一方面被后来的美国哲学家、新实用主义的代表人物理查德·罗蒂所继承,罗蒂的"民主先于哲学"观念是贝尔的"意识形态的终结"的观念在哲学上的表述。[②]

第六,贝尔承认,由米尔斯作出的尖锐而严厉的攻击具有转折性意义。米尔斯称《意识形态的终结》是"对于冷战的庆贺"。1960 年,左翼激进分子米尔斯写了一封著名的"写给新左派的信",发表在英文版的《新左派评论》上。他在信中声称,"意识形态的终结"是"历史地过时的";作为变革的代理人,工人阶级是"历史地过时的";并且,一种新的力量,"一个赞成变革的可能是直接地激进的代理人"正在崛起,它就是学生和知识分子。因此,激进主义在 20 世纪 60 年代中期和 70 年代的高涨似乎否证了《意识形态的终结》的主题。其强度、其愤怒、其言语、其对于激进变革的呼吁,所有这一切似乎都预示着意识形态的一个新局面。

对于米尔斯的这种批评,贝尔作了如下反驳。贝尔认为,这种激进主义没有涉及经济问题,它甚至形成不了前后一致的政治哲学。因此,它是道德的和道义上的激进主义,而并不预示着新的意识形态。贝尔看

---

① Daniel Bell, *The End of Ideology* (Cambridge, Mass: Harvard University Press, 1988), p. 406.

② 关于这方面讨论,参阅张国清《无根基时代的精神状况——罗蒂哲学思想研究》,上海三联书店 1999 年版。

到，60年代和70年代的激进主义融合了四股不同的思潮：一种崇尚更加自由的生活方式的青年文化的出现，包括性和毒品；黑人权利运动的戏剧性崛起导致了在美国许多大城市蔓延的烧杀和抢掠；"解放"运动的泛滥，以及自觉地声明对立于西方的某些第三世界国家的思想的传播；激起学生强烈不满的越南战争，大学生运动。

但是贝尔认为，所有这一切并不表明在以美国为代表的西方另有一个新的占主导地位的意识形态即将崛起。贝尔认为，因为人们在西方看到的不是一种政治现象而是一种文化（和代际）现象。如果说有一个单一的象征性的文告可以来规定这一现象的话，那么它将是1968年5月贴在巴黎大学的紧锁着的房门上的那份著名的海报："正在开始的这场革命不仅要对资本主义发难，而且要对工业社会发难。消费社会必须死亡。异化社会必须从历史上消失。我们正在创造一个全新的世界——一个难以想象的世界。"贝尔认为，在所有的这些骚乱中，不存在新的社会主义观念、新的意识形态和新的纲领。人们看到的只是一些强烈的罗曼蒂克的渴望，那些渴望只是对于前几代人向往的牧歌式田园生活的重温而已。它是对理性的反动，对权威和等级秩序的反动，甚至是对文化的反动。

贝尔承认存在着一些实实在在的问题：早在半个多世纪以前马克斯·韦伯探讨过的生活的合理化问题；已经不再拥有权威的过时的精英（包括大学教授）的特权问题；伪造的批量生产的文化的问题；当今的大众文化的泛滥问题，并且具有反讽意味的是，摇滚和重金属音乐本身是那种文化之不可缺少的部分。但是对于所有这些问题的解答不涉及意识形态。上述运动都是对于社会约束的反动。当个体进入新的官僚秩序世界时，这些约束是社会强加于他的东西。正如早在一个半世纪以前，卢德派机器破坏者对第一次工业革命的工厂原理作出了反应一样，贝尔把这些反动描述为后工业社会的第一次"阶级斗争"。[①]

总而言之，贝尔认为，在1968年的世界性大学生运动之后留下了试图去探索新的意识形态的一代人。但是，并不是马克思主义创造了激进分子；而是每一代新的激进分子创造了自己的马克思。在这种情况

---

① Daniel Bell, *The End of Ideology* (Cambridge, Mass: Harvard University Press, 1988), p. 430.

下，开始在大学里，在出版界，在传媒，寻找其位置的一代人在异端的马克思主义中发现了它的意识形态：在法兰克福学派的批判理论中，在重新被发现的卢卡奇的著作中，在安东尼奥·葛兰西被公开的札记中。但是所有这些作者都一致地采用了文化批判，而不是经济批判或计划性批判。

六

1989年夏天，美国学者弗兰西斯·福山发表了一篇名为"历史的终结？"的论文。[①] 该文明确地认为，随着自由民主在18世纪和19世纪在欧美获得全面的胜利，随着20世纪对于法西斯主义和共产主义等意识形态的成功对抗，作为一种正统的统治体系，自由民主体制已经在世界范围里获得了胜利。因此，自由民主有可能成为人类意识形态进步的终点，成为人类统治的最后形态。并且它将构成历史的终结。或者说，经过漫长的历史洗礼，其他的统治形态都走向了衰落，而唯独自由民主保存了下来。福山的这篇论文发表不久，以苏联为核心的东欧共产主义体系开始迅速解体。柏林墙也迅速地坍塌。维持近半个世纪的冷战以西方资本主义的暂时胜利宣告结束。因此，"历史的终结？"成了一篇及时的预言。它一发表便在整个世界引起了广泛的反响。

由于作为意识形态和社会制度的法西斯主义早在20世纪40年代就已全面崩溃，"历史的终结？"一文把其攻击的目标明确地指向社会主义的意识形态和制度，并且把西方的自由民主当作人类历史的唯一出路。福山认为，尽管有一些国家现在还不是自由民主的国家，尽管还有些国家采取的是神权政治或军事独裁，但是它们迟早都会走上自由民主的道路。因为人类历史已经不存在别的可能性了。

该文发表后，为了对来自各方的批评作出交代，福山在同一杂志的1989—1990年冬季号上发表了"对我的批评的答复"。并且他的同名著作《历史的终结》也很快地出版了。在这部著作中，作者认为，在20世纪，尽管我们经历了两次毁灭性的世界大战和极权主义意识形态的泛

[①] Francis Fukuyama, "The End of History?", *The National Interest*, No. 16 (1989 Summer), pp. 3—19.

滥，面临着核武器对人类的毁灭性威胁以及日益严峻的生态问题，但是，我们毕竟保留了最后一个希望，即对公正、自由、民主政治实践之健全和安定的希望。因此，随着冷战结束，有一个重要的历史教训亟须我们去给予总结。福山的观点是非常明确的。他认为，人类历史发展最终将向终点聚集，这个终点就是西方社会已经达到的自由和民主。也就是说，西方式的自由民主将成为人类历史发展的唯一方向。

福山追溯了历史的终结理论的历史渊源。他认为，黑格尔、马克思和柯耶夫都提到过这个话题。他们从不同的层面对这一话题进行了探讨。黑格尔在《精神现象学》中曾谈到历史的终结。"黑格尔宣称历史在1806年的耶拿战役（拿破仑与普鲁士之战）后结束，可是他显然并没有因此主张自由国家在世界上的胜利。……他想说的是，形成近代自由国家基础的自由平等原理已经在最进步的国家里发现，并付诸于实施；没有另外一种社会与政治组织的原理和形态比自由主义杰出。换言之，自由社会已从过去社会组织所呈现的'矛盾'中解放，结果历史的辩证发展乃告结束。"[1] 在黑格尔那里，历史随着近代自由国家的成立而终结。

马克思从黑格尔那里继承了他的辩证的历史发展观，但是他认为自由社会无法解决阶级对抗问题。马克思强调，历史的终结只有在真正普遍的阶级——无产阶级取得全球胜利之后才会到来，即只有当阶级斗争永远结束，全球共产主义乌托邦才能实现。

柯耶夫在《黑格尔导论》中重申了黑格尔的历史观，即世界史经历了种种迂回曲折，其实在1806年的耶拿战役后就已结束。柯耶夫认为，法国大革命的各种原理已完全实现的都是第二次世界大战后的西欧国家，也就是拥有高度物质富足与政治安定的资本主义民主体制，因为这些社会已经没有任何基本矛盾。在这自我满足又自立的社会里，没有应该拼命追求的更大的政治目标，只专心一致从事经济活动。柯耶夫相信历史的终结不仅意味着大规模政治对立与纠纷的终结，而且意味着哲学的终结。[2]

---

[1] 福山：《历史的终结》，远方出版社1998年版，第83页。
[2] 同上书，第87页。关于"哲学终结"这个话题，我曾在拙著《无根基时代的精神状况》（上海三联书店1999年版）中作了专门讨论。显然，在黑格尔、马克思、尼采、杜威、柯耶夫、丹尼尔·贝尔和罗蒂中间，存在着一个主张"哲学终结"的思想路线。

柯耶夫的观点既在贝尔的《意识形态的终结》思想中,也在美国哲学家罗蒂的"大写哲学的终结"、"大写真理的终结"思想中得到了回音。如美国新左派思想家、法兰克福学派的第三代代表人物理查德·沃林在最近指出的那样:"罗蒂的著作在表面上之所以取得如此成功,至少部分地应该归功于一些外在于哲学的背景因素。实际上,这部著作的主题是:所有强式真理主张都确定地是徒劳的。这部著作非常相似于探讨同一主题的曾在20世纪60年代初产生过相似有争议影响的另一部著作。它就是丹尼尔·贝尔的《意识形态的终结》。现在已经众所周知的贝尔的一个论调是:先进的工业社会证明了对于'乌托邦政治主张'(读作'马克思主义')的最终醒悟。"① 沃林接着说:"在最近的一篇文章《民主先于哲学》中,罗蒂夸张地提到了贝尔的理论,并且在总体上对这种见解所蕴含的深厚的因袭主义和新保守主义的含义给予了明确的认可。像贝尔一样,罗蒂的理想政治制度'将是这样一个社会:它鼓励意识形态的终结,它将把反思均衡法作为讨论社会政策所必需的唯一方法。'"②

七

1988年,贝尔在《重读〈意识形态的终结〉》一文中写道:"就政治后果而言,《意识形态的终结》在今天再一次引起了某些反响,因为我们正处于新一轮打消对共产主义世界抱有幻想的时期。在20世纪30年代末,曾经存在过莫斯科监狱和纳粹与苏联之间的互不侵犯条约;在1956年,曾经存在过赫鲁晓夫的叛变和匈牙利的起义;在1968年,曾经有过布拉格之春事件,有过勃列日涅夫政府对杜布切克为提出'带有人类面孔的社会主义'所作的努力的粉碎。在目前情况下存在着一个显著的差异。以前人们消除了对它的幻想是道德的、思想的和政治的。而现在这种被迫承认的失败首先是经济的。"③

第一,贝尔看到了在社会主义的中国和苏联施行的一些新政策对于

---

① 理查德·沃林:《文化批评的观念》,张国清译,商务印书馆2000年版,第224页。
② 同上。
③ Daniel Bell, *The End of Ideology* (Cambridge, Mass: Harvard University Press, 1988), p. 437.

经典社会主义观念的突破：试图提供物质鼓励以提高产量；引入市场机制，给予企业管理者确定自己的产品和价格的决定权；甚至以破产和失业为代价，在一定程度上引入竞争机制，淘汰没有效率的企业。为此他否认"社会主义"还具有任何经济意义。贝尔指出，从政治上讲，东欧的局势代表着一种忧郁的矛盾。因为它完成了马克思主义的意识形态的再一次颠倒。"在通往发现社会的唯物主义基础的道路的过程中，马克思试图证明，黑格尔的政治生活观是'虚假的'，因为它们来自意识形态和现实之间一种错误的关系。在其《黑格尔法哲学批判》和《论犹太人问题》中，马克思认为，通过赋予前者以虚假的自主权，黑格尔颠倒了国家和市民社会的关系。这一陈述是波兰国家与社会之关系的一个恰当写照，是那种制度与工人阶级的关系的一个恰当写照；并且，用苏联的术语来说，是特权的'新阶级'与社会残余部分的关系的恰当写照。"[①] 我们从中读到了《历史的终结》的一些思想萌芽。

第二，贝尔看到了当今西方社会的一种新景观：几乎在所有的社会里，尤其在西方社会，不仅产业工人阶级迅速萎缩，而且作为社会分工基本尺度的经济阶级也已瓦解。每个社会都是一个由众多因素构成的"多元社会"。除了性别、年龄、宗教、教育、职业的多元身份之外，作为忠诚于某团体的标志的种族身份将变得愈来愈重要，并且种族的、语言的或宗教的路线冲突将成为文化和政治身份的根源。贝尔看到：

> 除了在现在的国际工人阶级内部比在过去几百年里任何一个时候的国际工人阶级内部存在着更少的合作和协同性这一事实之外，最为显著的一点是，无论是在共产主义世界里，还是在其他地方，几乎在世界的每一个角落里，民族关系日益紧张。正如塞尔维亚族人和克罗埃西亚族人之间，塞尔维亚族人和阿尔巴尼亚族人之间的古代对抗一样……人们该如何解释可以看得到的中苏对抗，中越边境战争，越南傀儡政权对柬埔寨的占领，阿尔巴尼亚和南斯拉夫之间的武装对抗，以及南斯拉夫自身的分裂威胁呢？罗马尼亚的匈牙利民族对大量少数民族领土的占领，苏联对波罗的海诸国领土的占

[①] Daniel Bell, *The End of Ideology* (Cambridge, Mass: Harvard University Press, 1988), pp. 439—440.

领,中亚的穆斯林民族的高人口增长率正在威胁着苏联的民族平衡,人们对此该说些什么呢?

当我们展望21世纪的时候,在东南亚,在中东,在内乱迭起的穆斯林世界里的肤色问题、宗派问题、种族差异问题,所有这一切都暴露出了当代社会学,至少是所有的马克思主义社会学所始料未及的难题。我们看到,尤其在马克思主义那里,我们的社会学范畴是多么过分地局限于西方社会的背景。我们看到,启蒙运动、理性、工业化、意识、阶级发展、"历史民族"观念和社会进化这些主题是怎样变成了我们的关注焦点的。我们还看到,马克思,甚至韦伯和涂尔干的见解是多么前后不一致。不过,那也是一次漫长而不同的探索。①

我们从中看到了亨廷顿后来在《文明的冲突》中所阐发的基本观点。上述问题确实是任何一位关注21世纪的社会发展状况和趋势的学者都必须过问的问题。

第三,从表面上看来,《历史的终结》是对于《意识形态的终结》的一个总结和反动。因为它明确地宣布了西方的意识形态的最后胜利和共产主义的意识形态的最终失败。由于随后几年世界格局所发生的重大变化似乎完全应验了福山的预言。为此,我们对于这两个著作之间的关系有必要作一些细心考察,以回答这样一个问题:冷战在何种意义上已经结束?或者,《历史的终结》究竟终结了什么?我们认为,从《意识形态的终结》到《历史的终结》存在着一种思想的连续性。那就是在其中贯穿着一条冷战的思想路线。这条路线只是表明西方社会的思想界和知识界有人单方面地提出了终结意识形态之争的希望,但是,这种终结真的会由于单方面的退出而到来吗?在面临世界格局全球化的今天,我们认为,尽管冷战已经结束,但是,意识形态的争论将由于新一轮的国际竞争而一再地重现。

第四,亨廷顿的《文明的冲突》实际上是对于意识形态在一个全球化和数字化时代里有可能升级的另一种表述。并且,文化差异的存在是

---

① Daniel Bell, *The End of Ideology* (Cambridge, Mass: Harvard University Press, 1988), p. 441.

一个基本的事实,有差异必然会有摩擦甚至冲突,而意识形态的差异无疑是引发那种冲突的重要因素。因此,当我们在今天考虑世界新格局的时候,我们就仍然不能放弃民族与民族之间的意识形态差异。这种差异既体现在各民族的文化传统之中,也融入了他们的社会实践之中。我们认为,在日益信息化和数字化的今天,意识形态领域的斗争有日益激化的趋势,它甚至成了一个民族在观念领域寻求扩张的主要形式。因此,哪一个民族自愿放弃这一斗争形式,也就意味着它自愿放弃在数字化领域的生存。

第五,我们之所以要在前面大段引用贝尔的思想,并不表明我们认同了贝尔的见解,而是证明了,实际上贝尔在1988年就已经提出了后来的亨廷顿在《文明的冲突》中的主要问题和基本见解。当然,亨廷顿的著作毕竟是出于不同的目的和动机而撰写的。但是,我们仍然从中看到了贯穿于当今西方某些学术活动中的一条时隐时现的线索。那就是,冷战的思维并不由于苏联的解体和东欧社会主义阵营的瓦解而终止,相反的,它正在以一些新的形式继续着。

第六,进入20世纪之后,源于近代启蒙而在19世纪中叶达到顶点的普遍性意识形态由于各国革命的完成或中止而逐渐退出历史舞台。当发展和和平成为当今世界的主题之后,人们开始用建设的和改革的方式来对待20世纪后半个世纪遗留下来的问题。我们看到,在人类历史发展过程中,革命是必不可少的,也是无法避免的。但是革命不是唯一的手段,甚至不是主要的手段。尤其在今天的中国,我们已经找到了解决今日中国社会难题的新方法,这些新方法不是源于对革命的简单认同,而是源于对革命的辩证扬弃。这是一场新的"革命",尽管我们已经不再用"革命"的术语来解说它。在今天的中国,我们可以看到的一些结果是,社会主义市场经济体系的建立,社会阶级的重新分化和分层的形成,个体社会角色认同的形成,社会关系多极化的形成。其最终结果是一个融入于世界体系之中的真正开放的充满生机的新中国的诞生。而在这一过程中,曾经在20世纪上半个世纪发生在美国的许多政治、经济、文化等事件,对于中国的当前建设也许具有重大的借鉴意义。就这一点而言,《意识形态的终结》也多少为我们提供了帮助。

第七,意识形态的争论远没有真正地走向终结,观念的历史也远没有真正地走向终结。随着人类社会开始进入一个知识经济、网络经济或全球化经济的时代，意识形态领域的斗争正以新的形式在开展着和延续着。因此，对于西方学者提出的各种各样的终结理论，我们理应保持清醒的头脑。我们也理应在新的世纪里作出东方式的回应。我们相信，一个社会主义的、强大的、民主的、文明的和富裕的中国正在作出强有力的实际的回应。

1960年，《意识形态的终结》英文版由自由出版社出版。1961年该书再版时贝尔对它作了较多修改。后来，该书多次印刷，但是贝尔对它在内容上不作什么改动。1988年，贝尔写了一个"跋"，对在《意识形态的终结》发表后围绕这本书所涉及的一些重要问题而展开的讨论和批评作出了答复和辩护。本译本参照的就是哈佛大学出版社1988年版本。

由于众所周知的原因，尽管《意识形态的终结》英文版在1960年就已经出版，但是其中文版一直没有面世。我们觉得，尽管《意识形态的终结》存在着明显的立场错误和学理错误，但是，它比较真实地记录了20世纪50年代的美国社会状况，并且较好地回答了一个重要的问题：美国为什么在20世纪逐渐成为世界超级大国？我们觉得，对于正在崛起的中国的每一位公民来说，如果他希望了解这个第一世界强国的发展史，尤其20世纪前50年美国社会的方方面面，那么《意识形态的终结》是一部比较生动的教材。因此，我们决定把它翻译过来，介绍给中国读者。当然，对书中存在的学理错误，希望读者在阅读时注意批判和鉴别。

张国清
浙江大学法学院
2000年4月16日于杭州

2000年英文版作者序
——新世纪续写历史

《意识形态的终结》初版于1960年。许多章节写于那一年之前的十年间，它们讨论了源于马克思并由卡尔·曼海姆（Karl Mannheim）[①]详细阐述的意识形态概念的兴衰，马克思主义作为一种政治教条而不是思想学说的衰落，用阶级来解释许多冲突的不合时宜性，尤其是用阶级来解释发生在美国生活中的许多冲突的不合时宜性。[②]

依照本人的用法，意识形态并非简单意义上的世界观（Weltanschauung）或文化世界观，或是掩盖利益的面具，而是一个经由漫长历史演进而形成的信仰体系，以激情把诸多观念融于一体，转化成社会杠杆，在改造观念过程中也改造人。当意识形态成为一股强大力量时，它便不再对外开放，而是作为一个封闭的体系，事先就确定了可能产生的任何问题的答案。

这适用于能够动员个人的许多信条，也特别解释了我的预言，即在20世纪的后半个世纪将会出现关于肤色与民族主义的意识形态。我讨论的焦点是教条的马克思主义，由于其在道德上的失败，它已经丧失了对知识分子和民众的感染力；我还讨论了已经丧失合法性的教条的马克思主义政治体系将会失败的原因。（参见本书第14章，苏联行为理论，特别是讨论集权主义的章节。）

[①] 卡尔·曼海姆（1898—1947）：德国社会学家，著有《意识形态与乌托邦》、《变革时代的人与社会》等。——译注
[②] 本书第6章呈现的有关"身份政治学"（status politics）的另一种说法，由理查德·霍夫斯达特（Richard Hofstader）、西摩·马丁·李普塞特（Seymour Martin Lipset）及本人在《激进右派》（The Radical Right）一书中得到了详细阐述（交通图书出版社2001年第二版）。——原注

这个话题源于当时发生在第二次世界大战结束之后的一场政治辩论。从这个意义上讲，本书是以下论题的继续：术语"意识形态的终结"首次使用者阿尔伯特·加缪（Albert Camus）[①]的论证，理查德·克罗兹曼（Richard Crossman）[②]主编的论文集《失败的上帝》（*The God That Failed*），尤其是收录其中由亚瑟·库斯勒（Arthur Koestler）[③]和伊尼亚齐奥·塞伦（Ignazio Silone）[④]撰写的文章，以及雷蒙·阿隆（Roymond Aron）[⑤]的巨著《知识分子的鸦片》（*The Opium of Intellectuals*）。（其语境在本书"跋"中得到了详细阐述，该文作为附录收录于哈佛大学出版社1988年版《意识形态的终结》。）

本文想要努力呈现已被本书标题和主题所模糊的一个基本历史前景，以期看清我们今天正置身于冷战结束之后（Post-Cold War）的世界，我称之为"续写历史"的境况之中。

颇具讽刺意义的是，20世纪以宣布两个终结——意识形态的终结和历史的终结——而告终。两者看似相似，实则相去甚远。意识形态的终结，是对历史的回顾，不是历史的终结。历史的终结，是对这种谬论的成全，不是意识形态的终结。

本书的基本命题，亦即本书的内在框架是，从17世纪到20世纪，在政治话语和社会认同的性质上，存在着一次重大的历史转折，在敌对信仰体系的语言和修辞中，存在着从宗教到意识形态的转折，因此存在着从宗教向革命运动和教条的宏大元叙事的转折。

革命年代始于17世纪，革命不是过去的无休止循环，而是对现存

[①] 阿尔伯特·加缪（1913—1960）：法国小说家、哲学家、戏剧家、评论家，著有剧本《误会》、《卡利古拉》，中篇小说《局外人》，长篇小说《鼠疫》，哲学论文集《西西弗的神话》等，1957年诺贝尔文学奖得主。——译注

[②] 理查德·克罗兹曼（1907—1974）：英国政治哲学家，著有《今日柏拉图》、《治理英国的方式》、《支持旧政的新专权》、《政府和被治理者》、《社会主义政治学》、《内阁政府的神话》等。——译注

[③] 亚瑟·库斯勒（1905—1983）：匈牙利裔英籍作家，著有《中午的黑暗》等。——译注

[④] 伊尼亚齐奥·塞伦（1900—1978）：笔名塞贡多·特兰奎利（Secondo Tranqwilli），意大利作家和政治家，著有政治杂文《法西斯主义：其根源与发展》，长篇小说《丰塔马拉》、《面包和酒》、《冰雪下的种子》和剧本《他诞生了》等。——译注

[⑤] 雷蒙·阿隆（1905—1983）：法国哲学家、社会学家，著有《知识分子的鸦片》、《社会学主要思潮》、《国际和平与战争》、《找不到的革命》、《回忆录——政治沉思五十年》、《阶级斗争——工业社会新讲》等。——译注

社会秩序的颠覆，颠覆世界并在尘世建立新的天堂，将世人从罪恶中解救出来。

革命的源头是在宗教改革（the Protestant Reformation）时期将信仰再次引入人的良知。然而，这次宗教改革却以政治上的忠诚为由，在日耳曼公国（German Principalities）内导致基督徒四分五裂。从 16 世纪到 17 世纪，宗教战争风行。借助于 1555 年的奥格斯堡和约（the Peace of Augsburg）①和"教随国定"（cuius regio，eius religio）原则，各国一度休战言和。每一公国的郡主决定其国土之上的宗教，信奉不同宗教信仰的人，要么必须迁徙他国（很少有人能够做到），要么必须改信他宗（许多人很担心那样做），要么不得不昧着良心苟且偷生。直到一个世纪以后，随着威斯特伐利亚和约（the Peace of Westphalia）②的签订，在 1648 年，三十年战争（the Thirty Years War）结束，宗教宽容政策才得以确立。

由宗教改革导致的千禧年紧张关系使人相信，"所有世俗之物都将腐朽"。17 世纪 50 年代的英格兰资产阶级革命尤为明显，这是企图在尘世建构上帝之国的首次尝试，第五王国派（the Fifth Monarchy Men）③给出了最为纯粹的愿景。其渊源是《圣经》：长期以来，《但以理书》（*The Book of Daniel*）预言对千禧年王国充满了希望和期待。启示录预言的是四大兽异象，最初代表四位国王，但在宗教改革后，预言变为四大世界帝国：巴比伦、玛代波斯、希腊和罗马。四大野兽中的最后一只大兽有十只角（代表君王），后又长出一只小角，小角摧毁了最后一个

---

① 奥格斯堡和约指 1555 年在日耳曼民族神圣罗马帝国会议上签订的和约，因会议地址在奥格斯堡，故名。和约结束了天主教和新教各邦诸侯之间的战争，制定了"教随国定"原则，承认各邦诸侯有权自由选定其自身及其臣民信仰天主教或路德宗新教。和约还规定，1552 年前新教诸侯占有的天主教会土地和没收的天主教会财产不再归还；但凡领有教职教产的诸侯和高级教士，如皈依新教，应立即放弃其职位、土地和俸禄。和约进一步扩大了德意志帝国诸侯的势力，使路德宗新教在德意志境内取得了合法地位。——译注

② 威斯特伐利亚和约是象征三十年战争（the Thirty Years War）结束而签订的一系列和约，签约双方分别是统治西班牙、神圣罗马帝国和奥地利帝国的哈布斯堡王室和法国、瑞典以及神圣罗马帝国内勃兰登堡、萨克森、巴伐利亚等诸侯邦国。1648 年 10 月 24 日签订的西荷和约，正式确认威斯特伐利亚系列和约，象征三十年战争（the Thirty Years War）结束。一般史学家会视 1635 年布拉格和约和 1659 年比利牛斯和约为威斯特伐利亚和约系列之一。威斯特伐利亚和约确定了国际关系中应遵守的国家主权、国家领土与国家独立等原则，对近代国际法发展具有重要促进作用，被誉为影响世界的 100 件大事之一。——译注

③ 第五王国派，指英国内战时清教徒的极端派。——译注

世界帝国。① 在神圣罗马帝国灭亡之后，才诞生了第五王朝，这是圣徒的永恒国度。历史的结局早已由上天注定。

第五王国派是一个致力于在尘世建立神的国度的教派。他们相信，现存社会是反基督教的第四王朝的产物，他们要求"所有不虔敬的人将被赶尽杀绝，邪恶之徒将失去自己的地产"。社会将按照《但以理书》所描绘的样子重建。《但以理书》由一系列训诫组成，然而训诫如此松懈，以至于从未产生过共同纲领。

上帝的信徒在英格兰开展千禧年斗争，千禧年信念导致上帝选民理论的产生。1641年，约翰·弥尔顿（John Milton）② 写道："上帝给了这片神圣领土以优先权，使之成为被隐瞒真相的首位发掘者。"

第五王国派的言论对英格兰革命影响深远。早年的奥利弗·克伦威尔（Oliver Cromwell）③ 即使不是第五王国派成员，也是其同情者。但是第五王国派的放浪生活使其声名狼藉。清教（Puritanism）随之出现，代表着"新人类"、圣徒，全新的组织、教会和圣约，代表着新的社会理念，亦即神圣的共和国。在基督复临之前，统治者将一直是一小撮选民，他们行使统治权，就像虔信者统治尚未得到新生的人们。由克伦威尔组建的新模范军在军事史上有着特殊地位，由于他们为上帝服务，他们严于律己，避免了几乎所有军队都犯过的搜刮民脂民膏和烧杀抢掠恶行。

政治斗争是乡村反对宫廷、议会反对君主的斗争。经济利益首当其

---

① 此处《圣经》中的原文为："这兽与前三角不同，头有十角。我正观看这些角，见其中又长起一个小角，先前的角中有三角在这角前，连根被他拔出来。这角有眼，像人的眼，有口说夸大的话。"（《但以理书》7：8）"头有十角和那另长的一角，在这角前有三角被他打落。这角有眼，有说夸大话的口，形状强横，过于他的同类。我观看，见这角与圣民争战，胜了他们，直到亘古者来给至高者的圣民申冤，圣民得国的时候就到了。那侍立者这样说……至于那十角，就是从这国中兴起的十王，后来又兴起一王，与先前的不同，他必制伏三王。"（《但以理书》7：19—27）——译注

② 约翰·弥尔顿（1608—1674）：英国诗人、政论家、民主斗士，是清教徒文学代表，一生都在为资产阶级民主运动而奋斗，著有《失乐园》等。——译注

③ 奥利弗·克伦威尔（1599—1658）：英国政治家、军事家、宗教领袖。17世纪英国资产阶级革命中，资产阶级新贵族集团代表人物、独立派首领。克伦威尔生于亨廷登，曾就读剑桥大学雪梨苏塞克斯学院，信奉清教思想。在1642—1648年两次内战中，先后统率"铁骑军"和新模范军，战胜王党军队。1645年6月在纳西比战役中取得对王党的决定性胜利。1649年，在城市平民和自耕农压力下，处死国王查理一世，宣布成立共和国。1653年，建立军事独裁统治，自任护国主。——译注

冲，但是，他们用来粉饰正义的语言与修辞却仅限于他们所知的宗教行话。正如布莱克（Blake）① 在《弥尔顿》（Milton）一书中提到的那样，他们希望在英格兰绿油油的令人愉悦的土地上建成一个自己的耶路撒冷。尽管弥尔顿本人在《国王与官吏的职权》（Tenure of Kings and Magistrates）一书中已经替一位卑劣国王的死作辩护，并且成为克伦威尔政府外交事务拉丁文秘书，但是在小册子《建立自由共和国之现成且简单的方法》（The Ready and Easy Way to Establish a Free Commonwealth）中，他率先表达了对君主制希望的破灭。他是最早的君主制发难者之一，但不是最后一个发难者。②

法国大革命带来了重大转折。法国大革命的语言是政治的，源自启蒙运动，乃理性之成就，但是法国大革命的基本情感是宗教的。这体现在一些节庆上，它们宏大而持续地表达了各阶层人民对法国大革命每一个事件的快乐庆祝。（xiv）

节庆曾经是法国人生活的一大传统特征。人们以戏剧形式庆祝皇室节日与宗教庆典，这与神农节颇为相似。法国大革命推翻了旧式等级制，使人变得平等、独立而孤立。莫娜·欧祖弗（Mona Ozouf）③ 写道："立法者现在的任务是把人民联结起来，这是本世纪所有乌托邦都在努力完成的一项任务。"

新的社会纽带通过节日庆典而得到了显示。立法者为人民创制了法律，节庆则为法律造就了人民。这些庆祝的节日有青年节、胜利日、老年节、农忙节、婚配节、共和日、人民主权日。每有节日，彩旗招展，锣鼓喧天，标语上墙，歌声嘹亮，如此这般，没完没了。正如米什莱指出那样，庆典是人民的盛大节日（圣餐仪式）。1790 年 7 月 14 日国庆是这些庆典的典范。当时近 5 万民众自发拥挤在巴黎的战神广场，那个广场成为法国大革命的圣地，卡米耶·德穆兰（Camille Desmoulins）④ 称它的圆形剧场是一座宗教纪念碑。

---

① 威廉·布莱克（1757—1827）：英国浪漫主义诗人、画家、雕刻家。——译注
② 有关这个时期，参阅 B.S. 盖普《第五王国派》（伦敦：法玻出版社 1972 年版），以及迈克尔·沃尔泽：《圣徒革命：激进政治学起源研究》（剑桥：哈佛大学出版社 1965 年版）。——原注
③ 莫娜·欧祖弗（1931—）：法国历史学家，著有《节庆与法国大革命》等。——译注
④ 卡米耶·德穆兰（1760—1794）：法国大革命时期报纸编辑，丹东同事，与丹东一起被处死。——译注

对法国大革命最高领导者罗伯斯庇尔（Robespierre）[1]来说，庆祝上帝的节日成为对他本人的赞颂计划。"诸在之在"（Being of Beings）取自基督教徒和启蒙运动者，欧祖称之为"贝律尔（Berulle）[2]、卢梭（Rousseau）和伏尔泰（Voltaire）传统"的交汇点。然而，自由之树（the Tree of Liberty）终须浇灌，用来浇灌的是与人民为敌者的鲜血。欧祖写道："革命者只服从一条法则，清洗的法则，它支配着革命思想和革命行为。"在大恐怖（the Terror）最为集中的时期，如其名头表示的那样，在从1793年底到1794年的9个月里，约有16000人被推上了断头台。威廉·多伊尔（William Dogle）[3]写道："这个办法冷酷的机械效率使整个欧洲陷入了深度惊恐之中。"每当头颅滚入篮筐，乌合之众顿时爆发出粗野的欢呼声。然而，批评大恐怖却有令同情受害者成为同党之嫌。

法国大革命努力遏制基督教在社会中蔓延，但事与愿违，在大革命的发生地，盛大的节日变成了宗教节日。从神圣价值向政治社会价值的转变成为一个新的合法性，变成了人类的祭礼，正是这个祭礼开创了一个新时代，一个崭新的世俗宗教时代。[4]

法国大革命是后来所有革命者的图腾，从巴贝夫（Babeyf）[5]到布奥纳罗蒂（Buonarroti）[6]，再到布朗基（Blanqui）[7]、马克思和列宁，莫不如此。恩格斯说，历史是从必然王国向自由王国的飞跃。完全出乎意料的布尔什维克革命则是意识形态的飞跃。

列宁在政治游戏中引入了一个崭新的重要工具——党。列宁说，群众"热衷于"想要过上好日子，他们只能达到某种"工会"意识。社会主义意识将不得不通过党"注入"群众之中。党由一群献身于共产主义

---

[1] 马克西米连·罗伯斯庇尔（1758—1794）：法国革命家。——译注
[2] 皮埃尔·贝律尔（1575—1629）：法国神学家。——译注
[3] 威廉·多伊尔（1942— ）：英国历史学家，布里斯托大学历史学教授，著有《法国大革命的起源》（1980）、《牛津法国大革命史》（1989）等。——译注
[4] 我这里沿袭了莫娜·欧祖弗在《节庆和法国大革命》（麻省康桥：哈佛大学出版社1988年版）的工作。并且参考威廉·多伊尔《牛津法国大革命史》（牛津：克莱伦敦出版社1989年版）第253页对大恐怖人物的描述。——原注
[5] 巴贝夫（1760—1797）：法国共产主义谋略家。——译注
[6] 布奥纳罗蒂（1761—1837）：出生于意大利的法国革命密谋家。——译注
[7] 布朗基（1805—1881）：法国革命的社会主义者。——译注

事业、具有钢铁般意志的革命者组成，他们在统一指挥下，总是以最无情的方式战斗着。列宁同时认为，政治就是不同利益集团相互间的斗争，你死我活，有我无他，彼此容不得半点妥协。同样，意识形态要么是共产主义的，要么是资本主义的，不存在中间道路。一句话，除了教会和军队以外，列宁引入了一种全新的有组织的武器。

当列宁去世时，他被神圣化了。他的遗体作为偶像被风干保存，安放在克里姆林宫附近的一座水晶棺里。在那里，忠诚的信徒们以屈膝跪拜的方式宣誓效忠。这个国家飘扬的旗帜上均书写着这样的口号（带着基督的回响）：列宁曾经活着，列宁仍然活着，列宁将永生。

马克思主义曾经假定，社会变化产生于社会的特定经济关系。但是现在，历史是一场自上而下的革命。"不存在证明正当性的所谓客观条件可以参照。"斯大林在1934年写道，"由所谓客观条件所起作用的部分已经被减到了最小；而由我们的组织及其领导者所起的作用已经变成决定性的、卓越的部分。它意味着什么呢？它意味着，从现在开始，导致我们的工作失败或失误的十分之九责任，不在于'客观'条件，而只在于我们自己。"①

历史唯物主义早已崩溃。然而，只要主流意识形态仍然寻求改造历史和人民，数千万人民仍将面临同样的命运。上帝失败了。转折已经结束。这正是"意识形态的终结"的论题。（xvi）

"历史的终结"，通过黑格尔（Hegel）②得以流行，是一种形而上学学说。历史哲学是对历史神学的呼应（假如不是取代）。在基督教学说中，人因堕落而同上帝分离。按照奥古斯丁（Augustine）③提出的教会观，时间的终结将随着基督再临而到来。到那时，人将与上帝重聚。那将是历史的终结，人在尘世的时间的终结。

---

① 引自罗伯特·V. 丹尼斯《共产主义的本质》（纽约：兰顿出版社1962年版），第34页。——原注

② 乔治·威廉·弗里德里希·黑格尔（1770—1831）：德国古典哲学家，客观唯心主义者和辩证法思想集大成者，著有《精神现象学》、《小逻辑》、《逻辑学》、《哲学史讲演录》、《法哲学原理》等。——译注

③ 奥古斯丁（354—430）：古罗马帝国时期基督教思想家，基督教神学、教父哲学代表人物。他在罗马天主教系统被封为圣人和圣师，是奥斯丁会发起人。他的理论是宗教改革救赎和恩典思想的源头，著有《上帝之城》、《忏悔录》、《论自由意志》、《论三位一体》等。——译注

按照黑格尔的观点，存在着一种原初的宇宙意识，为自我意识的出现所取代。人分裂为主体和客体，主我（the I）和客我（the Me），表象和实在。通过时间，借助于概念"理性的诡计"（the cunning of reason），这个分裂经历了意识的一些内在层次，当抵达表象层次时，历史的分裂通过一些世界历史人物——比如亚历山大（Alexander）[①]、恺撒（Caesar）[②]和拿破仑（Napoleon）[③]——得到了实现。他们是通往普遍主义的清洗工具。在黑格尔的框架之中，历史的终结变成了先验王国。

马克思接过黑格尔的脚本，对它作了社会定位。人类的类存在（wesen），人类的原始统一和原始的共同生活，通过精神劳动和体力劳动、城镇生活和乡村生活，以及最为重要的，有产者和无产者而分裂。在社会水平上，历史的终结是在充分的共产主义条件下这些分裂的终结。正如恩格斯论证的那样，在意识层次上将存在"意识形态的终结"，由于意识形态，"虚假意识"的假象将融入物质世界，现实的结构来源。[④] 在两个学说中，表象和实在的混合意味着，人将不再受鬼怪、精神和崇拜物——即宗教——的统治，用雪莱（Shelley）[⑤]《解放了的普罗米修斯》（*Prometheus Unbound*）里的话来说，人将变成"平等、没有阶级、没有部族、没有民族，/摆脱了恐惧的……王/只对自己实施统治……"

和黑格尔使用的极其不同的甚至有些乏味的措辞相比，弗兰西斯·

[①] 亚历山大（公元前356—前323）：世称马其顿国王亚历山大三世。他统一希腊，征服波斯及其他亚洲王国，直至印度边界，用13年时间征服当时欧洲视野之下的已知世界，被认为是历史上重要的军事家之一。——译注

[②] 恺撒（公元前102—前44）：罗马共和国末期杰出军事家、政治家，公元前60年与庞培、克拉苏秘密结成前三巨头同盟，随后出任高卢总督，花了八年时间征服高卢全境（大约是现在的法国），还袭击了日耳曼和不列颠。公元前49年，他率军占领罗马，打败庞培，集大权于一身，实行独裁统治。——译注

[③] 拿破仑（1769—1821）：世称拿破仑一世，法国军事家与政治家，法兰西第一共和国第一执政（1799—1804），法兰西第一帝国及百日王朝皇帝（1804—1814，1815），在其统治下的法国曾经占领西欧和中欧广大领土。——译注

[④] 在"意识形态的误读：在马克思思想中观念的社会决定论"一文中，我探讨了这些论题的文本来源，该文载于《伯克利社会学杂志》1990年。——原注

[⑤] 珀西·比希·雪莱（1792—1822）：英国浪漫主义诗人，英国文学史上最有才华的抒情诗人之一。——译注

福山（Francis Fukuyama）[①]无视其有力回声而使用了术语"历史的终结"（the end of history）。对福山来说，冷战的结束是民主和市场的胜利，是没有竞争对手的普世信条的胜利。伊斯兰教和天主教都提出了一些普世宗教主张。尽管伊斯兰教曾经试图通过武力征服世界，一直到近代以前，天主教则试图通过世俗君主力量来征服世界，但是在今天，它们都无法成为普世的，尤其是伊斯兰教，因为它的理论观点同经济、政治和宗教合而为一，而自成一家之言（就像共产主义那样）。假定民主将命令世界人民联合起来，就是假定"观念"将推动历史前进。那么，这只是站在一条片面的思想路线上：纵使历史不一定有一个目标（telos），但历史有一个方向，这等于掩盖了我们生活于其中的历史的极其复杂性。那么，在"意识形态终结"之后，在冷战结束之后，还将有什么呢？

我们的一切全都体现在了历史之中。显然，现在不是过去：虽然可以存在超越时间的持续事物——比如伟大的历史宗教，也许是最为持久的人类建制——甚至这些持续事物也采取了不同的形式以及由时间带来的差异。在过去四百年里，科学技术不仅产生了新的思维方式，而且产生了改造自然——纵使不是改造我们人类自身——的新工具。

那么我们如何定性历史呢？换言之，由于历史不是物，而是一系列变化着的关系，那么我们如何开展历史研究，确立识别重要变化模式的方法呢？在传统上，我们谈论古代、中世纪和近现代历史，尽管通过反思可知，西方历史大体上就是这个样子。亚当·斯密（Adam Smith）[②]及其苏格兰启蒙运动同道者曾经提出社会四阶段理论，它们依次是：狩猎、游牧、农业和商业。马克思无视这一提法，使几种生产方式成为社会演进的支撑点，它们是奴隶主义、封建主义和资本主义。

把一些整齐划一的分期（unified periodizations）设定为理解历史的一套框架之所以是困难的，是因为除了存在建立一个普遍参照框架的困

[①] 弗兰西斯·福山（1952— ）：日裔美籍学者，哈佛大学政治学博士，现任约翰霍普金斯大学教授，曾任美国国务院思想库政策企划局副局长，著有《历史之终结与最后的人》、《后人类未来：基因工程的人性浩劫》、《跨越断层：人性与社会秩序重建》、《信任》等。——译注

[②] 亚当·斯密（1723—1790）：英国经济学家、哲学家，著有《国富论》、《道德情操论》等。——译注

难以外，还存在一些很好的社会学理由。我认为，社会由三个不同领域所组成。每一个领域都遵循不同的组织"逻辑"。它们依次是：技术经济、政体和文化。

技术经济领域（the techno-economic realm）是这样一个系统，它由松散的相互关联单位所组成，在其中，一组变量权重的变化，对在其他变量中间相关经济行动者的决定过程具有或多或少的决定性结果。以下变化是"线性的"：假如一个新产品或一项新服务比以往的产品或服务更便宜或更有产能，那么，从成本考虑，人们就会使用它。它是一个替换过程。这个系统或多或少通过市场朝着均衡运动。

政体（the polity）不是一个系统，而是一个社会秩序、一套规则，通过强制或同意，来规制独立行动者的竞争、政治场所和社会特权的"输入"和"输出"。政体也是（因时而定的）司法行政、保护个人、惩治坏人的一套规则。套用马克斯·韦伯（Max Weber）[①]的名言，国家是垄断地合法使用暴力的唯一社会单位。在行动者——最常见的是各种精英的聚集过程中，不存在"线性"运动，只存在经常的取舍。

文化有两个维度：表现艺术的风格和意义样式，历史上表现宗教意义的样式。有时，这两个维度是混合的。比如，在礼拜仪式中，天主教的连祷、音乐和教堂建筑融为一体。在"现代"，更常见的情形是，它们已经被分离开来。在表现艺术中，不存在替换原则。布莱兹（Boulez）[②]"替代"不了巴赫（Bach）[③]。更加新颖的色调或透视法为绘画拓展了人类的审美本领。在伟大的历史宗教中，佛教、儒教、犹太教、基督教、伊斯兰教，撇开所有形式变化，关于业和轮回、一神教和立约、《古兰经》和先知的核心教义，在今天仍然得到认可。

传统守护着变化的入口。（比如在奥古斯都罗马或近代）不同宗教信仰或哲学主张的大汇合，为文化跨越民族边界或历史边界提供了可能性。虽然经济体系已经崩溃，政治帝国已经消亡，伟大的历史宗教和伟

[①] 马克斯·韦伯（1864—1920）：德国政治经济学家和社会学家，著有《新教伦理与资本主义精神》、《政治论文集》、《学术理论论文集》、《社会史与经济史论文集》、《社会学和社会政策论文集》、《经济与社会》、《中国宗教：儒教和道教》、《印度宗教：印度教和佛教社会学》、《国家社会学》等。——译注

[②] 布莱兹（1925— ），法国作曲家、指挥家、音乐理论家。——译注

[③] 约翰·塞巴斯梯安·巴赫（1685—1750），德国音乐家。——译注

大的文化表现形式，古埃及浮雕和中国书画卷轴，经历了所有的无数道工序，纷纷陈列在我们的博物馆里，仍然保留着历久弥新的鉴赏力。

那么，人们该如何看待历史的一些统一阶段，如何把经济、政治和文化融入一个单一结构之中，并使之相互协调呢？①

那么，我们应当如何看待历史呢？对于克劳塞维茨（Clausewitz）②来说，历史由理性、激情和机遇的相互作用所推动，由国家、人民和战争所成就。对研究大清洗的历史学家来说，存在着这样一些元叙事，它们是启蒙运动、大跃进以及当前的全球化，囊括了各种哲学和经济学思潮。每一股思潮都有其引人入胜之处，但是对社会学家来说，那些历史学家远离经验领域，缺乏确认社会关系样式的重要变化，理解影响日常生活——胡塞尔（Husserl）③ 称作生活世界——或生活经验的某些透视手段。

我对社会学研究提出了三个棱镜。它们不一定是一致的：

偶然的转折点（contingent turning points）：技术转折点或政治转折点，重新确定历史进程，指向完全出乎意料的方向。

制度结构（institutional structures）：随着时间的推移，制度结构为个人建立了各种关系，在社会分层系统中，个人处于一定的位置，扮演着一定的角色，属于一定的等级和阶级。

民族的原始认同（the primordial identities of peoples）：共享着语言或宗教，通过社会学家弗兰克林·亨利·吉登斯（Fnanklin Henny Giddings）④ 称作"同类意识"（the consciousness of kind）而统一的，既在

---

① 有人曾经问过马克思，假如每一种生产方式同以往的生产方式具有质的差别，那么以下情形是如何可能的：我们仍然能够欣赏古希腊人的艺术和戏剧作品。他从来没有公开回应过这个问题，但在其死后问世的一些笔记中，他回答道，古代希腊人代表着"人类的童年，我们以我们回应所有孩子之杰作的方式来回应它"。但是，安提戈涅，为了给其兄弟的尸体以体面的葬礼而冒犯了克瑞翁，不是孩子；曼德尔施坦姆（Nadezhda Mandelstam）也不是孩子，她寻找被斯大林杀害的丈夫奥斯（Osip）的尸体，以给他体面的葬礼。带着墓碑的葬礼，是文明社会的先验标志之一。——原注

② 克劳塞维茨（1781—1831）：普鲁士将军。——译注

③ 胡塞尔（1859—1838）：德国现象学哲学家，著有《算术哲学》、《逻辑研究》、《作为严格科学的哲学》、《纯粹现象学和现象学哲学的观念》、《形式的和先验的逻辑》、《笛卡尔沉思》、《欧洲科学的危机与先验现象学》、《第一哲学》等。——译注

④ 弗兰克林·亨利·吉登斯（1855—1931）：美国社会学家和经济学家，哥伦比亚大学教授，"同类意识"概念（the concept of the consciousness of kind）提出者。——译注

政体中又在文化中以一种普通生活来表现那种统一的共同实体。

偶发事件依其本质是不可预见的。它们是不确定的，发端于千载难逢的机会，阴阳交错，千变万化。俄国二月革命（the February Revolution in Russia）是一系列条件的产物，那些条件产生于现存结构的破坏；然而，布尔什维克十月革命是一次孤注一掷的豪赌。同样，在纳粹党已经开始失势的紧要关头，兴登堡（Hindenberg）① 选择希特勒做总理，可能受到了这样一个信念的诱惑：希特勒会受制于冯·巴本（von Papen）② 和施莱彻尔（Schleicher）③ 将军。但是希特勒却灭了那两个人。

尽管机遇引发事件，但是事件仍然产生了迈克尔·欧克肖特（Michael Oakeshott）④ 以绝妙短语"环环相扣的偶发事件"（interlocking contingencies）所称谓的结果。转折本身是不确定的，但随之而来的系列事件，它们的后果改变了历史。

自从文明初创以来，制度结构一直是历史的主要框架。从技术上讲，已经存在前工业社会、工业社会和后工业社会。封建主义、资本主义和社会主义是一些占优势的制度。但是从政治上讲，最为持久的制度是帝国，幅员辽阔的混合体往往借助于武力才得以维持。20 世纪最为重大的一个事实，共产主义和法西斯主义为之相形见绌的一个事实是，帝国的崩溃。

第一次世界大战导致了哈布斯堡王朝（Habsburg）和罗曼诺夫王朝（Romanov）、威廉明娜·日耳曼帝国（Wilhelminian Germany）和奥斯曼帝国（the Ottoman Empire）的解体。以哈布斯堡家族为例，其谱系始于神圣罗马帝国（the Holy Roman Empire），延续了一千多年。自从罗马帝国瓦解和拜占庭（Byzantium）存在一千年以来，未曾见过波及面如此广阔的政治地震。

第一次世界大战之后，随着波兰、捷克斯洛伐克、匈牙利和一些巴

---

① 兴登堡（1847—1934）：德国将军和总统。——译注
② 巴本（1879—1969）：德国政治家和外交家。——译注
③ 库尔特·冯·施莱彻尔（1882—1934）：1932 年 12 月至 1933 年 1 月曾任魏玛共和国最后一任总理。在 1934 年 6 月 30 日的"长刀之夜"中，施莱彻尔被纳粹党暗杀。——译注
④ 迈克尔·欧克肖特（1901—1990）：英国政治思想家、保守主义知识分子，著有《经验及其方式》、《当代欧洲的社会教义和政治教义》、《政治中的理性主义和其他》、《论人类行为》、《论历史以及其他》等。——译注

尔干民族成为民族国家，欧洲版图被改版。在中东，诞生了叙利亚、黎巴嫩、巴勒斯坦、约旦和沙特阿拉伯等国家，只有叙利亚具有历史同一性。由英国创立的其他国家要搞清楚他们是谁不是一件容易的事。

第二次世界大战导致了大不列颠、法兰西、荷兰、比利时和葡萄牙诸帝国的终结。从废墟中诞生了超过100个新国家，但是在绝大多数情形下，这些新生国家几乎都跨越了部族和民族的古老的自然边界。

1989年，苏联帝国解体，南斯拉夫分裂，几十个民族走出阴影，寻求确立新的独特性。苏联的实验是一次"自上而下的革命"。现在，这些民族正在转回过去，努力成为赫尔德（Herder）① 意义上的民族（volk），即努力重新成为一个民族（people），它确定了20世纪终结的性质。这是给我们的时代打上自身印记的历史的续写。

"民族"（people）是一个没有定型的概念。不过，不同于部族或部落，民族感情是历史上最古老最强有力的感情之一。历史往往通过穷兵黩武依靠蛮力而使一个"民族"屈服。由于整个民族消亡了，通过灭绝或同化，一些民族的持久性便显得极其非同寻常，它们寻求实现自决的努力有着某些地域性依据。

在19世纪，"种族"（race）被最常见地用来表示民族，这个术语表明了一个共同的祖先。最早使用这个术语的人乃非寻常之辈，但是现在这个人几乎已经被世人所遗忘。他是同马克思和恩格斯一起的第三个人（毕竟，辩证法是三一式的。），他就是摩西·赫斯（Moses Hess）②。赫斯是一位早期黑格尔主义者，他引导马克思关注社会和经济问题（当时马克思仍然沉迷于哲学），并使恩格斯信仰共产主义。赫斯与马克思商讨了《德意志意识形态》的一些章节，甚至参与了《共产党宣言》的早期讨论。他因犹太教而与马克思闹翻。已经被拿破仑解放的那一代日耳曼犹太人，受到了由于德意志诸侯复辟而被遣送回犹太人定居点的威胁。许多犹太人，比如马克思的父亲，改了宗。赫斯的父亲则没有改宗。赫斯也没有改宗。像在他之前的费希特（Fichte）一样，马克思认为，犹太人是一个"小贩子民族"（huckster people），是倒退的。赫斯

---

① 赫尔德（1744—1803）：德国哲学家、神学家和诗人，著有《论语言的起源》、《当代德国文学片段》、《评论文集》、《关于人类教育的另一种历史哲学》等。——译注

② 摩西·赫斯（1812—1875）：德国早期社会主义者。——译注

则认为，犹太人是"一个具有世界历史意义的文明的民族"，而且他们绝不可能平静地生活在欧洲，在那里，仇恨犹太人是一大地方特色，无法根除。在1862年，赫斯写道，解决犹太人问题的唯一办法是，获得一种国民性，建立自己的国家。

在与马克思的尖锐分歧中，赫斯形成了自己的见解。赫斯写道："社会制度，像精神风貌一样，是种族的产物。"所有过去的历史都关注种族斗争和阶级斗争。"种族斗争是首要的；阶级斗争是次要的。当种族敌视结束时，阶级斗争也就停止了。所有社会阶级的平等紧跟在所有种族的平等之后，最终留下的只是一个社会学问题。"①

对于那些把历史当作一个笑话来看的人来说，马克思已经风光不再，而赫斯没有名誉扫地。作为原始犹太复国主义者（proto-Zionist），赫斯声称，一个民族，既然历史让它存活了下来，便满怀着理想，希望实现自己的渴望。经历了几乎两千年的颠沛流离之后，作为犹太人民族国家的以色列才得以诞生，这是民族史上最为非同寻常的一个插曲。

赫斯是一位19世纪的思想家。不过，正如莱昂内尔·特里林（Lionel Trilling）②在研究马修·阿诺德（Matthew Arnold）③（他用种族来解释"人民的习惯……如何决定其生活方式、制度和政府"）时观察到，种族理论"在19世纪是几乎没有争议的"。他继续说道："司汤达（Stendhal）④、梅瑞迪斯（Meredith）⑤、斯达尔夫人（Mme de Stael）⑥、

---

① 摩西·赫斯：《罗马和耶路撒冷》（纽约：哲学文献出版社1958年版）。在前言的结论中，没有标明页码。有他对犹太人在欧洲的命运的看法，赫斯提到，在1840年，在大马士革事件，一次野蛮攻击犹太人事件之后，"日耳曼人，在他们的自由战争之后，不仅否定与其并肩作战抗击法国的犹太人，而且用'野种'、'野种'的叫声来羞辱他们。日耳曼爱国者所热爱的祖国，不是这个国家本身，而是其种族的统治"（同上，第33页）。显然，马克思无法容忍任何反对意见，他以恶语咒骂赫斯。——原注

② 莱昂内尔·特里林（1905—1975）：美国文学评论家，哥伦比亚大学教授，著有《弗洛伊德和我们的文化危机》、《文化之外，论文学和学识》、《真诚与真实性》等。——译注

③ 马修·阿诺德（1822—1888）：英国诗人、评论家，牛津大学诗学教授，代表作有《评论一集》、《评论二集》、《文化和无政府状态》，诗歌《郡莱布和罗斯托》、《吉卜赛学者》、《色希斯》和《多佛滩》等。——译注

④ 司汤达（1783—1843）：法国现实主义作家，著有《红与黑》、《巴马修道院》等。——译注

⑤ 乔治·梅瑞迪斯（1928—1909）：英国作家，著有《利己主义者》等。——译注

⑥ 斯达尔夫人（1766—1817）：原名安娜·路易斯·日尔曼妮·奈凯尔，法国浪漫主义女作家，文学批评家，著有《从文学与社会制度的关系论文学》、《论德国》等。——译注

卡莱尔（Carlyle）①、詹姆斯·安乐尼·弗劳德（J. A. Froude）②、金斯莱（Kingsley）③、约翰·理查德·格林（J. K. Green）④、泰恩（Taine）⑤、列农（Renan）⑥（他使阿诺德对克尔特人⑦产生兴趣）、圣驳夫⑧——所有这些人建立了一种种族假说。实际上，这份名单可以包括当时谈论人类事务的几乎所有作家。"⑨

在今天，种族（race）是一个带有污点的术语，因纳粹而得污名，纵使一个人寻求较为中立的用法，种族仍然会被强烈地等同于肤色。尽管它源自赫尔德，德语"Ein Volk"是对一个令人不安的同类的奇特响应。一个国家（nation）包容了多个民族（peoples），但是，"nation"大体上是一个政治术语，同"State"具有不可避免的联系，并且同公民资格问题相抵触。（撇开其他的起源因素，那些"仅仅"碰巧在某一个国家比如在美国或德国出生的人是"公民"［citizens］吗？）

假如"续写历史"是国家的解体和作为单一社会实体之"民族"的重生，那么另一个词汇必然是不确定的。我在此采用的术语是"ethnie"，这是法国社会学家多明尼戈·施纳佩尔（Dominique Schnapper）⑩使用的术语。"Ethnie"描述了这样一些民族，他们分享着共同的情感纽带和语言，他们最深层的本能是肯定自己同属于过着共同生活的一个共同体，在其传说、诗词和歌曲中，述说着一个共同的命运——直至死亡。⑪

(xxii)

---

① 卡莱尔（1795—1881）：苏格兰散文家和历史学家，著有《法国革命》、《过去与现在》、《论英雄、英雄崇拜和历史上的英雄业绩》。——译注
② 詹姆斯·安乐尼·弗劳德（1818—1894）：英国历史学家、小说家、传记作家。——译注
③ 查尔斯·金斯莱（1819—1875）：英国作家、历史学家，剑桥大学近代史教授。——译注
④ 约翰·理查德·格林（1837—1883）：英国历史学家。——译注
⑤ 泰恩（1828—1893）：法国历史学家和哲学家。——译注
⑥ 约瑟夫·厄恩斯特·列农（1823—1892）：法国研究中东古代语言和文明专家。——译注
⑦ 克尔特人（Celts），公元前一千年左右生活在莱茵河以东的中欧地区的移民和土著西班牙人。——译注
⑧ 圣驳夫（1804—1869）：法国批评家。——译注
⑨ 莱昂内尔·特里林：《马修·阿诺德》（纽约：迈利迪恩出版社1955年版），第214—215页。这个著作最初出版于1939年。——原注
⑩ 多明尼戈·施纳佩尔（1934—　）：法国社会学家雷蒙·阿隆的女儿，出生于巴黎的法国社会学家和政治活动家。——译注
⑪ 多明尼戈·施纳佩尔：《公民共同体：论现代国民观念》（新本斯威克：交通出版社1998年版）。——原注

任何一个强权帝国的解体不仅解放了许多新国家，而且解放了在那些新生国家之内的许多民族。这是到处都在发生的新景象。苏联的终结导致了15个国家的诞生或重生，其中包括变小的新国家俄罗斯。[①] 现在仍有两千五百万俄罗斯人留在了这些新国家。以前，作为控制工具的一部分，俄罗斯人往往享有特权；现在，俄罗斯人变成了少数民族，这是他们从未料到的处境。虽然在新的俄罗斯联邦里，俄罗斯人构成了人口的绝对多数（约占人口的80％），许多非俄罗斯族的国民，有他们自己的基于种族边界承认的共和国，占据大约53％的俄罗斯联邦国土总面积。像鞑靼斯坦、巴什科尔托斯坦、乌德穆尔特、布里亚特、图瓦、科米以及雅库特，全都在宪法中声称希望实现在其共和国境内作为一个种族的优先地位。[②]

在创造"国家认同"（national identification）方面，即使独立国家也存在着自己的困难。塔吉克斯坦——最早以中亚居民为世人所知的一个讲波斯语的民族的后裔——有五百余万人口，但是只有60％的人口是塔吉克斯坦人。乌兹别克人构成了其人口的25％。有一千四百多万乌兹别克人居住在与乌兹别克斯坦相邻的国家。大量的塔吉克斯坦人生活在乌兹别克斯坦，大约相似数量的塔吉克斯坦人生活在阿富汗。俄罗斯人，不到塔吉克斯坦人口的10％，在产业、职业、政界和军队占据着重要位置。1992年，由于乌兹别克少数民族在俄罗斯支持下控制了资本，内战爆发。在联合国的协调下，谈判各方达成了一个不稳定的解决方案。这里是欧亚的核心地带，曾经是古老丝绸之路和豪斯霍弗尔世界军事力量学说的发源地。但是又有多少人知道在续写历史中的这些种族困境呢？

车臣为世界所知，就是在面对残暴的俄罗斯远征镇压时顽强抵抗而爆发了独立运动。在第二次世界大战期间，那些民族受到斯大林的驱逐，他们背井离乡（因担心国家分裂），被全部驱赶到亚洲，一直不允许回来。但是，作为米哈依尔·莱蒙托夫（Mikhail Lermontov）[③] 伟大

---

① 这些国家是在巴尔干地区的爱沙尼亚、拉脱维亚和立陶宛，在东欧的白俄罗斯、乌克兰和摩尔多瓦，在库索沃地区的亚美尼亚、阿塞拜疆和格鲁吉亚，在中亚的哈萨克斯坦、吉尔吉斯斯坦、乌兹别克斯坦、塔吉克斯坦和土库曼斯坦。——原注

② 参阅安那托利·M.哈扎诺夫"俄罗斯联邦中的种族民族主义"，载于《代达罗斯》（Daedalus）1997年夏季刊，第135页。——原注

③ 米哈依尔·尤利耶维奇·莱蒙托夫（1814—1841）：俄国诗人。——译注

浪漫主义故事集《当代英雄》(*A Hero of Our Time*)的读者都知道,那是一部充满崇山峻岭之旷野与壮美、激情与野性的著作,高加索人似乎一直是为战争而生的。50个少数族群生活在绵延900公里的高加索山脉一带。在南边是格鲁吉亚、亚美尼亚和阿塞拜疆,前两个民族信奉东正基督教文化,第三个民族是土耳其化和伊斯兰化的高加索阿尔巴尼亚人后裔。四种不同文明相互交融和重叠,分别产生出土耳其草原文明、中东文明、东欧文明和高加索自身的文明,在这里,尚武好战有着千年传统。共产主义的90年统治无法消除这些深层隔阂。它们在当代仍然沉渣泛起,死灰复燃。

巴尔干地区正在面临如此局面。1945年铁托的胜利给该地区带来了一种令人不安的和平。新生的南斯拉夫由6个共和国组成:塞尔维亚、克罗地亚、波希尼亚—黑塞哥维那、黑山、马其顿、斯洛文尼亚,外加两个自治地区,科索沃和伏伊伏丁那。但情况反复,变幻无常。南斯拉夫本身不是一个单一的民族国家,甚至民族和国家之间的差异也是模糊不清的。只有在斯洛文尼亚,民族和国家才是衔接的。南斯拉夫将成为一个共产主义多民族的联合体。尽管南斯拉夫将要成为一个多民族的联合体,但是事实是,在二千万人口中,仍然有四百万人口或居无定所,或离乡背井,他们现在仍然是其他共和国的少数民族。

(xxiv)

不过,在这错综复杂的关系中,最为纠结的是每个民族作为一个种族(ethnie)的深层情感,往往令人无限缅怀和留恋,长达千年之久。在不同统治者数十个前后相继的朝代里,只有过去的传说才能把他们牢牢地维系在一起。

《经济学家》曾经写道,斯洛文尼亚"几乎遭受了与欧洲事务有所牵连的每一个人的蹂躏"。统治他们时间最长的主人是奥地利哈布斯堡王朝。该王朝几乎统治了后来近五百年的绝大多数时间。19世纪初,在拿破仑统治之下,法国占领了斯洛文尼亚。在法西斯时期,它的首都,卢布尔雅那,落入了希特勒帝国和墨索里尼意大利的魔爪。再后来,俄国人接管斯洛文尼亚,来自贝尔格莱德的塞尔维亚人成了斯洛文尼亚的主人。在1991年,它成为一个民族国家。在公元6世纪,斯洛文尼亚人就已经是来自维斯杜拉河和奥德河流域伟大的斯拉夫移民的一个分支。在奥地利人统治下,成为罗马天主教徒。但是他们的国民意识在19世纪发生了特殊转折,正如当时的许多欧洲民族做的那样,当时拿破仑努力把他们囊括进他的"伊利里亚行省"之中。在抵抗过程中，他们的诗人发展了一种关于过去的传奇和民谣文学。有可能这些故事是杜撰的和附会的。但重要的事实是，斯洛文尼亚人对它们信以为真，它们成为把斯洛文尼亚人作为一个民族重新联结到一起的情感纽带。

塞尔维亚人，是公元 7 世纪来到巴尔干的一个斯拉夫民族，驱逐了色雷斯人、伊利里亚人和大夏人。对塞尔维亚人来说，传奇已经成为贯穿其历史的一条红线。奥斯曼土耳其人在科索沃盆地黑鸟场打败了塞尔维亚人，有可能活捉了塞尔维亚的领袖拉扎尔郡主（Prince Lazar）[①]。他的故事提到："与其苟且偷生，不如战死沙场。"宁死不屈，成为该民族意识的基础神话。

塞尔维亚人的历史是一部贯穿着漫长的血腥战争和反叛的历史。我们再来谈一谈拉扎尔郡主。他的传奇由教会抄写员记录下来，在民间诗歌中反复传唱。在 1401 年或 1402 年，拉扎尔的尸体被安放在一个修道院里，那是他在拉维尼加建立的修道院。他的尸体穿着外套，衣服上绣着张牙舞爪的狮子，盖着一块红色的裹尸布。在那场伟大战争 600 周年纪念大会上，他的尸骸在修道院之间进行巡回展示。今天，拉扎尔遗留的尸骸再一次安放在了拉维尼加修道院。在周日，棺材打开，只有他的褐色的萎缩的双手露出了裹尸布。谁能无动于衷呢？难道所有这一切都只是统治当局玩的把戏？也许是的。不过事实依然是，人民相信，这些传奇，以及过去，都是有过的。正如有人说的那样：拉扎尔郡主已经永垂不朽。拉扎尔郡主永垂不朽。拉扎尔郡主将永垂不朽。[②]

在第二次世界大战之前，世界上 80% 的土地和世界上 80% 的民族，都在西方列强统治之下。殖民主义以令 21 世纪历史学家诧异的迅雷不

[①] 拉扎尔郡主（1329—1389）：塞尔维亚历史上的民族英雄。——译注

[②] 它只是一个权力问题吗？例如，我想起了米哈尔·马科维奇（Mihalo Markovic）的故事。在铁托当政时期，他是一个坚强的异议分子，后来成为自由主义马克思主义杂志《实践》（Praxis）的编辑，他同尤尔根·哈贝马斯（Jürgen Habermus）和政治理论家塞拉·本哈比布（Seyla Benhabib）有过合作。在铁托当政时期，他被流放，任教于宾夕法尼亚大学。今天，作为一位塞尔维亚爱国者，他是米罗塞维奇塞尔维亚社会主义党副主席，通过引用亚伯拉罕·林肯在美国内战中拯救合众国的努力，来替塞尔维亚反对克罗地亚和波希尼亚作辩护。在国际通信委员会期刊《通信》第 4 期中，我曾经详细写到了捷克斯洛伐克的内战冲突。有关塞尔维亚历史的讨论，我引自梯姆·犹大的出色著作《塞尔维亚》（纽黑文：耶鲁大学出版社 1997 年版）。——原注

及掩耳之势，在政治史上以独一无二的速度走向了终结。53个主权国家（还有少数附属国）诞生自大不列颠帝国。20个国家诞生自法国统治，其中16个在非洲，2个在北非，2个——越南和柬埔寨——在亚洲。在所有这些国家中，令人称奇地，120个新生国家诞生于帝国的崩溃。

不过，在当今世界中，一个最显著的社会事实是，世上的几乎每一个国家都是一个多元国家，多数民族和少数民族杂居，拥有多种文化权利的语言团体或族群杂处。今天，没有一个国家是同种的。日本曾经以为是同种国家，但是现在有了许多韩国侨民居民点，甚至有华人和巴基斯坦工人散落在东京和大阪近郊。日本面临的问题是，公开承认移民成为其工作适龄人口，以压缩退休和年长者的劳工比例。瑞典曾声称是文化单一国家，现在已经不得不去处理吉卜赛人和土耳其人族群，他们已经成为当局的难题。新加坡承认大量的巴基斯坦工人和其他外来工人，通常要五年之后才驱逐他们，以维持对这个城市的控制。

似乎很少有国家能避免这个问题。在英国，（依照进化而非革命的节奏）权力下放已经变成得到承认的政策：苏格兰现在有了自己的议会和文化生活措施，如教育；威尔士有自己的集会；北爱尔兰将变得更加不受英国官方控制。甚至产生了下一个十年英国是否会瓦解的问题。比利时彻底地分裂为佛兰芒人和华隆人两个民族。捷克斯洛伐克分裂为捷克共和国和斯洛伐克。在罗马尼亚和斯洛伐克，存在着大量匈牙利少数民族。西班牙有加泰罗尼亚人和巴斯克人。在亚美尼亚和阿塞拜疆境内，有着盘根错节的格局。还存在着库尔德人，他们分布在土耳其、伊拉克和伊朗，仍然寻求着自己的民族国家。(xxvi)

虽然这些民族运动贯穿于整个历史之中，然而针对当前广泛爆发的民族运动，是否存在某个解释呢？在19世纪的欧洲，民族主义成为答案，它由以下因素所促成：浪漫主义，作家的歌曲诗文，以及像加里波第（Garibaldi）① 那样火焰般红衫领袖的作用，从地区向国家范围的工业和贸易增长而导致的制度基础，因而需要国家层面的政治治理，如关税和进出口控制，更不用说国家军队。

---

① 朱塞佩·加里波第（1807—1882）：意大利爱国军人。他献身于意大利统一运动，亲自领导了许多军事战役，是意大利建国三杰之一（另两位是加富尔和马志尼）。——译注

具有矛盾意义的是，今天，民族主义再次兴起，其理由却正好相反。其构造力量是经济全球化，资本、货币和商品流跨越了国界，人民也随之而流动。许多国家已经丧失对本国货币的控制，而受国际货币基金的监控。通过使本币依附于美元的"美元化"，来使本币作为国家信用和汇率的依据。

民族国家曾经是适应经济活动新范围并且面对其他民族国家的一个适当工具。但是，现在已经不再如此了。民族国家开始日益融入地区势力之中，比如欧共体（欧元）和北美自由贸易协定（NAFTA），后者把墨西哥、美国和加拿大作为一个单一的生产和贸易区。日本的资本投资实力织就了一个亚洲强国网络。

于是，经济一体化带来了政治分裂，西方帝国主义的瓦解和共产主义同盟的崩溃，更为分裂加上了额外一笔。

那么，在冷战结束之后，世界社会是否存在着一个新气象呢？我们纵使撇开正在崛起的强国中国和印度的角色，略去撒哈拉以南非洲国家由种族冲突和其从资源基地向后工业世界转变的无能所带来的严重经济困难，我们仍然可以持有一种建设性见解。它将是一个重新配置生产和技术的全球经济社会，① 一些带有统一预算和福利规则的区域政治集团，以及在民族国家和地区内部的文化自治（cultural autonomy）。

一方面，作为大陆社会，美国是持这种充满希望见解的模范。尽管存在着种族紧张，美国已经把黑人社区带入了政治体系之中，它已经由以下事实所见证：几乎每一个重要的美国城市（波士顿除外），都有过黑人市长，再加上数百名地方黑人官员。不过，经济差异仍然存在。美国已经证明，要做到这一点，在很大程度上得依靠持续的经济活力和技术创新。

在欧洲，除了巴尔干和高加索地区，由帝国崩溃产生的溢出效应之外，种族冲突已经不再发生（尽管在一些国家反对外来移民的排外暴力偶有发生）。加泰罗尼亚是充满活力的文化自治的范例，在德国，对土耳其社区的宽容表明了一种值得称道的政治成熟。

这是一个良性的见解，假如它不是一个可喜的希望。在把历史看做

---

① 我在《后工业社会的来临》2000 年版新版"前言"中详细论述了那个问题（纽约：基础图书出版社 2000 年版）。——原注

各民族（不只是制度或结构）历史的过程中，一个重要的事实是，在世界各地，由各个民族提出的日益高涨的文化自治（假如不是政治自治）呼声，比如魁北克、恰帕斯①、巴斯克、伦巴、科西嘉、科索沃、库尔德、车臣、克什米尔、泰米尔、西藏、巴勒斯坦、东帝汶，以及位于印度尼西亚群岛上的五六个种族提出的文化自治呼声。② 这能够实现吗？《欧洲区域或少数民族语言宪章》(*The European Charter for Regional or Minority Languages*) 已经被欧洲理事会 40 个成员国所采纳，并于 1998 年 3 月生效，赋予在私人生活或公共生活中使用区域或少数民族语言以"不可让渡的权利"，规定这些语言是由其所占人口大大地少于国家其余人口的国民"在传统上使用的"语言。尽管在理论上成立，但是只有 8 个国家批准了该协议，法国以存在对母语正常性的所谓威胁为借口否决了该协议。这些不是文明冲突，文明冲突是显而易见的历史，而是国家内部国家和民族之间的权利冲突，那是若隐若现的历史，却更贴近人民的感情。

我的结论是，作为信仰的伟大历史交汇点，"意识形态的终结"走完了自己的历程。现在该是续写已经开始的历史的时候了。

---

① 恰帕斯（Chiapans），墨西哥南部一州。——译注
② 参阅乌斯特·汉纳姆《自治、主权和自决》修订版（费城：宾夕法尼亚大学出版社 1996 年版）。——原注

1961年英文版作者序
——令人不安的自负

> 未来属于民众,属于能对事物作出简明解释的人们。
> ——雅各布·布克哈特(Jacob Burckhardt)[①]

本书着重探讨了20世纪50年代美国社会的变化。经济的"强行"扩张——那种扩张推翻了关于经济不景气的早期推测、永久性军队编制的创立、雄厚的防御性经济的建立,再加上冷战紧张气氛的持续加强,使得20世纪50年代成为一个非同寻常的年代。在这10年里,在阶级结构方面,尤其在白领阶级成长和郊区扩大方面,都发生了一些非同寻常的变化。于是,我们遇到了这样一个问题:在国外,我们如何使自己区别于印度人、非洲人、阿拉伯人,等等;在国内,我们专注于"自我"和"身份"问题,不仅突出了精神分析的地位,而且有赖于通俗社会学之镜。托克维尔(Tocqueville)[②]曾经谈到美国人"令人不安的自负"。在与陌生人打交道时,这种自负曾使他"听不进最轻微的批评,而只想听恭维的好话"。现在,这种自负已经被一种令人焦虑的自卑所代替:害怕受到责难,一味地渴求恭维。

我不想探讨美国人的性格结构,我也不想探讨美国经验的独特性或美国政治的特质。如我在"美国过去的折射"一文中表达的那样,我怀疑任何一组镜子能否映射和捕获到美国生活令人眼花缭乱的暧昧性和复杂性。在本书中,我想要强调的是,简单化处理的错误以及由简单化处

[①] 雅各布·布克哈特(1818—1897):巴塞尔大学历史学与艺术史教授,著有《君士坦丁大帝时代》、《意大利文艺复兴时期的文化》、《希腊文化史》等。——译者

[②] 托克维尔(1805—1859):法国历史学家、社会学家,著有《论美国的民主》、《旧制度和法国大革命》等。——译注

理所导致的意识形态陷阱；这些尝试当然是批判的。约翰·斯图尔特·密尔（J. S. Mill）①在讨论边沁（Bentham）②的一篇论文中曾经说过，批评家是生活在精神王国最底层的人。那么，我从底层开始吧。

在第一部分中，我认为，关于美国的许多社会理论之所以是不适当的，在很大程度上是因为人们把来自欧洲社会学的一些不着边际的观念不加批判地应用于极其不同的美国生活经验的缘故。在大众社会理论中，这一点最为明显。"大众社会"（mass society）这一概念变成了对美国生活进行激进的和盛气凌人的非难的主旨，变成了试图以精英方式看待美国政治的主旨。我认为这些理论是错误的。集团利益和地位抱负被转变成各种政治观念，其性质推翻了新马克思主义关于美国社会的阶级和大众的传统理论。除此以外，这10年的政治是最近社会变化的根源。同20年以前相比，它受到了完全不同的驱动力的推动。20世纪30年代的政治热点几乎完全是国内的；用社会经济术语来说，那个阶段的社会分裂是国内分裂，且大多是阶级分裂。在今天，这一点已经没有多少意义。20年以前的阶级阵线和最近10年的阶级阵线在今天也已大不相同。今天的政治不再是任何国内阶级分裂的反映，而是取决于国际事件。作为政治的表现，外交政策是许多因素的反应。其中最重要的因素一直是对俄国意图的评估。起初由凯南（Kennan）、艾奇逊（Acheson）和杜鲁门（Truman）③等人作出的那种评估，即遏制的需要，并没有发生根本的变化，被后来的历届政府所继承。这种评估对政治和社会变化的整个后果产生了影响：扩军备战、区域军事联盟的形成、"双重经济"的产生、科学和科学家的新作用，所有这一切都重新塑造了整个美国的社会面貌。因此，不能作出简化论者易于产生的宏大理论概括，关于美国社会和政治的任何一个理论都必须从严格的经验水平的研究出发。

---

① 约翰·斯图尔特·密尔（1806—1873）：苏格兰哲学家和经济学家，著有《逻辑体系》、《政治经济学原理》、《论自由》、《论代议制政府》、《效益主义》、《女性的屈从地位》、《论社会主义》等。——译注

② 杰里米·边沁（1748—1832）：英国法理学家、功利主义哲学家、经济学家和社会改革者，著有《道德和立法原则概述》、《政府论片断》。——译注

③ 乔治·凯南（1904—2005）：美国外交家和历史学家，主张对苏联采取遏制政策，曾任美国驻苏联大使（1952—1953）和美国驻南斯拉夫大使（1961—1963）；迪安·古德哈姆·艾奇逊（1893—1971）；美国国务卿（1949—1953）；哈里·杜鲁门（1884—1972）；美国第33位总统（1945—1952）。——译注

第一部分以探讨宏观理论为主。第二部分则近乎微观地考察了对美国社会所作的各种细致研究。就整体而言，它们试图证明美国生活的复杂性。例如，"作为一种美国生活方式的犯罪"一文尽管对赌博业的社会组织进行了一种可能与众不同的描述，但它也是一种关于族群与社会流动的关系理论，并且是以"边缘的"方式攀向成功的阶梯的一个案例。（在这一意义上，它也许是涂尔干［Durkheim］① 如下悖论性评论的一个佐证：社会离不开犯罪。）讨论码头装卸工人的那篇论文说明了生态和市场因素——在这个例子中是交通拥挤和"时间"成本——如何产生了在船运公司和非法团伙及政客之间进行通融的方式。这种方式已经被深嵌在这个行业的经济结构之中。讨论工会的文章分析了在制度挑战顺应现行特权过程中意识形态和身份因素的相互作用。讨论工作的那篇文章是本书中最长的。它企图说明毫无保留地接受"效率"观念是产业技术和社会组织的基础——它会对工人产生有害影响。这些论文的要旨在于作出一些分析性区分。我希望在进一步社会研究中能够证明这些区分是富于成果的：社会运动和市场工联主义的区分、族群演替（ethnic-group seccession）和社会流动的区分、身份集团政治和利益集团政治的区分、技术和决策的区分。

最后部分对美国激进运动和马克思主义进行了探讨。它提出了意识形态的政治作用、意识形态与知识分子的关系等核心问题。苏联行为的性质对美国政策是至关重要的。有一篇论文试图解释我们所知的俄国意图。异化和剥削论题对激进伦理是至关重要的，对这些观念的历史作一番考察将揭示出马克思主义的诸多主要见解和不足。

这些文章是在 10 多年时间里完成的。它们不仅是由问题而且是由思想倾向串联起来的。它们是为那些虽非内行但受过教育的、对各种观念感兴趣的读者而写的。在今天，承认自己对观念感兴趣几乎已经不合时宜了。社会科学的语言是假设、参数、变量和范式。程序是由众多变量组成的（即孤立的单因子或群，使其他因子为常量，以检测特定变量的重要性或各个变量的相互作用），并且是量化的。在技术方面受过训

---

① 爱弥尔·涂尔干（1858—1917）：法国社会学家，著有《论社会分工》、《论自杀》等。——译注

练的许多社会科学家瞧不起观念和历史,把它们看做模糊的和不精确的东西。人文学者则嘲笑社会科学家的各种行话和通常微不足道的结论。双方都在揭对方的短。不过,谁也没有对以精确性而非模糊性为目标的语言或程序表示异议,尽管它们充满着技术性术语,但是通过利用抽象样式,最好的程序也会缩小一个人的视野。

我所关注的问题与此不同。我对社会描述感兴趣,对解释感兴趣,对构筑现实的轮廓感兴趣,但是对受控制而抽象的假设的检验不感兴趣。但是它未必比学院派社会学更不"科学"。它也不是真正"文学的"。这样的社会学是"继往开来的",它能让人豁达地待人接物,处事不乱。它既和学院派社会学相一致,因为它运用了相似的概念(团体、身份、社会流动);又和文学分析相一致,因为它也对社会活动的道德因素感兴趣。

社会学关注点不同于文学分析关注点,其方法和考察引向的是不同方向。例如,两者都会对田纳西·威廉斯(Tennessee Williams)和威廉·英奇(William Inge)[①]的剧本反映美国男性变化着的社会和性反应方式产生兴趣。但是文学分析(如莱昂内尔·特里林等较年老一代的实践和罗伯特·布鲁斯坦[Robert Brustein][②]等较年青一代的实践)寻求的是经验原型或根本理念。社会学分析接受这一点,但它寻找典型事物,或者一套观念与其他社会风俗的相关性。文学分析是文本的;它把"作品"看做它的世界。社会学分析是语境的;它努力寻求更广阔的背景,以便把各种区分同整个社会联系起来。

我希望从批判立场,避免使用各种行话,来探讨社会学问题。我希望这些文章能在社会科学和人文科学之间建立起一座桥梁。

撰写社会学分析文章的作者应该毫不含糊地表明自己的价值取向。我的观点是反意识形态的,但不是保守的。在最近 10 年里,我们目睹了 19 世纪意识形态尤其是马克思主义作为一个思想体系的衰落。那种思想体系断定它们的世界观就是真理。针对这些意识形态——以及在这

---

① 田纳西·威廉斯(1914—1983):美国剧作家,主要作品有《玻璃动物园》、《欲望号街车》和《热铁皮屋顶上的猫》;威廉·英奇(1913—1973):美国剧作家,作品描写中西部小镇居民的渴望、困惑和失败的经历,主要作品有《野餐》、《汽车站》等。——译注

② 罗伯特·布鲁斯坦(1927—):美国戏剧评论家、制作人、编剧,曾任哥伦比亚大学、耶鲁大学和哈佛大学戏剧文学教授,著有《反叛的戏剧》、《第三剧场》、《作为剧场的革命》、《写给青年演员们》、《文化观察:戏剧与社会文集》等。——译注

些意识形态对思想和情感的整个强制性承诺过程中——许多知识分子开始害怕"群众"或任何形式的社会运动。这是新保守主义和新经验主义的基础。人们不可避免地会有这样那样的忧虑。不过,要想使拒斥意识形态具有意义,那么它必定不仅意味着批判乌托邦秩序,而且意味着批判现存的社会。(我们禁不住想起了喜欢调侃的波兰知识分子对资本主义和共产主义所下的辩证定义:资本主义被说成人剥削人的制度,共产主义则恰好与之相反。)留给批评家们去探讨的问题是异化的强硬性、他者的意义。怀疑的呼声盖过了信任的呼声。人的承诺就是人的使命。

异化不是虚无主义,而是具有积极作用的,是一种超然。它使人避免陷入任何单一事业,也使人不至于将社群的特定表现视为终极因素。(17) 异化也不是根除,不是对人的根基或国家的否认。一些非官方意识形态的研究者担心,批评美国将影响亚洲和非洲知识分子,使他们成为反美派,反对民主的价值。这是对知识分子生活的偏见。党派人士和批评者都是持续对话的合法声音。对话是各种观点和经验的检验。这样的社会是最充满生机的,也是最有魅力的。因此,一个人在不成为国家敌人的情况下仍然可以成为国家的批评者。

在这一版里,我对结论性的一章"意识形态在西方的终结"作了许多扩充,以追溯术语"意识形态"的历史发展,并澄清术语"意识形态"的多种用法。就这一方面而言,我不是把"意识形态"当作任何一个"信念体系",而是把它看做 19 世纪产生的一组特殊观念和情感。正如弗里茨·斯特恩(Fritz Stern)① 在著作《文化绝望的政治学》(*The Politics of Cultural Despair*)中提到的那样,我注意到,我大体上把这一术语应用到左派思想上,因此限制了它的范围。的确如此。不过,由于既存在左派"意识形态",也存在右翼"意识形态"——现在还存在关于经济发展的"意识形态"——一个人的历史语境规定了他的用法;"意识形态"一词是"左派"的产物,并在那个语境下获得了有区别意义的反响。这曾经是我讨论的焦点。我还增加了讨论新的"革命修辞学"的一些章节,一些"新左派"成员曾经采用那种修辞学论证新兴国

---

① 弗里茨·斯特恩(1926—):出生于当时德国(现属波兰)的布雷思劳(弗罗茨瓦夫),1938 年移居美国,著名历史学家,曾担任哥伦比亚大学历史教授,著有《历史的多样性》、《文化绝望的政治学》等。——译注

家镇压自由的合理性。

由于"利益和意识形态：论舆论在劳资争端中的作用"是以《塔夫特—哈特莱法》①为背景而撰写的论文，讨论了在那场争论中那个法对舆论的操纵，该文已无多少历史价值，我把它给删掉了。

丹尼尔·贝尔

哥伦比亚大学

1961年3月

---

① 《塔夫特—哈特莱法》(Taft-Hartley law)，指1947年6月美国国会通过的《1947年劳资关系法》。其主要内容是，禁止全国性同业工人的集体谈判，集体谈判只限于50英里之内，禁止工会与资方订立只许雇用工人会员的合同；司法部有权制止罢工，法院有权发布命令，80天内不准罢工；禁止支援性抵制；参加罢工者立即予以开除并禁止在三年内担任国家职务；禁止共产党员担任工会领导职务；工会负责呈交"非共宣誓书"，说明自己不是共产党员或同共产党有联系的组织的成员，说明自己不赞成共产党的观点，不鼓吹用武力或违犯宪法的手段推翻美国政府。该法从根本上修改了1935年《华格纳法》，取消了工人阶级在第二次世界大战前夕通过顽强斗争获得的工会权利。——译注

第一部分
美国：理论的模糊性

第一章 作为大众社会的美国
——一个批判

> 沉重的忧郁重压在人们的心头……一个看起来极其不幸的时代。它给世人留下的似乎只有暴力、贪婪和仇恨的记忆……由于战争没完没了，敌对阶级的长期威胁，再加上对正义的怀疑，一种普遍的不安感（已深入人心）……可以说，对现世和人生的公开赞美是不合时宜的。只有去直面人生的痛苦和不幸，去发掘衰败和临近终结的种种迹象，简而言之，去诅咒这个时代，鄙夷这个时代，这才是合乎当时潮流的。
>
> J. H. 赫伊津哈（J. H. Huizinga）[1]：《中世纪的衰落》
> (*The Waning of the Middle Ages*)

伴随过去几十年的风风雨雨，生活的彻底非人性化感受令"大众社会"（mass society）理论应运而生。可以说，在当今西方世界里，除了马克思主义之外，大众社会理论也许是最有影响的社会理论。虽然没有一个人在上面冠以自己的名号——就像马克思与资本主义条件下的人际关系向商品价值转变相联系，弗洛伊德（Freud）[2] 与非理性和无意识在行为中的作用相联系那样——但是，大众社会理论对于在现代社会里那些主要的贵族批评家、天主教批评家或存在主义批评家的思想来说是至关重要的。这

---

[1] 赫伊津哈（1872—1945）：生于荷兰的格罗宁根，是一位天才的文化史学家，也是一位天才的语言学家。1905 年在格罗宁根大学获得历史教授职称，其代表作有《中世纪的衰落》、《游戏的人》、《明天即将来临》等。1942 年，他作为人质被德国占领军扣押，1945 年 2 月 1 日在荷兰解放前夕，被德国人杀害。——译注

[2] 西格蒙德·弗洛伊德（1856—1939）：奥地利精神病医生及精神分析学家。精神分析学派创始人，著有《性学三论》、《梦的解析》、《图腾与禁忌》、《日常生活的心理病理学》、《精神分析引论》、《精神分析引论新编》等。——译注

些批评家包括奥尔特加·加塞特（Ortega Y. Gasset）、保罗·蒂利希（Paul Tillich）、卡尔·雅斯贝斯（Karl Jaspers）、加布里埃尔·马塞尔（Gabriel Marcel）、爱弥尔·利德勒（Emil Lederer）、汉娜·阿伦特（Hannah Arendt）[①]等人，他们都不太关心社会自由的一般状况，而更加关注人的自由，其中有几位更加关注在我们的机械化社会里实现个体自我意义的可能性。这是他们之所以引人注目的原因。

"大众社会"观念可以概括如下：交通和通讯革命促成了人与人之间更加密切的交往，以一些新方式把人们联结了起来；劳动分工使人们更加相互依赖；某一方面的社会变动将影响到所有其他方面；尽管这种相互依赖日益强化，但是个体之间却变得日益疏远起来。家庭和地方社区古老而原始的团体纽带已经被摧毁；自古以来形成的地方观念信仰受到了质疑；没有什么统一的价值观念能取代它们的位置。最重要的是，有教养精英的批判标准再也塑造不了世人的意见和趣味。结果，社会习俗和道德处在不断变动之中，人与人的关系不再是有机的，而是全都表面化和细分化了。与此同时，日益增强的空间和社会流动不断强化人们对身份的关注。每个人不再拘泥于穿着或头衔所标识的固定身份或已知身份，而是假定了多重角色，并不得不在一组新情景中证明自己。由于所有这一切，个体丧失了前后一致的自我感，焦虑不断增加，产生了对新信仰的渴望。因此，这个阶段为奇里斯玛式领袖亦即世俗救世主的产生创造了条件，那种领袖给每个人留下了既具有温文尔雅风采又具有完美无缺人格的印象，从而以新信念代替了已被大众社会摧毁的较古老的统一信念。

在孤独人群构成的世界里，世人寻求着个体差异，各种价值不断转化为可计算的经济价值。在极端情况下，廉耻和良知奈何不了最恐怖的暴行。在这样的世界上，大众社会理论似乎是对当前社会有力而实在的描述，是对现代生活性质和情感的精确反映。但是从分析意义上讲，当人们试图应用这种大众社会理论时，它变得极其不可捉摸。某些理想类型，像

[①] 奥尔特加·加塞特（1883—1955）：西班牙哲学家，主要著作有《没有脊梁骨的西班牙》、《大众的反叛》；保罗·蒂利希（1886—1965）：德裔美国基督教神学家、哲学家，著有《存在的勇气》、《系统神学》等；卡尔·雅斯贝斯（1883—1969）：德国存在主义哲学家；加布里埃尔·马塞尔（1889—1973）：法国存在主义哲学家、剧作家，著有《形而上学日记》、《存在的奥秘》、《旅人》等；爱弥尔·利德勒（1882—1939）：德裔美国政治哲学家、社会学家，新学院社会与政治学教授；汉娜·阿伦特（1906—1975）：海德格尔的弟子，德裔美国政治哲学家，著有《人类的状况》、《极权主义的起源》、《论革命》、《心灵的生命》等。——译注

柏拉图（Plato）①洞穴中的影子一样，除了给我们留下一个轮廓之外，从来没有从总体上给我们提供更多的东西。"大众社会"理论也是如此。构成这个理论的每一个命题，如前面第二段陈述的那样，也许是真的，但它们无法必然地相互推演出来。我们不能说上面描述的所有情况在任何时间和地点都是存在的。并且，除了"价值崩溃"（break-down of values）这个一般观念以外，不存在任何一个组织原理能够以合乎逻辑的、有意义的方式，更谈不上以合乎历史的方式，把理论的个别因素结合到一起去。当我们检验这种"理论"被人利用的方式时，我们发现自己更加迷惑不解了。

在对"大众"这个术语使用时的模糊性进行澄清的过程中，我们大致可以区分出五种不同的有时是矛盾的用法。

1. 大众作为无明显特征的群体。如在术语"大众媒体"（mass media）中普遍使用的那样，"大众"意指标准化资料被统一传送给了"无明显特征的所有人类团体"。②就像社会学家通常理解的那样，相对于阶级，相对于任何一个相对而言具有类似特征的小范围阶层，大众是一群异质的无明显特征的受众。一些社会学家企图作出进一步界定，使"大众"成为一个颇具贬义的术语。因为大众媒体使不同受众屈从于一套共同的文化资料，所以，有人主张，这些经验必定超出那些个体直接作出反应的有意义的个人经历的范围。例如，一位电影观众是"大众"的一员，因为用美国社会学家赫伯特·布鲁默（Herbert Blumer）③的话来说，两眼盯着银幕的个别观众"孤立、超然、没有人格特征"。大众是"没有社会组织，没有风俗和习惯的实体，没有现成的规章和礼仪，没有有组织的情感团体，没有身份角色的结构，也没有现成的领导"④。

成为大众的一部分，就是与自己分裂或异化。促成主导社会价值的工具——电视、广播和电影——把大众反应强加于受众身上，而人们（男人、女人和小孩）把那些价值选择为自己的潜存意象（imago）或理想形

---

① 柏拉图（约公元前 427—前 347）：古希腊哲学家，著有《理想国》等著作。——译注

② 关于在"大众媒体"意义上的"大众"观念的一次中性讨论，请参阅保罗·F. 拉扎斯费尔德和帕特里希亚·肯德尔的"普通美国人的传播行为"，载于《大众传播》，威尔伯·施拉姆主编（乌尔巴纳，第三部分，1949 年）。——原注

③ 赫伯特·布鲁默（1900—1987）：美国社会学家，加州大学伯克利分校教授。——译注

④ 赫伯特·布鲁默："集体行为"，载于《社会学原理新纲要》，A. M. 里主编（纽约：1936 年）。关于进一步的讨论，请参阅艾略特·弗里德森"关于大众的概念及探索"，载于《美国社会学评论》（1953 年）6 月号。——原注

象和愿望。

2. **大众作为无能者的判断力**。1931年，在著名的《大众的反叛》一书中，已故的奥尔特加·加塞特①最早引介了"大众"（mass）和"群众"（masses）一词。它和蕴含在"大众媒体"（mass media）一词中的用法及其令人反感的联想大相径庭。在加塞特看来，"大众"一词不是某一群人——群众不是工人，尽管革命运动时代曾经把两者等同起来——而是现代文明的沦落者，由于"绅士们"（gentlemen）上流社会地位的丧失而产生了那种沦落者。他们曾经是有教养的上流精英。在奥尔特加看来，现代趣味代表了平民的判断力，现代生活"对所有古典主义的东西都一无所知"，过去的一切都无法成为"可能的榜样或标准"。甚至"著名的文艺复兴也通常自我暴露为是一个狭隘的地方偏见盛行的时期，我们可以用一个术语来修饰它：平庸"。由于它不承认自己的过去，现代文化寻求"自由地表现它的各种生命欲望"；因此，它变成了一个无法无天、"反复无常、不受管束"、"被宠坏了的小孩"。② 在奥尔特加·加塞特的书中，人们可以找到对所有"现代性"的最猛烈攻击。因为人文主义者粗俗平庸，他的书表示了对人文主义者的轻视。

3. **大众作为机械化社会**。在德国浪漫派那里，在其对自然和田园生活的理想化中，人们可以找到抵制现代生活的力量源泉。对这些作者来说——诗人和批评家恩斯特·云格尔和弗里德里希·葛奥格·云格尔兄弟（Ernst and Friedrich George Juenger）③ 是其典型——技术是使人丧失人性的因素。④ 大众社会是一个机械社会。社会变成了一套"设备"。机器把它的风格强加于人类，使生活变得数字化和精确化；存在呈现为面具般的特性；钢盔和焊工的防护面罩象征着个体已经消失在他的技术职能中。于是，作为一种新的类型，就像技术压制的螺丝钉那样，诞生了一种规则化和功能化的新型人类，一种古板且毫无人情味的人类。

4. **大众作为官僚化社会**。一些不太浪漫但是同样持批判态度的理论家

---

① 奥尔特加·加塞特（1883—1955）：西班牙哲学家。——译注
② 约瑟夫·奥尔特加·加塞特：《大众的反叛》（纽约：1932年），第18—19、39页。——原注
③ 恩斯特·云格尔（1895—1998）和弗里德里希·葛奥格·云格尔（1898—1977）兄弟皆为德国作家和政论家。——译注
④ 弗里德里希·葛奥格·云格尔：《技术的失败》（芝加哥：1948年）。——原注

把极端合理化和极端科层化,即生活的过于组织化,看做大众社会的显著特点。"合理化"观念可以追溯到黑格尔和马克思,与之相伴随的还有"陌生化"("异化")、"物化"以及"商品拜物教"等观念。所有这些观念都表达了这样一个思想:在现代社会里,人已经变成了"物"、受社会摆布的客体,而不是可以按照自己意愿重新塑造自己生活的主体。在我们这个时代,乔治·齐美尔(Georg Simmel)①、马克斯·韦伯和卡尔·曼海姆发展了这些观念,并作了详细描述。在曼海姆著作中,特别是在他的《变革时代的人与社会》(*Man and Society in an Age of Reconstruction*)中,各个部分都被归并到了一起。

曼海姆的论证可以概述如下:以效率为唯一目标的现代大规模组织创造了各种层层相依的科层,把所有的决定权都集中到最高层手里,甚至把一些技术决定权也从基层剥离出去,集中到同生产不发生直接关系的专门部门。由于它只关心效率,而不关心人的满意感,解决问题的所有方案都取决于这一标准。曼海姆称之为"功能合理性"(functional rationality),或者直接的手段—目的关系,以区别于"实质合理性"(substantial rationality),后者是指理性(reason)在人类事务中的应用。②

决策权的集中不仅产生了依从,而且遏制了下级的创造力,使他们在追求满足和尊严方面的人格需要得不到实现。(实际上,服从于极端合理性的要求,剥夺了个体正常活动的能力,即与理性一致的活动能力。这种挫败感通常以非理性方式爆发出来。)在通常情况下,人们工作的惯例化钝化了挫败感,并提供了安全感。但是当个体即将面临失业时,无助感便会高涨起来,自尊便受到了威胁。由于个体无法合理确定其挫折的来源(即客观的官僚体系本身),在这些情况下,他们将寻找替罪羊,并求助于法西斯主义。

5. 大众作为暴民。对曼海姆和新马克思主义者来说,大众社会等同于庞大的官僚社会,而对爱弥尔·利德勒和汉娜·阿伦特来说,它是一个异

---

① 乔治·齐美尔(1858—1918):德国社会学家、新康德学派哲学家,著有《货币哲学》等。——译注

② 卡尔·曼海姆:《变革时代的人与社会》(伦敦:1940年),第53—67页。曼海姆用其他几个术语来完成他的分析。他说,现代社会是建立在"基本民主化"基础上的,这个术语有点含糊不清,但它非常接近奥尔特加的"大众化"观念。因为"基本民主化"是这样一个观念,文化应该属于所有的人,每一个人的意见和别人的意见一样好,通过他们的文化才得以维持下去的"创造性精英"已经不再发挥作用。——原注

质性被消除但又未融合成功的，具有同一性、盲目性和异化性的社会。

在利德勒看来，社会由许多以功能和自我利益统一起来的社会团体组成。有些团体的目标是理性的，有些则是非理性的。只要社会划分了阶层，那么这些团体就只能获得局部控制，不合理的情绪也受到了抑制。但是当划分团体的界限瓦解时，人们便变成了反复无常容易冲动的"大众"，他们很容易被领袖所操纵。①

也许是因为她晚了 10 年才撰写的缘故，阿伦特认为，大众已经越出了各种边界。由于大众只是纯粹的乌合之众或者对什么都漠不关心，他们不属于"政党或地方政府，也不属于职业组织或工会"，简言之，不属于为了满足公共利益而存在的组织；他们"形成了对政治漠不关心的中立者的大多数，那些人从不参加政党，几乎没有参加过投票选举"。

这些人已经站在了社会的"外边"。大众的反叛是"对其社会身份丧失"的反叛，"随着社会身份的丧失，公共关系的整个阵线也瓦解了，而常识只有在其中才具有意义……由于大众忧心忡忡，一种回避现实的欲望，由于其内心深处的无家可归感，他们再也无法忍受现实中诸多偶然的令人不可琢磨的方面了"②。

因此，由于现代生活解开了所有的社会纽带，由于现代通信技术完善了宣传机构用来控制大众的手段，"大众时代"已经来临。

就大众社会概念的诸多用法而言，人们第一个想到的是，它们几乎没有反映或涉及现实世界错综复杂的社会关系。布鲁默把电影观众看做"孤立、超然和没有人格特征的"。假定一大群个体，由于他们遭遇了相似的经历，具有了共同的心理现实，个体之间的差异已经变得模糊不清，于是，我们便有了这样一个社会学假设：因为现在每个人都具有了"相等的重要性"，所以从这些不同个体的思想言论中任取一个便构成了"大众的意见"（mass opinion）。但真是这么回事吗？个体不是一张白纸（tabula rasae）。针对同一个经验，他们有不同的社会观念，会作出不同的反应。在看电影时，他们可能是沉默、孤立、超然、毫无人格特征的，但是过后不久，他们就会同朋友谈论他们的所见所闻，交换不同的意见和判断，他们

---

① 爱弥尔·利德勒：《大众国家》（纽约：1940 年），第 23—40 页。——原注
② 汉娜·阿伦特：《极权主义的起源》（纽约：1951 年），第 305、341—342 页。——原注

重新变成了特殊社会团体的成员。难道说几百个晚上独自待在家里的个体只要读着同一本书,他们就构成了"大众"吗?

由于浪漫的情感影响了评判能力,对现代生活的抨击往往带着过分强烈的情感色彩。例如,加布里埃尔·马塞尔提出的"无法辨认性"(facelessness)的形象就是一个形而上学的歪曲:"个体,为了从属于大众……不得不……抛弃与原始人格相联结的本质现实……报纸、电影和广播扮演了令人难以置信的阴险角色,把那个现实通过一番精心装扮之后以一个极具影响力的观念样式出现,那是在参与这次实验的主体的深层存在中找不到实际根据的一个形象。"① 也许,像"原始现实"(original reality)和"深层存在中的实际根据"(real roots in the deep being)之类的术语具有躲避经验主义倾向的意思,但是要是没有报纸、广播,等等——尚且它们不是单一的——由于任何一个人都无法身临其境,事必躬亲,他能以什么办法来了解发生在其他地方的事情呢?或者说,他难道应该返回到以前那种无忧无虑的无知状态中去吗?

批评家提出的关于大众社会的某些生活画面有点儿接近于漫画。在恩斯特·云格尔看来,交通离不开交通规章,民众就养成了自动遵守交通规章的习惯。卡尔·雅斯贝斯曾经写道:在"技术大众秩序"中,家变成了"巢穴或睡觉场所"。更令人不解的是他对现代医学的抱怨。"在医学临床中……患者现在按照合理化原则受到通盘处置。他们被送到医院接受技术治疗,疾病被分门别类,由专门科室负责……可以推测,像别的事物一样,医学治疗已经变成一套制造业操作程序。"②

对大众社会的攻击有时扩张为对科学本身的攻击。在奥尔特加看来,"科学家是大众的原型"。因为通过鼓励专门化,科学使科学家"故步自封和自满自足"。奥尔特加由此得出一个以偏概全的结论:"这种不平衡的专门化所导致的最直接后果是:在今天,由于'科学家'比以往任何时候都多,因而同以往任何时候例如1750年相比,'文化人'就更少了。"③ 但是一个人如何才能证实这个比较是属实的呢?即使我们能够确立进行这种比较的范畴,奥尔特加肯定要第一个回避这种统计学比较。而且,我们能假

---

① 加布里埃尔·马塞尔:《反对大众社会的人》(芝加哥:1952年),第101—103页。——原注
② 卡尔·雅斯贝斯:《现时代的人》(伦敦:1951年),第65页。——原注
③ 奥尔特加·加塞特:《大众的反叛》,第124页。——原注

定一个人由于专注于他的工作就无法在闲余时间里或在反思中去欣赏文化吗？什么是"文化"？难道奥尔特加否认得了，同1750年相比，我们具有更多的世界知识——不光关于自然而且关于人类内心生活的知识？知识难道可以同文化隔离开来吗？或者说，"真正的文化"难道是一个永恒真理归于其中的狭隘的古典学问领域吗？

当然，引用我在前面列举的例子，有人会争辩说，阅读一本书在发生学上同去看一场电影是一次很不相同的经验。但是，这种见解恰恰导致了在大众社会理论中最令人误解的模糊性。那个理论把两件事情给搅混了：一件是关于现代经验的性质的判断——任何一个敏感的个体可能对其多半没有异议，一件是对社会混乱作出推测性的科学陈述，那种混乱是由工业化和大众的平等要求造成的。本章将对第二件事情展开讨论。

社会混乱理论的背后，隐藏着一个对过去不切实际且不大正确的观念。它认为社会曾经由一些小型、"有机"、结合紧密的礼俗社会（communities，在社会学术语中称作 Gemeinschaften）所组成，那些礼俗社会已经被工业化和现代生活所破坏，并且被一个庞大、没有人情味、"个人主义"（原子化）的法理社会（society，称作 Gesellschaft）所取代。① 法理社会既无法提供基本满足，又无法引发以前礼俗社会所有的那种忠诚。② 不过，这些差别受到了价值判断的重要影响。每个人都反对个人主义而赞成"有机的生活"（organic living）。但是，假如我们出于一个很好的理由，用术语"整体的"（total）取代"有机的"（organic），"原子主义的"（atomistic）取代"个人主义的"（individualistic），那么这整个争论就会显得大为不同。无论怎样，这个理论的一大弱点是它缺乏对历史的思考。向大众社会转变，假如真正发生的话，并不是在短短几十年中突如其来的，而是要好几百年才趋于成熟。在社会学决定论条件下，这个假设忽视了人类的适应能力和创造能力，忽视了人类在塑造新社会形态方面的匠心独运。这些新形

---

① 术语"community"一般译为"共同体"或"社区"，"society"一般译为"社会"。这里有关"community"和"society"的译法借鉴了中国大陆和台湾学者的译法，"community"译为"礼俗社会"，"society"译为"法理社会"，以对应德语"Gemeinschaften"和"Gesellschaft"。——译注

② 这个反命题，牵涉到德国社会学家托尼斯，对于每一个重大的现代社会理论几乎都是至关重要的：韦伯的传统—合理行为理论、涂尔干的机械—有机协同性理论、莱德费尔德的乡村—城市社会理论，等等。有时，这个区分被假定为一种历史区分。它描述了过去的不确定社会与当前社会的差异；有时它被用作一个非历史的分析性区分，设定为两种互相比照的理想类型。不过，无论怎样，其结果是模糊的。——原注

式可以是来自各个阶层领导的各种工会——在美国有五万个工会的地方分会，它们形成了一个个属于自己的小世界，这些新形式也可以是在新形势下保持不变的各种族群和组织。

但是，除了用法矛盾、术语模糊和历史感缺乏之外，这种大众社会理论还包含了更多东西。实际上，它是对贵族文化传统的维护——那个传统确实具有一个重要但被人忽视的自由观念——和对广大人民群众获得真正知识和文化鉴赏能力的怀疑。因此，这种理论常常变成了对特权的保守维护，那种维护有时变得十分极端，形成了"文化"和"社会公正"之间的冲突。其论点是，任何改良社会的企图都肯定会伤害到文化（这不禁让人回想起马修·阿诺德［Matthew Arnold］一本著作的书名《文化和无政府状态》［*Culture and Anarchy*］所暗示的东西）。而且，这种大众理论除了把矛头对准"资产阶级"社会之外，还对激进主义及其平等主义观念进行了攻击。

主导西方政治思想的保守主义传统的根基在于对"大众"的恐惧。它在很大程度上仍然左右着社会理论的许多政治和社会范畴，也就是关于领导权的各种独裁定义和关于"无知大众"（mindless masses）形象的诸多定义。亚里士多德（Aristotle）[①] 的《政治学》（*Politics*）最早描绘了大众形象，认为"大众"只会以暴力行事。在其三层次类型学中，民主无异于群氓（hoi polloi）的统治，而他们很容易受到煽动家的摆布，因而民主肯定会蜕变为暴政。这种大众观念在希腊化君主时代得到了发展。罗马共和国时期平民和贵族之间的斗争，恺撒们为利用群氓支持所作的种种努力，进一步深化了这种观念；于是，大众以易受蒙蔽和毫无理性的形象被深深地印在了历史之中。（例如，自从普卢塔克［Plutarch］[②] 以来就出现了对出尔反尔的大众和诡计多端的护民官的描述。莎士比亚［Shakespeare］[③] 在悲剧《科利奥拉努斯》（*Coriolanus*）中也直接运用了这种描写。）早期基督教理论以一种人性理论证明了它对大众的恐惧是合理的。在奥古斯丁的宗

[①] 亚里士多德：古希腊哲学家，著有《形而上学》、《尼各马可伦理学》、《政治学》等。——译注

[②] 普卢塔克（约46—119）：罗马帝国时期传记作家、伦理学家，现存传世之作包括《传记集》和《道德论集》。——译注

[③] 莎士比亚：英国剧作家，著有《哈姆雷特》、《李尔王》、《罗密欧与朱丽叶》、《威尼斯商人》、《仲夏夜之梦》等。——译注

教观念中——如后来在霍布斯（Hobbes）① 的世俗化译本中所讲的那样，世俗之城（the Earthly City）印有无法消除的血的污痕：在天堂，既没有私有财产也没有政府；财产和政治都是人类堕落的结果；因此，财产和政治不是人类文明的象征，而是人类堕落的标志；它们是使人类不能得救的必要手段。

　　但是，是法国大革命把"无知大众"的形象植入了现代意识。对革命前旧制度的摧毁和要求"平等"的战斗口号，进一步加深了保守主义尤其是天主教批评家们的恐惧心理，担心传统价值（意指政治的、社会的和宗教的信条）将遭到破坏。② 对于托克维尔分子和阿克顿分子（Acton）③ 来说，在自由和平等之间存在着不可调和的冲突：自由认可了每个人具有与别人不同的权利；而平等则意味着"调整"各种趣味去迎合最底层的公分母。对于马克斯·舍勒④分子和奥尔特加分子来说，大众社会意味着只能激发非理性力量的"感情民主"（democracy of the emotions）。对信奉天主教的梅斯特尔（Maistre）⑤ 分子以及对信奉英国国教的 T. S. 艾略特⑥（T. S. Eliot）分子来说，人类平等意味着破坏健全而完整的社会所必需的和谐和权威。⑦ 从这个传统主义者的观点看，纳粹主义不是民主的反动，而是民主导致的不可避免的最终产物。希特勒被看做经典民众领袖的翻版，他煽动无知的大众，带领他们进行虚无主义的反叛，反对欧洲的传统文化。

---

　　① 霍布斯（1588—1679）：英国政治思想家，著有《论政体》、《利维坦》等。——译注
　　② 西方社会理论关于"没有头脑的大众"观念的基础讨论，请参阅我的论文"关于极权主义领袖和民主领袖的几点解释"，载于《领袖研究》，阿尔宾·古尔德纳主编（纽约：1950年）。——原注
　　③ 阿克顿（1834—1902）：英国历史学家和伦理学家，提倡基督自由伦理观。——译注
　　④ 马克斯·舍勒（1874—1928）：德国现象学哲学家。——译注
　　⑤ 梅斯特尔（1754—1821）：法国共和主义者、外交家和政治哲学家。——译注
　　⑥ 艾略特（1888—1965）：生于美国的英国诗人、剧作家和文学批评家。——译注
　　⑦ 在一篇出色的论文白日梦和噩梦：对大众文化批判的反思中（载于《塞沃尼评论》第LXV期［1957年］），爱德华·希尔斯指出了保守主义批评家和新马克思主义批评家在攻击大众文化方面的重大相似性。在这一方面，激进分子无批判地采取了一种贵族式观点：过去被一种高雅文化所主导，现在这种文化正在走向衰落。实际上，如希尔斯指出的那样，大多数人的生活受尽了漫长而单调乏味的劳动的煎熬。而"大众"进入社会导致文化——艺术、音乐和文学——扩张到了以前人们做梦都想不到的地方。在一篇为1959年6月召开的大众文化坦米蒙大会而作的论文中，希尔斯教授详细地阐发了这一论断。那篇论文发表在1960年秋季号的《代达罗斯》上。——原注

这些观念是重要的，追溯自由和卓越（excellence，国粹）的含义也是重要的。它们反映了某种狭隘的人类潜能观念。社会变化问题必须放到广阔的政治背景中去给以考察。如卡尔·曼海姆指出的那样，现代政治的起点是宗教改革（the Reformation）。那时，千禧年主义——由宗教发起的一种信仰，指基督为了将人世变为天国而降世为王的一千年统治——变成了社会下层要求社会经济改革的一种表现。① 对现存事物的盲目不满后来被赋予了原则、理性和末世论的力量，并且导向了确定的政治目标。所有灵魂的平等变成了所有个体的平等。正如进步的天启思想开导那样，每个人都有权对社会作出判断。

孔德（Comte）②，这位现代社会学之父，对人人各抒己见的这种普遍权利观念表示了极度憎恶。他写道，除非社会成员在一定程度上相互信任，否则社会将无法存在，而这一点与人们拥有任意讨论社会现行基础的权利是对立的。在提醒大家注意自由批评的各种危险时，孔德还指出了公共道德的衰落，表现为离婚增加、传统阶级差异的消亡、个人野心导致的厚颜无耻。他认为，政府的部分职责在于防止各种观念的传播和思想自由的无政府蔓延。③

显然，现代社会没有证实孔德的观点。尽管特权的基础继续受到以公正名义发起的挑战，但是社会没有因此而崩溃。现在道德家很少会持有马尔萨斯（Malthus）④表达的一个悲观见解了："按照人性的必然法则，有些人将穷困潦倒。这些不幸的人只是在命运大抽奖中抽了下签。"⑤ 无论是资本主义，还是共产主义，现代生活的一个最显著事实是对社会变化作出意识形态的支持，而变化意味着力求改善物质条件和经济条件，力争为个体施展才华提供更多机会，力求使更广大民众掌握文化。难道有哪个社会会无视这些渴望吗？

难以理解的是，在对现代社会的"贵族式"批判中，由于它们是隔着理想化了的封建社会这一层玻璃来观察的，它们把民主仅仅等同于平等。

---

① 卡尔·曼海姆：《意识形态与乌托邦》（纽约：1936年），第190—197页。——原注
② 奥古斯特·孔德（1798—1857）：法国哲学家、实证主义社会学创始人，著有《实证哲学教程》。——译注
③ 奥古斯特·孔德：《实证哲学教程》（第二版，巴黎：1864年），第IV—V册。——原注
④ 托马斯·罗伯特·马尔萨斯（1766—1834）：英国人口学家和政治经济学家，著有《人口论》。——译注
⑤ T. R. 马尔萨斯：《人口论》（载于芝加哥大学读物），第III册，第II章。——原注

立宪政体和法律规章的作用被忽视了，而它们同普选权一起是西方民主制度的组成要素。现代文化被描述为由于对大众趣味的让步而变得堕落，这种描述忽视了广泛兴起的对文化的总体欣赏，因此同样是夸大其词的。假如承认大众社会是一个条块分割的、人际关系表面化的、无显著特征的、短暂的、专业化的、功利的、竞争的、贪得无厌的、动态的和争名夺利的社会，那么我们也必须看到它的另一面：隐私权、自由选择朋友和伙伴的权利、建立在实际成就而非世袭基础上的社会地位、多元的准则和标准而非由一个单一主导集团所实施的唯一专断的社会管理。因为如亨利·梅因（Henry Maine）① 曾经指出的那样，假如现代社会运动已经由确立身份地位趋向制订合同协议，那么由此可以判断这已经变成了从社会固定位置向可能的自由发展的运动。

(31) 早期大众社会理论家们（如奥尔特加、马塞尔）关注"国粹的衰败"（deterioration of excellence），而后期大众社会理论家们（曼海姆、利德勒、阿伦特）则关注社会过分组织化的方式，以及与此同时由社会结构瓦解导致法西斯主义兴起的途径。最近，以共产主义的成功为根据，有人提出了这样的论点：由于它不能保证个体能够真正参加现有的社会团体，大众社会尤其容易受到共产主义的渗透；由于其如此笨拙，群众组织特别容易受到共产主义渗透和操纵的影响。② 的确，共产主义者在渗透方面已经取得了巨大成功，他们的"先锋组织"（front organization）也可以算作20世纪伟大的政治发明之一。不过，撇开共产主义手腕不说，这里的实际问题同大众社会没有多大关系（除了指责它允许失意的知识分子去攻击现代文化之外），而同现行社会秩序有没有能力去满足社会变动的各种要求，去满足社会变化一旦发生之后所产生的对更高生活水平的要求，有很大关系。这是任何一个激进主义要求具有吸引力的关键所在。

并不是贫困本身导致了人民的反叛；贫困会最经常地引起宿命论和绝望，引起对超自然帮助的依赖，比如对一些宗教仪式和迷信活动的依赖。社会的紧张是期待落空的表现。只有当这些期望被激发起来的时候，激进主义才会滋长起来。在这样的社会里，对阶级差异的认识日益加深，对社会进步的期望已超过可能实现的限度，现行文化没能为胸怀大志的知识分

---

① 梅因（1822—1888）：英国法学家和历史学家。——译注
② 菲利普·塞尔兹尼克：《组织化的武器》（纽约：1952年），第275—308页。——原注

子提供空间。此时,激进主义的力量是最强大的(共产主义的吸引力可以被看做激进主义普遍吸引力的变体)。

在产业工人中间,而不是在缺乏热情的农民中间(在米兰而不是在西伯利亚),在失意的知识分子中间,而不是在早就组织了工会的工人中间(例如印度),激进主义得到了传播。如舍勒曾经提到的那样,不满是最强有力的人类动机,在政治中也是如此。在发达的工业国家,主要在美国、英国和北欧诸国,国民收入一直在增长,当然大众对得到合理收入的期望也相对地得到了实现;而且更多的社会成员获益于社会地位的流动,因此在那里主张极端主义政治的人最少。如已故的熊彼特(Schumpeter)[①]悲观地认为的那样[②],在新近觉醒的一些社会里,像亚洲诸国,对于一些社会重要阶层的急切期盼,尤其是对于知识分子的急切期盼,可能大大地超越经济扩张的实际可能性,因而渐渐地,共产主义看起来像是解决大多数社会问题的唯一合理方案。[③]这种情况是否会发生在印度或印度尼西亚,是将来10年关系重大的政治问题之一。但是不管怎样,不是由于大众社会,而是由于社会没有能力去满足急切的群众期望,才导致了对激进要求的强烈回应。

从大众社会假设的观点看,美国应该是一个最易受不满政治影响的社会。在我们国家,都市化、工业化和民主化对以前基本社区纽带的损害程度是史无前例的。尽管在大萧条时期,大规模失业比西欧任何一个国家都更加持久和严重,但是共产主义运动在美国却从来没有真正站稳脚跟,也

---

① 约瑟夫·熊彼特(1883—1950):奥地利政治经济学家、哈佛大学经济学教授、创新学说提出者,著有《经济发展理论》、《经济周期:资本主义过程的理论、历史和统计分析》、《资本主义、社会主义和民主主义》、《从马克思到凯恩斯十大经济学家》、《经济分析史》等。——译注

② 约瑟夫·熊彼特:《资本主义、社会主义和民主》(纽约:1942年),第145—156页。——原注

③ 如莫里斯·瓦特尼克(在一次关于"不发达地区的进步"的芝加哥大学讨论会上)在一项开拓性研究中指出的那样,亚洲共产党完全是本国知识分子的产物。中国共产党的历史,从其创始人李大钊和陈独秀到现在的领导人毛泽东和刘少奇,"受知识分子控制的党的记录一直没有被打破"。印度也是如此,"在那里,在1943年,139名[共产主义者]代表中的86位是专业团体和知识分子团体的成员"。"对于印度支那(Indo-China,指越南、老挝、柬埔寨前法属殖民地。——译注)、泰国、缅甸、马来西亚、印度尼西亚的共产党来说也是如此。所有这些国家都证明了在最高领导层中记者、律师和教师占据了一个重要比例。"——原注

没有发生过以欧洲法西斯主义为榜样的任何法西斯主义运动。对此该作何解释呢？

有人主张，美国是由单独孤立个体组成的"原子化了的"（atomized）社会。人们忘了有时以嘲讽口气说出来的一个不言而喻的事实：美利坚是各种组织的大联合国家。今天的美国至少有 20 万个志愿者组织、协会、俱乐部、学会、分会和行会，总共有将近 8000 万名会员（不过有的会员人数显然是重复计算的）。在世界上可能没有任何一个其他国家有如此多的志愿者社区活动，尽管它们有时有些荒唐的仪式，但是它们通常为切实需要提供了实在满足。①

贡纳尔·默达尔（Gunnar Myrdal）②写道："对普通美国人来说，当他看到某件事情是错误的时候，他便自然而然地觉得应该立一条法规来反对它，而且会感到应该成立一个组织来与之作斗争。"③ 有些志愿者组织是压力集团，如企业协会、农民协会、劳工协会、退伍军人协会、同业公会和老年人协会等，而数以千计的更多志愿者组织，像全国有色人种促进协会④、美国公民自由联合会、妇女选举联合会、美国犹太人委员会、家长教师联谊会、地方社区改良团体等这样的组织，它们每一个都给数以百计的个体提供了情感共享的具体活动。

(33) 同样令人震惊的是，在这个国家从事各种文化、社会和政治活动的族群组织的数量。爱尔兰人、意大利人、犹太人、波兰人、捷克人、芬兰人、保加利亚人、比萨拉比亚人，还有其他的族群，以及他们的几百

---

① 在 8000 万名美国会员中有 3000 万到 4000 万名会员从事着志愿者工作。在 1950 年，200 万名义工参加了彻斯特互助会铺设人行道工作，并募到了 2 亿美元，每个社区都为地区医院和社会服务机构提供赞助基金。另有数千名志愿者为统一的犹太人申请团募到了 1 亿多美元，为红十字会募到了 6700 万美元，为小儿麻痹症国家基金会募到了 2 亿美元，为美国抗癌协会募到了 1360 万美元，在一年时间里为慈善机构募到了约 10 亿美元。1950 年，在美国召开了 17000 次国家的、地区的、州的集会，这还不包括小型集会，有 1000 万人参加了集会。在亚特兰大市，这座因地处海滨而闻名的城市，有 24.4 万人参加了从美国牙周病学协会到美国电讯先驱者协会的 272 个集会。（这些数据由《财富》杂志研究部提供。）——原注

② 贡纳尔·默达尔（1898—1987）：瑞典经济学家、社会学家，1974 年获得诺贝尔经济学奖，瑞典学派创建者之一，著有《反潮流经济学论文集》，被称为资产阶级经济学新制度主义代表作。——译注

③ 贡纳尔·默达尔：《美国的两难》（纽约：1944 年）。——原注

④ 全国有色人种促进协会：美国黑人组织，在 1909 年 5 月 30 日成立于纽约。其宗旨是使黑人"在肉体上摆脱债役制，在理智上摆脱愚昧无知的状态，在政治上不受限制和在社会上免于凌辱"。——译注

个行会、集团组织和政治团体，每个团体在美国生活中都起着举足轻重的作用。①

甚至在街道邻里之间，在照理人格特征应当尤为不明显的地方，地方联系的范围却是惊人的。例如，在芝加哥市区，有82份社区报纸，每周总发行量达到近100万份；在更广大的芝加哥市及其郊区，有181份社区报纸。按照标准社会学理论，为人们提供新闻和小道消息的这些地方报纸在国家媒体的压力之下应该慢慢走向衰落。但事实恰恰相反。在芝加哥，从1910年以来，这些报纸的数量已经增长了165%；在这40年里，发行量已猛增了770%。社会学家摩里斯·贾诺威茨（Morris Janowitz）②研究了这些社区报纸。他评论道："假如社会如同某些专注于从'礼俗社会'向'法理社会'单向演变的人们所描述的那样贫瘠、缺乏人情味、以自我为中心，那么我们不得不认为，社会科学努力探讨的犯罪率、社会混乱和病态（与人们现在认为的相比）非常之低，而不是惊人之高。"③

有人可能争辩说，庞大的志愿者协会网络的存在不能说明这个国家的

---

① 例如，在1954年，塞浦路斯问题第一次被提交到联合国面前，塞浦路斯司法委员会，"一个美国公民组织"，在纽约《时代》周刊上作了整版广告（12月5日）欢迎小岛的自决权利。在替塞浦路斯司法委员会签名的团体中有阿尔发秩序协会、本罗布之女协会、泛拉肯尼亚联合会、克莱通联合会、泛美西尼亚联合会、泛伊克尼亚联合会、美国泛伊派罗蒂克联合会、美国泛伊利亚联合会、美国塞浦路斯联合会、泛阿卡第亚联合会、GAPA联合会和希腊人联合会。我们可以肯定的是，在自由世界里，假如鲁塞尼亚人的边界争端问题被提交联合国讨论的话，那么由美国籍匈牙利人、罗马尼亚人、乌克兰人、斯洛伐克人和捷克人团体组成的数十个团体将急切地呼吁给予同鲁塞尼亚相似的他们的祖国主持公道。——原注

② 摩里斯·贾诺威茨（1919—1988）：美国社会学家和政治学家。——译注

③ 摩里斯·贾诺威茨：《在一个都市背景下的社区报纸》（格伦可伊：III，1952年），第17—18页。更晚近的研究，尤其是由英国社会学家作出的研究，对这样一个观点表示质疑：现代社会必然要粉碎原始纽带。彼得·威尔莫特曾简要地指出："即使在社会主义者中间，印刷业也难以一下子就死掉。自从托尼斯和涂尔干声称家庭衰微以来，有人仍然相信如下观念：在城市产业社会里，父母和依赖于他们的子女是没有根基的、原子化的、孤立于他们的亲戚的。只是在最近几年里，通过对伦敦和其他几个英国城市的研究，甚至通过对（人们将想到的）像底特律和旧金山这样一些非同寻常地方的研究，这种印象才得到了改变。这些研究表明，在现代城市中心，血亲关系是交往和维系的重要资源。"（"家族关系和社会立法"，载于《英国社会学杂志》1958年6月，第126页。）迈可·杨和威尔莫特在圣格林所作的那些重要的英国研究以"伦敦东部的家庭和家族关系"（伦敦，1958年）为题目，还有，在迈可·杨领导下，尤其是在彼得·汤森领导下的社区研究所研究成果是《旧家族的家庭生活》（伦敦，1957年）。在美国研究中，为威尔莫特所引用的有《底特律社会概况：1955年》（安·阿勃，1956年）；莫里斯·阿克塞尔罗德的"城市结构和社会参与"，载于《美国社会学杂志》1956年2月；温德·贝尔和M.D.博尔的"城市的邻里关系和正式的社会关系"，载于《美国社会学杂志》1957年1月。——原注

文化水平。也许，如奥尔特加坚持的那样，全世界范围的文化水平真的已经下降（在任何一个方面吗？在建筑、服装、设计方面吗？），但是毫无疑问，在今天，越来越多的人参加了有意义的文化活动。由于在最近50多年里美国人的生活水平确实已经翻了一番，这几乎是一个必然的伴随结果。①

教育水平的提高意味着文化鉴赏能力的提高。在美国，人们把更多的钱花在古典音乐会上而不是棒球上。在10年时间里，图书销量增长了一倍。② 在今天的美国，有1000多支交响管弦乐队，有数百家博物馆、研究院和学院收藏艺术品。我还可以引用其他许多材料来证明一个庞大的雅俗共赏社会的成长。在将来几年里，随着生产力的提高，闲余时间的增加，美国人将成为更加活跃的文化"消费者"。③

有人认为，美国大众社会强加于社会成员身上的服从要求有点过头了。但是，就谁以及对什么东西服从而言，这是一个难以回答的问题。《新共和》（New Republic）杂志老在嚷嚷"小商贩正在给文化裹糖衣"。《国民评论》（National Review），这个"激进右翼"（radical right）的喉舌，

---

① 有关美国人生活标准的学术概括，请参阅威廉·费尔汀·奥格伯恩"美国生活的技术和标准"，载于《美国社会学杂志》（1955）1月号，第380—386页。关于文化参与的资料可以在F. B. 杜雷克的"美国的爆炸"中找到，该文载于《科学月刊》（1952年）9月号。——原注

② 马尔可姆·科莱在其论文"为数百万人而写的廉价书"中指出在1931年没有几家图书俱乐部，而在当时图书出版业做的一份广泛调查表明，到1953年有74家俱乐部为成年人推荐图书。他写道，"有人表示了这样的忧虑，俱乐部将鼓励美国公众养成单一的趣味，而不是像以前那样鼓励多样化"（《图书状况》[纽约：1955年]，第101页）。——原注

③ 在大众社会观念的使用中，还有一种模糊性来自对于"文化"一词的人类学意义和人文主义意义应用的混淆。因此，有些批评家指出了地方民俗和地区习惯——语言差异、烹饪、歌谣、舞蹈、幽默——的衰亡，并指出它们被统一的民族模式所取代暗示着大众社会的整合和文化的消亡。不过，只有在人类学的用法上，从地方性文化形式向更普遍的文化形式发展的这些真实的变化才是有意义的。但是，这些变化不一定是人文主义文化的性质的判断。（奇怪的是，在过去，乡村形式的解体被看做是"高级文化"成长的必要前奏。而今天，乡村形式的解体被看做是人文主义文化解体的组成部分。）我们应该弄清这些区分。人类学的文化概念是相对的。它不蕴含关于任何一个特定文化的判断，并且它不可以被用作批判"高级文化"的工具。那些能让人从中找到乐趣的事物已经从乡村舞蹈和民间幽默转变成巴西的桑巴舞和百老汇的轻率。从分析角度上看，这个事实同文化性质相比是一个不同的问题。如作出这些批评那样，有人探讨的是推测的社会混乱的问题，而有人探讨的则是文化性质问题。再说一遍，本章的目标在于阐明：为了对社会混乱作出判断而祈求传统（社群等）观念的做法从科学上讲是站不住脚的。它隐藏了某种价值取向。其他的批评不属于本论文的范围。（关于"高级的"和"雅俗共赏的"文化比较的讨论，参阅格林柏格"我们的文化的状况"，载于《评论》[1953年]6月号和7月号。并请参阅玛丽·麦卡锡"美丽的美利坚"，载于《评论》[1947年]9月号。）——原注

树起了破除迷信的旗帜，反对"自由主义者"在社会中对言论的主导。《财富》(Fortune)杂志公开谴责"组织人"的成长。其中每一个倾向都是存在的。不过从历史的角度看，美国的今天同50年以来的任何一个阶段相比，也许更少去遵从一种单一的行为方式。诚然，同20世纪20年代相比，放荡不羁的生活方式更加少见了（尽管对性的宽容有所增长）；同20世纪30年代相比，政治激进主义也更少了（尽管新政实施了大规模改革）；但是，达到政治沉寂状态是否也意味着确立了一套死气沉沉的规章呢？我不这样认为。今天，人们已经很难找得到30年以前《大街》(Main Street)对卡罗尔·肯尼柯特（Carol Kennicott）要求的社会顺从了。随着受教育水平的提高，越来越多的个体可以去发展更广泛的兴趣。（有一位经营磁带的商人如是说："在20年以前，你无法到纽约以外去推销贝多芬的作品。而今天，我们大量出售帕莱斯特里那［Palestrina］①、蒙特威尔第［Monteverdi］②、加布里埃尔［Gabrielli］③等文艺复兴时期和巴洛克时期的音乐。"）

(35)

也许，令人感到奇怪的一个事实是，在美国没有人会为服从的要求和行为作辩护。每个人都反对服从，现在这样，过去也这样。在35年以前，只要你指责一个美国中产阶级为"巴比特式人物"④，他很可能会非常恼火。今天，你只要把他斥之为"百依百顺"的人就可以达到同样的效果。问题是要弄清楚，谁在指责谁。在1958年10月，《读者文摘》(Reader's Digest)（发行量达到1200万份）从《今日妇女》(Woman's Day)（发行量达到500万份）转载了一篇名为"过分适应环境的危险性"的文章。文章的观点是，伟大的人不应该为入乡随俗而改变自己。文章引用了一位精神病学家的说法："我们已经把遵从造就成了一种宗教"；无论怎样，我们应该记住，每个小孩都与众不同，"并且应该与众不同"。

这段引文并不证明，在中产阶级中不存在服从的证据；不过，假如真的存在服从，那么也会有对服从的大量焦虑和抱怨。当然，那些生活在社会边缘的人——比如倡导文化时尚的上流的放浪形骸者——狂乱地探索着

---

① 帕莱斯特里那（1526—1594）：意大利圣乐作曲家。——译注
② 克劳迪奥·蒙特威尔第（1567—1643）：意大利作曲家。——译注
③ 多米尼戈·加布里埃尔（1651—1690）：意大利作曲家。——译注
④ 指自满、庸俗、短视、守旧的中产阶级实业家或自由职业者，系美国作家刘易斯同名小说中的主人公。——译注

离经叛道的不同途径。好莱坞 20 年代的名伶协会（Pickfair Society）仿造了一个欧式君主国（它的房子就造在路易十四大街和芭努—贝利大街的交汇处）。按照《生活》（*Life*）杂志（在其 1958 年 10 月 22 日关于大型游乐场所问题的讨论中）的观点："反叛是获得社会名望的关键，愤怒的中年人弗朗克·辛纳屈（Frank Sinatra）[①] 是它的鼓吹者，并且这种时尚现在正主导着社会。"《生活》杂志指出，辛纳屈阶层有意嘲讽了古老的好莱坞禁忌，并且为许多渴望成为叛逆者的阶层所效仿。《生活》杂志没有提到的一个重要事实是：这种主导社会阶层及其领导者辛纳屈、迪恩·马丁（Dean Martin）[②]、小萨弥·戴维斯（Sammy Davis）[③] 都来自少数族裔，并且出身贫苦。辛纳屈和马丁是意大利人。戴维斯是黑人。在美国早期，一个少数族裔的人要想出人头地，通常都得模仿当时已站住脚跟的社会团体的行为方式和风格。但在好莱坞，由于旧的等级秩序已经瓦解，新阶层嘲讽旧阶层的浮华风俗，庆贺着他们的胜利。

在文学生活的边缘出现了"垮掉的一代"（Beatniks），这是另一个不同的社会现象。他们身着奇装异服、吸毒、听爵士乐、寻求刺激，是自我标榜的流浪者。他们反叛"由新的反重建主义者（the Neoanti-reconstructionist）组成的高度组织化的学术文化运动雇佣机构，[他们形成了]整个美国文化生活的惰性外壳"。但是，如德尔莫尔·施瓦茨（Delmore Schwartz）[④] 在前不久指出的那样，唯一的事实是，这些人是假想的反叛者，"因为他们的工作本质是对他们所具有的离经叛道作风的一次强有力倡导……因为对世上几乎一切事物的反叛在每一个人看来都是可接受的、值得尊敬的和可行的。以往的放荡不羁者不得不以多种形式去攻击主导上流社会的清教主义和维多利亚主义，包括图书检查制度、禁酒令和由警察制度强制支撑的假道学。与此不同，新的离经叛道作风没有真正的敌人……因此这个新的反叛者就像一位职业拳击手，却试图击倒一个不在拳击场中的

[①] 弗兰克·辛纳屈（1915—1998）：20 世纪最重要的流行音乐人物，与猫王（Elvis Presley）和披头士（The Beatles）齐名，他集歌手、演员、电台、电视节目主持人和唱片公司老板等多重身份于一身，留下无数经典歌曲，三次获得奥斯卡奖。——译注

[②] 迪恩·马丁（1917—1995）：美国表演艺术家、歌手。——译注

[③] 小萨弥·戴维斯（1925—1990）：美国黑人表演艺术家、歌星。——译注

[④] 德尔莫尔·施瓦茨（1913—1966）：美国诗人、作家、民主社会主义者，著有《世界是一场婚礼》等。——译注

对手"①。另一个带有讽刺意味的事实是，如罗素·莱因斯（Russel Lynes）②指出的那样，那个穿着灰色法兰绒西装的人，那个"垮掉的一代"的假想目标，尤其是当他在做广告或出现在娱乐媒体中时，就是一个上流的放浪形骸者。他认为工作是获得收入的手段，以炫耀他在穿着、饮食、旅行等方面具有假想的个人趣味。总之，所有这些阶层的问题，不在于是否循规蹈矩，而在于是否标新立异。

另外，还有一件大众社会的怪事。早期的大众社会理论家（如齐美尔）之所以谴责大众社会，是因为在这些庞大的都市蜂巢里，人是孤立的、转瞬即逝的和无人格特征的。美国人对别人的批评非常敏感，他们对那种批评一直耿耿于怀。为此，他们在建立战后郊区时，千方百计地想要营造出博爱、团结与和睦的气氛，但到头来却遭人指责为"百依百顺"。在人返回城市的最近趋势中，他们显然反过来将再一次建立各种隔阂，并因此导致欧洲社会学在后来的研究过程中所指责的他们缺乏个性、隔阂、冷漠和盲目等特征。

(37)

人们听到过如下抱怨：在美国，离婚、犯罪和暴力证明了广泛的社会混乱。但是在美国，离婚数量的持续上升并不表明家庭的解体，而只是表明了更自由、更个人主义的选择基础，表明了"伙伴式"婚姻的出现。至于犯罪，我在第9章里试图证明，同25年以前和50年以前相比，犯罪和暴力实际上有了大幅度下降（尽管电影和电视给人更多有身临其境感觉的暴力，以及报纸上有更多关于犯罪的"专栏"）。在那些年里，芝加哥、旧金山和纽约无疑是一些比较动荡和混乱的城市。但是，暴力犯罪通常是一个下层阶级现象，大多发生在贫民区；因此，人们能够重返那些平静的、树木葱郁的、没有犯罪的地区，也能感到比以往更加安定。但是只要大体浏览一下那些日子里的记录——关于旧金山海岸区、纽约五点区或芝加哥第一区的帮派火并、妓院和街头枪战的描述——将证明在过去那些城市的实际生活中暴力比现在多多少。

在这一点上，日益明显的是，像"大众社会"这样如此庞大的抽象观念，以及从其中引导出来的关于社会混乱和腐败的隐含判断，由于没有比

---

① 德尔莫尔·施瓦茨："诗的现状"，载于《20世纪中叶的美国诗歌》（怀特讲座，国会图书馆1958年版），第26页。——原注
② 罗素·莱因斯（1910—1991）：美国艺术史学家和传记作家。——译注

较标准，是完全没有意义的。在今天，美国的社会和文化变化或许比别国更大更快。但是关于社会混乱和道德沦丧将不可避免地伴随着这种变化的假设是与实际不相符的。

这也许得归结于这样一个事实，在历史上美国也许是把变化和革新"融入"其文化之中的第一个社会。由于几乎所有的人类社会都一直是因循守旧和约定俗成的，它们往往会抵制变革。对不发达国家实施的强大工业化措施增长了欧洲工人的流动性，拓宽了市场，这些措施是生产力和生活水平提高的必要条件，但却由于根深蒂固的保守力量而一再受到阻挠。因此在苏联，变化只有通过全面的强制力量才得以推行。而美国文化没有任何封建传统，且深具实用主义精神，如杰斐逊所说那样，(38) 它把上帝当作一个"劳动者"；它对从这块宽广、富饶而又充满生机的土地上不断成长起来的新鲜事物抱着满腔的乐观主义和无限的渴望，因此，变化和时刻准备着变化在美国已经成了规则。理论家们根据欧洲先例对变革后果所作的预测在美国却很少得到证实，可能就是由于美国的这种变化。

大众社会是变化的产物，并且大众社会本身也是变化的，它把曾经被排斥于社会之外的"大众"带入了社会。但是大众社会理论没有为我们提供关于社会各部分之间相互关系的观点，而那些关系使我们能够去确定变化的根源。尽管我们还没有足够的材料去构筑一个可供替代的理论，但是我们认为，至少在美国，某些关键因素应该得到比以往更加密切的考察：从以前注重节俭的社会向现在崇尚超前消费社会的转变；家族资本主义的瓦解，及其对企业结构和政治权力的影响；决策权的集中，在政治上，集中到国家手里，在经济上，集中到一小撮巨型企业集团手里；身份象征性集团的兴起对特殊利益集团的取代。这些变化都表明了，新的社会形式正在形成当中。并且，借助于这些变化，大众社会中生活状况仍然在发生更加重大的变化。这些变化引起了对身份的新焦虑——对战争的恐惧加剧了焦虑，引起了性格结构的变化，带来了新的道德风气。

道德家们可能表示异议或者表示赞同，因为他们中有的看到了在家庭瓦解过程中基本价值根源的丧失，有的则在新的更自由的婚姻中看到了一种更健康的伴侣关系。不过，一个简单的事实是，这些变化是出现在这样一个社会里的，它现在正在对过去200多年里向西方社会以及现在的世界面临的如下质问作出回答：在自由框架之内，如何去提高大多数人的生活水平，与此同时保持和提高他们的文化水平。由于这些原因，大众社会理论已经无法作为西方社会的描述，而只能作为对当代生活进行不切实际抵制的意识形态。

第二章　家族资本主义的解体
——论美国阶级的变化

如皮勒尼（Pirenne）① 和熊彼特曾经指出的那样，在西方社会，社会阶级兴衰的故事就是家族兴衰的故事。一个人要是像许多美国社会学家那样，没有认识到这个事实，而习惯于以一种个人主义观点来看待阶级地位，那么他将无法理解在过去主导的经济阶级的特殊凝聚力，无法理解当今社会权力瓦解的根源。

资本主义不仅是——如马克思理解的那样——一个由雇主和工人的关系以及由阶级所组成的按照严格的经济路线形成的经济体系，而且是一个社会体系。在那个社会体系中，权力通过家族得到传递，所有权的履行也部分带着家族的名义。以家族的名义，一个企业为人们所知晓。（在马塞尔·帕尼奥尔［Marcel Pagnol］② 的《芳妮》中，令方尼斯欣喜若狂的希望是把"父子店"［and Son］一词加到他的商店的大门上，这是由商业企业长期延续下来的一个惯例。）

家庭的社会组织依赖于两个制度：财产制度和"王朝式"婚姻制度。财产被法律所认可，并且因强制的国家权力而加强。财产意味着权力。"王朝式"婚姻是保存财产的手段，也是通过继承法转移财产的手段，并且它可能是家族企业得以延续的手段。（这个过程的一个典型例子也许是古斯塔夫·封·波伦［Gustav von Bohlen］对克虏伯［Krupp］家族名称的继承，当时，这家著名的德国钢铁公司家族缺少男性继承人。）

---

① 亨利·皮勒尼（1862—1935）：比利时社会学家，著有《中世纪欧洲经济社会史》。——译注

② 马塞尔·帕尼奥尔（1895—1974）：法国剧作家、电影编剧，主要作品有《托帕兹》及电影剧本《面包师的妻子》等。——译注

在西方社会里，财产与家庭结构的关系是最古老的习俗之一，它可以远远地追溯到罗马土地法。从历史上讲，土地是最古老的也是最基本的财产和权力形式。在古罗马法中，财产不属于特殊的人或一家之长；财产属于继承人。当继承人成为家长时，财产便不再归他所有，而是归他的继承人所有。亨利·梅因（Henry Maine）① 爵士称之为"推定"（fiction）。这个推定就财产所有权的"不可让与性"（inalienability）而言是必要的。这样，它就不可能被人随意处理掉。争取自由处理土地的努力，即使土地成为可转让的，争取免去所有的限嗣继承、严格的财产赠与制、长子继承制等的努力是使财产成为一种自由商品而作的努力的一部分。在英国法律中，实际上直到1925年，阻挡财产的可转让性的所有障碍才完全扫除。

(40)

用哲学术语来说，财产和家庭之间的这种相关制度总是被看做现存社会的一个必要前提。在19世纪初，当威廉·戈德温（Godwin）② 和马修斯·孔多塞（Condorcet）③ 坚持认为进步和自由仅仅在于打破婚姻纽带和分享财产时，马尔萨斯牧师替整个资产阶级社会进行了辩护。他坚持认为，要是没有家庭和财产的限制，那么满足性欲的"天生"本能将肆无忌惮地横行，以至于人口将突破所有界限，超过资源增长，从而给大众带来贫困和痛苦而不是幸福。实际上，《人口论》（The Essay on Population）不是一个人口学研究成果，而是一个道德布道。

但是，除了经济考虑或道德考虑以外，家庭制度和财产制度的关系还牵涉到更多因素。通过这两个制度的结合，一个阶级制度得以保持了下来：人们与同等阶层的人交往，在与其收入相应的公立学校接受教育，有着相同的行为规范和准则，阅读相同的图书并带着相似的偏见，生活在相同的环境中——简言之，创造和分享一种特定的生活方式。

不过，在过去的75年时间里，财产制度和家庭制度之间的原有关系已经瓦解。马尔萨斯认为，那种关系代表着社会的"基本法则"。其瓦解的具体原因过于复杂，难以一下子弄清，不过其过程是清楚的。在资本主

---

① 亨利·梅因（1822—1888）：英国法律史学家，著有《古代法》、《古代法制史》、《古代法律与习惯》和《国际法》等。——译注

② 威廉·戈德温（1759—1836）：英国作家，著有《政治正义论》和《卡列布·威廉斯的经历》。——译注

③ 马奎斯·孔多塞（1743—1794）：法国哲学家、数学家、启蒙运动代表人物，著有《人类精神进步史表纲要》。——译注

义社会里，婚姻是把两性关系保持在界限之内的一种手段。在资产阶级婚姻中，如德尼·德·鲁日蒙（Denis de Rougement）[①] 风趣地评论的那样，每一位有夫之妇都渴望有一个情人。19世纪一些伟大的大陆小说，如托尔斯泰（Tolstoy）[②] 的《安娜·卡列尼娜》、福楼拜（Flaubert）[③] 的《包法利夫人》，通过对私通的全方位描述，揭示了这个悖论。浪漫主义的成长、对个人情感和自由选择的高度重视、从激情到世俗的转化，所有这一切都抵抗着"王朝式"婚姻体系。在某种意义上，妇女解放意味着资产阶级社会稳定的消失。假如妇女能够自由结婚，随心所欲地跨越阶级界限，那么同"王朝式"婚姻连在一起的经济企业持久力将会减弱。

不过，家族资本主义模式之所以日趋瓦解，还因为这种经济体系的性质存在着一些更加内在的原因。有些原因是笼统的：大家庭或家族的衰落使管理企业的继承人成员选择余地减少；不断增长的专业技术的重要性使技能而非血缘关系受到高度重视。这些原因大体发生在美国，主要发生在这样一些企业，管理人员和技术人员拒绝仅仅充当家族支配公司的代理人，而要求凭借自身能力来领导企业。不过在欧洲，如大卫·兰德斯（David Landes）[④] 研究证明的那样，家族企业的连续性一直值得关注。[⑤] 兰德斯认为，一直到现在为止，这些家族企业的持续存在，加上它对允许外来资本进入企业的谨慎、保守和恐惧心态，是欧洲大陆经济增长率低下的主要原因之一。

从一开始，美国的情况就有所不同。一个重要原因是，在美国，几乎所有土地都具有被无条件继承的不动产权，而这一点在欧洲是被禁止的。

---

① 德尼·德·鲁日蒙（1906—1985）：瑞士学者、作家，欧共体先驱之一，1950年在日内瓦设立欧洲文化中心，1951年创建日内瓦欧洲学院，1954年与罗伯特·舒曼一起创立欧洲文化基金会。他强调不同国家民族的特性，推崇联邦主义，认识到精神联合的重要，倡导文化合作，首创欧洲跨学科国际性互动研究。——译注

② 托尔斯泰（1828—1910）：全名列夫·尼古拉耶维奇·托尔斯泰，俄国文学家，著有《战争与和平》、《安娜·卡列尼娜》、《复活》，以及自传体小说三部曲《童年》、《少年》、《青年》。——译注

③ 居斯塔夫·福楼拜（1821—1880）：法国批判现实主义小说家，著有《包法利夫人》、《情感教育》和《布瓦尔和佩库歇》等。——译注

④ 大卫·兰德斯（1924—），美国经济学家、哈佛大学历史学和经济学教授，著有《时间革命》、《解除束缚的普罗米修斯》、《国富和国穷》。——译注

⑤ 参阅大卫·兰德斯"法国商业和商人：社会文化分析"，载于爱德华·米德·艾尔编《现代法国》（普林斯顿，1955年）。——原注

相比较而言，家族创始人没有能力把自己对保留财产的愿望强加于下一代人身上。另一个原因是，在美国，由于一些复杂的原因，一直存在着这样一个传统，或一个神话：儿子不是继承了父业，而是自己创出了一片新天地。这两个因素，即一个历史的因素和一个社会心理的因素，是阻碍着美国家族资本主义体系全面发展的重要因素。

不过，一直有人在为创造这样一个体系作出不懈努力。如伯纳德·贝林（Bernard Bailyn）[①]在研究17世纪美国商人时指出的那样，美国商业的兴起不是由于个人创新而是由于家族协作。[②]家族是原始资本的来源。从家族那里，一个人可以学到有益于企业成长的大量技能。在后殖民时期，在东部沿海地区，尤其是在波士顿、费城、纽约这些大城市，家族企业是很常见的，"社会"就是由这些主要家族组成。向西部的不断扩张、频繁的投机活动、剧烈的经济变化，所有这些都是促使其瓦解的因素。[③]

在内战之后，随着迅速的工业化过程，新的企业往往以家族企业的形式开始。在资本主义社会里，对货币和信用的控制，对资本形成来源的控制，是权力的支柱。在开始时，几乎没有一家公司是上市公司。它们从家族储蓄中取得资本并且通过"自筹资金"进行扩张。在美国，绝大多数"中等规模"企业都是典型的家族企业。在纺织业和酿酒业里尤其如此，其他行业也是如此。从本质上说，国际银行是一个"家族"企业，因为其业务十分隐秘，缺少可派往各个分部的可靠人才。相同的理由也适用于船运业。由于历史原因，包装业一直是由一些家族严格控制的行业。化工、洗涤用品、报纸也是如此。美国工业的一些大"商号"都是以"家族"名义起家的：杜邦、斯威夫特、奥摩尔、格莱斯、福特、奥林化工、多佛等都是如此。甚至在今天，绝大多数重要报纸都归家族所有，而不是上市公司。

[①] 伯纳德·贝林（1922—　）：美国历史学家、哈佛大学教授，著有《17世纪新英格兰商人》、《1697—1714马萨诸塞州航运业：统计学研究》、《美国社会形成中的教育》、《1750—1776美国革命小册子》、《美国革命的思想根源》、《美国历史的前景》、《美国政治的起源》、《1930—1960知识界移民》、《美国历史中的法律》等。——译注

[②] 伯纳德·贝林：《17世纪的新英格兰商人》（剑桥，麻省，1955年）。——原注

[③] 罗伯特·K.拉姆："企业家与社会"，载于威廉·米勒编《商业中的人》（剑桥，麻省，1952年）。要想了解同那篇论文阐述的观点略有不同的一种见解，即视在资本主义条件下家庭和企业的混合为一个特例，请参阅T.佩森斯和N.斯迈尔斯的《经济与社会》（伦敦，1956年）第285—290页。——原注

家族体系还有一个社会对应物：由重要家族对家族企业所在城镇的主导；而且，由于绝大多数工业企业至少在 19 世纪末和 20 世纪初都是建在河谷地区的，形成了与阶级分层相关的地理分布。工人生活在河谷里，因为工厂也建在那里，家族业主生活"在山上"，因为在山上可以居高临下，统观全局。

不过，尽管在许多中等规模的企业里，家族资本主义已经占据了稳固地位，并且在许多城市留下了它的标志，但它从来没有成功地在广大的资本工业领域确立霸主地位。由于这个原因，人们不得不考察一系列特殊的经济事件，这些事件标志着美国资本主义的一个重要阶段，即从 1890 年到 1910 年的阶段。

(43) 家族资本主义的瓦解大约开始于 19 世纪和 20 世纪之交。当时，美国工业由于过度扩张，经历了一连串危机。在这个时候，银行家们，通过控制货币和信用市场，介入、重组和控制了许多美国领头企业。以美国钢铁公司的形成为典型，在 19 世纪和 20 世纪之交的一些重大合并事件标志着 20 世纪"金融资本主义"的出现。

通过干预，投资银行家实际上摧毁了资本主义秩序的社会根基。通过设置专职经理，银行家实现了财产和家族的彻底分离。那些专职经理在企业没有股份，因此不能把其权力自动传给子女，并对外在监督者负责。

造就"现代"企业的人不是家族企业家。他们也不只是执行着一套现成惯例的企业经理。"企业组织者"是一个特殊集团，通常是一些工程师。他们义不容辞的使命是建立一个新经济形式。他们所得的回报主要不是货币——几乎没有人去计算过由卡耐基、洛克菲勒、哈里曼或福特所创造的巨大财富——而是地位成就，以及在终极意义上自身的独立力量。因此，T. N. 韦尔创立了美国电话电报公司，艾尔伯特·加里是美国钢铁公司公关人物（本·斯托伯格曾经调侃道："他一直到死也没有去看过一眼沸腾的炼钢炉"），艾尔弗雷德·P. 斯隆在通用汽车公司推行了分散经营模式，杰勒德·斯沃普统一了通用电器公司，沃尔特·梯格尔则对石油公司进行了合理化改革。其中没有一个人留下个人王朝，企业也没有冠上他们的名号。但是他们对美国社会的影响是抹杀不掉的。追随于他们之后，毕业于哈佛商学院的年轻人现在获得了一条谋取高级社会和经济地位的途径。因此，家族资本主义让步于社会流动。

不过，尤其在最近 20 多年里，随着管理者有能力摆脱金融控制的束缚，并且在企业中取得独立权力，银行家的权力迟早也会走向衰落。在某些情况下，他们能够做到这一点，因为他们这些人，这些企业工程师，是一些能干的个体；更重要的是，由新政法令实施的投资和银行职能的强制分离限制了投资银行家对金融市场的控制；最重要的也许是这样一个事实：美国企业的巨大增长使它们从自身利润中而不是通过向金融市场的借贷来支持其扩张。 (44)

家族资本主义的瓦解可能部分解释了现代美国资本主义的"动态"性质。因为独立的管理控制的确立已经产生了新的动力和新的动机。管理者无法把巨额财产从企业中提取出来，譬如像安德鲁·卡耐基在钢铁公司所做的那样，他们的主要驱动力是绩效和企业成长。这些目标，结合修改了的税法，激起了对利润高比率的不断重复的投资。在1929年，只有30%的企业利润被重新用于投资，在战后年代里，70%的利润再投资来进行企业扩张。

新管理者缺乏受传统支持的阶级地位。这个事实引发了他们对意识形态的需求，以证明他们的权力和威望。没有任何一种资本主义秩序能够像美国资本主义秩序那样对意识形态具有如此强制性的渴望，在其他秩序里，这种渴望要小的多。从哲学上讲，私人财产总是与自然权利体系相联系，因此财产本身提供了道德证明。但是私人的生产性财产，尤其在美国，大部分是一个假定，很少有人听说过它作为一种企业主管的权力的道德资源来给予追求。当我们在企业里使所有权关系向管理层的管理关系发生经典转变时，我们于是在象征性层面上使得"私人财产"向作为权力之证明的"企业"转变。并且在某种意识形态之下，这种象征本身有时变成了一股强制力量，而"绩效"本身成为推动美国企业巨头前进的动力。

从社会学上讲，家族资本主义的瓦解同整个西方社会权力的一系列转变相联系。美国"60大家族"（或法国"200大家族"）已经不复存在。除了经济主导，家族资本主义还意味着社会主导和政治主导。但一切已成过去。许多中等规模企业仍然为家族所有，子承父业（例如酿酒业），许多城镇，像圣路易斯和辛辛那提，仍然表现出家族古老统治的标记。但大体上，家族管理体系已经彻底完结，以至于像 R. S. 林德（R. S. Lynd）①《转

---

① 罗伯特·S. 林德（1892—1970）：美国社会学家、哥伦比亚大学社会学教授，同其夫人海伦·林德合作完成"米德尔敦"系列研究成果，首创应用文化人类学方法于现代西方城市研究，著有《米德尔敦：当代美国文化研究》、《转型中的米德尔敦：文化冲突研究》等。——译注

型中的米德尔敦》(*Middletown in Transition*)这部研究美国生活的经典，连同它对主导城镇的"X"家族的描绘，在不到二十年时间里，已经变成了对过去的描述，而不是对当前社会的描述。

在现代社会，权力和阶级地位的关系似乎正在发生两个"悄无声息的"革命。一个是权力获取模式的变化，单单继承权已经不再是决定一切的因素；另一个是拥有权力性质本身的变化，技能和政治地位而不是财产，变成了确立权力的根据。

这两场革命正在自发进行之中。① 从政治上看，主要后果是"统治阶级"(ruling class)的瓦解。统治阶级可以被定义为拥有权力的集团，它们既是现存的利益集团，又是利益的连续体。而今天，既有一个"上层阶级"(upper class)，又有一个"统治集团"(ruling group)。成为"上层阶级"的一员（即拥有特权并能把它传给指定的人）已经不再意味着一个人是统治集团的成员，因为现在统治是建立在传统财产标准之外的其他标准基础之上的；现代统治集团从本质上讲是联合集团，而他们拥有的权力转移方式以及对特殊权力的获取模式的制度化（政治规章或军人晋升）还没有完全制定和确立起来。

---

① 对权力进行社会分析所遇到的一个重要问题是对稳定的权力组织而言时间的"日益紧缩"问题。在西方法律中，私人财产的所有权作为权力的基本模式一直延续了将近 2000 年；在那期间，像土地这样的财产一直是一种主要形式。在那种权力模式中，特殊的家族集团可以把权力延续多达 10 代以上。甚至在那里，获取权力的新手段也被引了进来，诸如意大利的雇佣兵，他们把战利品据为己有。其权力的合法性还包括了财产。在过去的一个半世纪里，我们既看到了权力模式本身的迅速瓦解，也看到了建立其上的家族和社会集团的稳定性的迅速瓦解，而家族和社会集团的权力原来是建立在那个模式基础之上的。因此，在确定测定权力的方法的可行时间阶段方面存在着困难。——原注

第三章 美国有没有统治阶级？

——关于权力精英的再思考

权力是一个难题。权力的结果要比原因更容易考察；甚至权力行使者也搞不懂是什么因素影响着他们的决定。同其他人类行为形式相比，权力的后果更难以控制和预测。鉴于查尔斯·赖特·米尔斯（C. Wright mills）[①]的《权力精英》（*The Power Elite*）试图在一群大同小异的精英当中确定权力的根源，探讨权力的"因果世界"，而不仅仅讨论研究权力的方法。这类著作在当代社会学中并不多见。此外，它还有一个独到之处，虽然它是一本政治读物，它的松弛结构和权力修辞学却允许不同读者在阅读时把自己的情感也带入其中。对英国年轻的新马克思主义者（围绕在《大学和左派评论》[*Universities and Left Review*]周围的一帮人）以及波兰正统马克思主义者（被波兰共产党官方哲学家亚当·沙夫[Adam Schaff][②]所接受的人）来说，它已经变成了了解美国政策和动机的首选著作。这是有点不可思议的，因为米尔斯不是一个马克思主义者。如果硬要把他与马克思主义扯上关系，那么他的方法和结论是反马克思主义的。但由于这是一本写实著作，揭露了民粹主义关于权力的各种天真幻想，它在激进分子中间迅速引起了反响。

基调和意图

弥漫在米尔斯这本书及其大多数著作中的基调为这种反响产生的原因

[①] 查尔斯·赖特·米尔斯（1916—1962）：美国社会学家、文化批判主义代表人物、哥伦比亚大学教授，著有《性格与社会结构》（与格斯合著）、《白领：美国中产阶级》、《权力精英》和《社会学的想象力》等。——译注

[②] 亚当·沙夫（1913—2006）：波兰哲学家，著有《人生哲学》、《社会主义的"空白领域"》、《共产法西斯主义》、《论新左派的性》等。——译注

提供了一些线索。在关于劳工的著述（《新权力人》，*The New Men of Power*）中，在关于白领阶级以及现在的权力精英的著述中——在社会的各阶级领域里——米尔斯以巴尔扎克（Balzac）① 为榜样，写了一些巴尔扎克称作道德"补救"作品的道德"喜剧"。他采用了巴尔扎克的某些写作手法。巴尔扎克千方百计地要把科学发现和诗歌结合起来，并通过堆砌实际细节以造成视觉效果。米尔斯引用了大量统计资料，并用大量隐喻把它们拼凑起来，中间夹杂着他的愤怒。

(48) 但是，它涉及的远不只是风格相似而已。巴尔扎克生活在与现代非常相似的时代。那是旧道德规范受到质疑的大动荡时代，个体的社会流动正在第一次成为可能的阶级巨变时代。巴尔扎克的主人公，露易斯·朗贝尔、拉斯底纳克以及绝大多数无赖，约翰·盖伊（John Gay）② 的《乞丐的歌剧》（*Beggar's Opera*）中马其兹的旁系后代，原本都是一些流动阶层。他们想要在社会上出人头地，但都以对他们所发现的资产阶级社会的仇视而告终。他们的姿态是局外人的姿态。他们的世界（无赖的底层社会是上层社会的反面，正如贝托尔特·布莱希特［Bertolt Brecht］③ 在《三角钱歌剧》［*Three-penny Opera*］中描述的底层社会一样）是建立在这样一个前提之上的：公共道德、公共行为方式和理想，全都是骗局。有意思的是，米尔斯以赞赏的口吻引用了巴尔扎克的一句格言，"每笔财富的背后都是罪恶"，认为这个判断同样适用于今天，因为米尔斯也是局外人。

但是，无论最初的感情冲动是什么，米尔斯的著作确实受到了更直接的思想先驱的影响。这些先驱是凡勃伦（Veblen）④、韦伯和帕累托（Pare-

---

① 奥诺雷·德·巴尔扎克（1799—1850）：法国小说家，擅长塑造为贪婪、仇恨、野心等强烈情感所控制的人物。巴尔扎克计划以《人间喜剧》（*La Comédie Humaine*）为题，撰写描绘和分析法国社会各个层面的系列小说。这些小说主要可以分为三组：道德研究、哲学研究、分析研究。每一组又可以分为个人生活、外省生活、巴黎生活、政治生活，及乡村生活等场景。——译注

② 约翰·盖伊（1685—1732）：英国诗人、戏剧家。——译注

③ 贝托尔特·布莱希特（1897—1956）：德国诗人和剧作家，主要作品有《巴力》、《夜半歌声》、《在都市的丛林中》、《男人就是男人》、《三角钱歌剧》、《伽利略传》、《大胆妈妈》、《四川好人》和《高加索灰阑记》等。——译注

④ 托斯坦·邦德·凡勃伦（1857—1929）：美国庸俗经济学家、制度学派创始人，著有《有闲阶级论》等。——译注

to)①。他从凡勃伦那里借用了修辞和反讽；他赞成韦伯对社会结构的描述，不过不是关于阶级而是关于垂直的等级秩序或社会地位（Standen）的描述；最关键的是，他受到了帕累托的影响，不过不是帕累托对精英的定义，帕累托的定义非常不同于米尔斯的定义，而是帕累托的方法。尽管米尔斯知道自己借用了凡勃伦和韦伯的观点，但他可能不知道自己也借用了帕累托的观点。不过，米尔斯同帕累托一样，蔑视思想观念，否定意识形态，主张在权力实践中，意识形态没有任何操作意义。通过把权力看做潜在的"各法则的联合体"，米尔斯在方法上与帕累托当时把社会集团看做"各残余的联合体"的做法相似。我认为，除了在修辞上受到触动之外，这还导致了一种静态的、非历史的研究途径。②因为《权力精英》不是对美国权力的经验分析，尽管许多读者误以为如此，而只是为权力分析提供了一个框架。我认为，对其论点的深入解读将证明，这个框架有多么混乱和令人不满。

主　　题

我们可以通过不同框架来检验米尔斯著作，③不过我们有必要先作些文本分析：确定关键术语，看看它们是如何被前后一致地使用的，并且把证据与前提联系起来以便检验主题的连贯性。因此，这是一次解释学练习。

正如其在米尔斯著作第一章里展开的那样（其他几章与其说展开或论

---

① 帕累托（1848—1923）：意大利庸俗经济学家、社会学家、洛桑学派主要代表人物之一，以关于群众与上层社会精英分子的相互作用理论及运用数学进行经济分析闻名于世。他主张社会产品分配的最优状态。反对平等、自由和自治，提出上层社会优越论。——译注

② 在这一方面，本人的导师是杜威和马克思。我之所以认杜威为导师，是因为他坚持不从结构（习惯）开始，而从问题开始，从这样的问题开始：某件事情何以会产生问题，事物何以处于流变之中，人们做了什么，等等。我之所以认马克思为导师，是因为他看到了意识形态和权力之间的相互作用，是因为他对历史的重视，对作为变革环节的危机的重视，对政治的重视。他认为，作为一种活动，政治深深地扎根于具体利益中并体现在各重大战略中。——原注

③ 就这样的框架而言，请参阅塔尔科特·帕森斯的评论"美国社会的权力分配"，载于《世界政治》（1957年10月）第10卷第1号。帕森斯认为，米尔斯把权力看做是在涉及切身利益的游戏中一个第二次"分配的"概念，那场游戏的焦点集中在谁将拥有权力上。帕森斯根据社会等级化过程中权力的功能功利或综合功利来组织他的分析。另一个观点是由罗伯特·S.林德提出来的。他把权力看做一股保证对社会有利的维护社会价值的积极力量。林德在由阿瑟·科恩豪泽主编的论文集《美国民主中的权力问题》（韦尼州出版社1958年版）中提出了上述见解。——原注

证了这个主题，不如说对其作了前后不一的说明），其主题围绕一个关键问题而展开：权力是如何被行使的，但却只是使人感到茫然不解。我们只能通过某些具体引用来证明这一点。虽然这样子做有一定难度，也有点累赘，但是为了解释清楚，仍然很有必要。①

米尔斯说，在美国社会里，主要的国家权力"现在属于经济领域、政治领域和军事领域"。

> 理解美国精英权力的途径既不是完全依赖于认识到诸事件的历史范围，也不是完全依赖于接受由表面决策者汇报的主观意见。在这些人的背后以及在这些历史事件的背后，把两者联结起来的是现代社会的主要制度。国家、企业和军队，这些等级秩序构成了权力工具；因此，它们在现在的重要性是人类历史上任何事物都无法比拟的，即使是人类历史发展的顶峰，现在那些现代社会的指挥所，它们为我们了解美国高层人物提供了一把社会学钥匙。（第5页）

因此，权力，成为掌权人物，显然意味着对权力制度的控制：

> 当然，我们所指的有权者是指那些*有能力实现他们的意志*的人，甚至在别人反对情况下也是如此。与此相应，没有人能够真正拥有权力，除非他执行着重要制度的命令。因为，在第一种情况下，通过权力的这些制度化手段，有权者才真正地是有权的。（第9页）

(50) 这种权力只为少数几个人所分享：

> 我们所指的权力精英是那些在政治、经济和军事圈子里的人物，作为错综复杂而相互重叠的各种派系，他们*分享着足以影响全国的各种决定*。只要有国家事务为人所决定，那肯定是权力精英所为。（第18页）

---

① 除了另作说明以外，所有的字下面的着重点都是由本书作者加上去的。它们旨在提示某些关键的陈述。所有的引文均来自 C. 赖特·米尔斯的《权力精英》（纽约：牛津大学出版社1956年版）。——原注

但是尽管这些人作出了关键决定，他们并不是时代的"历史创造者"。米尔斯说（第20页），"权力精英"不是一种历史理论；历史是由各种有意决定和无意决定组成的一个复杂网络。

> 除了指决策过程以外，权力精英没有别的意思。它是对社会领域进行划界的尝试，在这些领域中，无论决策过程性质如何，都能得以实施。它只是关于谁参与了决策过程的观念。（第21页）

但是历史性决定是这样被作出的：

> 在我们的时代，当关键时刻来临之时，一小撮人作出了或者没能作出决定，在这两种情况下，他们都是所谓的权力精英……（第22页）

那么精英是否创造着历史呢？有时是历史造就了精英角色，有时则是精英角色决定着其历史作为（第22—25页）。米尔斯显然陷入了一种矛盾立场之中。因为假如权力精英不是历史的创造者，那么为何对他们抱着如此多的担忧呢？假如他们是历史的创造者，那么它似乎会导致一种片面的历史理论。最后米尔斯解决了这一问题：

> 不是"历史必然性"，而是一个名叫杜鲁门的人，带着一小撮人，决定在广岛扔原子弹。不是历史必然性，而是一个小圈子里的人的主张，否决了雷德福海军上将提出在奠边府①失陷之前出兵印度支那的议案。（第24页）

假如我们深入研究所有这种内幕和档案，就可以发现有一小撮人甚至在政府部门、经济生活和军队中获得最高职位之前就已经担负起职责并且获取了前所未有的重大决策权，它们产生了比以前美国历史上的任何职责和决策权都更深远的影响。

但是，与其修辞学引起的共鸣相比，这个主题没怎么引起人们的争

---

① 奠边府，越南西北部城镇，1954年法国在此大败。——译注

议。对米尔斯的著作来说，一系列操作性术语具有重要意义：制度（借助制度而得以自由相互变化的领域、高层智囊团、高层派系）、权力、指挥所、重大决定。这些术语的政治用途赋予这部著作以说服力。这些术语是"精英"这一术语的关键修饰语。它们究竟有些什么意思呢？

术　　语

（1）精英。贯穿于整部著作，术语"精英"以众多方式被使用着。有时它表示"一些党朋成员"、"某些人格类型的品德"或"经过精选的优良品格的总和"，诸如财富、政治地位等。只有在一个地方，在第366页一个较长脚注中，米尔斯明确表示试图澄清由这些术语的不断变化所造成的混乱。他说，他首先根据"制度地位"（institutional position）来规定精英。但这是什么意思呢？

（2）制度、部门，等等。米尔斯说，在人类的背后，在事件的背后，是社会的主要制度把两者联结了起来：军事制度、政治制度和经济制度。但是实际上，依照米尔斯对这些术语的使用，军事、政治、经济不是制度，而是部门，是韦伯称作阶层的东西，或者是在社会中的每一个垂直等级秩序都有其封闭的科层。说这个部门或阶层比那个部门或阶层更加重要，譬如说在某些社会里宗教阶层比政治阶层更加重要，那就等于说给我们确定了泛泛的界限。但是实际上我们想要和需要的远不止于此。

像"军事"、"政治指挥部"等是一些极其松散的用法。要把这些事物作为体制来描述是十分困难的。制度来自特殊的现行行为规则，那些规则决定着特殊人群的行为，那些人潜在地或以各种方式恪守着这些规则，假如他们违反了规则，会接受一定的管制（焦虑、内疚、羞耻、开除，等等）。假如人们到底从何处获得权力这个问题对权力研究来说很重要，那么，我们将不得不通过更加特殊化的途径去辨别各群体而不是"制度化的阶层"、"部门"、"圈子"，等等。

（3）权力。令人奇怪的是，整本书都没有对"权力"一词下过定义。实际上，只有两个地方提到了关于这一语词的界定：

当然，我们所指的有权者的意思是，他们有能力实现他们的意志，甚至在别人反对它的情况下也是如此。（第9页）

所有的政治都是追逐权力的斗争；终极的权力形式是暴力。（第171页）

无可否认，如韦伯说过的那样，暴力是对权力的终极认可，并且在极端情况下（例如西班牙内战、伊拉克等），对暴力手段的控制决定着对权力的获取。但是，权力并不像米尔斯和其他人认为的那样是不可变更、不可调和和坚不可摧的力量。（梅里亚姆［Merriam］[①] 曾经说过："无论从政治上讲还是从性上讲，强暴都不表明是一种不可抑制的力量。"）所有的政治难道真是追逐权力的斗争吗？难道不存在任何理想作为目标吗？假如理想可以通过权力而实现——尽管不总是如此——那么它们难道没有缓和政治暴力吗？

用米尔斯的话来说，权力就是主导。但是我们不需要任何精细的讨论就可以发现，这个权力观念回避的问题比其回答的问题要多得多，特别是当我们从作为暴力的权力的外在边界转向制度化的权力，转向米尔斯所关注的这个领域的时候。因为在社会里，尤其在立宪政权里，暴力不是规则，我们处于一个由各种规范、价值观、传统、合法性、约定、领导权和身份证明所充斥的领域里。所有这些命令、权威的模式和机构，它们的接受或否决，决定着世界上日复一日的活动而无任何暴力，而米尔斯则避开了权力的这些方面。

（4）指挥所。在米尔斯的权力框架中，以及在作为暴力的政治中，指挥所是一个用军事术语来描述拥有权力的人的隐喻，这一点是相当引人注目的。我们可以把它作为了解米尔斯的隐藏的框架的一条线索。但是由于这仅仅是一个隐喻，它几乎没有告诉我们谁拥有权力。米尔斯说，拥有权力的人是那些领导着大权在握的组织或部门的人。但是我们如何知道他们拥有权力，拥有什么权力？米尔斯简单提出了如下前提：①组织或机构拥有权力；②其中的地位赋予了权力。但是我们如何得知呢？实际上，我们只能通过人们运用权力做的事知道是否真有权力存在。

人们拥有什么样的权力，作出什么样的决定，如何去作出决定，其中必须考虑到什么因素，所有这一切都可以构成职位能否转化为权力的问

[①] 查尔斯·爱德华·梅里亚姆（1874—1953）：美国政治学家和政治家，芝加哥大学政治学教授，著有《美国政治学说史》。——译注

题。但是米尔斯曾经说过:"除了指决策过程以外,权力精英没有别的含义——它是一个对社会部门进行划界的尝试,在那些社会部门中,无论决策过程性质如何都能得以实施。它只是一个谁参与了决策过程的概念。"(第21页)因此,我们发现自己处于尴尬之中。是谁依靠这些职位呢?但是,如我们已经论证的那样,只有当人们能够对所有职位的权力作出决定的性质进行规定的时候,职位才是有意义的。而米尔斯回避了这个问题。①

米尔斯进而说道,他想要避开权力拥有者的自我意识问题,或者这种自我意识在决策中的作用。("理解权力精英的途径既不在于对诸事件历史范围的认识,也不在于隐藏在作出明确决定之人和制度之后的那些当权者所汇报的自我意识。"[第15页])但是,像米尔斯有时暗示的那样,假如权力精英不是"历史的创造者",那么,无论他们能否作出有效的决定,作为权力精英成员,他们的地位的意义是什么呢?诚然,许多人,像《列那狐的故事》中的那只雄鸡一样,自以为是地认为,是他们才使得太阳升上天的,但是假如这种权力仅仅是一种自欺,那么它也只是权力意义的一个方面。

(5)重大决定。权力精英因拥有作出"重大决定"的权力而享有盛誉。实际上,这是对精英权力的一个含蓄定义:只有他们能够作出那些"重大决定"。米尔斯说道,谈论新的社会均衡、多元论、劳工崛起的人,即使正确,也就是在谈论"中层"权力的人。他们没有看到重大决策。

不过,从严格意义上说,除了几个例子以外,米尔斯没有说明什么是重大决定。这些例子总共有5个,米尔斯从来没有分析过这些决定到底是如何作出的或者是谁作出的。这5个例子分别是:导致卷入第二次世界大战的几个阶段;在广岛和长崎投放原子弹的决定;在朝鲜宣战;1955年对金门和马祖的举棋不定;当奠边府快要沦陷时,对是否要干预印度支那所表现出来的犹豫不决。

同米尔斯的政治学观念相一致,非常引人注目的一点是,他所列出的

---

① 在他关于海军和空军就战略概念而发生政治冲突的惊人描述中——政策问题,诸如就有限战争而言,对于重型军事轰炸机和歼击机的依赖,以反对战术核武器和常规地面部队的问题,深刻地影响了军事制度内部的权力平衡——詹姆斯·加文将军提供了某些高级军官徒劳地反对国防部内部陈陈相因的官僚机构的一个鲜明的例子。他写道:"1947年,随着国防部的成立,又一个政府管理机构被置于军队之上。并且,根据法律,军队长官被禁止担任国防部的重要职务。结果,国防部长大大地依赖于数以百计的公务员。对于国防部的决策,他们可能比其他任何个人团体、军事团体或公民团体都具有更大的影响力。"引自《空间时代的战争与和平》(哈泼兄弟出版社),重印于《生活》1958年8月4日,第81—82页。——原注

作为"重大决定"的所有这些例子都同暴力相联系。确实，一个社会能够作出终极决定：是卷入战争，还是拒绝卷入战争。并且就这一点而言，米尔斯是正确的。它们确实是一些重大决定。但是，同样引人注目的是，当他草率谈论这些重大决定时，他几乎没有看到它们并不是由权力精英作出的决定。在我们的体系中，这些决定按照宪法被授权于一个人，总统，他必须对选择担负起责任。它根本不是对人民权力的盗用，因此可以说，这是在宪法里的少数几个实例之一。在宪法中，这些责任有专门的规定，其职责是明确的。自然地，总统要向别人咨询。在米尔斯所引用的这些例子中，总统确实这样做了。理查德·罗维尔（Richard Rovere）① 对米尔斯引用的这些决定曾经作过仔细分析（载于《进步》［Progressive］1956 年 6 月号）。按照米尔斯对精英所作的规定，罗维尔广泛地反驳了"权力精英"实际参与其中的观点。除了总统之外，还有几个人参与了这些决定：在原子弹问题上，是史汀生（Stimson）②、丘吉尔（Churchill）③ 和几位物理学家；在朝鲜问题上，是像艾奇逊和布拉德利（Bradley）④ 这样的一个小团体；在金门和马祖问题上，特别咨询了艾森豪威尔（Eisenhower）⑤；在奠边府问题上，咨询了由军界和内阁组成的一个比较广泛的团体。但是，罗维尔说：在这个例子中，"这些"权力精英是这样一个小圈子的人，他们是赞成干预的，只有艾森豪威尔反对干预且反对派遣军队。这主要是因为舆论的压力。

现在，这些重大决策要是不掌握在少数几个人手里似乎也一样。但是，要是缺乏一个国民主动权和公决体系，像在 1938—1939 年勒德洛修

---

① 理查德·罗维尔（1915—1979）：美国记者。——译注

② 亨利·刘易斯·史汀生（1867—1950）：美国政治家、战略家，1929—1933 年任国务卿。日本发动九一八事变并占领中国东北后，宣布美国不承认远东由武力引起的损害中国独立与行政完整的变化，日德成为战争策源地后，呼吁美国放弃孤立主义，第二次世界大战爆发后，主张支援反法西斯国家，1940—1945 年任陆军部长，动员美国工业转入战时轨道，主张尽早开辟第二战场，负责监督原子弹研制，建议对日实施核突击，1945 年 9 月退休，著有自传《在和平与战争中服役》等。——译注

③ 温斯顿·丘吉尔（1874—1965）：英国政治家、画家、演说家、作家以及记者，曾于 1940—1945 年及 1951—1955 年期间两度任英国首相。——译注

④ 奥玛尔·纳尔逊·布拉德利（1893—1981）：第二次世界大战时期美国将军，后任参谋长联席会议主席（1949—1953），因发表有关朝鲜战争的以下言论而著名："坦白地说，参谋长联席会议认为，这是一个我们在错误的地方，在错误的时间，与错误的敌人，打的一场最错误的战争。"——译注

⑤ 德怀特·戴维·艾森豪威尔（1890—1969）：美国第 34 任总统，陆军五星上将。——译注

正案中提出的那种体系，或者，要是缺乏对国家政治结构的重新组织能力去要求政党对决定担负起责任来，那么就难以理解米尔斯所大肆宣扬的东西。说一个国家的领导人拥有宪法赋予的职责去作出重大决策只是一个非常普通的说法而已。而说权力精英作出这样的决定则赋予了这个说法一定的分量和情感色彩，尽管它令人印象深刻，但是并没有什么意义。

利益问题

到目前为止，我们一直在接受米尔斯自己用法意义上的"指挥部"和"权力精英"。不过现在产生了一个难题：问题不仅在于是谁构成了权力精英，而且在于他们是如何抱成一团的。尽管米尔斯声称：他不相信协同理论，但是他对于在精英中间权力集中的解释，结构松散，这使人对他的理论探索产生了怀疑。（它很像杰克·伦敦［Jack London］[①] 的《铁蹄》［*The Iron Heel*］，一幅美国寡头政治者的图画，它对在第一次世界大战前的社会主义意象和思想产生了很大影响。）

不过，我们只能根据人们行使权力所做的事来评估任何权力集中的意义。是什么东西把他们统一起来的？又是什么东西把他们区分开来的？这涉及对利益的定义。像米尔斯说的那样："权力的所有手段都倾向于成为操纵它们的精英的目的。这就是我们根据权力来定义权力精英的原因——他们是一些入居指挥部的人。"（第 23 页）这是同语反复。

那么，权力自身是权力精英的目的是什么意思呢？假如精英是团结一致的，并且正面对着另一个权力团体，那么维持权力可能是为了自身存在的目的。但是，要是不首先探讨利益问题，我们便无法知道精英是否团结一致。而利益的本质是：某团体或者某团体的一部分为反对其他团体而作出的价值观念选择，并且这导致了对特殊优先权的规定，等等。

当然，没有利益共同体，也就没有权力精英或者统治阶级。米尔斯的言下之意是：精英的利益保持在资本主义体系之中。但是，这一点从来没有根据资本主义的意义、政治控制对社会的影响，或者资本主义最近 25 年的变化，来作出过实际的讨论和分析。

[①] 杰克·伦敦（1876—1916）：美国作家，著有《野性的呼唤》、《马丁伊登》、《热爱生命》等。——译注

不过，纵使利益是像米尔斯暗示的那样的广泛，人们仍然有责任去确定体系得以维持的各种条件，以及涉及的各种问题和利益。另外，人们必须看到，是否存在着或曾经存在过利益的连续性，以便考察某些特殊团体的凝聚力或兴衰。

关于指挥部重要性的主要争论之一是权力的不断集中，它多少涉及了利益的本质。不过，对导致集中的力量的持续讨论几乎没有。这些多少有点假设的味道。这本书虽然屡屡涉及却从来没有把它们弄清楚。不过，在我看来，对于这些倾向，只有一个持续的讨论才能揭示权力的场所及其变化。例如，在企业范围里，技术的作用和不断增长的资本作为主要因素；在权力同盟化中的各种影响力，诸如由于日益增长的通信，生活、社会和军事服务的复杂化，以及经济管理产生的对全国范围的协调和规划的需要；外交事务的作用。令人奇怪的是，这本书甚至没有提到过苏联，尽管我们的许多姿态一直是由苏联人的行为决定的。(56)

由于他的焦点是谁拥有着权力，米尔斯花了相当多的功夫来追溯杰出人物的社会根源。但是，在将近书的结尾他对此作了否认（第 280—287 页）。他说道：权力精英的观念并不依赖于普通的社会根源（这个论题是熊彼特的阶级兴衰观念的基础），或者依赖于个人的友谊，而是依赖于他们的"身份"（尽管这个假定不甚明确）。但是这个命题提出了一个最重要的问题：在权力拥有者之间进行相互协调的机制问题。像米尔斯那样，我们可以拐弯抹角地说：他们"互相迎合，各取所需"，但是这种说法没有告诉我们任何东西。假如存在着一些"相互渗透"的情况，借此每一方融入了另一方，那么它们是些什么情况呢？像米尔斯说的那样，有人会说，政府的新要求需要从外在团体获得新鲜血液不断地充实到各种政策立场上去。① 但是，他们是些什么团体以及他们有什么任务呢？

米尔斯在一个地方说过，民主党从狄朗和里德那里得到了支持，而共和党从库恩和洛布那里得到了支持。但是这个见解从来没有得到进一步的

---

① 对马克思主义者来说，一个关键的学理问题是权力的终极起源。令人惊讶的是，米尔斯从来没有涉及过它。政治独裁是自发形成的吗？军队是独立的吗？如果是的话，为什么是这样的呢？经济力量同其他两者的关系是什么？米尔斯写道："只要通向今天的权力精英的机构线索依赖于扩张的军事国家，那么那个线索在军事支配军方面便会一目了然起来。军阀取得了决定性的政治力量，并且军事机构现在在相当程度上是政治机构。"（第 275 页）如果真是这样，那么针对米尔斯后来提出来的关于美国资本主义体系在本质上是不变的另一个重要见解，人们能说些什么呢？（参阅下面关于"权力的连续性"的章节。）——原注

阐发，人们难以知道他说的究竟是什么意思。人们可以同样说道：民主党从芝加哥和洛塞勒摩斯①招聘了新的科学顾问，共和党则从列维麋尔（Livermore）招聘了新的科学顾问；但是假如这种说法道出了什么内容的话，而我认为它总是有点意思的，那么人们务必去探讨这些不同的招兵买马在不同的人的行动中所产生的后果。米尔斯经常把话说到快要进行分析的地步，却戛然而止。

美国外交政策——这个最重要的权力部门中——最为突出的问题是在军队官员和外交政策官员之间缺乏协调，双方都没有从政治上来考虑问题。这种情况的一个典型例子是：由于在第二次世界大战的最后几天里缺乏交流合作，由美国将军们作出的缺乏政治远见的决定对战后欧洲力量的平衡产生了难以估量的后果。不像苏联，美国让所有的政治问题都从属于当时的军事目标。英国担心战后欧洲被苏联所主导，在战争的最后几个月里急着把联盟军队尽快地向前推进，越过北德平原，进入柏林——要么先于俄国人抵达柏林，要么同俄国人一起占领柏林。但是对于美国的官员们来说，柏林并不是最重要的。

盟军主席马歇尔（Marshall）②将军曾经说过："由于有可能先于俄国人占领柏林，带来在心理上和政治上的各种优势并没有压倒当时的军事考虑，按照我们的见解，那种考虑旨在摧毁和消灭德国的武装力量。"

《华盛顿总部：军事行动部门》（*Washington Command Post：The Operation Division*）是一部官方的第二次世界大战史。在此书中，雷·S.克莱因（Ray S. Cline）③注意到，在"外交政策同军事计划"之间缺乏"系统的协调"，政府官员——甚至到了1944年底——"对应用于德国投降和占领的美国外交政策仍然举棋不定"。五角大楼，这帮通常被人们看做美国外交政策的冷静的智囊团，在关于占领柏林的谈判过程中，拒绝英方提

---

① 洛塞勒摩斯为美国新墨西哥州北部一镇，为美国原子弹实验室所在地。——译注
② 乔治·卡特莱特·马歇尔（1880—1959）：美国军事家、政治家、外交家，陆军五星上将。他于1901年毕业于弗吉尼亚军校，参加过第一次世界大战。1924年夏到1927年春末，在美军驻天津第15步兵团任主任参谋，学习了汉语。1939年任美国陆军参谋长，在第二次世界大战中，他帮助富兰克林·德拉诺·罗斯福出谋划策，坚持先攻纳粹德国再攻日本帝国，为第二次世界大战胜利作出了不可磨灭的贡献。1945年退役，后出任美国国务卿和国防部长，以出台马歇尔计划闻名，1953年获诺贝尔和平奖。——译注
③ 雷·S.克莱因：在1962—1966年担任美国中情局副局长，在1962年古巴核危机中曾经扮演核心角色。——译注

出的在西德全面地从陆地上纵深占领柏林的建议，因为他们以为苏联是联盟军队，因此，这种纵深占领是不必要的。

欧洲的形象

根据那些在社会中有固定位置并且具有自我意识的团体的意愿，该如何解释权力和政策这幅图画呢？一个特殊事实是，尽管米尔斯使用的所有例证皆来自美国人的生活，其核心概念却来自欧洲人的经历；我认为，这使权力精英概念充满着异国情调。①

例如，米尔斯根据对暴力的完全认可来规定政治和权力。他提出了一个引起争议的问题：为什么暴力手段的拥有者——军队——并没有比其西方同道为自己确立更多的权力？为什么军事独裁不是更加常规的政府形式？

米尔斯的答案表明了地位的作用。"由于荣誉和其他赢得的威望是军人放弃权力的回报。过去如此，现在仍然如此……"（第174页）

现在，如果这是真的，那么这个事实主要适用于欧洲的境况。在欧洲大陆，军人以前的确创造了一套荣誉规则，并且为它而生，也为它而死。许多欧洲人的著作讨论过这一准则。许多欧洲人的剧作，尤其是士尼兹勒（Schnitzler）②的剧作，对它作了讽刺。但是这个观念是否适用于美国呢？在美国，军人（撇开海军不说）到哪儿去维护其荣誉呢？出自许多各不相同的理由，美国军人在美国生活中并不具有权力（或地位）：军队作为一支人民武装的原始观念；军人通常作为"英雄"的民粹主义形象；西点军校"民主的"新兵征召；接受征召的勉强；与赚钱行业相比，军旅生涯不受人尊重，等等。

(58)

---

① 这是一个难题，它歪曲了美国许多社会学思想。通观20世纪30年代，美国知识分子总是预期美国的社会发展将不可避免地紧随于欧洲的发展，在出现了法西斯主义之后尤其如此。在很大程度上，这些期待是机械马克思主义的产物，那种马克思主义把所有的政治都看做是经济危机的反映，它推断出了每一个国家都将经历的社会革命的共同阶段。甚至迟至1948年，哈罗德·拉斯基还写道："无论如何，美国的历史将跟随于欧洲资本主义民主的一般进程之后。"（哈罗德·拉斯基：《美国民主》，纽约，1948年，第17页。）并且，甚至像熊彼特这样聪明的观察家，在其《资本主义、社会主义和民主》中，也巧妙地把美国经验和欧洲观念混合起来，以达成他的朦胧预测。——原注

② 士尼兹勒（1862—1931）：奥地利医生、剧作家、小说家。——译注

所有这一切，米尔斯都看到了，也了解了。但是假如"荣誉"和"暴力"在我们的过去没有意义，在美国，问题并不源自暴力和荣誉，那么为什么要借助于暴力和荣誉把军队问题作为一个一般范畴来概念化呢？因为借助于那些术语，这个问题并没有脱离美国的境况。除非米尔斯像30年代许多知识分子那样认为，我们仍将追随欧洲人的经验。

在对待威望的过程中，人们可以发现一个相似的潜在难点。米尔斯说道："美国的所有成功人士，无论出身如何，无论处于哪一个圈子，都极有可能会牵涉进名声。"另外，"随着经济的合作、军事机构的优势、扩大的国家集权，产生了民族精英。他们身居要职，出尽风头，并且逐渐成为一些炙手可热的人物。权力精英成员由于他们担任的职位和他们作出的决定才受到人们的拥戴"（第71页）。

其实，米尔斯所谓的名声指的是家喻户晓的那些人的名字。那么，名声、威望、地位和权力的关系是否像米尔斯阐述的那样直接明了呢？显然，名声和荣耀存在于美国人的生活中，但是这些东西不是精英人物的构成要件，而是大众消费社会的构成要件。一个从事买卖的社会需要这样一个诱导体系。但是为什么要假定权力地位把人卷入了这个荣耀体系呢？并且，即使是比较老到的读者，他们是否能够一眼认出《财富》杂志列出的500家最大企业的前10家企业的总裁，例如，新泽西斯坦福石油公司、美国电报电信公司、大众汽车公司等的总裁，或是很快辨认出参谋长联席会议主席、军事首脑、海军司令、空军参谋长、战略空军司令部将军或是指出内阁成员的名字呢？

在这里，米尔斯对古老欧洲人声誉观念不假思索的使用再一次造成了混乱。在类似于封建等级的层系中，威望等同于荣誉和尊敬。拥有权力的人可以要求荣誉和尊敬。在欧洲，这是千真万确的。但是在美国是否也如此呢？当哈罗德·拉兹威尔（Harold Lasswell）[①] 在20世纪30年代第一次企图把尊敬当作一个关键符号来使用的时候，它就已经被人误用了。实际上，米尔斯用荣耀或声誉代替了尊敬，但是其目的是相同的。不过，今天的权力真的意味着即时的荣耀和声誉吗？在大众消费社会里，像米尔斯指出的那样，名

[①] 哈罗德·拉兹威尔（1902—1978）：美国政治学家、美国行为主义政治学创始人之一，先后担任芝加哥大学、耶鲁大学政治学教授，著有《精神病理学与政治学》、《政治学：谁得到什么？什么时候和如何得到？》、《传播的结构和功能》、《政治的语言：语义的定量研究》、《世界历史上的宣传性传播》、《世界政治与个人不安定》、《我们时代的世界革命》、《政策科学》等。——译注

声、荣耀、声誉和权力究竟是否具有某种隐含意义是值得怀疑的。

历史和观念

现在，假如有人关心在权力起源和风格方面的变化，或者关心权力共时化和集中化的变化，那么他将不得不从历史角度考察这个问题。不过，除了一两个例子以外，米尔斯忽视了历史的维度。他在一个地方谈到了美国历史分期。其中，政治权力取代了经济权力。但是，这是一种空洞的说法。在另一个地方，也就是他唯一一处从历史出发进行了切实讨论，他引用了一个有趣的统计数字：

> 在19世纪中叶——1865—1881年期间——只有19％处于政府高层的男子开始了国家级的政治生涯；不过从1905到1953年，大约有三分之一的政治精英从国家级水平出发开始其政治生涯；在艾森豪威尔执政时期，大约有40％政治精英都是如此——这是整个美国政治史的顶点。（第229页）

除了让更多问题集中于华盛顿而不是各个州之外，米尔斯即使运用自身术语也难以说明这个论点的确切意思。由于这个原因，同以往相比，越来越多的人直接地去追逐进入美国国会。诚然，对于这种情况可以作出简单的解释。在第二次世界大战期间，由于存在着对国家统一和专家的强烈要求，因此同以前相比，有更多的局外人被征召到内阁及其部门里。在1952年，由于共和党人被逐出最高统治层已达20年之久，只有极少数共和党人在政府中谋得了职位，他们带来了一个比较高的局外人比例。

在这些数据的使用中，让人感兴趣的是它所流露出来的方法论偏见。在使用这些材料的过程中——并且在像较低水平或国家级水平之类的变量中——存在着这样一个假定：在不同的招募中，可以区分出顶层人物的性格差异，因此其政治特性也是不同的。（米尔斯似乎含蓄地提出了这一点。不过，他尽管提出在今天政治局外人已经逐渐飞黄腾达起来，但是他对此论点并没有作更加深入的探讨。）但是，作为一个反方法论，在我看来，一个人不是发迹于招募或社会的根源，而是发迹于政治特性。有什么东西

(61)

发生了变化，发生了什么变化，并且为什么会发生变化呢？这种变化是由于招募的差异（不同的阶级和伦理背景）还是由于别的原因？要是有人问起这些问题，那么他务必对各种观念和问题作一番考察，而不是对社会出身作一番考察。

但是至少在这里，米尔斯几乎对各种观念和问题毫无兴趣。在政治学领域，引起他兴趣的问题是：战略地位以什么方式发生了变化？哪些地位逐渐变得引人注目起来？对米尔斯来说，权力变化大体上是一系列不同地位的变化。由于不同结构或制度的（如军事的、经济的和政治的）地位结合了起来，不同层次的权力才成为可能。精英的循环——帕累托指的是具有不同"财富"的团体构成的变化——在这里已经被转变成为对于制度地位的继承。

但是，这是如何适用于人的呢？人是由其地位决定的吗，譬如由其品质、观念、价值取向决定的吗？如果是的话，那么是以什么方式决定的呢？还有，把政治历史看做"制度"的权力地位的变迁，而不是具体利益集团或阶级权力地位的变迁，这种看法就是以一种极其抽象的方式来理解政治。它将无视观念和利益的变化。这是米尔斯之所以以一种引人注目的方式对整整20年新政和公平施政历史轻描淡写的原因。对他来说，这20年之所以值得注意，仅仅是因为它们助长了大部分社会"制度"的集中化倾向，尤其是政治"制度"的集中化倾向。

在这种忽视中，甚至在对于观念和意识形态的否认中，人们发现了在帕累托对意大利社会变化解释中存在的一个鲜明的相似见解。在帕累托看来，社会主义在意大利的兴起仅仅是"诱导"方面（即意识形态面具）的一个变化，而财富的基本构成仍然保存着。（第1704号）①

实际上，从民族主义向自由社会主义的措辞变化反映了阶级"财富"（即团体存留"财富"）再分配的变化。因此在政治阶级方面的变化只是意味着社会心理类型的循环。所有的意识形态，所有的哲学主张，都"仅仅是论战中的诸党派用来哗众取宠"的面具，"［它们］既不是真的也不是假的；［不过］它们都毫无意义"（第1708号）。

相似地，在米尔斯看来，权力的变化是宪法地位之结合的变化；并且

---

① V. I. 帕累托：《心灵和社会》（纽约，1935年）。这些引文来自第3卷，第1146—1156页。——原注

可能只有这一点是唯一有意义的现实。

> 除了不成功的内战之外，美国权力体系方面的变化并没有涉及对基本法构成的重要挑战……美国权力结构的变化大体上是由于政治、经济和军事秩序中的相关地位的制度变化所引起的。（第269页）

这样，美国生活的显著变化，政府的资产、管理监督和责任的观念的变化，由新政带来的道德风气的变化，都将"还原"为制度的变化。但是，在美国生活中是否一直不存在对于基本法的挑战呢？在美国，权力体系的延续性到底如何呢？

权力的连续性

假如米尔斯对政治的分析采用了帕累托的观点，那么他在描述经济权力时则变成了一位"庸俗的"马克思主义者。米尔斯说道：

> 美国资本主义最近的社会历史并没有显示出在高级资产阶级连续性中有任何明显中断。……像在政治秩序里一样，在过去的半个世纪里，在经济领域里，除了存在着维护和推进那些利益的高级经济人类型以外，还存在着明显的利益连续性……（第147页）

尽管米尔斯说得含糊其辞，但是人们只能说，对这个假定给出的回答不是依赖于逻辑的或方法论的讨论，而是依赖于经验证据，在第二章里，在那里我讨论了家族资本主义在美国的解体，我已经试着对它作出回答。因为在最近的75年里，一个突出的事实是，财富制度和家庭制度之间的现存关系已经瓦解。马尔萨斯[①]认为，那种关系代表着社会的"根本法则"。而且，这也意味着"家族资本主义"的解体。家族资本主义曾经是资产阶级阶级体系的社会黏合剂。

在其对经济管理的总结中，米尔斯描绘了一幅更加离奇的图画：

---

① 马尔萨斯（1766—1834）：英国人口学家和政治经济学家，著有《人口学原理》，他的学术思想悲观但影响深远。——译注

(63)　　　　顶尖企业不是一系列各自孤立的巨头。它们在其各工厂和区域内部，以及在各跨行业之间，如美国制造业促进会（NAM），通过明确的组织，被黏合了起来。这些协会把管理精英和企业富豪的其他成员组成了一个整体。它们把狭隘的经济权力转化为工厂范围和阶级范围的权力；而且，它们首先把这些权力应用到经济领域，例如，关于劳动力及其组织；其次，它们把这种权力应用到政治领域，例如，这种权力的政治重要性。此外，这些协会使小商人阶层获得大商行的想法。（第 122 页）

　　这是一个激动人心的声明，它比过时的 TNEC 报告中说的一切或者罗伯特·布拉迪（Robert Brady）[①] 在其《作为权力系统的商业》（Business as a System of Power）中提出的巅峰联盟（Spitzenverbande）理论还要彻底。存在着合作是很显然的；至于这个领域的统一——与和谐——则几乎是荒谬的。米尔斯没有为这些主张提供任何证据。实际上，事实恰恰相反。美国的同业公会已经衰落。在战时，起初作为代表行业向政府方面施加影响的工具，它们曾经是至关重要的。美国制造业促进会已经变得越来越没有用处，并且在会员利益和贡献方面一直在走下坡路。产业已经被划分为一大堆不同的问题，包括劳工政策问题。

　　米尔斯谈到了"他们在政治领域发挥的重大作用"。但是权力精英成员统一起来是为了反对谁呢？并且在政治领域里是什么问题把他们团结了起来呢？我认为只有一个问题才能把顶尖企业统一起来：税收政策。在几乎所有其他方面，它们是分裂的。它们在对待劳工问题上也多少是分裂的。在各个自身利益领域里，诸如在铁路和公路、铁路和航空、煤炭和石油、煤炭和天然气之间，存在着重大的利益冲突。除了在一种模糊的意识形态意义上之外，很少有别的政治论题能把这些管理精英联系起来。

　　就谁和谁在哪个方面联系是一个以观察为根据的问题，而我们在米尔斯的大作中找不到这种思考。假如米尔斯描写的那种合作是存在的，那么

[①] 罗伯特·布拉迪（1901—1963）：美国经济学家，著有《德国工业的合理化运动》、《德国法西斯主义的精神和结构》、《作为权力系统的商业》、《规划与技术》、《不列颠危机》、《组织、自动化与社会：产业的科学革命》等。——译注

将产生的另一个问题是：这种合作是如何产生的。我们知道，例如，作为官僚化的一个结果，在企业内部的职业路线被拉长了；结果，对于那些高层人士来说，任期已越来越短。在 10 年时间里，美国电话电信公司有过三任主管，他们都已经在这家企业里呆了 30 年到 40 年。假如人们得花如此多的时间待在公司的边缘，那么这些"精英"成员如何才能为人所知呢？

(64)

在对精英管理如此着迷的过程中，米尔斯却对如下问题无动于衷：在国家的日常生活中，是什么构成了权力的问题。这一点他表现得非常明显：由于缺乏"重大决策"，他草率地把所有其他问题都归为"中等水平"的问题，并断定其没有多少真正的意义。不过，像劳工问题、种族问题、税收政策问题，等等，这些问题难道不是政治问题吗？它们把人们区分开来并且导致其利益冲突，那些冲突导致人们认识了现实。

对术语"精英"的使用产生了另一个问题。就是"精英"对所讨论的权力有效范围。为什么用语词"精英"而不用"决策者"或"统治者"呢？谈到决策，人们不得不讨论政策的形成、压力等问题；而谈到统治，人们不得不讨论统治的性质。但是要是人们论及精英，他只需讨论体制的地位。且要讨论体制的地位的话，像米尔斯认为的那样，人们只有在制度的根本性质保持不变的情况下才能进行。因此，问题在于记录跟踪描述顶层的循环。制度的根本性质（即基本法的性质、资本主义阶级连续性的性质）是不变的论断是一个奇怪的论断。因为假如权力已经变得如此集中和同步，像米尔斯现在断定的那样，那么这难道不是在制度里发生的一个根本变化吗？

然而，纵使人们想要从精英角度来谈论这些问题，美国社会已经发生了权力的重大变化：家族资本主义的瓦解（并且这一点同整个西方社会的一系列权力变迁相联系），但最重要的最明显的一点是，政治领域决策角色的式微。

从经济学到政治学

在第一次世界大战以前的 10 多年里，不断增强的托拉斯力量、银行家在经济中的直接影响、社会主义意识形态的兴起，所有这一切都倾向于把注意力集中于在形成社会和社会变革方面隐藏的却具有实际的决定性作用的阶级体系上。一些"现实主义"历史学家，著名的詹姆斯·艾伦·史密斯（J. Allen Smith）①、举足轻重的查尔斯·奥斯丁·比尔德（Charles A. Beard）② 开始从经济学角度重新解释早期殖民斗争和立宪斗争。比尔德的解释提纲挈领来讲，大意如下：

> 在美国历史上最早的斗争是商人团体和自耕农之间直接的阶级斗争，前者以联邦制拥护者成员为代表，后者以民主党成员为代表。由于他们之间敌对的利益（税率、假币等等），社会被明确地一分为二。这些"国父们"讨论阶级斗争的天真方式在联邦主义者文件（《联邦党人文献》）里记下了鲜明的一笔。因为在后来英国土地所有者和工厂主阶级之间就谷物保护法③进行的斗争中，无论哪一方取得的决定性胜利都将确定这个社会的基本特征。但是那个早期的美国财阀集团，即东部的商人们，自我暴露出是一个不稳定的社会集团，它们无力维持政治上的创新精神。因此，联邦主义者（联邦党人）就失败了。不过那些民主党人，在萌芽着的资本主义生活的经济事实面前，其实也不可能真正地获胜，并且，所谓的"杰斐逊革命"（Jeffersonian revolution）也不过是杰斐逊认识到许下诺言比兑现诺言要容易而已。

可是，后来的历史编纂对这个粗线条的明暗对照法作了相当大的修正，并且加入了许多微妙的模棱两可的语言。例如，逊克逊·瑞安·福克斯（Dixon Ryan Fox）④ 在他关于19世纪上半个世纪国家政治状况研究《美国佬和英国佬》（Yankees and Yorkers）一书中写道：

> 由于英国和荷兰之间，在长老会和英国国教徒之间，在商人和农场主之间，以及其他人与人之间的这些斗争，党派的幽灵早已在纽约出现，并且一再地在变化无常的政见中继续游荡着。不过，党派界线并不

---

① 詹姆斯·艾伦·史密斯：美国历史学家，著有《美国政府的精神》等。——译注
② 查尔斯·奥斯丁·比尔德（1984—1948）：美国历史学家、美国制度发展史研究专家，著有《美国宪法的经济解释》、《杰斐逊民主的经济起源》、《美国外交政策的形成》、《罗斯福总统与战争的到来》等。——译注
③ 指英国1840年被废止的谷类输入限制法。——译注
④ 逊克逊·瑞安·福克斯（1887—1945）：美国教育家、1934—1945年担任联合学院（Union College）校长，著有《权贵在纽约政治中的衰落》、《美国佬和英国佬》等。——译注

是按照贫富来划分的。由于贵族们的社会地位得到了保证，也正由于其政治背景如此不同，以至于他们不能作为一个利益集团来进行活动；像卡普利特家族和蒙太古家族①那样，家族和家族相互对立。正像亨利·亚当斯（Henry Adams）②说过的那样："所有这些杰伊斯家族、叙伊莱尔家族、克林顿家族、布尔家族，如果他们生活在新英格兰，他们或许已经联合起来，或许已经抛弃了其祖国；但是一旦成为纽约市的市民，他们便会吵个不停。"当托利党被排除后不久，辉格党也很快地分裂成各种宗派。它不是一分为二，而是瓦解为好几个派别，并且每一派都变成了进行交易和作出妥协的对象。

正是在这一点上，我们可以发现美国所特有的党派体系的根源。建立一个唯我独尊的称霸企图的落败使得社会制度从一开始就不明确。它既不以商业制度为主，也不以奴隶、自由民、农民、工业或无产者制度为主。(66)豪门望族一旦丧失了直接的政治控制力量，便尝试间接地通过政客来起作用。但是在一个迅速变化的社会里，它的庞大机构中汇集了各种各样相互冲突的利益集团，政治家只有作为经纪人，党派体系只有作为调解仲裁的机构，他们才能取得成功。

这样说并不是要否认各个阶级的存在和阶级体系的性质。但是除非社会是高度地分为许多等级的，否则，人们便无法用阶级结构来作直接的政治分析。阶级体系规定了在社会中获得财富和获得特权的方式。（这种方式可以是土地［真正的财产］，也可能是法人的头衔［"虚构的"财产］、技能［技术技能或管理技能］、雇佣［雇佣军］或政治上的直接权力分配［党派、官吏或军队］，并且这些阶级体系在法律形式上必须是合法的，以便保证它的连续性。经常地，这种财富和特权伴随着权力和威望，不过它们之间不存在直接的关系。）然而，最重要的一点是，无论对哪一种方式，阶级分析既不能直接告诉我们谁行使着这种权力，也不能告诉我们权力竞争是如何进行的。除非这种方式及其合法性受到了直接挑战，人们还很少看见一个阶级以步调一致的方式作为阶级进行活动。一旦某种特殊的方式建立了起来，在这个阶级体系范围内对特权的竞争便高涨了起来，各种不

---

① 卡普利特和蒙太古为莎士比亚《罗密欧和朱丽叶》剧中两个世代相仇的家族。——译注
② 亨利·亚当斯（1838—1918）：美国历史学家、学者和小说家。——译注

同的利益集团便得到了发展。日益增加的社会复杂性，必然地分化了各种利益集团，地区性集团和职业性集团。并且，在一个开放的社会里，政治舞台——除非存在着推翻这个体系的冲突——总不外是不同利益集团为各自的利益斗争的场所。这也就是为什么在通常情况下这个"阶级的"三棱镜对于理解各种不同政治集团的瞬息万变的活动来说未免太简陋的原因。

在欧洲社会里，尤其是在法国大革命以后，各种政治事件倾向于使人认为它们是按照阶级阵线来划分的；但是甚至在那种情况下，如果只是简单地用一般的阶级术语来探讨这些事件，那么，任何一种详细的分析都存在冒着对许多事件加以曲解的风险。像《路易·波拿巴的雾月十八日》那样的马克思主义政治分析的经典著作，之所以仍然是有生命力的，只是因为马克思十分巧妙地描绘了不同社会利益集团的活动，指出路易·拿破仑在阶级利益这块更大的招牌下是怎样专横地操纵着这些利益的。而在美国，由于它从一诞生的时候起就是异质性的，进而又由于人种、种族和宗教上的种种差异而更加复杂化了，因此，很难把政治制度看做经济制度的反映，这种政治制度归根到底成了少数利益集团领导人用来获取特权的一条独立道路。但是，即使它们的经济地位大体上差不多，不同利益集团的活动范围也是很辽阔的。正如后来在1892年马克思的合作者恩格斯在写信给他的朋友左尔格（Sorge）①的时候说的那样："在美国，我觉得还没有第三党存在的余地。在这块辽阔的土地上，甚至同一个阶级内部各个集团之间在利益上的差别也是如此之大，以致两个大党的任何一个党的内部，人们都因地区的不同而代表着完全不同的集团和利益，而且几乎有产阶级的每一个阶层在两党内部都有自己的代表。然而在目前，整个大工业还是共和党的核心，南方的大土地占有制则是民主党的核心。这种看来是偶然的杂乱的混合，恰恰为美国那大肆猖獗的营私舞弊和盘剥国家的行为准备了肥沃土壤。"②

在美国近代史上，主导的企业家阶级——财阀阶级，而不是任何乡村地主阶级——逐渐地对美国政治产生了明显的影响。到20世纪初为止，成长起来的企业家阶级已经取得了经济上的巨大胜利。随之而来的是试图

---

① 左尔格：马克思和恩格斯的学生与战友、德国社会民主党人。——译注
② 恩格斯给左尔格的信，1892年1月6日，载于《马克思恩格斯写给美国人的书信集：1848—1895年》（纽约，1953年），第239页。文中斜体字系意大利文，原文如此。——原注

通过发展一种普遍的政治意识形态来瓦解集团利益的结构。那种意识形态可以安抚自然产生的民族感情。这些企图之一就是贝弗里奇（Beveridge）① 的"命定论"和富兰克林·吉丁斯（Franklin Giddings）② 的"泛美主义"（Americanism）中所包含的帝国主义学说。但是，这对于一个由各种不同种族组成的美国人民来说是格格不入的，至少也是不成熟的。另一个比较成功的努力表现在把资本主义等同于民主方面。早期的商业阶层惧怕民主，把民主看做"贱民大众"（柏克［Burke］③ 的用语）用来为激进的专制统治开辟道路的政治工具。而胜利了的工业资本主义的意识形态则几乎完全以一些令人愉快的经济学术语来定义民主：民主是缔结契约的自由。

即使主导的企业家阶级无力实施对社会的直接政治控制，它也将建立起意识形态的霸权。尽管在 1880—1912 年这段时间里，中产阶级（小农场主和商人以及许多其他职业的人）曾经支持过不时发生的反托拉斯和反垄断怒潮，但是，这样一些主张和思潮都被随后二十多年的战争、繁荣和宣传消灭了。

这种统一随着繁荣计划的破灭而分崩离析了，因为自由事业的空想家们，无论其粗俗与否，一点也不了解已经形成的"社会化了的"经济的实际情况。他们不了解市场经济在何种程度上赋予每个人以一种特殊类型的独立性。(68)

如马克思曾经描述的那样，在一个纯粹的市场社会里，每个人都只为自己考虑，没有人为全体作计划。而在今天，在市场里已经不再存在个体，而只存在特殊的集体组织，每个集团都千方百计地通过价格管理，对农场的支持，统一的工资形式等措施，使自己远离市场风险；每个集团为了保护自身而采取的一些措施不可避免地引起了政府的注意，它希望整个经济不要在由于各种集团为了确保自身安全而进行的混乱竞争中解体。

托克维尔曾经写道：生活在贵族政治时代的历史学家往往倾向于通过个别英雄人物的意志和性格去解释所有的历史事件，反之，民主时代的历

---

① 威廉·贝弗里奇（1879—1963）：英国经济学家，福利国家理论建构者，因提出《贝弗里奇报告》而著名。——译注

② 富兰克林·亨利·吉丁斯（1855—1931）：美国社会学开创者之一，美国第一代社会学家，著有《社会学原理》、《社会学导论》、《对人类社会的理论研究》、《人类社会的科学研究》等。——译注

③ 埃德蒙德·柏克（1729—1797）：英国政治思想家，著有《法国革命论》等。——译注

史学家则不得不去探索普遍的原因。富兰克林·D.罗斯福的令人头晕目眩的贵族政治魅力往往使那些企图从历史观点考察新政时期的努力陷入混乱,甚至直到现在我们仍然没有对这个时期作出恰如其分的政治定论。由于罗斯福自身的个人魅力,留下了许多历史推断。例如,罗斯福是一位应运而生的现代梭伦①,他的政治改革旨在避免没有资产的大众的革命;罗斯福是一位提比里乌斯·格拉古(Tiberius Gracchus)②,格拉古是罗马帝国的贵族,他放弃了自己的阶级而成为人民的护民官;罗斯福是一位路易·拿破仑(Louis Napoleon),一位雄心勃勃的政治家,他巧妙地先后操纵了两个阶级,同时又高居于所有阶级之上,以维护自己的统治。无疑地,这些说法表明,这些历史学家并没有弄清政府行为如何导致了新的利益联合以及变化的联合运作。

新政的公开面貌是一系列势如破竹的社会改革。可是有些作家,包括罗斯福本人在内,相当天真地声称,新政提出了一种人权高于财权的主张。但是无论在学理上还是在实践上,这种说法都没有多大意义。对农场主的"支持价格"究竟是财权还是人权呢?实际上,新政真正做的事情是想要合法化集团权利的观念,合法化作为团体而不是作为个体的团体主张,以赢得政府的支持。因此,建立有工会的企业赢得了一种以集体名义进行谈判的权利,并且通过这种资方承认的工会的企业,把集团的决定强加于个人头上。这样,老人享受着养老金,农场主获得了补助;退伍军人领取了保险年金;少数民族集团得到了合法的保护,等等。就它们自身而言,其中没有一项是独特的。所有这些加在一起,却导致了一场非同寻常的社会变革。与此类似,政府总是在指导经济方面有着一定的重要性。但是这个持续扩大的重要性,一方面取决于维持充分就业的需要,另一方面取决于扩充的军队建设,已经在华盛顿产生了与以往大不相同的一系列权力机构。

现在回过头来看,令人惊讶的一点是:尽管对于政治上受到管理的经济承诺是可以预见的,但是我们在我们的经济思想组织方面仍然显得极不成熟。一种受到管理的经济不仅要求我们对作为庞大花费单位的政府有一

---

① 梭伦,传说中的雅典立法者、改革家和诗人,据说在公元前594年任执政官,建立了雅典民主政治。——译注
② 格拉古(约公元前163—前133):罗马贵族改革家。——译注

个家政预算，而且还要有一个经济预算，以便说明，对于作为一个整体的社会而言，经济交互作用的主要指标——在一年时间里产生的货物和服务总量以及收支总量。通过这些数字我们可以看出在消费者的花费和投入之间的差额。并且如果有必要的话，我们可以通过适当的财政措施来弥补这些差额。然而，只是在1936年，美国商业部才提出了关于国民收入的第一份报告，并且只是在1942年，政府才第一次估算了经济平衡清单的另一方面：国民生产总值。作为经济健康状况的脉搏，这两个指标直到1945年才在罗斯福总统的预算咨文中第一次被合并在一起并予以发表。

政治经济学一出现，一种新的决策方式便产生了。在市场社会中，作为供给和需求的自动交互作用的一部分，人们的需求是经由他们的"用钱买什么或不买什么"来表示的。如边沁说过的那样，个人经济决定的总量加起来导致了一个社会决定，即共同的意见。因此，当通过市场对资源的分配作出决定时，在决定生产什么上起作用的是货币，而不是意识形态。在这个意义上，经济就是社会权力的关键，而政治只不过是经济的苍白反映而已。

但是，通过政府而得到执行的政治正日益成为确认社会决定和经济决定的工具。在这里，个人不是作为市场中的独立活动者，而是被迫通过一些特殊集体来实现他的愿望。因为在一种受到管理的经济中，是"政治"而不是货币决定着主要的生产，政府的干预不仅会激化压力集团的认同过程而且会迫使每一个集团都要去采用能同"国民利益"概念相符合的意识形态，以便能够证明其主张之正确。(70)

决策的类型

最后，假如一个人想要讨论权力，那么通过决策的类型而不是精英来讨论它将是更有成效的。而奇怪的是，米尔斯最终同意，《权力精英》这本书的真正核心思想是反对那些认为在美国所有决策是民主地作出的人。我觉得这一点值得商榷。米尔斯说道：

> 越来越多的根本问题，从没有摆到国会面前来作出决定……更别说选民啦。(第255页)

就今日权力精英的结构路线在于政治秩序这一点而言，那个路线表明了对不同决定进行真诚而公开的争论的政治的衰落……现在的美国在相当程度上更是一个正式的政治民主国家。（第 224 页）

就当前而言，在某种程度上，这是真实的。但是在我看来，当米尔斯把它应用于招人反感的方面的时候，它是错误的。

在许多情况下，甚至"有关公众"也会因自身无力影响那些事件而感到自己"上当受骗"了。由于这种情况往往是由诸问题的安全性引起的，因此，各种问题往往会陷入官僚主义的迷宫之中。关于氢弹的决定就是这样一个问题。其中有各种科学家团体与军事部门的对立，尤其是与战略空军司令部的对立。因此，除非有人假定，曾经参与决策的每一个人都是权力精英的成员，它是一个循环论证，否则我们就不得不确定这些决策的来源，因为这些是权力社会学的核心问题。

(71) 但是无力影响诸事态的另一个重要理由是我们只能不恰当地称之为"技术决策"（technical decision making）的突然作出。一旦政策决定被作出，一旦技术变化引起人们的关注，或者一旦日积月累的变革变得明朗起来，假如人们"足够理智"的话，其他后果便会几乎不可避免地伴随而来。这样，权力的变迁变成了这些"决定"的"技术"伴随物，并且一种权力社会学必须鉴别来自各种不同决定的各种后果。

三个简单的例子可以说明这一点。

(1) 作为经济调节器的联邦预算。从 1931 年到 1935 年，在那个大萧条岁月里，联邦预算总支出平均为 52 亿美元。在接下来的 4 年里，从 1936 年到 1940 年，它达到了 80 亿美元。（在这个时期的收入大约是支出的 60%。）在接下来的第三个 4 年里，联邦政府每年正在花掉超过 950 亿美元的巨额资金，累加的国债比以前 10 多年里欠下的总债还要多。这些数据用美元核算。

更重要的是，这些支出必须与国民生产总值，在一年里生产的货物和服务总量相比较。在这萧条的 12 年时间里，除了后来相对提高的政府花费以外，联邦预算"消费"和抽取了国民生产总值的 5%—10%。在第二次世界大战期间，这个数字达到了 40% 以上。但是由于这表示的是一个"异常"偏高的数字，在第二次世界大战结束后的 18 年时间里，政府已经变成了近四分之一国民生产总值的"消费者"。除了 1948 年——在战后历史中的一个"和平年"——以外，联邦预算"减低"到了330亿美元（与国民生产总值2570亿美元相比），在朝鲜战场上的支出以及为保持冷战的军备发展所需要的费用使得联邦预算连创新高。在20世纪50年代的前几年里，每年平均有700亿美元，而当时的国民生产总值为3250亿美元。在1960年，联邦预算（估计）将超过800亿美元，国民生产总值将超过4000亿美元。在20世纪50年代，每年单单分摊到公共债务上的利息就超过了72亿美元，比联邦政府在大萧条时期每年的总支出还要多。

联邦政府支出的骤然飙升并不是个人或一小撮人的"意志"的结果，而是战争及其影响的必然产物。这就是联邦政府能够持久地充当这个国家的经济调节器的原因。

(2) 1950—1955年的"双重经济"。当朝鲜战争在1950年爆发时，政府面临着直接的选择：要么把现存的机械产品转变为战争用品，要么鼓励建造新工厂。其决定建立在对这场战争的类型的评估的基础之上。假如朝鲜战争将演变为一场全面战争，那么有必要把和平时期的设备改造成为大型军火储备。这个决定以政治和军事估价为根据，将建成一种"双重经济"。从经济学上讲，其主要的后果是，在今后五年时间里，这个决定将允许企业通过注销相当于正常25年的新设备的成本来扩大新的资金费用。（因此，企业可以从效益中节约20%的新成本并因此获得相当可观的税务效益。）这五年的税务返还金计划助长了特别高的资本投资率，毫无疑问也引发了20世纪50年代中期的大繁荣，并且对生产力过分膨胀负有责任，那种膨胀是引发1958—1959年萧条的一个因素。

(3) 武器技术。新式武器的迅速产生决定性地影响了军队内部，每一支军队不同派系内部权力和影响的相关重要性。因此，导弹的崛起减低了战列舰的重要性，战列舰曾是海军和陆军的支柱。在新式技术中，例如，携带导弹的潜艇变成了攻击力量的主要装备。而导弹射程的扩大使得有人驾驶的战机成为多余。在武装力量的构成方面的这些变化，在对新技能团体、技术人员和技术专家的需要方面的这些变化，意味着军事权力形象的变化。研究和开发部门变成了比执行部门更加重要的部门。科学家、工程师和技术专家的权力相应的增长了起来。

所有这些后果都来自于米尔斯谈到过的"重大决定"。但是，如我在以前提到过的那样，米尔斯谈到的基本政策问题基本上是要不要转入战争的问题，或者更广义地说，是外交政策问题。但是，要是不讨论冷战，不讨论我们将采取的姿态是由俄国人决定的，那么一个人根本无法讨论战争问题！而米尔斯完全回避了这个问题。自从 1946 年以来，或者更确切地说，自从贝尔纳斯（Byrnes）① 发表斯图加特演讲以来——那个演讲扭转了我们想要削弱德国的立场——美国的外交政策不是国内社会分工或阶级问题的反映，而是建立在对俄国意图的评估的基础上的。

(73)　　首先，这种评估不是由"权力精英"作出的。它是由美国的学术专家作出的评估，其中以由乔治·凯南和美国国务院政策计划署作出的评估最为著名。它断定：作为一个意识形态现象的斯大林主义和作为一个地缘政治强国的俄国是进攻性的、好战的，并且在意识形态上实施扩张主义的，因此为了遏制其野心，有必要实施遏制政策，包括快速的扩军备战。这个判断为杜鲁门的希腊和土耳其政策奠定了基础，也为马歇尔计划和支持欧洲经济重建的愿望奠定了基础。这些政策不是美国国内错综复杂的权力关系的反映。它们是对于民族利益和民族生存问题的估算。

　　伴随着第一个决定，许多其他的决定接踵而来：远程空中攻击力量（SAC）的产生、西欧防务委员会（EDC，当北大西洋公约组织失败之后）的成立。这并不是说每一个战略步骤都无一例外地取决于第一个决定（当法国拒绝加入 EDC 之后，人们不得不更多地依赖于德国的军事支持），而是说其点明了大概的必要措施。

　　一旦这些广泛的联系被确定了下来，利益集团就介入了进来，国会也（经常灾难性地）被利用去通过各种法案，那些法案给了压力集团以更多的援助资金（如，布兰顿法案，既受到了工会的压力，又受到了滨海产业的压力，它使得整个马歇尔计划援助资金的 50% 被投到了美国滨海地区），或者去削弱国务院的灵活性（如，战时法案禁止同苏联盟国进行贸易，斯里兰卡是我们的盟国，于是威胁斯里兰卡，如果它向中国出售橡胶，就中止对它的援助，实际上，它使斯里兰卡蒙受了巨大损失）。

　　在我看来，忽视这一类"强制"决策的问题，也就是忽视了当代社会里的政治因素和权力的新本质。"权力精英"理论隐含着在精英中间存在着一个没有得到确证的利益目标和团体的统一。而这是为人们所清楚断

---

　　① 贝尔纳斯（1882—1972）：在美国三大政治机构——国会、政府和法院担任过要职的为数不多的美国政治家，在 20 世纪 40 年代美国内政和外交事务方面最有影响的政治家之一。——译注

言的。

结　　语

米尔斯的许多工作缘于他对生活不断科层化（bureaucratization）——这是他的历史理论——及其鼓吹者的强烈愤慨；这赋予他的著作以吸引力，也引起了人们的共鸣。许多人感到既无助又无知，唯有表示愤愤不平。但是，应该弄清无助的根源，以避免像米尔斯那样陷入对现代生活"不切实际的反抗"之中。（视权力为暴力的梭伦式说法，视权力为阴谋诡计的民粹主义画面，都可以在米尔斯的著作中找到令人不安的回音。）

在知识多元化、生产组织化、政治社会的广大领域不断协调的过程中，复杂性和专门化是不可避免的。不过，这些活动将导致生活的"科层化"却不是必然地不可避免的。在一个受教育程度日益提高、收入不断增加、趣味日益多样化的社会里，情况尤其如此。更重要的是，对于像"科层化"和"权力精英"之类术语的模糊使用常常增强了人们的无助感，掩盖了自由社会的各种力量：利益冲突的多样化、公共责任的增强、对传统自由的重视（譬如最高法院，米尔斯没有讨论的一个机构）、志愿者和社区团体的作用，等等。共产主义者在20世纪30年代对术语"资产阶级民主"（bourgeois democracy）的滥用，白恩汉[①]在20世纪40年代对"经理社会"（managerial society）的滥用，人们在20世纪50年代对术语"极权主义"（totalitarianism）的滥用，在上述术语的使用中，社会与社会之间特殊而关键的差异是不明确的。就像《权力精英》老是强调"重大决定"（big decision）那样，这种模糊性导致了一部讨论权力的著作竟然很少讨论政治。这的确让人费解。

[①] 詹姆斯·白恩汉（James Burnham，又译伯纳姆，1905—1987）：美国哲学家和政治理论家，20世纪30年代美国托洛茨基主义运动代表人物，后来转向右派，成为美国保守主义公共知识分子，著有《经理革命》等。——译注

第四章　美国资本主义的前景
——论凯恩斯、熊彼特和加尔布雷思

一

这是一个引人注目的文化现象，对于每一个对 20 世纪 30 年代记忆犹新的人来说，情况尤其如此：美国资本主义从批评家们那里，尤其从曾经满怀敌意的凯恩斯主义批评家们那里，得到了勉强的尊重，并获得了一种新的理论规定。鉴于确立了一般资本主义基本规则的新古典经济学从来不缺乏强有力的思想代言人，术语"美国资本主义"表明了一个必要的区分。在我们的时代里，由弗兰克·奈特（Frank Knight）[①]旗帜鲜明地揭示出来的自由市场问题已经显示出其可信度之高。他认为，竞争社会是既获得有效资源配置又获得自由消费者选择的必需模式。它甚至已经被像奥斯卡·兰格（Oskar Lange）[②]和阿巴·P. 勒纳（A. P. Lerner）[③]这样的社会主义理论家所接受。他们竭力主张，只有社会主义社会才能通过清除庞大的联合经济里的内在僵化结构来恢复市场经济。

[①] 弗兰克·奈特（1885—1972）：美国经济学家、芝加哥学派创始人，著有《风险、不确定和利润》、《经济组织》、《自由与改革：经济学与社会哲学论文集》、《经济自由与社会责任：经济学与伦理学》等。——译注

[②] 奥斯卡·兰格（1904—1965）：波兰经济学家、政治家、外交家。他创立的兰格模型提供了一种崭新体系，把经济计量学应用于计划社会主义国民经济，把控制论方法应用于经济研究，著有《社会主义经济理论》、《经济计量学导论》、《经济控制论导论》、《社会主义与资本主义》、《马克思主义与资产阶级经济学》、《社会主义建设时期的基本问题》、《经济规律的特性和活动》、《社会主义政治经济学》（第一卷）、《研究经济波动中的统计方法》、《价格弹性与就业》、《统计学原理》、《资本主义为什么不能解决不发达国家的问题》、《经济发展、计划与国际协作》、《最优决策》等。——译注

[③] 阿巴·P. 勒纳（1903—1982）：俄裔美国马克思主义经济学家。——译注

但是由于美国资本主义现实的显著特征是（明显地）日趋瘫痪的公司巨人症，因此，谁愿意为美国资本主义现实作辩护呢？到 1940 年，大多数年轻的经济学家都相信，我们的经济正在进入一个"长期停滞"的阶段。提出这个新信条的预言家是哈佛的艾尔文·汉森（Alvin Hansen）[①]，不过他的先驱者显然是约翰·梅纳德·凯恩斯（John Maynard Kenyes）[②]。虽然在几十年的时间里，马克思主义经济学家合唱团一直为年迈的资本主义体系唱挽歌，但是凯恩斯并没有如此悲观，他指出了衰落的原因。他说道：这个体系无法运转下去，因为储蓄（大体上意味着利润）不能顺利地转化为（尤其是在生产者的商品方面的）投资，所以对于商品和服务的总需求将满足不了生产它们的经济能力，从而导致了失业。

人们可能还记得，古典经济学不会承认在资本主义条件下的危机。它重申了萨伊[③]定律（Say's Law）：每一份生产量精确地意味着相等的消费量，即为商品生产而支付的货币最终将被用于消费，因此将既不存在"生产过剩"（overproduction），也不存在"消费不足"（under consumption）。因此，失业只是代表着一种暂时的错位，当生产和消费趋于平衡时就可以消除。（假如价格下跌，将引导消费者去购买，那么不平衡将得到纠正，假如工资下降，将引导雇主去招聘工人，那么失业者人数将会减少。这就是自由市场经济的全部。）

(76)

几乎每一个非正统经济学的分支，从西斯蒙第（Sismondi）[④] 和马克思到霍布森（Hobson）[⑤]，都是建立在驳斥萨伊法则的基础上的。但是这种批驳在以前从来没有得到如此精确地阐述。马克思从来没有全面地论证过一个完整的危机理论，在他的分析中掺杂着几种理论。在详尽阐述了马尔萨斯和其他人的消费不足论题之后，马克思指出了在劳动和资本

[①] 艾尔文·汉森（1887—1975）：美国经济学家，曾任明尼苏达、斯坦福、哥伦比亚等大学教授，1937 年转到哈佛大学任教至 1956 年退休，著有《财政政策与经济周期》、《货币理论与财政政策》、《凯恩斯学说指南》等，着重研究资本主义经济周期，提出"长期停滞理论"。——译注

[②] 约翰·梅纳德·凯恩斯（1883—1946）：现代经济学家，著有《和平的经济后果》、《货币改革论》、《货币论》、《就业、利息和货币通论》等。——译注

[③] 让·巴蒂斯特·萨伊（1767—1832）：法国政治经济学家，著有《政治经济学概论》。——译注

[④] 西斯蒙第（1773—1842）：法国政治经济学家，著有《论商业财富》、《政治经济学新原理》、《政治经济学研究》等。——译注

[⑤] 霍布森（1858—1940）：英国政治经济学家，著有《贫穷问题》、《社会问题》、《帝国主义研究》、《自由主义危机》、《战后民主》、《从资本主义到社会主义》、《民主和变化中的文明》等。——译注

之间收入的不平等分配（"剩余价值"）。不过，这种不平等，尽管会导致消费不足，只是一个粗糙的和部分的解释；因为任何一种经济，包括社会主义经济，想要获得扩张，都需要一定的"剩余价值"作为投资资本。在不同生产线的畸形发展中，尤其在资本主义的扩张阶段里，马克思找到了第二种解释，因此，不平等的需求比率便产生了，在资本商品和消费商品之间的比率尤其如此。但是即使这一点也不一定表明在制度上的一个长期的或永久的衰落。不过，马克思后来超越了这些观念，超越了在他那个时代里的传统观念，并且提出了另两个观念。他说道：因为非人格化市场的性质，资本主义被迫不顾消费地扩大生产规模，所以产生了周期性的生产过剩，使资本价值不得不遭到破坏，以便生产和消费能够协调起来。最后，马克思提出了一条利润率不断递减规律。他以为它就是资本主义经济的"运动规律"。由于竞争或出于寻求低廉的劳动成本的考虑，资本家把技术设备引进到他的工厂里来，由此不得不给每一位工人投入更多的资本。反过来，由于在生产中劳动力越来越少，每个单位的利润便下降了（假定利润的上升只能来自于对"剩余价值"的榨取），因此，为了保持利润的总量，资本家被迫向越来越广泛的领域扩张。马克思把这种扩张的压力看做是资本主义久拖不决的难题。不过，重要的是应注意到如下情况：在马克思的著作中，不存在对于资本主义经济生产解体的预见；我们碰到的是一个相当概括的陈述：随着资本积累率（资本主义关键环节）的逐渐下降，危机将会更加严重。因此，作为一个经济学家，马克思与他的许多信徒相比更有试探性的味道，后者千方百计地想把马克思所描述的趋势转化成为铁的规律。

在著名的《和平的经济后果》（*Economic Consequences of the Peace*，1919 年）一书中，凯恩斯预示了现代"萧条理论"（stagnation theory）框架。其论断在当时令人耳目一新，而现在已是老生常谈。凯恩斯打了一个比方：把社会联系起来的令人信服的社会神话是一块"还没有被消费的蛋糕"。工人"受习惯、传统、权威的诱骗"，只是接受了 19 世纪日益增长的生产的一小部分。而可以自由消费的资本家却没有把它消费掉，而是把"利润的十分之九储存了起来，并真心诚意地相信蛋糕会增大"。于是，便有大量生产利润为了投资而被储存起来。这种情况同 19 世纪的现实有关：日益增长的人口需要食物、衣服、住房和就业；新的食物资源和原料资源需要开发；它们带来了新产业技术的发展；在这些条件下，企业家才能为了不吃蛋糕继续烘烤蛋糕。

但是，凯恩斯说道：这毕竟只是经济历史中的一个不同寻常的插曲阶段。到20世纪20年代，人口增长已经放慢，投资机会日益消失，企业家的精神动摇了。也许，最重要的一点是，储蓄正在丧失它的社会功能。从消费中抽取巨额资金存储的习惯对日益增长的生产已经产生不了有用的影响；相反，它导致了经济危机和萧条。（因此，凯恩斯并不关心投资的日益增长的生产力方面，那是他的追随者们关注的问题。他的预测是：经济将接近饱和，政府唯一可以考虑的问题是通过消费维持有效的需求。）

在以后的15年里，凯恩斯的著作对他的上述见解作了详尽的阐述。资产阶级的节俭"美德"（"一分钱要分成两分钱来用的智慧"）成了罪恶之源，这一代知识分子的必要使命是祛除那个幽灵。凯恩斯的杰作《就业、利息和货币通论》（*The General Theory of Employment, Interest and Money*）不仅是一部经济学专著，而且同样是一部对清教主义进行猛烈抨击的社会学论著，那种"清教主义……既忽视了生产的艺术，也忽视了享乐的艺术"。(78)

他的目标是"食利者的安乐死"（euthanasia of the rentier）。在一个"准稳定的"（quasi-stationary）社会里，人们享受着自由的不受限制的消费，由于它没有了增长的欲望和需求，那个社会也用不着储蓄了。但是，由于这场反对储蓄的心理学革命难以奏效，而只有一个力量能够有效地保证存储的未使用的资本进入流通领域，使经济活动重获生机，并且使国家重获生机。因此，凯恩斯重新介绍了政治经济学。对他来说，政治经济学意味着这样一种人类目标的主张，它由有组织的共同意见（社会利益）自觉地规定为反对分配的"纯粹经济学"（pure economics）和"分配的自然法则"（natural law of distribution），或者规定为经过市场由个人决定的总和确立起来的东西。如何取得一致意见，如何实施它的决定，这些政治问题给我们带来了关于官僚化和权力的许多难题。但是它们都没有把凯恩斯给难住。由于受英国政治思想的影响，包括其同一性，和"体现在国家政策中的共同意志"的形象，他感到这些问题都可以简单而合理地获得解决。如他指出的那样，他的计划，"其中所蕴含的温和的保守性"，排除了任何关于生产工具所有权的问题；他明确地写道：它所需要的是为了保证充分就业而实施"投资的全面社会化"。①

年轻的美国经济学家们急切地采纳了凯恩斯作为解决萧条良方而提出的"过度储蓄"（oversavings）理论，并且把它变成了20世纪30年代晚期临时国家经济委员会调查和专题研究的指导观念。凯恩斯的《就业、利息和货币通论》是分析性的，美国学派则竭力地增加了一个历史维度作为即将来临的"长期停滞"（secular stagnation）的进一步证据。艾尔文·汉森是其主要的代表人物。在汉森写于1941年的主要著作《财政政策和商业周期》（*Fiscal Policies and Business Cycles*）中对此作了简要论述。

汉森的理论主要以德国经济学家斯皮托夫（Spiethoff）②和俄国经济学家康德拉季耶夫（Kondratieff）③的统计数据研究为根据。他提出，19世纪是一个特殊时代。在那个时代里，诸要素决定性的结合注定地创造了产业扩张。汉森说道：我们已经接近其能量尚未消耗的一系列"长波"（Long waves）的终点。19世纪中叶（从1840年到1870年），美国已经进入铁路时代；20世纪头几十年（从1890年到1930年）是电子和汽车时代。汉森写道：但是我们现在无法"肯定，新产业的迅速出现是否带来了充裕的投资机会……"其他因素也表现出了产生萧条的迹象：其中主要有人口增长的衰退、新兴区域的消失、垄断和不健全的竞争扩大。通过价值保护，阻碍了新机器设备的引入，而竞争过程本该激励那种引入的。

在资本主义体系的运行机器里，某些内在的势力对社会起着僵化作用。凯恩斯没有关心过产业组织。汉森则对此表示了兴趣。他认为，"巨头"（bigness）是萧条的一个原因，因为大企业倾向于为了更新厂房和设

---

① 值得一提的是，20世纪30年代社会主义者比凯恩斯要教条得多。由于社会主义经济学说"非此即彼"的性质，社会主义政党从来没有想到过它们可以真正地"补救"资本主义，并使它的经济功能稳定下来。出于政治考虑，德国和英国社会主义者被迫诉诸权力，他们的经济政策完全是正统的。英国工党政府首相拉姆齐·麦克唐纳（Ramsay Macdonald）因1931年经济危机而惨遭失败。因为他相信，通过英国银行，保持预算平衡，抑制资金流出量，比增加对失业者资助更加重要。在德国，社会主义经济政策迅速叛依于金本位制。但是，在1933年，富兰克林·D.罗斯福使美国放弃了金本位制，禁止资金流出，而在当时的德国，希尔马·沙赫特（Hjalmar Schacht）向希特勒说明，经济上的大规模国家干预如何可以通过市政工程（public works）和财政赤字来消除失业。（关于这个问题的讨论，请参阅阿道夫·斯图沙尔（Adolf Sturmthal）的《欧洲劳工的悲剧》[*The Tragedy of European Labor*]，纽约，1943年。）——原注

② 斯皮托夫（1873—1957）：德国经济学家。——译注

③ 尼古拉·康德拉季耶夫（1892—1938）：俄国经济学家及统计学家，提出康德拉季耶夫长波闻名于西方经济学界，著有《战时及战后时期世界经济及其波动》、《经济生活中的长波》和《大经济周期》等。——译注

备而积累庞大的折旧储备，那些储备一直没有被花费掉，并且还削减了外界货币的需求。还有，"资金储蓄"（capital-saving）（作为劳工储蓄的对立面）机构的增长，意味着长期地减低资金与产出的比率，增加了闲置资金的积聚。汉森的结论为新政政策提供了一个理论基础：启动闲置资金的国家干预，打破"垄断"的尝试，以及向高消费、低增长经济转变。

这是 20 世纪 40 年代早期资本主义的形象：资本家是一个死守着一大堆不会增值金条的老朽的守财奴，那些金条只会把经济压得喘不过气来。因为他发现不可能把货币注入需要它的经济中，所以政府将不得不强迫他把它吐出来——向它征税，把它花到有用的项目上，假如那种经济将提供工作，并且假如它有能力从技术上达到某种生活水平。

二

保守的反对派提出了经济的"政治化"（politicalizing）问题。其首选著作当数弗里德里希·哈耶克（Frederick Hayek）① 的《通往奴役之路》（*The Road to Serfdom*）。哈耶克认为，放任主义经济倾向于均衡，但是由于国家对经济体系的任意干预，它也引发了最初的危机。哈耶克说道：政府和银行出于廉价地偿付债务和盈利的考虑，会采取通货膨胀的政策。结果导致了信用贷款的过分扩张，与此同时，利率从原来分配存款的目的转向了投资或消费。在哈耶克看来，国家不是统治阶级的执行委员会，而是（从施穆勒［Schmoller］② 和马克斯·韦伯引申出来的观点）一股独立的科层势力，具有利维坦（Leviathan）的性质，是强制的和反自由的。强化国家角色的任何政策都忽视了自由主义。

哈耶克的著作博得了工商界的热烈欢迎。但是，他们主要欣赏其流行口号似的题目，而很少分析他提出的对策。归根到底，对于取消关税、"自由贸易"定价、价格"保护"，以及消灭竞争的相似手段而言，什么商

---

① 弗里德里希·奥古斯特·冯·哈耶克（1899—1992）：奥地利出生的英国经济学家和政治哲学家，以坚持自由市场资本主义著称，著有《通往奴役之路》、《自由宪章》、《致命的自负》等，1974 年获得经济学诺贝尔奖。——译注

② 施穆勒（1838—1917）：德国新历史学派创始人，著有《论法律和国民经济的基本问题》、《国家科学和社会科学方法论》、《重商主义及其历史意义》、《17—18 世纪普鲁士国家宪法史、行政史和经济史研究》、《一般国民经济学研究》等。——译注

人做了思想准备呢？另一方面，尽管自由主义者极其热衷于有关国家主义危险的抽象议论，但是他们在哈耶克那里只是看到了陈旧的自由联盟的陈词滥调，并且他们拒绝去评判抵制集中权力危险的政府"福利"步骤。由于他的著作起了意识形态的作用，很显然，哈耶克绝不可能成为凯恩斯思想的一个令人信服的对手。简言之，除了只把它作为一种意识形态以外，没有人真正想要"经济的自由主义"。

如果说有一个保守主义理论家能够摸清凯恩斯，甚至马克思的底细的话，那么他就是约瑟夫·熊彼特。熊彼特在1942年出版的《资本主义、社会主义和民主》只在一个小范围里引起了注意。直到1946年，随着它的新版本问世，加上4年时间的批判性诠释，这部著作才赢得了更广泛的关注。到1950年，当他去世的时候，有关他的思想的一些注释性著作开始面世，一些熊彼特早期著作和论文集也已在编撰和出版之中。

1912年，当他27岁的时候，熊彼特完成了他的一个重要著作《经济发展理论》(The Theory of Economic Development)。熊彼特的主要理论见解已经在这部著作中得到了明确的阐发。过了30年以后，人们接受这些观点的时机才趋于成熟。一方面，美国商业，由于战时大规模生产能力的结果，正在确立一股强大的自信。通过彼得·德鲁克(Peter Drucker)[①]这样的作家们和《财富》杂志编辑们的努力，美国商业正在获得一种新的理论基础。首先是由于它的社会责任感，其次是由于人们发现，不像其叔伯辈的欧洲亲戚，美国资本主义拥有着仍然没有被挖掘出来的能量和潜力。另一方面，知识分子曾经无批判地接受了国家主义，现在却被它的含义所吓倒，而且虽然每一位凯恩斯主义经济学家都曾信心十足地预言过经济衰退将伴随着战争，但是这一预言却一直没有兑现（在1947年达到"6000万份工作"）。这给知识分子留下了深刻印象。他们于是变得越来越沉默，迷失了方向。

作为一个思想导师，熊彼特是重要的。因为，他把他的见解置于美国凯恩斯主义者（和马克思主义者）曾经作为争论条件的那些根据之上：他不讨论在完全放任的竞争性均衡的条件下最大化生产的问题，而是讨论在历史时间里运作的具体社会制度——资本主义——的问题。他的目标是，通过从社会学和历史学上考察资本主义社会制度产生、成长和衰落的条

[①] 彼得·德鲁克(1909—2005)，美国管理学家。——译注

件，了解资本主义社会制度。由于这个理由，他对凯恩斯表示了蔑视。因为，就其工作的所有重要含义而言，凯恩斯从根本上都是在抽象于具体历史的静态经济学框架内进行研究的。凯恩斯处理的是"受到生产技术一直是不变的这个假定的限制"的"现象"。但是实际的情况是，在资本主义条件下，生产技术确实迅速地发生着变化。而这一点对于熊彼特来说是至关重要的。

熊彼特替资本主义作辩护，把资本主义社会是以间隙性的高速生产扩张为特征的事实作为一个关键性出发点。对生产力的当代"再发现"（以及作为区分"美国"资本主义和"欧洲"资本主义的一个要素，后来对它的意识形态运用）在很大程度上应归功于熊彼特的著作对于生产力的首要强调。"资本主义的成就并不以替女士们生产出更多的丝袜为典型，而是以工厂女工也有能力购买它们来作为对她们付出的精力的补偿。"通过粗略的估算，熊彼特指出，美国的国民收入每年以大于2％的速度增长。但是，只有通过企业家、社会变革工程师的活动，生产力的增长才能成为可能。通过减低成本，打开新市场，创造新产品，简言之，通过创新，企业才能获得暂时的垄断地位，那种垄断是它的利润的源泉。资本主义只有在如下情况下才能继续生存下去：它维持着企业的回报，它的"短期不公平"是大众为长期提高资本主义能够达到的生活水准所必须支付的价格。

熊彼特的反崇拜观念也延伸到了对"巨头"的辩护。巨头是一个优点，因为只有大公司才能提供为技术改造所必需的虽然有时是没有研究成果的巨额研究费用。在那个意义上，巨头代表了技术改造的社会价格。

但是，大萧条又该当何论呢？当熊彼特描述这个事件时，他否认从1929年到1932年这个阶段代表了资本主义生产的驱动体制的一次决定性崩溃。与绝大多数经济学家的观点相对立，无论是古典经济学家还是凯恩斯主义经济学家的观点，他冷静地把萧条当作经济增长中自然的、无法避免的，甚至具有治疗作用的环节。技术革命周期性地重塑着现行的产业结构。"资本主义进程不是由于巧合，而是由于它的机制，逐步提高了大众的生活水平。它是通过一系列世事变迁而实现的，而变迁的剧烈程度则与进步的速度相称。"任何一个变化过程都会带来混乱：萧条是一个调整和更新换代的常规过程，是对于旧事物、边缘事物和无效益事物的一次"淘汰"。对熊彼特来说（因为20世纪20年代的"进步速度"，因为它是经济增长的一个"长波"的波峰），1929年的萧条仍然是一个特殊个案。在相关的严重性方面，只有 1873 年到 1879 年的萧条可以与之相比。在美国的复苏比譬如在法国的复苏要缓慢得多。因为在 20 世纪 30 年代，一种新的社会风气和新的财政政策压制着私人投资。按照熊彼特的看法，为了收入再分配和增加消费而实施经济政策的努力只会阻碍发展。

(83)　　汉森和凯恩斯对扩张经济的可能性持着悲观主义态度。与他们的观点相反，熊彼特预见到了新的领域。他写道："技术可能性是一个未知的大海。"通过新的"化学时代"，它可能表现为一场伟大的变革。化学时代将继电子时代之后作为一个投资来源，或者它将拥有大量新的产品，也许其中没有一个产品可以与汽车的影响相匹敌，但是它们可以促进新的增长。

　　然而，未来取决于企业家。在其企业家理论中，熊彼特批判了马克思和凯恩斯，实际上是批判了整个古典经济学派。在马克思看来，经济增长是寻求新的市场的资本积累的产物；而凯恩斯则认为，储蓄的欲望过了头。并且他认为，由于缺乏政府干预，有效需求下降了。熊彼特否认了长期过度储蓄的理论基础，他对马克思和凯恩斯的回答依赖于历史基础。对他来说，产业的扩张不是来自于资本的"推动"，而是来自于企业家的"使劲"。对熊彼特来说，产业一般受到银行和信贷扩张的财政支持。企业家使用"别人的货币"进行运作。为了从旧的非生产渠道收拢货币，控制各种资源，他偿付利息。回报他的是利润。因此，经济的发展不会由于过度储蓄、储蓄不足或企业家没有指定存款的能力而减缓下来，但是只要由于企业家错过追求利润的新机会，发展就会缓慢下来。

　　不过，熊彼特说道：马克思的见解是正确的；资本主义确实已经衰落，但不是因为马克思提出的原因而衰落的。此话看似自相矛盾，却自有真义。资本主义之所以已经腐朽，是因为它的精神产生了一种敌视其职能的社会风气，与此同时，企业科层化使它的驱动力即企业家职能萎缩。

　　具有矛盾意味的是，资本主义是由于它的成功而被摧垮的。一个开放的社会的诞生激起了资本主义无法满足的更多要求和期望。毕竟，即使在美国理想化的环境下，每年要想增长多于 2%—3% 的生产力仍然是不可能的。假如，对于资本主义来说，这种情况依赖于它长期的成就，那么在短时间里，利润和无效率将处于主导地位，这些因素将不断地为

(84)　它的批评家们提供抨击的借口。除此之外，资本主义自身就滋长着威胁它的批评。熊彼特写道："资本主义过程把行为和观念合理化了，并且

在此过程中，从我们的思想里捕捉到形而上学的信念，以及所有神秘的和罗曼蒂克的念头……"由这种合理性产生的思想的批判性转向并无界限，它反对所有的制度，反对所有已被接受的传统和习惯，反对所有的权威；它从逻辑上以"知识分子"的创造为顶点。知识分子既是批评家又是空想家：他需要一个英雄。但是资本家毫无英雄气概，他们估摸而不赌博，评估而不行动（多看而少动）。如熊彼特辛辣地指出的那样："股票交易所是圣杯的可怜替代物。"因此，知识分子，作为资本理性主义的产物，对这个体系掉头不顾，并且以他的失望来影响社会的其他成员。与此相似，国家对社会的反资本主义风气作出了反应，颁布了对企业精神给予限制的一些法律。

资本主义体系的威胁不仅来自外部，而且还来自内部。企业家，这个打破"习惯"的人，已经被"主管"所取代。并且随着技术成为一组专家的事业，革新已经变成了惯例，因此，经济进步日益趋于非人性化和自动化，并且失去了活力，肯定会"不可避免地"停滞下来。资本主义的科层化是其衰败的原因。

熊彼特显然喜欢旧的"左派"知识分子。一个对生活怀着悲剧感的经济学家是罕见的。此外，他的学说允许资本主义批评家对资本主义采取喜忧参半的态度：资本主义本来是好的，但是它现在已经变得非人性化和科层化——这正是他自己一直对这个制度给予谴责的方面。不过，假如人们要想了解前面这些具体的问题，那么熊彼特的见解只能提供有限的帮助。在其充满智慧的著作中，熊彼特谈论的是"资本主义"，而不是像凯恩斯那样谈论的是"经济"。在其分析中，熊彼特选择了美国的产业经济学和欧洲社会的社会学，并且从前者引申出他对资本主义的辩护，从后者引申出他对资本主义命运的启示性见解。但是，熊彼特没有谈到具体的资本主义社会，因此，要注意到如上情况不是一件容易的事情。

熊彼特极其严谨地把资本主义等同于"家族资本主义"，并且把资本主义的动力看做一个新的阶级为了在社会中赢得权力地位而作出的努力的一部分。与此类似，他把美国资本主义等同于19世纪的"新人"，并因此拒绝相信两件事。第一，现代企业可能为增长提供它自身的刺激；第二，出于多种原因（例如，防务、社会责任、等等），政府必然会保障经济扩张。熊彼特太像一个欧洲人，以至于他不相信政府能够起辅助或中介的作(85)

用。对他来说，国家是一股自主的力量，它为自身的科层冲动考虑而对社会起着引导作用。在这个意义上，他关于"资本主义"衰落的预言取决于他运用的定义。同样，熊彼特看到了民主，看到了在欧洲哲学传统框架内知识分子和工人的敌对性。在这个程度上，他在赞同资本主义的理性主义的同时，也对大众社会带有贵族式印象。美国民主带着杰斐逊主义的哲学基础，加上它向着多元集团社会的发展，同欧洲民主相比，也许给资本主义带来了一些极其不同的后果。但是熊彼特没有看到这一点，或者不想看到这一点。

三

假如我们想要得到一幅关于资本主义社会正在发生什么的现实图画，那么，我们必须消除在凯恩斯和熊彼特的见解之间存在的内在矛盾。因为尽管两人都同意传统资本主义正在走向衰落，但是由于他们关于那个变化的原因的理论具有如此大的出入，以至于他们为实施挽救它的政策而各自提出了设想，当然两者具有直接矛盾。约翰·肯尼迪·加尔布雷思的《美国资本主义》(American Capitalism) 的一个优点是以一种更平淡但更便于阐述的形式提出了熊彼特和凯恩斯共同的问题，其中隐含着几分要把它们给予协调起来的企图。①

加尔布雷思的出发点是，当生产设备以与以往美国历史上任何一个时期的相同速度扩张着的时候，由美国社会各阶层所认同的在资本主义未来的众所瞩目的"神经崩溃"(failure of nerve)。工商界似乎几乎已经被马克思搞得神魂颠倒，以至于相信资本主义是内在地不稳定的。一些产业管理者，与自由经济学家一样，期待着在抗日战争胜利日来一次天翻地覆的经济大崩溃，并且年年如此；因此导致了低存盘政策出台，红利限制和巨额财政储备的建立，加尔布雷思说道，所有这一切都没有顾及"记录收入和

---

① 由于凯恩斯的经济学模式从本质上说是静态的，而熊彼特的经济学模式主要的是历史的，因此，一种真正的调和是极其困难的。熊彼特把凯恩斯的"过度储蓄"看做自己的体系内部的一个"特例"。在近几年里，一些英国经济学家，尤其是 J. R. 希克斯（J. R. Hicks）和罗伊·哈罗德（Roy Harrod），试图从凯恩斯论题的主要内容中引申出一个动力体系。这两个体系之间的综合将务必把凯恩斯的收入、产出、就业问题和熊彼特对于企业家、创新和均衡的强调统一起来。这是一个仍然有待于人们去充分地探讨的问题。——原注

产出"。农场主和国会表现出了类似的关注。"这是以前谁也梦想不到的发大财的年月。"不过，在战争爆发的5年时间里，国会给予了价格支持和收成担保。与此同时，自由主义者哀叹以第二次世界大战为借口而加速的经济力量的日益集中，而保守主义者则幻想出了一幅拥有至上权力的国家的可怕景象：国家将剥夺他们的自由，并且豢养出一个压迫性的官僚阶层。不过，假如所有这些可怕的预见都是真的，加尔布雷思认为，在民主统治20年之后，由于保守党将长期地处于在野状态，自由党将变成工商界里的"纯粹傀儡"（mere puppet）。

实际的情况是，其中没有一个景象是密切地贴近于当前现实的。那么，这些强有力的观念为什么能够确立起来呢？这个如此虚假的和不可信的幻想为什么能够骗过众人的耳目呢？加尔布雷思说道：答案是这两个阵营都是"促使他们带着疑虑和惊讶的目光去看待世界的观念的俘虏"。这些观念来自古典经济学体系及其权力理论。

古典经济学家把他们的体系建立在畏惧集中权力的基础上。因此，自由的社会是把权力给予分散开来的社会。在经济领域，单一的个体或团体都不应去决定生产什么，或者谁来生产。他们想象一个市场社会，其中，价格时刻根据供给和需求而波动；生产者可以自由地从事经营或放弃经营，等等。从经济决定论假定推导出来的假说是，自由市场造就了自由主义者。假如经济权力是不完整的，那么政治权力也将被割裂开来。

当然，这个社会的主要特征是在某些重要的生产行业里的垄断，即少数几个企业占据支配地位。价格是"给定的"而不是在市场中确立起来的；其他企业遵奉这个"价格领导权"（price leadership），要想进入该行业是非常困难的，等等。自由主义者看到了经济权力的这个集中过程，他们认为它是危险的，因此千方百计地要中止它。

追随于熊彼特之后，加尔布雷思的主要观点是：尽管垄断确实是存在的，但是自由主义者所担心的后果几乎都不会真的发生。在高投资经济中，垄断方式是自然的并且不可避免。它不是阴谋家密谋的产物，不像早期的货币托拉斯调查和近期的皮可拉和特尼克调查中的想法，而是市场本身的产物。随着行业的成长，企业也已经在运作中成长起来，通过大规模生产，实现了技术效率。已建成的企业还从"经验经济学"中获益。一个新开办的企业，当它可以动用资本的时候，将面临缺少员工、主管没有经验等诸多附加障碍。因此，开展新的竞争是困难的。在任何一个行业里，

(87)

垄断都可以在短短几年时间里实现，并且，如摩里斯·A.阿德尔曼（M. A. Adelman）① 在一项行业集中的启示性研究（《经济统计评论》[Review of Economic Statistics]，1951年11月）中指出的那样，一旦达到了均衡，那么集中程度便可以处于明显的稳定之中。"如果说在制造业中存在着向着更大程度集中迈进的任何强烈而持续的趋势……但这些统计资料没有显示这一点。"

与纯粹价格理论的标准相反，结果可能是在资源配置方面的一些变形和低效率。但是补偿依赖于由大企业促成的技术进步。"大企业具有令人赞赏的机制来为技术开发提供资金。它的组织为实施开发并把它投入使用提供了强有力的激励措施……在赚回开发所需费用之前，使企业对价格产生一定影响的权力保证了后继成果将不再被效仿者传递给公众（效仿者没有花费任何开发成本）。通过这种方式，市场权力保护对技术开发的激励。"农业是这种竞争模式仍然有效的主要领域，农场主确实几乎不依靠自己来从事研究活动；这项工作留给了国家实验站和美国农业部。

下面是在执行标准上对"巨头"所作的一次强烈而微妙的辩护。但是商人不会承认他拥有着巨大的权力。在这里加尔布雷思试图解释商人和自由主义者成为这些古老幽灵的俘虏的原因。"部分来说，它是一个传统问题；它也是要求公众去给予关注的问题，是要求司法部反托拉斯部门给予关注的问题。因此，商人为了对他不愿意接受联邦条款作辩护，不得不全盘否认他所执行的经济权力，并且保留了竞争的意识形态。"

其反面则是自由主义的幽灵：对不受限制的企业权力使企业位于"支配经济的高峰"这种现象的恐惧。实际上，这是一种反自由主义的观点，加尔布雷思发展了他的"抗衡力量"（countervailing powers）理论。在其富于想象力的简洁性中，"抗衡的力量"这一术语使一些观察家对社会的情感具体化了。

一般说来，这种情感集中表现在诸如工业、劳工、农场主等互相交错的"功能集团"（functional blocs）的形象中。在对它的特性描述中，加尔布雷思的观点更加精巧。"从教条意义上讲……私有的经济力量受制于屈服于它的抗衡力量。前者招致后者。工厂企业逐渐地向着相对少数几个企

---

① 摩里斯·A.阿德尔曼（1917— ）：美国能源经济学家，麻省理工学院经济学教授，著有《石油供应经济学》等。——译注

业集中的趋势不仅导致了如经济学家希望的那样强大销售者，而且导致了他们所没有看到的强大购买者。"在今天的美国，市场的自律性不仅来自于生产者的竞争，在那里垄断是司空见惯的，而且来自于由购买者和销售者所自生的抗衡力量。

在劳资关系领域，这个理论是最为一目了然的。在那里，强大的工会已经崛起，牵制着企业在工资决定方面的力量。但是它也在其他领域起了作用：由于它们的大批购买力，像西尔斯·罗巴克公司（Sears Roebuck）[①]这样的巨大购买链能够避免对橡胶价格的垄断统治；通过威胁要涉足现行的行业，A&P公司[②]可以压低食物供应的价格。加尔布雷思写道："在美国不存在任何重要的消费企业，因为连锁店一起初就预先取得了相互牵制的力量所能带来的利益。"汽车公司的力量抑制着钢铁业。（在美国最高法院废除这项法案之前，底特律是在美国不服从在钢铁方面的官方基准定价的唯一一个城市。）在某些情况下，例如，在建筑业中，应该互相对立的力量变成了相互勾结，结果导致了经济效率的丧失。

在20世纪20年代，当购买者联合起来对付销售者的时候，这些经济手段获得了发展。在像农场主和工人这样的团体不能产生这种平衡的领域，国家被迫采取措施给予帮助。就拿农场主来说，这项努力从胡佛（Hoover）[③]开始，胡佛创立的联邦农场协会后来发展成为一个国家联合体系。不过，一般说来，新政为社会地位低下的团体确立了一种抗衡的力量。从这个理论出发，用抗衡的力量来代替竞争，作为私有经济力量的调节器，加尔布雷思试图为国家行为确立一个标准，不是为管理，甚至不是为"破产的托拉斯"，而是为紧缺的抗衡力量的发展确立一个标准。

在所有这些努力中，加尔布雷思熟练地发展了一种现实主义的政治经济理论。这种理论比旧的竞争理论更加适合于经济巨无霸的世界。不过，加尔布雷思是一个十足的凯恩斯主义者。他知道这样还不足够。"在经济领域里，我们没有这样的机制，能自动地运作以保证有良好的表现；无论从经验上讲，还是从理论上讲，令人可悲的是：美国经济在和平时期的运

[①] 西尔斯·罗巴克公司，由理查德·西尔斯创建于1884年的美国百货公司。——译注
[②] A&P全称为The Great Atlantic and Pacific Tea Company（大西洋和太平洋食品公司），美国历史上曾风靡一时的主导超市之一。——译注
[③] 赫尔特·克拉克·胡佛（1874—1964）：美国采矿工程师、慈善家，第31届美国总统（1929—1933）。——译注

行并不是必然地稳定在生产和就业的高水平上的这种情况非常明显。"因此，在财政政策领域里，为了通过税收和政府开支来影响对商品的总体需求，有必要采取某种形式的中央政府决定。"假如凯恩斯理论是站得住脚的，那么赞成推翻美国资本主义的最后一个理由也被消解了。"

不过，在一个关键的社会学实例中，加尔布雷思的著作是失败的。它从来没有回答自己的问题：为什么工商界及其左派追随者要去描述一个已经不再存在的现实？实际上，为什么这个神话比现实对人产生了更强的吸引力？像加尔布雷思做的那样，通过采纳一幅比较真实的关于现实的图画来回答这个问题，也只是好像告诉一位神经质病人说，他的恐惧是没有根据的；这些恐惧也许是毫无根据的，但是在恐惧的根源被揭示出来之前，这个答案是无法让这位神经质病人信服的。

也许，从社会学意义上讲，关于今日美国工商界的最重要的一点是管理阶层的不稳定性。企业可能有一个可靠的连续性；而它的管理者却没有。这是"家族资本主义"迅速而显著地瓦解并转变为企业资本主义的结果。从中等阶级生活这只摸彩袋中脱颖而出的新管理阶层，缺乏一种由较古老的具有阶级基础的体系为之提供的名正言顺的安全感。他们在这个体系中无财产利益可言；他们也不能把其权力传给后代。因此，日益滋长的对于成就的需要变成了功成名就的象征，而意识形态的重要性则在于它是进行辩护的手段。意识形态起着一种社会黏合剂的作用，把商业阶层黏在了一起。

由于新管理者没有保障，他们得为自己的地位作辩护，所以他们在私有财产基础上强烈要求保留以前对资本主义所作的辩护。在一定意义上，这些是管理者所知道的唯一正当理由。只是到了最近，随着对于生产力和绩效的重视，才产生了新的理由。在企业组织中，与从"所有权"向"管理权"运动相呼应，存在着从"财产"向"企业"象征的转变。与此同时，权力从经济领域向政治领域的转变也强化着保留一个辩护体系的要求，即资本主义的竞争模式，那个模式强调分权体系并且弱化国家的干预角色。因为，假如政府，无论是出于福利的理由或出于防务的考虑，强调它是社会的中心，那么，企业的社会优先权（例如，税负的减免、补助金）的要求不得不处于次要地位。

这些理由将首先适用于管理者。中等规模的企业，大多是家族企业，非常担心其他因素介入进来。社会的杂乱无章、具有危险性的新生利益集团的兴起、各种各样的社会运动和五花八门的意识形态的出现，使这些人更加焦虑。他们在自己的小池塘里曾经拥有权力，而现在一下子被卷入了湍急的洪流之中。在这帮人中间，人们可以发现令人讨厌的塔夫脱分子，那些爱发脾气的"市井"小人。

社会的杂乱无章也给自由主义者带来了问题。因为在过去的 10 多年里，或者更确切地说，自从战时经济开始以来，自由主义者也没有权力，至少没有得到他在新政初期曾经得到的那么多权力。政府就像是一部卡尔德汽车，保持着不稳定的平衡，在不断变幻的战争风云中上下颠簸。通常，一些重大的决定——譬如，政府契约的分发和铁路的布置——是技术决定，完全取决于能以最快的速度调拨有用资源的需要。但是，隐藏在技术决定背后的意义大多不为人所知，而要想了解或探索隐藏在决定背后的理由或权力根源要容易得多。

因此，在不同的团体中间形成了一股否认"抗衡力量"的新现实的社会驱动力。

但是，这个相反相成的现代社会体系，无论在政治方面，还是在经济方面，都处在被通货膨胀和战争所瓦解的过程中。抗衡力量在一个需求相对短缺的框架内发挥着作用——也就是说，在这框架中买方决定着一切。在通货膨胀条件下，卖方市场处于有利地位，买方则处于无援状态，卖方的价格取决于市场。通货膨胀的威胁本身主要是由战争产生的。当今资本主义通常被解释为分散的经济决定体系，并以之证明其合理性。战争和通货膨胀的结合给当今资本主义带来了最大威胁。因为通货膨胀和战争倾向于把权力集中到国家身上，以便为社会中的对抗权力的消失提供补偿。由国家或者大公司而不是由"金元理性"（rational by purse，合理的钱包）作出决定变成了在经济中配置资源并作出生产和消费决定的主要手段。

令人奇怪的是，加尔布雷思几乎完全回避了由持久的战时经济所引发的各种问题。"逐渐蔓延的社会主义"曾经遭到共和党人的严厉抱怨。而它不是任何存心的意识形态计划的产物，而是社会对战争的挑战所作出的近乎不假思索的反应。在最近的 10 多年里，在美国经济中发生的最重要的变化是联邦预算的增长。在 1953 年，美国政府所花费的每 1 个美元中，有 88 美分用到了国防和对过去战争的偿付上；社会保障、保健和福利、教育以及住房只占了预算的 4%。共和党政府对这笔总开支并无什么影响；它只能通过税收政策影响对负担的分配。这样，在冷战经济中，关键的经济决定,即预算规模,是美国工商界或任何其他单一团体所无法完成的。

在一个资本主义经济中,自由的程度——以及对抗衡力量的计算——依赖于为满足战时需要所必需的动员的程度。因为尽管个别公司和权力集团可以从中捞到好处,但是这个体系的主要组织特点注入了一种技术逻辑,虽然只有在危险的时候,这种逻辑才会被忽视。

一个全面的战时经济涉及了对各种不同的项目的细致配合,只有通过征用才能实施那些项目。例如,它不仅指对基础金属工业的分布,而且指各种细致的规划,那些规划控制着公司的日常运作。在现代工业经济中,整个社会都"有条不紊地"运转着。因此,指导计划的技术要求是如此精细以至于在朝鲜战争期间,当有人对5分镍币提出批评的时候,国家计划委员会(NPA)被迫规定了铸币商生产的为每一个铸模所必需的5分镍币的精确重量。

这种"全面的"战时经济本身可能是一个神话。例如,我们知道德国战时经济是多么的低效和杂乱;并且,我们的计划导致了巨大的浪费。但是防御经济确实需要相当程度的计划和指导——如它们被粉饰的那样。另外,"待命经济"(readiness economy)现在已经变成这个社会的基本特征。它使折磨着自由主义者多年的问题争论不了了之:在没有战时秩序状态下,美国经济的巨大生产力能否得到充分的利用?对可以预见到的未来来说,实际的情况是:"防务"及其巨额预算将陪伴着我们。

但是,且不说防务,自从第二次世界大战结束以来的经验证明了经济正在从震荡中不断地恢复过来。直接的战后经验是有益的。政府开支从1944年的1350亿美元下降到1946年的250亿美元;尽管存在着这样重大的需求紧缩,但是美国经济的总产量只下降了15%。消费者需求的大量积压,曾经被耗尽的库存的稳步恢复,新工厂的扩建,所有这些打破了不景气的局面。在1947年初,随着消费品(纺织品、鞋子、服装)开始走向萧条,经济学家们重新变得悲观起来。局势良好的出口市场也再次下滑。但是马歇尔计划以及在房地产建筑方面的繁荣引起了反弹。

这种复苏的源头是相当清楚的。坚挺的农作物价格支持,再加上对收入的有限制的再分配(通过退伍军人酬金、社会保险,等等),提供了一个最低限度的支持。企业里的结构变化具有重大的意义:从1946到1948年,企业把税后利润的62%作了再投资,相比之下,1929年是31%,第二次世界大战前的第三年是41%。同人口统计学家悲观的预测相反,美国的出生率开始稳步上升,隐藏在 19 世纪末经济持续扩张后面的一个主要因素也重新被确立起来。(艾尔文·汉森把他的长期停滞理论主要建立在下降的出生率的基础上。)

这些是在分类账上有利方面的结构事实。就不利方面而言,主要由于政治对抗力量逐渐造成了经济中新的不稳定局面。一些旧工厂,如北方纺织厂,利用政治压力来维持落后而破旧的厂房。工资比率"一成不变",因此价格无法下降,也无法轻易地调整,雇主宁愿降低产量。开支的压力引起了长期的通货膨胀,使得社会上那些高薪食利部门陷于困境。

但是,政府将不可避免地出来维持平衡。政府吸收和花费了大约 20% 的国民生产总值和国民总收入。这似乎就是我们所面临的现状。通过相对简单的财政(如税收和补助金)支出,政府运用直接的机制把货币注入经济中,并且(尽管从政治上讲它比较困难)把多余的资金从经济洪流中吸纳回来。对可以预见到的未来来说,这个高额联邦预算是由国际紧张状态的性质和过去的债务来确定的。很难知道某届政府怎么样才能把财政预算削减到低于 20% 的最低标准,那个标准是长期动员所要担负的标准。

凯恩斯和熊彼特在经济理解方面所取得的这些显著进步,以及加尔布雷思对这些进步所作出的部分综合,向我们提供了一幅关于当代社会的更加综合的画面。不过,尽管作为思想成就,这些成就是非同寻常的,但是,正如它们出自严格的经济逻辑,它们也受制于经济变量的特殊分析框架(如投资和消费的假定),并且,作为这种理论的一部分(尽管没有切实注意到这一方面),它们被迫忽视了经济的政治方面。但是这些政治问题现在是主要的问题。

核心问题仍然是政治经济的问题。从技术层面上讲,对组织生产、控制通货膨胀、保持充分就业等作出经济回应是可行的。在一个像美国社会这样由利益集团所构成的社会里,要想作出政治回应却不是一件容易的事情。但是从长远来看,负担的分配和监督的性质这两个问题不能有所偏颇。对于局部战时经济实行"中央统制"的要求,加上其技术规则,肯定与企业管理者们无休止的反中央统制的态度相冲突。在第一次共和党执政的 20 年时间里[①],尽管它代表着这些反中央统制的企业管理者,却无力对

[①] 美国共和党第一次长期连续执政是 1860—1884 年,分别由林肯、格兰特、海斯、加匪尔德、阿瑟担任总统。——译注

政府花费作出大的改变。国际形势把加在民主党政府身上的相同规则强加在共和党政府身上。由此造成的局部战争不可避免地铸成了让政府去扮演经济管理者和支配者的角色。因此，在国内事务中的实际政治问题变成了哪一个集团将承受附加负担的费用问题。

　　知识分子对于美国资本主义的重新评价正在完成之中，而现实自身也正在发生迅速的变化；最新的意识形态行将过时，并且在它们使自身得到人们的广泛理解和接受之前，可能需要很长一段时间的重新修正。

第五章　美国过去的折射

——关于国民性问题

由于一个独特的原因，在其被发现之后的几个世纪里，美利坚大陆激发了欧洲人的想象力。在新大陆的拓展过程中，人们看到了一个"天然之国"，一个过去只是梦想中的国度，而今却变成了现实。蒙田（Montaigne）①曾经在"食人者"一文中概述过共和国的景象（"人类无须辛苦劳作，大地倾其所有……以富饶的物产供养着纯朴的人们"）。莎士比亚接着在《暴风雨》一剧中借贡柴罗之口说出的一句对白几乎与蒙田的话毫无出入。卢梭（Rousseau）也描写过一个不被权力腐蚀的社会。所有这些上帝之城现在都可以在美利坚平原上建立起来。例如，在1794年6月，柯尔律治（Coleridge）和骚塞（Southey）②在牛津相会时，创立了"理想的平等社会"（pantisocracy）观念，这个词是柯尔律治创造的。这是一个哲学家的高尚计划，打算在美国和平安乐的氛围中开辟乌托邦式栖居地。那将是一个理想社会，在那里12位青年男子偕同他们的12位妻子打算做一次"人类的完美性实验"（experiment in human perfectibility）。

美国总是给人带来诸如此类的希望，但结果又总是落空。自从开始美国冒险以来，旅行家、历史学家、哲学家一直寻求着去吸收那种经验，使之合成为一个富有意义的整体。但像《白鲸》中亚哈船长的那条鲸鱼一样，似乎总有避开他们的理由。

---

① 米歇尔·德·蒙田（1533—1592）：法国文艺复兴时期人文主义者、思想家、作家，著有《蒙田随笔》三卷。——译注

② 柯尔律治（1772—1834）：英国湖畔派诗人、批评家，1794年与骚塞相识，合作完成三幕剧《罗伯斯庇尔的覆亡》，另著有《老水手行》、《文学传记》、《忽必烈汗》等名篇；骚塞（1774—1843）：英国湖畔派诗人，著有《圣女贞德》、《审判的幻影》等。——译注

最近企图领会美国经验的意义的尝试是麦克斯·勒纳（Max Lerner）①写的《作为一种文明的美国》（American as a Civilization）一书。就其所探讨的范围而论，它的确是一部雄心勃勃的著作。由于这个缘故，读者不要只凭这本书所包含的观念来评价勒纳先生的努力——作为一个散文作家要做到这一点实在太困难了，因为它跨越了如此多的领域——而是通过与曾经作过类似尝试的人的对照来评价勒纳先生的努力。

也许，阅读勒纳著作的最有效方法是，不是如绝大多数评论家认为的那样把它当作一部对照托克维尔或布赖斯（Bryce）②的著作，而是把它当作一部对照拉斯基（Laski）③《美国民主》（The American Democracy）的著作。拉斯基的著作是10年以前出版的，勒纳似乎有意在本书中试着对它作出评价。

不过，其表面的相似之处是引人注目的：两本书都是大部头著作；勒纳的书有1036页，拉斯基的书有783页。其论题也非常一致：拉斯基从论述美国传统开始，涉及了教育、文化、商业企业、政治体制、作为一个世界强国的美国，并且以作为一个文明原则的美利坚主义作为结尾。勒纳也从论述传统开始，继而论述了作为一种文明的美国观念，涵盖与拉斯基相同的理论根据，不过涉及了某些较新的问题，增加了讨论亲子关系和美国国民性格的两章内容，最后几乎和拉斯基一样，以认定美国是一个世界强国结束全书。

从政治观点和性格上看，两人也有许多共同点。两人都是多产作家，他们的鲜明特征主要在于描述20世纪30年代和40年代自由中产阶级知识分子所采用的措词（"我们时代的革命"，"思想是武器"）。他们都是"人民阵线"（popular front）意识形态的鼓吹者，尽管勒纳变成了一个更为尖刻的反斯大林主义者。他们两人都很坦率、合群、乐观，既有点学究习气，但也务实。两人对影响青年一代以及对塑造政治文化都颇感兴趣，然

---

① 麦克斯·勒纳（1902—1992）：全名为麦克斯韦尔·艾伦·勒纳（Maxwell Alan Lerner），美国记者、专栏作家和学者，著有《作为一种文明的美国》等著作。——译注
② 詹姆斯·布赖斯（1838—1922）：英国历史学家、自由党政治家。——译注
③ 哈罗德·约瑟夫·拉斯基（1893—1950）：英国马克思主义者、政治理论家、经济学家和作家，曾担任1945—1946年英国工党主席，1926—1950年伦敦经济学院教授，著有《主权问题研究》、《现代国家的权威》、《从洛克到边沁的英国政治思想》、《卡尔·马克思》、《政治语法》、《共产主义》、《现代国家的自由》、《民主危机》、《国家理论与实践》、《美国总统制》、《反思当代革命》、《信仰、理性和文明》、《美国民主》、《欧洲自由主义的兴起》等。——译注

而都不愿意在政府机关或组织中任职。拉斯基本来可以轻而易举地成为工党国会议员；勒纳则避开了在美国防空署中的职务。

作为犹太人，他们都注意到了他们同现行的社会偶像的距离。两人都对各自的志愿和角色有高度的自觉（拉斯基尤其如此，我们可以从他给霍姆斯的信所表露的心态中看出这一点）。两人都感到自己在为一代人作总结。两本书在同一个10年中写成，但前后相差10年出版。

并且，正是那10年体现出了这种差异。

拉斯基试图对美国进行马克思主义分析。就他对美国过去的错综复杂的情况的充分了解，他描述的当代景象被投射在一个严格的框框里：美国是政治民主国家，但仅仅是中产阶级的民主国家，那个阶级"虽不宣布但实际上掌握财富大权"，他们小心翼翼，"以免危及有钱人提出的那些不变的主张，那些主张被当作民主无法跨越的边界"。政治的民主无法"掩盖它建立在经济基础之上发展为寡头政治的事实"，而法院起着"立法民主习惯调节器"的作用。他的结论是阴暗的。"[随着]反犹太人情绪的滋长和对黑人进步敌视的加剧……20世纪40年代的美国精神肯定会……让任何诚实的观察家对其结局表示犹豫。" (97)

这就是拉斯基处在实施新政和公平施政14年之后的1947年的想法。由于他坚信马克思主义的社会进化观："美国的历史将不顾一切地仿效欧洲资本主义民主的一般模式"，鉴于其了解美国的生活详情，他可能会持这些观点。

不过，不管"不顾一切"这个措辞有多冒昧，然而在20世纪30年代和40年代，大多数"左派"知识分子毫不动摇地坚持着这一信念，并且它是"左派"之所以不断地误解美国政治发展的原因之一。

在读勒纳的书时，读者立即会被其关键术语的与众不同所打动：它不再是马克思的语言，而是文化人类学和荣格的神经社会学用语。拉基斯用社会经济实力、既得利益和权力等术语来描述美国。勒纳则用神话、规范、性格、文化和人格等术语来描述美国。拉斯基觉得我们将重演欧洲的命运。而勒纳则认为：存在着"源于象征性弑父活动的抗拒欧洲的心理需要"（参阅《金枝》[*The Golden Bough*]）。拉斯基把挫折看做是一个社会政治问题，因为"美国的统治阶级利用美国的传统精神去阻止美国生活适应所遇到的事实"（即阻止对经济困难采用社会主义解决办法的要求）。而在勒纳看来，挫折是一场由成功、价值观冲突和地位上升的个体无力习得新生活方式所引发的社会心理戏剧。

在他们两人关于美利坚主义核心形象的描述中，存在着最为极端的对比。拉斯基说，在美国存在着一种不安迹象，它对亨利·詹姆斯（Henry James）[①]的"欧洲逃避现实主义"、威拉·凯瑟（Willa Cather）[②]的"宗教的逃避现实主义"、泰特（Tate）[③]和兰色姆（Ransom）[④]（即南方主张平分土地者）的"挑衅性的蔑视"负有责任。他说，这种不安源于美利坚主义（Americanism），美利坚主义是工业寡头培育起来的一种沙文主义学说，意在掩盖——纵使不是败坏——"通往人人平等社会的历史驱动力在美国的失败"。

勒纳在一段热情洋溢的话里说：美国人是运动不息、流动不止的最优秀的现代人。他们精力充沛、精通知识、富有力量。最重要的是，他们是敢于冲破所有束缚的人。"他是《贴木尔》的马洛和浮士德博士的结合，一个横扫平原，跨越了早期文明的隔阂，像一个无拘无束的野蛮人；另一个打破知识和经验禁忌，甚至不惜牺牲自己的灵魂。这样，作为理想的现代人，美国人实现了文艺复兴和宗教改革所倡导的诸多伟大主题——发现新的领域、绘制蓝图、追逐权力、在作品中实现自我、崇尚科学、具有个人意识和历史的统一感。"勒纳（与温德姆·刘易斯［Wyndham Lewis］[⑤]的说法相一致地）说，这些有利条件，加上其地理和历史"逻辑"，将使美国成为"所有社会的典范"。

这两个形象只相隔10年，但是其现实的依据在哪儿呢？

很明显，拉斯基勾画的图画不是今天人们所关注的。虽然商业中操纵性和安全意识日益增加，但它不像以前那么贪得无厌地钻到钱眼里；它已经具有了某种社会头脑，并变得适度而得体，至少对那些"无义务"人员是如此（一个奇特的法律术语，表示那些根据《塔夫脱—哈特莱劳资关系法》免除共同义务，或对那些《华尔希—海莱法》的加班规定不适用的人）。过去10年里社会的紧张关系不是为了财产，而是为了身份地位：麦卡锡不是得到大企业的支持，而是得到一个奇特的混合体的支持，这种联

[①] 亨利·詹姆斯（1843—1916）：美国小说家。——译注
[②] 威拉·凯瑟（1873—1947）：美国小说家。——译注
[③] 艾伦·泰特（1899—1979）：美国作家。——译注
[④] 约翰·克罗·兰色姆（1888—1974）：美国文艺批评家，著有《新批评》等。——译注
[⑤] 温德姆·刘易斯（1882—1957）：英国画家和作家。——译注

合体是暴发户以及各族群基于对唯智主义的憎恨而组成的，而传统的保守力量证明是反对麦卡锡主义的最强大堡垒。法院过去打击社会立法，而这时支持立宪精神，反对"民主"立法。

但是，在勒纳充满激情的文章中，美国是否将成为所有其他社会的典范是一个尚待讨论的问题。毫无疑问，美国也许是第一个把变革和革新导入其文化的大型社会。这也迫使人们作出解释。这种经常性的"创造性破坏"（creative destruction）不断地重新塑造着社会的原型，它准许新的社会集团在社会秩序中占有一席之地。传统结构的瓦解促使较落后的社会到后来也纳入到了这个社会变化过程中。具有意义的是，大众社会的大多数理论家——卡尔·曼海姆、爱弥尔·利德勒、汉娜·阿伦特——原来是欧洲人，他们从欧洲经验获得其概念。(99)

令人吃惊的是，在20世纪的后半个世纪中，一个共同的技术基础将在人类历史上第一次成为一切文化的基石。但这并不意味着所有的社会都将相同。除了由工业化（技术教育、新专业、白领职业的增加）引起的某些"逻辑"以外，每个社会由于其文化传统，具有充分的单一性，这样也就让这些国家的外形各具特色，与众不同。事实上，是这种文化的"上层建筑"导致了拉斯基的悲观预言。于是，想要包容关于什么是美国的多种多样说法，任何此类尝试都必须不仅要描述这些变化，还要找到步骤或方法使之与对引发这种动态与变化负有责任的驱动力相一致。

在考察一个社会或一个时代的时候，一部作品之所以伟大，是由于它具有新颖的洞察力（如托克维尔的《论美国的民主》），或者是由于它具有某种悲剧感（如亨利·亚当斯的《教育》），或者，如果这两者都不具备的话，是因为它具有关于一种文明之内在统一的新形象，也就是对最初由孟德斯鸠提出的一个重要问题作出了回答：文明内部的一切怎样才能协调好呢？老一代的道德家认为，上帝或机遇统治着世界。（如以赛亚·伯林［Isaiah Berlin］[①] 提醒我们，笛卡尔把历史说成是"只是用来消磨闲暇时光的一些茶余饭后的谈资以及旅行家的空谈"。）但是，在最早的社会学家孟德斯鸠（Montesquieu）看来，社会不是异类成分偶然凑合而成的，

[①] 以赛亚·伯林（1909—1997）：英国哲学家和政治思想史家，著有《卡尔·马克思》、《概念与范畴》、《自由四论》、《维柯与赫尔德》、《俄国思想家》、《反潮流》、《个人印象》、《人性的曲木》、《现实感》等。——译注

也不是人为的构筑,而是自然长成的,它从"气候、宗教、法律、政府政策、过去的惯例、风俗、习惯"获得确定的特性,"并且这些影响力的结合产生了一个普遍精神"。

但是,每个社会以不同方式把这些因素结合了起来;每个社会都有它自己的内部结构和"普遍精神"(general spirit)。那么,美国的内部结构和普遍精神是什么呢?拉斯基企图把问题缩小。他坚持认为:大众对人人平等社会的渴望和工业寡头的权势之间的紧张关系是其他一切行为的基础;上层建筑压得民众喘不过气来。另一些人——勒纳列举了为此努力的20部作品——试图通过我们发展中最具特色的方面来把握美国的"独一无二性"(uniqueness):即没有封建的过去、拒绝接受权威、多元的族群,等等。这些探索是无止境的。

(100)

像所有人一样,勒纳无力把握没有经过细致分析却仍然能够站得住脚的定义。他陷入了困境。人们看到他年复一年地拼命思考这个问题,查阅前人的所有答案,发现他们的缺陷。但结果,像一个登山者无力在光滑的岩石表面找到立足点一样,他突然放弃了尝试,并且说道:"没有什么法宝能够用来揭开美国文明的秘密",美国没有单一的组织原则。在替这个理论作辩护的时候,勒纳求助于社会科学。他谈到社会科学的较新方法论时说:"因果关系给关系和相互作用让了路。"因为有肯定就会有否定。而失败成为有待研究的问题。勒纳说:"美国文明的研究成为对相反模式本身的研究,而不是对于开启因果关系的单一钥匙的探索。"

结果,没有找到什么答案,只存在着一个过程。勒纳被迫说:"分析只是由物质世界和道德心理世界的相互作用所构成的。"所以,当他大胆地把美国当作是一种"文明"来讨论时——并且把这一术语界定为"特殊的深深铭刻的生活方式,被自己和他人通过历史进程创造和承认的新型生活方式"——最后,"相互作用"终止了所有的一致性,并且没有任何同一化的景象。

通过他如此努力之后,仍然留下了一个棘手问题:当代社会科学的一组新标签。在对前辈们——特别是拉斯基——的决定论努力的回应过程中,勒纳强调美国生活的多样性和复杂性。但是,他最终为了描述而牺牲了理论和方法。勒纳希望把文化人类学语言应用于当代历史,我认为这是由于他受到了社会科学的诱导。人类学的概念是"整体论的",就是说,他们寻求掌握整个文化。但是甚至在了解原始社会方面，最成功的尝试也遇到了描述问题，更不用说了解现代社会。如鲁思·本尼迪克特（Ruth Benedict）[①] 把文化描述成太阳神或酒神的做法不得不借助于隐喻。但隐喻至多是暗示性的，而在最糟糕的情况下，它把所有历史通通转化成为迷雾般的抽象物。我想，人们必须回到历史，进行因果关系的尝试，虽然总是片面的，也许能够给我们比把因果关系转化为"物质世界和道德心理世界相互作用"之类的社会复杂性更好的意义。 (101)

勒纳的书也许是最后一本想把美国所有经验全部包容在一起的著作。这不仅因为这种经验和它的文献资料过于庞大，非个人力量所能处理得了，而且因为这个选题本身就有错误，因为这种含糊性实在地存在于"美国"一词之中，那个词包含着一连串的含义。去问"什么是美国的秘密"，也就是去提出一个形而上学的问题，那个问题的立意要么是意识形态的，要么是神话的。不幸的是，对于以这样的眼光来看美国问题被战后出现的"美国研究"计划再次强化了。这个计划在一个隐喻的或伪黑格尔的惯用语中找到了证明其合理的理由——它努力向世界其余部分证明美国也有一种文化。但是去问特殊的性格和制度形态为何以及如何出现于美国，也就是去问罗伯特·默顿（Robert Merton）[②] 称之为中层问题，通过经验观察和实践检验，它们更容易受到受控制的过分概括的影响。

第一个领域是比较问题，这是在未来岁月里将日益突出的一个领域。例如，为什么麦卡锡主义能够在美国而非英国得到流行？爱德华·希尔斯（Edward Shils）[③] 在他的《保密的烦恼》（*Torment of Secrecy*）中提供了一些答案：英国的不同的精英结构、彬彬有礼的社会传统，再加上对隐私及保持社会距离的强调，同美国的坚持民粹主义，坚持公开和调整形成了鲜明的对照。当然，在以世界其他民族为衬托反映出美国形象的年代里，要想探究美国人的性格就不可能忽视比较问题。

第二个领域，不是制度的"相互作用"，而是制度的"功能关系"，或

[①] 鲁思·本尼迪克特（1887—1948）：美国人类学家和民俗学家，著有《菊与刀》等。——译注

[②] 罗伯特·K.默顿（1910—2003）：美国社会学家、科学社会学奠基人、结构功能主义流派代表人物，著有《十七世纪英国的科学、技术与社会》《大众信念》《社会理论和社会结构》《在巨人的肩膀上》《论理论社会学》《科学社会学》《社会学的矛盾选择及其他文集》《科学社会学散忆》《社会研究与从事专门职业》等。——译注

[③] 爱德华·希尔斯（1910—1995）：美国社会学家，芝加哥大学教授。——译注

者说，一个领域中的行为如何受到其他领域的行为影响而形成或产生。例如，艾瑞克·H. 艾里克森（Eric Erikson）① 在他的《童年和社会》（Childhood and Society）一书中试图把家庭和政治结构联系起来。他说，美国的家庭和欧洲的家庭相比，在于家庭成员中没有不平等的区分（如成人居于儿童之上，丈夫居于妻子之上，长辈居于小辈之上），每个人都享有平等权利，都可以通过授权而得到特许权。因此，美国家庭是"容忍不同利益的训练基地"。艾里克森在这里找到与政治制度的关系，"一个由压抑和均衡所构成的起伏不定的大海"，在其中，"不妥协的绝对专制必将遭灭顶之灾"。他进一步看到，相对于大家都愿意去做的事情，家庭更注重于去做其成员不太愿意去做的事情。这有点儿类似国会的运作，在国会里，好的立法也许不能通过的这种想法同一些事比起来显得不那么重要。因为有些立法虽然通过，但是它们损害了主要集团的利益而不被他们所接受。

(102)

第三个领域是"监督检验"，它追溯了制度的具体变迁或性格结构的具体变化，它不仅要了解它们是如何发生变化的，而且要了解别的结构如何保持原状并且为什么如此的原因。最近的变化理论——从"自主的"（inner-directed）到"受人支配的"（other-directed），从"新教伦理"（protestant ethic）到"社会伦理"（social ethic）——都过于草率。因为我们不知道这些变化是何时、何地、如何发生的。

第四个领域在于考察各种历史危机以及美国和美国领导人作出的选择，为何作出这样的而不是别的选择。这是一个存在主义的老生常谈：人的本质在选择中规定自身。如果这样的话，我们能够认清美国历史中的重要转折点吗？我们能了解促使我们作出或没有作出某些选择的原因吗？（例如：干涉朝鲜的决定，在麦卡锡主义面前表现出的怯懦，在第二次世界大战中把出生在美国的日本人关进集中营，等等。）

这些探索也许比主张用隐喻的和形而上学的观念来观察美国更缺少文学的吸引力，但是只有这些探索才是既忠实于美国经验的过去，又允许对美国经验的特性和共性具有更广阔的视野。

---

① 艾瑞克·H. 艾里克森（1902—1994）：美国心理学家。——译注

第六章　身份政治学和新的焦虑

——论"激进右派"和 50 年代意识形态

20 世纪中叶，美国在许多方面是一个混乱的国家。令人奇怪的是，这种混乱不是产生于萧条，而是产生于繁荣。与繁荣可以解决一切社会问题的简单观念相反，美国的经验显示，繁荣带来了新的不安、紧张和危机。大多从 18 世纪和 19 世纪美国经验中得出的传统政治分析在新情况面前显得有点儿不知所措。因此在麦卡锡主义面前产生了困惑和神秘化。

人们通常从三个立场来看待美国的政治：第一，选民结构的作用；第二，民主传统的作用；第三，利益集团、宗派或阶级的作用。

也许美国政治结构的决定性事实是两党制。每一个政党好像是一个巨大的市场，几百个小商贩吆喝着招揽生意。生活在市场内的人可以自由流动，很容易领到营业执照。但是一切交易必须在帐篷里进行，那些想在帐篷外边叫卖的人注定没有销路。当人们考虑美国生活中令人注目的这个事实时：美国已经产生了无数的社会运动，上述两党制的特点就显得极有意义。但相对来说，几乎没有能够长期存在的政党。与欧洲人的政治生活相反，极少有社会运动能够把其领导团体转变为永久的政党。这也是美国生活既流动变化又平安稳定的原因之一。改革团体从世界语提倡者到素食主义者，从银元拥护者到保守主义者，从托拉斯主义者到 57 种不同的社会主义者。这些团体富于热情却思想单纯，他们已经形成了第三党——绿背党（Greenback Party）[①]、反垄断党、平等权利党、禁酒党、社会劳工党、联合劳动党、农民劳动党、社会主义政党。但是没有一个党是成功的，而且几乎没有一个党能长期存在。

[①] 绿背党：1984 年成立于印第安纳波利斯，旨在要求扩大纸币发行量，实行通货膨胀，取消硬币支付（以现款结算债务），以便农民能用贬值的货币偿还债务和抵押贷款。——译注

产生这种情况的一个重要原因是选举制度的强制作用。以美国和加拿大中西部的怪现象为例。中北平原的麦农有着国家分界线无法分割的相似的文化观念，并且面临着共同的经济问题。然而加拿大麦农在艾伯塔组成了一个社会信用党，在莎斯喀彻地区组成了合作联邦联合会，一种"党派机构"之外的运动，而他们的北达科他兄弟们在发现不可能组织社会主义政党之后，只能在共和党内部组成超党派联盟。

这些强制性选举结构因素使无论是左的或右的抗议运动在美国生活中的作用都受到了明显限制。（一位美国政客说道："如让我来制定法律的话，我才不管人们会有什么样的想法。"）这些因素在很大程度上解释了1936 年的右翼莱姆基——考夫林运动和 1948 年左派华莱士进步党失利的原因，也为工会和民主党之间的新基础联盟作出了合理解释。无论工联主义者对在美国成立一个劳工党怀着多么热烈的希望，但是他们在 1954 年 11 月举行的工业组织代表大会上却为鲁瑟（Walter Reuther）所破灭。鲁瑟当时在回答运输业领袖迈克·奎尔（Mike Quill）时指出，从美国选举制度的性质看，第三党是不可能存在的。这是每一次社会运动得到的教训。希望在美国影响或抗拒社会变革的任何一个社会运动都不得不在两党之内进行运作。这个事实本身就为这些党派规定了地位。

民主传统，常规范畴中的第二个范畴，在构成美国政治形式中起着重要作用。美国政治传统中最突出的一点是，政治是民众的舞台，"普通百姓"纵使不是权威的源泉，也是最终的决定力量。不过，在开始时并不是这样的。"开国元老们"把罗马共和国——更不用说联邦条款——切记在心，他们害怕"过度民主"（democratic excesses），过度民主会使穷人和无产者起来推翻有产者。无论比尔德①对美国历史的解释多么不充分，但仍有一点是清楚的：在 1787 年，财产的自我保护意识和限制人民选举的愿望在制定宪法的人们心中占据着极其重要的位置。参议员不是通过民选而是通过州选产生的；大法官采用委任终身制；总统通过间接的、运作不灵的选举团选举，所有这些都体现了限制人民选举的做法。

但是障碍不久被消除。杰斐逊派的胜利是具有"民粹主义"特质的美国民主制度建立的第一步。联邦主义者看到杰斐逊方法的成功，认识到有必要模仿那些"迎合大众的、皆大欢喜的、与人为善的技巧"。早在 1802

---

① 比尔德（1874—1948）：英国政治家、历史学家。——译注

年，在一封给巴雅特（Bayard）的信中，汉密尔顿（Hamilton）① 为"基督教治宪协会"拟定了一个计划纲要，这个计划以"发展华盛顿的'仪式'和他的善行活动"来迎合大众。1808年成立华盛顿慈善协会，但是已为时太晚了，联邦主义者大势已去。不过 30 年之后，他们的精神后裔辉格党人以其人之道击败了民主党人。把陷入"汉密尔顿的"观点太深的亨利·克莱（Henry Clay）② 扔在一边，辉格党人指定铁比坎诺战役中的英雄威廉·亨利·哈里森（Henry Harrison）③ 将军与安德鲁·杰克森（Andrew Jackson）④ 的后继者马丁·范布伦（Martin Van Buren）⑤ 抗衡。

由杰克森的对手前国家银行行长尼古拉斯·比德尔设计的竞选战术出奇的新颖。他说道："如果哈里森将军被提为候选人，这是因为过去……假如他没有就其原则或信条说些什么——假如他没有说出什么——也没有承诺什么，假如没有什么委员会、选举大会或市政大会从他的话里推导出他的想法或他想要做的事情。假如没有人替他舞文弄墨，那么他能算是什么呢？"

1840 年的"苹果汁选举"是美国政治生活的一个转折点。哈里森坐在一辆大马车里到处旅行，车顶上装着一个小木屋，装有一桶有活嘴的浓苹果汁供民众饮用。丹尼尔·韦伯斯特（Daniel Webster）⑥ 以煽动家夸张的口吻，哀叹自己不是生在一个小木屋里，尽管他指出他的兄长们都是在简陋的寓所里开始其生命的。辉格党人毫不客气地指责范布伦过着贵族般的奢侈生活，他在胡子上涂抹科隆香水，以金盆作餐具，"像城市女人那样束紧身胸衣，甚至可能比她们束得更紧"。（106）

哈里森胜利了，教训是明显的。政治作为一种操纵群众的技巧成为政治生活中既定的特色，政客们有时为金钱利益而冲锋陷阵，有时为成为自

---

① 汉密尔顿（1755—1804）：美国政治家。——译注
② 亨利·克莱（1777—1852）：美国参众两院历史上最重要的政治家与演说家之一，辉格党创立者和领导人，美国经济现代化倡导者，曾任美国国务卿，五次参加美国总统竞选，尽管均告失败，但因善于调解冲突的两方，数次解决南北方关于奴隶制的矛盾维护了联邦稳定而被称为"伟大的调解者"。——译注
③ 威廉·亨利·哈里森（1773—1841）：美国第 9 任总统，军事家。——译注
④ 安德鲁·杰克森（1767—1845）：美国第 7 任总统（1829—1837）、首任佛罗里达州州长、纽奥良之役战争英雄、民主党创建者之一，杰克森式民主因他而得名。——译注
⑤ 马丁·范布伦（1782—1862）：第 8 任美国总统（1837—1841）。——译注
⑥ 丹尼尔·韦伯斯特（1782—1852）：美国政治家，曾任律师，以雄辩的口才著称，三次以辉格党的身份竞选总统均未成功。——译注

己权利的操纵者而抛头露面。上层阶级直接参与政治者逐渐减少。律师、新闻记者、漂泊者发现政治是使中下层阶级飞黄腾达的捷径。平等的传统已建立起来了，政客们不得不向"人民"讲话，并且以民主的方式向"人民"讲话。

如果政客向人民说话，他代表的是"利益"。对于政治利益集团基础的自觉，常规范畴的第三个范畴，可以回溯到共和政体的早期。麦迪逊在常被人引用的《联邦党人文集》第10篇中写道："最普通的和最持久的派系渊源是各种各样的不平等的财产分配。那些占有财产的人和那些没有财产的人已形成社会上对照鲜明的利益关系。"詹姆斯·哈林顿（James Harrington）① 的格言"权力伴随财产"（power follows property），被当时杰出的保守主义分子约翰·亚当斯②看做政治上颠扑不破的真理，正如力学中作用力和反作用力相等一样地真实。

来自小农和无土地者的财产的威胁构成美国政治中最初的不安定基础。马萨诸塞州的舍伊叛乱和其叛乱的支持者亨利·诺克斯将军向乔治·华盛顿诉苦说："相信合众国的土地是靠大家共同努力保护才不让英国人没收的。"麦迪逊③展望未来，预期"大多数人将不仅没有土地，而且将没有其他的财产"。他预言，当发生这种情况的时候，无产者将"在相同处境的影响下联合起来，在那种情况下，产权和公共自由将失去保障，而且这种情况十有八九是要发生的"。他想起罗马煽动家的教训后继续说道："他们将变成富人和野心家的工具。这种情况对另一方存在着同样的危险。"

美国政治生活中早期的派系斗争具有乡土气息的特点。因为人口中农民比重大，那种斗争很快地成为地区性的。这是不可避免的，因为不同的地区有不同的利益：南方的稻米、芋叶和棉花；新英格兰的渔业、木材和商业。当联邦主义者成功地把北大西洋地区的商业利益与南方大规模种植者联合起来的时候，当杰斐逊联合南北粮食种植者和其他小农联合体向这

---

① 詹姆斯·哈林顿（1611—1677）：英国政治哲学家，著有《大洋国》。——译注
② 约翰·亚当斯（1735—1826）：美国第一任副总统（1789—1797），后接替乔治·华盛顿成为美国第2任总统（1797—1801）。亚当斯也是《独立宣言》签署者之一，被美国人视为最重要的开国元勋之一，同华盛顿、杰斐逊和富兰克林齐名。——译注
③ 麦迪逊（1751—1836）：美国宪法之父，美国第4任总统，《联邦党人文献》主要作者之一。——译注

一组织挑战的时候，全国性的党派便产生了。

从那时起，全国性的党派已经是由不同地区集团组成的奇特联盟：中西部农场主和东部金融家，北方城市移民与南方种族主义者和土著保护主义者。种族和职业集团常常因历史事件而加入两党中的一党：因为内战，黑人投共和党的票达 60 余年之久，爱尔兰人因与坦慕尼协会（Tammany Hall）的渊源关系而成为民主党人，定居在中西部的德国人成为共和党人，城市意大利人对被爱尔兰人从城市政治中排挤出去作出反应，刚开始时是共和党人。

美国政治生活中的地方主义出现了压力集团，它有更狭隘、更灵活的权谋，超越于党派之上，不委身于任何一方，只是在某一单独的问题上给予支持或获得支持。这一巧妙策略的创始人之一是乔治·亨利·埃文斯（George Henry Evans）[①]，他是罗伯特·欧文（Robert Owen）[②] 的信徒，也是 19 世纪 30 年代和 40 年代政治改革的领导人。埃文斯曾经是 1829 年劳工党的领袖之一，这是纽约的一个党派，这个党派在刚开始时相当成功。但是，由于意识形态差异而日益衰落，由于民主党人"掠人之美地"采纳了他们的一些直接要求，那种成功便消失了。埃文斯相信土地自由可以解决阶级紧张关系和无产者的苦难，他在 19 世纪 40 年代组织了农民联合会。他通过切身经验认识到，一个少数人的党派不能凭自己的投票取胜，基本上"只讲实利不讲理想"（deals not ideals）的政客们会拥护能平衡权力的集团所主张的措施。因而，埃文斯要求所有候选人支持他的"圆滑措施"（sliding measures）。作为对这种许诺的交换，候选人会收到站在他背后的工人们的选票。而农民联合会自身只获得了一般的成功，它的鼓动——和策略——在后来的《宅地法案》（Homestead Acts）条款中得到了表现。

1933 年，以新政作为序幕，令人感到一个新时代正在出现。在一本广为引用的著作《新党政治》（*The New Party Politcs*）中，哈佛的奥瑟·N.呼尔康（Arthur N. Holcombe）[③] 教授写道："旧党政治正在眼见着消亡。

[①] 乔治·亨利·埃文斯（1805—1856）：英国出生，美国激进的工人运动领导者、改革家、报人。——译注

[②] 罗伯特·欧文（1771—1858）：英国空想社会主义者、杰出实业家。——译注

[③] 奥瑟·N. 呼尔康（1884—1977）：美国历史学家、教育家、哈佛大学政府系教授，培养了约翰·肯尼迪、基辛格等美国政治家，著有《美国州政府》、《中国革命的精神》、《新党政治》等。——译注

新党政治的倾向主要决定于城市居民的利益和态度……地区政治将减少，阶级政治将增多。"

"功能"集团的出现，特别是劳工和增长着的族群的权利要求，似乎加强了这种转变。富兰克林·罗斯福能使这些集团凑合在一起，其中有些人（如农民）已与共和党联合，这一事实似乎表明某种历史重组正在发生。有些重组已经发生了，但并没有像过去所想的那样具有戏剧性。工会运动在政治上第一次直言不讳地表示拥护共和党，其实工人阶级一直以来通常投民主党人的票。出人头地的族群大部分保持着对民主党的忠诚，但是有许多迹象显示，由于社会地位的提高和生活的富裕，这些种族的、少数民族集团中的重要成员开始改变他们的效忠对象。农民们虽然得到新政的巨额财政资助，但是仍然回到了共和党的怀抱。

然而当地区政治多少有些削弱的时候，阶级政治并没有取代它的位置。取代它的是一些引人注目的压力集团和利用收买手段左右法案的国会外实力派，这些压力集团一部分是地方压力集团，一部分是阶级压力集团，还有一部分是意识形态压力集团。最具戏剧性地运用这种压力集团策略的是反聚会联盟，从1895年开始，这一联盟能在不到15年的时间里推动修宪，禁止在美国私自酿酒和卖酒。自那时起，压力集团的策略被几千个组织所采用，如关于税率改革、反对联邦医疗计划、给以色列政府以援助。在1949年商业部估计，美国有4000个全国性工会、职业协会、市民协会和其他协会。包括地方和分支机构，大约有16000个商人组织，7万个地方劳工联合会，10万个妇女俱乐部和1500个市民团体进行着政治活动。这些集团的壮大明显地削弱了候选人因貌视这个或那个利益集团而导致的威胁。但是，这种情况也会产生小利益集团运用大政治杠杆的可能性。例如，1955年当花生从农业补贴计划中勾销了的时候，100多位南方国会议员提出作物资助法案，直到补贴恢复为止——虽然佐治亚州的花生产值不到农业收入的0.5%（在过去10年中花生补贴使政府支出1亿多美元）。

老式家族资本主义解体了，新兴的管理经营集团在商业企业中取得了主导地位，与此同时，发生了利益集团的增多和集团的分化，因此，要给美国政治权力渊源定位是很困难的。引用约翰·张伯伦（John Chamberlain）的话说，美国政府比以往任何时候都更加成为"经纪人国家"（the broker state）。不过，说这是一个经纪人国家并不意味着所有的利益集团都享有同等的权力。这是一个商业社会。但是在法人资本主义的普遍认可中，尽管受到了工会权力的限制和受到政府监督的抑制，利益集团的交易仍在继续进行着。

我们暂且认为这样的传统政治分析思路能够继续存在下去——两党制限制社会运动和社会冲突的作用，取悦于民众的政治传统，利益集团的形成和限制立法的政策——，但是这些路径仍然给我们留下了一些不足之处，我们无法据此理解主导50年代政治的问题。例如，这些思路并没有帮助我们了解共产主义的问题以及新民族主义背后的支持力量，比如，布列克（Bricker）参议员和诺兰（Knowland）参议员的新民族主义，也无法解释由麦卡锡参议员引发的激烈的情绪狂热和短暂的支持。总之，传统的所谓"利益集团"确实不能帮助我们解释美国新右派的出现，西摩·马丁·李普塞特（S. M. Lipset）[①] 称之为"激进的右派"——说它激进，是因为它反对传统的保守主义，尊重个人权利，还因为它提倡新式美国生活。所有这些被麦卡锡和共产主义者之间的论题戏剧化了。

尤其对欧洲人来说，共产主义问题确实是一个谜。在美国，毕竟没有像在法国、意大利那样存在着人数众多的共产党；美国的共产党党员人数从未超过10万人。在过去5年中，当共产主义问题出现在国家现实生活中时，共产党人已经失去了大部分原有的政治影响力。共产党员联合会被驱逐出了工业组织代表大会[②]；被华莱士拒斥的进步党也归于失败。他们很快在知识分子集团中丧失了势力。

实际上，自由主义者有意贬低共产主义问题的重要性。杜鲁门政府的矛盾立场加深了这些混乱，并且增加了恐慌：一方面，政府领导人，包括杜鲁门本人在内，都低估了过去共产主义渗透的严重程度；另一方面，政府放任安全条例的滥用，那个条例无视个人自由和权利。[③] 对韩国的入侵、对中国和苏联共产党的情绪化反应，那个反应把矛头指向了国内的共产

[①] 西摩·马丁·李普塞特（1922—2006）：美国政治社会学家。——译注
[②] 1952年，麦卡锡主义达到巅峰那一年，共产党人控制略多于5%的美国劳工成员，而在1944年，它对劳工成员的最高控制曾经达到20%。——原注
[③] 这些法案有，责令总检察院确定地下组织名单，那份名单最初是作为安全风险的一个指南被抄录下来的，属于黑名单上的这些组织的个体不仅无法获得各种政府工作，而且无法获得各种护照和非政府工作；个体甚至不能与原告对质的一项不公正的忠实计划；按照史密斯条款对共产主义领导人的起诉。

党；特别是惠特克·钱伯斯（Wittaker Chambers）①对共产党人进入政府担任要职和存在间谍网的揭露；加拿大间谍调查，对英国人艾伦·纳姆·梅（Allan Nann May）②的审讯以及罗森柏格案件中对苏联窃取美国原子秘密的披露，所有这些都大大强化了国内的紧张气氛。

但是，在考虑这些事件的自然影响之后，很难解释麦卡锡参议员何以能够长期居于不受挑战的地位。仍然没有人注意到在共产主义问题上麦卡锡和其他人能引起对民主制度的广泛损害，以及不考虑后果的鲁莽做法：校园里的效忠宣誓、强制推行的美利坚主义、女童子军手册措词中所宣扬的国家正受到威胁的言论、美国之音（Voice of America）的猛烈抨击（一些反共领导人如伍尔夫曾在欧洲领导过宣传工作）、粗野的标题，以及在蒙茅斯堡对通信兵团雷达研究计划的愚蠢破坏——总之，怀疑和恐怖的不良气氛在美国政治生活中起着很大作用。传统的政治分析无法叫人看透麦卡锡和他的支持者们。说他是一名煽动家说明不了什么，反而会引起他对谁、对什么进行煽动的相关问题。麦卡锡的目标的确很奇特。最近的一位重要煽动家休伊·朗（Huey Long）③曾经含糊其辞地攻击过富人，并企图"分享财富"。而麦卡锡的目标是知识分子，特别是哈佛人、亲英派、国际主义者和军人。

但是这些目标为了解支持麦卡锡的右翼分子——激进的右派——以及之所以要支持他的原因提供了重要的思想线索。一个为数寥寥的乖戾的贵族阶层，如西奥多·罗斯福最后一个在世的儿子阿奇伯尔德·罗斯福，他的激情来自敢于向衰落的欧洲挑战的一个正在消失中的强大美国形象；"新富豪"——汽车商人、房地产操纵者、石油开采商——需要从心理上保证他们能够像祖先一样靠自己发财致富，而不是（如事实上那样地）依靠政府的资助来致富；他们害怕"税收"会夺走他们的财富；许多族群中正在兴起的中产阶级阶层，特别是爱尔兰人和德国人，寻求证明他们对美利坚主义的忠诚（尤其是德国人，因为在第二次世界大战期间隐含着不忠诚的迹象）；最后，在美国的独特文化历史中，有一小撮知识分子，其中

---

① 惠特克·钱伯斯（1901—1961）：美国作家、记者，著有《见证》。——译注
② 艾伦·纳姆·梅（1911—2003）：英国物理学家，苏联间谍，在第二次世界大战期间向苏联提供英美原子研究情报。——译注
③ 休伊·朗（1893—1935）：美国政治家，曾任路易斯安那州州长，因在大萧条时期提出"分享财富"计划而闻名。——译注

一些过去是道德败坏的共产主义者，他们跟随着麦卡锡向一般自由主义发起了攻击。

如果这种奇特的混合体，如佩带着"上帝和基甸的剑"，不能用适宜于美国政治的传统术语来解释，那么还能用什么解释呢？一个关键的概念是"身份政治学"，理查德·霍夫斯达特在讨论古老贵族阶级的身份焦虑和西摩·马丁·李普塞特在讨论新富豪的身份恐惧中，都应用了这一概念。①

身份政治学概念的中心思想是，财富和社会地位不断上升的集团往往与地位正在没落的集团处于同样的政治忧虑和政治焦虑之中。许多观察家注意到，那些失去社会地位的集团比过去更狂热地企图将他们过去所代表的社会的陈旧价值观念强加于所有的集团。李普塞特论证道：正在崛起的集团，为了使自己站稳脚跟，可能会坚持相似的做法。这种崛起发生在繁荣时期，在此时，阶级或经济利益集团的冲突已经丧失了力量。霍夫斯达特进一步论证道：在美国政治历史上，经济问题只是在萧条时期才占有重要位置，而在繁荣时期，便产生了"身份"问题。但这些问题通常具有"爱国"的特征，它们是意识形态方面的，难以归类。

这些政治力量，由自身的性质所决定，是很不稳定的。麦卡锡本人，凭着其政治地位的逻辑，和他个人的品性，必然会走向极端，最终以向艾森豪威尔挑战收场。这是麦卡锡的一次大赌博，结果他输了，因为共和党少数派向共和党总统挑战只能造成党的分裂。面对这一威胁，共和党人团结在艾森豪威尔的周围，麦卡锡本人则被孤立了起来。就这一方面而言，这些事件证实了1952年利普曼和艾尔索普兄弟论断的真实性，他们断定只有共和党总统才能为"公平施政"（fair deal）所创议和坚持的外交内政政策保证必要的连续性。一位民主党总统可能使政党两极化，并且给共和党极端分子以发动攻击的借口；而温和的共和党政府可以对极端右翼分子起着缓冲器的作用。

在朝鲜停战后国际紧张关系的趋于缓和证实了麦卡锡的失败。但在理解麦卡锡时不能忽视站在他背后的人以及由那些集团带来的改变了的政治

---

① 由霍夫斯达特和李普塞特写的论文，还有由塔尔科特·帕森斯、大卫·利兹曼、纳森·格拉泽和彼得·维利克等人写的其他论文，各自阐明了"身份政治学"这个概念。这些论文发表在由丹尼尔·贝尔主编的文论集《新美国人权利》（纽约，1955年）中。——原注

气氛。他是催化剂,不是炸药,而这些势力依然存在着。

在美国生活中改变了的政治特性产生了一些后果,最令人关注的是把"道德问题"(moral issues)大规模地引入政治辩论之中。这几乎完全是一个新现象。在整个历史上,美国人在政治妥协与道德极端方面表现出了非凡的才能。

可以说,美国政治的这种被挽回的体面在于各种集团都得到了容忍,"施政"制度成为宽容的实用主义哲学原则的翻版。但是在风俗、习惯、道德、行为问题上——特别在小城镇的上述问题上——一直存在着清教徒式严酷的残暴,其程度非其他国家所能比拟。

这种道德主义的起源是多种多样的。这是一种中产阶级文化,马克斯·舍勒对它的概括倒是很正确。舍勒认为,道德义愤是一种抑制着的嫉妒的伪装表现形式和中产阶级心理的特殊事实。在贵族阶级文化中,由于他们放纵的生活方式,并且追求享乐及审美主义,人们在其习性中很难发现道德义愤的一面。有些天主教文化,其处事方式很世俗化,对人类弱点也能容忍,它们不以惊恐的态度来看待赌博、酗酒甚至放纵的性行为;它们的不赞同态度为原罪的不可避免性所缓和,人要在彼岸世界而非现世得到拯救;偷盗毕竟是一种可宽恕的耻辱,但骄傲是致命的大罪。

一些宗教放弃了对来世的假定,而关注现世问题,道德义愤——和道德主义——则是那些宗教的特点。在新教教义中,这一替代使宗教的虔诚让位于道德主义,神学让位于伦理学。受人尊敬代表着"道德"进步,约束性监督,亦即"以道德来约束",一直是美国新教教会关心的重大问题。

这种道德主义本身对美国来说并不是独一无二的,它与一种独特的福音派教义相联系。长期以来流传着一个圣徒故事,其大部分内容经过文人的润色和社会学家的补充,它认为美国文化是一种"清教徒"文化。对社会学家来说,这样的认识在于错误地把新教道德原则和清教徒教规混为一谈。清教徒教义和"新英格兰思想"(New England Mind)在美国精神生活中起着很大的作用。但在人民大众的风俗习惯中,美以美教派①和浸礼会(Methodism and Baptism)的特殊福音主义,以它的极端感情主义、狂热、热忱、激动、兴奋地信仰复兴运动,过分认罪、高压忏悔,已经产生了很

---

① 美以美教派,又译"卫理公教派"或"卫理公会"、"循道宗"。——译注

大的影响。浸礼和美以美教义是最受人喜爱的宗教信条，因为它是带有乡土气息的和拓荒者的宗教。在"美国人为何信仰一种狂热的唯灵论"一文中，托克维尔说："在联邦各州，特别在人口稀少的偏远西部，巡游的传教士也许会遇到到处传播着上帝训示的人。全家人，无论老幼男女，远道跋涉，越过崎岖的山冈峻岭，穿过鲜有人迹的旷野，前去参加营地大会，听取他们的说教，夜以继日，全然忘却自己所从事的工作，甚至到废寝忘食的地步。"

浸礼会和美以美教会发展壮大了起来，而更"受人敬崇的"新教团体仍然停滞不前，这正是因为他们的传教士随着疆界的向前扩展而前进，并且它反映了拓荒者的精神。理查德·尼布尔（H. Richard Niebuhr）[①] 说过："在营地大会和政治集会中合乎逻辑的说教并没有用处，而'激动人心的语言'才能引起热烈的反响。"

（114）

宗教信仰复兴运动的精神提倡人人平等和反对唯智主义。它脱去圣衣和舍弃礼节，代之以传播福音和狂吟赞美诗。这种福音主义从西部宗教和经济捍卫者威廉·詹宁斯·布赖恩（William Jennings Bryan）[②] 的道德主义中，从出自他的福音狂热的怀沃特·穆迪（Dwight Moody）[③] 和基督教青年会运动的城市信仰复兴运动中反映出来。福音主义教会要"改善"人，而自由主义者要改良制度。前者把禁酒立法和遵守安息日奉为最高原则。在他们看来，改良并不意味着相信福利立法，而是对那些已堕入罪恶深渊的人们进行救赎——罪是指酗酒、奸淫和赌博。

这种具有美国特色的道德主义有点儿乖戾病态：它被强加于文化和行为领域中——图书审查、攻击"不道德艺术"（immoral art），等等，以及私人习惯的领域；然而它很少去过问商业掠夺和政治腐败的问题。关于这些问题，教会大多保持了沉默。

这种道德化特性产生的另一个后果是：美国社会的"民粹主义"特色加强了。很久以前，到美国去的旅行者注意到美国风俗习惯中的极端平等主义，并告诫说对平民而不是杰出人物的颂扬会产生"拉平"的后果：因

[①] 理查德·尼布尔（1894—1962）：美国现实主义神学家，著有《基督与文化》。——译注
[②] 威廉·詹宁斯·布赖恩（1860—1925）：美国政治家，民主党和平民党领袖。1896年7月8日因发表演讲"黄金十字架"而出名。——译注
[③] 怀沃特·穆迪（1837—1899）：美国平信徒布道家，1889年芝加哥穆迪圣经学院创办人。——译注

为如果一个人认为每一个人都和其他人同样好，那么他很容易说没有一个人可以比另外的人更好。不幸的是，好与不好并没有一个定论。没有人应该单凭其出身作为地位的天生所有者，这是可以理解的；在这方面每个人与别人一样好。但民粹主义走得更远：有些人比另一些人更具有发表意见的资格这一点被强烈地否定了。

民粹主义者给美国人的生活既打上了积极的烙印，也打上了消极的烙印。"人民有知情权"（right of the people to know）观念是言论自由、询问无限制、讨论无阻碍的基础。但在民粹主义背景下，执行不受任何限制，常常造成对隐私权的侵犯。"人民"有知情权究竟是怎么一回事呢？它是指一个人的道德和习惯，还是指一个人的政治观点？早期的"改革家"，自封的道德监护人，坚决以公共良好风气的名义对私人行为进行调查的权利。后来，国会调查人员主张查询权不受立法目的的约束，而是成为"公共监督人"（public watchdog）过程中的固有方面。

如果民主的道德主义和民粹主义思想不牵涉到社会管理的明确方面：倚仗"舆论"而不是法律监督人的行为，并对个人实施制裁，那么所有这些做法对隐私权——和自由——产生损害都会更少些。法律，至少在过去，由于它受传统约束和它的强制性，抑制着变化，并且与人们的经验和需要格格不入。但是作为人类反对不公正行为而艰苦获得的遗产，法律设置了一套确认证据和定罪的严格程序和规则，作为一个缺乏耐心的民族，美国人往往难以忍受法律的束缚，于是往往借助警察行动更快地实施惩罚，或利用舆论进行谴责。特别在小城镇，通过流言飞语和社会舆论而不是用法律来规范人的行为。对这种强求一致的做法，辛克莱·刘易斯在《大街》一书中作过猛烈抨击。而抨击美国小城镇是20世纪社会批评和文学的主调。

尽管小城镇在美国文化上遭受了"挫折"（尽管在大众文化中出现了日益浓厚的好莱坞铜臭味），但是在政治上，小城镇仍然居于支配地位。由于依靠小城镇占优势的立法，从党的利益出发划分选举区，造成了国会议员的比例失调；这些议员任期较长，资历较深，而国会的风气，作为一种意识形态，反映了小城镇虚假的平等主义。只要世界经历能融入小城镇的认知之中，就是说，只要能把所有的问题都转化为小城镇的背景，那么政治和道德的两分法就会占优势。生意是生意，教会是教会，而政治是一种生意。但是随着国际意识形态的增长、市场机制的崩溃、经济决策的日益复杂化、底层集团的抬头，对决策的忧虑便变得势不可当。

美国对中国和蒋介石失败的政治态度也许是一个最明显的例子。如德尼·布罗根（Denis Brogan）指出的那样，美国人在极其乐观的情况下发现自己一下子很难承受失败。这是对美国的无意识地自以为无所不能的自我形象的辛辣讽刺，那种无所不能是美国力量的基础。因此，一旦蒋介石政权垮台了，便很容易——由国务院或由知识分子——把它归咎于背信弃义，而不是去承认如下复杂的原因：这牵涉到对于从1911年民国成立以来中国体制的崩溃的理解，以及由于内战和外国侵略，中国无法创立一个能自行存在的政治体制。

在美国政治中，对背信弃义的痛斥和对阴谋诡计的谴责已经是陈词滥调了。其主要根源之一是政治民粹主义运动。这一运动对工业秩序心怀不满，它在那些象征金钱和信贷制度的人们中间找到了魔鬼。民粹主义是内战后从南部和西部贫困农民中兴起的。他们对铁路发起抗议运动，因为铁路随意操纵运输价格，不适当地加重了农民负担；他们也反对银行家，因为银行家紧缩银根信贷，提高利率，使得农民无钱买种子和付清抵押款。他们的冤屈是真实的，也往往是合法的，但是民粹主义者没有认识到应该谴责的是制度，而非个人。然而，在政治上攻击一种制度是难以取胜的。佐治亚州的沃森（Tom Watson）是个很好的例子。1896年凭着民粹主义者选票竞选副总统的沃森是一位刺探丑闻的先锋。他的《沃森的杰斐逊周刊》对美国佃农的土地使用、信贷增长操纵制度和其他丑恶现象作了尖锐的分析。但在世纪之交，民粹主义运动产生了分裂。有一大批人跟着布莱恩归顺了民主党，另一些人成为社会主义者。沃森对此更加怀恨在心。他攻击华尔街的国际银行家，最后又攻击犹太人，把犹太人和金钱权力等同。中西部民粹主义代言人伊格纳修斯·唐纳利（Zgnatius Donnelly）① 在早些年写的畅销小说《恺撒塔》就是以此为主题的。不过，唐纳利把犹太人看做牺牲者，由于中世纪人对犹太人的排斥，借贷成为他们所能从事的少数行业之一。沃森把犹太人当作控制着世界秘密阴谋的活跃的间谍。沃森于1920年从佐治亚州当选为美国参议员。他成为南方一批在野政治领袖如亚拉巴马州的托姆·赫夫林、密西西比州的西奥多·比尔布和佐治亚州的托尔马奇的代表人物，但在他逝世后，仍受到尤金·德布斯的吊唁，

---

① 伊格纳修斯·唐纳利（1831—1901）：美国畅销书作家。——译注

认为他一生为人民而斗争。

在民粹主义①的纠缠不清的各个组成部分中，人们发现了另一些奇怪的传言，这些传言从表面看似乎是不正常的，但本质上代表着基于民粹主义性质的运作。莱姆克和奈伊来自生气勃勃的北达科他州的超党派联盟，这是一个独立的激进的农民团体，这个团体发现它本身不可能在两党制度之外运作，便控制了该州的共和党。北达科他州的进步主义是20世纪20年代和30年代社会立法和改革先锋之一：公共权力、反禁令法律、童工条例，等等。奈伊在20世纪30年代领导了著名的武器制造商业的调查，使历史学家感到伤心的是，调查过于简单地把战争和"做死亡生意的商人"渴求利润一事紧紧地联系在一起。

这些人"把一切都极度简单化了"。一切政治都是阴谋，居于这张网中心的是"国际银行家"和"兑换商"。这样，当30年代末战争日益迫近的时候，对作为推崇民粹主义精神之根源的银行家的怀疑集中在犹太人身上，并且有人发现了一个奇怪现象：年老的莱姆克在1940年依靠考夫林神父和他的社会公正组织的公开的反犹太人选票竞选美国总统。（竞选副总统的是弗兰西斯·汤森［Francis Townsend］博士，他的背时的计划是一个增加货币流通的策略，而在20世纪30年代中期以广播传道而闻名全国的考夫林神父一开始就是以货币改革家著称的，有"银查理"的诨号。）这些多少已经被人们淡忘了的往事仍构成了近来许多事件的背景，而其他的各种力量也在发挥着影响。

不安定的社会总是令人焦虑的，而这一点没有比美国更加名副其实的了。在一个人人平等的社会里，社会地位不是固定的，人们无法根据出身、服饰、语言或仪表来认识或立即认出某人，对身份的确认成为一件至关重要的事情，而对某人身份的威胁激起了他的忧虑。在美国黑人问题调查过程中，贡纳尔·默达尔指出，最强烈的阶级对立存在于"相邻的"阶级之间，而不是存在于最高层阶级与最底层阶级之间。因此，在南方，对黑人的最深刻的情绪不满来自贫穷的白人，特别是来自那些过去曾经贫苦而现在已经飞黄腾达的白人，他们比过去任何时候都更加强调与低于他们

---

① 关于民粹主义和反犹太主义关系的一个论证，请参阅我的论文"美国犹太人仇恨的根源"，载于《犹太人前沿》1944年6月；以及理查德·霍夫斯达特的著作《改革的时代》（纽约，1957年）。——原注

的人拉开距离。正如一个人可以成为比国王更激进的保皇派一样，一个人也可能比殖民地家族更守旧，而在族群中，他会比较古老家族的人更渴望自己成为一个美国人。

默达尔在南方看到的这种社会心理状态在美国移民生活方式中具有同样的特点。当每波移民潮涌来的时候，他们集合在一起以敌视和恐怖的心态对待下一波移民。在 19 世纪，这种排外的紧张情绪是美国生活中最深沉的主流之一。在内战前，罗马天主教徒是主要目标。1820 年在波士顿有过骚乱、滥用私刑和焚烧修道院的事件发生。1832 年，反天主教运动受到《反对美国自由的外国阴谋》(Foreign Conspiracy against the Liberties of the United States) 一书的煽动。这本书的作者是萨缪尔·莫尔斯（Samuel F. B. Morse），在通俗教科书中，人们只承认他是一位重要的肖像画家和电报发明人。由于害怕在梅特涅的欧洲教会势力的不断扩大，莫尔斯成立了反天主教联合会，与教会作斗争。在骚乱中诞生了一个新政党——美国土著党，该党企图排斥所有的外国人，在外国人成为美国公民前，把其归化期限延长到 20 年。这种本土情绪导致在 1843 年选举詹姆斯·哈帕尔（James Harper）担任纽约市市长，并且部分地对 1856 年选举菲尔莫尔担任总统负有责任。菲尔莫尔 1850 年因泰勒总统亡故接任总统，1856 年靠那些不知情选票再度当选总统。反天主教的骚动因内战转入地下，但是这种紧张关系一直延续到了今天。在东部，天主教的政治势力在芝加哥、泽西市、纽约、波士顿等大城市兴起。在中西部，在经历美国护国协会和原教旨主义新教教会的骚动之后，它仍是 19 世纪后半个世纪的一个政治问题。

在内战后几十年中，当新兴社会阶级兴起并开始产生地位差异的时候，以宗教派别歧视为开端的事件转变成为社会地位差别的事件。汉德林指出，在繁荣和发展的 19 世纪 70 年代和 80 年代期间，"许多已经发了财的人，甚至一些发了小财的人，觉得自己是在复杂忧虑的重负下工作着的。他知道成功从本质上讲转瞬即逝。财富终究是身外之物，迟早是要失去的。在这一代赚得的东西到下一代就消失了。这样的人不仅希望保持他已经取得的东西，还希望得到社会的承认，容许他享受他占有的财富；他企图依靠他的家族把财富延续下去。……在 19 世纪最后几十年里，接二连三地出现了建立独占区的企图，从而把优惠集团区别开来，防止他们与外界过多的接触。仿效英国的模式，努力营造一个'高尚社会'（high society)，那个社会有自己的礼规和习俗，在合适的地区有合适的住宅，有专门的俱乐部和娱乐媒体，所有这些将有利于区分和保持幸运家族的财富"。

地位区分的过程大多与19世纪90年代的财富有关。在更近的年代里存在着一个族群兴起的问题，他们寻求承认在美国生活中的新地位。但老式的区别手段已经消失了，因为在大众消费经济中，所有的集团能够很容易取得外表上的身份标志，抹去了可见的外形区别。因此，新兴的族群大多通过政治手段表现他们的力量和社会地位。

在20世纪50年代，外交政策作为主要政治问题出现了，因为美国这种改变了的政治性质，道德主义、民粹主义、崇美主义和身份焦虑这些因素形成了一种特殊的一致性。20世纪30年代的政治几乎完全是国内的，那10年的尖锐政治矛盾是围绕经济问题而展开的，并且是根据利益集团作出划分的。就是否参战问题的辩论，虽然非常激烈，但也极其短暂。在战争年代里，国家体现了高度的统一性。但是随着战后苏联的出现，随着苏联成为欧洲大陆的主导力量，旧的殖民帝国纷纷崩溃，中国和东南亚共产主义力量的崛起，再加上朝鲜战争，从1930年至1941年间因珍珠港事件突然中断的战争辩论又恢复了起来，虽然它只是纸上谈兵。指控民主党叛国的企图、布利克和诺兰德的新国家主义、麦卡锡的轻率行动，从极端意义上讲代表着那第一次辩论的诸多方面。这样，新的争论不再代表旧的利益集团或内部权力的划分，而是代表着旧的挫折和忧虑的终结。

对于这一变化，任何"象征"都比不上艾奇逊这一角色所具有的代表性。在实行新政早期，作为一名年轻律师，艾奇逊辞去了财政部长助理的职务，以反对金元"本位"，并告别了各种传统的做法；艾奇逊于是成为保守派反对新政的代表人物之一。15年后，他摇身一变为杜鲁门政府的国务卿，成为"公平施政"的"激进主义"政策的象征。当然，在那些称呼中，任何一个概念化的做法都是没有意义的。

但是，当时的政治舞台突出外交政策，这一事实使得道德主义的调子显露了出来。美国政治的特色之一是，尽管国内问题用醒目的、实际的术语来进行辩论，并且以妥协告终，但是关于外交政策的争论却常常使用道德术语。也许，正是作为一个独立国家出现的这一性质迫使我们不断地采用道德姿态来对待世界其余地区；也许，正是远离了利益冲突的真正中心才使得我们利用虔诚的信仰，而不是去直接面对现实。但因为外交政策通常被限制在道德话语而非实用话语的框架之内，所以20世纪50年代的辩论集中在道德观念上。并且，关于共产主义问题的这个单一事实是，以美国政治生活中前所未有的规模，意识形态问题被等同于道德问题，并且以强烈的道德狂热对共产主义进行了攻击，而那种攻击之所以可能，是因为共产主义被等同于罪恶。

这件事情本身反映了美国生活的异乎寻常的变化。尽管我们对私人道德抱着日益宽容的态度，但是我们对公共生活却变得更加极端。

政治的"意识形态化"从美国生活中的另一独立倾向中得到了加强，即所谓的"象征集团"的出现。这些集团是刚开始形成的实体，一般以大写字母开头的名称如"劳工"、"商务"、"农民"等来标榜自己的集团。这些实体有一致的哲学、确定的目标，它们代表着一些明确的势力。这种倾向有多种起因，但最大的动力来自现代社会经济决策的性质变化和舆论形成的方式变化。事实上，主要的经济决策已经集中在华盛顿狭小的圈子内，而不是取决于客观的市场，它们领导着像全美制造商协会、农业局、美国劳工联合会之类组织为"劳工"、"商人"和"农民"说话。与此同时，人们对舆论日益敏感，那种敏感通过利用民意测验而得到了强化。在民意测验中，"公民"（而非具有特殊利益的特殊个体）被询问："商人"、"劳工"或"农民"应该做什么。实际上，这些集团被迫超出其正常行为地采纳某个独特的同一性和更大的一致性。(121)

所以，政治辩论离开了特殊的利益冲突，转到意识形态的尖锐冲突，问题原本可以确定下来并可能得到妥协解决，而现在那些冲突使各种集团趋向极端，从而导致了社会的分裂。

把具体争议转变为意识形态问题的倾向，赋予它们以道德色彩和高度情感色彩的倾向，将导致只会对社会造成危害的冲突。李普曼在多年以前曾经写道："假如一个因'原则'而导致不可调和的分裂的国家，其中每一方都相信自己是清白无辜的，而别人是漆黑一团的，那么那个国家将难以自治。"

美国政治一直存在着实用主义的妥协，而非一系列你死我活的争斗。这是美国值得称赞的事。人们终究会推崇西奥多·罗斯福的"实务政治"（practical politics）以及他对不妥协者的蔑视，像哥德金和维拉德拒绝与眼前利益妥协，他们便无法完成各项改革。如威尔逊描述罗斯福的态度那样，政治"是使自己适应各种人和情况的事，是人们只有在接受游戏规则并承认对手的情况下才能取胜的游戏，而不是人们务必以其纯洁无瑕的标准摧毁敌人的道德圣战"。

民主政治意味着合法集团之间的磋商和寻求一致。之所以这样是因为自由主义的历史贡献,它把法律和道德区分了开来。两者应该分开的思想常常会带来一阵冲击波。在被"两把剑"学说统治的旧天主教社会里,国家成为教会的世俗武器,在市民生活中强迫推行教会的道德教条。这在政治理论上,如不是在实践上,是可能的,因为社会是同质的,每个人都接受了相同的宗教价值观。但是随着宗教改革而发生的宗教战争证明,一个多元的社会只有在尊重宽容原则的条件下才能生存。无论是天主教还是基督教新教,没有一个集团能够利用国家把其道德观念强加给人民。正如《政党》党派说的那样,"市民社会不会由于良心的缘故而消亡"。

现代自由社会的这些理论基础已经由康德(Kant)完成。康德把合法性和道德性(legality and morality)区分了开来。他把前者规定为"游戏规则",法律处理诉讼的而非实质的问题。后者首先是国家无法干预的良心问题。

这种区别触及了美国民主的根基。在麦迪逊看来,扎根于自由之中的派系斗争(或利益差别)是不可避免的。共和政体的作用在于保护派系的起因,即自由和"人的天赋差异",因为"自由主义者,'各种各样的'人,非正统的,异质的,急躁的(爱争吵的)人是派系的原始材料"。

既然派系斗争是不可避免的,人们便只能去应付它的影响,而无法抹去它的起因。当然,如在联邦制度中那样,一个办法是分割政府的权力,这样,没有一个派系能够轻易地垄断权力。但是麦迪逊知道这还不够。代议制政府可以减少对自由的威胁,如他所说,在这种广泛的共和中,更多数量的利益集团将"减少私有权利的不可靠性"。但是如约翰·斯图尔特·密尔令人信服地指出的那样,代议制政府必须意味着代表所有的利益集团,"因为被拒斥的利益集团总是存在着被人忽视的危险"。如卡尔霍恩说的那样,被人忽视构成了对市民秩序的威胁。

代议制政府之所以重要是因为一个深刻的原因:通过包括一切代表的利益,人们才能使得真正保证继续进步的"影响力的对抗"具有活力,这是保证"协同一致的多数"的唯一办法。如卡尔霍恩所说的那样,这个办法为抵制专制的"大众"多数提供了坚实基础。因为只有通过代议制政府,人们才能取得一致与和解。

这并不是说,共产主义者的"利益"是合法的利益,是类似于社会中其他集团利益的一个利益，或者说，共产主义者的问题是另一个问题。作为一个密谋团体，而不是一个合法的异见团体，共产主义运动仍然是民主社会的威胁。基于"明显的和当前的危险"（clear and present danger）的标准，民主社会不得不一再地起来反对那个密谋集团。但这些是应该由法律去给予解决的问题。利用共产主义问题作为政治棍棒打击其他党派或集团的倾向，把法律问题转变为道德问题（因此把由法院和法律当局处理的事务转移给私人来处理）的倾向，只能制造自由社会的紧张。

自立国 170 年以来，美国民主只有在内战中被破坏过一次。自那时起，我们已经吸取教训，不作任何限制地把"被排斥的利益集团"（excluded interests）、工人和小农包括了进来。在美国政治平衡中，保证他们的合法地位。并且，在早年新政中几乎导致社会分裂的意识形态冲突已缓和下来了。

由新兴中产阶级的身份焦虑造成的新的分化产生了新的威胁。麦卡锡主义的积怨是其丑恶的过分表现之一。不过，美国是如此庞大和复杂，从来没有一个单一的政治领导人或单一的政党曾经有能力主导过它。并且毫无疑问，从来没有一个单一的政治领导人或单一的政党有能力减弱这些分化。这是一个开放的社会，这些焦虑是我们为那种开放性付出的代价的一部分。

第二部分
美国：生活的复杂性

第七章 作为一种美国生活方式的犯罪

——社会流动的奇特阶梯

在 19 世纪 90 年代，由于警察局公开为纽约卖淫业提供保护，教士查尔斯·帕克霍斯特（Charles Parkhurst）① 博士在震惊之余呼吁进行国家调查。在接下来的莱克斯夫调查中，带着一股闯劲的年轻人威廉·特拉夫斯·杰罗姆（William Travers Jerome）② 筹划了一系列引起轰动的公开听证会。他缠住被称为"交际家"（Clubber）的警察局第一检察官威廉斯（Williams）不放，要求他就远远超过其工资收入的财产来源作出解释；这位"交际家"煞有介事地解释说，这是他"在日本"做房产生意时赚的钱。人高马大的警察局副巡官斯密特伯格（Schmittberger），这位纽约市娱乐区（包括集中在百老汇的一大片旅馆、剧院、饭店、健身房和沙龙）的保护费收款人，详细交代了保护费在警察局的瓜分方式。于是，非法团伙、警察、政府官员、商人纷纷被传唤出庭，在腐败和罪恶簿上记下了自己耻辱的一页。这些劣迹败露的结果导致了改革。于是，性格坚毅的商人威廉·L. 斯特朗（William L. Strong）③ 被选为市长，西奥多·罗斯福（Theodore Roosevelt）④ 被任命为警察局局长。

当然，像前几次改革一样，这次改革也半途而废了。诸如此类的丑闻仍然一再地发生着。30 年前纽约的西伯里调查揪出了一位大人物和他的 33 个手下：吉米·沃克（Jimmy Walker）在市长任期内被罢免，由菲厄雷洛·拉瓜迪亚（Fiorello La Guardia）接替。托马斯·杜威（Tom Dewey）

---

① 查尔斯·帕克霍斯特（1842—1933）：美国教士和社会改革家。——译注
② 威廉·特拉夫斯·杰罗姆（1859—1934）：美国律师、政治家。——译注
③ 威廉·L. 斯特朗（1827—1990）：1895—1897 年任美国纽约市市长。——译注
④ 西奥多·罗斯福（1858—1919）：美国历史学家、政治家，第 26 任总统（1901—1909）。——译注

在担任地区律师期间揭穿了一桩产业诈骗案,把路奇·卢西亚诺(Lucky Luciano)送入了监狱,而他自己则当上了奥尔巴尼总督。后来这些改革成果又被贪污这永不满足的大嘴所吞噬,一直到 1950 年基弗维尔(Kefauver)和他的委员会顾问鲁道夫·哈勒(Rudolph Halley)才给它带来了新的转机。

那么,该如何解释这种周而复始的循环呢?很显然,"好人"或"坏人"这种简单的道德区分虽然是这场改革的深层基础,然而这种区分同美国社会有组织犯罪行为没有多大联系。那么,有关系的到底是什么呢?

(128)

奇特的阶梯

在政治和解与道德极端主义方面,美国人具有特殊的天分。那些最无耻的政治交易和"欺诈"总是被人粉饰成天经地义的东西。不过,没有任何一个别的国家曾试图公开抑制人的欲望并把它们通通斥之为非法,也没有任何一个别的国家在这方面遭受过如此显著的失败。从一开始,美国就既是崇尚"随心所欲"行事的边缘社会,又是受清教徒规则制约的推崇公正的国家。在 19 世纪末 20 世纪初,大城市和小城镇的道德规范就开始出现了分裂。由于广大的城市社会鼓励卖淫、贩卖私酒和赌博,所得收入滋长着犯罪,于是犯罪作为一个新兴行业发展了起来。中产阶级的新教徒千方百计地试图用一种与任何文明社会都不相匹配的强硬手段来加以压制卖淫、贩卖私酒和赌博。天主教文化则很少对此加以限制,也很少有人从此类荒淫无度中遭受过痛苦。甚至在向以信仰呆板而拘谨的国教著称的英国,卖淫也是皮卡迪利大街夜生活中司空见惯的现象,而赌博业则是其规模最大、最受欢迎的产业之一。然而在美国,强制执行公众道德的现象早已成为其历史上的持续特征。

马克斯·舍勒(Max Scheler)的如下归纳也许有点儿道理:道德愤慨是中产阶级心理的独特现象,它代表着受压抑的嫉妒的一种伪装形式。在美国人膨胀起来的好胜心中,以及在犯罪的社会特性中,也许蕴藏着更大的实情。从许多方面看,犯罪是科尼岛的一面镜子。它讽刺了这个社会的道德和生活方式。美国工商界的弱肉强食特性,尤其在 19 世纪与 20 世纪之交,反映在"商业运作"模式中,带有粗俗的流氓习性。这些人大多来自新的移民家族,他们照着《衣衫褴褛的狄克》的作者哈罗蒂·阿杰尔

(Harotio Alger)的要求，一直保持着领先。在较古老的新教传统中，对财富的深切渴望，譬如像大卫·德鲁（David Drew）家族那样，已经被一股强烈的道德热情合理化了。但是，流氓无法做到像那些残忍的商人那样，在日常生活世界中去教堂过安息日，表现出形式上的顺从。而且在那些在城市丛林中狩猎的年轻的罪犯看来，美国的英雄不是那些投机取巧的商人，而是那些"持枪者"，他们才是英雄。西奥多·罗斯福曾经写道："商业繁荣可以使英雄美德丧失殆尽。"美国人是"猎手、牛仔、拓荒者、士兵和海军英雄"，但是在拥挤的贫民窟里，他只是个"非法团伙分子"。他是一个持枪者。他通过个人能力得到原先被等级社会的复杂规定所拒绝给他的东西。于是，同法律的斗争也就演变为一场绝妙的道德游戏：帮会代表了我们的非法愿望，检察官代表了终极的公正和法律的力量。(129)

然而，这种情况在一个更广泛的背景里发生着。以超越法律之上的方式所满足的欲望比传统道德渴望得到的"禁果"（forbidden fruits）要多得多。这些欲望还牵涉到——在团体、阶级和道德层系之复杂而多变的结构中，在美国"开放"社会的根基中——通过某人自己的事业而获得独立性这样的"常规"目标，以及对社会进步和社会声誉这样的"道德"希望的渴望。用社会学语言来说，由于犯罪在社会上发挥着"功能性"作用，都市诈骗——为了持续的利润而组成的非法活动，而不是个别的非法活动——是导致美国生活社会流动的奇特阶梯。可以说，在美国，除非一个人了解了：（1）有组织的赌博活动在大众消费经济中所发挥的显著作用；（2）当它们先后卷入灰色商务或犯罪时各种移民团体的特殊作用；（3）犯罪与城市政治机构多变性之间的联系，否则的话，他就不可能真正了解美国社会中有组织犯罪的整个问题。

盖茨比模型

当社会发生变化的时候，那个社会的犯罪类型也会随之发生变化。当美国社会变得更加井然有序的时候，当美国商人变得更为文明的时候，美国的诈骗者也变得更有组织和更加文明。正如美国企业结构发生了重大变革那样，已经制度化了的犯罪公司也得到了改革。

在过去的50年里，美国社会的主要变化是：产业得到了合理化，白手起家的粗俗不堪的实业巨头变成了举止得体而受人尊敬的绅士，大众消费经济开始出现。在 20 世纪 40 年代，发生在"制度化"犯罪领域里的最重要的变化是，与其他违法活动相反，赌博业成为一个日益举足轻重的行业。并且，作为一个拥有亿万资产的行业，赌博业的变化是与作为一个整体的美国企业的变化同步进行的。这一点体现在很多方面，体现在赌博业的行业组织中（如，受高科技发展的影响，建立了全国范围的赛马服务连线，发明了低风险的博彩技术）；体现在对赌博业的尊重上，这一点由位于大都市附近的卫星城市和旅游城市中的各式富丽堂皇的和大众化的赌博场所的开放而得到了证实；体现在其在大众消费经济中所发挥的作用上（因为作为财产再分配的纯粹方式，没有一种方式能够比得上 5000 万美国成年男女的这种狂热活动）；这种同步还体现在对赌徒在体育和娱乐圈——诸如所谓的"咖啡社会"——里的重要地位的社会承认中。

(130)

在努力使自身"合法化"的过程中，赌博业事实上成了反对其他更古老、更恶毒的违法活动的一股力量。譬如，在 1946 年，当芝加哥非法团伙首领帕特·曼诺（Pat Manno）为阿卡多—库兹克合并接收该地区赌博业而来到得克萨斯州的达拉斯时，他对治安官保证说："有些人我是极力反对的，诸如毒品贩子、小偷以及受雇的杀手。这些人不仅让我感到恶心，而且让所有在这里人和团体也都无法忍受。我们反对这些事情，甚至要到警察署去质问他们为什么不对此采取一些措施。"

杰米·坎农（Jimmy Cannon）曾经报道，当赌博业刚刚在芝加哥兴起时，那些"联合公司"曾经抗议警察局只会任由那些冲动的年轻人去制造麻烦，去破坏现存的社会秩序。今天不再像 20 年或 40 年前那样，卖淫业已不再是美国最主要的非法行业。这是因为，除了人们的道德和行为方式发生了变化之外，卖淫业已不如赌博业那么好赚钱。另外，卖淫业的存在也会威胁到赌徒和赌博活动已经在美国生活方式中取得的道德默认以及它甚至受到的半尊崇的地位。正如行内人士将告诉你的那样："这对做生意没什么好处。"

在 1940 年的罪犯世界里，赌博业巨头们居于举足轻重的地位。这与 10 年之前的情况大不相同。假如有一份《基弗维尔报告》在那时公布，那么其中主要的"黑名单"必定是里普克和库拉、"野鸭"舒尔茨、"快腿"杰克·黛摩尔、路奇·卢西亚诺，再往前追溯则还有阿诺德·罗斯坦。这些人都是犯罪世界的老大。他们（除了卢西亚诺涉足卖淫和毒品之外）都属于主要的产业"诈骗者"之列。罗斯坦是司各特·菲兹杰拉德（F. Scott

(131)

Fitzgerald)小说《了不起的盖茨比》(*The Great Gatsby*)中赌棍伍尔夫希姆的原型。他起着很大的作用，像后来的弗朗克·科斯特罗一样，他是犯罪世界的资助者。他是犯罪行业最早的商人，他深深懂得均衡的逻辑，并试图把犯罪业组织成为一个有固定收入的赚钱行业。在这方面，他的主要兴趣在产业诈骗。其办法是通过劳资纠纷。曾有一次，服装业的工头们雇用了快腿黛摩尔和他的手下驱逐罢工者，而控制纺织业工会的共产党则雇用了小奥尔奇来保护哨兵和打散那些无赖；直到后来，双方才发现快腿黛摩尔和小奥尔奇都是给同一个人服务，那人就是罗斯坦。罗斯坦的主要继承者，里普克、巴切尔特以及库拉·夏皮尔在20世纪30年代早期成功地控制了包括男女服装业、印刷业、皮革业、粮食交易和其他领域的一些行业。在一个极度混乱、竞争激烈的行业中，譬如在服装业里，这些非法团伙反而在调节竞争和控制价格方面扮演了稳定的角色。当产业组织促进会介入并开始行使这项功能之后，商人们发现原先的准经济服务组织现在成了纯粹的敲诈，于是他们便呼吁采取司法行动。在其他的一些诈骗类型中，如不易久贮食物的交易往来和滨水地区的货物搬运中，这些非法团伙就充当了中介角色，歪打正着地承担起了无论是发货人还是运货人都不愿承担的服务工作。于是，一种类似于提供住宿之类的一般服务机构运转了起来，非法团伙表现出一副准司法的外表。在滨水地区，早期的非法团伙起到了装卸货物的作用，但是索价不合理。然而，这种垄断得到了工会和发货人的认可，同时也受到了政府的默许。

但是在过去的15年里，产业欺诈活动并没有得到多少机会。就像美国资本主义本身一样，犯罪的重心从生产领域转向了消费领域。犯罪的热点变成了主要通过赌博业直接地非法赚取作为消费者的民众的钱财。并且，当这些巨额收入的保护与政治建立了密不可分的联系时，赌博业与这些"非法团伙"之间的关系就变得更为错综复杂了。

(132)

大型赌注登记所

虽然在国民生产总值中赌博业的营业额从来没有得到明确显示过，但是在过去的10年中，它却是作为美国最大的行业之一存在的。基弗维尔委员会估计它大约有200亿美元的营业额。这个数据得到了普遍认可且被广泛引用。但是事实上，谁也不清楚赌博业的"营业额"和"收益"究竟有多少，有多少是属于合法的，有多少是属于不合法的。事实上，委员会所得出的数据是主观且草率的。正如一位官员所说的那样："我们并不真的知道钱的数目……加利福尼亚的犯罪委员会估计为 120 亿美元，芝加哥的弗吉亚·皮特逊（Virgil Peterson）估计为 300 亿美元，我们则在两个数字之间折中了一下，选了个 200 亿美元。"

假如没有什么综合的数据，那么我们从几个具体例子就可知道这些企业的规模。大家可以从下面的一些随机抽取的清单中得到启示：

在圣路易斯的詹姆斯·卡罗尔以及 M&G 辛迪加公司每年有 2000 万美元的营业额。而它仅是这个城市中两大赌注登记所之一。

在迈阿密的 S&G 辛迪加公司，每年有 2600 万美元的交易额，而在佛罗里达的游乐场所，每年的赌注登记收入有 4000 万美元。

在 1951 年出现了 69786 台投币机（每一台都要向税务局付 100 美元许可证费用）。通常的比例是三台机器对应一张许可证，因此在美国几乎有 210000 台投币机在运作。在赌博合法化的地区通常赌注更高且比较稳定，一台机器每星期的平均收益为 50 美元。

位于芝加哥非法团伙控制区的最大的一家彩票机构（即彩票赌博）报道说，它在 1946 年到 1949 年的 4 年时间里，单单完税的净收入，扣除大量的日常开支，就有 3656968 美元。在 1947 年，一家大型"合法的"赌博机构报道说，它有 2317000 美元的总收入和 205000 美元的净利润。据某位产业组织促进会官员估计，他的 15% 的下级官员可能参与了彩票赌博活动。（一个老在赌博机旁闲逛的管家，是组织博彩活动的上佳人选。）

(133) 人们只要想一想单单花在体育比赛上的赌资总额：在棒球比赛上大约是 60 亿美元，在足球比赛上大约是 10 亿美元，在篮球比赛上大约是 10 亿美元，在赛马上大约是 60 亿美元，那么他们将发现，艾尔默·罗派尔（Elmo Roper）的如下说法似乎并不是言过其实的："只有食品、钢铁、汽车、化工和机械工具产业拥有比它更大的营业额。"

由于赌博业在美国得到了长时间的繁荣，在 20 世纪 30 年代，一些强大的黑势力开始涌入这个行业，从而导致了它的迅速扩张。并且由于禁止令的废除，迫使他们去寻找新的赚钱渠道（有人可能会毫不掩饰地说，这个变化发生在赌博业的"民主化"过程中。在 19 世纪 60 年代、70 年代和 80 年代的纽约，人们可以发现一些精美雅致的场所，这个城市的有钱人、银行家以及运动员在那里进行着赌博活动。沙龙则是工人的家。当时的中产阶级不赌博。随着美国社会风气的变化，赌博业在 20 世纪 30 年代和 40 年代的兴盛意味着把中产阶级引进了作为一种生活方式的赌场和娱乐场所里）。赌博是随着人们收入的不断增加而盛行起来的。因此赌博业是当时最为有利可图的领域。在很大程度上，从贩卖私酒到赌博业仅仅是一次业务转变而已。在东部，弗朗克·科斯特罗（Frank Costello）从事投币机和一些豪华赌场的经营。他还成了艾里克逊"赌注登记所"的"资助人"，该登记所帮助其他赌注登记经纪人分让赌注，减少风险。与此类似，乔·阿多尼斯（Joe Adonis）在其他地方，主要在新泽西，开办了一批赌场。在美国各地，许多非法团伙进入了各种比赛的赌博登记行业。当其他一些诈骗行业逐渐消亡时，赌博业，尤其是赌马却在 20 世纪 40 年代兴盛了起来。于是一场抢夺赛马情报的斗争开展了起来。

赛马需要特殊的行业组织。其基本要素是时间。赌博者只有在赛前的最终时刻得到情报，才能进行操作。因此，他可以"两头下注"，也可以"孤注一掷"。由于赛马同时在全国各地的许多赛场进行，人们必须迅速而准确地获得这些情报。因此，比赛热线就成了赛马的关键。

由于已故的莫·安嫩伯格（Moe Annenberg）[①]的天才，赛马热线信息服务在 20 世纪 30 年代开始投入运行。在那场激烈的芝加哥报业大战中，安嫩伯格作为希斯特报业的经理为自己树立了令人望而生畏的声誉。安嫩伯格想出了这样一个主意：利用电报新闻系统来搜集赛马场的情报，并以最快速度更新赛马营业厅和赌注登记所内的记录。在有些情况下，安嫩伯格取得了从赛马场直接发送新闻的权利。而在更多情况下，新闻是被在赛马场附近和在赛马场内部工作的职员们"偷"来的。因此，由于这个信息系统运作得极有效率，以致在 1942 年，一架飞机撞毁了一条重要的电报线路，因为这条线路既是为空军服务的，也是为赌博者们服务的，大陆报只用了 15 分钟就为赌博者把赛马电报线路修复完毕，而负责整个西海岸防务的第四兵团用了大约 3 个小时才把它修好。

安嫩伯格建立在全国范围的赛马信息网不只是发布各种电报信息而已，它还控制了发布的渠道。在 1939 年，他因所得税问题受到了国家税

[①] 莫·安嫩伯格（1877—1942）：犹太裔美国报人，美国慈善家沃尔特·安嫩伯格（Walter Annenberg）的父亲。——译注

务局的侵扰，并且受到司法部门以对"电讯服务"的垄断为名而进行的调查。于是年老而疲惫的安嫩伯格便完全脱离了这一行业。他既没有变卖他的股份，也不试图去追回他的一些投资。他只是离开了这一行业。不过，像已经建立起来的兴旺事业一样，尽管是建立在分权的基础上的，这家公司仍然生存了下来。作为安嫩伯格的执行经理以及芝加哥报业大战的老战友，詹姆斯·拉更（James Ragen）通过一个虚构的朋友的名义，接管了这家全国范围的电讯服务，并且把它更名为大陆印刷服务公司。

显而易见，安嫩伯格和拉更的电信服务在形式上可能和它的许多子公司的运作一样是非法的（例如，从事"窃取"信息的活动，给赌注登记所提供情报，等等），但是非法团伙在其中没有立锥之地。尽管它确实是非法的，不过它首先仍然是一家企业。如我们将看到的那样，赌博行业和非法团伙帮会之间的差异意义重大。

在1946年，其主要兴趣在赌注登记所而非赌场的芝加哥非法团伙人物开始盯上这家电讯垄断企业。禁令解除之后，像李普克一样，卡普尼副官开始经营诈骗业，摩雷（绰号"骆驼"）·胡佛里家族（Murray Humphries）开始强行进入运输业、建筑业、印染业和纺织业，分享利益。通过小流氓威利·比奥夫（Willie Bioff）、联邦官员乔治·布劳恩（George Browne）、卡普尼的主要继承人弗朗克（绰号"铁面"）·尼梯（Frank Nitti）和保罗·里卡（Paul Ricca）逐渐控制了电影行业的工会组织，进而向电影业敲诈了一大笔钱，借口为其消除罢工。在1943年，由于政府实施打击行业欺诈，剩下来的几个非法团伙大人物查莱·弗泽蒂（Charley Fischetti）、杰克·库兹克（Jake Guzik）和托尼·阿卡多（Tony Accardo）决定把重点放在赌博业上，尤其是开始转向对赛马网线支配权的争夺。

(135)

在芝加哥，控制着赛马新闻服务系统的库兹克—阿克多帮开始攻击大陆印刷服务公司。在洛杉矶，负责这一地区大陆印刷服务公司业务的销售代理人被一群替米奇·科恩（Mickey Cohen）和乔伊·西卡（Joe Sica）卖命的无赖打了一顿。而且突然出现了一家新的具有竞争力的全国性赛马情报服务公司，它以超美出版公司之名而为众人所知，这家公司的经费由芝加哥的一些非法团伙头目和布格赛·席格尔（Bugsy Siegel）提供，后者当时垄断着拉斯维加斯的赌注登记所和赛马信息服务业。许多赌注登记所脱离了大陆印刷服务公司，而从这家新公司获取信息，但也有很多人跟两方都有交易。不过，到年底时，卡普尼帮的网线损失了大约20万美元。拉更感到暴力事件就要发生,于是他找到了库克法院的负责人,说他的生命正受到对手威胁。拉更很了解他的竞争对手。在1946年6月,他被人枪杀。

于是,卡普尼帮放弃了超美出版公司,并且获得了大陆印刷服务公司的一个"份额"。通过对全国范围的赛马网线垄断的重新控制,卡普尼帮开始强行进入由所谓的S&G辛迪加控制的利润丰厚的迈阿密赌博业。在相当长的一段时间里,S&G辛迪加对赌注登记所的垄断达到了如此完美的程度,以至于当纽约赌徒弗朗克·艾里克逊(Frank Erickson)在豪华的罗尼宫旅馆用45000美元买了一张为期三个月的赛马登记凭证之后,便招致当地警察大张旗鼓地搜查了这家旅馆;第二年,罗尼宫再次利用了地方优势。不过卡普尼帮变得更加强大。他们要求染指迈阿密赌注登记行业。当遭到拒绝之后,他们便开始组织一个自己的辛迪加,说服了一些设在大旅馆的登记所加入他们的组织中。佛罗里达州州长华伦的犯罪调查员露面了,因为当年芝加哥"狗道"经纪人的一位朋友曾为华伦竞选州长捐资10万美元。调查员开始突击搜查那些隶属于S&G公司的赌注登记所。于是,S&G公司,这家从大陆印刷服务公司的地方分支机构购买赛马信息的公司发现它的服务忽然中断了。有几天这家辛迪加试图从新奥尔良秘密获取情报,而现在它发现自己的业务一下子跌入了低谷。经过10天的追查之后,5个S&G合伙人发现他们有了第6个合伙人,后者通过一笔总额为2万美元的象征性"投资",进入了这家年总投资额为2600万美元的迈阿密企业。

(136)

赌徒与恶棍

尽管美国人认为赌博是非法的,但是他们内心里认为它并不是邪恶的——甚至教会也从游戏机和博彩中得到了一些好处。因此,美国人赌博,赌博业便兴盛了起来。与这种趋势相反,在基弗维尔调查中的参议员维里(Wiley)所表现出来的愤慨和参议员托比(Tobey)所表现出来的过激言辞是颇出乎人们意料的。不过,也许正是这种令人震惊的语调使基弗维尔委员会的活动具有振奋人心的性质。正像大多数美国人一样,有几位参议员似乎不了解实情。托比参议员具有一种旧英格兰清教徒的良知,它对实业化的美国产生了冲击。那种良知曾经造就了这个世界,但是它从来没有了解这个世界。这是传统道德的愤慨,是对公共生活中犬儒主义盛行的愤慨。

虽然这种道德愤慨是值得赞赏的,但是这并不意味着它对事实有着明确的分辨能力。例如，在整个基弗维尔听证会上，人们都有这样一种先入之见：所有参与赌博的人都是非法团伙分子。对于芝加哥的阿卡多—库兹克帮来说，这是真的。在过去，那个帮曾经与许多敲诈事件有染。但是，对于美国的大多数赌徒来说，这种说法是不大真实的。其中的大多数人有这样一种感觉，他们以为他们满足了美国人对于赌博的基本渴望，因此与贩卖私酒者相比，他们并没有因为赌博而产生更多的愧疚感。毕竟，同凯伦德尔斯（Kriendlers）经营的二十一俱乐部一样，谢尔曼·比林斯利（Sherman Billingsley）演艺公司是从经营一家非法酒吧起家的。今天的斯多克俱乐部和以前的杰克俱乐部和查尔斯俱乐部是美国最受欢迎的夜间娱乐和餐饮场所（斯多克俱乐部的一位支持者就是大名鼎鼎的 J. 埃德加·胡佛 [J. Edgar Hoover]）。

(137) 例如，迈阿密的 S&G 辛迪加（分别由哈罗德·萨尔维、朱里士·勒维特、查尔斯·弗雷德曼、萨姆·科恩和爱德华［艾迪·路基］·罗森鲍姆领导），它只是大约 200 家赌注登记所的联营者。它处理着各种"担保业务"，像银行家为客户提供紧急信贷那样，为赌徒们的下注提供现款。简言之，其作用类似于在纺织业中的大型代理公司或者在汽车工业中的信用公司。不过，对于基弗维尔来说，S&G 的人"都是一些狡猾又傲慢的家伙……例如，萨尔维是一个老资格的赌注登记经纪人。他告诉我们，在 20 年时间里，除了经营赌注登记所和给下注者提供信贷以外，他没干过任何别的事情"。经过委员会的宣传，由于刚成立的迈阿密警察局未受黑社会污染，S&G 辛迪加逐渐衰落。这时，如这家公司的律师告诉基弗维尔的那样，这是因为"小伙子们"已经厌烦了被人说成是"世上最糟糕的坏蛋"。科恩承认："这是真的，他们曾是法律的违反者。"但是他们除了赌博以外并没有干别的坏事，他们也"不想与世界对着干"。

最令人关注的是詹姆斯·J. 卡罗尔（James J. Carroll）的观点。卡罗尔是圣路易斯"赌注委员会成员"。多年来，在有关肯塔基·迪尔比秋季赌博和棒球比赛的美国体育文献中，他的观点被人广为引用。维利参议员讲起话来就像加缪小说《局外人》（*The Stranger*）中的起诉人那样变得带有一种正式道德训诫的腔调：

　　维利参议员：你有子女吗？
　　卡罗尔先生：是的，有一个儿子。

维利参议员：他几岁啦？

卡罗尔先生：33 岁。

维利参议员：他去赌博吗？

卡罗尔先生：不。

维利参议员：你希望看到他长大后成为一个赌徒吗，无论是专业的还是业余的？

卡罗尔先生：不……

维利参议员：好。你的儿子对你的公司感兴趣吗？

卡罗尔先生：不，他是一个制造商。

维利参议员：为什么你不让他进入你的公司里呢？

卡罗尔先生：噢，从心理学上讲，有许多人不适合于干赌博这一行。

话锋一转，维利参议员试图揪住卡罗尔为政治竞选捐资的辫子：

维利参议员：就在今天早上，我问过你，你有没有给政治候选人或政党捐过款，你说只是有一次捐过不超过 200 美元的款。我想那并不说明你在某一次竞选中你捐赠的款项的总数，是不是？

卡罗尔先生：嗯，可能是，也可能不是。参议员先生，在许多情况下我都是个"离经叛道者"。我是一位有 50 年报龄的《国民》（*The Nation*）报读者。他们在那里登广告，号召大家给不同的候选人捐款……他们为乔治·诺里兹（George Norris）登广告；我就捐了款。我想我是为它捐款的，也是为老劳福莱特（LaFollette）捐款的。

(138)

卡罗尔承认自从 1899 年以来他一直在经营着赌博业。与道德家维利相比，他老于世故却并非不讲道德！他没有因地下世界或黑势力而染上污名；他是一个能言善辩对官方辞令冷嘲热讽的人物，他对人们的动机抱有敌视态度；他是一个"离经叛道者"。他相信："所有赌博活动的合法性来自于某些团体或者某些个人对自身特殊利益的追求。"

当问到人们为什么要赌博的时候，卡罗尔从自己 50 年的经历中作出了这样一番评论，这句话在美国社会史上占有一席之地是当之无愧的。他说道："我真的不知道该怎么样来回答这个问题。我认为，对于某些类型的人来说，赌博是他们的一种生理需要。我认为，它使他们梦想成真。"

在某种意义上，整个基弗维尔材料似乎都在不自觉地印证着这番评论。因为委员会一次又一次地揭示了：赌博是得到广泛流行和普遍接受的一种美国生活的基本制度。在许多小城镇，赌场和小酒馆一样随处可见。在伊利诺伊州梅森县的哈瓦那镇，当阿德莱·斯蒂文森（Adlai Stevenson）[①] 州长出面干预地方赌博的时候，他的行动激起了当地民众的公愤。在 1950 年，这个小镇从每月友好地搜查赌场和收取赌场主人罚款中取得了 50000 美元预算中的 15000 美元。克莱伦斯·切斯特镇长抱怨道："赌场倒闭就没有赌场罚款可收，明年将会非常拮据。"

除了赌徒以外，还存在着暴徒。但是基弗维尔参议员及其同僚所不知道的情况是，像赌徒一样，像一般意义上的整个非法团伙一样，暴徒也在努力地成为准正派人物，并且在美国生活中为自己占有一席之地。对于暴徒来说，他们大多来自移民后裔；并且，正如这种样式所表明的那样，犯罪是提高其在美国生活中的社会地位的一个捷径。

黑手党神话

只要他们愿意，暴徒就有能力"染指"赌博业，因为现行的赌徒没有防御能力，他们不可能得到法律保护。并且，参议员们不愿意在暴徒和赌徒之间作出任何区分。他们把两者笼统地称之为整个国家的"非法"因素。基弗维尔参议员主张："尽管犯罪分子们、自私的政客和无知者对其进行了种种令人不可思议的辩护，尽管有许多人一直被这些辩护蒙在鼓里，但是在美国，一个全国范围的犯罪辛迪加的确是存在的。"参议院委员会的报告对这个问题作了更加武断的回答："在全国范围里存在着一个称作黑手党的犯罪辛迪加。其领导者通常控制着其所在城市的绝大多数地下势力。有各种迹象表明，这些黑势力受到了集中的指导和控制……黑手党人是黏合剂，它把纽约的科斯特罗—阿多尼斯—莱恩斯基辛迪加和芝加哥的阿卡多—库兹克—菲希递辛迪加联合了起来……自从路西亚诺被驱逐出境后，这些团体继续同他保持着联系。"

不幸的是，无论是参议院犯罪委员会的文件，还是基弗维尔的著述，

[①] 阿德莱·斯蒂文森（1900—1965）：美国政治家，担任过伊利诺伊州州长，1952 年和 1956 年两度获得民主党总统候选人提名。1961 年被肯尼迪总统任命为驻联合国大使。——译注

都没有提供任何有力的证据来证明黑手党是一个发挥着作用的组织。因此，关于存在着黑手党的说法完全是一种无稽之谈。有人发现政治官员在基弗维尔委员会面前说他们相信存在着黑手党；禁毒局认为，由路西亚诺控制的世界范围的毒品交易是黑手党的一部分；但是，除了当几乎所有的意大利非法团伙分子都坚信自己对黑手党一无所知而令参议员基弗维尔和路多夫·哈利都感到难以置信以外，另一个唯一的"证据"是有些犯罪带有"黑手党的特征"。

在最近几年里，关于黑手党的传说被杰克·莱特（Jack Lait）和李·麾梯美尔（Lee Mortimer）之类大惊小怪的写作班子吹得神乎其神。在《芝加哥秘闻》（Chicago Confidential）中，他们列举了一大堆子虚乌有的人名和组织名称，让人觉得好像真有那么一回事似的。不过，几乎没有几个认真的记者相信此事。伯顿·土库斯是了结"杀人组织"案的布洛克林检察官。他否认黑手党的存在。参议员基弗维尔甚至无法对他提出的全国范围的犯罪辛迪加的说法列举出一个例子。他被迫说："就它在今天存在的情况而言，虽然它是令人难以捉摸的，它只在暗中偷偷进行，但是确有这么一回事。"并且，"其组织和阴谋诡计并不那么容易被准确描述出来"。①他的如下"证据"难以自圆其说：许多非法团伙在每年的某些时间向诸如阿肯萨斯州的温泉等处集结；"道上的"人通常都会这样做。如新泽西已

---

① 一次偶然机会，警方发现了 1957 年 11 月在纽约亚伯拉奇召开的一次意大利头面人物会议，这些人物与黑势力大多有染，并且在警察局有记录。此事使得黑手党话题再次复苏。《时代》周刊杂志于是派了一位名叫舍列尔·希尔曼的记者去核实此事。希尔曼报道说："我在纽约、华盛顿和芝加哥花了大约两个星期，千方百计地去探寻所谓黑手党的蛛丝马迹。我与联邦政府、州政府和地方司法部门进行了广泛接触；我采访了大量警察、记者、检察官、侦探以及像芝加哥犯罪委员会这样的非营利性民间团体。除了两位希尔莱特犯罪记者总是对与'黑手党'有关的一些道听途说津津乐道以外，来自联邦调查局和司法部的人都不相信有黑手党这么一回事。而禁毒局却相信有黑手党这么一回事。不得不与毒品交易作斗争的禁毒局坚信，在意大利和西西里的有组织黑手党和美国黑手党之间存在业务联络。但是该局从来没有拿出足够证据来证明这一点。联邦调查局对此持怀疑态度。人们一般所持的观点是：在各个城市和各个领域里，不存在严密的犯罪辛迪加，但是存在松弛的犯罪'联合会'，他们占据各自地盘，相互之间存在利害关系，并因此走到了一起（如出席亚伯拉奇会议）。不过无论怎样，谁也拿不出特殊证据来证明确实有一个黑手党在活动。"1959 年初，《读者文摘》编辑小弗雷德里克·森德尔出版了一本关于黑手党的畅销书《罪恶的弟兄》，但是对森德尔先生著作的认真阅读表明，他的资料大多数来自禁毒局报告。除了拼凑已经出版的资料以外，他没有提供任何新证据。（关于这本书的讽刺性评论，参阅《时代文献评论》，伦敦，1959 年 6 月 12 日，第 351 页。）有意思的是，1959 年 5 月，曾经对非法团伙头目约尼·狄奥提起公诉的纽约地方检察长助理阿尔文·戈尔登斯坦向帕特·布朗州长提交了一份加利福尼亚犯罪调查报告。他报告说，他没有找到加利福尼亚存在黑手党的证据。——原注

故的维里·麾里递在解释他是如何在一个赛马场遇到已故的阿尔·卡波尼时说的那样："听着，你无须通过介绍认识有教养的人；你只是很自然地碰到他们。"

那么，参议院犯罪委员会为什么如此卖力地赞成关于黑手党和一个全国范围的犯罪辛迪加的说法呢？部分是由于，他们可能一直被自己的道听途说所误导。参议院委员会并不从事原始研究，它的办公人员，无论是司法人员还是调查人员，都人手有限。参议员基弗维尔曾经带着这样的一种态度去开展调查：无风不起浪，无火不生烟。但是，烟也可能意指烟幕。非法团伙领域是一个充塞着各种流言飞语的领域，在这儿的各种各样的小道消息和传闻比在激进政治宗派里的传闻更容易盛行。

(141) 此外，在美国人的性情中存在着这样一种感觉："冥冥之中"，"人"正在暗中操纵着这个混乱的世界。在政治领域，操纵着劳工形象的是"华尔街"和"大企业"；而操纵着商业程式的是"新政"。在犯罪领域挂在口头的则是"科斯特罗"。

也许，基弗维尔委员会之所以会被自己杜撰的关于万能的黑手党和专制的科斯特罗的神话所骗倒，其主要原因是他们不熟悉和不了解制度化犯罪同美国广大都市社群的政治生活之关系的三个更加切题的社会学事实，即：(1) 作为种族延续的必然过程的一部分，美国意大利族群的兴起，并在政治中占据重要地位，这个过程在有大量意大利后裔居住的绝大多数城市里各自独立地然而同时发生着——纽约、芝加哥、康萨斯市、洛杉矶；(2) 个别意大利人在今天的赌博业和非法团伙中起着重要的通常是领导的作用；(3) 意大利的赌徒和非法团伙人物通常在意大利族群本身内部和城市政治中占有一席之地。① 这三者确实是相关的，不过它们还不足以形成一个"阴谋团伙"。

---

① 在他的听证会快结束时，基弗维尔参议员读到了由一位意大利后裔的愤怒公民打来的一份电报。那份电报指责委员会给人留下了这样一个印象：美国的有组织犯罪是意大利人所为。这位参议员借这个机会明确地声明：有一些非法团伙是意大利人，但是这并不意味着意大利人就是非法团伙。不过，就基弗维尔委员会确实上了这种道听途说的当而言：美国的犯罪正受到一个黑手党的组织和控制，它务必澄清这个误会。也许在这里还可以指出的一点是：只要族群和少数民族问题与非法的和半合法的活动的关系仍然无人问津，那么莫蒂默和莱特之流的不实之词总会大有市场。——原注

犹太人·爱尔兰人·意大利人

意大利族群比以前的移民团体更晚也更艰难地获得了财富和政治方面的影响力。早期犹太人的财富，即19世纪末德国犹太人的财富，大多是在银行业和制造业领域取得的。在那个范围里，犹太人族群的主导集团是外在于也独立于城市政治机器的。晚期犹太人的财富，在中东欧移民中间，是建立在服装贸易的基础上的，尽管它同犹太非法团伙有一些来往，这些团伙是一些典型的行业诈骗者（阿那尔多·罗特斯坦、利普克和库拉，等等）。在犹太律师中间，有一小撮人，像"坦慕尼协会①的律师"比如萨缪尔·奥尼兹②在《腰腿，大肚子和下巴》（Haunch, Paunch and Jowl）中的主人公那样，发迹于政治，并且偶尔与犯罪活动有染。无论如何，绝大多数犹太律师，大多是族群的领导者，通过现有的和合法的犹太人的财富所提供的机遇，迅速地往上爬。爱尔兰移民的财富在北方都市中心，大多集中在建筑、货运和港务方面。这种财富的积累大体上是通过政治联合比如对城市合同的偏好取得的。③

因此，为了维护爱尔兰人的政治财富，控制城市政治是至关重要的。爱尔兰移民财富和政治之间的这种联盟一直是彼此互惠的。许多著名的爱尔兰裔的政治家们以自己的名声替一些公司装点门面（例如，阿尔·史密斯，他帮助成立了美国货运公司。在多年时间里，那家公司的总经理一直是威廉·麦科马克，麦科马克同时又是纽约码头区的"老大"），而爱尔兰的商人们则用他们的财富来支持爱尔兰政治家们的事业。而爱尔兰的犯罪集团很少在这族群中有什么地位。但他们是政治家不可缺少的臂膀，充当选举时的打手角色。

意大利人找到了在大都市里一夜暴富的许多路子。这部分是由于早期意大利侨民的特点。其中绝大多数人没有一技之长，祖祖辈辈都是农民。

---

① 坦慕尼协会：一个成立于1789年的纽约市民主党实力派组织，由原先慈善团体发展而成，因其在19世纪犯下种种劣迹成为腐败政治的同义词。——译注
② 萨缪尔·奥尼兹（1890—1957）：美国编剧。——译注
③ 一个不太会令人震惊的事实是：在19世纪，美国铁路通过向国会议员贿赂有效地偷取了190000000英亩土地。更晚近地，在哈丁任总统期间发生的梯普特·多姆石油开采公司的此类丑闻，按照最高法院的说法，是"通过阴谋、诈骗和贿赂"才得以完成的，其工作几乎做到了白宫门口。

在 19 世纪 90 年代，雅可布·赖斯作出过这样的评论："意大利人来自底层且也只能呆在底层。"这些一无所有的农村劳动力找到的是诸如开挖沟渠、铁路路段保养、码头搬运工，以及制鞋、理发、制衣等服务工作。许多人受"包工头"的盘剥；有少数人从货物托运、葡萄栽培和葡萄酒酿造、农产品销售中获得了财富，但是这点"少量财富"还不足以成为和谐而稳定的政治力量的源泉。

重要的在于，尽管在美国的意大利侨民人数约是爱尔兰侨民人数的三分之一强，在美国有 3000 万天主教徒，其中爱尔兰后裔占了约一半，意大利后裔占了六分之一，但是在美国 100 个天主教主教和 21 个总主教中间没有一位是意大利人。爱尔兰人占据了绝对的垄断地位。这是同美国的教会政治相关的一个因素；但是这种情况也是可以接受的，因为在美籍意大利人中间不存在足够强大的或充足的财富来与之抗衡。

(143) 这些移民的后代，其第二代和第三代，通过城市贫民窟的生活而变得聪明起来。在 20 世纪 30 年代早期，几乎没有意大利人在从事高级工作并领取高额薪水。在这个阶段的著作中，人们也找不到关于意大利政治领导人的论述。由于被排斥于政治舞台之外并且也找不到获得财富的公开渠道，一些意大利人便开始走上了非法的道路。在 20 世纪 30 年代未成年人审判统计中，意大利人占了有过失少年的绝大多数；但是没有成立一个意大利族群或社会代理机构来处理这些问题。不过说也奇怪，这些以前的暴徒正在千方百计地赢得别人的尊敬，因为他们为意大利人在都市政治机器权力结构中取得政治发言权提供了主要支持。

在政治家和受保护的或受到纵容的非法势力之间的传统关系比以往变得更加紧密起来。那个发展趋势与意大利政治集团的兴起具有联系。至少在北方主要的大都市中心，都市的政治机器不得不发展筹款的新形式。因为大企业的捐款以前曾经严重介入了市政政治，而现在——随着权力场所的变化——它对国家事务产生了相当影响。（如最近国会调查显示那样，随之而来的国家政治腐败绝不应等闲视之；商人似乎并不比那些赌徒好到哪里去。）都市政治机器敛财的办法相似于那些已经不再依赖于华尔街大公司敛财的办法：通过内部筹款——即，通过向大量市政职员"征税"，为了增加工资那些员工集体同市政府谈判。因此，消防队员联合会把钱捐给了奥德威尔运动。

第二个办法是向赌徒们征税。如《生活》杂志报道的那样，典型例子当数新泽西市。在那里，市政府的一位高级助理全力以赴地调查非正式赌注登记所的申请人。如发现有合适的，便给申请人一个"场地"，通常是一位忠实的管区人员的房子或商店。他付给市政府基金一大笔必需的高利息租金。在新泽西1000家登记所及其所有者构成了政治机器的硬核，为市政府选举效犬马之劳。

这些机构募集资金的第三个来源是新近的通常是非法获得的意大利人的财富。科斯特罗的事迹以及他在纽约作为一股政治力量的出现很好地证明了这一点。在这里，其主要的动机一直是——为自己以及自己的种族团体——找到进入大城市上层社会的入场券。

起初，弗朗克·科斯特罗是通过非法经营私酒赚钱的。禁酒令撤销以 (144)
后，由于休伊·朗对旧式政治机构感到了绝望，便邀请科斯特罗到路易斯安那开展老虎机业务。于是，科斯特罗的事业便发生了重大转机，与丹第·菲尔·卡斯特尔一起，他还在新奥尔良以外开办了百维利俱乐部，这是一家豪华赌博机构。在新奥尔良，出现了几家美国最顶尖的娱乐场所，后来，科斯特罗把资金投到了纽约房地产（包括他后来卖掉的79号华尔街）、可巴卡贝那夜总会和苏格兰威士忌的一家主要子公司上。

由于没有得到罗斯福和拉瓜迪亚[①]的资助，坦慕尼协会陷入困境。当它转向科斯特罗寻求财政支持的时候，科斯特罗的政治机遇便到来了。多年来，纽约的意大利族群滋长了一种对爱尔兰人的不满情绪，这种情绪多少表现了对爱尔兰政治团体独揽政治大权的不满。他们抱怨缺乏司法工作，抱怨意大利后裔的国会议员数目太少，抱怨缺乏在州选举中的候选人名额。但是意大利人真正缺乏的是使他们的野心成为现实的手段。尽管他们形成了一个强大的选举集团，但是没有足够的财富来支持政治俱乐部。这些意大利移民大多是来自意大利南方和西西里的贫穷农民的后代，既缺乏犹太人的经商经验，又缺乏爱尔兰移民在75年历史里取得的政治经验。

在实施禁酒的岁月里，为了获得保护，意大利非法团伙曾经与政界有过一些接触。科斯特罗不是一个头脑简单的人，而一直是其中的一个调解者。他是同吉米·海因斯建立了联系的第一个人，后者是坦慕尼协会在纽约市曼哈顿西区的主要领导人。但是科斯特罗的对手，路易·路希阿诺对

[①] 拉瓜迪亚（1882—1947）：美国众议员，曾任纽约市市长（1933—1945），担任纽约市长时改良市政，力反贪污，后任联合国善后救济总署署长（1946）。——译注

爱尔兰人心存疑虑，他渴望得到更加直接的权力，于是便支持和推选阿尔·马里内利为下西区的地区领导人。在 1932 年，马里内利是坦慕尼协会里唯一一个意大利裔领导人。后来，保罗·萨路比博士加入进来，他是强尼·图里奥帮一家大型合法酿酒企业的合伙人。无疑，科斯特罗和卢西亚诺并不代表作为一个整体的意大利人对权力的渴望；正如任何一个别的团体一样，在意大利族群内部，存在着许多分歧。重要的是，不同的意大利人，出于不同理由和以不同方式，正第一次获得权势。马里内利成为纽约的县办事员并在坦慕尼协会取得了主要权力。在 1937 年，马里内利在受到托马斯·杜威的猛烈抨击之后，转而角逐地方法院检察官。作为一个"窃贼的政治同盟者……以及大腕非法团伙头目"，马里内利被利曼州长革职。后来由杜威主持的关于路希阿诺和海因斯的听证会以及拉瓜迪亚的当选，使得大多数坦慕尼俱乐部在财政上走向衰落。这是科斯特罗开展行动的良机。在几年时间里，通过精明的理财，他控制了在坦慕尼协会里的一帮"意大利裔"领导人——以及在上西区的一些爱尔兰裔领导人和在东区的一些犹太裔领导人——并且有能力去影响对一些意大利裔法官的选举。一个最有名的丑闻是由科斯特罗电话上的窃听器披露的。1943 年高级法院法官候选人托马斯·奥雷利奥（Thomas Aurelio）给科斯特罗打电话："谢谢你，弗兰西斯。"奥雷利奥为了取得候选资格对科斯特罗极为信任。

不仅仅是坦慕尼协会渴望得到来自最近这些暴富起来的意大利人的大宗捐款，尽管其中一些暴发户是通过非法贩酒和赌博业而一夜暴富的。菲厄雷洛·拉瓜迪亚，这个由美国政治造就的最诡秘人物，在 20 世纪 30 年代初期就清楚将导致他时来运转的秘密支持力量的来源。（作为这位导师的得意门生，凡多·马康多尼奥也明白这一点：马康多尼奥一直在同坦慕尼协会里的意大利裔领导人打交道——在 1943 年，他支持奥雷利奥，甚至在民主党正式罢免奥雷利奥的情况下也拒绝摈弃他。）乔·阿多尼斯在 20 世纪 20 年代末赢得了一帮政治追随者，当时他经营着一家大众化的地下酒店，在 1933 年他给了拉瓜迪亚以很大的财政支持。阿多尼斯告诉他的一位朋友："民主党不认识意大利人。除了拉瓜迪亚，意大利人没有理由支持其他人；犹太人与民主党相勾结，但是他们从中没有捞到多少好处。他们现在已经明白这一点了。他们会推选拉瓜迪亚。意大利人也会推选拉瓜迪亚。"

阿多尼斯精明地玩着他的牌。他既支持拉瓜迪亚，又支持民主党的一些地方司法官员。在布洛克林地区，他成了一个举足轻重的人物。科尼岛的民主党领导人肯尼·萨瑟兰、在阿伯尼的民主党少数派领导人艾尔文·斯坦库特、已故的参议员安东尼·迪·乔维尼、威廉·奥德威尔和金·摩兰经常光顾他的饭店。但是在1937年，阿多尼斯犯了一个错误，他支持劳耶尔·科普兰，反对拉瓜迪亚，这位被激怒的菲厄雷洛最终把阿多尼斯赶出了纽约。①

拉瓜迪亚后来把他的怒气也发泄到了科斯特罗身上。不过，科斯特罗得以幸免于难并在1942年达到了权势的顶峰。在当时他对迈克尔·肯尼迪入选坦慕尼协会领导人起了推动作用。尽管经历了令科斯特罗声名狼藉的菲厄雷洛惨败，但他仍然在坦慕尼协会里握有足够权力去拉选票，选举雨果·罗杰斯为1948年坦慕尼协会的领导人。在那些年里，许多坦慕尼协会领导人都同科斯特罗有来往，为了成为司法职位的候选人而接近科斯特罗。

在这个阶段，另一些意大利裔的政治领导人也开始崭露头角。吉尼罗索·波普（Generoso Pope）的殖民砂石公司通过政治交易开始兴旺起来，尤其当他购买了两家最大的意大利语日报（后来合并为一家日报）和一家电台之后，波普变成一个重要的政治人物。通过那些购买活动，他几乎垄断了这个城市意大利语的舆论工具。通过吉尼罗索·波普，通过科斯特罗，意大利人变成了纽约的重要政治力量。

都市政党组织，大多是民主党的都市政党组织，以这种方式去获得财政上的重大支持而不必去依靠"货币利益集团"。这部分说明了这些组织为什么有能力支持新政和公平施政而没有遭到来自他们不得不屈服的那些压力以从商业集团中得到货币的支持。②尽管他从来没有公开披露过自己的政治主张，弗朗克·科斯特罗很可能是富兰克林·D. 罗斯福及其对普通百姓的诸多支持的热烈赞赏者。绝大多数今天的美国人认为，新政基本

---

① 阿多尼斯和助手维利·摩里蒂渡河迁到了新泽西的贝尔根县，在那里，同以前非法团伙头目"长腿"阿本奈·威兹尔曼联合起来，他变成了新泽西州的一股政治势力。在10年时间里，赌博业在贝尔根郡得到迅速发展。但是在基弗维尔调查之后，新泽西州不得不采取措施。在1953年由尼尔森·斯蒂姆勒领导的一次专门调查中，披露了摩里蒂曾经向德里斯科州长的一位助理支付286000美元以寻求"保护"，共和党州委员会曾经从赌徒约瑟夫·博扎，一名兹维尔曼的助手，那里接受25000美元的"借款"。摩里蒂后来被暗杀，阿多尼斯被驱逐到意大利。——原注

② 在美国政治中，这是一个古老的故事。希奥多·阿伦是一名赌徒和一家沙龙所有者。他经营的美利坚·马比尔是一家高档音乐厅和妓院（他曾告诉国会调查委员会自己是纽约最坏人物）。他为了亚伯拉罕·林肯在1864年再度当选总统给了共和党老板瑟洛·威德25000美元竞选捐款。——原注

措施对公共利益来说是必不可少的。但要是没有得到"腐败的"大城市组织的支持,新政将不可能实施。

暴发户与老财主

毫无疑问,正如20年以前东欧的犹太后裔和更早以前的爱尔兰后裔在有组织犯罪领域曾经扮演过最重要角色一样,意大利后裔曾在大多数赌博业和非法团伙中起着领导作用。在一定程度上,统计的意外事件以及报纸对少数耸人听闻人物的过分渲染,使得人们对由单一族群而不是所有事实根据所构成的非法活动领域产生了更大误解。在许多城市,尤其在南部城市和西部海岸城市,非法团伙和赌博业组成了许多其他团体。那些团体通常主要由当地白人新教徒所组成。不过,很清楚的一点是,在主要的北部都市中心,在获取非法财富的方式上以及在近来意大利后裔的独一无二的个案中,存在着一些明确的种族后果,以前的非法团伙和赌徒也曾经对政治力量的成长提供了重大影响。今天成为纽约法官的许多意大利裔法官们应该感谢科斯特罗;许多意大利裔的地方领导人——还有一些犹太裔和爱尔兰裔的领导人,也应该如此。并且,在纽约确立意大利后裔政治地位的动机是为大家考虑,而不仅仅是为了获取个人利益。对科斯特罗来说,这主要事关种族骄傲。因为在美国的较早时期,有组织非法活动变成了社会升迁的一把梯子。

对一般民众来说,例如,关于弗朗克·辛纳屈与前意大利后裔的非法团伙头目们出双入对的新闻和图片会多少感到惊讶不已。不过,对辛纳屈来说,以及对大多数意大利后裔来说,这些人就是从小一块长大的邻居,在某些情况下,他们的社区也希望得到他们的帮助和救济。早期意大利非法团伙是强盗——野蛮、没有文化且年轻(在达到其权力顶峰的时候,阿尔·卡彭[Al Capone]只有29岁)。那些幸存下来的强盗学会了适应环境。现在他们是中年人或老年人。他们学会得体地装扮自己。他们的家在受人尊敬的市郊。他们让子女就读于良好的学校,尽量不惹人注意①。科

---

① 像托尼·阿卡多这样的人只是偶尔显得与邻里保持友好关系。在1949年圣诞节期间,托尼住在其优雅宽敞的河森别墅里,他在草坪上布置了一棵40英尺高的圣诞树,树下摆着圣诞老人和驯鹿,在花园周围,电控的滑雪人在轨道上快速地移动,同时发出悦耳的圣诞之歌。圣诞过后,阿卡多的草坪复归于平静;托尼又踏上了躲避基弗维尔的逃亡之路。——原注

斯特罗甚至求助于精神病医生以克服在社交生活中令人痛苦的自卑感。

像美国社会的所有暴发户一样，这些粗鲁而机敏的包工头、建筑人员、货运业主，还有非法团伙头目改头换面，既希望得到自己族群的承认和尊敬，又希望得到一般社会的承认和尊敬。"贫民窟里的"爱尔兰人摇身一变为"衣冠楚楚的"爱尔兰人，并且随后寻求着更加广泛的承认。[①]有时，首先在现行的"美国人的"社会得到了承认，而这是后来为族群所承认的一张资格证书。像 S. R. 罗宾逊和 J. 刘易斯以及一些受人欢迎的演员在现行黑人社会里受到的姗姗来迟的承认证明了这一过程。

不过，许多著名的老牌美国财团的建立得益于一些精明的经营手段和道德上无可厚非的方法。美国资本主义先驱者并非毕业于哈佛商业管理学院。早期的殖民者和拓荒者，还有那些"赢得西部"并且建立农庄、煤矿和积累其他财富的人，通常是经过暗中谋划和一定暴力才取得成功的。当法律阻碍了美国的命运或自己的命运的时候，他们便会无视、躲避或歪曲法律；当法律为自己的目的服务时，他们就成了法律的代言人。因此，在拥挤的都市环境变化了的条件下，当后来者相同地求诸同样的无情策略的时候，他们及其后代还会感到它们是些真正的道德暴行。

犯罪的资产阶级化

具有讽刺意味的是，使得政治权势的崛起成为可能的社会发展也敲响了野蛮的意大利非法团伙的丧钟。因为，受过专业训练的、合法经营取得成功的意大利人的数量的不断增加既提高了意大利团体的社会地位，也使得意大利族群获得了越来越大的政治权势；并且，这些专业人士和商人们不断地为今天的意大利青年树立起了榜样，在 20 年以前，这样的榜样几乎是绝无仅有的。令人啼笑皆非的是，关于意大利"非法团伙""犯罪"的大肆宣传和揭露还在放马后炮。许多顶尖的"犯罪"人物早已金盆洗

(148)

---

① 在美国政治中，民族自豪感在凝聚少数民族团体中所起的作用是最为古老的智慧之一；不过，更加值得肯定的是通过第二代和第三代后代对于这个身份的保存。如萨缪尔·卢贝尔在他的《美国政治的未来》一书中提到的那样，这个事实是解释近来选举的政治行为的钥匙。作为一个固定的民主党联盟，虽然爱尔兰联盟开始分裂，尤其是作为中产阶级的身份迫使个体更加强烈地认同于 GOP，杰克·肯尼迪在马萨诸塞州的提名仍然为其进入美国参议院获得了极其团结的爱尔兰选民的支持。尽管艾森豪威尔赢得了州选举的胜利，但是肯尼迪仍然战胜了洛吉。——原注

手，放弃了暴力。甚至他们的收入也大多来自合法投资，或来自像赌场这样半合法的但在社会上受到尊敬的娱乐场所（例如科斯特罗的房地产业和阿多尼斯的运输与汽车特许经销权）。因此，对科斯特罗和阿多尼斯的被判入狱这个社会的"报应"只是一种道义上的胜利，而那种胜利却掩盖了社会的伪善。

除了这些想法，这些犯罪和美国人的生活方式的更大背景是什么？公平施政的消失奇特地表明了旧式非法活动的消逝。在过去的10多年里，对赌博业的热衷，部分地是由于收入的增加和充裕的缘故，大体上体现了中上层富裕阶级第一次纵情于这种一掷千金的消费之中。这些中上层阶级的富人，美国生活中一个引人注目的新兴阶层，是大型赌场的主顾。（从19世纪对财富的定义来看，他们并不算富，他们只是服务业和奢侈品行业中中等规模的商人和企业家。用克拉克的话来说，他们是"第三产业经济"方面的。根据税法，他们的收入往往比巨型企业的经理还高。）在战争期间，由于交通困难，赌博业和豪华的休闲业为这个社会阶级提供了重要的消遣场所。通过学习欧洲，通过提高文化品位，现在他们安定了下来。这些小打小闹的赌博缓解了小城镇的单调生活。人们通过一个"幸运数字"或一匹"幸运之马"一下子赢得一笔相当可观财富的期待仍然在继续着。用伯纳德·巴鲁赫的一句话来说："你无法阻止人们去赌赛马。你为什么非要阻止人们去作出自己的判断呢？这是人的创造力的另一种形式。"但由于协作成本提高了，赌博业的丰厚利润已一去不返。在将来，赌博业很可能像卖淫业一样，作为一个必要事实而赢得默许，并将继续以零散的小型企业的规模存在下去。

但是，政治样式，某种政治"工头"体系也衰落了。在其交互关系中，政治"工头"体系为犯罪提供了"保护"，反过来，它也从犯罪那儿得到了好处。"工头"体系的瓦解是罗斯福时代的一个产物。20年以前，吉姆·法利的任务是很简单的；他只需替几位重要的州工头卖力。现在已经不再有这样的畜生了。新泽西的民主党曾经由弗朗克·海牙统治；现在，为其所在州或党派的"头儿"尽"犬马之劳"的"走卒"已为数不多。在都市中心，在纽约、波士顿、纽华克和芝加哥，由爱尔兰人主导的旧政治组织已经分崩离析。大都市中心的非中心化、市郊和卫星城镇的成长、贫民窟和临时居民点原有风貌的毁坏、职能团体的兴起、在美国生活中中产阶级声誉的不断提高，所有这一切都导致了这种衰落。

随着某些非法活动被合理化和被吸收于经济结构之中，曾经对犯罪取得过垄断地位的过去那一代人便走向了完结。① 随着社区社会地位的普遍提高，都市工头体系的解体，我们所讨论的这种犯罪样式也走向了终结。当然，哪里有激情，哪里有贪欲，哪里也就会有犯罪。但是，这种庞大的、有组织的城市犯罪，如我们在过去的 25 年里对它的了解那样，远不只是建立在对于这些普遍动机的基础之上的。它是建立在美国经济、美国族群和美国政治的某些特点之上的。在所有这些领域的变化意味着，以我们所知的形式，城市犯罪也将发生变化。

---

① 1959 年，美国司法部成立了一个专门小组来研究"犯罪辛迪加"。那个小组在一份初步的报告中发现：原来的犯罪头目避开暴力，通过从事合法经营来"装扮出一副成功商人的假象"。在许多领域里（货运、贩运、餐饮、娱乐），这是完全可能的：这些原来的非法团伙头目有办法获得竞争利益。但是，从社会学意义上讲，一个重要的事情是，这些新领域是合法的商务，并且这并不意味着，按照司法部的解释，非法团伙介入了新的犯罪领域，而是他们企图获得一定的尊重。重要的是，当 1958 年 2 月 23 日《生活》杂志发表司法部发现的大量文字证据的时候，那些被提到的人已经在黑道上呆了 30 多年——而这是《生活》和司法部都忽视的一点。相对地，刚出道从事犯罪的年轻人已经很少了。原来的非法团伙头目在 30 出头就已经取得了垄断地位，并且一直占据着支配地位。犯罪的"代际"问题一直是一个没有得到研究的问题，在美国，这是一个令人着迷的课题。——原注

第八章 犯罪浪潮的神话
——美国实际犯罪率的下降

如果人们相信报刊上的有关报道，相信关于犯罪的统计数字，那么，美国每年似乎都有一轮新的、更为严重的犯罪浪潮。各大城市的报刊每年都要周期性地报道大街上的公开侵犯人身的故事，并向市民警告哪些区域夜间是不安全的。青少年犯罪率似乎在稳步攀升，事实上，其犯罪率上升是如此之快，以至于在加利福尼亚，根据1958年加州青少年管理局的报告，该年全州年龄为17岁的少年中，每四人中就有一人因涉嫌犯罪而被捕。从基弗维尔到麦克莱伦等人所作的国会调查，披露了有关贪污受贿、敲诈勒索的耸人听闻的故事。

然而，如果冷静看待这个问题，那么我们就会发现：与100年前，50年前甚至25年前的情况相比，今天美国的犯罪率可能更低，如今的美国是一个比大众所想象的更为守法、安全的国家。这样说有什么根据呢？

首先，新闻报道是公众对社会的印象的主要源泉，但是其真实性是须大打折扣的。很久以前，林肯·斯蒂芬斯（Lincoln Steffens）在《自传》中讲述过一个堪称经典的故事，即报业界的相互竞争如何造成了"犯罪浪潮"，记者从警察的临时记录册上抄下了一些普普通通的盗窃案，然后在报纸上以黑体字形式作为头条新闻刊载。当时担任警察局局长的西奥多·罗斯福下令取消这种竞争时，"犯罪浪潮"才告消退。（斯蒂芬斯回忆道："各家晨报发现了'易变的'公众对'犯罪现象的厌恶'，而月刊和科学季刊对这方面的报道多少有些迟缓，导致对违法行为的周期性分析严重地失真。"）

犯罪故事当然是维持书报发行量的支柱：它们制造恐慌，引起忧虑，激发行动——这是亚里士多德关于心理宣泄的戏剧艺术定义的一个令人满意的例证，虽说这种例证有些老套。但是，这类故事的描写是否精确是很可疑的。当读者对东部巴基斯坦和南部越南之类的故事感到厌倦之时,犯罪方面的报道往往就会成为重要新闻,正因如此,大量犯罪报道出现的时机令人怀疑,是否现下有了更多的犯罪事件,或只不过是人们感到犯罪报道更刺激罢了。 (152)

那么,统计数据又该作何解释呢?例如,J. 埃德加·胡佛在 1954 年宣称,重大犯罪案数量每年以 8% 的比例递增,这种势头如果不加以遏制的话,将意味着美国会面临新的一轮违法乱纪肆虐的时期。这个数字是非常确切的,即使结论只是口头说说而已。但是不幸的是,犯罪统计数据的可靠程度与一位妇女报出自己"正确的"年龄的可信度差不多。联邦调查局每年所报告的数字是根据 6595 位警长和专门机构的报告而得出的。但是,还没有关于犯罪的统一定义——由于各州有各自的定义[①]——更重要的是,这类报告也没有统一标准。以费城为例:在 1953 年,这座兄弟情深之城[②]报告有 28560 起重大犯罪案件,而在 1951 年则是 16773 起——突然急增了 70% 多。但是,在这期间并没有罪犯大批拥入费城。作为克拉克市长管理改革的一部分,托马斯·J. 吉本斯于 1952 年担任警察局长一职,他上任后发现,多年来警方为了把犯罪数量减到最低限度,就伪造了犯罪记录。他发现,市中心的一个区实际处理过的投诉比记录在案的要多出 5000 余起。于是,他采用了一种新的中心报告系统,结果,"犯罪"数量上升了。在纽约,发生过一件更稀奇古怪的事情。联邦调查局认为,纽约的犯罪数字似乎相当低。经过调查发现:在 1950 年,例如,警方所报告的侵占财产罪数量,大约只是保险公司非公开报告的数量的一半。各分管区直接隐瞒了投诉,因为刑侦人员生怕如果向上级报告大量未能侦破的夜盗案,会引起人员改组。刑侦人员如果接到关于夜盗案的纸条,就把"这些纸条粘在帽子里面",然后就等着,直到碰巧抓到一个盗贼坦白就是其他几个"未侦破的"夜盗案的案犯,他们才上报。在警察专家布鲁斯·史密斯的调查之后,一种新的中心记录系统建立起来了。例如,纽约电话簿上所有分管区的号码都被抹掉,任何人想要报警,必须拨打中心站的电话,Spring7—

[①] 正如罗斯科·庞德(Roscoe Pound)指出,在罗得岛州,因涉嫌犯罪而被起诉的人数在 50 年内已经增加了 1 倍多,在 100 年内增加了 7 倍。——原注
[②] 兄弟情深之城(the City of Brotherly Love),此乃"费城"的本义。——译注

3100。在改革后的一年里，与1948年的数字相比，人身侵犯案上升了200%，抢劫案上升了400%，夜盗案上升了1300%。正如史密斯所作的结论那样：犯罪率"如此惊人的上升本身……并不代表犯罪数量的增加，而只是反映了犯罪报告制度的巨大改进"。

单从统计数据方面来看，在1950年至1954年，大西洋沿岸中部各州的各类重大犯罪案年数量有惊人的增长。但是，纽约和费城占了城市人口的25%（有10万多城市居民）。那么，我们是否还有犯罪浪潮或"犯罪报告"浪潮呢？①

一个惊人的事实是，每10年美国的犯罪数量"自动地"下降——即是说，在10年中的每一年里，犯罪数字急剧攀升，但在第10年下降。这并不是由于太阳黑子或其他循环理论，而只不过是一个简单的统计学陷阱。②仅仅关于犯罪数字的报告当然只是一个粗略的指数，因为必须根据人口的变动情况来明确说明犯罪数字的增加。联邦调查局是按每10万人口中的犯罪数目来计算犯罪比率的，但是在两次人口普查之间的数年里，并没有人口统计数字，所以，这些比率不仅只采用了10年前较低的人口基数，而且更重要的是，它们并没有考虑大量的国内人口流动。这样，加州在1949年，谋杀案比率是4.97:100000，抢劫案比率是136.1:100000，偷盗案比率是2141.6:100000，等等。但是，从1940年到1950年，加州增加了300万新人口，或者说，人口增长了50%。因为在两次人口普查之间的数年里没有官方统计数字，从1940年到1949年所犯的罪案（可以称之为分子）就被归到1940年的较小的分母上面去了。当1950年进行新的一轮人口普查时，犯罪率得到调整，犯罪数字引人注目地"下降"了。在1940—1950这10年里，三个太平洋沿岸州的人口增长了40%左右。但是，1949年的犯罪率仍然是在1940年较少的人口基数上进行计算的；实质上，1949年较大的犯罪数字是记在只占人口总数60%的人的账上，如

---

① 对于所报告的犯罪案的增加，我们也可以指出一种相反的意义：许多犯罪只是偶然被报告的——即，小偷小摸、贿赂、卖淫、赌博，等等——即使警察对这些情况是知道的。被报告的犯罪数量的增加也可以得出反面的结论，即法律正在得到更好的执行。——原注

② 宾夕法尼亚大学高级犯罪学家索尔斯坦·塞林说："美国的统计工作在这个自由世界的任何一个重要国家中无疑都是最薄弱的。这部分地是因为我们的政府形式，因为我们的联邦政府没有成功地进行过全国范围的系统而全面的统计。但是，即使我们的各个州——许多州的人口、财富和犯罪都高于大多数欧洲民族国家——在犯罪统计工作上也没有花大力气……我们的犯罪统计无疑是最为薄弱的。"——原注

此就过于夸大了犯罪数量。相反，在那些人口减少的州里，犯罪数量就少报了。

即使我们承认了这些具体犯罪率的恰当性，那么所谓"犯罪浪潮"或"真正犯罪"的数量的判断标准又是什么呢？例如，在1957年，共有2070794人次涉嫌犯罪被捕，其中800000人次是因为酗酒，而200000人次有扰乱社会治安行为。但是，这些数字究竟意味着什么呢？近年来，小偷小摸、人身侵犯、入室夜盗等案件数量有所增加，但谋杀案和凶杀案的数量则下降了。凶杀案是最能引起公众注意的犯罪行为，如今其案发数量比25年前更低。在1930年，平均每10万人中有8.9起凶杀案，在1955年，只有4.6起。即使假设业已改进的医院设施和医疗技术比从前挽救了更多的生命，凶杀案数量的下降率也几乎达到48%。绑架是20世纪30年代早期吓唬孩子的口头禅，现在这类案件实际上已经绝迹。该如何衡量这些因素呢？

甚至以一般的"违法"行为为例，即以那些我们通常视之为犯罪的行为为例，诸如偷盗财产（夜盗、盗车）和针对人身的犯罪（抢劫、人身侵犯、谋杀、强奸），即使考虑到统计上的各种特例，犯罪率在上升吗？

在一次全面概述中我们说过：在很小的城镇（人口从2500—10000人不等）里，从1940年到1953年，除了凶杀案外，犯罪的图景越来越阴暗。但是，在人口居于10000—250000人之间的城市里，犯罪率却在下降。在最大的都市里，犯罪率的上升也最快。例如，抢劫案数量的大幅上升，几乎完全发生在人口超过250000人的城市里，然而，各大城市在这方面也存在着惊人的差异。在旧金山，除了人身侵犯案外，其他案件数量并无增加。在洛杉矶，所有种类的案件数量都在增加。在波特兰①和西雅图，尽管这两座城市的人口增加了21%，犯罪率却呈下降之势。在迈阿密，犯罪率急速上升，盗窃案和盗车案尤为猖獗。在克利夫兰和芝加哥，情况几乎没什么变化（除了芝加哥的盗车案有所增加外）。在底特律，犯罪率正在攀升。在奥马哈市和整个内布拉斯加州，犯罪率在下降，5年里全州的犯罪率下降了50%（虽然有关部门对这些数据的有效性持怀疑态度）。在波士顿、伯明翰和孟菲斯，情况几无变化。在休斯敦和达拉斯，犯罪案件大大增多。在新奥尔良，盗车案数量在上

---

① 当是俄勒冈州的波特兰。——译注

升,某些案件稍有增加。

(155) 分析家很难对这幅图景作出任何有意义的因果性解释。解释盗车案的增多是容易的:因为[现在比以前]有更多的车子可以被偷了;80%的盗车案是青少年干的,他们经常在冲动之下盗车——与过去相比,现在也有更多的青少年了;此外,几乎所有这样被盗的车子都可以很快地找回来,车子也未遭损坏。但是,人身侵犯案飞速上升,对有些人而言,此乃"违法行为增多"的一个标志,然而,谋杀和凶杀案在减少。像亚特兰大这类城市主要是由于人口增长而导致犯罪案件增多。但是,像洛杉矶这样的城市,从1949年以来那里的人口增加了12%,一级罪行(如夜盗、抢劫等)案件增加了34%。在像达拉斯和休斯敦这样的城镇里,犯罪案件增加比人口增长的比例要高。通常的解释——如洛杉矶警察局局长威廉·帕克所提供的解释——是认为"道德堕落之风已经开始盛行"。他还认为美好的时代比没落的时代孕育了更多的罪行,因为人们享受闲暇的时间多了,在闲暇时就有了更多的犯罪现象。(但是,无缘享受闲暇的黑人集团在洛杉矶警察局的犯罪统计数据上占了很大的比重,这一事实又该如何解释呢?)

对洛杉矶和另外一些地方的犯罪案件增加这一现象,也许比较有意义的一种解释在于分析人口组成的性质。洛杉矶有大量的临时人口,它是一年四季开放的旅游胜地,吸引了大量的金钱和追逐金钱的众多不良分子。如休斯敦和达拉斯,随着大量的新来人口和临时人口的增加,其他犯罪案件在增多的城市如雨后春笋般地涌现。对这些不一致之处的一个较为简单的解释可能是,犯罪案件的增加也与警察执法力度直接相关。在拥有优良警察队伍的城市里,因涉嫌犯罪而被捕的人数较多(对得到警察帮助感到有信心的人会向警方报告更多的犯罪事件,如夜盗和小偷小摸),由于关于犯罪案件的报告和记录都比较多,起初可能会有较多的"犯罪案件"。但是,过了一段时间后,警察严厉的执法会导致犯罪案件的减少,因为罪犯会避开这座城市而到别处作案。

但是,这些解释尽管重要,实际上却没告诉我们有关犯罪的根源和性质;为此,我们不得不求助于通常被人们忽视的两个因素:青少年的角色,少数民族集团(主要是黑人)的角色。

如果从被捕人数来判断的话,各种犯罪案件中将近有一半是25岁以下的青少年所为。考虑到诸多反驳意见，即青少年缺乏经验，较易被警察抓住，19.4％的抢劫案、36.9％的偷窃案、47.8％的夜盗案，以及52.6％的盗车案是18岁以下的青少年所为。1953年，在被控犯罪的1110000人中，44％的人年龄在25岁以下。

这样，要解释最近15年里犯罪数量的波动情况，有一种方法可能是与下面这一简单事实相关的，即在战争期间犯罪率之所以下降，只是因为数百万青年在军队里服役；而在第二次世界大战后的1946—1947年里，在朝鲜战争之后的几年里，由于数百万青年重返市民生活，犯罪市场再度活跃起来。第二个事实是：随着人口增长和流动人口的增加，犯罪数量必然会增多起来，第二次世界大战期间也是生育高峰，当此时出生的婴儿长大成人时，他们占了人口的较大比例，犯罪案件也将随之增多。

除了青少年问题之外，黑人违法者的重大角色也是一个问题。在克利夫兰，四分之三以上的重大罪案是黑人所为，黑人占该地人口的16.2％。在芝加哥，犯罪案件在布朗芝维勒地区发生得最多，那儿是狭窄拥挤的黑人贫民窟，其地的形状如一把匕首，一直伸向南边。在亚特兰大，75％的重大人身侵犯案是黑人所为，黑人占该地区总人口的三分之一。在底特律，黑人占总人口的17％，因武装抢劫而被捕的黑人比白人多2.5倍。在费城，黑人占人口总数的四分之一，三分之二的犯罪案件是黑人所为。在波士顿和新奥尔良，情况也大致如此。

我们必须要考虑到这样的一个事实，即城市警察往往会对黑人违法者更加严厉，更容易将黑人而非白人看成是一个罪犯。当只有一对一的证词时，黑人经常处于不利的位置。① 但是，即使考虑到这些情况，事实仍然是：在统计学、社会学和比例上，黑人比白人犯罪更多。

在某种意义上，这一点是可以理解的。这种犯罪代表了某种形式的

---

① 在1951年10月，芝加哥一位名叫哈罗德·米勒的年轻黑人在坐公交车时注意到一位脸上有乌青的白人女子盯着他看，她指控他在两天前的晚上强奸了她。尽管发生这起没有得到证实的罪案的地区是一个人口稠密地区，但是谁也似乎没有注意到这位妇女哭喊着被人拉进小巷里去。测谎器的测试证实米勒在撒谎，考虑到报纸对此事的关注，法院判米勒终身监禁。一位《太阳时报》记者经过为期两年的调查披露：医学报告证明那位女子并没有被强奸过，执法者错误执法，让另一人逃脱法网，而警察淡漠，只听该女子的一面之词。——原注

"非组织的阶级斗争"。① 在不甚确切的意义上，这种现象是由商业周期引起的。犯罪是怨恨的一种表现形式，是对发财的渴望，是对较富有者的一种暴力行为。这些都是下层阶级的犯罪，而黑人构成了下层阶级的大部分。关于这一事实并无什么种族问题。在 19 世纪与 20 世纪之交时，大多数这类犯罪案件主要都是爱尔兰人干的，后来是意大利人，再后来是斯拉夫人。今天，黑人以及处于边缘位置的波多黎各人担任着这一角色。在这种犯罪集团相继出现的背景下，明尼阿波利斯在 1954 年还经历了印第安人风波。由于政府开始从印第安人居留地撤出，越来越多的印第安人涌入城市，酗酒和人身侵犯案开始增多。虽然印第安人只占明尼阿波利斯总人口的 0.9%，但是在感化院的被收容者中，10% 男性和 69% 女性是印第安人。

无论我们提出什么样的一般性理论（道德特性和阶级特性），如果与特定种类犯罪的波动情况和人口构成上的变化相关联，对犯罪率方面的变化情况的解释就会有意义。事实是，我们统计的时间段短于 25 年（在 1930 年前尚无统一的犯罪报告），即使像我们上面所讨论的数据也并不完全可靠。不幸的是，仅此一个理由，一个道德家的猜测与任何社会学家的猜测并无二致。

青少年街头打群架

如果说关于犯罪率的模式不太清楚，有关青少年犯罪的情况也不见得更清楚。我们对青少年犯罪的数量比成人犯罪知道得更少。关于"成人犯

---

① 但是假如有人把强奸、抢劫和敲诈勒索看做底层阶级的犯罪，那么他也该注意到银行盗用公款，一种中产阶级的犯罪，正在高涨起来。在 1948 年有 500 起案件；去年［即 1959 年——译注］有 1103 起。在颇具反响但标题令人误会的《白领犯罪》一书中，已故的爱德华·萨瑟兰认为，上流社会从事着相当多的犯罪行为，这些犯罪行为以法律采纳的不同行政程序作掩护。萨瑟兰指出：全美 200 家最大企业的 70% 在其生命周期中曾经有过总数达 980 起的"犯罪案件"。这些犯罪包括贸易限制、广告误导、侵权、不合理劳动规章、回扣，等等。假如人们把战争期间战时管理规定的公司强制、信用公司的不道德做法、FTC 为了掩盖公司误导、侵权以及贸易限制而做的断章取义的引用都看做是犯罪的话，那么白领犯罪的财务成本，包括公款盗用，"也许数倍于人们习惯上看做'犯罪问题'的所有犯罪的财务成本。无论萨瑟兰的论断具有多少逻辑优点，但是从一个被抢劫过的或其家里被偷盗过的人的眼光来看，其结果是直接和即时的损失，而企业盗用公款和诈骗大多像税那样转嫁给了社会。当一个人谈起犯罪时，他考虑的是对他产生直接影响的某种东西。——原注

罪"，犯罪率是基于"警察所知道的犯罪案件"，即基于投诉人所报告的案件。但是，对于青少年，直到抓住罪犯后才得知罪犯是青少年，所以必须要使用"逮捕"数字。但是，逮捕数字的使用导致了大量问题。如索尔斯坦·塞林教授所说："警察更有可能仅凭怀疑就逮捕青少年，将他们抓起来审讯，对成年人就不大敢这样做。另外，在任何一年里的青少年被捕人数都包括对同一个人的重复抓捕——众所周知的少年团伙成员可能会被反复抓过一打的次数，青少年被捕的总数就增加了12人次。"

这是一个解释理由，例如，本章开头所引用的加州青少年局数据：在1957年加州每4个17岁少年中就有一位被捕，现在可以认为是无意义的。更糟的是，每当加州的一位警察拦住一个少年并记录其名字，加州的犯罪统计局就将它算作一次逮捕。也许，加州青少年局公布其草率的统计数据的理由是，该局企图借此让公众感到震惊，为了在下一次议会会议上给增加拨款施加压力。当今在美国的执法过程中，这种关于犯罪数量的"掺水"现象并不少见。(158)

如果逮捕人次的数据不足以说明问题，则可以使用美国少年管理局提供的关于出庭受审的青少年的粗略数据。在1940年，大约有235000青少年被带到少年法庭受审。在1953年，10岁至17岁的年龄段大约有同样数量的青少年（约1900万人），庭审案件约有435000件，总数上升了85%。①

但是，对青少年犯罪的各种模糊定义仍然是大有问题的。不仅各州的法律定义各式各样（在纽约，16岁到21岁的青少年会被归类为不稳定的未成年人，不必在正式的法庭受审），但是，大多数法庭会将某些行为问题——从情感失调到父母无力控制行为不羁的孩子——归属到青少年犯罪一类。（每年有100多万少年被警察拘捕——由于小偷小摸、打碎窗玻璃、逃学及诸如此类的原因。）保罗·塔潘是一位著名的社会学家，他就美国青少年犯罪问题起草了一份报告递交给联合国，指出：将近半数青少年犯罪案件起源于粗心大意、逃学、离家出走、不服管教或性犯罪。他说："很明显，一些少年法庭所处理的……大量行为问题，在其他地方是由私

---

① 男孩子的数量超过女孩子，比率约8.5∶1。男孩子经常因偷窃或恶作剧而被带进少年法庭受审，女孩子则由于不正当的性行为或与此有关的犯法行为而受审。男女比例相差如此悬殊的一个原因是，警察一般不愿逮捕女孩子，通常会将她们送回家去，或送交某家私营的社会机构。——原注

人社会机构或父母们自己处理的,而不必诉诸法庭权威。'非官方案件'的快速发展……进一步导致法庭对案件控制的趋势,那些案件在传统上或在其他国家并不认为是犯罪。"

英国则遵循了完全不同的程序。一位被控犯罪的青少年被带到法庭前,首要问题是判定他是否有罪;如果发现该青少年有罪,然后再采取相关措施。在美国,问题不在于有罪与否——只有那些被断定是不可救药的或者法庭认为要依法判决的人,才在法庭上受审——而是在于"有麻烦"。(159) 这个不甚严密的术语"有麻烦"等同于青少年犯罪。

暴力青少年犯

青少年犯罪的"原因"始终是一个难题。如果说关于青少年犯罪的定义模糊的话,某些趋势是清楚的。青少年犯罪现象在战争期间急速增多。从1940年到1943年,青少年犯罪案件在数量上几乎翻了一番,在1945年达到高峰,但是,战后这类案件开始减少。同样,在朝鲜战争爆发后,青少年犯罪案件飞速增多,在1953年达到高峰(可是在数量上尚不如1945年),然后开始下降。几个一般因素是显然的:在战争期间,许多家庭破碎了或移居了;父母和警察对孩子们的监督也松懈了。

大体上,有组织的青少年犯罪是属于大城市的贫民区和萧条地区的一个问题。在中产阶级的孩子里面,青少年犯罪经常是其心理紊乱的一种反应;在"贫民区"孩子那里,特别是那些与其父母的文化背景决裂的孩子那里,青少年犯罪是社会反抗的一种形式——是对不同价值取向和行为规范的一种断定。对所有年龄处于10岁到18岁之间男孩,形成"团伙"是自然的一步。这是孩子的自我与家庭分离过程中必要的一步,是孩子在成长过程中必要的一步,他们需要寻找同龄人或稍大一点的人在情感上的支持。为什么有些团伙遵循业已确立的规范(如童子军)而另一些团伙则通过胡闹和暴力寻求认可,这些问题只有通过对特定团伙所处的文化背景和生活环境的细致研究才能予以解答。

考虑到这些"特性",那么是什么引发了青少年犯罪行为?

一种流行理论是将青少年犯罪率的上升归结为数十年战争暴力的一个恶果,反映暴力行为的各种媒体也难辞其咎:电视屏幕上的暴力镜头,米奇·斯皮伦的流行，电视上播放的恐怖片。据称，所有这一切都激起了孩子的施虐冲动，导致了犯罪行为。在那场声势浩大的"连环画"争论中，这个问题成为一个焦点。调查连环画出版情况的纽约州联合立法委员会径直指出：连环画引起了所假设的后果："表现犯罪行为的连环画是导致青少年犯罪的一个因素。这些描述犯罪行为、暴力和恐怖以及宣扬种族仇恨的连环画损害了孩子们道德观念的发展。"

(160)

精神病学家弗雷德里克·威特海姆（Fredric Wertham）在其《无辜者的诱惑》（Seduction of the Innocent）一书中为上述观点提供了强有力的证明。威特海姆引用了连环画中确定无疑的血腥场面，① 得出结论说，任何一个"在过去 10 年里处理青少年犯罪方面具有丰富经验的人都知道，在孩子们的游戏和暴力行为中的残酷性大为增加"。

实际上，每年有 9000 万册连环画出版，在 1954 年，在 6 岁到 11 岁年龄段的孩子中有 95％ 的人每月平均读了大约 15 册连环画，在 12 岁到 19 岁年龄段的孩子中有 80％ 的人② 每月大约读了 12 册连环画。考虑到上面这一事实，如果上述的判断是正确的话，人们应当对连环画大感恐慌。

但是，这种判断是值得商榷的。正如纽约大学的玛丽·雅荷达（Marie Jahoda）博士在为美国图书出版商委员会所作的一项研究中指出，并无足够的证据支持所谓文艺作品的影响导致孩子们犯罪的理论。阅读本身并不导致一个人将其冲动付诸行动；更常见的情形是，连环画只是导致孩子们逃避现实，以及对现实生活中的暴行变得麻木不仁。

可是，像连环画或恐怖片当然不是导致青少年犯罪的原因；它们最多可能会激发某些隐秘的冲动。主要是其他一些因素在起作用。由哈佛法学院谢尔顿·格鲁克（Scheldon Glueck）和埃莱诺·格鲁克（Eleanor Glueck）③ 所撰的《解开青少年犯罪之谜》（Unraveling Juvenile Delinquen-

---

① 试看一些封面：一辆汽车拖着两个人，一直拖到他们死为止，而上面有一张脸表情得意洋洋——没有人能"认出这堆肉是谁的"，因为脸都被"擦掉了"。在另外一些图片里，一个女人的眼睛正在被一枚针挑出，一只钉着钉子的靴子猛力地踩在一个男人的脸上，一个少女即将被一个人强奸。——原注

② 按照凯瑟琳·沃尔夫和玛乔丽·弗斯克的一项研究，小人书迷是缺乏自信的人。他幻想着在小人书主人公的虚幻保护之下获得安全。作为不安全作用的一个索引，这项研究注意到，低于常规高度的孩子有 52％ 是小人书迷。而高于常规高度的孩子只有 16％ 是小人书迷。

③ 谢尔顿·格鲁克（1896—1980）和埃莱诺·格鲁克（1898—1972）：美国研究青少年问题的社会学家，夫妻两人同为哈佛教授，其成果对青少年的刑法有重大影响。——译注

cy）一书全面彻底地研究了有关的问题，企图找出青少年惯犯与从未犯法的孩子之间的区别究竟在哪里。格鲁克夫妇根据年龄、智力、种族、受教育程度等因素，"配对比较"了500名青少年犯和500名"非青少年犯"。然后对这两组少年给予人身测量（体格和发育情况）测验、智力测验、罗夏（墨迹）测验，以及精神病测验。

格鲁克夫妇将社会学家所强调的一些项目当作常量，如他们将文化冲突（如移民背景和不同文化价值观念）、大家庭、健康不佳、父母年龄差异、母亲在家庭中处于支配地位、过度竞争性、居住在贫民区等因素看做不变的，以便揭示心理和性格因素。他们的确发现了，青少年犯来自那些缺少关爱的家庭以及父母不能作为表率的家庭；在理智方面，青少年犯的表达方式是直接而具体的，他们不善于以象征和抽象的方式来表达；在性情方面，青少年犯们烦躁不安、精力充沛、富于破坏性——格鲁克夫妇认为这些因素可能与发育异常或生理成熟不同模式有关。他们这种对体格或身体类型的强调，是迄今为止的社会学家一直所忽视的。由于各式各样的原因，社会学家们更愿意强调环境因素。这样做部分是由于研究者"自然"会去寻找各种集团性的因素，部分是由于"自由主义的"政治偏见，因为体格的或遗传的因素强调不变的方面，通常与政治保守主义有关联。

采用谢尔顿所定义的体格类型（外胚层体型者即瘦子，内胚层体型者即胖子，以及中胚层体型者或身体强壮者），格鲁克夫妇注意到，在青少年犯的身体类型中，中胚层体型者（肌肉发达、身体强壮者）所占的比例高得惊人，而非青少年犯一般都是外胚层体型者（身体单薄消瘦者）。在青少年犯里，他们注意到有一种推迟了的发育高潮，于是他们推测生理张力的积蓄有可能导致冲动行为。他们注意到，青少年犯罪率从10岁到18岁呈稳步增长势态，在二十七八岁之前犯罪率保持不变，之后呈下降趋势；他们推测，这一点可能与"推迟了的生理成熟"有关，随着身心的进一步成熟，青少年会逐渐摒弃犯罪行为。

这些因素本身并不会"产生"青少年犯罪。这些禀性的倾向只有在适宜的环境中才找到宣泄口。如果我们注意一下众多与青少年犯相关的因素——中胚层体型者犯罪的高比例，强烈的攻击他人的冲动，喜欢直接具体的方式而非抽象象征的方式——我们几乎也可以说这是商人的欲望形象。这样，问题就在于欲望怎样通过某种渠道宣泄。在这里，心理因素

(父母形象的内化方式)和社会因素(孩子所在的亚文化群的规范和价值观念)就变得很重要了。

格鲁克夫妇制定了一种预测技术,以找出现在正在纽约接受长时段测试的一组少年中将来的青少年犯:一项5种因素的测试——父亲对儿子的管教,母亲的监督,父爱,母爱,家庭的内聚力,在布朗克斯区的两所学校数百名一年级学生接受了该项测试。格鲁克夫妇发现,通常一个男孩开始惹是生非的年龄是8岁。测试结果如果显示某一孩子有50%的可能性将来会成为青少年犯,就要采取措施对该孩子及其家庭进行心理治疗。这项实验将要继续3—4年。(162)

受控制的犯罪

无论犯罪的短期或长期的社会学的原因是什么,一个城市里的"违法"程度首先是执法质量和警察机构的一项函数。至少,在1954年进行该项调查时,如果说存在着犯罪浪潮的话,那么这股犯罪浪潮似乎也不在罪犯中间,而是在警察中间。下面是几个随机抽出的例子:

在新奥尔良,警长和侦探长被控有渎职罪,因为他们在处理两位警官夜盗一家杂货店一案时表现无能。10多名警察为他们的"额外"收入作伪证,因而受到指控,一个大型的陪审团于1954年3月作出了"不可避免的结论",即"在新奥尔良市,法律没有得到执行"。

在迈阿密滩市,警长因执法不严而被罢免:两位警官在调查一起抢劫案时,因行窃被当场抓住;一位侦探被逮捕,因为他派两名歹徒去抢劫一家旅馆,事先还警告旅馆职员(一名前罪犯)对这起抢劫不要反抗。

在底特律,18名警察被控犯有受贿罪。

在芝加哥,警察局副巡官雷德蒙·吉本斯,他是穿警察制服的长官(他在战后重组了柏林的警察机构),由于《太阳时报》公布了一本普遍认为是属于他的笔迹的"小红书",上面列有许多每周要交保护费的旅社和酒吧的名字,他被暂令停职。

在伯明翰,警察发现,在两三年时间里,一系列偷盗案都是由一伙警察组织的。

在纽约,各种警察丑闻不断出现,布洛克林赌注登记经纪人哈里·格洛兹每年交给警察100万美元的保护费,这些钱按递降的比例分给从副巡官到街头巡警各个层次的警察。这件事情是如此之恶劣，以至于布洛克林大陪审团于1951年要求警察局局长解雇过去10年中所有担任过部门长官的警官，因为这些警官向赌注登记经纪人收取保护费。（在1959年，纽约又发生了一起向赌注登记经纪人收保护费的警察丑闻。）

(163)

与其他机构（不管是公司还是工会）相比，很难说警察卷入腐败行为的比例较高还是较低。在纽约，在18000名警察中，估计最多只有5%的警察定期收取保护费；但是在这些警察中间，有400名担任要职的警官和便衣警察。在这一点上，需注意两件事：首先，警察腐败的最严重案例通常发生在秘密行动小组里，这些小组负责查办赌博、卖淫、吸毒，以及诸如此类需要侦查的事宜；其次，这些警察的不检点行为不可避免地影响着其余警察的精神面貌。

一些城市的警察部门，或出于愤世嫉俗，或出于怠惰无能，接受一种所谓"受控制的犯罪"的理论。该理论容许有一定数量的卖淫、赌博等不法活动的存在，认为严禁这些现象的花费更大，且会产生更多的犯罪和警察腐败现象。许多大城市都采纳了保持都市中心的治安以及将赌博卖淫"处理到"都市四周的"卫星"城镇里去的理论。这样一来，辛辛那提数年来一直是治安良好的城市，但是河对岸的肯塔基州的新港治安却相当松懈。

一支高效率的（更不必说诚实的）警察队伍存在问题的关键在于，警察通常不愿对那些不守纪律的警官起诉或进行监督和管教。在许多案件中，政治压力保护了涉案嫌疑人。布鲁斯·史密斯写道："纽约警察局的人事档案里充斥着违规警察的复职和再复职的纪录，这些人的警察生涯里有相当一段时间是在停职中度过的，尽管实际数字在某一特定城市可能并不大，不过高估计这些现象对警察风气和纪律所造成的损坏并不容易。"在纽约进行的一项关于20年间警察纪律案的调查中，史密斯发现，被指控的警察中有88%的人有罪，但只有55%的人被罚款，通过解雇或辞职方式离开警察队伍的人仅占2%。

(164)

如果说作风和纪律代表着一系列警察问题的一端，那么，在警察管理中错综复杂的层次之间关系网的建立就代表了另一端。世界上没有哪一个国家能像美国那样让地方的自治权达到如此极端地步。几乎每一个地方政府都有自己的警察机关，在乡村警察、城镇警察、乡村治安官、城市警察、州巡逻队、联邦执法官之间的关系（在联邦政府里面，在移民和边境管理、海关巡逻队、财政部官员、缉毒人员、秘密警察、邮政检察官及联邦调查局之间的关系）相当复杂和混乱，并且构成了具有破坏性的相互对抗。

当然，这样的部门重叠、职能重复反映了政府机构层层叠叠的等级制，仅此一项，就使得这类现象相当流行。甚至除了部门重叠所导致的更高的花费和税款这一问题之外，这类相互竞争简直是在鼓励一种竞争的"保护"体制，该体制允许敲诈勒索者对法律嗤之以鼻。"卫星城市"在过去10年里的发展要归结于下面这个事实：更容易从县治安官和当地警察那里获得"保护"，这些警务人员比大城市里的警察更易屈服于政治压力，更易被金钱收买。

"专作住宅区的卫星城市"的扩张，主要由郊区的快速发展所推动，这种扩张引发了新的问题。例如，波士顿市区有80万居民，但是，马萨诸塞州人口的55%——约有250万人——居住在该市周围20英里的区域内，这些居民中有相当大一部分人每天要到城里，不仅产生了通常的交通问题，在许多情况下还产生了犯罪问题。在波士顿，因犯罪被捕的人里约有三分之一不是该市居民，这一比例无疑比美国其他城市都要高，因为该地区人口密度很高。税款负担的分配，市、县、镇各级警察工作的重叠，都产生了各种难以置信的管理问题。

在许多大城市里，警察机关体制陈旧、囿于传统，无法采取一些简单的组织原则，这些组织原则对效率高的工作部门来说是很普通的。为了应付新问题，警察机关通常只是增加了特殊部门和专门领域的数量，却并不对整个警察机构进行全面改革。例如，正像史密斯在其管理调查中所指出的那样：在纽约，"警察机关的结构紧密依附于组织的武器和计划，并未从一般的人事原则中得到真正的帮助"。

当权力分散已经达到极端时，几乎没有观察家建议成立国家警察机关，虽然，我们必须注意到，当联邦调查局承担了调查绑架案的基本职责后，绑架案实际上不再发生了。但是，正像J.埃德加·胡佛所指出的（他可能是第一个这样指出的人），国家警察机关无力处理成千上万个社区产生的各种问题，一个高度官僚化的国家警察机关也无力处理由地方环境产生的十来万个问题。然而，对大都市和地区警察机构组织进行一些反思还是必要的；但是大都市和地区警察机构本身做不到这一点；这项反思乃是对各州政治管理体制进行反思的主要部分。

(165)

非法团伙活动的减少

到此为止，我们一直将犯罪作为非法获取财富的一种"非组织"形式来讨论。人身侵犯、夜盗、偷窃和诸如此类的违法行为通常都是"自由职业者"的事务，是由个人或间歇性的团伙零星进行作案的。但是，犯罪里的"大户"——它影响了美国人的生活——乃是指通过组织一个行当，为大众的非法而受禁止的欲望提供服务：卖淫、非法贩酒、赌博，甚至工业界的敲诈勒索，企图使其财富的获得合法化。这是作为一种"美国的生活方式"的犯罪。到现在，它发生了什么变化呢？

在四五十年前，商业化的卖淫是非法财富和警察腐败的主要源泉。在纽约著名的油水区和芝加哥大环周围的临时居住区，随处可见各种臭名昭著的艳俗房子。20世纪著名的丑闻，从帕克何斯特牧师游历纽约的淫窟，到托马斯·杜威对纽约副议长卢基·卢西亚诺的起诉，都是有关卖淫嫖娼的。

今天，美国的大城市里几乎已经没有常规经营的卖淫业场所了。旧金山著名的巴巴里海岸现已停业。在1938年，根据警方估计，大约有1600名妓女在受雇用。直到1950年，旧金山尚有一些机构在公开营业。但是，加州犯罪委员会公布了详细情况揭露了真相。

组织化卖淫现象的减少可以归功于许多原因。为了避免曝光，卖淫窟不得不经常变动地点，在战争期间，由于房屋紧缺，想维持已确定的房子变得更加困难。特别是在卢西亚诺审讯案中揭发出来的对女孩们的野蛮剥削公之于众后，公众对卖淫保护极其厌恶，使得经营者更难去贿买警察的保护。而且，仅就生意经而言，与赌博业和其他非法团伙活动的风险和赚钱机会相比，卖淫业的赢利对非法团伙成员来说已经不那么诱人了。

一时间，卖淫业被逐出大都市的中心，在"卫星城市"里生意兴隆，因为在那里得到警察保护比较容易。辛辛那提有河对岸的新港和考文顿，芝加哥有南边的卡卢梅特城，底特律有克莱门山，圣路易斯有河对岸费尔蒙特附近的路边旅馆。今天这些地方几乎都已经没有此类营生了。许多地方，像克莱门山和迈阿密地区一样，在战争期间都已经被清除掉了。新港和新奥尔良的堂区在基弗维尔调查之后就关闭了。亚拉巴马州的菲尼克斯城被州警封闭。根据县法官古特尼希特讲，芝加哥直到最近在市区外围仍有 78 个点，那里卖淫和赌博仍然生意红火，但是新选出的县治安官原芝加哥大学社会学家约瑟夫·罗曼将它们查封了。

道德风气的变化使年轻人有了更自由的性关系；结婚年龄的降低减少了对商品化的性的需求。但是卖淫并没有完全被消除。在许多城市有所谓的"电话应召妓院"，顾客通过查询可以找到一个伴儿。在大城市的酒吧里有酒吧女郎招徕顾客喝酒。今天，肮脏的汽车旅馆也作为窑子。在西北部的某些地方，在联邦政府建造的巨大水坝和建筑工程附近，可以发现在拖车式活动房屋里有商业性的卖淫活动。但是，作为一种组织化的、在全国进行连锁式经营的、并受到警察保护的生意，卖淫业在美国已经消失了。

赌博业在 40 年代曾经是非法收入的主要来源，现在也已经大大衰退了。数年前，在迈阿密滩市的五英里长的海滨地带上的几乎每一家豪华旅馆都装有有线广播系统，广播音量是如此之大，以致附近的街道上都能听到赛马的结果。穿着泳衣的游客们坐在游泳池边，侍者给他们送来饮料，又接过他们的赌金去替他们压注。如果他们想亲自赌博，高级轿车就将他们送到许多装饰豪华的赌场。一个"市政厅赌注登记所"的业务范围经常是迈阿密滩市府的所有办公室。在邻近的迈阿密，在街角、台球房、香烟摊或在赌注登记处，赌赛马等赌博的赌注登记是公开的。今天，整个地区都已关闭，扩音机也已沉寂；若仍有赌博，也是关起门来进行了。

新奥尔良与迈阿密一样是一个热闹的娱乐场所，特别是在休伊·朗将老虎机和赌博"租地营业权"给予弗朗克·科斯特罗后，该城的生活便变得更加单调了。科斯特罗—卡斯特尔·贝夫利俱乐部是一家夜总会，其表演节目的精彩程度，其赌注金额之大，在全国也是数一数二的，但是到了 1951 年，生意也暗淡下来。10 年前当你走在闹市区的街道上，播报赛马结果的高音喇叭声不绝于耳，赌注登记差不多是一种无足轻重的业务。现在，在新奥尔良或在附近的杰斐逊和圣伯纳德堂区，再也不能像从前一样可以轻易地找到一台吃角子老虎机了。

在纽约，布洛克林的赌注登记经纪人哈里·格洛兹每年一次性付给警察 100 万美元的保护费；弗朗克·埃里克松经营了一家全国最大的临时赌注登记经纪处，想要赌博的人仍然可以找到一个偷偷摸摸的赌注登记经纪人，那些沉溺于赛马赌博的人不得不去蒙特利尔了，那里是大赌注登记经纪人的避难所。

(167)

战争期间赌博业生意兴旺，部分原因是由于非法弄来的黑市钞票需要一个方便的消费渠道，但是更常见的原因是，赌博是替代旅游的令人兴奋的事情。"消费者"习惯的转变是引起变化的原因。紧跟基弗维尔调查之后的联邦政府的行动也是一个因素。在1952年，国会通过了一个法案，迫使赌徒们去注册并审报自己的收入。由于联邦机构插手此事，地方的保护就变得不够了。联邦执法官员们开始对赌注登记经纪处进行突袭查抄，而不通知当地警察部门。这样一来，保护关系中的关键——警告系统就不起作用了。在赌注登记经纪活动仍然存在的地方，这种活动也是区域性的、小规模的，并且是单独经营的。

劳工道德水准的下降

(168) 1957—1958年的麦克里兰委员会听证会披露了在劳工运动中渎职行为多得出奇。但是，一个必要的区别应该搞清楚。所披露的情况不是关于非法团伙的活动，而是关于腐化堕落的问题，除了卡车司机和一些部门的餐馆工人之外。在数十个工会组织里，工会领导人把工会看做自己的私有财产，大肆挥霍工会的钱财，或是用工会基金去资助自己和朋友的个人投资。但是，如果与25年或30年前的情形相比，产业敲诈勒索的数量已经减少。在一个时期里，暴徒们控制了男女服装制造业、清洗和染色业、农产品市场以及食品加工业。一个名叫乔治·布朗的人和维利·比尔夫一起负责戏剧和好莱坞工会，他们定期向电影界大亨们敲诈。乔伊·飞伊控制了东区的建筑业。乔治·斯卡里斯控制了建筑业工会。当非法团伙活动被禁止后，以此为生者被迫寻找新的财路，他们发现了进入工会的门径，于是一窝蜂地拥进了工会。但是，必须注意这样一个重要事实：非法团伙成员只能进入处于混乱竞争中小型单独的产业领域。因为没有单独一家商行或一群商行能够将本行业组织化、合理化，所以非法团伙成员才能进入该行业。

从事非法团伙活动最具潜力的当属卡车司机工会，因为该工会在控制运输方面具有战略地位，也因为它的分散控制，允许个人分割一块块小小的领地。在卡车司机工会里，在稳定的和非法团伙活动之间的分界线有时候很模糊。在自动售货机和自动唱机行业里，这一点表现最明显。例如在克利夫兰，该行业是由唱机商协会和卡车司机工会第410分会——自动售货机服务雇员会所控制的。个人经营的一人生意,即租赁一批唱机,取得租地营业权,亲自照看这些机子,个体经营者不得不加入上述协会和工会,并向这两个组织交付会费。唱机批发商和分销商必须只能把机子卖给或租给协会会员,否则会被工会抵制。实质上,这是由工会控制的垄断行为。工会领导人是威廉·普勒泽(William Presser),他在1949年和1950年负责雇主协会;在1951年,他成为工会主席。普勒泽是该地区举足轻重的人物,是克利夫兰地区卡车司机委员会和俄亥俄卡车司机委员会的主席。

奇怪的是,在贝克和詹姆斯·霍法领导下,卡车运输行业的"组织合理化"将非法团伙成员驱逐到该行业的边缘。在组织合理化进程中,协议不再是地区性的,而是在11个或12个州的范围里制订成统一格式,这样,雇主及其竞争者的费用得以稳定下来。"边缘行业"可能相当赚钱。例如,在一个州里,酒馆或商店里的每一台自动唱机必须贴有"卡车司机工会"的标签,该标签的价格是每月50美分。在这个地区,有10000台 (169)
唱机,即卡车司机工会的两个业务代理人每月的私人收入就是5000美元,外加他们的薪水和花销。当政治组织建立在那些要维护如此容易的投资的支持者身上时,要驱逐从事小规模的非法团伙活动的成员并不容易。

在一些地方,曾被认为是非法团伙活动的行业已经组织机构化了。在建筑行业尤其是如此,那里经常要付给业务代理人一定规模的小费,实质上,是对作为承包商的"稻草老板"的服务的回报。在滨水区存在同样的情况,那里的装卸行业里的非法团伙活动已经被当作无法改变的事实,而费用则转嫁给了公众。

更重要的是,许多在30年前甚至更早就开始"营业"的老牌非法团伙成员,自然想要安定下来,避免生活中较冒险的因素(从斗殴到谋杀)。这些人经常投资"合法"生意,接受工会特殊保护或得到租地营业权。在制衣业、货车运输业、酿酒业、自动零售业和餐饮业,情况都是如此。在这里,合法与非法之间的界线不再是一个问题,问题在于道德与不道德之间的界线。

可是,令人非常忧虑的是,在劳工运动中道德水准急剧下降以及腐败现象急剧增多的时候,非法团伙活动便日益猖獗了起来。这种现象表现为许多形式。兼职捞外快的工会领导人数量大得惊人。这些都是合法生意,但是,很难对它们进行道德上的衡量。美国劳工联合会肉类刀具分会的老板在纽约开了一家著名的牛排餐馆。中西部联合汽车工会—产业工会联合会的一位官员经营了一家体育用品店，把器材卖给公司（这些公司与工会订有合同）。两位杰出的卡车司机工会官员霍法和布伦南的妻子从一家大运输公司所办的假运输公司那里得到6万美元的分红。一些工会领袖握有一家发行"劳工报纸"招徕广告的印刷公司的股份，他们也持有一家经办来自全国的雇主繁忙的"电话交易所业务"的股份。挽车赛马运动的丑闻披露了数名工会领袖作为劳工顾问而在该行业的工资表上出现。福利基金揭露的真相显示了，数百名工会官员如何取得丰厚的薪水，或从信托基金抽取佣金。

(170)　　这类行为显示的是，工会领袖有时成了一个暴发户，他们的行为也像暴发户。工会领袖是美国最后一批"白手起家"的人。工会领袖中很少有人作为律师或专家从"外边"进入的。在许多工会里，在任何一个政治局面像泽西选区那么混乱的情形里，几乎所有的工会领袖都来自底层。这些人经常在那些走捷径"发横财"的行业里，那里流行着的人人皆自私的想法，怂恿着工会领袖产生了类似的念头。

　　如果非法团伙活动继续存在的话，那是因为顾客想要得到服务，或是因为一小撮有权势的人勾结起来赚钱。实质上，非法团伙活动成员只有得到政治保护才能生存，无论是工会特权的保护或是政治大亨的保护。当赌徒乔·阿多尼斯及其同伙威利·莫勒第被菲厄雷洛·拉瓜迪亚逐出纽约时，他们渡河来到泽西。在1953年进行的一项特别调查显示，莫勒第曾付给州长约瑟夫·德雷斯科的助手286000美元的"保护费"，而朗基·茨维尔曼①的同伙约瑟夫·博扎曾"贷款"25000美元给共和党的州委员会。只有当这种"保护"被取缔了之后，才能彻底粉碎非法团伙活动。

　　美国人很独特地从道义立场来看待非法团伙活动问题，带着有节奏的规律性在政治生活里掀起改革运动。但是，非法团伙活动是一种"边缘业务"，满足一个社会的某些需要；作为一种边缘业务，是社会边缘团体所从事的行当，通常是被社会遗弃者的职业；因此，在非法团伙成员中，国外出生的和移民第二代的人比例很高。

　　非法欲望可能一直会存在下去，但是，什么是合法或非法的定义会随

---

①　一位非法贩卖违禁品的商人，一度成为控制新泽西自动售货机生意的"令人尊敬的"商人，因被联邦法院指控逃付所得税，于1959年2月26日自杀。——原注

着一个社会的道德风尚和规范的变化而变化。犯罪问题并不取决于老生常谈的人性问题，而是取决于获取财富的方式被组织化的方式。

暴力的展示

如果证据显示——虽然不是结论性证据——今天美国的犯罪率比历史上的各个时期为少，那么最后的问题就是要解释为何会有今天的生活比从前更具有暴力的感觉。道德家们提出的标准的陈词滥调是：因为现代生活打破了传统社区的束缚，生活节奏更快了，所以产生了更多的紧张感，导致更大的野蛮和虐待，增加了生活的压力，使更多的人精神崩溃。

我们发现很难创造一套指标让我们观察100年前或50年前的生活并将今天的情况与之相比。最近由戈德海姆和马歇尔负责的一项兰德研究——《精神病与文明》得出了惊人的结论：100年前精神病患者的数量与今天一样多。对19世纪40年代马萨诸塞州各医院住院率与今天的情况作了比较。（各种病情的详细描述，如"躁狂症"、"抑郁症"、"怀疑偏执狂"，表示它们与现代的躁狂抑郁症和精神分裂症等精神病是相似的，故可以作出等价的比较。）通过年龄比较，作者指出，50岁以下精神病人的住院率，那时和现在基本上差不多。50岁以上的年龄组，主要差异在于：100年前，老年人在家里被照顾而不是像现在这样被送到精神病院。换言之，关于紧张、精神健康之类的言论，所反映的并非精神病人数量的增加，而是反映了人们对这方面关心的日益增加。

暴力问题与之不同。当在文学、电影、戏剧等领域里有更多暴力时（作为20世纪生活的一个令人厌恶的方面，在集中营和战争等里面存在一种"暴力的科层化"），在美国人的个人生活里以及在城市的日常生活里，暴力行为实际上比100年前或50年前甚至25年前更少。我们只要到纽约和旧金山去查看当时生活的记录就能证实这个结论。

离百老汇"一箭之遥"的五点区，在19世纪50年代是该城最臭名昭著的地方。"警察必须两人结伴才敢进入五点区，且从来没有不带武器。体面的纽约人在白天也要避开该区，绕道而行……这里是谋杀犯、盗贼、妓女和销赃者出没之地。"五点区的统治者是以赛亚·尼德斯"上尉"，他组织了一大帮恶棍，在选举时期在各个投票点恐吓选民，将费曼多·伍德推上了市长宝座，伍德则给予尼德斯合法经营酒馆、赌场等权力。

乔治·坦普尔顿·斯特朗是一位出色的纽约律师,他从1835年到1875年坚持写日记,这些日记成为记录19世纪社会历史状况的原始资料。他在1869年的一则日记里写道:"2月12日……暴力犯罪——夜盗、公路抢劫、抢劫和谋杀——近来案件之多、作案者的胆大妄为,都是空前的……今天晚上的《邮报》报道了'可敬市民们的秘密聚会',以及已经组织了治安维持会,准备在这个选区和另一选区采取行动。我们迫切需要一种秘密刑事法庭(Vehmgesicht)[①],但是,即使在最可靠的人手里,这也将是一种可怕的试验……"

一年后,斯特朗愤慨地记录了这样一个事件:"1月25日,星期二。昨晚10点半富兰克林·休斯·德朗诺在约翰·奥斯特家用餐后散步回家,在第五大道和第十一大街交汇的拐角处遭到3个人的袭击,并被抢劫。当然,罪犯一个也没有抓到。犯罪从来没有像今年冬天这样如此大胆,如此频繁,如此安全。很少有罪犯被捕,更少有人受到惩罚。在纽约,国家法律丝毫不起作用,我们必须要尽快地恢复自我保护法。"

在旧金山,有关报道同样措辞偏激。《先驱报》在1855年抱怨道:"我们城市的某些地方有最无耻的男男女女出没……夜幕降临之后,太平洋街的上半段聚集着盗贼、赌徒、下流的女人、喝醉了的水手",这些人群聚集在巴巴里海岸上千个酒馆和赌场里。旧金山的《编年报》收集了19世纪60年代当时的记录,报道了在商业区的码头地段"入夜后没有一个体面的人能够安全地在街上行走;无论白天还是黑夜,他的财产随时都有遭到纵火和夜盗的危险"。从1860年到1880年,巴巴里海岸一带每个夜晚至少发生一起凶杀案和多起抢劫案。巴巴里海岸及其妓院和"窑子"的"名声"远近皆知达60年之久,在第一次世界大战开始前不久进行的城市清理之前,商业化卖淫和犯罪享有准合法的地位。

对卖淫业的保护,以及与腐败的政客和警察的勾结,是75年来犯罪活动的一个主要特点,也是市中心街头暴力的一大原因。在纽约,正如无数的改革调查所显示的那样,坦慕尼协会、警察和黑社会公然联合起来。坦慕尼协会利用暴徒控制选票,而黑社会则从警察那里获得保护。在1910年左右的纽约,最有名的两大非法团伙是由"修士"伊斯曼和保罗·凯利

---

① Vehme 是16世纪德国的秘密法庭,用"人民的公正"对胡作非为的歹徒进行审判——这些都是治安维持会的样板。——原注

操纵的，后者的真实姓名是保罗·瓦卡利。凯利的帮会据说有 1500 名成员；伊斯曼手下也有 1200 人之众。当这两个帮派发生争吵时，双方之间变得仇深似海，经过两年的旷日持久的街头游击战之后，一天夜里，在第二大道和里文通大街，双方摆开阵势决战，有 100 名匪徒参加了这场斗殴。

无论东好莱姆的青少年帮派斗争、布伦兹维尔的周期性械斗、北海岸一带的街头打群架等现象如何激烈，有一点是清楚的，今天的暴力情况绝没有达到 30 年或 40 年前公开的、赤裸裸的斗殴的程度。

关于现代生活在其个人程度上更具暴力性的断言，可能主要是文学创造的结果。在一篇在文学期刊上引起广泛讨论的著名文章里，乔治·奥威尔[①]指出：犯罪小说的标准主人公已经从衣冠楚楚的窃贼，即具有绅士风度的小偷，转为威廉·福克纳的《避难所》里像波佩伊那样的施虐狂型匪徒，或是像詹姆斯·蔡斯的《无人理睬的布朗迪思小姐》里的歹徒。奥威尔觉得，小说的这种变化反映了社会变化。但是，这难道不更是历史现实的一种转变，或者在某种意义上说，不是文学的"民主化"吗？也许，并不是社会已经变化，而是文学已经赶上了生活。

在 150 年前，人们从社会学和生态学的角度描述阶级之间的分界线。老人们对城市里宁静的、树荫遮盖的地段的"怀旧"记忆，在空间上遭到的扭曲比在时间上更厉害。因为城市分隔为各个街坊地段，所以犯罪与宁静可以共存，没有哪一个地段或阶级会直接意识到另一方的存在。

阶级的道德观念和生活方式形成了鲜明的对照。暴力主要是下层阶级的现象，正如笛福笔下的伦敦或是乔治·坦普尔顿·斯特朗笔下的纽约一样，其地理位置一般局限在下层阶级所生活的区域内。

在最近 40 年左右，阶级之间的分界线在文化上和生态学上已经开始模糊起来了。在这种阶级界线模糊、各阶级成员"溢出"各自阶级界线的过程中，暴力现象并没有增多，而是人们更多地意识到包括暴力在内的生活的各个范围。随着电影和其他媒介的兴起，观众人数的增长，这些面向生活的整个领域的"窗口"拓宽了，而老中产阶级却大部分被排除在外了。随着这些"窗口"的拓宽，也产生了一种寻求替代性体验的趣味，这

———————

① 乔治·奥威尔（1903—1950）：英国记者、小说家、散文家和评论家，著有《动物庄园》和《一九八四》等。——译注

反映在暴力展示的节目上。因而，如果说暴力曾被禁锢着，那么它现在已经越出了四周的高墙，但是说暴力事件的数量增多了是不正确的。

正如神学家可能想说的那样，犯罪本身是人类不完善的一个标志。人总是哀叹自身的软弱，每一个时代的人们都对当时暴露出来的问题大声疾呼。但是，如果一个人从"绝对"转到相对，像社会学家一样地询问，现在比从前是否有更多或更少的犯罪，它是否在这方面而不是在那方面发生，形式是否已经变化，如果情况真是如此，那么就去追问为什么会这样，等等，对这一类问题的回答必须来自事实，而不是来自流言。

第九章　非法活动猖獗的码头工人

——经济学与政治学之网

一条钢肋支撑的公路和一排堤岸货棚，将纽约滨水区与城市其他部分隔离了开来，这里宛若旧日的世界，让人联想起 19 世纪闹哄哄的唯利是图场面，而不大容易将之与 20 世纪平静的交易方式联系起来。跨过那条阴影线，你就到了一个混乱的、充满着非法团伙活动的边缘区域，这里由具有公牛般体型的"雇用临时工的老板"支配。在这里，肌肉和膂力——必要的时候动用打包钩和刀子——在混杂的集团里强迫推行秩序，这里有来自意大利的移民、斯拉夫人、黑人劳工、不安分守己又心怀怨恨的爱尔兰人。在这里，贿赂、高利贷、小规模的敲诈勒索、偷盗、小偷小摸以及谋杀随处可见，这些都是码头生活的家常便饭。许多码头直接或间接地被犯罪集团成员所控制，他们操纵着地方码头工会，分配码头的工作，并进行非法团伙活动。工会一般成员对工会领导的任何举措都抱着冷嘲热讽态度，有时他们会采取他们所知道的唯一方式，即"离开工会，未经工会当局允许进行罢工"。但是，那也只有在与工会持不同意见的非法团伙头目的支持下才能进行，这些头目利用这个机会向已经确立地位的团伙挑战。在战后的 10 年里，在船运公司和码头工会之间达成的每一个重大集体谈判协议，码头工人们都拒绝接受。

本章的主题是探讨非法团伙成员对码头的控制持续存在的原因。一般说来，这个问题的答案牵涉到对下列几个方面的理解：该行业的经济状况、工会和在港口城市的市区民主党机构之间的特殊政治关系、在码头工人团体内部的种族格局、关于码头工人作为一种"孤立集体"对其周围城市社区心存疑虑的心理学，以及工会本身"中国军阀"式的组织结构。但是，这些因素只是提供了一种背景。其中特殊的是行业非法团伙成员的作用，它一开始就履行着一种"准合法性"的经济职责，由此成为把机构组织在一起的社会黏合剂。

(176)　　我在腐败和行业非法团伙活动之间作出了必要区分。腐败包括：滥用工会基金、拿好处费、贿赂、敲诈勒索，等等。腐败是罪犯为了私利滥用职权或向他人勒索钱财的一种形式。如果要价并不太高，或者可以像在建筑行业一样将费用轻易地转嫁给他人，它就成为一种可以接受的生意方式；如果要价太高，可能会导致对方要求政府进行干预。可是，行业非法团伙活动所发挥的稳定混乱市场的作用，以及在该行业建立秩序和结构的功能，是其他机构所办不到的，不过它的要价也很高。行业非法团伙活动只能在一种特殊形式的经济市场里才能存在。在钢铁、汽车、化工、橡胶等行业里，行业非法团伙活动并不存在，因为少数几个巨型公司以寡头卖主垄断方式在本行业里建立起一种有序的价格体系。行业非法团伙活动存在于小型的、竞争激烈的、经营本地产品的市场里，像在货车运输业、制衣业、面包烘烤业、清洁和漂染等行业里，除了行业非法活动团伙之外，没有哪一种力量能单独稳定本行业。在20世纪20年代行业非法团伙活动泛滥时，情况尤其如此。在20世纪30年代早期，根据新政进行的合法定价，通过全国工业复兴总署，削弱了行业非法团伙活动的作用。一直发挥着一种准经济的而又必要的功能的行业非法团伙的行为，这时候成为赤裸裸的、毫无必要的勒索。在制衣业（由利普克和古拉控制），在餐饮业，以及在充斥着非法团伙活动的类似行业，雇主们和工会向政府请求帮助。托马斯·杜威[①]在20世纪30年代中期担任纽约县地区检察官，上述情况就是使他首次作为检察官而出名的原因。在全国工业复兴总署寿终正寝之后，绝大多数上述行业的工会都已经足够强大，接替了稳定及规范本行业的作用。而在纽约滨水区，非法团伙活动的格局却继续存在。这是什么原因呢？

　　本章的论点是，特色鲜明的港口经济局面在托运人和非法团伙成员之间形成了一种迁就通融的格局，它导致上述体制的延续。没有这些经济需求，该体制将会崩溃。如今我们都把注意力集中到了权力和操纵，经常会忽视隐藏在权力之下的经济支撑点。州、联邦机构和美国劳工联合会对

---

① 托马斯·埃德蒙·杜威（1902—1977）：纽约州州长，有全国影响的共和党政治家，1935年被任命为特别检察官，在调查纽约市有组织犯罪活动方面成绩卓著，后三次当选为纽约州州长。——译注

1953年以后的纽约滨水区形势的政治干预,乃是基于这样一个信念:通过改变码头工会的权力关系,可能会消除引起非法团伙活动的条件。当然,这是对艾森豪威尔和杜威政府对1955年和1956年滨水区两次罢工非常干预的正当性辩护,虽然共和党人先前宣称政府不应该插手任何劳工纠纷。政治努力失败了。然而,如果它成功了,非法团伙活动的格局是否会被终止呢?这是值得怀疑的,因为如果没有"技术"环境(从最宽泛意义上来讲,该词涵盖生态学、机械操作技术和操作的经济方面)的重组和合理化,引起非法团伙活动的条件将会继续存在。而这就是本书想要揭示的东西。如果随之而来的东西在很大程度上是历史,那么它乃是通过社会学视角描写的历史:解释非法团伙活动是怎样成为工会的一个不可分割的部分的,以及显示在形成一套复杂社会关系过程中一个特定类型的市场的角色。

经济杠杆的支撑点

连小学生都知道,纽约作为全国最大都市的地位应归功于其出色的港口。在美国商业发展过程中,没有任何城市能拥有与纽约相比的资本:又宽又深的航道、不冻港、很少有雾的水域,大货船经过数英里的内陆段航行后,开进一组宽广的天然港口,再进入呈曲线状拐入海湾的受保护的河口湾,最后驶入既长又适合航行的内河,那里有无数个可停泊船只的码头。如此看来,纽约是天生的航运业老大。频繁的航运业务、充足的货物存放空间、许多条汇聚到纽约的铁路干线以及便利的银行设施,很快就使这个港口对代理商和进口商都颇具吸引力,前者要将货物从内陆运到欧洲,后者进口国外商品在全国各地销售。由于业务量巨大,国家各大银行手头都握有大量储备资金,这已成为一个惯例。这种流动资金的积累使纽约成为全国证券交易中心。在19世纪与20世纪之交前夕,纽约已经成为美国最大的经济和社会力量集中点。市区金融摩天大楼和低矮的西区堤岸在空间上的对立,成了金融业和商业之间的这种相辅相成关系在地形学上的象征。

虽然纽约港弯曲的周边长达700英里,港口的中心是沿着曼哈顿西边的长约四到五英里的码头和装卸处。远洋轮船在这里进港。大量的货物和产品——有的在该城市消费,有的要运往内地,以及从东部工业区运来要出口国外的货物，都在这里装卸。但是，曼哈顿是一个岛屿，其不利条件是独特的。虽然许多一般吨位的货物都在狭窄的曼哈顿装卸，但是该岛本身却没有一个与铁路干线直接相通的轮船码头。铁路运输的货物与轮船之间的来回运输，不得不使用驳船在港内来回驳运，或者采用卡车运输。但是码头间水域的宽度，既不足以停泊远洋货轮，也不足以停靠沿着轮船四周游弋的卸下或驳运散装货的驳船。因此，严重的堵塞和迟滞产生了昂贵的运输费用。而码头本身的狭窄给卡车在码头上的往来造成了混乱。纽约只有少数码头能适应犹如庞然大物的40轮运货大卡车，所以，对大多数码头来说，货物必须在码头外边拥挤的街道上进行装卸。堵塞如此厉害，等待时间如此之长，以致大汽车运输公司对在都市地区的轮船码头的运货规定了罚款率。

由于这些陈旧过时设施，码头作业费用，曾是航运业务中的一个小因素，在许多情况下开始超过船只折旧、船员工资、保险、日常用品、管理费用、维修和燃料用油等开支的总和。码头装卸费用成了最大的一笔码头费用，占船运总费用的50%。如果一家船运公司要想在经营中盈利，它就需要快速的"周转"，即快速装卸和快速运输。为此，它需要有随时待命而又驯顺的劳动力。

劳力供应市场的形成

船运按照惯例是一种"不定期"业务。该行业本身是季节性和周期性的，业务量受战争、由于政治原因对商路的封锁等因素的影响。个别船运时间表受天气变化、港口迟滞、散装货寄售种类等的影响。对劳动力的需求变动很大，它取决于在港的船只数量。为了快速"周转"，船运公司需要有过量供应的劳动力随时可以调遣使用，他们可以在一周内最忙乱的几天里连续长时工作，空闲时耐心等待下一班船的到来。

因为船运公司的需要是不定期的，所以大多数船运公司不直接雇用码头工人，而是与装卸公司按船只装卸吨位签订合同。大约60家这样的装卸公司雇用了所有的码头工人，它们与船运公司一起组成了纽约船运协会，该协会就工资和工作条件与工会进行谈判。

历史上，保持必要的过量劳力供应的方式是一种"公开的临时工雇用制"，即鼓励所有的临时工聚集在码头，然后以吉普赛人的方式挑选工人。

对一个出租车司机、一个空闲的卡车司机，甚至对一个不当班的城市消防队员或警察来说，这种机制是捞外快的捷径，尤其是在周末或晚上，那时一般都有加班费。数千名工人在码头上付出小段不规则的时间。但是，对数千名寻找固定生计的工人来说，公开的临时工雇用制的条件以及这种机制所鼓励的偏袒关系是不可忍受的。

在第二次世界大战之前，所有雇用都通过公开临时工雇用方式进行。每天两次，上午在7点55分，下午在1点钟（必要时晚上进行第三次雇用），人们在码头前排成松散的半圆形，被"雇用临时工的老板"挑选去干半天的活儿。没有任何正式的机制通知人们每天哪里有活儿干。有些人从码头布告牌上看到通知，有些通过聊天得知，有些则看到报纸和行业小报得知。如果一个人在上午7点55分没有被雇用，在这一天里他就不大可能有得到工作的机会。由于不知道港口的哪个地方可能有工作，他就蹲在原来的码头上等；即使他确实到了其他码头，很有可能他来得太迟，其他临时工得到了工作。在缺乏任何信息时，人们聚集在他们往常获得工作的码头上。这样，每一个或每一群码头往往会建立起自己的劳动力队伍。一些码头工会分会，如968号分会——其成员全是黑人，没有特定的码头，因为它被一个意大利分会挤出了布洛克林码头，它的成员在城里到处游荡，或者在哈莱姆①试图建立自己的"职业介绍所"。

1942年4月，海军少将兰德当时是战时船运管理局负责人，严厉批评临时工雇用制，认为它效率不高且混乱不堪。因为劳力缺乏，为保险起见，公开的临时工雇用制即随机地挑选一群人的做法被修改，办法是形成稳定或固定的保持完整的团伙，首次试着在该团伙固定的码头找工作。（战后，固定团伙制在哈德逊河的大多数码头保留下来。其他那些沿着东河和布洛克林的码头又回复到公开临时工雇用制，或者雇用那些到处流动的团伙。）

固定团伙制使新组织的形成成为可能。战后纽约滨水区爆发罢工有重要意义，在20世纪20年代和30年代及战争期间并没有发生罢工事件，只有当某种形式的固定化雇用制出现后才有可能发生罢工。

码头临时工雇用制显然给船运公司提供了所需要的流动劳动力。在1946年，战后高峰年，码头上总共雇用了6万名工人。在1950年，因为

---

① 哈莱姆，纽约市曼哈顿区上城的黑人居住区。——译注

船运业的衰退，这个数字减少到 4 万人。这是总劳动力供应状况——固定工和临时工。实际上，"全日制"码头工人总共在 1.6 万到 2 万人之间；其余都是临时工。关于固定团体，只有 5％到 8％的人每年工作 2000 小时（即每年工作 50 周，每周工作 40 小时）。20％到 25％的人每年工作 1200 到 2000 小时。其余 35％到 45％的人每年工作 700 到 1200 小时。一个纽约码头工人又低又不稳定的收入地位的最简单显示就是，银行和金融公司都不给予码头工人个人贷款，公共或私营住宅区通常也不接收这些低收入码头工人为租户。

包工头和劳工

　　临时工雇用制往往突出了工作的不确定性和不保险性。在一个强壮的头头领导下，码头团伙壮大起来，为了保证自己找到工作，非法团伙活动便成倍增长起来。一个人握有两张社会保险卡就可以一张卡工作最少量的时间，然后收取保险金，而同时为另一张卡定期地工作。或者用多余的工作卡来虚报工资表，办法是在花名册上加一个虚构的工作团伙，多余的钱就可以在包工头、工资表上的职员和团伙之间分掉。这种类型的虚报工资表以及高利贷和其他寄生虫式做法之所以有可能，是因为有"黄铜支票"（brass check）① 的存在，这种"黄铜支票"体制当时在美国其他产业已经逐渐消失，几乎没有一个地方有这种做法了。工人们通过上缴黄铜支票来领取报酬，但其他人也可以这么做。因此，那些在发工资日前手头已没有一个子儿或急需钱支付账单的码头工人，会折价卖掉他们的支票以换取现金。装卸公司对虚报工资表睁一只眼闭一只眼，因为与一个能驱使工人多干活办事灵活的包工头所获得的更大利益相比，这些钱算是小意思了。

　　码头上的关键人物是"雇用临时工"的老板。虽然雇用临时工的老板实际上只是一个包工头，是一个管理代表，但所有雇用临时工的老板都是

---

　　① 黄铜支票指向非技术工人支付工资的老体制。一个工人为每天所做的工作得到一张黄铜支票，这些支票到了周末时可换成现金。这样，簿记工作量被最小化，很少有保留的记录。由于人们也曾以这种方式付钱给妓女，这一词语，尤其是在世界产业工人组织的会员中间，成为一种轻蔑性的词语，艾普顿·辛克莱尔也在这种意义上使用该词语作为一本关于"被供养的"报界的著作的书名。——原注

国际码头工人联合会成员，他们之所以被选中是由当地工会指定的；很少有哪家船运公司或装卸公司指定一位雇用临时工的老板。作为一个关键的有油水的工作，挑选哪个人担任这一工作的选择权就落到了工会官员手里，作为一种交易，他把这份工作给自己的朋友。

在许多码头上雇用临时工的老板有过犯罪记录，这是十分普遍的现象。一家大型装卸公司的官员在解释该现象的原因时冷嘲热讽地说："如果我可以从雇用一个厉害的有犯罪前科的人和一个没有犯罪记录的人之间作选择的话，那么我会更愿意雇用那个有犯罪前科的人。你知道这是为什么吗？因为如果让他来当老板，他会把工人们管得服服帖帖，让他们干最大量的活儿。他们会怕他。"

国际码头工人联合会（简称"国联"）的世界

为什么工会能忍受这些情况呢？简单点说，为什么国际码头工人联合会能够像一个工会那样地行动呢？美国工联主义的经典格局，它的存在理由，是工作控制。工作控制意味着限制工作数量或找工作的人数，以及一套明确的论资排辈体系，这是为了在获得工作权时保证平等和保险。美国很少有工会在找工作的人中间鼓励激烈的竞争，也很少有工会容忍一种工作不保险的状态。但是，国际码头工人联合会却是这些少数工会之一。

答案在很久以前就是显而易见的了。斯万斯特鲁姆先生（Swanstrom）是一位天主教神父，他于1939年发表了一项题为"滨水区劳工问题"的研究报告，他在报告中写道："仅仅作为事实的说明，［工会］官员和代表在保持高级会员身份的同时获得了既得利益。"通过鼓励劳动力过剩，工会给公司提供方便；通过控制临时工雇用制，工会领导对工人有一根有效力的大棒。

实际上，国际码头工人联合会已不大像是一个工会，而更像是一群中国军阀，每个军阀统治着一个或大或少的省份。在纽约地区大约有70个分会，有些是以行业为基础，另一些则以地理为基础，每个分会的会员人数从1000到1500名不等。大约有30个这样的分会是码头工人分会，通常在地理上管辖一个或一小群邻近码头。另外，国际码头工人联合会也包括木匠、职员和检验员等行业分会，一大批混杂分会如：木材场工人、仓库工人、油类搬运工、驳船船员、拖船工人、粮仓工人、捻船缝工人、平底驳船监工，等等，以及其他一些名字古怪的分会，如"轮船马和牛钳工"、"粒面状天花板装镶者"、"海上木匠"、"食糖样品检验员"、"谷物平舱工人"、"张帆杆检查和索具检查"工人，等等。

在分会内，较少的会员人数以及"面对面"的接触方式使得小团体有可能获得和"加强"控制。通过将固定工作分配给一些关系较好的人，从而建立起一个忠诚追随者的严密机制。其余会员则受到会失去工作的不公平待遇的威胁。在战后数年里，当有一些记录第一次保留下来时，这些记录显示，只有7个分会定期以无记名投票方式进行选举。其他分会以公开投票方式进行选举，或者干脆不进行投票。

破坏民主制的现象不仅在各个分会里很普遍，而且在各个选区里也存在。在纽约地区，码头工人分会组织成一个区自治会处理码头工人、检验员、货物维修员、保养员等里面存在的问题。但是，这地区本身在政治上被不公正地划分为数个选区。通过有意安排，有太多码头分会的会员人数是有名无实的。由于导致任何结果的一切行动必须经区自治会批准，持不同意见的分会很容易被对手以多数票击败。在重大罢工问题上，老旧的投票体制使得高层官员能操纵投票结果。当要进行投票时，通行的做法是将投票箱放在从缅因到弗吉尼亚的每一个工会的分会里。投票总数通过电话报给"国联"的办公室，在那里进行制表，宣布结果，并将确认已收到投票总数的信函分寄给各分会。在1951年罢工投票中，纽约州调查委员会报告说："有证据表明，纽约港没有一个分会曾用电话或电报确认过报告。证据还显示，在调查过的分会的记录簿上没有有关投票结果的永久性记录……"

非法团伙活动杠杆的支点

在滨水区，控制一个工会分会意味着能得到比政治胜利所带来的普通收获大得多的利益。控制一个分会意味着控制一个码头，以及控制一大批在码头上酝酿的非法团伙活动。一个获胜的团体具有许多它可以支配的特权，包括赌赛马的赌注登记、放高利贷、拿工作回扣，等等。所以经常发生争夺控制权的斗争，一旦得势就对敌手进行无情的压制。

但是，最值得竞争的是"装货非法团伙活动"。控制"装货"及其丰厚的年收入是30年来在纽约码头上进行血腥的码头争斗的主要竞争目标。

第九章 非法活动猖獗的码头工人

"装货非法团伙活动"是犯罪渗透和"国际码头工人联合会"各部门进行充分操纵的关键，它在纽约滨水区历史上起着在政治上和经济上调节错综复杂的各大势力要素的作用，这一点揭示了问题的各个方面。

公共装货是在一种特殊的场合下产生的。当船运公司将船上装运的货物存放在码头上的货棚里时，它们就不再对这批货物承担责任了。来提货的卡车司机不得不自己将货物装上车，或者请人帮助装货。所谓公共装货只是指下面这种做法，即：雇用一个帮手去搬存放在码头货棚里的货物，然后用人力或用铲车，将货物从码头地面搬上在一旁等待的卡车的后栏板。只需把货物抬上一英尺半的高度。这样就算完事了。① 然而，为了在不同的码头上获得控制装货"许可权"，有20多人被谋杀，重要的船运公司经理受到威胁，整个工会分会都被匪徒接管，城市官员被说服对这些行为佯作不知。那么，这些是如何发生的呢？(184)

本杰明·富兰克林（Benjamin Franklin）说过："时间就是金钱。"时间就是上述问题的答案。在第一次世界大战期间，在码头上往返的运货卡车的数量大为增加。滨水区的用卵石铺成的通道起初不是为了这种交通而建造的。该城市狭窄的码头也难以适应这种情况。长长的队列排起来了。等待所费的时间成了卡车运输中最昂贵的费用。与其付钱给司机帮手让他在卡车上打盹，不如派司机本人到码头，让他从旅店或附近酒馆的酒吧里找个酒鬼当装货工。

渐渐地，通过擅自霸占码头的合法化的过程，各式各样的个人开始宣称对各个码头上的装货业务拥有垄断权。起先，他们提供服务；后来，他们开始强迫人家接受服务；他们实际上开始对所有来往的车辆以典型的垄断方式收费。（卡车司机在特别紧急的情况下付一笔"加急"费就可以排到车队的前头去了。）因此还设立了收费门。无论你是否需要装货工，你都得为这项服务付钱，在吨位的基础上还征收超重费。就这样，开始了行业非法团伙活动；非法团伙成员找到了一个关键的道路交汇处，就占据该处来发财了。

魔鬼说，当你拥有一样好东西，你就把它组织起来。许多人就这样试

---

① 因此，公共装货工不同于受装卸公司雇用的负责装船和卸船的码头工人。公共装货工起初大约与火车站的公共搬运工很相似，后者是不允许通过列车车门的。他们实际上是装卸公司和卡车司机之间的独立的"中间人"。——原注

了。阿尔法·约翰斯顿（Alva Johnston）于1931年在纽约《论坛报》（Tribune）上关于装货问题的系列报道中写道："他们通过征服和军事占领控制码头。"可是，一个帮派的王冠就像是纳米祭司的金枝。一个人只有靠杀掉其前任才能继承王位。在20世纪20年代，滨水区王朝的10余个成员以飞快的速度相继登上王座。①

(185) 然而在30年代中期，和平的局面得以确立。在西区码头上各式各样的装货老板共同努力，组成了一个名为瓦里克实业有限公司的组织，作为匪徒们集中装货业务的中心机构，以强制手段进行经营。该组织的信息服务效率如此之高，它甚至保留着每一批装运货物的精确标签，无论这些货物是以铁路还是水路运到该市的。各种各样的装货工，通过该机构的介绍，到各个终点站去，察看货物重量、运输公司和收货人的名字，并开了一张装货票——无论有无提供装货服务，上面列出了收费金额。然后，收款员就巡回收款了。如果有人拒绝付款，瓦里克公司就通过其工会联络网发动工人怠工，或者向不愿付款的托运人威胁要举行罢工。

在20世纪40年代中期，当地方检察官办公室开始调查它的经营状况之时，曾一度帮助选举了坦慕尼协会领导的瓦里克实业有限公司就解散了。装货工工头于是纷纷回复到原来的在独立的基础上控制地盘的办法。

"斗鸡眼"约翰·邓（John Dunn）的职业生涯表明了，伴随着装货非法团伙活动的发展是丰厚的奖赏和不时发生的谋杀。邓曾先后在两家教化院和辛辛监狱服过刑，他于1936年来到滨水区。在谋杀了两人、打伤了一人之后，邓立即开辟了通向59号码头装货控制权的道路。在1936年11月，他和助手们成立了"工人委员会"，并从"国际码头工人联合会"得到了成立分会的许可证，分会名为"终点站检验员和平台操作工，1346—2号分会"。邓计划要利用这个分会去控制码头上的装货业务，而且还要利用它来控制内陆货运终点站上的装货业务。邓没有组织工人；他只是去找雇主们，"谈成"一个合同，然后告诉货物搬运工说他们属于他的工会。第二年，邓拓展了活动范围。他终止了"国际码头工人联合会"的许可证，用"汽车和公共汽车终点站检验员"、"平台和办公室工作者"的名字

---

① 滨水区最短的一任统治者是艾迪·麦克库勒（Eddie MoGuire），他只统治了5分钟。1928年，当领导职位空缺时，各码头领导聚集在哥伦比亚码头，以掷骰子的方式推选领导人。艾迪获胜了。5分钟后所有的人都离开了，只有艾迪还留在那里。一个巡夜人发现他已经死了，身上中了5颗子弹。——原注

从"劳联"获得了3个联邦许可证。这些许可证是分别给纽约、新泽西和宾夕法尼亚的,邓亲自担任业务代理和纽约分会的副主席,而他雇用的打手"斜眼"安德鲁·夏里丹(Andrew Sheridan)则成了泽西分会的组织者。通过这些分会,邓成为货车运输业内的重要人物,同时还控制着许多码头。

战后不久,在1946年5月,一个名叫安东尼·欣茨(Anthony Hintz)的人被指定为51号码头的雇用临时工的老板。欣茨拒绝与邓合作,尽管受到威胁,他坚持抵制达数月之久。1947年1月8日,当欣茨走下他家的楼梯准备前往码头时,3个人走上前来,其中一个向他连开6枪。欣茨在死亡线上挣扎了3天;当他的生命濒临衰竭时,他告诉警察说:"是邓开枪射我。"理由很简单。正如邓的伙伴"斜眼"夏里丹对警察所说的那样:"想要控制码头你就得控制装货……安东尼·欣茨是装货工的头儿"——他成了绊脚石。夏里丹说,光一个码头的装货的利润每周就有900美元左右。(186)

有一段时间,邓似乎要供出其他与装货非法团伙活动有关的人员的名字。然而,他继续保持了沉默,1949年7月,邓和夏里丹上了电椅。

在战后数年里,公共装货勉强准许穿上了合法的外衣,并开始制度化了。这个过程开始时很不协调,当时装货业务里的敲诈勒索行径快要达到肆无忌惮的地步。在1948年秋季,身强体壮、性格坚定的约瑟夫·阿德兹(Joseph Adelezzi),当时是汽车运输公司协会的总裁,准备向此宣战了。"我们已经受够了,"他说,"关于装货费率没有一个统一标准……没有体制,没有规则,没有任何方式的控制。我们告诉他们说我们已经尽量做了力所能及之事,尽管他们手上有枪,我们也不愿再让步了。"

货车运输公司要求船运公司(他们是承租人)或船运公司的装卸代理商来接管装货业务。这就意味着要由船运公司制定固定的收费标准来终止非法团伙活动。但是船运公司拒绝了。它们所关注的是船只的快速周转,若要如此,它们就需要一支庞大又驯服的劳工大军。因此,它们需要一个"合作的"工会分会;此时,各分会都由非法团伙成员所控制。此外,由于码头集团可以给货运造成耽搁、进行怠工或举行罢工,它们能够对船运公司产生有害的影响。由于这个原因,与匪徒合作并收买他们对船运公司是有好处的。

所以,船运公司拒绝处理装货业务。实际上,货车运输公司也不想处理装货业务。它们反对的是任意的、不确定的费率,这使得它们很难向自己的客户收取合理的附加费。它们所要的是稳定和秩序。

"国联"主席约瑟夫·瑞安(Joseph Ryan)在公共装货工和货车运输公司之间召开了一次紧急会议。货车运输公司同意:作为对规定统一装货费率合同的回报,它们愿意牺牲自己处理装货的权利。

合同签订了,但是非法团伙活动仍在继续。在货车运输公司再次投诉后,调查委员会委员穆塔要求船运公司亲自接管装货业务,或者书面指定有权经营码头业务的公共装货工处理该业务。到这时为止,甚至连装货工们的正式身份还不知道;付款都是用现金支付的,既无账本也无任何记录。船运公司考虑到装货工的力量,拒绝亲自接管这项工作,于是就着手指定同样的那帮人作为合法的被指派处理装货业务的人,这些人已经控制了各个码头,其中有许多人有犯罪记录。该城市这种软弱姿态的后果是,码头上的公共装货工正式得到了官方承认。公共装货工虽然实质上是独立的承包人,这时正式成为码头工人工会的成员。装货工与货车公司协会商谈了装货费率。纽约的装货业务"合法化了"。

"装货业务"的微妙之处在于:它给几乎没有投资而获得暴利的行为提供了一个温和的合法的面具,而不是指使打手进行恐吓;它提供了一个赚钱的收入,像死亡和税收一样有规律,只是受正常的商业周期变化的影响。①

对社会学上的调查而言,非法团伙活动的真正重要性在于"装货业务"只有在纽约滨水区才存在。在旧金山、新奥尔良、巴尔的摩、费城以及美国其他重要的海运港口,从来没有出现过装货非法团伙活动。有许多当地的或历史的因素可以解释这种缺乏,但是关键一点是,其他这些港口

---

① 尽管装运业收入从不像一些耸人听闻的统计那样丰厚,但还是相当高的。来自15个码头的记录表明:在1950年,在装运行业支付了1807000美元,平均每一位装运工人得到了14600美元。不过,这个平均数是骗人的。从理论上讲,装运工人用他们的收入搞联合经营,并且平均分配获得的收益;至少国际码头工人联合会抱着这样的幻想,那个联合会以此为根据来协调其成员。而实际上,担负繁重的搬运工作的装运工人仅仅是装运工头的雇工(许多码头的工头从来不做工),或者是工头背后的人的雇工;收入分配存在巨大差异。如人们可以猜想到的那样,假如一名工作的装运工人的年工资是4000美元,那么船运码头的管理团体得到的纯利润将是每年300000美元;在路肯贝克码头是每年180000美元;在古巴船运码头是每年72000美元。在一个小工团控制着几个紧密连成一体的码头的地方,利润自然要更高些。因此,由波维尔斯帮主导的装卸联合公司控制着84到92个码头,这些大码头停泊着大型远洋船只。尽管没有具体数字,但是这些码头的收入每年要突破百万美元。——原注

的空间上的排列使装货从未获得"功能上的"重要性。除纽约之外，在所有这些港口，都有铁路直接通到码头，所以货物的转运既容易又快速；在这些港口，也没有纽约的那种迫使卡车等待的、积起"超时费"的、或导致码头外装货的拥挤堵塞的狭窄的街道格局。这里存在着一个"经济模型"上的差异，这种差异可以部分地解释何以存在或为何没有非法团伙活动。

"国际码头工人联合会"的历史

在工会的背景或性质里，是什么因素使它走向难以收拾的境况呢？

如果与城市政治上各个相互竞争的族群的复杂背景相比，"移民"工会的政策和策略理解起来比较容易些。正如纽约的"犹太人"工会——女士服装工人、混合制衣工人和制帽工人——在产生和发展初期就与社会主义政党交织在一起，同样，在纽约的"爱尔兰人"的工会——码头工人、卡车司机和建筑行业——与坦慕尼协会及其特权体制不可分割地联系在一起。许多早期的建筑工人、承包人和装卸工人都是自力更生的工会成员。他们通过获得铺路、托运、建设等城市合同而慢慢发展起来。在这些努力过程中，他们经常得到在政治上有影响力的工会领导的帮助。在这些互相勾结的过程里，一张复杂的友谊和政治联盟之网出现了。除了早期有一段短暂的失败历史，码头工人工会是这张网的一部分。

(188)

码头组织在东海岸有一段零星的历史。在19世纪70年代和80年代，一群工人组成了码头工人工会保护协会，想要稳定码头秩序。在19世纪80年代中期，一位名叫爱德华·麦克休（Edward McHugh）的英国人作出了更加坚定不移的努力，他是伦敦和格拉斯哥码头工人工会派到纽约来组织码头工人工会的特使，目的是为了对付顽固的雇主，希望有可能在大西洋两岸同时采取工会行动。麦克休组织了美国码头工人工会，但是他和当时的其他许多的工联主义者一样，他的兴趣很快就转向政治了。在1886年，麦克休和羽翼未丰的码头工人工会参加了亨利·乔治（Henry George）的市长竞选，但在第二年，当联合工党的联盟垮台时，工会衰落了，麦克休回到了伦敦。

在20世纪到来之后，西区的一个名叫迪克·巴特勒（Dick Butler）的富有传奇色彩的人物复兴了纽约的码头工会组织，他接受了该组织的旧名称，重新启动了独立的码头工人工会保护协会。巴特勒在年轻时曾当过码头工人和建筑工人，他不久就发现了政治的享乐之路，他发现百老汇花花公子和酒馆老板的舒适生活更合他的胃口。但是，经过所有这些人生经历，他在工会里一直是一个重要角色。作为前纽约警长和坦慕尼协会里的反对派大富翁德弗里的追随者，巴特勒意识到工会是一个用来作政治交易的方便的基地，在坦慕尼协会候选人的选举闹剧中，他可以利用工会获取——和保护——他的选票。他采取的集体谈判的方法是原始的。在码头工人工会保护协会复兴后不久，他为码头工人们争得了每小时增加三美分工资。"我设法做到了这一点"，他后来回忆道，"安排和富兰克林（P. A. S. Franklin）作了推心置腹的谈话，他现在是国际商船队的头儿"。直到现在，个人接触是支配"国际码头工人联合会"谈判的方法。

同时，在1892年，"五大湖地区木材搬运工人"工会在巴夫罗成立，它依附于"劳联"。一年以后，其管辖范围扩张到所有的码头工作，第二年，即1894年，它改名为"国际码头工人联合会"。在奥康纳（T. V. O'Connor）的领导下，该工会在五大湖地区开始发展，奥康纳曾是五大湖地区修理拖船的船坞工人。在1906年，奥康纳成为五大湖地区领照拖船工人保护协会的头儿，后来成为"国际码头工人联合会"的头儿。

在1912年，奥康纳似有"强行挤入"东海岸之势。为了避免手足相残，迪克·巴特勒将他的码头工人工会保护协会与国际码头工人工会合并，成为"国际码头工人联合会"的第一个大西洋地区的主席。第三个人的加入组成了早期"国际码头工人联合会"领导层的三头同盟。他就是意大利的职业拳击手保罗·瓦卡利（Paul Vacarelli），他的化名保罗·凯利（Paul Kelly）更为人所知。瓦卡利是在一艘运垃圾的平底驳船上开始其事业生涯，他不久就组织了平底驳船平舱工人工会。他走上岸，像巴特勒一样，在保持工会工作的同时经营酒馆生意。政治自然而然地成了下一个目标。在老大提姆·沙利文（Tim Sullivan）的关照下，瓦卡利成为下东区的政治老大。他在琼斯大街上的酒馆名叫"小那不勒斯"，是纽约本地传说中的著名人物如"修士"伊斯曼（Monk Eastman）、"六指"墨菲（Six-fingered Murphy）、"九眼"唐尼根（Nine-eyed Donnigan）、"牦牛"布雷迪（Yaky Yaky Brady）和"大千斤顶"齐利格（Big Jack Zelig）等人经常光顾的地方。

权力上的三头同盟是一种不稳定的结合。在1917年，迪克·巴特勒开始向奥康纳挑战。当然巴特勒需要一些军费，他向其政治上的和黑社会上的朋友求助。在百老汇各处的所有赌徒都给巴特勒的战争基金捐过款。（阿诺德·罗德斯坦［Arnold Rothstein］是黑社会的金融家，捐了1500美元。）巴特勒只是说："赌徒对我很感激，因为我在盖诺统治期间保护过他们。"巴特勒还得到了大西洋区及其两个崭露头角的重要人物，约瑟夫·瑞安和阿尔·马里内利的支持。① 巴特勒还得到了三巨头中的另一成员保罗·瓦卡利的支持，但是，像古典文学中常发生的情节那样，瓦卡利在最后一刻背叛了巴特勒，转而支持奥康纳。巴特勒在一场势均力敌的战斗中输掉了。

两年后，即1919年，巴特勒在加文斯顿作了第二次尝试。他想说服约瑟夫·瑞安去竞选主席之职，但后者拒绝了。当老迪克去参加工会会议时，他惊讶地发现他和同伴马里内利均被拒绝给予席位。巴特勒攻击奥康纳是破坏罢工者。后者反驳说，巴特勒和马里内利组织了一家私营侦探所，向工人们"勒索""保护费"。巴特勒在抗议这些指责时说："为了支持这项善举，我们每年向每人收一美元，这是组织劳工的普通做法。奥康纳对这一切很清楚，但是他却利用这一点大做文章，反对我们。"

巴特勒在1919年那次著名的港口大罢工中，以惊人的方式争夺权力。在战争期间，生活费用直线上升，但是政府的"国家调整委员会"却将码头工资仍然压制在每小时65美分。工人们要求规定工时的工资为1美元，加班时间的工资为2美元；他们却只得到"伍尔沃思②式的提薪"——规定工时的工资加5美分，加班时间的工资加10美分。工会的普通成员不理睬领导，15000名码头工人罢工，港口完全瘫痪了。由于未能控制工人，奥康纳宣称港口已经由"码头工人中的不负责任的歹徒"所接管，码头工人们"受世界产业工人组织和布尔什维克的影响，冲动地举行未经批准的罢工"。但是这些"颠覆分子"的领袖正是迪克·巴特勒。纽约市长希伦（Hylan）和泽西市长弗朗克·海牙（Frank Hague）令人不可思议

---

① 在1931年，在控制着纽约毒品和卖淫业的西西里尼联合会地下领导人路奇·卢西亚诺的支持下，马里内利成为塔慕尼协会的第一位分会领导人。在1937年，担任县办事员的马里内利被地方检察官杜威抨击为"窃贼的政治同盟……以及大牌非法团伙头目"，被里曼州长免除了职务。独霸一方的卢西亚诺被判终身监禁，但是他神秘地受到了杜威州长的赦免，并且被驱逐到意大利。在意大利，他成了小报作家们偶尔小题大做地谈论的话题。——原注
② 伍尔沃思，一家百货商店，由商人弗兰克·温菲尔德·伍尔沃思创办。1897年，他在宾夕法尼亚州兰开斯特开办第一家"五分一角"零售商店。——译注

地——也许也不那么奇怪——支持巴特勒，希伦是威廉·朗多夫·赫尔斯特（William Randolph Hearst）的傀儡。事实上，当船运公司想将一些破坏罢工者（或工贼）安插在泽西码头时，弗朗克·海牙的警察坚决地反对他们。暴力在整个港区突然爆发。罢工者坚持斗争了 4 个星期。最后，通过劳工部长威尔逊（Wilson）的干预，成立了一个调解委员会，成员是希伦市长、瓦卡利和詹姆斯·休斯（James Hughes）。希伦和巴特勒向码头工人许诺一个新的补偿方案，罢工者才回到码头继续工作。

作为对奥康纳在 1919 年罢工中所扮演的角色的回报，哈丁（Harding）总统任命他为船运业董事会的成员；柯立芝（Coolidge）总统任命他为该董事会的主席；胡佛（Hoover）总统重新任命他担任该职；富兰克林·D. 罗斯福（Franklin D. Roosevelt）总统将他赶下了这个宝座。巴特勒重新回到坦慕尼协会的政治活动中去了，被吉米·沃克（Jimmy Walker）任命为"白象"布朗克斯区终点站的监管人。约瑟夫·瑞安接替瓦卡利担任工会的副主席，最后成为"国际码头工人联合会"的主席。巴特勒漫不经心地说："约瑟夫·瑞安 1913 年在我手下时逐渐适应了，如果他没有忘记我教他的那些花招，他应当能应付得了。"瑞安的确如此。

(191)

在 25 年时间里，约瑟夫·瑞安成了国联的卫道士。他 68 岁仍然身健体壮。在对被牵涉进去的某桩罪案表示悔过之前，他是坦慕尼协会绅士中一个卡通漫画式的人物：西装革履把他的大块头裹得严严实实，粗壮的手指上戴着硕大的珠宝戒指，一个像球一样的鼻子搭在一张满是横肉的脸上。瑞安时常出没于百老汇游乐场所，好吃好住，纵情享乐，偶尔也到豪华的切尔西旅馆去品尝鱼子酱。依他后来供认的话说，他爱吃鱼子酱的癖好是在装着俄罗斯产美味佳肴的箱子经常在卸到码头上期间被摔开的那些日子里养成的。

对于约瑟夫·伯特里克·瑞安（Joseph Patrick Ryan）来说，生活并非生来就如此的称心如意。他生于 1884 年。父亲是一位庭园设计师。他早年丧父，不久，其母也随父而去。约瑟夫在与哈德逊河毗邻的环境恶劣的西岸长大。在"良好的"切尔西传统熏陶下，在读了 6 年书之后，他在 12 岁时离开学校。他干过多种工作。他做了 5 年半的电车管理员和两年的小车巡查员。在对这些工作感到厌倦之后，在 1912 年，约瑟夫找到了一份码头临时工作。不久，因其天性活泼好动，拳头又硬，并且能说会道，他成了码头装卸工人工会的领导人。在初到码头的那一年，他在码头作业时，一个挂在吊索上的重物破碎后掉下来砸到他的身上，致使他部分伤残。约瑟夫所在的第791分会为了照顾他让他担任非全日制的财务秘书。从那以后，约瑟夫没有做过装卸工作。在3年时间里，他的那份工作由兼职变成了专职。约瑟夫·瑞安于是想证明自己是一位老练的劳工政治家，他在1918年成为该工会的国际部副主席，在1927年成为该工会的主席。在1943年，一次隆重的集会选举他担任该工会的终身主席。10年以后，他在四面围攻之下灰溜溜地下台。

尽管约瑟夫·瑞安象征着对码头装卸工人的"爱尔兰人"统治，但是实际上这个工会一直是以意大利人占多数的。瑞安之所以能够做老大，是因为拥有坦慕尼协会爱尔兰领导权的他具有强大的政治影响力——而要让警察局不干预非法团伙就必须赢得政治上的支持——，是因为他有"面子"，他可以与托运人打交道，而意大利人绝大多数都是移民，他们当中几乎没有一个人能够出来抛头露面，此外，还因为约瑟夫·瑞安使意大利人处于严重的孤立状态。

〔192〕

严重的地理分割是政治隔阂的基础。沿着哈德逊河，几乎所有的西岸码头都在爱尔兰人的控制之下。这些码头是建得最早的码头。作为较早的移民，爱尔兰人聚集在这些地区。西岸是一个社区，这个社区的人生活在码头附近，生活在切尔西以及介于纽约市闹市区和哈德逊河之间的富裕地带。酒店和教区住宅把他们的生活联结了起来。他们很少搬迁。他们是孤立的团体，与纽约市里的其他种族团体毫无瓜葛。

在第一次世界大战以后，随着船运业的发展，拥挤的哈德逊码头已经不堪交通的重负，于是在布洛克林、斯退顿岛和哈布肯，新码头和新堤岸建了起来。与这些码头相毗邻的是贫民区，意大利人就生活在那些社区里。他们就在码头上找工作。并且，在非法酿酒业、赌博业和毒品交易领域拥有深厚根基的意大利非法团伙头目迅速地转移到了这些码头上。

在布洛克林，非法团伙控制的核心地区是"国联"的6个所谓的意大利地方分会。其4000名成员在从布洛克林大桥到第20大街的南布洛克林码头工作。在20年时间里，这些分会被臭名昭著的伽马达（Camarda）家族及其地下合伙人所把持。在那些年里，这些合伙人包括阿尔伯特·阿纳斯达西亚（Albert Anastasia）、乔·阿多尼斯（Joe Adonis）以及其他有名的意大利非法团伙成员。在1939年，一位名叫彼特·潘多（Peter Panto）

的普通工会成员的领导因为在滨水地区抗议敲诈和掠夺而遭到残酷杀害。两年之后，他的尸体在新泽西的一个石灰窑里被找到。由于这起凶杀案，"凶杀组织"的主要执行者阿尔伯特·阿纳斯达西亚被逮捕。尽管非法团伙的前杀手阿利叶·塔尼帮（Allie Tannenbaun）作证说阿纳斯达西亚曾经亲自部署了这起凶杀事件，但是地区检察官威廉·奥德威尔（William O'Dwyer）毫无理由地没能坚持对此提出公诉。（这个案件在多年以后奥德威尔当上纽约市长了还一直困扰着他。由基弗维尔委员会提出的释放阿纳斯达西亚问题，奥德威尔从来没有作出过令人满意的回答。）在紧接着潘多凶杀案的调查中，布洛克林大陪审团披露，在 1940 年，这 6 个分会掠夺了数十万美元的财富；但是，神秘的是，其卷宗要么失踪，要么被焚毁。在这次凶杀案之后，尽管国际码头工人联合会声明对布洛克林分会进行改革，但是伽马达家族仍然有效地保留着对这 6 个分会的控制，阿尔伯特的弟弟托尼·阿纳斯达西亚（Tony Anastasia）后来逐渐地取代了伽马达家族。尽管托尼在 1946 年曾经带领一帮罢工破坏者支持过菲尔普斯—多奇（Phelps-Dodge）公司，但是他仍然成为艾里叶·贝欣（Erie Basin）码头帮的头目，并且在不久成为整个布洛克林滨水区的老大。

政治妥协的样式

对了解犯罪来说至关重要的一点是了解一个城市的政治结构。40 多年来，通过坦慕尼协会的监督、管理以及改革，滨水区已经变成了一块受到保护的孤立的小块政治地盘。之所以会这样，既是因为想要保持滨水区现状的工商界的单纯关系的缘故，也是因为它所纳贡的政治机构的缘故。

在纽约港作业的有 155 条海航线，十来个大型（及 20 个小型）装卸公司，五六条重要铁路线和一些拖船经营者，等等。在熟悉行内规矩的过程中，"精明的"商人不得不学着少遇到麻烦。最大的麻烦来自于政治。由于纽约港是一个市辖港，商人不得不同该市商谈码头租用事宜，取得各种执照，并学会同港务和航空局打交道的办法。要是没有一点儿政治手腕，要是没有一定的政治后台，那么他将必败无疑。

大约 50 年以前，坦慕尼协会臭名昭著的领导人查尔斯·F. 墨菲（Charles F. Murphy）提出了开发码头承包资源的可能性。登在 1905 年 10 月 1 日《纽约世界》（*New York World*）上的一项当时的统计说："在墨菲担任坦慕尼协会领导人期间的很短一段时间里,主要通过对于码头处的控制,他的皮包公司获得了总计达 3000 万美元的合同……"

在 20 世纪 30 年代早期,西伯里调查表明,北方德意志利里欧伊德公司给美国民主党俱乐部支付了 5 万美元以竞得该市刚刚筹建的一个新码头。这个码头本身向市府开价 633000 美元,通过坦慕尼协会领导人乔治·奥尔维尼(George Olvany)的法律事务所,向市府开价却达到了 300 万美元。这样的历史在每一代人中一再地重复着;在 1947 年,在奥德威尔执政时期,试图租用一个码头的一位走私者被告知,如果他想要见到坦慕尼协会实权派人物克莱伦斯·尼尔(Clarence Neal),那么就得支付 10 万美元的服务费。作为这些内幕被披露的一个后果,奥德威尔的港务和航空局局长和他的两位主要副手被辞退,但是都平安无事。

由于坦慕尼一直具有重要的渗透力量,国联在纽约的权力资源之一是它在坦慕尼协会的影响力。从 1928 年到 1938 年,约瑟夫·瑞安是美国劳工联合会(简称"美联")中央职业和劳工委员会的主席,并且在那个位置上充当政治运动中的"劳工"代言人。因此,由劳工作出的正式政治保证实际上来自于约瑟夫·瑞安。说得更明确一点,码头装卸工人同卡车司机结成了长期联盟,那种联盟形成了一个强有力的政治集团,它从人力和物力上支持着坦慕尼的斗争。在主要由爱尔兰领导人组成的"西岸"坦慕尼集团中,瑞安一直算得上是一个人物,他在 1938 年选举后来的迈克尔·J. 肯尼迪(Michael J. Kennedy)进入国会中起了推动作用。再后来,肯尼迪被选举为坦慕尼协会的领导人。

多年来,国联之另一个隐藏的权力资源是约瑟夫·瑞安同一位著名纽约商人所建立的一种奇怪而稳固的友谊。那位商人名叫威廉·J. 麦科马克(William J. McCormack)。他经营着港务和商业等多项业务。在 30 年时间里,麦科马克是民主党政治中的一股潜在势力。他是强大的美国货运公司的创始人之一,并且多年担任该公司的副董事长,那家公司的董事长是艾尔弗雷德·E. 史密斯(Alfred E. Smith)。在一些大宗承包和运输投机中,他是桑姆·罗索夫(Sam Rosoff)的伙伴。① 政治上有后台

---

① 据说(也许是有人杜撰的),麦科马克与罗索夫是以一种独特的合伙关系发迹起来的。罗索夫有一份把所有煤渣和灰从市建筑物包括学校中搬运出去的合同。而麦科马克则获得了一份纽约市铺设城市街道的合同。罗索夫把煤渣倒到西岸空地上,麦科马克的卡车则从那里装运这些煤渣用来铺设该城市的道路。——原注

的罗索夫是转混水泥公司的所有人。那家公司拥有大量城市合同,并且向建筑包工头们供应建筑材料。他的摩拉尼亚石油公司向纽约市供应汽油。他的最大的企业,泛斯蒂维多尔公司,专门从事卸下通过宾夕法尼亚铁路运入纽约市的所有货物,主要是每天运入这个城市的所有水果和蔬菜的业务。实际上,多年来,麦科马克充当着宾夕法尼亚铁路在纽约政界中的代理人角色。

(195) 麦科马克同约瑟夫·瑞安的友善关系由来已久。实际上,麦科马克早就担任约瑟夫·P. 瑞安协会年度宴会筹备委员会的主席职务。那个协会是一个兄弟会,是通常每年举办一次奇特的联欢会,会上聚集了市政名流、船运公司职员以及滨水区居民,像达蒙·兰扬(Damon Runyon)① 小说描述的各种三教九流的人物。

由于他在工会圈里、在运输工人和码头装卸工人中的影响力②,由于他在商务领域的地位以及在政治上的实力,沉默寡言的威廉·麦科马克长期地被人看做码头的实际霸主或"老大"。麦科马克与瑞安的友谊似乎为他本人在国联对泛斯蒂维多尔公司处理上带来了极大便利。那家公司专营卸下宾夕法尼亚铁路运抵港口的所有货车。虽然国联在1951年开出的码头工作的工资是每小时2.1美元,但是在麦科马克码头工作的人,一个独立的国联分会的成员,每小时只领到1.54美元的工资。(在这些码头的2000余名雇员中每人每小时节省了56美分!)其理由是,这些人是铁路"装卸工"而不是码头装卸工人。但是当有人提出这些人应该享受《铁路退休法》(The Railway Retirement Act)的多种福利时,他们又被说成是码头装卸工人。

这种政治妥协的后果是最明显地抑制了对滨水区的必要改革。在1948年,纽约港务局③向市里递交了一份全面的计划,打算让码头像商务那样脱离政治,只受港务局管理。实施该项计划需要1.14亿美元的资金,以便在水上建立一个大型生产集散基地(替代低效而杂乱的华盛顿市场区

---

① 达蒙·兰扬(1884—1946):美国小说家,其小说以擅长描写形形色色的百老汇三教九流人物著称。——译注

② 按照餐馆老板图斯·肖在《纽约客》(New Yorker)传略上的说法,麦科马克与国联的关系是如此友好,以至于麦科马克送给后者的长子一个银质吊货钩和国联的终身会员卡!——原注

③ 由纽约和新泽西州特批的一个独立代理机构。它负责管理哈德逊河桥梁和隧道、该都市的机场以及一些港口设施。——原注

块),包括连成一片的铁路卡车水上码头、一些新建码头,以及一个交通管理计划。这项规划将导致更强大的劳动机械化,减少等待的时间,更加灵活地制定就业规章制度——总而言之,这项规划的实施将使一个混乱而日趋解体的产业"合理化",将重新利用这个港口,使它重获声誉。但是它也将剥夺麦科马克对某些码头的管理。这项提案被市府所否决。其理由是向市府担保的财政收益不够多。但是一个更加重要的理由是一目了然的:它将动摇诸多特殊利益。

(196)

在哈德逊河的对岸,泽西市的生活简单而直接,那里的政治也显得野蛮冷酷而不加掩饰。国联与政治体制的关系清楚地反映出政治妥协的意义。在泽西市,对于那些忠实于政治体制的人来说,码头仍然形成了取得工作保护的主要来源之一,并且,装运特许权是政治获胜的战利品之一。反过来,工作回扣和来自这些奖金的税额为政治机构提供了经费。

变革时期从来就是一个绝妙的社会学实验室。泽西市海牙机构衰落之后这个时期使人们清楚地看到了受非法团伙支配的工会和腐败的市政机构之间复杂而肮脏的关系。1948年,腐朽的海牙机构被一位反叛首领约翰·V. 科尼(John V. Kenny)所推翻。新上任的科尼市长的追随者们自然地想要捞点好处。这位"守旧派元老"受到约瑟夫·瑞安的支持,而瑞安同海牙一直保持着良好的关系。经过长达一个月的罢工之后,达成了一项和解方案,科尼的人从此接管了 D 码头,而海牙—瑞安的装卸工人仍然控制着附近的 F 码头。

然而,一波未平,一波又起。由路奇·路西亚诺的老搭档名叫托尼·斯特罗(Tony Strollo),化名本德,领导的来自纽约的一个新非法团伙想要控制美国军用的林德大街码头。在其追随者的干扰之下,泽西市市政府大厦无法为它的信徒们在林德大街找到工作。科尼市长对此进行了干涉,他公开地污辱本德是一个"纽约暴徒",并且把他的弟弟多米尼克(Dominic),一位妓院老板,赶出了码头。最后,科尼只得息事宁人。他低声下气地渡过哈德逊河,半夜三更在一家纽约饭店里秘密会晤了本德。纽约地区检察官哈根(Hogan)揭发了这次会晤,并且称之为"黑社会统治着滨水区的一个耸人听闻的证明"。

船运公司对此毫不在乎,因为它们没有因这种控制而遭受什么损失。实际上,通过同一个善于随机应变的工会的平安相处,它们获得了相当可观的好处。

经济妥协的模式

(197)　　从1919年第一次世界大战结束——在当时，人们罢工抗议政府的特别工资奖励[①]——到1945年第二次世界大战结束——在当时，一场未经总工会许可的、忽然爆发的罢工席卷了纽约码头——为止，一直存在着一个经济妥协模式。它保护了托运人和工会老大的利益，却损害了工人们的利益。集体协议的签订通常是在没有罢工的情况下取得的，但是这些协议除了增加一点计时工资以外没有给工人带来任何别的好处。就业的开放性和严格的管理体系使工人们规规矩矩。甚至在20世纪30年代期间，当劳工在全国范围内被积极地组织起来并且取得新成就的时候，尽管国联把西海岸丢给了哈雷·布里奇斯（Harry Bridges），他把刚刚组织起来的码头装卸工人从国联带到了产业促进会，但是它仍然有能力对涣散的纽约码头装卸工人采取强硬的措施。零星的叛乱主要发生在布洛克林码头，共产主义者试图在那里在意大利工人中间扎下根来，但反叛很快就受到了镇压。

　　二十五年来，经过新政的保护主义政策、产业促进会的积极进取精神、第二次世界大战的统一，托运人的统治地位无人能敌。但是，在1945年，经济妥协的模式忽然瓦解了，这是为什么呢？

　　一个原因是，人与人之间的凝聚力重新建立了起来。在第二次世界大战期间，在同一个码头，工人们第一次以稳定的工作班组形式就业，他们的工作也得到了规范化。工人的命运同这个新体系的延续联结在了一起。工会分会变得日益强大，新的领导层开始崛起并挑战瑞安。另一个原因是不太明显的，不过仍然是至关重要的：新的犯罪势力进入码头。在第二次世界大战期间，美国海军一直保持着对码头的严格控制；与此同时，尽管拉瓜迪尔从来没有采取任何直接的措施来清理码头，但是原来的哈德逊河西岸黑帮在拉瓜迪尔改良主义政府时期丧失了警察局的直接庇护。成熟的盗窃机会、战后船运业的扩张，以及对于快速转运业务的迫切需求（这使得托运人更加容易受到罢工和误期的损害）、货运项目的机会，所有这一切促成了某些新的犯罪势力进入码头。在反叛瑞安的几乎每一次事件中，

[①] 第一份集体谈判协议是在1916年由深水船运联合会和国联签订的。但是从1917年到1919年，集体协议由政府的国家协调委员会来制定。——原注

一些非法团伙分子都对反叛者给予了支持。正如默里·肯普顿（Murry Kempton）多少有点溢美地评说的那样："在双方都有地痞，只是有的地痞不扰民，而有的则扰民。"第三个原因是意大利帮的扩张。在阿纳斯达希亚的领导下，他们把其势力扩张到了布洛克林和泽西码头一带。意大利人长期不满于旧爱尔兰人的统治，他们想要瓜分更多好处。而他们可以打击瑞安的唯一办法是通过打击托运人，并且他们确实做到了。这些因素结合在一起使得战后时期成为一个名副其实的风云变幻的时期。从1946年到1951年，由瑞安和托运人签订的几乎每一个重要协议都引发了一场未经总工会许可的使港口陷入瘫痪的罢工。罢工是向不同政见者敞开的唯一道路。(198)

经过多年摸索之后，瑞安研究出了一套控制谈判局面的技术。雇主们只代表纽约港的托运人和他们的纽约码头承包商。不过，工会团体由沿岸的码头装卸工人、收款人、卡车维修人员等的代表所组成。无论其大小（有许多分会还不到50个会员），从纽芬兰到哈特拉斯角的4个国联大西洋海岸区域的每一个分会都有一张选票，再加上根据其成员人数的比例而分摊的选票。其结果是使纽约的大型码头装卸工人分会受到了歧视。并且，尽管协议是与纽约托运人签订的，但是整个大西洋海岸都对主要适用于纽约的合同条款进行投票表决。

在1945年10月，当合同谈判刚刚完成的时候，在哈德逊河低洼地带的格莱斯线一带工作的码头装卸工人举行了罢工，因为工会调解人没有坚持把起吊载量限制在两吨的要求。瑞安公开指责这起罢工是"急性子"的做法。一天以后，大西洋工资大会一致投票接受这项新合同。尽管获得了"一致的"大会投票，不过，港口的主要异端分子，操纵着许多哈德逊河码头的791分会，没有投票给予支持，并且有30000名码头装卸工人听从它的领导。

瑞安试图通过发表如下声明以迫使工人们回到工作岗位上去：他已经重新展开同托运人的谈判，并且有75%的人在复决投票时赞成回去工作。于是791分会的领导权受到了动摇，但是一个新的成员进入了滨水区，那是布洛克林的一个基层委员会。它由一位名叫威廉·E.华伦（William E. Warren）的人领导，但实际上是受共产主义者的指导。共产主义者的作用是毫无疑问的。由一位名叫约翰·斯图本（John Steuben）的共产党工作人员制订了行动计划；威特卡默法律事务所的哈罗德·卡默（Harold Cammer），主要负责忠于党的路线的工会，成为这个基层委员会的法律顾问。工人们的不公待遇是千真万确的，对瑞安的憎恨激起了他们的行动。

(199)

在得到仲裁的许诺之后，工会普通成员的反叛和缓了下来。基层确实收到了由威廉·H. 戴维斯（William H. Davis）提出的仲裁奖赏。工人们得到了每小时 25 美分的计时工资，而不是原来的每小时 10 美分的计时工资；取消第三种情形；一个工作 1350 小时的工人保证有一周带薪假期的休假。

为了加强他的管理，瑞安实施了"门户清理"。布洛克林分会领导人华伦（由于未付到期款项）被驱逐出了工会。当问到可否允许他继续工作时，一位国联的官员说："当然他可以去报到上班，不过假如他不能如愿，那就完全是他咎由自取，怨不得别人。"一天以后，华伦去哥伦比亚大街码头上班，并果然"咎由自取"。不久，华伦作出声明，说他受到共产主义者的欺骗，并否定了威特卡默法律事务所的角色。

在接下来的几年时间里，码头的动荡一直延续着。在 1946 年到 1947 年，791 分会发起了一些未经总工会许可的罢工。大规模的罢工浪潮正在不断地酝酿之中，到 1948 年终于爆发了出来。据推测，这场罢工的问题出在工资上。但是，让船运经营者感到害怕的原来是经济问题，后来那个问题变成了家喻户晓的"加班加点"问题。但无论它多么复杂，总是一个可以谈判的金钱问题，就像那些工会的核心问题一样。因此，值得在此作些详细讨论。

一直到 1945 年，国联和纽约船运协会才规定 44 小时作为周工作时间，超过那个时间要算加班费。不过，在"休息时间"——即在晚上或星期天——的装卸工作要求付津贴或额外酬金。有时，一个人工作了超过 44 小时的时间，但是其 44 小时上班的班次有时是在晚上或周末，那么，那些班次就得付给他是平时 1.5 倍的津贴费。"超过"（44 小时之外的时间）工资是平时工资的 1.5 倍呢，还是 1.5 倍的工资是以平时工资和奖金的平均数为根据的呢？大体上讲：加班费只应该作为平时工资来付酬，还是作为实际工资（包括奖金）的一倍半来付酬呢？在 1940 年获得通过的《联邦工资和小时法案》（*The Federal Wage and Hour Law*）规定每周常规工作时间为 40 小时，问题便变得更加复杂起来。这项联邦法案把超时具体规定为超过 40 小时后开始的时间。而装卸合同却把它确定为 44 小时。那么码头装卸工人现在该怎么样来算介于 40 和 44 小时之间的加班费呢？

(200)

在 1941 年，一些国联工人提出了一项法律诉讼，控告资方没有偿付真正超时工作部分的工资。他们的指控受到了工资和小时行署、7家不同法院（包括3家美国巡回上诉法院）的支持，并且最后在1948年得到了美国最高法院的支持。美国最高法院裁定装卸合同违反了工资和小时法案。① 托运人担心，作为判决的结果，他们有义务赔付数百万美元。此外，更难堪的是，他们将面临公开在战争期间的账目，以决定谁要拿出多少赔款。此过程将会使一切丑事曝光，包括虚报工资表，重复雇用和其他一些只有在串通好的基础上进行的勾当。因为在这期间，政府正在以本金加利息的方式赔付所有欠款，因此，这个秩序将涉及薪水册的修补、有副本的用工制度以及其他惯例，它只有在相互串通情况下才做得到。所以，船运公司要求工会放弃关于加班费的所有申诉。这变成了一个久拖不决的问题。

1948年8月，由于各政党没有达成一致意见。杜鲁门总统于是出面干涉，断然拒绝了为期80天的塔夫特—哈特利②禁止令。就在那个禁止令期满的前一天，瑞安和托运人达成了一项协议。工会同意请求国会和船运公司一起免除根据《联邦工资和小时法案》要求支付给装卸行业的酬金并且同意放弃所有诉讼请求！瑞安也获得了每小时10美分的增加额，这是四小时"临时"工作的最低保证金，并且把带薪休假的工作时间从1350小时减低到1250小时。瑞安称它是一笔"好买卖"和一个"好协议"。但是工人们不这样看。他们再一次举行了罢工。这一次，瑞安的立场发生了根本转变，他接受了罢工者，并且使罢工成为合法的。这是工会历史上第一次常规意义上的罢工。瑞安被派回去做调解工作，而雇主们遭受了他们自称的"一场彻底的失败"。不过，这场"彻底的失败"并非一无所获。来自工会和托运人的压力产生了1949年3月的一个国会法案，它否决了最高法院。通过把休息时间工作的津贴规定为加班费，这项法案免除了码头业主根据《联邦工资和小时法案》所应承担的责任，并且免去了从1940到1948年期间本应偿付的款项的所有诉讼。就工会一边来说，这是一个 (201) 少见的"牺牲性"法案：为了保证劳工和管理者的"和睦相处"，放弃本应合法地返还给工人的数百万美元。

---

① 美国最高法院的理由是："休息时间"的工作时间不是加班时间，而是正常工作时间，因此加班费应该在实际工资的基础上计算。——原注

② 塔夫特—哈特利法是劳工管理关系法的通称。1947年国会不顾杜鲁门总统否决予以通过。该法律禁止一系列所谓"不正当"的工会活动，还授权总统在国家处于"紧急状态下"下令在80天内禁止任何形式的罢工。——译注

自从1948年罢工后的几年时间里,滨水区的动荡有增无减。"斗鸡眼"邓事件加重了这种紧张气氛。在被囚禁在辛辛死牢里期间,他传话给地方检察院说他有"话"要说。他的一些说法含沙射影地牵涉到了一位"大人物",一位在滨水区的高层实权人物。尽管邓到死也没有发表过一个公开的声明,但是这件事情本身引起了公众的好奇心。由迈尔柯姆·约翰逊(Malcolm Johnson)主持的纽约《太阳报》对滨水区的报道起了推波助澜的作用。这篇报道后来获得了普利策奖。由一位耶稣会神父艾克斯维尔劳工学校约翰·柯雷丹(John Corridan)发起的一项英勇的除恶扬善运动给瑞安提出了一个令人难堪的问题。柯雷丹神父对码头装卸工人的情形作了经济分析,并且第一次披露了一些数据,表明了不定期就业情况和低廉的报酬之间的因果关系。基弗维尔委员会调查人员提出了一些令人难堪的问题,尤其是关于只有中等薪水的工会官员的巨额财富问题。由纽约《邮报》专栏作家默里·肯普顿(Murry Kempton)撰写的系列报道揭露了瑞安的真实面目。终于,纽约反犯罪委员会成立了,由曾经专管滨水区的前副检察官威廉·J.基廷(William J. Keating)领导该委员会的一个部门,集中搜集被记者们随意使用的大量资料,使公众注意到贫困工人的状况。

在这种一触即发的气氛下,任何一个火星都会成为点燃燎原之火的导火索。这个火星就是1951年的谈判。国联赢得了每小时10美分的工资增加额,按照工资稳定化理事会规则,这个额度是不高的;一天一个班次;再加上福利待遇。它是一个出乎意料的好协议,是瑞安磋商的第一个好协议。但是,仍然爆发了一场未经总工会许可的罢工。实际上,在战时工资稳定化理事会框架内,罢工工人不可能得到更多的东西。但是,迫使工人走上街头的动力已经不再是经济问题:它纯粹是工人们对此已经受够了的表现,他们断然离开了工作。

这次罢工是由791分会及其商务代理人"基因"萨普森(Sampson)领导的。但是在这次罢工中,一些其他力量也出现在其领导层中。一些地方非法团伙看到了打倒瑞安的机会,便提出了一项谋杀计划。瑞安王国第一次面临着真正的危险。托运人担心罢黜瑞安将导致新一轮残酷的权力争斗,便决定支持这位年老的国联领导人,并且举行了一次长期的罢工。这场罢工持续了25天。最后,纽约州中介理事会制定了一项挽回面子的策略。既然工会普通成员指责那份协议是非法地签订的。那么就由一个实情调查委员会决定这份协议是否被正当地批准。在听取30位证人长达2000

页的证词之后，这个委员会发现基层工人的大部分指责是真实的，不过它仍然证明这项协议是有效的。

干预

在一年多时间里，滨水区一直处于一种扑朔迷离的状态。有关调查的谣言四起。为了管理泽西滨水区，在泽西市码头持续发生斗殴、爆炸和械斗，这个管理权的争夺倒还制造了不少新闻。在1952年11月，整个地区像炸开了锅。被挖掘出来的滨水区故事无论大小都成了头条新闻，纽约州犯罪委员会在1952年12月举行了公开听证会，传唤了一些证人，以证明对于滨水区生活的黑暗面的描述是成立的。这整个过程没有什么新东西。但是，在传票证人所提供的材料的支持下，犯罪委员会做得有条不紊，滴水不漏。那些材料包括：装卸企业给工会官员的红利、犯罪地盘的划分、装货收益，等等。①

一旦滨水区腐败得到详细曝光之后，美国劳工部和纽约州政府被迫开展清理运动。这项行动是舆论压力的结果。显然地，船运业本想延续这种调解样式。而国联显然不愿意有什么变化。由于在处理国内事务方面，持不干预态度传统的美国劳工部提出了一项不干涉政策。虽然经历了弗欧雷罗·H.拉瓜迪亚的改革政府，并且处于奥德威尔和印倍尔利特里（Impelliteri）的宽松执政时期，但是纽约市仍然担心会牵涉到错综复杂的权力部门。但是形势变得太快。未经总工会许可的罢工间隙性地发生、新的非法团伙利用工人不满惹是生非，他们对高额闹事奖金垂涎三尺，再加上报纸杂志持续不断的猛烈抨击，终于迫使纽约州政府采取了行动。在清查过程中同时发生的牵涉

---

① 约瑟夫·P. 瑞安过着达官贵人般的生活，码头装卸工人却像下等人那样地侍候于他的左右。在1952年前的五年时间里，约瑟夫·瑞安挪用了总计241097美元的工会资金，其中115000美元是薪水和额外津贴。在津贴中，12494美元用来购买卡迪拉克轿车，460美元用于危地马拉旅行，10774美元用作保险费，1332美元花在了高尔夫俱乐部的开销上，478美元花在了他嫂子的葬礼上。但是，工会贪污仅仅是其中的一个方面。在这种偷偷摸摸的气氛里，一切都被搞得乌烟瘴气。一家名叫亚尔卡的装卸公司曾经在五年时间里向船运公司职员行贿89582美元以获得"信誉"。20000美元给了（归美国钢铁公司所有的）伊斯明运输公司总裁瓦特·威尔斯，另34000美元给了荷兰—美利坚运输公司的安得里昂·罗格高文，等等。由于报纸的大肆宣传，只有这些工会领导人成了坏蛋，而给船运公司的贿赂很快被人遗忘。不过，船只所有者也与这些丑闻有染。他们为了自己的利益而行贿，其中有些贿赂金又重新返回到了高层主管的口袋里。这就是滨水区通行的经营之道。——原注

到几位高层共和党官员的丑闻让杜威州长的日子着实难过,他于是把滨水区的局势当作是取得有利公众支持并且攻击民主党的一个难得手段。杜威在连续公开劳工腐败的过程中给劳联带来了损失。纵使乔治·米尼(George Meany)① 比他的前任对这种危害更加注意,也产生了被迫引退的想法。

　　非法团伙企图拼死顽抗。货运主的代表向州府官员求助,提出了一些合法的计谋,以便继续有效地控制码头。准备为非法团伙"说情"的一些信誉良好的银行职员的名字几乎令州领导们目瞪口呆。托尼·阿纳斯达西亚私下来到了美国劳工联合会并且表示,只要美国劳工联合会不干预他的地盘,他可以清除西岸的"爱尔兰"非法团伙;爱尔兰非法团伙也提出了与阿纳斯达西亚相同的请求。但是,局势的发展远非如此。它大大超出了人们的各种预想。1953年12月,美国劳工联合会取缔了国联,并且以一个新的工会取而代之。纽约州和新泽西州成立了两州滨水区委员会,这个委员会对码头装卸工人、货运主和装卸公司具有广泛的管理权。实际上,港口变成了一项准公共事业。像任何一个行业一样,一系列严格的管理规章建立了起来。所有的码头管理员和雇主都必须获得许可证,并且,除非有犯罪前科者能够证明在以前五年时间里具有良好的品行,否则,他不可能担任这些工作。所有的码头装卸工人都必须注册登记。为了保持注册,一名码头装卸工人必须连续工作,如果他有9个月不参加码头工作,那么他将丧失他的注册。通过这种方式,该委员会试图截断临时劳力或"周末"劳力的供应。在晚上或周末赚取加班费的劳工通过贿赂雇主获得工作,他们给滨水区带来了混乱。除非从委员会获得清白证明,有犯罪前科的人不允许注册。这样,从前临时雇佣码头装卸工人的办法被禁止,为就业中心所取代。装卸公司仍然具有管理招聘活动的权利,不过,他们只能雇佣注册登记的码头装卸工人。强制性的公共装货是非法的。要么船运公司能够提供装卸工,要么卡车主能够雇佣自己的工人。除了实行许可证和注册登记制度之外,纽约州滨水区法还对工会地区分会作出了明文规定:其职员包括有过失的罪犯不得从注册码头装卸工人那里征收税费。据估计,在纽约港,大约3%的国联职员有犯罪记录。

　　正当这些运动在进行之中的时候,托运人和旧国联之间的集体谈判合

---

① 乔治·米尼:美国劳工领袖,1953年当选劳联主席。——译注

同到期了。双方试图达成一项新的长期合同，那项合同将给予国联以滨水区专有管理权。但是这是一件很难办的事情。旧国联不得不提出实质性的要求以便向码头装卸工人证明它已经不再是托运人的工具。船运公司不愿意支付这笔费用。1953年12月30日，为赢得一份新合同作殊死斗争的旧国联发动了一场罢工，那场罢工有效地袭卷了东部码头。它有能力发动罢工这个事实恰恰证明了它对码头的控制。

在各方压力之下，艾森豪威尔（Eisenhower）总统成立了一个调查理事会，该理事会主要是为了获得塔夫特—哈特莱法而设置的。该理事会避开了本该由法官讨论的要求裁决的问题。实际上，禁止令问题直截了当地被提交给了美国政府，任由美国政府去处理。在杜威州长办公室的指导下，政府却反过来把这个问题交由美国劳工联合会去处理！因此，美国劳工联合会和州之间的合作是如此天衣无缝，以至于假如美国劳工联合会反对塔夫特—哈特莱禁止令的话，那么什么也不会颁布。

政府请求联邦法院批准为期80天的禁止令。在禁止令实施之后，国联将不得举行罢工，同时，新成立的美国劳工联合会工会据此推测可以自由地向托运人施加压力。这显然是一个意在援助美国劳工联合会的政治运动。在腹背受敌的情况下，托运人请求美国劳资关系委员会举行一次代表选举，在该理事会决定谁是合法的交易代理人之前，答应禁止与国联签订任何合同。由于担心塔夫特—哈特莱法的终止将意味着一场激烈的滨水区争斗，由于担心他们因那场争斗而受到世人的谴责，美国劳资关系委员会确定在12月22日进行选举。结果，国联获胜。尽管主要由美国劳工联合会投了4399张反对票，但是国联仍然获得了9060张选票，而美国劳工联合会只获得了7568张选票。

在这样一种显然地是混乱的和瞬息万变的情况下，人们该如何解释这〔205〕个旧工会的胜利呢？当国联第一次受到美国劳工联合会排挤的时候，许多观察家感到这个旧工会将土崩瓦解，此后终于从非法团伙控制下"解放"出来的码头装卸工人将快乐地参加到新工会的行列中去。但是，工人们并没有这样做。一系列因素表明了问题的复杂性：

（1）尽管许多码头装卸工人受到了恐吓和剥削，但是，由于裙带关系的体制，仍然约有三分之一的工人力量确实具有相当的特权。这部分人竭力地为国联卖命。

（2）针对集体谈判协议的一些未经总工会许可的罢工并不像它们看起

来那样是"自发的",而是受到了敌对的非法团伙势力的煽动。那些势力利用这些罢工要么是想要推翻某些船运企业,要么是想要从相关集团手中夺取对于某些码头的控制。因此,美国劳工联合会将获得的"自发"支持的深度是有点夸张的。

(3) 政治问题首先是一个组织问题;尤其在像滨水区这样的动荡不安的地区,组织是依团体的非正式的"自然的"领导者意图建立起来的。无论如何,非法团伙控制的那些年已经消除了工人中间的独立领导权。

(4) 种族上的考虑是重要的。布洛克林区的意大利人尽管害怕阿纳斯达希亚,但是他们把他看做自己人。在密不透风的意大利人社群里,美国劳工联合会绝不可能获得一个立锥之地。

(5) 美国劳工联合会轻率地把一些同非法团伙有牵连的原国联官员,尤其是泽西市的托尼(切斯)马基多,接纳进来。这使得许多码头装卸工人认为两边都不是好东西。

(6) 国联自身打起了一副要进行"改革"的面孔。11月中旬,在费城的一次专门会议上,约瑟夫·瑞安,这位曾被宣布为"终身"工会主席的人,拿份养老金下了台。一个规模不大的拖船工会分会头目威廉·布拉德利(William Bradley)船长被任命为工会主席。出于权力的考虑,或者出于他对美国劳工联合会不满的考虑,约翰·L. 刘易斯(John L. Lewis)声明支持"新的"国联,并且提供了一笔20万美元的抵押贷款支持该工会与美国劳工联合会相抗衡。

(7) 码头装卸工人们不满于美国劳工联合会与杜威政府之间过于密切的联系,并且担心美国劳工联合会对《滨水区法》许可证和登记注册条款的支持将导致政府雇用局的产生。

在杜威州长"给委员会施加压力"之后举行的第二次美国劳资关系委员会选举中,国联以9110票对8977票再一次获胜。国联保持了它的地位,逃过了一次劫难。

在接下来的三年时间里,即从1953年到1956年,国联千方百计地要在劳工运动中找到受人尊重的借口。在美国社会的"公共道德"(public morality)中,隐蔽的腐败是可以被宽恕的,但是赤裸裸的腐败是令人不安的。在原是拖船船长的威廉·布拉德利的新"改革"领导层的领导下,国联起初想把矿工工会吸收进来。但是这是难以做到的,因为,由于刘易斯拒绝签署《塔夫特—哈特莱法》的非共产党宣誓书,矿工们无法参加美国劳资关系委员会选举。布拉德利于是同詹姆斯·霍法（James Hoffa）签订了一个"相互支持协议"。霍法是中西部卡车司机老板，头脑灵活，当时正试图在工会中进一步拓展自己的权力。他似乎还同哈雷·布里奇斯（Harry Bridges）的西岸码头装卸工人进行了私下协调。这个运动受到了霍法的秘密支持。它原来想要达成两岸卡车司机和码头装卸工人的联合；但是没有成功。

1956年10月，美国劳工联合会向国联提出了最后的挑战。不过显然地，它大势已去。海运工会领导人乔·柯伦（Joe Curran），注意到了在码头上的码头装卸工人联合的需要，公开表示支持国联。当选票公布的时候，国联以11827票对7428票赢得了胜利。

在作出清理自家门户的种种不懈努力之后，旧工会仍然掌握着控制权，并且已经产生了一些向着更好方面发展的变化。通过减少有资格成为码头装卸工人的人数，滨水区委员会对就业的规范化作出了贡献。工会自身开始有条理地做记录，并且组织实施福利工作。但是非法团伙的控制仍然是稳固的。顽固的托尼·阿纳斯达希亚曾经把他的权力扩张到了布洛克林码头。在亚特兰大监狱坐了14个月牢之后，埃德·弗洛里奥（Ed Florio）再一次在哈布肯区得势。曾经在西岸组织货运活动的鲍威斯集团仍然在扩大它的地盘。而国联本身可以按自身认可的程序雇佣工人，这使得国联在滨水区工作方面比以前具有更大的权力。

重新开始的循环

回顾40年的变迁，这种腐败的丑恶现象为什么能够延续这么长时间呢？一个简单的答案是：绝大多数有关人士都发现，要想认清恶的本来面目是有困难的。约瑟夫·瑞安不是一个十恶不赦的人。作为一个抑郁而感伤的人，他通过"货物准入权"（freight entrance）逐渐地取得了成功，并且对生活的黑暗面已经习以为常。滨水区是乱糟糟的，他认为生活就是这样。像许多白手起家的人一样，他既看不起——又害怕——那些从不知道码头的艰辛的"不切实际的社会改革家"。

在工会中，瑞安只是个囚徒。在码头周围或附近的每一个小分会都是一个自成一体的小世界，都有自己的传统、特权、派系以及所看重的东西。每一个老大都知道他的特殊工作，并且都能够做得得心应手；而在一个较大的

（207）

社会里，"深不可测的"摩天大楼世界的复杂性超出了他的视野。约瑟夫·瑞安是被派到这个世界的使者。他是一个"打蜡工"，尽管举止不太雅观，但说话做事还算有自知之明。这就是他虽然当头却无法统治的原因。

船运公司也认可了这个"乱糟糟的世界"。这样子更易于他们做"生意"。不过，"工人们不太遵守纪律，需要对他们强化管理"。因此，在运输行业和其他赚钱的特许行业里，船运公司找到了一个别的办法——以雇佣老板答应如下许诺作为交换条件：他保证工人们准时上班并且让船只迅速进出港。此外，做生意的大笔费用都由政府的海员补助金提供——那么，什么是让他们兴奋起来的事情呢？

对卡车司机来说，对来自动荡的西岸世界的这些惹是生非的地痞来说，既然滨水区是每个人都可以去赚钱的地方，那么他们为什么不去呢？"船运公司是不会抱怨的；为了让卡车司机在码头上站稳脚跟，他们又没有受到什么损害。卡车司机呢？他们之所以反对装卸业，只是因为他们想要自己来做这项工作，以便他们可以从消费者身上而不是我们身上再赚上一笔钱。那么收货人怎样呢？他们为什么要反对呢？他们可以轻易地把成本转嫁到消费者的身上去。那么公众会怎么样呢？这怎么说呢？每个人都在外出赚钱谋生；只是有的人赚到了，而有的人没有赚到；这就是生活。"

处于所有三者之底层的支撑着货运业的是码头装卸工人。50年以前，爱尔兰人是主要的团体。许多哈德逊河西岸码头现在仍然由爱尔兰人控制着，但是，今天的大多数码头装卸工人是意大利人和"奥地利人"——一个含糊的滨水区术语，它把所有的斯拉夫人和东欧人全部包括了进去。从传统上讲，大多数码头装卸工人都生活在码头附近，形成了一个相似的独立自足的社区。在这些住房的周围，有酒吧、社交俱乐部，偶尔还有作为社区生活中心的教堂。位于西岸的圣维罗尼可教区是典型的海边贫民区。人们居住在介于休斯敦和联邦拘留所之间的一片狭隘地带上。穿过教区中心的是小猪巷，那是一条铺着圆石子的到处堆满垃圾的狭长通道。白天，男孩们在这里玩棒球，晚上，常有喝得醉醺醺的酒鬼们横卧街头。总而言之，这条街是一个起居处。吵架时有发生。到了周末，小姑娘们自觉地穿着白色的蝉翼纱去教会。大多数人都住在他们出生的房子里，直到去世。结怨和争斗时有发生。不过，不管怎样，这是一个社区，没有人会动不动就向警察求救。在最近几年里，一些码头装卸工人千方百计想从码头脱身。他们搬到了昆士区、布诺克斯区和华盛顿高地区。理由通常是为了"子女"着想。码头是一个充满暴

(208)

力的世界，而他们希望能够给孩子们一个更好的开端。在码头，只有匪徒是成功的，可他们不是人们应该学习的榜样。

随着爱尔兰人搬出码头和意大利人搬进码头，五花八门的剥削形式便卷土重来。许多工人是非法入境的外国人，他们像牲口那样被偷运到美国。这些外国人中的大多数来自国联的组织者的祖国。码头是一个匿名的工作场所；因害怕被逮捕和驱逐出境，这些人非常听话。因此，要想找"短工"是很容易的。15个人做着通常由在登记簿上有记录的22个人的工作，其间差额便在雇佣老板和装卸工人之间分摊。船运公司对此不予过问；因为这些工人们干得又快又有效率。

那么如何才能制止这个恶性循环呢？答案是工作的"规范化"。滨水区委员会的法案向那个方向迈出了一步。但是这还不够。问题的关键是码头恶劣的物理条件。纽约滨水区仍然是一个衰败老朽、条块分割、瞬息万变和拥挤不堪的地区。由于狭隘空间的拥挤，"时间上"也拥挤了起来，每个人千方百计地想节省时间。而支点仍然是时间。船舶仍然要求快速往返以便均衡码头成本核算。为了装卸货物，卡车仍然要等几个小时。码头设备仍然无法使货物流通加速；狭隘而参差不齐的码头仍然没有足够的空间让卡车运动或卸货。由于被迫进入狭窄的、格状样式的街道里，那些街道还接纳马和四轮马车，卡车迫使所有的车辆都为自己让道。而且还有非法团伙在港口上的横行霸道，像中世纪的强盗贵族一样，他们竖起了水闸，征收通行费。围栅也许已经破败，而废墟犹存。①

---

① 本篇论文的研究工作始于1951年。它的姊妹篇是发表在1951年6月《财富》上的"最近的商业欺诈"。我得感谢艾克斯维尔劳工学校的约翰·柯雷丹神父和原纽约郡地方检察院助理威廉·J.基廷。他们为我提供了研究资料。有关装卸业的这些资料来自未出版的基弗维尔委员会文件中的原始材料。经济数据来自1951年1月2日《码头行业市长联合委员会报告》之《货运管理及总成本小组委员会报告》。关于滨水区劳动条件的进一步材料可以在1948年10月的《就大西洋海岸近海产业的码头工人和相关职业的劳动争端向总统提交的最后报告》（1948年罢工塔夫特—哈特利委员会）以及在1952年1月22日拟定的《纽约州调查委员会关于码头行业停工的最后报告》中可以被找到。马尔科姆·约翰森的《在劳动一线的犯罪》（纽约，1950年）对敲诈者的影响作了有价值的评估。从1952年12月到1953年2月的纽约州犯罪委员会听证会形成了有关滨水区犯罪的最为丰富的材料来源。关于纽约滨水区的早期调查，请参阅爱德华·斯万斯特鲁阁下的著作《滨水区问题》以及在威廉·杰伊·席费林领导下在1946年由纽约滨水区市民委员会拟定的一份《纽约滨水区》报告。关于工会的历史几乎没有发表过什么作品。一个有趣的来源是由约瑟夫·德里斯科尔撰写的以《大码头》为书名的关于迪克·巴特勒的传记。关于工会里其他早期人物，如保罗·瓦卡利（凯利）的资料可以在赫伯特·阿斯布雷的《纽约帮派》以及汤普逊和雷蒙德的《纽约的帮派统治》中找到。有关格莱克湖早期码头工人组织的研究请参考由约翰·R.康芒斯撰写的《劳工和管理》（纽约，1944年）中的一章。——原注

第十章　无产阶级的资本主义

——美国工联主义的理论

乔治·萧伯纳（George Bernard Shaw）[①]说工联主义（trade-unionism）是无产阶级的资本主义。像所有的讽刺诗一样，这种说法半真半假，它有意地去刺激那些相信工联主义的人们。美国的工联主义似乎体现了萧伯纳的这一说法，但实际上它最多只体现了一半的真理。的确，美国劳工领袖会嘲笑社会主义而支持资本主义；然而，他们还发动了世界上最具挑衅性的工会运动——它能获取比纯粹经济利益更大的收益。在国外，欧洲的马克思主义者听到劳工领袖赞扬自由企业制度是到目前为止最成功的制度，它能使一个工人从国家的财富中得到合理的、不断提高的那份所得；在美国，商人们听到劳工领袖经常用激烈鲁莽的言辞来攻击他们为贪婪的投机商、垄断者和剥削者。如何使这两种矛盾的态度相一致呢？一位美国劳工领袖试着这样来解释：当你面对妻子的时候你说出来的话是一回事；而当你背着妻子且谈论她的时候，你说出来的话是另一回事。这当然是很聪明的策略，但是有人会说，这是又一个半真半假的说法。

威廉·詹姆斯（William James）[②]曾经说过，每当你面对矛盾时，你必须作出区分，因为人们会说出同样的一句话却表示两个不同事物。所以，鉴于这种表面上的矛盾，一个办法是把美国工联主义当作存在于两个背景中的两个事物，一是作为一个社会运动，二是作为一种经济力量（市场联合主义），并在其中起着各自不同的作用。一方面，社会运动是由知识分子想象而形成的一个意识形态观念，它把劳工看成挑战既定制度的历史趋

[①] 乔治·萧伯纳（1856—1950）：英国剧作家，评论家。——译注
[②] 威廉·詹姆斯（1842—1910）：美国本土第一位哲学家和心理学家，也是教育学家，实用主义倡导者，美国机能主义心理学派创始人之一，还是美国最早的实验心理学家之一。——译注

势的一部分。另一方面，市场联合主义是一个经济概念，一个功能和作用的界定，它受制于由工会所处的特殊产业环境。

任何劳工运动都会发现自身受到了"左"的意识形态压力，那种压力要么来自共产主义，要么来自工联主义。毕竟，这些社会运动都是以工人名义宣布它们的主张的。劳工运动本身是社会变革的主要工具之一。但是在美国，作为社会运动的工联主义形象经历了一个特殊的过程。它制定的"劳工主义"（Laborism）理论，在很大程度上受到了约翰·R.康芒斯（John R. Commons）[①] 和施利格·佩尔曼（Selig Perlman）[②] 的"威斯康星学派"（Wisconsin School）影响。这个理论表明，虽然工会运动在意识形态上是很时新的，但是比起激进运动却有一种不同的内聚力源泉。就是说，工会运动对社会改革的期盼是有限的，是有一天算一天的。由于把注意力集中在手头的特殊事件上，工会运动必然会拒绝那种持久的遥不可及的社会主义思想和激进的意识形态；与它们有所不同，劳工主义是一股既内在于这个世界又局限于这个世界的力量。在其实践过程中，它的确能够成为一种推动社会变革的力量。但是它仅仅想要去"分享"权力，而不是寻求激进的社会改革。这种分享权力的行为既发生在工厂里——为提高工资、改善工作条件，有时还有确定生产标准等与资方进行谈判——也发生在社会的更广泛范围中，就是通过合法途径提高工人的福利。

在某种程度上讲，"劳工主义"的意识形态在美国劳工运动中占据着支配地位。在过去，它曾经是抵挡激进分子指责的牢固防御物，它使工会的纯粹经济角色合理化。然而，不管它的理论家们怎样做，它还是形成了自己的一股政治力量。虽然劳工主义是一种苍白无力的意识形态，但是它仍然把工联主义设想为一种社会运动，它仍然把自己看做反对资方的一个整体。当代美国工联主义只有在由新政提供的有利的政治和社会环境中才获得了蓬勃发展。更重要的是，罗斯福当局通过法律提供了两个特别保护政策：第一，资方具有与工会对工时、工资等进行集体谈判的法律义务；第二，在指定的谈判机构中，单个工会拥有专有的代理权。这些政策加上各种工会安全策略的增加（例如，会员资格保持条款、规定雇用的非工会

[①] 约翰·R.康芒斯（1862—1945）：美国制度经济学家和劳工历史学家，著有《财富的分配》、《制度经济学》、《劳动与管理》、《资本主义的法律基础》、《社会改革与教会》等。——译注
[②] 施利格·佩尔曼（1888—1959）：美国经济学家、劳工历史学家，著有《美国工会史》、《资本主义和社会主义演讲录》、《劳工运动理论》。——译注

成员必须在一定时期内加入工会的工商企业等），给了工会法律保护，很少有其他国家的工会运动能如此幸运。①"劳工主义"通常与新政和公平施政以及民主党的左派联合，要求改进社会福利，要求对富人作出征税计划，并不断呼吁要反对"垄断"。

(213)　　但是，这里存在着一种畸形和一个矛盾的根源。因为市场联合主义和集体谈判的工联主义只能存在于垄断的情形下，这个垄断要么由资方造成，要么由工会造成。实际上，在今天美国的各行业中，哪里有由工厂或工会造成的垄断局势，哪里的工联主义就强大。

原因很简单，市场联合主义的主要目的是排除将工资作为一种竞争因素。在只是部分受工会控制的行业里，工资才被作为一种竞争标准。一个工会要么加强垄断，要么就垮台。在这一点上，美国纺织工会的衰落就是一个例子。

垄断模式根据不同市场而变化。在由少数制造商垄断的市场中，就是说，在由几家大集团公司主宰的行业中，工会用"谈判模式"来取消把工资作为竞争因素，就是说把工资协议强加于行业中的所有公司。尽管从理论上讲，谈判仍在个别公司里进行，而实际上（如钢铁行业），协议却是全行业实行的。在竞争激烈的行业或者小型企业行业，由工会出头露面，它给这个市场提供了一个垄断结构，限制公司进入此行业、设定价格线，等等。这在煤炭业、服装业和建筑业中已有显著的表现。

在煤炭业，当这个行业本身日趋衰退时，矿工工会却在整个行业实施了煤炭基准价格。实施办法有多种：通过法律规定价格，如在新政初年的《古费煤炭条例》（*Guffey Coal Act*）；总生产限制计划，如宾夕法尼亚州限制被开采的无烟煤总吨数；保持煤矿一星期只被开采三天；利用不间断的罢工来减少过剩的煤炭，等等。

服装工会对男装和女装分别制定了一系列固定价格线或者价格等级，这样可以避免混乱的竞争。国际妇女服装工人工会用限制个体缝衣工的数

---

　　①　关于政府支持工会组织的作用的最简洁概括可以在由阿奇比尔德·考克斯和约翰·T.邓洛普发表在《哈佛法律评论》上的两篇文章："由国家劳工关系委员会制定的集体谈判规则"（载于《哈佛法律评论·63》，1950年，第389页）和"集体谈判的责任"（载于《哈佛法律评论·63》，1950年，第1079页）。关于美国劳动法的更详细讨论，请参阅《从瓦格纳条款到塔夫特—哈特利法》（芝加哥，1950年）。关于历史风气的评论，请参阅由杜贝尔和荣格编的《劳动和政策》（迈迪森，1957年）。——原注

量、限制服装公司迁出固定地域的办法，获得了控制该行业的公司数量和管理该市场的能力。

稳定市场的最巧妙形式存在于建筑业中。工会的权力在于它是作业承包人，即它是资方招募劳工的中介机构。很少有招标承包的大型建筑工程（水坝、发电站、道路、工厂、核电安装等）的公司能维持常备劳动力。(214) 它们也不了解当地的劳动力市场，通过工会，它们获得了有经验的和有熟练技术的工人。甚至连小型房屋建造者们也请工会来稳定地提供劳动力。在每次竞争房屋承包时，承包人必须支付的工资是要素之一。仅仅在北卡罗来纳州，就有12000家建筑公司投标各种房屋建筑工程。工会不可能与每一位承包人谈判，所以就组建一个雇主协会，用在某一时期内固定工资等级的办法来稳定市场。

很久以前，建筑业工会和承包商已敏感地认识到靠双方合作所能取得的垄断利益。因而，对于许多当地的项目，圈外的承包商因工会拒绝提供劳工而被排斥在外，即使他们招标成功，也会遭受罢工或者怠工的境遇。

就煤炭业来说，工会往往能决定公司的命运和行业的未来。由于燃料竞争，如天然气和石油，对煤炭的需求在过去10年里已缩小了三分之一。约翰·刘易斯和工会面临着一个选择。他们要么想办法限制产量，强迫行业中的公司去分摊日趋缩小的市场，以此来挽救濒临倒闭的公司；要么任由这些濒临倒闭的公司破产倒闭。在1952年的决定性煤炭协议中，南部煤炭生产者，大多数为小矿业主承诺，如果刘易斯下令整个行业实行三日工作制，他们就满足工会的一切要求。那些大型机械化矿主因不能充分利用设备而提高了间接成本，便反对这个倡议。刘易斯推翻了原先的方针，选择了符合大型机械化矿业主追求产量愿望的决定。此决定意味着在本行业中要支付更高的工资而同时又存在永久的失业。工会只能接受这项决定，因为老龄化的劳动力可以自然淘汰。其他工会无法如此容易地解决此困境。

因此，一个工会，在一种特定的市场环境中运行，必然会成为"它的"行业的一个联盟。人们还未充分认识到的一个事实是，在劳动合同进程中，工会成了"管理控制体系"的一部分。正如赖特·米尔斯指出的那(215)样，他成了一个"不满情绪的处理者"。

在谈判桌上面对一群敢作敢为的工会领袖们，作为经理很难认识到工会对他有着至关重要的作用。他所能想到的只是，由于这个工会，他失去了一些权力。在很大程度上这是一个事实：他不能随意解雇工人，只能按资历提升，不能调换先来者的职务等。这些都属于工会行使的权力。

但是，工会在接管这些权力的同时也接管了一些要求特别优先权的棘手的职能。在运行过程中，工会不仅缓和着管理中的许多政治难题，而且还成了管理层与普通员工之间的缓冲剂。工会，特别是工厂的基层工会，并非铁板一块，而是各个利益集团的网络，这个网络能接触到各工厂的最底层工会组织和小组。各种利益之间往往互相冲突：熟练工与非熟练工、计件工与计时工、夜班工与日班工、老年工人与青年工人，等等。在系统地提出要求时，工会不得不抉择：为了保持技能的级差，工资该全面提薪（每人平均）还是按比例提薪？

第二个事实是，工会接管了管理层无法做到的监管工人的任务。最显著的是在工人未经工会许可进行罢工期间，当工人拒绝答理管理方时，工会领袖就会借谈判的理由，强制实施合同，迫使工人复工。

安抚不满情绪无论是在罢工期间还是在政党工作情况下都是一件棘手的事。工人被解雇时，生计就成了当务之急。所以，一个令人头疼的事便随之产生：为了维护公司的竞争力，工人的工资被削减、工作时间增加、工作量加大，而工人只是为了保全工作才愿意接受这一切。实际上，他们破坏了工会一直设法在行业中实行的一贯模式。"我的公司第一"的问题已烦扰了美国汽车工人联合会：政府是否会设法保持始终如一的标准，如果是这样，不是把快要倒闭的公司逼向绝境吗？或者，是否该减少工人工资和降低标准来保护就业？近几年，美国汽车工人联合会选择了保护就业的政策。

(216)

跟"我的公司第一"极为相似的是各个工会"我的行业第一"的态度。因此，利益冲突上升为全国性的。汽车司机反对政府支持铁路。煤炭工会要求提高关税来抵御国外石油产品，并联合铁路工会，因为铁路很大一块收入依靠煤炭运输。航空业的机器制造者希望有制造更多飞机的计划，而建造船舰的锅炉制造者却希望扩大海军。一般说来，工会通常在行业中进行联合促销活动来刺激需求和保证就业。这里有许多例子，它们均由工会发起（如货车运输业、玻璃业等），由于比起单个的公司，它们更有力量，更具有市场意识。

然而，市场联合主义的逻辑实际上导致了工会与公司之间、工会与行业之间的一种受限制的、不稳定的合作关系；所谓不稳定，是因为在许多情况下老板们仍愿意独立行使权力，虽然有更多精干的老板懂得为保护其利益而与工会联合的重要性；这种不稳定还来自于劳动者作为一个社会运动依然有着把资方作为一个阶级来反对的历史倾向。这种倾向是从把劳动者当作"劣势者"的意识形态中派生出来的。尤其是，它在新政初期受到鼓励，又得到政治联盟的支持，以致劳动者的组织活动有了法律的保护。这些政治联盟必然导致集团或阶级冲突领域变得更加广泛：税收政策、住房补贴、医疗保险及全方位的福利措施，这意味着多少有点一致的自由政治的哲学。

社会运动与市场联合主义之间的区别并不是像初看起来那样，它不是政治和集体谈判的工联主义之间的区别。在当今社会，后者的区分已不再存在。所有的工会都是不情愿地被迫介入政治的。问题是要搞哪一种政治。美国劳工联合会和产业工会联合会愿意仅仅成为市场联合主义的一个政治手段来保护其团体成员的利益吗？或者，它愿意成为真正的社会运动的一部分吗？

从美国劳工过去的生活中可以找到答案的线索。在19世纪，存在着四股主要势力：友善主义、合作、政治行动和集体谈判。[①] 当人们轻轻松松地提出"集体谈判是美国工联主义的独特形式"的说法时，几乎花费了半个世纪的争论和实验，才使其定格。美国劳工总是不太情愿接受工资制度。他们的早期组织者通过自由土地、通过货币改革寻求逃避，但是生产者合作社产生了。工业的巨大力量和政治制度的开放，使得许多个体感到应该运用政治行动而不是经济上的谈判来改善条件，这是更容易达到的途径。缩短工作时间的重大运动，例如在19世纪80年代，几乎完全属于一个政治运动。但是，社会主义者不愿意更改目标，冈珀斯（Gompers）[②] 坚持解散在市场上可以发挥协调作用的工会组织，促使美国劳工发挥谈判的作用。但同时总是给人有点像社会运动的感觉。如果我们把社会运动和市

---

① 当然，关于劳工运动的标准历史是由约翰·R.康芒斯和他的助手们在《美国劳工史》中提出的那些历史。这些著作主要从美国劳工联合会观点来编撰。他们把工作意识看做美国劳工运动的"自然"表现。在由诺曼·华勒编撰的两卷在今天已经被人遗忘的著作《1840—1860年的产业工人》和《美国劳工运动·1860—1895年》中，人们可以找到一个不同的观点。当美国劳工联合会处于低谷的时候，在20世纪20年代，当华勒写作时他对美国劳工联合会的成功表示怀疑。与康芒斯的主要弟子施利格·佩尔曼相比，华勒更喜欢称它为劳工贵族。华勒著作中最有价值的部分是他对工业化及其工会化后果的重视，在康芒斯的著作中缺乏那种重视。——原注

② 萨缪尔·冈珀斯（1850—1924）：生于英国的美国工会领袖，美国劳工史上的关键人物。——译注

场联合主义的区别运用于过去,我们就能得到以下几个历史时期:

(1) 从1860—1880年,美国劳工运动基本上是社会运动。社会主义者和无政府主义者的影响是最主要的。他们具有高度的政治活动性,努力创立工人政党。工会建立起生产者之间的合作并支持许多改革方案。然而,组织的范围却很小。

(2) 从1880—1920年,两种趋势形成冲突:美国劳工联合会代表了市场联合主义的狭隘思想,而社会主义者、世界产业工人组织和其他工团主义团体企图发动激进的劳工运动。结果是美国劳工联合会取胜。

(3) 从1933—1940年(1920年以后为停滞阶段),工人们又扮演起社会运动的角色。涌现出来的产业促进会,面对工业联合会的进攻,倾向于采用意识形态色彩。知识分子的介入,特别是社会主义者和共产主义者的介入,增加了这种激进政治的性质。联邦政府的支持使工人们意识到政治运动的必要性。此时,约翰·刘易斯,一位精明能干的劳工领袖,认识到结成一个新的政治团体的可能性。

(4) 从1940—1955年,工人们失去对意识形态的兴趣,代之以关注市场联合主义。这里有几个原因。第一,由战争产生的国家团结意识;第二,大工业工会对工联主义的认可,首先是因为连续生产的需要,其次是因为意识到工会不能直接解散成为现实;第三,需要新成立的工会在工厂巩固代表劳方集体进行劳资谈判的地位;第四,因为从1947年起,工会开始攻击共产主义者并最后消除了他们的影响。

那么未来将会怎么样呢?未来的何去何从是摆在美国工人面前的一个难题,因为工会运动现在已经陷入了绝境。困难的根源深植于美国的目前生活中。

(1) 工会会员已经达到上限。在过去的7年中美国工会的发展停滞不前。实际上,工人劳动力中加入工会的比例有所下降。[①]

目前,大约有1600万工人(另加85万加拿大分支机构会员)属于美

[①] 关于工会的壮大已经达到了一个高峰并且可能处于饱和状态的主张最早发表在1951年和1951年《财富》"劳工专栏"上,并且在我的文章"下一次美国劳工运动"中得到了概述(《财富》1953年4月)。在发表在1954年7月《美国经济评论》的一篇文章中,艾尔文·伯恩斯坦教授对这种主张提出了异议。在产业关系研究协会第七次年会上,这些问题得到了讨论,并且写入了那次会议的《议程》。关于我的统计证据的提要,请参阅收入该《议程》(1954年12月)中的我的论文"工会的成长"。——原注

国工会，而在 25 年以前只有 200 万人。用 6500 万工人的劳动力来计算，略低于 25%，更确切地说，单以工薪人员的比例来看（例如不包括农民、个体经营户和小商人），工会已组织了社会上 30% 的受雇人员。然而，这部分被组织起来的 30% 员工已经达到了饱和状态，他们已挖尽了潜力。

如果要区分白领与蓝领，那么很可能有 75% 蓝领工人——工厂工人、矿工、铁路工人、建筑工人——属于工会。在煤矿和金属矿、铁路和建筑及公共事业公司中，工会已经组织起 80%—90% 的蓝领工人。在基础制造业中——汽车、飞机、钢铁、橡胶、船舶、玻璃、造纸、电器、运输设备——大约 80% 的产业工人被组织了起来。剩余的未被组织起来的只是小部分。例如，据美国汽车、飞机、农业机械工人联合会的调查表明，在工会管辖范围内的 95% 未被组织的工厂工人都少于 50 人。这些工厂很难被组织起来。一个小工厂内部的社会关系不同于大工厂：老板的身份更为明显；老板施压更容易；工会深入这些工厂并为之服务的费用非常之高，很不"经济"。因为工会，作为经营组织，也存在着费用成本和效益的问题。未参加工会的行业是石油、化工和纺织业。在石油和化工行业里工资极高，因为劳工费用只占总费用的一小部分，工人们有独立工会组织。在纺织行业，老式家长式的和南部作坊村的形式足以抵制工会组织。

那么其他行业如何呢？在贸易和服务行业大约雇用了 1500 万工人，工会只有很小的立足点，比如在饭店、旅馆和洗衣房，但通常只在大城市市中心，其他工会能帮助组织一下。这些单位大多很小，因此组织起来有困难。随着分配领域的不断扩大，普通工会，如梯姆斯特①无可回避地发展起来了。梯姆斯特组织方法通常是组织起雇主协会并将工人一揽子吸收进工会。但这种发展会被产业劳动力的减少所抵消。②

在白领和办公室职员（银行、房地产、保险和其他大公司中的管理人员）阶层中，工会显然是失败的。在那些蓝领工人被组织起来的工厂里，公司往往立马准予给管理职员们增加工资，这样，后者就没有必要也没有动力去参加工会。在保险公司，通常白领雇员流动性非常大。这些工作由

---

① Teamster，指美国卡车司机、汽车司机、仓库工人和佣工国际工人兄弟会。——译注
② 许多手工业和产业工会，为了抵制人员缩减，通常会转化为"普通"工会，吸收任何有手头的劳动力为成员。约翰·L. 刘易斯曾经想把第 50 号矿区工人这样组织起来。——原注

从学校里直接招聘来的女孩子担任,她们五六年后都会结婚辞职,所以都不愿意加入工会。在美国的白领工人,因为地位的原因,通常害怕与脏兮兮的蓝领工人打成一片。在欧洲和亚洲等国家里,教师和文职人员把自己当作工人阶级的领导者。在美国,这些团体也企图强调他们之间的不同之处。

(2)工会已达到集体谈判的极限。这句话令人大吃一惊,但这是重组美国工人运动的最重要因素之一。"集体谈判极限"(limits of collective bargaining)这个词只想说明,工会逐渐意识到,随着国民生产率的提高,他们能够得到的工资和福利也相应地提高。这种说法对欧洲的工会来说是老生常谈了,他们对自己国家的贸易地位非常之敏感,但对美国工会来说却是全新的。

甚至连生产力这个观念也是最近时候才听说的(也许这就是为什么马克思分析资本主义有所偏颇的原因之一。马克思认为财富是通过"剥削"得到的。我们现在看到的财富,无论是私人财产还是国家财富,只能通过提高生产力来获得)。美国劳工历史上的转折点,我认为是随着年生产力和工资提高的观念而来的。其实,就是这样一个观念,即工人有权每年提高工资,其变化应高于和超过生活费用的变化。有人也许会争辩说,那要看生产力到底提高多少——是2%、3%,还是4%;这些是统计问题。反正工人每年的生活水平将提高——就拿汽车工人来说,大约3%(如果是增长3%,那么生活标准在25年多的时间里将翻倍)。奇怪的是,主张生产力工资增长观点的并不是工会改革,而是一个企业的改革思想,是通用汽车公司的创新。这个公司提供以每年增长工资换取5年合同作为回报的方式来确保工人不闹事。

今天,大多数的美国基础制造业都持有生产性工资增长的观点。这样,在经济上构成了一个强烈的需求因素,从而阻止了商业循环的下降趋势。但是工资的上升适应于经济效益最好的部门,而那些效益差的公司,或者由于性质所决定的无法提高生产力的行业(理发师、侍者等),不得不努力赶上这种增长趋势。这在经济中导致了严重通货膨胀的冲击。

除此之外,生产性工资增长的重要性在于,尽管它削弱了工人的战斗力,尽管措辞有点过激,但它使工会接受通过经济谈判所得有限的观点。我的意思不是要建议停止谈判,而是我们在确立极限的过程中存在着谈判的官僚化。①

（3）工薪阶层的兴起。美国劳工运动性质的第三次决定性转变产生于劳动力结构的变化。简而言之，无产阶级已被工薪阶层所代替，导致的必然结果是工人们心理上的变化。正如克拉克很久以前指出的那样，这种趋势部分产生于这个事实，随着生产力的提高，使用更少的工业劳动力能取得更高的产量，而对新生的服务业、演艺业、娱乐业和研究工作等新兴行业的需求意味着更多的新中产阶级的职业的产生和扩大。

但是在庞大的制造工厂内部劳动力的变化却没有什么用处。因为随着生产的增长，研发、商业、销售和文职工作等都随之增加。以化工业为例，从1947年至1952年，生产增长了50％；蓝领工人增加了3％，白领工人增加了50％。在全国15家最大的公司中，工薪人员已达到钟点工人的三分之一至二分之一。

例如：

	钟点工人	薪水工人
杜邦	52000	31000
标准石油	30000	27500
威斯丁豪斯	70000	40000
福特	135000	40000
通用	360000	130000

向工薪阶层转变在1950年两次主要发展中被加快了：美国工业中研究和开发的大量兴起，产生出一个新的技术阶级，另外是汽车制造工序的扩大使熟练工人不断增加。从1947年至1957年，专业和技术工人的数量增长了60％，这是第二次世界大战以后的时期里任何职业团体中增长比例最高的。在以后的10年中，这一团体又增长了43％，或者说是整个劳动力增长速度的2.5倍。当半熟练工人数量在过去10年中几乎保持不变的情况下（从1220万到1290万人），技术和专业工人、非生产性工人在同一时期已增长了50％多。如果不包括服务业，到1956年为止美国白领工

---

① 亚瑟·罗斯曾指出"罢工运动的消亡"，指责在美国以及几乎其他所有国家罢工的次数越来越少。我觉得这是如此官僚化和承认极限所导致的结果。——原注

人的数量第一次在历史上超过蓝领工人数量。①

这些工薪人员不讲工人陈旧的语言。他们对旧阶级意识形态这一套也不感兴趣。他们的兴起对美国劳工运动领袖造成了棘手问题。

(4) 斗志的丧失和失宠于公众。以目前状况而言,劳工运动比25年前发生得更少,现在的头面人物都是以前劳工运动的发起者。然而,他们已经不再年轻——美国劳工联合会和产业促进会执委会的领导人都已有60多岁——他们失去了干劲。组织中的工作人员年纪也大了,再也没有年轻时在工厂里散发传单的那种激情。

然而,更严重的是,在工会的道德品质和公众信任度上存在着危机。这并非是简单的由敲诈引起的问题。② 敲诈是由市场形成的。它总能在小型的建筑业、码头工人和卡车司机中占有一席之地。在那里,对雇主来说

---

① 关于这些变化的一些详细的统计,请参阅我发表在1958年4月和6月《财富》"劳工专栏"上的两篇文章。关于美国阶级结构变化的基本数据可以在如下表格中看到:

美国阶级结构的变化

	1947(单位:千)	1956(单位:千)	1947—1956(%变化率)
总就业人数	57843	64928	12.2
白领职业			
专家、技术员及相关工人	3795	6096	60.6
管理人员、职员、业主	5795	6552	13.1
书记员及相关工人	7200	8838	22.8
销售工人	3395	4111	21.1
蓝领职业			
手工人员、领班及相关工人	7754	8693	12.1
操作工及相关工人(半熟练工人)	12274	12816	4.4
苦力,农夫和矿工除外	3526	3670	4.1
混合性职业			
服务工人	4256	5485	28.9
私营经济员工	1731	2124	22.7
农场职业			
农场苦力及工头	3125	2889	−7.6
农场主和农场管理人员	4995	3655	−26.8

② 考虑到我所指出的市场工联主义与社会主义运动的区别,我们可以说行业敲诈是市场工联主义的变体,而共产主义是社会主义运动的变体。——原注

最大的成本是"等待的时间",所以敲诈者能轻而易举地从雇主那里索取费用。在密集型生产中没有敲诈。甚至在那些"勒索"很普遍的领域里,敲诈的规模在今天已比 25 年以前要小得多,那时候正是美国工业非法团伙兴起的年代。工会没落的真正病因是在它的道德方面,许多工会的领导人已经见钱眼开,在生意场上采用了最粗野的行为,掠夺工会的财产,把它们占为己有。在还没有形成彻底掠夺的行业,典型的有卡车司机、面包店、纺织和洗衣店工会,由于权力腐败,工会领导人对待普通工会成员的傲慢和专横令人震惊。这种权力的恶劣表现已使其脱离了中产阶级,这个阶级即使不是出于同情,20 年来却也一直容忍了工联主义。

(223)

任何运动的未来都依赖于领袖的人格、传统的力量(推动力量)、锐利的目标(激发力量)和社会的挑战。

当然,劳工运动的基本激进传统已经消失殆尽,而在所有的社会主义者或左派运动分子中——如杜宾斯基、朴图夫斯基、李尔夫、克伦、奎尔和鲁瑟(Dubinsky, Potofsky, Rieve, Curran, Quill, and Reuther)——只有鲁瑟还有干劲和期望,想扩大工人的奋斗目标。今天工会的头头们都没有干劲去开展政治活动或者期望成为政治领袖。在中层领导中,他们大都在州或市里而不是在国家级舞台上表现自己,许多较年轻的领导人用尽办法来提高自己的地位和权力,这有可能使这些人在民主党中更加活跃起来,为了使自己得到承认而步入政治舞台。

在国家级领导人中,活跃在舞台上的有乔治·米尼(George Meany)、杰米·霍法(Jammy Hoffa)和沃尔特·鲁瑟(Walte Reuther)。米尼作为一名重新联合的劳工运动领袖已经载入史册。霍法虽然雄心勃勃,但是除了把权力置于一个强大的工会之上且对他的政敌表示蔑视以外,他在政治这一行干不了什么。他反对知识分子,对那些主义、观念以及提出它们的人感到不安,因为他在这些方面弄不清楚。他还缺乏政治远见和道德观念。他有时会去鼓动一场原始的阶级斗争,比鲁瑟的言行更为原始。这正反映了他的性格。他宁愿用行动来解决问题而不是用思想来解决问题。他虽有惊人的干劲和野心,但没有明确的方向。众多助手的努力都被霍法的不耐烦所扼杀。最终制约霍法的是一种对体面地位的渴望,这种渴望被他强横的外表所掩盖。然而,这倒是驯化了他。鲁瑟则不在乎社会地位——那些新闻机构和商业团体的奉承话——那是其他工人领袖所追求的东西。他有一种使命感(虽然教条主义的刀刃已钝化）和 20 年以前他得到的自由团体对他的尊重。在 50 岁的时候（1958 年），鲁瑟仍有远大的目标。他在工人同胞中并不很受欢迎，因为他使他们感到不自在，他却不会放松管束。他的缺点不多，精力充沛。就像面对牧师的耶稣教徒，在榜样面前很自然地忏悔他们道德上的过错。眼前没有其他的人物可以引导他们。鲁瑟从本质上说是一个理想主义者，虽然他使用的技巧非常实用；他能够把梦想变为现实，他的劳工运动观念也是社会主义的。

劳工运动有可能渐渐融入产业低级合作者这个市场职能之中，像建筑业工会就是如此。但依我看来，在今后几年里，美国劳工将试图重新把自己定格为社会主义运动。

除了鲁瑟可能起的作用，另一个理由就是，随着政治和谈判越来越纠缠在一起，扩大工人政治权利的必要性意味着工会将必须在民主党中起更加直接的作用。为了加强自己在政党中的地位，工会必须建立起一种自由的联合。如果集体谈判达到一定的限度，那么政治就成为一个重要的舞台。

在政治进程中，由于大众媒体和群众舆论造成的微妙变化，这更加强了工人联合的这种趋势。这就出现了人们所谓的"象征"集团（佩戴着意识形态标签的集团）与"利益"集团（主要以保护特殊实际利益的集团）的对立。因为在一个大众社会，公众的意见是至高无上的，各种团体都比以往更不得已要使自己获得一种一致的身份，把他们的目标用全民性和共同利益来美化和装饰起来。所谓的民主选举也是如此，因为选举只是用一些象征性措词提出一些问题，例如：农民（The Farmer）应该干什么？（并不担心"农民"是一类人的总称的复杂性）；或者工人（Labor）应该干什么？（不再进一步考虑"工人"这个全称词的意思。）然而，不论是大选的性质还是政府中非正式团体代表的新进程都已成为达成一致身份的具体因素。因此，"商界"接到要求将他们的代表提名到政府顾问委员会中，"工人"接到了同样的要求。政治问题遍及全国范围，"工人"作为一个象征集团，被要求对这些问题明确表明"他的"态度；为了做到这一点，他不得不学会调解它内部的分歧。例如，要联合美国劳工联合会与产业促进会的压力之一就是需要有一批杰出的代言人在各种全国性问题中代表工人说话。

第三个要素是在商界出现了"对身份的焦虑"，一种对"大工头"威胁及其政治影响的担忧,这种不断上升的担忧产生于工会运动意识形态的枯竭之时,此时它正因工会运动组织机制僵化而陷入困境。由劳工就业权保障法[①]引起的骚动不安,带有情绪化运动的所有特征,而不是企图解决劳动权力问题的全民运动。弗里德里克·梅叶斯(Frederic Meyers)[②]在1958年为合众国基金会就劳动就业权保障法在德州颁布5周年后的效果作了一个调查。该调查表明,该法案毫无效果。工会未受损害,雇主与职员之间的关系依旧,而职员却从因为他们为之奋斗的法律已载入史册中得到情感满足。加利福尼亚、俄亥俄和其他一些州在1958年以适度的热情发起了禁止强行要求工人加入工会的运动,而一些大企业,除了通用电器外,都对此袖手旁观。因为这些企业中的许多雇员操纵着数以百万美元计的产业,他们明显地为对工会的权利的愤怒所激发,即使那种权利已变得很稳固,雇主和职员间的那种关系已经很确定。商界完全有可能认为随着艾森豪威尔和共和党的竞选和改选,工会会罢休或屈服,但工会并没有那样做。许多雇员对鲁瑟这个名字的愤怒的反应(特别是那些从未与他和美国劳工联合会打过交道,但又把他当作新劳工权力象征的人)表明,从国家和政治的标准来看,劳工管理的紧张局面不会再由利益集团的冲突所激起,虽然冲突仍然存在,但只是象征性情绪冲突。

如果美国劳工在以后的10年作为一种社会主义运动得到发展,那么新工联主义的政治和思想内容将是什么呢?这很难说。"左"的思想在近几年已经完全消除;国有化的观点又没有任何吸引力。我们最有可能看到的是"劳工主义"加强版的再现,即比以前更加强烈地坚持想要得到好处,比如更好的住房、更多的学校、更充分的医疗保健、在工厂里更加"人道的"工作气氛的形成,等等。这些条件在一般情况下从性质上讲都是普通的,但是一个人想要拥有这一切却需要很大的能耐。所以问题是:在劳工领导人中间谁可以激发工会领导层和普通工人的想象力呢?沃尔特·鲁瑟以为他能办得到,但是问题是:人们是否愿意给他这

---

① 劳工就业权保障法的颁布是为了禁止商店、工厂等只雇佣工会会员从而剥夺非工会会员的就业机会。该法由州议会制定。——译注

② 弗里德里克·梅叶斯(1917—1999):美国加州大学洛杉矶分校经济学教授。——译注

样一个机会。① 在他的同伴中反对他的呼声如此强大,所以如果在乔治·米尼退休后他当工人运动的头儿,那么肯定会使工人们分成两派。为了避免这一点,美国劳工联合会—产业促进会很可能会选择一个像阿尔伯特·哈伊森(Albert J. Hayes)这样的中间人物。像约翰·刘易斯那样,沃尔特·鲁瑟可能成为一个更加"落魄的工会领导人"。而就以一个人的人品和形象在社会活动中的作用而言,我认为这两点都很重要,这的确是一大损失。

---

① 这篇文论以图表形式概述了我近些年为《财富》撰写的一些重要论文中所涉及的一些论题。对我对美国劳工作了更加广泛的剖析感兴趣的读者可以去参阅我发表的如下论文:"劳工的语言"(1951年9月),"中年劳工的来临"(1951年10月),"劳工的新权力人"(1953年4月),"下一次美国劳工运动"(1953年6月)(此处时间与第51注释时间有出入,那处的时间为1953年4月。原文如此。——译注),"年薪以外"(1955年6月),"劳工要往何处去?"(1957年12月)。在一部即将出版的关于共产主义和美国劳工运动的专著中,我将进一步去考察应用在本章里的区分,以提出一种更加全面的美国劳工运动理论。——原注

第十一章　工作及其不满

——美国的效率崇拜

> 遥想当年，农夫用不着垦荒，甚至标记或划分土地都是多余的。人们为日常的储存而收种。无论人们乞求与否，大地倾其所有，无偿供应着丰富的物产。"到后来，有人……藏匿了火种，独占了随处流淌的美酒，他们不想让好处继续由大家来分享……于是，冰冷的钢枪和锋利的刺刀接踵而至——先人们用楔子劈开了开裂的树木；到后来，出现了丰富多彩的艺术文化。通过艰辛的劳作，世人终于征服了世界，然而他们的需求也因生活的困苦而日渐萎缩。"
>
> 维吉尔（Virgil）[①]，《农事诗》（*The Georgics*）

这是些"关于工作的解释"，有的解释是反思性的，有的解释是概括性的。这些解释对读者来说是陌生的。读者想要知道论者的主题，至少想要了解论者的观点。在"主题"一词的通常意义上，本文没有主题。它对经理、工程师或撰写工作研究专著的社会学家提出的常规问题也没有提供答案。那么，它对工作有什么可说呢？蒙田曾经写道："他们显然并非为了工作而工作，他们迫不得已才工作。"在工业社会里，这是一个不可避免的答案，因为任何一个道德立场都肯定是模糊的。谴责机器的"不人道"，正如称赞技术的承诺那样，是一件容易的事情。我不想成为空谈家或道德家。把这些解释联系在一起的是一种心态和一些问题。可以肯定地说，问题的提问方式限定了问题的答案。但是正如赫伯特·巴特菲尔德

[①] 维吉尔（公元前70—前19年）：奥古斯都时代的古罗马诗人。作品有《牧歌集》、《农事诗》和《埃涅阿斯纪》三部杰作。——译注

(Herbert Butterfield)①曾经指出的那样，知识不是通过新的观察和实验获得的，而是通过变换提问的角度，通过观察相似事件的新方法而获得的，无论它们是关于运动的问题，还是关于梦的解释的问题。

显然，本章探讨的是现代工业生活中人们司空见惯又未曾考察的一个事实——效率概念。我们假定，在效率领域，正如在几何学领域一样，两点间的最短距离是一条直线。不过，要是两点间存在障碍物，那该怎么办呢？在同一个星期，这个问题曾经在两个地方被人提了出来。在纽约，源于新英格兰的新高速公路恰好危及新洛瑟尔区古老的法式新教墓地。这是创立这个城镇的法兰西人墓地；于是，问题便产生了：是高速公路应该绕道而行，还是墓地应该迁移他处？在英国，一队新式平顶双层公交车无法穿过一个历史悠久的小镇城墙的古老歌德式拱门；因此，是改建这个拱门，或者废弃双层公交车，还是让公交车远远地绕道而行？在每一个案例中，什么样的解决方案才算合理呢？在纽约，墓地被搬迁；在英国，公交车不得不绕道而行。每个选择都反映了这个社会的不同价值取向。

对合理性的不同规定以及工作效率的代价是本章讨论的主题。

时间的新算法

现代改良主义鼻祖杰里米·边沁（Jeremy Bentham），在其近20年的繁忙生活中，花了许多心血设计出了一个无可挑剔地高效率的监狱。它就是著名的圆形监狱（panopticon）。这是一幢巧夺天工的星状建筑物，"以至于每一个罪犯都被永久性地隔离开来，但他们的一举一动全都在居于中心位置的看守者的监视之下"。

边沁，作为哲学激进分子的领导者，从他的天才胞兄萨缪尔·边沁（Samuel Bentham）——一位著名造船专家——那里得到了圆形监狱观念。后者当时受聘于叶卡捷琳娜二世（Catherine the Great），为俄国建造船只。边沁还沿着圆形监狱思路设计出了一个工厂。实际上，多年来，杰里米·边沁千方百计地从国会筹措资金来建立一座"五层"圆形监狱。它的一半是监狱，另一半是工厂。他说道：圆形建筑将是懒惰的克星，将是一个

---

① 赫伯特·巴特菲尔德（1900—1979）：英国历史学家和历史哲学家，剑桥大学历史教授，著有《现代科学的起源》、《历史的辉格解释》。——译注

"迫使无赖变得诚实，懒汉变得勤奋的磨坊"。（在1813年，作为他为建立一个模型所花费资金的补偿，他最终获得了23000英镑。）

对边沁来说，工厂和监狱的同一化也许是很自然的。在其哲学思想中，监狱和工厂借助功利主义的整齐和效率观统一了起来。功利主义的根基——边沁予以阐明的新行为样式——是对秩序的狂热寻求，对动机的精确计算。假如确切地给予测算的话，那么精确计算将刺激每个个体达到恰当的诚实和工作程度。功利主义提供了合理性的新定义：它不是理性规则，而是测量规则。有了它之后，人自身就可以受到约束。当工程师应用这个规则——最佳功利规则——的时候，他不仅仔细分解了工作，而且仔细测算了工作，确立了以公制数量定义的时间单位为标准的按时计酬制度。

新的合理性导致了同工作节奏旧说法的一次独特而又突然的断裂。由此产生了时间的新角色。时间可以通过各种方式得到表达。其中有两种时间模式占据主导地位：作为空间变量的时间和作为延续性（dure'e）的时间。作为空间变量的时间，伴随地球运动的节奏：一年等于地球绕太阳公转一周，一天等于地球自转一周。钟表是自我运动的，秒针一个小时要走过360个空间刻度。[①] 但是按照哲学家、小说家以及普通人对时间的了解，时间也是自然的。存在着一些心理学模式，它们包含着不同的知觉：沉闷迟缓的时刻、瞬息万变的时刻、凄凉悲苦的时刻、极乐逍遥的时刻、痛不欲生的时刻、暗无天日的时刻、回味无穷的时刻和身临其境的时刻。简言之，时间不是空间变化的变量，而是人们经历的变量。

功利主义理性对延续性时间所知甚少。对现代工业生活来说，时间和努力只是按部就班地表现为像钟表那样的常规嘀嗒声。现代工厂从根本上说是一个秩序场所。在其中，刺激和反应、工作节奏都来自机械规定的时间和节奏感。[②] 因此，难怪阿尔多斯·赫胥黎（Aldous Huxley）[③] 会说："在今天，每一个有效率的办公室，每一个时新的工厂，都是一个圆形监

[①] 关于时间作为空间的一项功能的一个讨论，请参阅 C. F. 封·魏扎克《自然的历史》（芝加哥，1949年），第13页，第48—50页。——原注

[②] 弗洛伊德说道："秩序是一种一再重复的驱力，一旦出现某件事情该何时、何地和如何被完成的问题时，那种驱力便应运而生，以便打消在每一个相似场合存在的疑虑和犹豫。秩序的好处是不容置疑的：它使我们最好地利用空间和时间，并且清除不必要的精力损耗。"《文明及其不满》（伦敦哈盖斯出版社1946年版），第55—56页。——原注

[③] 阿尔多斯·赫胥黎（1894—1963）：进化论者托马斯·赫胥黎之孙，英国小说家。——译注

狱。在其中，工人们痛苦地……意识到自己正被囚禁于机器之中。"

如果说这种谴责是真的，那么它向美国提出了最严厉的控诉。当代美国首先是一种机器文明。正如不修边幅的鹿皮和猎枪是19世纪拓荒者的标记，长假发和系带是弗吉尼亚殖民者的标记一样，数以万计的工人涌入星罗棋布的工厂，这幅图画给人留下了关于工业美国一个抹不掉的印象。正如大多数美国人不是拓荒者且从未在佐治亚州生活过一样，大多数美国人没有在工厂工作过；不过，每一个时代的鲜明风气在这些原型中得到了表现。

那么，在当今美国人的生活中，工作的本质是什么呢？

戴着手表的上帝之手

当代企业的确立必须服从三条特殊的技术逻辑：规模逻辑、"公制"时间逻辑和科层逻辑。作为工程合理性的产物，每一项逻辑都给工人施加了一系列限制，工人被迫天天与之作斗争。这些情况决定着工人们的日常生活。

从早上8点工作到下午5点的人，早晨起床时间要远远早于8点。在马马虎虎地梳洗完毕和匆匆吃了早饭之后，他便急匆匆地驾车或坐计程车、公共汽车或地铁去上班；通常，他不得不在路上花去一小时或更多时间。（如伯特兰·罗素［Bertrand Russell］[①] 曾经指出的那样，似乎存在着这样一条规律，交通条件的改善并没有节省交通的时间，而只是扩张了人们不得不穿行的地区。）

尽管这是现代工作的最明显事实，但很少有作者关心过它，或关心过其潜在的假定：广大劳动群众应该集中于共同的工作场所。工程师认为，集中在技术上是有效率的：在一家工厂里，可以把劳动力资源、原材料、车间和装配线集中起来。因此，我们可以看到像维罗兰·伦（Willow Run）这样的巨型企业，现在通用汽车也采取了这样的经营策略，在堪萨斯州维希达的波音公司也是如此。

对规模效率的信任是以最初被应用的能量类型为条件的——通过利用

[①] 伯特兰·罗素（1872—1970）：英国哲学家、数学家、逻辑学家、历史学家，无神论或者不可知论者，1950年获得诺贝尔文学奖，以表彰其"多样且重要的作品，持续不断的追求人道主义理想和思想自由"。——译注

蒸汽而获得有限的动力。由于蒸汽会迅速消散，工程师试图根据相同原理尽量把许多生产车间集中起来，或者通过各种管道，在一定气压范围里尽量不让它由于过度凝聚而流失掉。这些考虑还导致了工人在工作布置上的班组化，因为机器必须以直线轴系的方式布置起来。(231)

电力和电动机的引入使工厂设备的引入具有更大的灵活性。并且在工厂内部，人们也充分利用了这一优势。更新的工作流程设计避开了陈旧而古老的工厂直线轴系布置。不过，工厂的外在规模仍然没有受到挑战。为什么呢？部分地，这是因为工程师只考虑技术学意义上的效率；他之所以这样子做是因为一个主要成本——工人的走动时间——被忽视掉了。问题在于：大量劳动者是否应该被带到一个共同的工作场所？哪一种运输更廉价，譬如，是工人每天两次，还是原材料和机器每周两次？正如派斯维尔·戈德曼（Percival Goodman）①和保罗·戈德曼（Paul Goodman）②兄弟在其著作《社区》（*Communitias*）中指出的那样："当它等着被运输的时候，一块原材料的寿命是被人忽略不计的；就像沙丁鱼一样，一块铁皮可以任人挤压。"戈德曼兄弟指的是"零碎"产品的生产而不是已配置好了的各个部件。假如工厂坐落在距离工人居住不远的地方，那么工人就不必跑远路了；已加工过的材料可以被带到几个地方去投入生产。然后，这些部件可以被集中到一起装配。不过，很少有人考虑过这个问题，因为很少有工厂直接为工人支付交通费用。单单根据市场成本来计算不会迫使企业去考虑像用于往返于工作途中的时间之类的因素，或者去考虑工厂周围的道路和其他交通成本。这些成本由员工或作为赋税整体的社会支付。

在往返工作过程中，工人受到时间的约束。时间主宰着工作的经济效率、工作节奏和运行速度。（在询问格利弗关于手表作用的一些情况之后，小人国的人渐渐相信它就是格利弗的上帝。）

弗雷德里克·温斯特·泰勒（Frederick W. Taylor）③是现代工作的预言家之一。他的秒表是他的圣经。如果说有一种社会剧变可以归功于人的话，那么作为一种生活模式的效率逻辑应该归功于泰勒。由于泰勒提出了(232)

---

① 派斯维尔·戈德曼（1904—1989）：美国郊区理论家、犹太教堂建筑师。——译注
② 保罗·戈德曼（1911—1972）：美国社会与教育批评家、小说家、剧作家、心理治疗师、无政府主义哲学家。——译注
③ 弗雷德里克·温斯特·泰勒（1856—1915）：美国著名发明家和古典管理学家，科学管理创始人，被尊称为科学管理之父。——译注

"科学管理"（scientific management），我们把关于劳动分工的古老思辨远远地抛在了脑后；我们进入了对时间自身进行分工的研究阶段。

泰勒生于1856年，与弗洛伊德同年。传记作家罗杰·伯林盖姆（Roger Burlingame）写道：作为一个男孩儿和男子，泰勒把他的世界划分成极其细微的部分。在玩棒球时，他总想一下子就把玩伴打败。每当散步时，他考虑着他的脚步，以便了解什么是最有效的步伐。尽管他从不抽烟、喝酒、喝咖啡、喝茶，但是由于过分紧张和敏感，他是自己难以入眠和噩梦般生活的牺牲品；由于担心平躺下来会压着背部，他只有当笔直地靠在床上或坐在椅子上时方能安然入睡。他无法忍受看到一个闲置的车床或一个无所事事的人。他从来没有闲着的时候，他后来逐渐相信其他任何一个人都做不到这一点。

泰勒把这种强制品格注入一个文明之中。在他最初工作过的一家商店里，一位机械师借助于"拇指规则"（rule of thumb）来进行工作。机器速度、工具选择、工作方法取决于幻想或预感。泰勒千方百计地想要证明，继承于手工时代的慢条斯理的工作节奏应该被化整为零的时间的高级合理性所取代。

秒表本身不是什么新玩意。在泰勒之前，工作已经被时段化，但它只对整个工作而言才如此。泰勒所做的工作是，把每个工作都细分为基本操作，计算出每个操作的时间。从本质上说，这是科学管理的全部：对工作进行系统分析并把它分解为最细小的机械要素，再对这些要素进行重新安排，使之获得最有效的结合。在1895年，泰勒给美国工程师举办了最早的讲座（在那一年，人们也许会嘲讽性地注意到，弗洛伊德和布鲁尔［Breuer］出版了精神分析的"划时代"著作《歇斯底里研究》［*Studies in Hysteria*］）。但是在1899年，由于他教会一位名叫斯密特的荷兰人一天能够铲47吨而不是12.5吨生铁，于是泰勒名声大噪。那个人的每一个工作细节都被具体化了：铲子的尺寸、生铁的堆放、铲子的重量、走动的距离、挥动铲子的弧度，以及斯密特应该休息的时间间隔和次数。通过系统地变换每一个因素，泰勒获得了一个最优负荷量。通过精确计算，他获得了正确答案。

但泰勒也知道，这种机械控制将对人产生什么影响，或者反过来，什么类型的人适合做这种严格的工作。他写道："作为一项常规职业，对那个适合于去铲生铁的人提出的最基本要求之一是，他迟钝和镇定到了这样的程度,以至于他更像是一头公牛。"①

泰勒主义的逻辑是一目了然的:每个人的工作都应该根据工作自身来衡量:在操作过程中必须确立起这样一种时间:它必须是"没有谈判余地的"、客观的"标准时间"。因此,酬金只能根据被完成的工作量以及所花费的时间来计算。在现代经济里,时间的差异是如此重要(如本雅明·富兰克林——马克斯·韦伯的伦理新教徒的原型——曾经说过:"时间就是金钱"),以至于像通用汽车这样的大公司是以6分钟为单位同其工人签订工作时间协议的。(为了便于计算报酬,通用公司把一个小时划分为10个6分钟的时间单位,除了3个小时的"预付费"以外,工人根据他的工作时间为6分钟的倍数来支付工资。)

泰勒主义的意义在于,他试图制订出一种社会物理学。泰勒认为,一旦工作得到了科学的格式化,就不会存在一个人该不该努力工作以及他该得到多少劳动报酬的争论。他曾经说过:"就像我们有理由就太阳的起落时间和地点达成协议。"在世纪之交,由于管理阶层目睹了"自然法权"这个用来作借口的老式秘诀的消亡,管理科学自身为它的道德权威提供了新基础。

在泰勒分析工作和时间关系的同时,另一位工程师弗朗克·加尔布雷思(Frank Gilbreth, 1868—1924)采取了一个更加极端的步骤:他把人的运动同人分离开来,把它变成了一个抽象想象物。不仅机器的工作方式可以被分解为各个要素,而且人的运动也可以"被功利化",手脚的自然运动可以被设定为操作的"最佳方式"。

加尔布雷思(具有讽刺意味的是,他的当代声誉源于有关其大家族之极有组织的家政管理的一个影视故事)分离了8种基本动力学单位或运动样式,例如,抵达、移动、掌握。他把它们通称为"萨尔布利"(therbligs,或许是加尔布雷思的拼写错误),并且,从其对萨尔布利结合的分析中,加尔布雷思提出了"运动经济"(motion economy)原理。例如,除了休息期间,在同一个瞬间两只手都不应该闲着;双臂运动应该在相反而又对称的方向上进行,等等。对违反规则的处罚是浪费。

在这种无情的合理化逻辑方面,还存在着一个更加极端的步骤。在泰勒

---

① 泰勒不是了解这些后果的第一个人。150年以前,亚当·斯密写道:"人的大部分知性必然地来自于他们的日常雇用情况。把其生命花费在一些简单操作上的人……没有机会去运用他的知性……他一般会变得越来越愚笨和无知。"《国富论》(现代图书馆,1937年),第734页。——原注

系统化工厂操作和加尔布雷思努力减少多余动作的同时,查尔斯·贝陶(Charles Bedeaux)① 正千方百计地把这两者合并为关于人力的一个单位尺度,并令人惊讶地称它为"B"型人。B 型人将对"力"作出反应。"力"是机械物理单位。因此,根据定义,"B 型人工作瞬间的片段加上休息瞬间的片段,其两个片段之间的比例随着工作强度的性质而总是发生着变化"。通过运用仔细的计算,贝陶设计出了一个复杂的但从数学上讲是简明的工资支付系统。这个系统不仅考虑到了被完成的工作,而且考虑到了在不同操作过程中非工作的或休息时的可变因素,并相应的增加或减少工资。②

尽管工作片段化把工人原子化了,但也产生了工作上的依赖性和科层关系,马克思称劳动分工带来的依赖性和科层关系为"铁的比例法则"(the iron law of proportionality)。因此,在生产过程中,在不同的劳动过程中要求确立起来的在不同工人之间的关系取决于技术的复杂性。马克思引用过印刷业的一个例子:一个铸工每小时能够铸 2000 个活字,一个打碎工每小时能够分离出 4000 个活字,而一个打磨工在同样时间能够磨出 8000 个活字。因此,为了不让 1 名打磨工闲置下来,工厂就必须配置 2 名打碎工和 4 名铸工。因此,7 个人构成了一个班组。在许多其他操作中,尤其在流水线中,相似的比率确立了起来,工人成员的多少取决于比率的多重性。但是这些依赖关系假定了协同性,协同性又假定了科层的多重性。

(235) 因此,科层的逻辑,由现代工业产生的逻辑的第三个方面,不仅是不断增长的管理——那种管理为每个复杂企业所必需——的社会学事实,而且是一个专门的技术法则。例如,在简单的劳动分工中,工人在很大程度上控制着自己的工作条件,即控制着自己的工作状态、对机器的维护和修理、获得自己的原材料,等等。但是在复杂的劳动分工条件下,这些任务超越了他的控制,他必须依赖管理去了解它们得到良好的完成。这种依赖性扩张到整个生产过程中。结果,现代工业不得不设计出一个组织和指导生产的全新管理上层建筑。这个上层建筑尽可能让脑力劳动脱离业务;每一事务都以企划部门为中心。在这个新科层中产生了一个人物,他既不为

---

① 查尔斯·贝陶(1886—1944):出生于巴黎的法国工程师,后移居美国,创立"贝陶体系",科学管理重要贡献者,20 世纪早期与英国皇家和纳粹都有往来的著名富豪。——译注

② 贝陶体系在美国的应用率高达占 675000 名员工的 720 家企业。在第二次世界大战期间,在维奇的联合之下对贝陶的讨伐,加上工会对机械工资量化方法的强烈敌视,这个体系不再在美国使用。——原注

手工业者所了解，也不为初创时期的工业所了解。他就是技术雇员。由于他的缘故，各种职能的分离才得以完成。处于底层的工人只关注细节，他无须对正在生产的产品作出任何决定或改良。

规模、时间和科层的三个逻辑在工业技术伟大成就即装配线中得到了集中体现：冗长的平行装配线需要有宽敞的非露天空间；对工作的精工处理要求有一系列在机械上同步而特定的运作方式；协作程度产生了新的技术科层和社会科层。①

地狱和钟摆

在泰勒去世以后的40年里，对米科密克王国不可思议的和谐性研究得到了强化。由约翰·斯密上尉提出来的清教徒律令"不劳动者不得食"变成了如下工程学律令：达不到"标准日"（fair day）工作者得不到"标准工资"（fair pay）。在今天，通观美国工业，数以百万计人的生活都服从于各种生产标准，尽管绝大多数工程师和经理觉得那些标准就像"作休时间和场所"还没有得到公开讨论。

那么，这些逻辑是如何转变成为规则的呢？具体说来，确立"标准日工作"是什么意思呢？它对工人提出了什么要求？在美国钢铁公司和美国工业协会促进会钢铁工人之间达成的基本工资合约可以被看做一个例子。这个合约第一次在1946年5月8日签订。它把"标准日工作"定义为"一个合格的雇员在以正常劳动速度中所能够生产的工作量……正常劳动速度是指一个人在不背负什物的情况下在平地上每小时行走三英里的速度"。

后来，这个外显的定义变成了规定在各种工作中劳动强度的一个"基本标准"或基本尺度。例如：

铲沙工作

---

① 无论是作为一个操作样式，还是作为一个语言学术语，流水线都是一个最近才出现的东西。奥利弗·埃文斯在1800年创办了一个具有连续生产线的工厂。在19世纪70年代，食品加工厂已经采用了屠宰家畜过程的架空运送办法。但是作为一个现代成就，流水线的成功大多应归功于亨利·福特。1914年，他在密歇根的派克高地建了一条汽车流水线。并且，只是到了牛津英语词典才正式收入了这一词条，因为在那一年增加了该语词的现代意义。参阅西格弗里德·杰东的《机械化发出了号令》。——原注

材料：河沙；水分约 5.5%；重量每立方米 100—110 磅。

设备：有把原料置于足够高度的设备；32 号铲；2 号火炉。

工作条件：在室内；平整的水泥地；所有其他的常规条件。

生产率：把沙子从输送管铲入箱子里——平均每铲重为 15 磅；每分钟 12.5 铲。

包装工作

材料：3/4×14 规格的产品；每只纸箱重 1 磅。

设备：每次能盛 3 磅的金属勺子、台秤；组装好的一面开口用于包装的纸箱；金属面的工作平台。

工作条件：室内；坐着的。

生产率：每分钟包装 5.9 只。

(237) 在只在 1947 年得到完成的美国钢铁公司工资合理化计划的过程中，对于在 152 种代表性分类内 1150 个基本工作的描述是以相似的精确性作出的。总共有 75000 名工人受到精细标准规范，公司激励企划就建立在这些精细标准的基础上。

纵观美国工业，人们会发现五花八门的绩效比率体系（有的以影视形式展示）、关于特定工作的大量"标准资料"，以及其他客观、综合、可简单施行的工作测量。在由前美国空军部长哈罗德·塔波特（Harold Talbott）的搭档保罗·穆利冈（Paul Mulligan）设计的书记员时间和运动研究体系中，所有操作活动都被画在一份"流程图"上，这是一份关于各种办公程序的图表。这份图表迅速地揭示了任何重复、迂回和不必要的步骤。从其大部头的参考指南《办公标准时间数据手册》(*The Manual of Standard Time Data for the Office*) 出发，穆利冈填写了对被研究部门进行各种熟练机械操作所需的标准时间。借助于慢镜头，效率专家可以估算出一位营业书记员是否以预期速度在工作。她在操作过程中的每一个动作都被记录下来，随后得到分析和目测。借助于电子表，不断缩短她的操作时间。每个动作都以一小时的十进制来计算。

也许，在合理化过程中，最极端的做法是，美国铝业公司为了科学地确立工资差别而在前不久实施的确定工作技能优劣的数学公式。这个计划涵盖 56000 个工作，耗资 500000 美元，历时 3 年半才得以完成，其最后等式有 3 页长，涉及 59 个不同变量；它全部运算一次需要花 35 个小时，耗资 10000 美元。①

如阿尔卡（Alcoa）谦逊地说过的那样：这个等式完全是一个"合理而没有争议地解决日常工资问题的数学工具"。

就像神学家寻求把所有思想包容进去的完美形而上学体系一样，工程师迫不及待地想要超越工作的简单细分，从看门人每一个正确的扫地姿势到打字员每一个有节奏的击键动作，他们现在达到了把所有时间和动作全都包容进来的一个单一综合体系。在每一种情况下，其矛头都指向不可还原的原子，这个原子核单位以分子方式可以被重新结合成几乎所有的变体，不过它只在一份表格的两个维度上穿行。假如这些基本单位可以被孤立起来，那么对特定工作的时间研究将变得陈旧不堪，人们所必需的一切将是合并于诸要素的"时段性图表"，以便了解任何一个分子操作将如何得到估算。从制定一份称作"方法与时间测量表"（M—T—M）的体系表格的最为雄心勃勃的尝试中，看不出还有什么其他的言外之意。前威斯丁豪斯的工程师迈纳、谢瓦布和斯迪迈顿设计了 M—T—M。它是运用事先设定的尺度对每一个动作的时间值来测算各种确定工作动作（例如，抵达、搬运、转身、掌握、位置、闲着）的一个精确算法。运用这个算法，针对工业领域里每一工作的标准操作时间就可以被确立起来。

在工程师看来，工人不愿意接受"标准日工作"规定只是表明他的不合理意向的顽固性。一些经理也搞不清楚工人坚决限制产量从而限制自己收入的原因。不过，对工作的反叛随处可见，反叛的形式多种多样。偶尔，人们还能听到一些书面辩驳，那些辩驳要么来自对工厂有所了解的小说家，要么来自对其经验作出描述的工厂工人。

一位名叫克莱顿·方丹（Clayton Fountain）的工会组织者回忆道："这架机器每小时能产出 800 只鞋子，为了生产，一个熟练的操作工必须不停地走动，这要求他全力以赴，除了老操作工能做到这一点以外，对一个新手来说几乎是不可能达到的。要想掌握它，你实际上必须学会双手并用。由于机器是按时运转的，你就不可能让一只手工作而另一手却闲着。"

---

① 假如想对一个公司的工资结构单独作出精确的规定，就需要涉及众多的变量。试考虑一般社会科学问题，社会科学试图探索诸多极其复杂的变量：在国际事务中的决策，或在经济事务中政策的制定。——原注

(239) 一位名叫卡斯弥尔·凡特斯基（Casmir Pantowski）的芝加哥工人说道："你会这样想，要是所有的一切都变成了自动化，那么你在工作时将会有自己的许多想法。但是你必须留心你正在做的工作。因此，即使是'做白日梦'也是很危险的。在我的班组里就有六个人失去了他们的手指头。"

充分休息并不让人感到轻松。年轻作家爱德华·华尔（Edward Wahl）写道："在几个月之后……定期休假和你对它的依赖变成了消磨时间的手段，终于休假不再是工作的目的。你在星期三调休……意味着你在那一天有6个小时可以休息，并在那个星期的其余几天时间里有22个小时可以用来休息。但是你真正得到休息的并不是40个小时里的一半时间，而只是星期三的四分之一时间。"

但是绝大多数工人都不会那样去考虑他们的工作。他们的行为本身就已说明了问题。即使在上班时，他也会表现出对劳动思想的不断规避，表现出以休假的赏心悦目取代劳作的艰辛困顿之类心不在焉的幻想。不过，某些更苛刻方面也得到了表现。这些采取的是争分夺秒的疯狂竞赛形式，以改变死气沉沉单调乏味的工作节奏——抵制生产标准的无声战争。这些形式在反对"提高生产率"——即，为完成一件工作所必需的时间的变化——的未经官方许可的罢工的暴动中得到了最为鲜明的表现。

如果说"铺张浪费"是崛起的中产阶级的标记，那么"夸耀的悠闲"是疲惫的工人阶级的针锋相对姿态。在许多工厂里，如社会学家唐纳·罗伊（Donald Roy）描述的那样，工人们进行了谁早完工谁就早休息的竞赛。工人喜欢做计件工，以便在完成自己的份额之后可以在当天多休息些时间。当日班的计件工作或按小时付酬的工作往往比按工作日付酬更受欢迎。如果上当日班的话，劳动者只是在午餐时有点儿休息时间。如果做计件工作的话，通过争分夺秒，工人可以分段计时：工人于是有了逐个小时完成工作的指标，并根据当天工作完成情况来确定他在工作中的地位。通过早早完成任务，工人战胜了可恶的时间研究者；并且，做起来越是得心应手，他们感到得到的胜利也越多。通过早早完成任务，一个人也可以在(240) 工头面前炫耀他的自由。社会学家罗伊写道："在完成当日工作之后，工人的无所事事违反了一种传统的工作观念，即即使是无事可干也要装作很忙的样子。所以提前4—5个小时完成工作的工人对没有达到预定指标的其他工人产生了很大压力。"

但甚至是这些"早完工早休息"的竞赛也存在着诸多明显的局限性。有时，对工作带有某些间隙性限制。一个鲜明的例子是1949年7月在列佛·罗格的同步检测，人们对福特的装配线效率表示了愤慨。由于在危急情况下，一个人往往会暴露出紧张，列佛·罗格事件很值得做某些仔细探讨。

人们就如下得到承认的事实展开了争论：在一天的不同时间段里，福特公司实行的装配线速度比规定速度要快得多。在建于列佛·罗格"B"号大楼里的6条装配线里，其速度比正常速度高出3—5个百分点。在建于高地港口的林肯工厂，它高出10个百分点。[①] 但是这家公司声称，这样的效率仅仅等于当装配线在一天时间里由于周期性停顿所损耗的时间。在8小时工作时间里，对每个人提出的平均工作效率要求不高于规定效率。这是这个问题的核心所在。那么福特公司有没有权利根据自己的选择来规定作息时间呢？

这个问题由下面的情况产生。第二次世界大战之后不久，福特公司对所有工种进行了研究。每一种工作都得到了研究，并且规定了标准时间。不过，当时间研究标准确立起来时并没有考虑装配线速度；它只是一个基准尺度。从理想意义上讲，流水线应该对所有工人都给出相同的工作份额。但在实践中，技

[①] 一条流水线的运行该有多快呢？理想时间是不存在的，因为速度随着当时的程序和"工作的复杂性"而改变，即，速度随着一个、两个还是三个产品，每一种情况需要不同的工作量，将被在同一条流水线上产生出来而改变。一般说来，流水线的速度将依赖于三个因素：生产的小汽车数量、工人数量和流水线上各车间的间距。从理论上讲，其中任何一个因素的变化都会影响到其他因素。让我们来假定一条简单的流水线运作，不考虑各种阻挠或间断因素。管理层想要在一个8小时（即，480分钟）的工作日里生产出267辆小汽车。每一辆小汽车长18英尺。时间研究人员计算出流水线生产一辆小汽车需要147.48分钟。每个工人在流水线上有一个固定的操作岗位。他于是建立了一个工作站，它被规定为一辆小汽车的长度，加上留给下一辆小汽车的空间。由于267辆小汽车必须在480分钟内被生产出来，在传送带上的每一辆小汽车在每一个工作站上的停留时间为1.8分钟。在这种情况下，工作站的长度是21英尺（18英尺的车长加上3英尺的工作空间）。我们现在可以计算出流水线的速度。由于21英尺的传送带必须在1.8分钟之内走完，所以流水线的速度是每分钟11.67英尺。以这个速度，一条完全运作的流水线每1.8分钟可以产出一辆小汽车。假如车间之间的工作空间是被隔离的，并且流水线的速度运行和以前的一样，那么工人务必"加紧"操作以便在小汽车经过他的工作站之前完成操作任务。假如工作空间仍然是相同的，但是流水线的速度加快了，那么一个人务必在少于1.8分钟的时间里完成他的操作任务以便让流水线运行下去。一个公司也可以在不提高流水线速度，不缩减工作空间，或不减少工人人数的情况下"加紧"操作。在通常情况下，所需员工的数量依赖于对工作量的原始估计，因此依赖于流水线上完成一辆小汽车所需要的时间。在这个例子中，其估计量是147.48工作分钟。但是由于每一个人的工作周期是不可能完全相同的（即，有些操作只需用1.6分钟），因此，在这种情况下，每一辆小汽车固定延误的时间累计达7.32分钟。这样，新的总量，154.80分钟，被每个工作站的工作周期1.8分钟所除之后，大约需要86名工人。但是，由于每个工人规定一个工作日有30分钟的休息时间（并且一名代班工人要把30分钟扣除），一名工作450分钟的代班工人一天可以给15名员工代班。对于86名工人来说，这意味着需要6名代班工人。或者，在生产267辆小汽车的流水线上需要的工人总数为92名。（我感谢统一汽车工人工程部的罗伯特·康特为这些计算所提供的帮助。）——原注

术限制使得这些安排无法实施。结果，每当流水线正常运行时，工作间隔便显得参差不齐。以至于许多工人早于其上手完成了工作，不得不停下来等候。不过到了后来，流水线便再也无法正常运转。福特本来可以制定出流水线的速度，以便每天生产出特定数量的汽车。但是，针对特定小汽车而言的像车体上漆、轮胎安装等之类项目的专门次序使得设计过程变得如此复杂，以至于流水线必然一再遇到阻碍或中断。

在一天时间里，某些阻碍的发生可以预测。但阻塞发生时间和持续长短无法预见。因此，流水线的阶段性效率决定了一天的产量。随着节奏的加快，按照要求速度进行工作的人员不得不比时间研究规则更快速度进行工作，以便与其上手保持同步。这就是这家公司介入这场争论的实情。公司作了如下辩护：'不存在着这样的合约，即以某种方式，它说明［我们］不会根据一天的工作而不是根据一小时的工作或者由雇员操作的单个工种来制定［我们的］生产标准。"

福特的辩护实际上把工作总量和工作节奏隔绝了开来。它继续辩护道："在合约中或在标准中不存在这样的东西，即要求公司以固定步骤持续地不受干扰地完成其工作。它同样可以以较快节奏完成相同工作，以弥补当天由于阻塞而耽误的时间。"此外，公司说道：由于技术方面的原因，工作不可能再作划分，尽管额外富余人员成本，像工会要求的那样，几乎接近每年500万美元，给直接劳工成本增加了5个百分点。

工会对"生产标准"概念提出了指责。工会说道：公司把一天所达到的工作总量规定为计划目标，而不是生产标准。对某些具体工作来说，假如这个目标在规定时间得到完成，那当然是一件好事情。但是，假如不是由于工人过错而导致的延误，那么人们就不应对这种延误担负责任，也不应该对他们提出比时间研究的工作速度更快的要求。公司在反驳中辩护道：在一天时间里流水线的延误为工人提供了相当多休息时间。工会回答说：在只有一个人从事单一工作的情况下，他可以自由自在地独自事先休息一下，或者根据自己的节奏来安排进度，这个推理是可能的；但是在流水线上，工人没有这种自由可言。

裁决小组由工会所把持。它说道：在流水线运行过程中，公司应该保证每一位工人能够完全完成其工作。

除了工会提出的一些指责以外，有些产业工程师也开始对泰勒主义的科学有效性表示怀疑。也许最强烈的批评来自亚当·阿布鲁齐（Adam

Abruzzi)的研究（在其著作《工作的尺度》[*Work Measurement*]中）以及威廉·根贝尔格（William Gomberg）的研究（在其著作《时间研究的工会分析》[*A Trade Union Analysis of Time Study*]中）。威廉曾经担任ILG-WU产业工程部主任。阿布鲁齐对工程师开发的"标准数据"作出了广泛批评。大家知道，在标准数据中，一项工作的一个工作循环被分解为一些基本环节。每个环节都被时间化了。并且，各种标准被开发成一整套可以比较的操作。阿布鲁齐企图弄清：每个环节是否真正在统计上独立，即对每一个操作的时间设定可以自动得到确证，还是每个环节依赖于那个程序或相互牵制。他断定：统计独立性是无法成立的。操作关系不存在任何连续性。此工作与彼工作之诸环节时间规定的差异性是如此巨大，以至于人们不得不怀疑这些标准数据的客观性。

(242)

对标准数据的质疑也导致了对工作"最佳方式"的质疑。最佳方式由基尔伯特（Gilbreth）提出（现在人们在讨论这个话题的每一本教材中都可以看到）。如阿布鲁齐指出那样，人们不可能把"动作的各部分"加起来并说这些部分机械相加的总和便是最有效的动作；在任何一个统一的运动中，如在任何一个形态中一样，整体大于各部分的总和。

在最近一部著作中，英国最杰出的产业工程师詹姆斯·吉尔斯皮（James Gillespie）对此作了强调。他写道："运动研究已经走向了微观运动主义，变成了借助于运动摄影机、基本动作剖析、微型动作计时器……以及没有用处的时间量表来进行研究的一项活动，它已经变成了一项复杂而笨拙的技术。更加糟糕的是，随着微观运动原理之类原理的发表，它已经不再是具有实践意义的人性化知识。"而"实践的人性化知识"是这样一个发现：在运用手的过程中，人的合乎本性的或"自然的"摆动姿势总是比关于"这"一个最佳方式的机械概念要有效得多。

发挥不了作用的形式

尽管哲学激进派曾经给新理性下过定义，但是工程师们仍然以一种激进方式来实现它。人们曾经希望艺术家——不受时间束缚的一类人——对它作出指责。但是艺术家也已经与机器同流合污了。一直到10多年以前，"机器"一直是人们生活的兴致所在，也是人们热烈争论的对象。像凡勃伦这样的社会思想家在"机器过程"中看到了合理性。另一些思想家，像卡尔·雅斯贝斯那样，采取了一种相反观点，他们对它的机械主义性质进行了谴责。在今天，艺术家和思想家已经不再关心这场争论，也不再关心对机器进步的指责。

在一个世纪以前，情况并非如此。19世纪是产生新工艺和新材料的世纪。在那个世纪，达·芬奇随心所欲的制图术在工程铸造中得到了具体应用。每一位思想家都感受到了这种进步的气息。赫伯特·斯宾塞（Herbert Spencer）①写道："正如我们从最为绝对的信念中得出任何一个结论都是确定的一样，这种理想的人的终极发展在逻辑上是确定的。"如刘易斯·曼福德（Lewis Mumford）②告诉我们那样，为了祝贺沃尔特·惠特曼（Walt Whiteman）③ 70岁生日，马克·吐温（Mark Twain）④写了一篇贺文。它为机器工业的巨大进步而欢欣鼓舞：蒸汽船、铁路、电话、电灯，等等。在对胜利的欢呼中，马克·吐温得出了这样的结论："让我们等30年以后再来看这个世界吧！你将看到，世上将到处都充满了奇迹，它们将完全超乎你的天真想象；你将看到由它们带来的一些最为显著的结果——人终于成了天底下的尤物！——并且，就在你放眼四周的当儿，这一切仍正在孕育中，仍在显著地长成中……"

温伍德·里德（Winwood Reade）⑤也在其广受欢迎的维多利亚式小册子《人类殉难记》（The Martyrdom of Man）中表现出了这种乐观气息。他预见了三个发明：汽油将代替煤炭、空中旅行、食物的合成。在致力于征服太空之前，留给人类的最后任务将只是消灭疾病和追求永生。

设计师和建筑师被这些变化所触动。在1901年，弗朗克·列奥德·赖特（Frank Lloyd Wright）⑥写了一篇赞美"钢铁与蒸汽时代"的颂词。他赞美道：在"机器的时代里……火车头和工厂引擎……取代了以前历史上的艺术大手笔"。赖特要求20世纪艺术家把机器融入其风格之中。

这种呼吁产生了"现代风格"（modern style）。在魏玛和德萨，现代风格首先在著名的包豪斯（Bauhaus）那里得到了表现。在那里，在格罗皮乌

---

① 赫伯特·斯宾塞（1820—1903）：英国哲学家，著有《社会静力学》、《人口理论》、《心理学原理》、《合成哲学系统》、《教育》等。——译注
② 刘易斯·曼福德（1895—1990）：美国历史学家、社会学家、哲学家。——译注
③ 沃尔特·惠特曼（1819—1892）：美国诗人、散文家。——译注
④ 马克·吐温（1835—1910）：美国作家。——译注
⑤ 威廉·温伍德·里德（1838—1875）：英国作家，著有《人类殉难记》。——译注
⑥ 弗朗克·列奥德·赖特（1869—1959）：美国建筑设计师。——译注

斯（Gropius）①、克利（Klee）②、康定斯基（Kandisky）③ 以及莫霍伊—纳吉（Moholy-Nagy）④ 的工作中，开始了一场设计革命。格罗皮乌斯写道："包豪斯相信，机器将是现代设计的手段，于是他们千方百计地想把这一点从观念上给予表达出来。"包豪斯反对精雕细琢的艺术（Art Nouveau）、琐屑的修饰、无用的点缀和感伤的对象，它打出了功能主义旗帜。在建筑物制作方面，拱形的巴洛克风格和错综复杂的罗可可风格被鲜明的几何平面和无装饰的幕墙所取代。于是乎，"现代风格"所向披靡，尽管像赖特（Wright）这样的一些先驱者对它一直持否定态度。

（244）

尽管包豪斯接受了机器的合理性，但它带来的革命是设计、材料和生产的，而不是劳动组织的。"形式服从功能"，这种新审美趣味几乎没有对功能提出挑战，而把它看做理所当然的。像劳动的技术分工一样，它也脱离了人的尺度而变得残破不全。正如加尔布雷思的动作周期计时器——从摄影图片上追溯一位工人的运动——只抓住了脱离开人的动作的抽象踪迹一样，康定斯基变幻莫测的色同步或克里的讨人喜爱的拱门也被细分为让人无法识别的对象，变成了纯粹抽象的形象。⑤ 马塞尔·杜尚（Marcel Duchamp）⑥ 的"走下楼梯的裸体"（Nude Descending the Staircase），这幅象征着对学院派反叛的油画，以痉挛的波动手法俘获了某种动感，但是丧失了人的形式。

如果艺术失去了人的尺度，如果在建筑领域迈斯和格罗皮乌斯的追随者撇开功能创造了一种冷漠而无用的形式，那么其文学主张也将被人抛弃。曾经在 20 世纪 20 年代和 30 年代风行一时的对机器的热情已经消退。像卓别林（Chaplin）⑦ 的《摩登时代》(Modern Times) 或勒纳·克莱尔（René Clair）⑧ 的《自由精灵》(A Nous la Liberté) 之类辛辣的讽刺作品——它们

---

① 瓦尔特·格罗皮乌斯（1883—1969）：德国现代建筑师和建筑教育家，现代主义建筑学派的倡导人和奠基人之一，公立包豪斯学校的创办人。——译注
② 保罗·克利（1879—1940）：德国国籍的瑞士裔画家。——译注
③ 瓦西里·康定斯基（1866—1944）：俄罗斯画家和美术理论家。——译注
④ 莫霍伊—纳吉（1895—1946）：匈牙利画家和教育家。——译注
⑤ 西格弗里德·吉迪翁在他的《机械化指令》(纽约，1948 年) 中对由工程师提供的可视化模式和现代艺术表现形式之间的关系作了生动比较。——原注
⑥ 马塞尔·杜尚（1887—1968）：法国艺术家，20 世纪实验艺术先驱，达达主义及超现实主义代表人物。——译注
⑦ 查理·卓别林（1889—1977）：英国表演艺术家、喜剧演员。——译注
⑧ 雷诺·克莱尔（1898—1981）：法国电影导演。——译注

具有关于工厂和监狱的共同主题——已经时过境迁，被人淡忘了。在《桥》(The Bridge)中，哈特·克兰（Hart Crane）[1] 千方百计地同机器相妥协，以便用诗句来表达它的节奏。但是诗人已经逃走了。现在，工厂变成了社会学家和心理学家的研究对象。但是他们的兴趣也不在工作上。

社会洪流的点点滴滴

大体上，像工程师一样，社会学家放弃了重新调整工作过程的任何努力；像古希腊神话的艾克逊神一样，工人们被永久地绑在了永不停息的车轮上。但是这幅景象有令人不安的一面，其反人性意味令人难以忍受。因此，有人这样来讨论工业：只有当生产的机器方面得到考虑的时候，生产才会受到损害。于是，"人际关系"在近几年成了一种时尚。康奈尔社会学家威廉·F. 怀特（William F. Whyte）[2]阐明了它的基本原理。他写道："手工艺品制作的满足感一去不复返了，我们再也得不到那种满足感了。如果说这些是人们可以从直接工作得到的唯一满足，那么他们现在的工作将肯定是一些无聊体验。不过在今天存在着其他一些重要满足：对人际关系的满足、对解决工作中的技术问题和人际问题的满足。"

这个见解概述了一个重要思想流派。那个流派由哈佛商学院已故学者埃尔顿·梅奥（Elton Mayo）[3] 及其同事的工作发展而来。因为，追随于法国社会学家爱弥尔·涂尔干之后，在梅奥看来，现代社会的本质事实是：产生了持续的破坏性变化。家庭，作为工作和教育单元，社会内聚力的首要组织，已经终结；邻里根基已经瓦解，社会和谐，促使人类获得满足的关键因素，已经陷入混乱之中。要想把和谐重新建立起来，将不得不从公司和工厂内部去建立。

埃尔顿·梅奥在1880年出生于澳大利亚。1923年，作为宾夕法尼亚大学的助理研究员，他来到了美国。1925年，在费城的一家棉纺厂里，他开始了早期研究。[4] 他的课题是，找出特殊车间——"走锭精纺车

---

[1] 哈特·克兰（1899—1932，又译哈特·克莱恩）：美国诗人。——译注
[2] 威廉·F. 怀特（1917—1999）：美国社会学家，著有《组织人》等。——译注
[3] 乔治·埃尔顿·梅奥（1880—1949）：行为科学奠基人，美国管理学家。——译注
[4] 发表在《工业文明的人的问题》（纽约，1933年）；由哈佛大学出版社1946年再版。——原注

间"——里人员调整率 50 倍于其他工厂车间的原因。他向效率工程师作了咨询,并实施了一些工资激励计划,但是流动率仍然高居不下。其他工厂车间的情况似乎好得多。工人们士气高昂;工厂领导是一位前陆军上校,在他的领导下,许多曾经在战争中服过兵役的工人建立了强有力的人际忠信纽带。

梅奥注意到,走锭精纺车间机器的放置方式使得工人几乎无法进行相互沟通。人们被迫一再走神,做白日梦,表现出忧郁症症状。一位护士加入了调研小组,工人们被鼓励向她吐露问题。由于在效率工程师看来,工人的抱怨根本算不得什么,这才导致他们的苦恼一直被人忽视。现在他们找到了可以倾诉的对象,工人们开始说出各种烦恼。此外,梅奥加设了一天两次休息时间。结果令人震惊。情况发生了根本变化,走锭精纺车间的工人第一次达到了由时间研究者制定的生产标准。

当时,梅奥并不完全了解是什么因素导致这种变化。护士的角色和休息时间的效果是唯一主要线索。著名的哈森(Hawthorne)实验提出并利用了这些线索(一位热心支持者声称,哈森实验对社会科学的意义可以与伽利略(Galileo)自由落体证明对物理学的意义相媲美)。

哈森在芝加哥的工作场所是西部电器公司的制造厂之一。西部电器公司的工程师曾经试图决定不同灯光强度对产量的影响。他们自然地以为,灯光越亮,工作条件越好;灯光越暗,工作条件越差。但是实验结果并不如此。在实验室里,随着灯光条件的改善,产量提高,但在控制车间里,纵使灯光没有改善,产量仍然提高。当实验室的灯光再次减弱时,产量继续上升,在控制车间里,那里的灯光尽管是稳定的,但其产量仍然持续地提高着!

接着,梅奥和哈佛工业研究部开展了一系列实验,那些实验延续了 9 年多时间。[①] 持续 5 年之久的基础实验在"代班车间"进行。在那里,5 位姑娘从事一项组装电话机的工作。这些测验设计出来是为了证明这样一个基本假设:如某些心理测试测量的那样,产量因工人的疲劳而发生变化。下面的因素被孤立了出来,以便了解它们是否影响了效率:(1)照明;(2)前一天的休息量;(3)月经周期;(4)湿度和气温;(5)工作方式的改变;(6)节

---

① T. 诺斯·怀特海:《产业工人》(剑桥,麻省,1938 年);F. L. 罗斯利斯伯格和 W. L. 狄克松:《管理和工人》(剑桥,麻省,1938 年)。后者描述了整个实验,并且阐述了它的理论意义。——原注

假日;(7) 在一个工作日里的休息时间,包括休息时间长短和安排休息的不同时段;(8) 在一天时间里疲劳的积累,由量血压和血管皮肤测试来确定;(9) 智力;(10) 熟练程度;(11) 不同的工资奖励。

实验以 13 周为一个时段,其中对一个因素进行改变或研究,而其他因素保持不变。罗斯利斯伯格报告说:"一位熟练的统计员花了几年时间试图找到在这 5 位工人物理环境中变量的关系。例如,他考察了每一位姑娘用在睡眠上的时间的变量同第二天的产量之间的联系。正如有人说过的那样,一个人晚上很迟入睡的后果不是在当天就让人感觉到的,而是到第二天才让人感觉到的,他把影响产量的变量同操作者在两天前的休息量联系起来。……在当时还没有一位能干的统计学家已经认识到了把身体状况的变化同产量变量联系起来的尝试所导致的深远的统计学意义。"

接着进行了基本分类。在这次实验的第 12 期,姑娘们被给予最基本的饮食条件,也就是说,每周工作 48 小时,中间不休息,不吃午饭,具有在实验开始时相同的照明条件。但是,产量仍然保持着上升态势。后来,如下情况变得明朗起来,工人不是受到心理变量或物理变量的刺激,而是受到集中于他们身上的利益和注意力的驱动。不是任何外在因素,而是实验本身,这个被人忽视的联系,是未被人确知的决定项。

这导致了第二个阶段的哈森实验:引入流动性咨询员,以便及时听到不满意工人的抱怨。在梅奥看来,咨询是"人类控制的一种新方法"。但是对于这种方法,正如对于所有目标一样,人们会问:对谁进行控制,为了什么目标进行控制?罗斯利斯伯格已经对此作出了回答:在咨询过程中,人们应该千方百计地改变"参照框架",以便工人们用新的眼光来看待他的怨愤。正如一位哈森咨询员描述这个过程那样:"在遇到减薪雇员来诉苦的时候……她把注意力从所申诉的不公平待遇、工种变换、减薪冤屈,等等……转到了她的不幸家庭生活;接着,当她再一次谈起起初的怨愤时,事情看起来就没有那么糟糕了。"①

作为哈森研究以及后来遵循相同路线而实施的一些研究的结果,梅奥

---

① 这种解释让人想起了一个古老传说:一位农夫向神父抱怨说他的小木屋太拥挤了。神父便劝他把他的牛牵进他的房子,接下来的一个星期,神父劝他把他的羊牵了进去,再接下来的一个星期,神父劝他把他的马也牵了进去。农夫现在比以前更强烈地抱怨说他的小屋太拥挤了。于是神父便劝他在第一个星期把牛牵出去,在第二个星期神父劝他把羊牵出去,在第三个星期神父劝他把马也牵了出去。终于,农夫对神父表示非常感谢,因为神父减轻了他的生活负担。——原注

小组推翻了工业心理学的如下古老假说:"产量变化大体上同疲劳有关。"他们精心制作了一些"理论框架"以指导未来研究:

1. 一个工厂必须被看做一个社会系统。这个系统各部分之间的关系不仅由正式的逻辑结构而且由非正式的结构以及由驱动着行为的各种仪式、礼仪和非逻辑的情感来规定。工人无法从他们的社会关系中脱离出来。

2. 主管的职责不仅在于制定政策,而且在于保证它们能够被下属坚定不移地贯彻。由于人类通常会抗拒变化,对变化的接受包含着把秩序融入滋长这种抗拒力量的观念之中。正如产品是要"卖给"公众的那样,计划必须为了人而"制定"。 (248)

3. 像任何一个稳定的社会系统一样,一个工厂体系必须为成为一个公平的体系而努力。在其中,它的不同部门在功能上应该互相协调。当变化危及公平原则的时候,主管的职责便在于观察到哪些部分必须进行调整以便重新保持平衡。(公平的观念来自意大利社会学家弗尔夫莱多·帕累托[Vilfredo Pareto]和心理学家劳伦斯·J. 亨德森[L. J. Henderson][①],后者对梅奥小组产生了重大影响。)

哈森研究的伟大声誉依赖于它对科学客观性的张扬。无疑,以前在社会科学领域里,没有一个研究曾经涉及如此广泛的领域。不过,尽管其方法微妙而精确,尽管所有实验方法原则在不同条件下都得到了适当考察,但是,一些反馈仍然表明,哈森研究以及由它引发的大量研究都带有深刻的偏见,那些偏见促成了去寻求完全客观结果的主张。这些研究依赖于这样一个潜在假定:机械化效率和高产量是成功——"好的"结果——的唯一试金石。因此,被运用的这些概念不是客观操作概念,而是来自某些潜在的价值假定。我们只要想一想一个关键概念"产量限定"就行啦。那个概念引导梅奥小组在西部电子的实验,引导他们在电器装配车间方面的研究。在电器装配车间里,梅奥小组发现存在着一个"非正式班组"。它形成了"最高限量"或产量限定,使得任何一个班组成员都无法超越这个标准,以免有人在工作中偷懒。(因为只有每个人全力以赴地工作,才有可能达到或接近这个标准。)这种行为的意义已经被术语"限定"概念化。但是术语"产量限定"只代表合理性的比较定义。管理制定限定的目的应该是让工人去从事"一个正常工作

[①] 劳伦斯·J. 亨德森(1878—1942):美国生理学家、生物家、哲学家、心理学家、社会学家。——译注

日"的劳动。

作为科学家，研究者只关心"事物本身"，而不太考虑自己介入的道德价值问题和更广泛的社会问题。他们像技术员那样地工作，对问题只作就事论事的探讨，只在它们被提出的范围里考虑问题。许多社会学家把自己看做"人力工程师"（human engineers），对应于工业工程师：工业工程师计划好一系列工作以保证机械效率，而"人力工程师"千方百计地"协调"工人和工作的关系，以使人力方程跟得上工业方程。一些社会学家否认上班的工人是不幸的，并且提供了大量材料——许多材料由管理层搜集——去证明工人对工作感到相当满足。不过，这个论断忽视了两个本质要点：在工作中，必然存在大量其他工作条件，而非只有这项工作，可以令工人满足（诸如结成帮派、开玩笑、休闲、等等），但是这不能用来否证工作组织值得商榷的方面及其在提供满足方面的失败；其次，工人不知道（未经历过）除此工作以外的其他可能工作，因此，他们当然满足于现有的工作。（我认为，这是一个老生常谈的话题。一旦他们了解了富丽堂皇的生活，你怎么可以指望农夫仍然安于贫困的生活呢？一位对世外生活一无所知的农夫也许会安于其拥有的一切；但是一旦他见了世面，他怎能安于自己的现状呢？)

如杜威曾经主张的那样，科学家只研究"事物本身"，这是一个狭隘的科学观念。① 几乎没有一位工业社会学家注意到了如下事实：社会科学的职责之一，也在于探索工作的不同（并且更好、更人道的）结合，而不只是在于使现有工作更有效率。要是缺乏这种探索活动，一个人便无法知道人的潜能，也无法知道社会行为的实际范围。但是，如作为哈森研究成

---

① 杜威写道："我欢迎给'事物本身'加上引号，因为探索并揭示'事物本身'是一项科学研究的崇高事业……［工业社会学］研究所面临的困难是，正是在于它们没有成为真正科学的研究。因为它们没有研究'事物本身'，没有把人际关系中的事实作为研究对象，它们以对于事物本身的偏见作为研究的起点，它自动地正在进行的研究活动……只有当这种不科学的限制得到清除之后，'更大的社会问题'（以及与这些问题相关的道德价值取向）才能必然地且不可避免地成为研究课题的必不可少的一部分。"（杜威："社会科学家的解放"，载于《评论》1947年10月）这是杜威教授对一位作者的文章"让人适应机器"（《评论》1947年1月）作出的回应，该文章分析了工业社会学研究中的10多项研究，那些研究都是根据上述框架作出的。那篇文章和纳森·格拉泽的文章"任人摆布的政府"（《评论》1946年7月）一起，对社会学研究方法提出了质疑。那种方法把社会问题简单地作为"给予"的问题来接受。在评论由格拉泽和本人撰写的一些文章时，杜威教授主张：把社会研究限制在对"现存"社会布置范围里的态度源于历史分工。由宗教文化创造的那种分工千方百计地限定社会科学的范围。如杜威在另一个地方有力地指出的那样："妨碍着社会问题的根本道德性质的任何事物都是有害的，无论它是来自于身体理论方面，还是来自于心理理论方面。为了被选择者的利益，消除甚或妨碍着价值选择的功能，消除甚或妨碍者对欲望和情绪的利用的任何一种学说，都削弱了对判断和行动所应承担的个人责任。"——原注

员之一、在最近几年里已经成为美国最重要管理咨询人员的伯利·加德纳（Burleigh Gardner）[①] 简要地指出了这些社会学研究的目标那样："［工人］越是感到满足，他的自尊将越大，他也将越是感到满意，因此，他的工作效率也将越高。"这不是一种适用于人的描述，而是一种适用于"奶牛"社会学的描述。[②]

在这个例子中，正如在许多例子中一样，社会工程学模仿着艺术。在20年以前，阿尔多斯·赫胥黎（Aldous Huxley）在他的《英勇的新大陆》（*Brave New World*）中写了一篇出色的"和谐颂"，由阿尔法斯和比塔斯吟唱的如下叠句可以成为工业社会学的校园歌曲：

> 福特，福特，
> 我们十二人；
> 噢，你让我们结成一体，
> 像融入社会洪流的水珠；
> 喔，你催我们一起向前，
> 犹如那快速飞奔的小车。

[①] 伯利·加德纳（1902—1988）：美国社会学家，芝加哥大学助理教授。——译注

[②] 也许，就对哈伍德制衣公司所开展的一些研究而言，那些研究持续了许多年，为确立某些社会心理学基本原理打下了基础，在这里我可以谈一下还没有被人说起过的一些事情。哈伍德制衣公司是生产睡衣和女装的一家家庭所有企业。一位目光远大的年轻企业家艾尔弗雷德·马罗领导着这家企业。马罗在已故的库尔特·卢因门下获得了社会心理学哲学博士学位。该公司发现在纽约的劳动成本太高，便迁到了西弗吉尼亚。在那里，问题是训练没有受过正规教育的山地姑娘掌握简单的缝纫技术。马罗带来了卢因的学生艾里克斯·巴韦拉斯担任工厂的心理学家。第二年，约翰·R.P. 弗兰奇和莱斯特·科奇来到了这里。于是，所有实验的详细记录都保留了下来：对曲线的学习有利于启发这些年轻姑娘们去掌握她们的工作要领。而谁将承担繁重任务的问题，或者，工作节奏变化的问题，是由"团体决定"布置的。产量持续增长着，姑娘们似乎很快乐，心理学家们忙于编排各种班组，工厂似乎正在朝着成为模范的团结一致的社群迈进，那种社群曾经是罗伯特·欧文或者至少是埃尔顿·梅奥所孜孜以求的。悄悄地，这些心理学家开始发表他们的研究成果——尽管没有提到哈伍德是他们的实验地。（利文一直密切地关注着这家工厂，他写了几个研究报告，作为《社会冲突的消解》一书的附录发表。）马罗感到这个非同寻常的社会实验将受到广泛赞美——它也许是一项像霍桑所做的那样的开拓性工作，他于是在包括《财富》这样的商业报刊上广泛地对它作了宣传。他指出，通过实施团体决策，并且保持对紧张的密切关注，工厂将持续地获得增产——并且——避免工团化。其论点是，假如工人是快乐的，那么他们将不需要工会。在了解了这一主张之后，国际妇女服装工人协会派了一名组织者到西弗吉尼亚。他散发了一些传单，那些传单引用了商业报刊上的一些赞美性故事。通过这些故事，他写道："请问哈伍德制衣厂的工人们：你们是否知道，你们正像试验品那样地被人所使用？"工会指的是这家工厂。——原注

作为对哈森调查和梅奥进一步工作的重大宣传的结果,尽管"人际关系"大为流行,但在更广泛意义上的人际咨询并没有在当时获得广泛传播,甚至在诞生它的贝尔电话公司里也是如此。在很大程度上,这是因为管理者自身并不完全了解它的作用。管理者似乎找不到减低成本和提高产量的实质性"回报";它在某些管理者看来显得太难"掌握"。

不过,自从第二次世界大战以来,大体上因为妇女进入劳动力领域的持续影响,咨询日益成为公司向雇员提供医疗服务的一项附属服务。像杜邦公司和伊斯特曼·柯达克公司这样的大公司有专职精神病学家。像休斯飞机制造厂和冉森公司这样的公司有全时社会工作人员,他们为雇员提供有关身体问题和心理问题的忠告。但是,具有讽刺意味的是,在这种情况下,心理学家指责管理者不了解赫胥黎称作"高级感情工程学"的好处。是管理咨询日益高涨的威望才导致管理者接受了这些心理学窍门。

(251) 由于咨询业的滞后,"沟通和参与"(communication and participation)迅速变成了重大的管理时尚。从理论上讲,"沟通"被假定为将去开通双向渠道,下层和上层之间的通话才得以畅通,并因此"参与"到企业之中。只有在极少数案例中,这些体系才是可行的。在大多数情况下,沟通完全由雇员简讯或"有直接隶属关系的部门"的会议组成。在这些会议上,副总裁会见了经理们,经理们会见了主管,主管会见了领班,如此一层层往下传递。在某些情况下,这个体系是特定广告代理法则的变体。例如,在威斯丁房地产公司,公司政策的发布被记录在磁带上,通过收听工厂之间的电话系统一个人可以听到传递给数以百计的高级主管的信息。从表面上看来,电话号码是保密的,只限于1200名主管雇员。而实际上,它只是一个名义上的秘密,因为主管们被教导去把这些号码"秘密""泄露"给各种雇员,这些人为知道了一个秘密而高兴,便很快把这些消息传给了别人。结果,数以千计的工人渴望尽早听到令人激动的忠告性谈话,而要是换作其他方式,他们很可能会对那些谈话无动于衷。

"人际关系"(human relations)的流行,有两点必须给予注意。第一点是,在对了解、沟通和参与的明确关注中,我们发现管理层的观点已经发生了变化,与那种变化同时发生在作为一个整体的文化中的一种情况是,从权威到操作,它成了检验支配权的一个手段。企业的最终目的仍然保留着,但是其手段已经发生了变化。公然强制的过时模式现在已经被心理说服所取代。严厉而粗暴的领班为维持秩序发出的训斥声现在已经被"重视人际关系的"主管的温和声音所代替。在产业关系中，就美国社会的大部分地区而言，磋商已经代替了冲突。第二点是，这些人际关系的途径变成了思考工作过程本身的替代物。所有满足都将在工作外的领域中获得：在班组中、在业余追求中。于是，工作问题便不再是外在问题，而是心理问题。

心理暴行导致管理对"经济人"的严重忽视。我们被告知：工人真正想要得到的是安全、承认和有价值的人际关系，他对这些问题的关注超过了其他"更重大的失业问题"。一位哈佛商学院权威写道："尽管劳工争端往往通过工资、工作时间和物质条件表现出来，但情况是否可能是这样的呢：这些要求隐藏着或多或少含蓄地表达了我们一直没有学会给予承认的某些更深层的人类境况？"（252）

这种见解在哈佛商学院周围比在工人周围更多地被人提起；它表明，学者们不知道对一个正在上班的人该说些什么。进入一家工厂的一位社会学家说道："在我的工厂里的工人讲起话来就像经济人一样。他们的谈话表明，他们是一些斤斤计较的人，美元的多少对他们的工作热情起着决定性作用。"

实际上，断定美国工人不是真正或首先对金钱感兴趣，这种说法与这个经济体系的原动力具有深刻的矛盾。那么，为什么人们还愿意接受这样的劳动条件呢？

苦不堪言的磨坊

人为什么要工作呢？更具体地说，人为什么接受了把自己绑在地狱车轮之上的那些无情、单调而重复的工作呢？新教伦理作出了传统回答。就这一方面而言，马克斯·韦伯提出了这样的假说：人之所以没完没了地工作，接受被剥夺，轻视从其创造力中获取安慰，顽强地抗拒环境，是因为他必须在神的面前证明自己。通过这个假说，韦伯在社会科学中产生了极具欺骗性的影响力。

也许，资产阶级企业家就是这个样子。但是，无产阶级是否也如此很值得怀疑。当然，在胡高斯金河谷的工人们，或者米尔维尔的雷德本在列维普尔贫民区所看到的人们，仍然对上帝的责罚之手无动于衷。驱使他们去工作的是饥饿。许多早期社会抵抗运动也只能同这个事实联系起来才能得到理解。

饥饿本身并不总是工作的目标。自从伊丽莎白一世（Elizabeth I）时代以来，英国穷人和丧失劳动能力的人，仍然可以依靠公共救济活下去。1795年，通过实施著名的《斯品汉姆兰法》(Speenhamland Law)①，政府扩充了这个救济体系，康尼（Canning）和其他英国政要觉得其范围足以抑制已经席卷法国并且正在威胁英国的那场革命。如迈克尔·波拉尼伊（Karl Polanyi）②指出的那样，这个法实际上把劳动同市场经济隔离了开来。假如工资低于最低点，那么政府将弥补其差额。通过这种方式保证每一位工人能够得到最低收入。实际上，所有工资都马上跌到了最低线以下，因为雇主期待政府弥补工资差额；没有一个工人再愿意去满足雇主。《斯品汉姆兰法》助长了罢工。通过罢工，贫民的处境越来越引起世人的关注。

对新教神学家来说（并且对商人阶级来说），《斯品汉姆兰法》是一个该受诅咒的东西。道德家们对此表示公开谴责。威廉·汤森（William Townsend）揭露了饥饿的种种好处。"饥饿可以驯服最凶猛的野兽，将使人循规蹈矩，恪守礼节，但也会使人服从或屈服于淫威……只有饥饿才能驱使穷人去参加劳动；而我们的法律却说他们是绝不应该挨饿的……"

在当时，最为强烈的也许是托马斯·马尔萨斯的声音。马尔萨斯反对戈德温及其他乌托邦主义者的乐观主义，他主张，一个社会只有在受到强有力限制和约束的情况下才能存在下去。要是缺乏这些限制，那么将导致人欲横流，人口激增，灾祸不断。马尔萨斯声称，这些保护穷人的法案完全是在倒行逆施，助纣为虐。"要是我们的仁慈之心区别不了善恶的话……那么我们将会良莠不分，黑白颠倒；我们将鼓励懒惰者而责罚勤勉者；并且以这种最公然的方式减少人类幸福的总量。……圣保罗的自然法则说过：'不劳动者，不得食。'"杰里米·边沁用圆形监狱论题与马尔萨

---

① 1795年5月6日，两个英国地方法官在一家旅馆制定了一部影响英国资本主义文明进程的法律，即《斯品汉姆兰法》。在这部法律中，两位法官将面包价格与工人工资挂钩，明确保障工人个人有权获得足以维持其温饱状态的合理工资，不仅如此，工人的妻子、子女也有权获得温饱保障，两者都根据面包价格计算。如果工人的工资不足以维持其自身以及家人的温饱，就可以获得额外的补助，在英国历史上第一次创造了工资外的补助保障制度，并将工人的工资变成了最低生存工资，同时也成为最低家庭生存工资。——译注

② 迈克尔·波拉尼伊（1891—1976）：匈牙利博学家，在物理化学、经济学和哲学皆有贡献。——译注

斯论调遥相呼应。针对问题"这个法案对维持生计难道有什么作用吗?"边沁回答说:"毫无用处。"

作为诸多压力的结果,1832年,《斯品汉姆兰法》被废除。1834年,随着《新济贫法》(*The New Poor Law*)的实施,便一下子跨入了自由竞争时代。(不过,值得一提的是,英国的自由竞争是由"详尽的效益管理"制定的。)按照新的法律,一个工人在获得救济金之前,必须通过测试,并且救济院笼罩着一种道德耻辱的气氛。现在,社区的蔑视迫使居民不得不去工作,但是由于补助性工资的中止,一个工人的工资就是雇主付给他的工资。因此,劳动力价格取决于上下波动的市场。尽管存在着种种抵抗,但是劳动力已经变成商品。(毕竟,要是没有高度的本能压制,要是没有强加于工人头上的规范化工作的严格性,一种大规模的富足经济就不可能被创造出来。)安德鲁·乌勒(Andrew Vre)在一个世纪以前写道:(254)"心灰意冷的工人们不时被要求去做一些不规范的苦差事。"现在情况已经发生了变化。勤勉已经被规范化了。甚至美国工人——传统民族的、好吵闹的、个人主义的和独立的人——也必须屈服于钟表的暴行。

但是在今天,实际上,生理饥饿已经不再是驱动力;存在着某种新的饥饿。诱人的报酬和对物品的渴望已经代替了棍棒;生活水准已经变成了一个内在的自动驱力。受自从发明枪炮以来最杰出的两个发明——广告和分期付款办法——的激励和煽动,销售活动已经变成了当代美国最引人注目的活动。① 销售反对节俭,重视挥霍;反对禁欲,提倡浪费。在历史上再也找不到比美国消费者更宠爱其妻子的人了,这种毕恭毕敬的心理促使美国人不停地去购买物品。这条"金黄色的链子"就是分期付款办法。通过把他的未来抵押出去,工人可以购买房子、小汽车、电器用具及其他日用品。通过拥有这些商品,他便获得了以前只有上流社会才能享受的生活条件。每个美国人的听觉神经都时刻保持着紧张状态,挖空心思去获取新信息。美国公民,像《财富》提到过的那样,从早到晚都生活在围攻状态之中。"他看到、听到、摸到、尝到和闻到的每一事物几乎都是企图向他推销某样东西。……为了突破他的防线,广告商必须反复地攻击他,揶揄他,提醒他,或激怒他,潜移默化地或者用中国式软磨硬泡方法消磨他的意志。在墙上,在天上,到处都充塞着广告,一到晚上便到处闪烁着五

---

① 参阅我的论文"广告:它对社会的影响",载于《听众》1956年12月27日。——原注

彩缤纷的霓虹灯招牌。"

　　如果说美国工人已经被"驯服"了，那么他不是被机器原则驯服的，而是被"消费社会"驯服的，是被由他的工资、他的劳工妻子的第二笔工资，再加上所有低息贷款所提供的较优裕生活的可能性驯服的。这一点在迪特罗伊得到了最好的证明。在美国的激进民间传说中，如果说在美国将存在这样一种苗头的话，那么汽车工人被看做先天地具有激进阶级意识的苗头。在当时，他居无定所，没有根基（许多人来自奥扎克高原），怀着一种虚无主义的想法。一旦他认识到"或者像马克思主义者那样想到"他被囚禁于他的劳动之中，他便先天地具有革命的热情。然而，在今天，汽车工人并不拥有工作以外的将来。他们仍然没有获得出人头地的机会。但是他们并不是激进分子。原因在于旧的目标已经被代替了，美国之梦已经被赋予了新的含义。与生活方式的成功相比，一个人工作上的成功正在变得不甚重要。如艾利·切诺伊（Eli Chinoy）在最近一项研究中指出的那样：不是因为工厂里的晋升——他知道那个阶梯已经不存在了，尽管亨利·福特和沃尔特·P. 克莱斯勒（Walter P. Chrysler）是从机械工职位开始发迹的①——而是因为他正在为得到一个"小巧别致的现代居室"而工作，他认为自己是"新潮的"。在价值取向上的这些变化在青年工人身上得到了最鲜明的反映。对于即时满足——小汽车、花费、姑娘——的渴望强烈膨胀了起来。人们不愿意花数年时间来从事认真研究，他想要马上到具有诱人工资的工厂去上班。而一旦进了工厂，他便痛不欲生地认识到，他已经同魔鬼订立了协议，已经别无选择。他的提升依赖于他所受的教育；但是他把这一点给忘了。他变得不知所措。但是对于工作的不满没有导致蛮斗，尽管偶尔会有零星的发作，而导致了逃避现实的幻想——对拥有一个机械厂、一个养鸡场、一个煤气站的幻想，对"拥有一家自己的小企业"的幻想。这当然是一个不着边际的美梦！

(255)

拔靴带

　　这篇论文讨论的主要问题是工人及其限制。无疑，假如考虑到复杂多

---

① 如此打动人心的是一个古老的美国神话：曾经在美国建立了第三大汽车帝国的克莱斯勒给他的自传起了这样一个书名：《一位美国工人的生活》。一位欧洲的巨头是否也会这样做呢？——原注

变的现实，那么任何一个笼统的概括都会变得模棱两可。毕竟，在美国工厂的工作只是人们所完成的工作中的一部分，其他的职业团体有自己的工作心理学和问题。一位熟练工人可能觉得自己的工作是单调的，而在一家忙碌的大都市旅馆里工作的女仆却可能感受不到这一点。也许，再也没有比坐在柜台上的银行出纳员或站在四面封闭的电梯里的电梯操作员的孤独而封闭的生活更死气沉沉的了。码头装卸工人对工作充满着信心，他们从纯粹的体力劳动中获得了满足，并且为能够在大城市码头找到工作而感到无比激动，他们为那些不如自己的人感到惋惜。音乐人、打字员、矿工、海员、伐木工人、建筑工人，等等，每个人都有自己专门的工作任务。不过，工厂是所有这一切的始作俑者，因为其节奏以一种微妙方式潜移默化地影响着工作的一般特点；同样地，机械化节奏渗透到了曾经个人化的工作样式之中。煤炭业，曾经被人称作"地下农场"，随着铲挖和运送技术的机械化，现在已经越来越具有工厂劳动的性质。在办公室里，快速计算器、制表机和汇票机的配备把白领工人机械地造就成了懒汉。"处理原料"(256)的机械化速度（例如仓库和超市）已经把机械节奏引入了经济的配置部门。

  这些变化还突出了逃避工作的倾向。这些倾向在美国工人身上得到了最典型表现，并且今天的所有工人都为之着迷。这个逃避工作的大诱惑是，希望有朝一日"自己成为老板"。社会学家莱因哈特·本狄克斯和西摩·马丁·李普塞特报告说：对"个人企业"的信念"已经变成了大多数工人阶级的先入之见，尽管它曾经激励了过去的工人阶级和中产阶级，它已经不再是今天中产阶级的理想。相反，中产阶级希望成为专业人员，而把成为上层白领工人作为次要选择"。当然，实际付之于行动的人比只在思想上以此为目标的人要少得多，"但是，在这里再一次地，体力劳动者比白领工人作出了更多努力"。

  这些激励在多大程度上是实际的呢？我们知道，经济劳动力是不断流动的。在《经济进步的条件》(Conditions of Economic Progress)一书中，科林·克拉克(Colin Clark)早就指出过：随着收入的增加，生产出来的商品的质和量都提高了，大量的经济部门将转向服务和其他"第三"产业。自从1910年以来，农民、农场主和非熟练工人在劳动力中所占的比例在总体上迅速下降；熟练工人保持着现状；服务行业工人迅速增加起来；在那个阶段的劳动力中，专业人员比例从4.4%上升到7.5%，业主和管理人员比例从 6.5% 上升到 8.8%。半熟练劳动力以及服务和销售人员获得了最大增长。在 1910 年和 1950 年之间，半熟练工人比例从 14.7% 增加达到 2.4%，白领工人比例从 10.2% 增加到 20.2%。

克拉克的追随者们试图制定出一个概念图表。他们讨论了"准第三"产业（通信、金融、交通、商业）和"第三"产业（医疗、教育、研究、娱乐）。无疑，美国经济的扩张已经使许多新兴职业成为可能，并且就整体而言，这些新职业都是在工厂之外确立起来的。但是，由这些成长的比例带来的激动不应误导我们忽视了这些适用岗位数量的有限性，或者，不应误导我们忽视了如下事实：美国的社会流动是发生在两代人之间的——走在前面的是孩子们而不是其父亲；父亲抵达目的地便停滞不前了。由本狄克斯和李普塞特作出的职业流动研究证明：在 25 年的工作史中，一个个体平均拥有 4.8 份工作。尽管工人确实改变了工作，但是，"在从事手工劳动和不从事手工劳动的工人之间……相对地不存在什么变化"。从事手工劳动的工人把 80% 的劳动生命花在了体力劳动的职业上，不从事手工劳动的工人把 75% 的劳动生命花在了非体力劳动的职业上。

拥有一个固定位置是艰难的。即使在一些大企业里，假如一个人仍然想要获得晋升的话，其晋升过程也是非常缓慢的。作为补偿，人们会作出大量的——有时是可怜的——努力，不是提升自己，而是通过努力提升自己的职业地位。社会学家埃夫里特·休斯说道：假如其地位和威望安排得当的话，那么一个人将愿意做任何一项又脏又累的重活；例如，医生的大量既令人不快又繁重的工作就属此列。"职业化"工作的努力已经变成了赋予一个人的工作以荣誉品格的主要手段，那种品格是工作的性质自身所否定的东西。我们有了旅馆管理学校，有了社会工作学校。汽车维修处变成了"机动车润滑油加油站"；人们不再说"我是卖炊具的"，而说"我是从事营销工作的"；门卫变成了"物业管理员"。医院的门卫则变成了"管理员"；秘书变成了"主管助理"；而牧师，如果他无法提升为主教的话，便根据其所在地区牧民的社会阶级来衡量他的成功与否。

游玩的预言

为逃避工作而采取的最有意义的形式是对"休闲"（leisure）的强烈渴望。工作是令人烦恼的。虽然工作是无法回避的，但是一个人可以减少其工作量。在现代，这个理想是通过令人愉快的娱乐（音乐、墙上的色彩、休息时间），尽可能地减低工作的令人不快的方面，并且尽快排除由工作带来的诸多不快和损害来实现的。在《生活》杂志里，占了两整页锃亮的广告展示了停放在一幢优雅小别墅的大起居室面前的一辆漂亮的林肯小汽车，其广告词写道："您的居室四周如茵。您的厨房是工程师的杰作。您有华贵的家具和优美的服饰；您轻松地工作，尽情地享乐吧。"

(258)

游玩、娱乐、消遣是当今文化的主题。它们是"强行推销"（hard sell）的主题。运动服、旅游、野宴、手提电视机，所有这一切都成了时代的标志。在人的被动性中，已经埋下了堕落的种子。不过，有些严肃的社会批评家仍然在休闲时间的发展中看到了实现一种任其自然的性情的可能性，看到了放弃对工作约束的可能性，看到了放弃加诸不守规则的表现之上的过时道德惩罚的可能性。大卫·利兹曼（David Riesman）嘲笑了企图把"欢乐和意义"引入现代工业主义的人。他说道："按照不合时宜地介入的错误推理"，他们可能会"使工厂和白领人格化、情绪化和道德化"。但是，他主张，"更有意义的将是接受而不反对现代工业中的客观性；增进工作中的自动化程度——不是为了工作本身，而是为了愉快和消遣"。

利兹曼想要的是"游玩的自由"。"除了工作时间和工作感受之外，[游玩] 可以不断地成为生活艺术的技能和能力发展的领域。游玩将证明是这样一个领域，在其中，对应然存在的自动的人来说，将仍然存在着保留与其社会品格的普遍要求相区别的个人品格的余地。"

几乎没有人对此持有异议，也许是因为它太模棱两可了。（利兹曼写道："我们承认自己对游玩所知不多，因为研究一直主要地集中在生产者的'社会品格'方面。"）但是，"游玩"能够脱离工作吗？应该指出，游玩不是休闲——至少在从柏拉图到 T. S. 艾略特（T. S. Eliot）的经典图画里它不是如此。休闲的文明是具有探索和扩张特殊文化传统的明确任务的文明。如约瑟夫·丕佩尔（Josef Pieper）指出的那样，休闲不是荒淫无度地过日子，也不是纵情狂欢，而是全身心地陶醉于优雅的艺术之中，"刻意"把自己塑造成一个温文尔雅的君子。游玩也不是放松。因为无论是无精打采，还是想入非非，放松是介于两种努力之间的一条缝隙，介乎两个高潮之间的一个低谷。它不是"自由的时间"，如工作中略作"休息"的任何一个人都知道的那样，它是时间的间歇，是工作节奏中的必要构成部分。

游玩（不是休闲或放松）是对工作紧张的消除，是对身体和心灵的另一种运用。但是，一种正在衰弱或消失的紧张只会产生一个极具攻击性的或消极的游戏方式。为了拥有"自由的时间"，一个人必须全力去应付挑战性的一天，而不是消磨掉无聊的一天。假如工作正如地狱之轮那样日复一日地无聊运转，那么偶尔介入的游玩除了是等待着地狱之轮下一次转动前的一个瞬间之外还能是什么呢？

爱德华·贝拉米（Edward Bellamy）[①]在他的《回顾》(Looking Backward)一书中预见到了这样一种状况：一个人用其一生的 20 到 25 年来例行公事地打发每天数小时的时间，然后才得以自由地追求自己的愿望。在这里，在 20 世纪中期的美国，以一种严肃的方式，贝拉米的预见变成了现实。每周平均工作时间已经从 70.6 小时（在 1850 年）减少到 40.8 小时（在 1950 年）。每周两个休息日成了美国生活的标准，每天工作 7 小时也即将得到实施。但是，工人们在工作中一直被否认的东西，他们现在企图以多种方式重新掌握起来。在过去的 10 多年里，对各种艺术品和手工制品的癖好不可思议地蔓延了起来，摄影、带动力工具的家用木制品、陶瓷、高保真音响、电子学、无线电"话务员"等风行于一时。美国已经看到了以前历史上不为人所知的领域里的众多"业余爱好者"。并且，尽管这是内在地可驾驭的，但是为此付出了高昂的代价——丧失了对工作的满足。

左派的衰落

假如在资本主义工业秩序中，工作已经丧失了它的基本存在理由，那么在社会主义制度里，它将找不到任何新的意义。也许，最近几年最重要的一个社会学事实是，社会主义思想在欧洲大陆和英国的衰落。社会主义者并不是毫无道理的。欧洲诸国的经济，无论是英国还是大陆，都特别地依赖于世界贸易的平衡；并且，其可操作的领域是有限的；实际上，在一场正在悄悄进行的"管理革命"中，由经济专家作出的技术决策现在决定着政治家们的主张。

[①] 爱德华·贝拉米（1850—1898）：美国小说家和记者，著有《回顾》、《平等》等。——译注

但是社会主义学说对当前的灾难并不是毫无责任的。社会主义起初是一种放之四海而皆准的哲学。马克思的《共产党宣言》、希尔费尔丁（Hilferding）①的《金融资本》（*Finanzkapital*）、韦伯夫妇（the Webbs）②的《费边社论文集》（*The Fabian Essays*），所有这些文献都一致地断定：生产问题可以通过资本主义来解决，而社会主义的使命在于以更加公平的方式再分配劳动果实。但是，19世纪的资本增长问题，各种刺激，生产力在今天依然很具活力，而与此同时，国有化并没有产生什么奇迹。

也许，最令人震惊的一点是，工人对国有化工厂的冷漠以及他们对于去做"拥有"工厂之类事情的不情愿（与波拉尼的如下恰当评论相一致：英国水手感到他们"拥有着"皇家海军）。当国有化董事会发布年度报告的时候，英国铁路工人和英国煤炭工人对此并没有赞美。其中的一些原因应该往上追溯：许多国有化产业被陈旧的技术和巨额的债务所拖累；根深蒂固的工作习惯，尤其是利率大幅度下跌，给改革带来了困难。简单地说，如工党首相阿斯顿·奥尔布在《新费边社论文集》（*New Fabian Essays*）中指出的那样："国有化产业面临的人类关系问题主要地在于它们的组织结构的规模和复杂性，那些问题是具有相似规模的所有组织都同样面临的问题。"

但是，除了社会主义者后来才开始面临的经济学和管理组织这些难题以外，还进一步存在着一个根本价值取向问题。社会主义，尤其在西方，从其工作的眼光看，是典型的功利主义的。它一直关心的问题大体上都是市场。尽管韦伯夫妇的社会论证是建立在这样一个假设的基础上的：只有社会主义才能提高效率和秩序，但是，正如由迪金森、兰格和勒纳指出的，对于社会主义国家的那些经济指导试图证明：在一种指令性经济中，市场微积分学是可能的。由威廉·莫里斯（William Morris）③提出的人道主义冲动已经丧失。莫里斯在其《没有出处的新闻》（*News from Nowhere*）中拟出了一个新的有机秩序，它把农业、工业布局和城镇规划统一了起来。但是在费边主义者看来，这些设想完全是一些不现实的乌托

---

① 鲁达夫·希尔费尔丁（1877—1941）：德国马克思主义经济学家，著有《金融资本》等。——译注

② 韦伯夫妇，指英国社会活动家、工人运动史学家、费边社会主义理论家比阿特丽斯·韦伯（1858—1943）和悉尼·詹姆斯·韦伯（1859—1947），两人合著有《工会史》、《产业民主》、《英国的地方政府》、《资本主义文明的衰败》、《苏维埃共产主义——新的文明》等。——译注

③ 威廉·莫里斯（1834—1896）：英国设计师、作家和空想社会主义思想家。——译注

邦。在发表在第一个《费边社论文集》中的讨论"社会主义条件下的工业"一文中，安妮·贝森特（Annie Besant）①（她后来成为神智学的出色代言人）对想要凭空建立一个"新耶路撒冷"的人们进行了攻击。她论证说："实事求是地讲"，在社会主义条件下的工业组织只能是对现存趋势的一个推算。韦伯夫妇也只是把社会变化看做创造秩序的一个手段；他们的动机是对效率的热衷。他们对人民没有感情。在《新马基雅维利》（*The New Machiavelli*）一书中，赫伯特·乔治·威尔斯（H. G. Wells）②这样来描写奥特里亚·贝利（比阿特丽斯·韦伯）："她是一个铁石心肠的女人，要是他们（奥特里亚和她的丈夫）有主宰一切的机会，我想，他们会砍光所有的树木，铺上被脚踩平了的蹩脚的绿茵，装上聚集阳光的劣质设施。奥特里亚以为杂乱无章的树木和海边的悬崖峭壁都生得毫无道理。"他们的工作就是要发挥像"国防部兵营建筑学"那样的作用。他们的世界的基本景象是"像现代科学那样有信心和有力量的、像身体那样匀称而美丽的、像阳光那样沐浴着我们的一个有机的国家……个人主义……意味着混乱，意味着一帮绝望、散漫、无知和鲁莽的小人的随心所欲和为所欲为……有机的国家必须永远地结束这种混乱；它应该统摄我们的所有观念，并且赋予我们的所有野心以形式"。

结束混乱，把社会纪律引入进来的这个愿望也典型地体现了列宁的性格。更有趣的是，列宁被弗雷德里克·W. 泰勒的工作所深深地吸引。当俄国革命接近结束的时候，列宁面临着组织工业生产的任务，如他在1919年6月一篇著名的演讲中指出的那样，他的解决办法是引进计件工作制和泰勒主义。列宁写道："社会主义的可能性将取决于我们把苏维埃统治和苏维埃组织或管理同最近的资本主义的进步手段结合起来。我们必须把泰勒制的研究和教训引进俄国来，把它的系统的测试和采用情况介绍到俄国来。"③

---

① 安妮·贝森特（1847—1933）：英国思想家、社会主义活动家，女权主义早期思想家。——译注

② 赫伯特·乔治·威尔斯（1866—1946）：英国小说家、新闻记者、政治家、社会学家和历史学家，以写作科幻小说著名，著有《时间机器》、《隐形人》、《星际战争》、《世界史纲》等。——译注

③ 引自列宁在1919年6月的一次讲演，那次讲演的题目是"科学管理和无产阶级专政"，重印于 J. R. 康芒斯的《工联主义和劳工问题》（第二丛书，1921年）；也请参阅列宁的《列宁选集》，第7卷。——原注

无论现代社会主义者作了多大努力，他们的思想几乎都没有从市场成本和效率的思想传统中解放出来。对此问题最为焦虑的英国社会主义者之一的阿斯顿·奥尔布（Austen Albu）所担心的一个问题是：但愿工人们可以被给予"参与决策的感觉"，但愿他们具有"参与的感觉，并且对其所工作的工厂担负起责任来……"但是他知道，对于大范围的管理组织来说，"关于产业民主或工人自我监督的古老口号是无济于事的"。

软体动物和人

除了把工厂"分裂"且分布于花园城的小单元中之外，或者除了——像一位英国作家称呼它那样——等待着把所有工人都用技术来代替的"技术乌托邦"（tektopia）的到来之外，艰苦的工作问题是否就没有别的解决办法了呢？也许，一个最温和的办法可以从追溯工作技术——从对效率概念的挑战——开始。

假如一个人想在工人中间鼓起一种新的士气，激发出一种新的工作热情，那么他就必须考虑到，工人不仅仅只是在一个工厂里的"人际关系"的一部分。他的工作必须不仅要养活他的肉体；而且要维持他的精神。让我们返回到"流水作业"（belt work）问题上来。由查尔斯·瓦尔克（Charles Walker）和罗伯特·盖斯特（Robert Guest）所著的一部美国社会学研究著作《流水线上的人》（The Man on the Assembly Line）的一项激动人心的发现是，不满于他们被束缚于其中的机械工作，工人们想出各种方式来"布置流水线"，以保证他们的工作具有节奏。一个办法是建立"工作平台"，即算出准流水线的数量；另一个办法是迅速"完成流水线"上的工作，然后让自己可以缓一口气。在工厂里，最受欢迎的工作是机动人员、领班和维修人员所做的工作——那是一些最不具流水线操作性质的工作。机动人员起着对各个班次的流水线工人的顶替作用，他要能够胜任整个流水线的工作，他要接触不同的工人，了解所有的工作。作者评论说："对于一个不熟悉流水线工作经验的人来说，分 5 个步骤做的一项工作和分 10 个步骤做的一项工作之间的差异，或者用 2 分钟完成的一项工作和用 4 分钟完成的一项工作之间的差异，似乎是微不足道的……［不过，］对于这位工人来说，这项研究最引人注目的一个发现是，在他当时的工作经验中由甚至仅仅几分钟的变化所具有的心理重要性。"①

瓦尔克和盖斯特的这项研究所蕴藏的意思是一目了然的。由于细致的工作分解从社会上讲（和人上讲）变成了自欺，答案就在于工作的轮换、工作的"扩充"和工作周期的拉长。从时间运动研究的观点看，无论这包含着什么损失——和成本——工人实际获得的满足是我们必须考虑的事实。

从表面上看，这样一个"解决方案"对管理层来说是可以接受的。不过，心理学家难道没有告诉过他：心满意足的工人将是更有干劲的工人吗？但是，要是实际并非如此又会怎么样呢？假如让工人变得更满足的成本不足以抵消增加的产量，那该怎么办呢？最近，密歇根大学的一个研究小组汇报了在一家大型保险公司进行为期一年半实验所取得的成果。②

(263) 两组员工被给予了安排工作的大量自决权，诸如，何时休假，如何处理迟到，谁要加班工作。相比之下，另两个组的员工在各个方面都受到了严格的管理，并且所有的决定都由管理主管作出。根据库尔特·勒温（Kurt Lewin）③的理论，研究者假定："参与决策的增加将导致生产动机的增加。"但是，与他们的愿望相反，事实并非如此。"受科层管制的"两个组取得了更大的生产力。（这些增加也不应归结为外来因素，因为在同一个阶段，与之比较的另两组在实验计划之外没有得到任何东西。）不过，还清楚的一点是，控制自己工作方式的个体比屈从于行政控制的个体更加喜爱他们的工作，并且，在"科层"组织里的个体也表现出了对团体决策过程的强烈偏好。

显然，对人际关系工程师来说，这里是一个"价值"问题。哪一个"可变项"是应该设法最大化的呢？是直接工作班组的满意值，还是公司的生产力？更加笼统地说，应该是为了提高产量，减低成本来组织工作，

---

① 在解读马克思对现代工业的描述中，我们可以显著地看到他是如何理解一些简单分工的，那些分工使几代社会学家感到困惑不解。他对机器工作的致命效果的解决是多变的。"它变成了社会的生死问题……"——原注

② "一个主要组织变量的实验变化"，由南希·C. 摩斯和埃弗里特·C. 利默撰写，载于《变态和社会心理学杂志》1956年1月。关于对主管和监督人员进行测试中的价值问题的讨论，请参阅本人的文章："在民主中筛选出领导"，载于《评论》1948年4月。——原注

③ 库尔特·勒温（1890—1947）：德裔美国心理学家，拓扑心理学创始人，实验社会心理学先驱，格式塔心理学后期代表人，传播学奠基人之一，著有《拓扑心理学原理》、《心理的力的表述和测量》、《解放社会冲突》、《形势心理学原理》、《社会科学中的场论》。——译注

假定这些好处能够被转移，从而为社会创造更多的产品呢？还是为了让工人在工作中受益才这样子组织工作呢？由于相对成本是可变项，我们的功利计算围绕它们而上下波动，因此，谁应该承担这些成本呢，是消费者还是工人？

从历史上看，市场社会的答案一直是消费者应该从中受益。这一点不利于我们的效率概念。在竞争经济中，除非所有竞争者都是这样，任何一个单一公司怎么能担负得起增加的成本呢？甚至社会主义者也面临着自己的问题。例如，在 25 年前，当英国工党作出如下决定时：通过由国家的非市场管理的"公共企业"，而不是通过社团主义控制或合作社会主义的形式，来实施国有化，它也接受了效率的规则。由于缺乏来自工人自身的压力，因此不存在将迫使现代企业去重新制定工作流程的方案。① 但是即使工会也没有处理好这个问题。通过这种方式，像许多别的方式（加强纪律、"鼓励"工人超产，等等）一样，工会已经变成了"管理控制系统"(264)的一部分。

世外桃源和乌托邦

在人类希望和渴望的历史上，关于世外桃源和乌托邦的灿烂图画在冥冥天际中交相辉映。人们总是或者缅怀黄金岁月，或者企盼着黄金时光。两千年以前，与西塞罗同时代的一位古希腊诗人赞美水轮磨坊的发明解放了女奴："一觉懒睡到雄鸡报晓……美人儿做着手中的细活儿……沉重的水轮磨坊悠然转动着。"亚里士多德曾经预言，当织布机能够自动织布的时候，奴隶制度将会消亡，因为到那时，主要的工人将不再需要助手，主人也不再需要奴隶。浪漫主义者却没有对这些景象作过描述。在塞缪尔·

---

① 艾里克·特里斯特和来自伦敦塔维斯托克研究所的探索"机械化对英国煤炭业的影响"的一个小组对工作组织作出了更富于想象力的研究。在传统的采矿业中，煤矿地面的工作管理和调度自动由工作小组实施。"小组发展了自我调度的惯例，任务的连续性和角色的循环适应于地下工作的情景。"随着机器的介入，新的专门化的任务得到了开发，旧工作小组瓦解了，对操作的监督随着管理的多重化而"向上"扩张。但是，如特里斯特指出的那样，这些组织假说本身是根据工作任务的工程观念机械地决定的。研究小组小心地提出了"把对于工作的自动控制"返还给地面小组自身的一些假说（请参阅"煤矿地面的工作组织：对煤炭体系的一个比较研究"，E. L. 特里斯特和 H. 摩莱［塔维斯托克研究所：《油印报告》，1958 年 6 月］）。也许并不奇怪的是，这些提议遭到了一些煤炭理事会官员甚至工会内部的拒绝。——原注

巴特勒（Samuel Butler）① 的《埃瑞璜》（*Erewhon*）中，发明是受禁止的。贝拉米的《回顾》描述了强征的产业大军，被威廉·莫里斯称为一个"可怕的伦敦佬之梦"。在歌特式复古运动中，原始的东西被尊奉为崇高的东西：狩猎，设陷阱，伐木，耕地，做针线活——这些都是好活儿。

今天，我们正处在那些希望和渴望似乎日益趋同的一点上。在流水线带给工人工作的同时，由于它越来越把他们从肉体上同流水线的节奏捆绑在了一起，自动化控制以及持续性流程的巨大发展创造了把工人从生产过程中完全消灭掉的可能性。就目前规模和复杂性来说，只需追溯到1939年持续性流程革新。在当时，新泽西标准石油公司和M.W.科洛基公司安装了第一个石油工业的大型液体催化裂化设备。在这些新工厂里，原料、油或天然气连续不断地向着一个目标传送，经过一些复杂程序，从一个为期24小时的生产流程进入到另一个流程。整个工厂都受由几个人把持的中央控制室调度，与此同时，流动维护人员时刻留意任何地方的停顿。坐落于克利夫兰，创办于1952年的新福特发动机厂几乎提供了一个不间断的操作流程：从初次投砂、模子浇铸，到钢水流动，以及完全铸好的发动机模块的震动去尘。这家高效运转的工厂，只需几个人手就能操作自如。因此，铸造工作，曾经被人斥为最可怕的工作，已经走上了机械化道路。

这些新产业革命可以用"自动化"（automation）一词来概括。这个术语是由福特汽车公司工程部在1948年提出的。他们用它来描述某些新的"传送机械"操作，这些机械能够机械地从机床上卸下自动加工的产品，并把它们放在机械工具的面前，那些机械能够自动地按部就班地对它们作进一步加工。工程师中的一些咬文嚼字者便不再称福特工序为"高级机械化"，而调侃地称它为"底特律自动化"。在他们看来，术语"自动化"是对这样一些过程的颠覆，在其中，高速、自我纠正（即反馈）的工具控制着其他机器的操作。② 他们指出，自动设备是相当原始的。罗马人发明了水压阀，以调节水槽的水位。荷兰人用这些工具，来保持风车以风为动力运转起来。詹姆斯·瓦特（James Watt）发明了"活塞"，使得他的蒸汽机

---

① 塞缪尔·巴特勒（1835—1902）：英国作家，著有《众生之路》、《埃瑞璜》等，萧伯纳赞誉巴特勒是19世纪后半期英国最伟大作家。——译注

② 一个烤面包电炉是自动的，但它是一个"事先设置好的"操作循环，无法根据变量进行调节，而一个"自动机器"，通过反馈，可以根据变量进行自我纠正。——原注

以稳定速度运转。一个半世纪以前，古老美国北部的水磨坊，也是巧夺天工地以真正的"自动化"原理运转的：从马车上卸下的谷物装入一个漏斗里，通过漏斗机械称量之后，谷子倒入一条传送带，再由提升器输送到顶层；在那里，借助于重力，谷物流入几个漏斗里，那些漏斗调节着倒入磨坊的谷物量。就这样，大量谷物被源源不断地运到这里，经机械加工、筛好，再装入桶中，然后被货船和货车运走。

不管古人有什么样的说法，今天的创新之处在于大量地引进了许多不同的程序。借助那些程序，直接的人类劳动已经减少，机械工具或电子工具调节着工作流程。这些程序主要有四个步骤。

（1）持续流程或自动处理操作，比如，在石油炼化厂或新式发动机铸造厂里。在这里，工人是罗盘调节员、保养员和熟练的修理员。

（2）数据处理系统或能够贮存数以亿计的信息并且在瞬间筛选出所需条目的巨型电"脑"的运用。美国钢铁公司已经建立了一个数据处理系统。通过那个系统，借助于传送带，获得的订单被自动地转化为相关工厂的生产、规划、交通和船运程序；转化为公司运作和财务记录的报表和收入信息；并且转化为给客户的广告、发票和价格说明。美国银行有一个25吨重的"银行职员"，一个由17000只电子晶体管和一条100万英尺长电线组成的电子机器，人们昵称它为"艾尔玛"（Erma），艾尔玛一天能够处理50000份账单。它承接股票"买卖"业务，收取订单，受理透支业务，并且每月以每分钟600行的速度打印各种报表。 (266)

（3）自我纠正的控制设备。它通过打孔带来"指令"机器，那些打孔带很像过去的自动钢琴上的带子。奥玛公司开发了一种自动车床。借助打孔带的指令，它能够每4分钟加工好一个零件且只有0.0003英寸的偏差，而在常规状态下一位熟练的机械师即使全力以赴也需半个小时才能加工好一个零件。克利夫兰建材供应公司投产了一家混凝土搅拌厂，该厂可以用1500种不同的搅拌程式把配好的原料装入搅拌车里。只要把一张记录着程式的打孔卡插入一个电子控制板里，所需要的混合料便会由转运带装入等待着的车中；控制的机械甚至能够测出投入搅拌的沙子、粗矿石和矿渣的比例，并根据其过少或过多给予相应的补充。

（4）自动流水线。埃德迈勒公司和其他几家大型电器制造公司有这样的机器。它们能够完全流水作业地"生产出"收音机。由米尔斯将军制造的一个叫做"奥托发布"（Autofab）的机器能够在一分钟时间里把大量电子元件组装起来，以前一个工人需要一天时间才能把它们组装起来。

虽然其中的有些工厂类似于幻想小说作家们在几十年以前描写过的"机器人工厂"的景象，但是它们离开"真正的"自动化仍然有一定的距离。今天，完全自动化的流水线只有在如下情况下才是可能的：对某单一产品有着大宗需求的时候。但是，对中程和短程产品来说，这种灵活的、目标单一的机器的成本太高，结果，采用这些机器有可能会"冻结"产品设计和技术的发展。如艾雷克·利维尔和约翰·J.布朗指出的那样，真正的自动化将根据一个多目标的机器，而不是生产每一种产品的机器，来设计产品。假如这样的机器被制造出来，这将不仅在技术学上带来一场革命，而且在美学上带来一场革命。例如，一个收音机或一只炉子应该像什么的概念将不得不发生剧烈的改变。在第一次产业革命中，固有的审美习惯主导着机器的设计。在1851年著名的水晶宫展览会上，铁被第一次带入了除机器以外的建筑物中，真正具有某种令人叹为观止的想象力，这些初期的建筑和手工艺品是装饰性的和巴洛克风格的而不是实用性的。只是当"现代人"逐渐强调形式应该得到表现而不是被隐藏起来之后，其功能才得到了更好的发挥。不过，尽管设计者已不再因循守旧，但是工程师仍然是保守的。对于工程师来说，创造出一个能够生产出快捷而光洁的产品的、目标单一的自动化机器是一件轻而易举的事情。但是，采用这些昂贵的机器只能延迟灵活的自动化机器的产生，那种机器才能够生产出大量的产品，并且带来一场真正的机器革命。

美国人具有对革新夸大其词的倾向。他们凭空捏造出由自动化带来的变化所导致的可怕恐怖。诺伯特·维纳（Norbert Wiener）[①]——他讨论"控制论"（cybernetics）的著作对于"通讯理论"（communication theory）的流行负有部分责任——描写了一个凄凉的世界：无人工厂生产出失业者无力购买的大量商品。这些想法是愚蠢的。抛开成本因素的考虑，即使自动控制被一下子引进到所有能够使用它们的工厂中去，也只有大约8%的劳动力会受到直接的影响。

显然，自动化将带来混乱；并且，许多工人，尤其是老工人，将难以找到适合自己的工作。还有可能的一种情况是：随着旧工业的衰落或淘汰，美国狭小的聚宝盆地区将发现自己一下子变成了"萧条地区"。但是

---

① 诺伯特·维纳（1894—1964）：美国应用数学家，控制论创始人。——译注

如下情况是不太可能的：自动化的经济影响将大于某些社会混乱，那些混乱伴随着趣味的变化、产品的更新换代或社会传统习俗的变化。例如，建筑领域功能主义风格的兴起意味着砖瓦工、泥水匠、油漆工和制模工的地位的下降。石油对煤炭的取代使得煤炭工人的需求量减少了一半。年轻人的早婚导致了纺织和服装业的极不景气。因为早婚意味着一个人更不在乎自己的穿着打扮，意味着更加随意地对待自己的穿着，意味着把更多的家庭投资用于住房和家具上。(268)

一个国家是否能够消除所有这些混乱依赖于经济活动的普遍水平，而这本身就是经济的创造性成长的一项功能。在过去十多年里，一半的美国人已经学会了，怎么样通过一种灵活的税收和财政政策调整经济并且刺激它的增长。作为调节器，政府可以做到抵消过度生产和消费不足。一般说来，在必要时政府是否愿意采取行动的问题，与其说是一个经济学问题，不如说是一个政治学问题。

无论如何，自动化将产生重大的社会效果。正如工厂的工作影响了社会的节奏一样，自动化的节奏也将赋予工作、生活和休闲以新的性质。

自动化将改变劳动力的基本构成，将创造出一个新的工薪阶级而不是无产阶级，因为自动化过程减少了生产所必需的产业工人数量。例如，在化工产业领域，从1947年到1954年，产量增加了50%，而"蓝领工人"的数量只增加了1.3%。与此同时，非生产工人的数量，即专业人员、管理人员、职员和销售人员增加了50%。在1947年，生产工人和非生产工人的比例是3:1。在1954年，在7年时间里，这个比例下降到2:1。

就其最重要的后果来说，自动化时代的到来意味着一个企业再也不必为大宗劳动力的供给而担忧，这意味着，新工厂可以建于远离大城市且更加接近市场或原料资源和燃料资源的地方。例如，西尔韦尼亚公司有43家工厂。最近它在俄亥俄州的纳尔逊维尔、艾奥瓦州的柏灵顿以及俄克拉荷马州的肖尼等这样的偏远地区建立了一些工厂。这家公司相信，它的工厂将变得越来越小，工厂员工将控制在700人的范围内。通过这种方式，这家企业可以实施新的社会管理。工作管理人员可以直接认识所有的人，这些小城镇的社会分工将重现在工厂的社会等级中。在这些条件下，一个新的庄园式社会便形成了。

工厂的非中心化将同样导致作为一个整体的美国社会地缘学的革命。随着新工厂在城镇周围如雨后春笋般地创办起来，随着越来越多的工人生活在快速发展的城市的边缘，市区和郊区之间的差异便不断被消解掉了，由此将出现一幅从城镇、郊区、乡下到荒野依次展示的景象。正如威廉·詹姆斯曾经指出的那样，环境是自我的扩张。在这种新的地缘学里，我们可能进入了英国《建筑评论》（Architectural Review）编辑称为的"次等市郊"（subtopia）。

但是，它涉及的不仅仅是地缘学的变化。作休时间也将发生变化。其主要的经济事实是，在自动化条件下，折旧而不是劳动力成了主要成本。并且，由于劳动力相对地变得便宜起来，让一架极其昂贵的机器闲置着便是很不经济的做法。除了高额资本投资以外，越来越多的自动化工厂会增加班次以保持机器一天 24 小时运转。并且越来越多的工人发现自己是"在上班时间之外"工作的。在这样的工作社群里，睡眠、就餐、社会生活和性生活的节奏被打乱了。从上午 8 点到下午 4 点，上常日班工人的一天安排是工作、娱乐和睡眠，而同一天从下午 4 点到午夜 12 点工作的同伴们的一天安排是娱乐、工作和睡眠，而上夜班的人一天的安排是睡眠、娱乐和工作。凡是有这种情况发生的地方，友谊的模式也会发生突然的变化。要是妻子和儿女过得是一种"常规生活"，而男人却在整个白天睡觉，那么其家庭生活和性生活便会产生隔阂。

工作时间的这样子被打乱——人们为什么要日升而作，日落而息呢？这种习惯是乡村生活的遗迹——已经被变化中的美国经济样式所确证。随着收入的增加和工作时间的减少，越来越多的家庭开始把更多的钱花在娱乐和旅行上。这种日益提高的对于娱乐和服务、宾馆、汽车旅馆、度假村、停车场、剧院、饭店、电视的需求将要求越来越多的人去从事"在上班时间之外"——晚上和周末——的工作，以满足这些需要。在下一个 10 年里，也许有四分之一或更多的劳动力将从事专门时间的服务。这些专门工作团体的不断增加，加上它们的自身的精神生活和娱乐方式，是以消费为目的的文化的一大特点。

对个别工人来说，自动化将带来新的自我概念。因为在自动化过程中，人终于丧失了工作的"感觉"。无论这种失落产生了什么样的后果，使用电动工具的人几乎都像驾驶一辆汽车一样地感受着这些像是他身体里延伸长大出来的机器，而他们的机器则几乎顺从地对他们的指令作出反馈，并且使他们自身的技能更灵巧更有力。作为机器看管员，人们现在不直接参加工作，并且，曾经通过"确立某些条条框框"（即限制产量）而存在的控制现在终于被打破。如一位钢铁工人说过的那样:"为了能够喘一口气,你不能放慢给炉子不断加料的速度。"但是,随着新机器调节控制设备的投入使用,精神的紧张、没完没了的注视、无休止的全神贯注代替了肌肉疲劳。(在清教道德中,恶魔总是能为"闲着的双手"找到工作。工厂让一个人的双手闲不下来。但是那种道德忽视了令人神往的生活及其效果。现在,通过对机器的关注,将存在闲着的双手而不存在"闲着的心灵"。这算不算是道德的进步呢?)

不过,在这些新发展中,工人是有收获的。自动化要求工人把工厂看做一个整体。假如工人手艺不精,技术不够专业化,那么他们必须去了解一项工作之外的更多东西,既要懂得锅炉,又要了解汽轮机,了解压力和膛孔是怎么回事,并且要把他们的工作相互联系起来。

最重要的,或许还存在着工作测量的终结。现在的工业不是开始于工厂,而是开始于对工作的测量。当产品的价值以生产单位来规定的时候,工人的价值也相似地得到了测量。在单位概念之下,时间研究工程师们推算出一个工人为了赚到更多的金钱必须有更多的工作单位。这是一种关于工资激励框架(实际上是一种产量激励框架)假说,也是一种关于"几分耕耘,几分收获"的工程道德假说。

但是,在自动化条件下,由于有了连绵不断的流水线,一个工人的价值可以不再由生产单位来评估。[①] 因此,产量激励计划以及它们涉及的测量技术将会消失。如亚当·阿布鲁齐预见到的那样,在他们那里将产生一种新的工作道德。价值将不再由"最佳方式"来规定,不再取决于硬性的规则和苛刻的钟表,不再根据零星的时间和产量,而是取决于对操作的规划、组织和连续地发挥顺利生产的职能。在这里,不是个别的工人,而是一个班组,将发挥新的重要性;并且,社会工程师将获得应有的声誉。那么工作本身将怎么样呢?

[①] 尽管一些工程师从来没有放弃尝试,1955—1956年漫长的华斯丁霍斯罢工爆发于公司开始所谓的"常日班"工人(材料搬运工、维修工、清洁工)的时间研究以便为这些工人确立一套操作标准的时候。在美国工业史上,这实际上是第一次针对"自动化"的罢工。自动化改变了产业劳动力的"结合"方式,减少了直接生产工人的数量,增加了间接生产工人的数量。为了控制后者日益提高的成本,华斯丁霍斯开始了对工作的测量研究,在以前那些工作被认为是无法测量的。——原注

阿南克和萨纳托斯[①]

在西方文明中，无论其该受诅咒还是该受祝福，工作意识处于道德意识的中心位置。《创世纪》说道："和着额前的汗水，你才能吃到面包。"早期教会的神父们对亚当在堕落前的事迹非常着迷；在种种思辨中，却没有一种思辨想到他原来是无所事事的。圣奥古斯丁（St. Augustine）[②]说道：他全身心地从事着园艺工作，"一种值得赞许的农活"。

在新教观念中，所有的工作都被赋予了美德。路德（Luther）[③]说道："同在教堂里布道的牧师相比，做着家务活的家庭主妇并没有更远离上帝。"每一个人，而不只是一小撮人，都被上帝所"召唤"，在每一个地方，而不只是在教堂里，都沐浴着神的光辉。在茨温利（Zwingli）[④]那里，甚至在顽固的加尔文（Calvin）[⑤]那里，劳动同创造的快乐联系在了一起，同探索创世的奇迹联系在了一起。

在19世纪，从卡莱尔（Carlyle）开始，人被理解为劳动者（homo faber），人的智力被定义为发明和使用工具的能力。假如在马克思主义者的意义上人是"异化于"自我的，那么自我被理解成人"塑造"事物的潜力，而不是人异化后分离出来的某物。（马克思在其早期《哲学经济学手稿》中写道：当"自然是他的工作和他的现实"的时候，当他"在他自己创造的世界里承认了自身"的时候，人将是自由的。马克思采用了A. E. 豪斯曼（A. E. Housman）[⑥]后来把它改造为一首挽歌的一幅图画。）约翰·杜威[⑦]以相同的语气主张一个人应该"从做中学习"（learned by doing）。但是，现在，作为进步学校的一种文字游戏，这种说法只是意味着学生们将不是通过接受预想的经验而是通过探索寻求新答案的问题来获得

[①] 阿南克是希腊文化中终极命运的人格化；萨纳托斯是希腊文化中的死神，指破坏的本能。——译注

[②] 圣奥古斯丁（354—430）：著名神学家、哲学家，著有《忏悔录》等。——译注

[③] 马丁·路德（1483—1546）：新教宗教改革的发起人。——译注

[④] 茨温利（1482—1531）：瑞士新教改革家，苏黎世宗教改革第一位领袖。——译注

[⑤] 约翰·加尔文（1509—1564）：法国著名的宗教改革家、神学家、基督教新教的重要派别加尔文教派（在法国称胡格诺派）创始人。——译注

[⑥] A. E. 豪斯曼（1859—1936）：英国学者、诗人。——译注

[⑦] 约翰·杜威（1859—1952）：美国哲学家和教育家，实用主义哲学代表人物。——译注

成长。(杜威说道:"不同于掌握一个工具,机器的规则不是对人提出挑战,或者对教会他的每一种知识提出挑战,因此,他不可能通过它而获得成长。")

所有这些都是规范的观念。无论如何,在西方历史中,劳动一直拥有着一种较深层的"道德无意识"。同宗教一起,劳动是面对存在和彼岸荒谬性的方式。宗教,最具渗透力的人类制度,在社会中起着一种简单的象征作用,因为宗教让个体去面对死亡问题。既然死亡不是通往永恒生命的序曲,地狱和天堂才得以成为严肃话语的主题,并且在尘世上的主导才日益丧失其重要性。但是随着宗教信仰的衰落,对永恒生活的信念力量也走向了衰落。由此便产生了这样一个纯粹的前景:死亡意味着自我的完全消解。(如马克斯·霍克海默[Max Horkheimer][1]指出的那样:哈姆雷特"担心死亡的不可避免性,担心深渊的恐怖个人主义理念的具体化"。)

许多担忧通过劳动而得到了清除。尽管宗教衰落了,但是劳动的意义是不可磨灭的:劳动将仍然把情感力量转化为创造性挑战。(对托尔斯泰来说,正如后来对以色列集体农场的犹太复国主义者来说那样,劳动是一种宗教;A. D. 戈登[Gordon],这位合作社理论家,强调通过体力劳动来获得新生。)通过劳动来蔑视死亡,人可以从意识中把死亡清除出去。作为劳动者(homo faber),人可以千方百计地控制自然和约束自己。弗洛伊德说过,劳动是把人同现实结合起来的主要手段。那么,当工人和劳动自身都被机器取代时,将会发生什么事情呢?

---

[1] 马克斯·霍克海默(1895—1973):德国第一位社会哲学教授,法兰克福学派创始人。——译注

第三部分
乌托邦的衰落

第十二章 美国社会主义的失败
——伦理和政治的张力

赞斯的拉比（the Rabbi of Zans）经常讲起自己的往事："当我年轻时，我对上帝充满了热爱，我想要让全世界的人都皈依上帝。但我很快就发现，要是我能让我镇上的人都皈依上帝，就已经很了不起了，我为此作了长期努力，但是没有成功。于是，我认识到，这个计划过于雄心勃勃了，我便转而全力以赴地试图改变自己家人的信仰。但我同样没有成功。最后，我终于明白，我必须先改造自己，只有这样，我才有可能真诚地服务于上帝。但我连这一点也没有达到。"

——犹太教哈西德派故事（Hasidic Tale）[①]

一个人若要寻求自己的灵魂或他人灵魂的得救，就不应该通过政治的途径。

——马克斯·韦伯

社会主义是一个不着边际的梦想。傅立叶（Fourier）[②]允诺，在社会主义条件下，人将长到至少"10英尺高"。教条主义者卡尔·考茨基

[①] 犹太教哈西德派是犹太教的一个虔修派和神秘运动。在1710年多夫·波尔（Dov Baer）创立第一个哈西德教团，不久在波兰、俄罗斯、立陶宛和巴勒斯坦也纷纷成立小社团。每个分社由一个义人领导。其共同的礼拜仪式包括大声呼叫，纵情歌舞，以达到狂喜入神状态。1772年正统派犹太教把他们逐出教会，但哈西德派继续蓬勃发展。到了19世纪，哈西德派成为一个极端保守运动。在大屠杀中，大批哈西德信徒罹难，但残存者仍活跃于以色列和美国。他们反抗严格的律法主义和律法学术，而赞成以一种较欢乐的方式让普通人得到精神慰藉。——译注

[②] 傅立叶（1772—1837）：法国哲学家、经济学家、空想社会主义者。——译注

(Karl Kautsky)① 宣称，社会主义社会的普通公民都将成长为超人。具有浮夸习气的安东尼奥·拉布利拉（Antonio Labriola）② 告诉他的意大利追随者，社会主义培育出来的每一个儿童都将成为伽利略和布鲁诺。夸夸其谈的托洛茨基（Trotsky）③ 甚至漫无边际地把社会主义描述为太平盛世：在那个时代里，"人类将变得无比强壮、聪明和自由，身体变得更加匀称，行动更富于节奏，声音更富有乐感，生活充满了激情和活力"。

美国也是一个不着边际的梦想。当美利坚拓荒者摆脱英国统治的时候，他们在国会授予的大印玺背面刻上了如下词句：我们是"这个时代的新秩序"（Novus Ordo Seclorum），是美利坚纪元的开端。幅员辽阔和物产富饶的美洲大陆，注定要成为一个庞大的社会试验场。在这里，"上帝是伟大的劳动者"（God, Master Workman）的说法将深入人心。这是一种经过伪装的自然神论，它强调上帝是一个手工艺人，而不是一个固定不变的启示。这种伪装的自然神论迎合了日益增长起来的实用主义气息。因此，这个社会纵使不欢迎，但也还不至于带着嘲讽的心情，去忍受一小帮人为探索太平盛世计划而作出的努力。纵使一些地方的反应是敌意的，但是仍然存在着许多无人管束的蛮荒之地，从得克萨斯一直延伸到了爱荷华。在那里，乌托邦拓荒者可以找到立锥之地，远离他人的窥探，继续寻求自己的宗教信仰。因此，这类殖民地遍地开花也就不足为奇了。

同样，在这里，社会主义似乎将获得千载难逢的机会。也许是受到了这片广阔无垠的处女地的激励，马克思和恩格斯都感到非常乐观。在1879年，马克思写道："现在，尽管美利坚合众国在获得的财富总量上还落后于英国，但是它们的经济增长速度已经超过了英国；但与此同时，大众能够更加迅速地掌握并且利用更强大的政治手段来抗拒以这种代价而完成的进步形式。"④ 恩格斯在19世纪80年代末和90年代初写了一系列有关美国状况的书信，他一次又一次地重复着这个预言。在其《英国工人阶级的状况》（*The Conditions of the Working Class in England*）美国版"序言"中，他以高度热

---

① 卡尔·考茨基（1854—1938）：社会民主主义活动家，马克思主义发展史中重要人物。——译注

② 安东尼奥·拉布利拉（1843—1902）：意大利哲学家。——译注

③ 莱翁·托洛茨基（1879—1940）：俄国革命家，马克思列宁主义者。——译注

④ 写给丹尼尔逊的信，第169封，载于《卡尔·马克思和弗里德里希·恩格斯书信选，1846—1895年》（纽约，1934年），第360页。——原注

情评述了1886年发生的诸多事件,引人注目的有劳工骑士团的崛起和亨利·乔治在纽约的竞选运动,他非常高兴地指出:"美洲是一片更加得天独厚的土地,在那里,没有中世纪的遗迹挡道;在那里,历史开始于17世纪才逐渐发展起来的现代资产阶级社会的某些因素,工人阶级在短短10个月之内便经历了其发展的两个阶段(全国工会运动和独立工党)。"5年之后,他的这种乐观主义也没有因诸多令人悲哀的转折性事件的发生而消失,恩格斯写信给施洛伊特说:"伴随着同样确定的倒行逆施的运动,持续不断地更新的更先进的运动浪潮是不可避免的。只有当先进的运动浪潮变得越来越强有力的时候,倒行逆施的运动才会变得越来越无能为力……一旦美国爆发了这种运动,就会变得充满活力和暴力,这与我们在欧洲展开的运动相比,应该仅仅是处于幼稚阶段。"[①]

但是,仍然存在着一个令人忧虑的悬而未决的问题,它就是由韦纳·松巴特(Werner Sombart)在20世纪初写的一本书的书名中提出的问题:"为什么美国没有社会主义?"松巴特对此作出了一系列回答。他提到了开放的边疆、通过个人努力出人头地的众多机遇以及日益提高的生活水平。其他作者进一步发挥了这些观点。施利格·佩尔曼(Selig Perlman)在《劳工运动理论》(Theory of the Labor Movement)一书中,就美国阶级意识的缺乏提出了三个理由:缺乏一个"稳定的"工薪阶级;选举的"自由权"(被剥夺了这种权利的其他国家的工人们——例如,英国宪章运动者——发展了政治的而非经济的动机);持续不断的移民潮冲击。佩尔曼认为,正是外来移民导致了美国劳动者的种族、语言、宗教信仰和文化的多样性,导致了移民后代想要摆脱其低微身份的强大抱负。在19世纪20年代去过美国的旅行家凯塞林伯爵(Count Keysering)[②]对信奉平等主义的美利坚主义进行了观察,他认为美利坚主义是社会主义的代理者;并且,在19世纪后期,陆续来到美国的许多德国社会主义者的"改变信仰"都为这种说法的敏锐性提供了佐证。有些作者根据农场主随着商业周期在激进主义和保守主义之间摇摆不定的事实来强调美国生活的土地所有制基础;另一些作者则指出,就重视赞助、机会主义、作为政治话语样式的修辞学贫乏而言,两党制从根本上说是

---

① 写给施洛伊特的信,第222封,载于《卡尔·马克思和弗里德里希·恩格斯书信选,1846—1895年》(纽约,1934年),第497页。
② 凯塞林(1880—1946):德国哲学家、作家、旅行家。——译注

一种地方性的而非功能性的制度；因此，不是强硬的原则，而是妥协，逐渐成为不同利益政治集团进行谈判的焦点。总之，所有这些解释都依赖于美国无限丰富的自然资源和物质财富。一个节俭而精明的美国工人所消费的面包和肉食是一个德国工人的 3 倍，他所消费的糖几乎是一个德国工人的 4 倍。有鉴于此，松巴特惊呼道："在烤牛肉和苹果酱的围攻和拦劫之下，形形色色的社会主义乌托邦都走向了终结。"①

然而，在这诸多分析中蕴含着这样一个观念：这些状况都是暂时的。作为一个一直在演进中的社会制度，资本主义必将"走向成熟"，在经历了反反复复的危机之后，将出现一个庞大的、具有自我意识的工薪阶级以及一种欧洲式社会主义运动。大萧条就是这样一种危机，它是一场动摇了整个社会自信心的严重情感挫折。这场危机在美国工人心中留下了创伤。它促成了一个声势浩大的工会运动组织。在短短的 10 年时间里，那个组织的工人人数从不到 300 万发展到 1500 多万，差不多占了美国工薪阶层总人数的 30％。这个组织所向披靡，发动了数次俄亥俄州工业区罢工，给美国带来了一股强劲的阶级斗争旋风。它导致了强烈的反资本家和反富豪的民粹主义运动（例如，休伊·朗的共享财富论，卡夫林神父的社会公正论和弗朗西斯·汤森博士的养老金方案）。看起来，这里是社会主义理论家们盼望已久的沃土。

然而，无论在劳工运动中还是在政府中，既没有产生任何一个社会主义运动，也没有播下任何一粒连贯的社会主义意识形态的种子。前面引述的理由似乎还是站得住脚的，而且就像较早时期美利坚主义的意识形态一样，新政似乎已经成为多少有点不同的社会主义替代物。但是，所有这些解释都是"外在的"，也就是说，对于这个激进运动而言是"外在的"，而且，即使这些解释是真实的，它们也仅仅说对了一半。其另一半是：社会主义者究竟是怎样来看这个世界的，并且，根据那个见解，为什么这个运

---

① 引自格茨·A. 布列夫斯《无产阶级》（纽约，1937 年），第 193 页。为这种情况而感到难堪的共产主义经济学家千方百计地否认这种物质利益。在为马克思关于在资本主义条件下工人阶级的贫困日益增长的论断作辩护时，统计学家欧仁·库克金斯基（现在是一位东德政府官员）主张，19 世纪美国工人生活条件确实日益恶化了。面对他自己提出的如下事实：从 1790 年到 1900 年美国工人的实际工资增加了，库克金斯基搬出了列宁主义理论：资本主义把工人分裂为工人贵族和更加广大的被压迫群众，前者是获利者并且被高工资所收买。但是这只是一个修辞性断言而不是一个统计学主张。参阅欧仁·库克金斯基《工业资本主义条件下的工人状况简史》（《美国，从 1789 年到现在》第 2 卷）（伦敦，1943 年）。——原注

动无法适应美国社会？为什么它不能够作出合理的选择？

为什么社会主义运动不能正视现实的形势，对于这个问题作出的一般回答——而且这些评判总是事后才作出的——涉及了社会特性的相互影响（例如，那个运动的社会构成以及它对参与运动的成员所要求的忠诚类型）、与其他机构的"往来"程度，以及自身意识形态的性质。[①] 要想对社会运动成功或失败作出充分解释就必须对这三个要素如何相互影响进行描述。因此，由于种族的或情感的原因，一个完全脱离于社会的运动，将更难以与现存秩序达成妥协；在此情况下，这种运动的社会特性可能是它无法适应不断变化的现实的决定性原因。一个拥有高比例工会成员的社会运动，一个拥有高比例职业成员的社会运动，具有比较容易与其他政治集团进行沟通的"桥梁"；因此，"往来程度"是一个重要因素。在其他情况下，意识形态的性质可能是导致行动两难境地的原因。对某些运动而言，意识形态是一个姿态，一个容易被抛弃的姿态；对另一些运动而言，意识形态是一个束缚。

本章探讨的是社会主义的意识形态问题。我的主张是：美国社会主义运动失败的根源，在于它无力解决在伦理和政治之间的一个根本两难：社会主义运动，既有明确的目标，又抵制整个资本主义秩序，无法把自身同此时此地进行讨价还价的政治世界的社会活动所面对的特殊问题联系起来。概括地说，它陷入了一个不幸问题之中：生活于现世，但不属于现世；在不道德的社会里，他只能充当道德人，但他不能充当政治人，并且这一角色是名不副实的。除了只能对其抱着一种骑墙态度以外，它绝不可能解决如下基本问题：要么像劳工运动那样，接受资本主义社会，并且寻求从其内部来进行变革，要么像共产主义者那样，成为资本主义社会不共戴天的仇敌。一个宗教运动可以分割它的忠信，（像路德教那样）做到既生活在现世，又不属于现世（毕竟，它不关心此生，而只关心来世）；一个政治运动却无法那样做。

---

① 像上面这样的总假说可能只可以有一个答案。它假定了一些条件；使人们对一些问题产生敏感。但是对于一个社会运动的命运的经验研究务必根据时间、地点和机会的具体问题来进行。像一个个体一样，一个社会运动在它作出选择的过程中规定了它的性质。因此，一个人必须找到"危机点"，明确摆在运动面前的各种出路，了解被作出的各种选择的动机。在我的单行本《马克思主义社会主义在美国的背景和发展》中，我试图确定美国社会主义的这些转折点。（参阅艾吉伯尔特和帕尔森斯编《社会主义和美国人的生活》，普林斯顿，1952年，第215—404页。）——原注

两种伦理

从最广泛的意义上说，社会是一个配置各种回报和特权，强制执行各种义务和责任的有机系统。在此框架内，伦理学研究配置的应当性问题，蕴含着某种公正理论。政治学研究配置的具体样式，涉及了在各组织集团之间为分割特权而进行的权力斗争。在社会活动中，在伦理和政治之间存在着一种不可避免的张力。阿克顿（Acton）勋爵[①]在笔记中提出了这样的问题："政治究竟是在伦理界限内实现理想的一个尝试，还是在那个界限之内获取种种好处的一个尝试？"或者更简要地表述为："伦理是一个目标，还是一个界限？"[②]

在某些历史阶段中，通常是在封闭的社会里，伦理和政治是融为一体的。从理论上讲，道德律令和正义价值居于主导地位，每个阶层都根据固定的地位取得其特权。但是，现代社会的一个鲜明特征是伦理和政治的分离，因为任何一个集团都不能通过世俗力量把道德观念强加于整个社会，于是，意识形态——以大众利益和普遍价值为幌子，掩盖了特殊的自身利益——代替了伦理。对社会回报和特权的重新划分仅仅在政治领域中才能得到完成。但是，在融入于政治之中的那个重大过程中，被陈述为目的（或目标）而非界限（或纯粹游戏规则）的一种伦理变成了遥不可及的目标，该目标提出了一个激进的承诺，必然把政治转化为一场你死我活的斗争。

马克斯·韦伯关于政治是一种生活方式的论调极为清楚地再次阐述了阿克顿的这个两难论断。韦伯说，一个人可以把政治游戏看做一种"责任伦理"（ethic of responsibility）（即对限制的接受），或者看做一种"良知伦理"（ethic of conscience）（即对绝对目的的遵从）。前者是一种实用的观点，以寻求和谐为目的。后者创造"真正的信仰者"（true believers），他们带着纯粹而持久的激情，毫不妥协地坚守信仰。

韦伯主张：要想维持市民社会的和平，只有"责任伦理"是政治中可行的。韦伯写道："对我而言，如果人们不是一味追问谁在道德上是正确的和谁在道德上是错误的，而是去追问，面对现存的冲突，对涉及的所有

[①] 约翰·爱默里克·爱德华·达尔伯格—阿克顿（1834—1902）：第一代阿克顿男爵，英国历史学家，政治哲学家，著名的自由主义大师。——译注

[②] 引自格特路德·希默尔法布的文章："阿克顿勋爵政治理论中的美国革命"，《现代史杂志》1949 年 12 月，第 312 页。——原注

人而言，我如何用最低限度的内在风险和外在风险来解决这个冲突？那么这个问题似乎并非无解。"①

但是，只有在竞争集团之间互相尊重各自在社会中得到延续的权利的时候，这样一种政治观点，而非对绝对的遵从（无论它是作为积极的破坏的社会力量的布尔什维克主义，还是作为消极的脱离社会的宗教和平主义）才是可行的。因此，一个多元主义的社会基础依赖于伦理和政治的这种分离，并且依赖于伦理对规范游戏规则的限制。在实践中，社会主义者接受了这一事实；但是在理论上，由于其对社会的根本拒绝，社会主义运动永远不可能全心全意地接受这一基本立场，并且一直纠缠于某些关键性教条而难以自拔。

于是，一个人接受哪一种伦理的问题便成了一个重要问题，因为，"现代"政治的鲜明特征在于，它把所有的社会阶层都卷入社会变化的运动之中，而不是像封建社会、农业社会或其他落后社会那样人们只能听从命运的摆布。正像卡尔·曼海姆曾经精辟地指出的那样：其出发点是再洗礼派教徒（Anabaptists）的"狂热的激进主义"（orgiastic chiliasm），他们狂热地试图立刻实现基督重临的太平盛世。马丁·路德推倒了把宗教生活和世俗生活隔离开来的修道院的围墙。此时，每个人都是依靠自己，以"每一个信徒都是平等的"名义，每个人都被迫作出自己的证言，直接地而无须通过购买圣徒的赎罪券，来实现基督徒的生活。但是，如果所有人都是平等的，那么怎么会有主人和奴仆呢？如果所有人在得救之事上都赤裸裸地站在上帝的面前，那么他们难道不应该平等地分享世俗生活的物品吗？这是托马斯·闵采尔（Thomas Munzer）②和激进的再洗礼派教徒提出来的一些令人不安的问题。于是乎，原来推崇来世宗教的寂静教派一下子转变成了要在此时此地实现太平盛世的革命行动主义。这样，冲破了古老宗教秩序的千禧年主义者的宗教狂热同样威胁和动摇着社会秩序；因为，不像把矛头指向单一压迫者的以往革命，千禧年主义想要推翻整个现存的社会秩序。③

---

① "作为一种职业的政治"，载于《马克斯·韦伯社会学论文集》，H. H. 吉尔斯和 C. W. 米尔斯编（纽约，1946 年），第 119 页及其以后，并参考第 9 页。——原注

② 托马斯·闵采尔（1490—1525）：德国宗教改革激进派领袖，也是德意志农民战争领袖。——译注

③ 闵采尔的太平盛世梦想给了一个多世纪之后罗伯特·伯顿在其《忧郁症分析》前言中的牧歌式田园的文学乌托邦以及培根《新大西洋》的技术学天堂以灵感，那一梦想在克伦威尔反叛期间平等派和掘地派的平均主义要求中得到了政治表达。一个半世纪之后，在法国革命期间，在格拉克斯·巴伯夫的"平等派阴谋"中，同样的冲动被强烈地激发出来了，并且汇入 19 世纪革命运动的洪流之中。——原注

有关千禧年主义的显著心理学论据是,对千禧年主义者而言,"不存在任何内在的时间连接公式";只存在"绝对的在场"(absolute presentness)。"狂欢的精力和热情的宣泄开始在世俗场景中发挥作用,以前超出日常生活范围的紧张状态成为现存世界的爆发力量。"[1] 千禧年主义者既不生活于现世,也不属于现世。因为拯救,那基督重临的太平盛世,已近在咫尺,他虽置身现世之中,却反对现世。

凡是在可能实现这种希望的情况下,凡是在这种社会运动能够迅速改造社会的情况下,一旦这个"跳跃"得到了完成,那么伦理和政治就有可能在火焰之中融为一体。但是,如果社会稳定,社会变革只能点点滴滴地发生,那么这种纯粹的千禧年主义者只能在绝望中转变为虚无主义者,而不会忍辱与现行等级秩序达成妥协。曼海姆写道:"当这种精神日趋衰落并且远离这些运动之时,留给世界的是一种赤裸裸的集体疯狂和精神无所寄托的愤怒。"在后来的世俗化形式里,这种态度在俄罗斯无政府主义那里得到了表现。因此,巴枯宁写道:"破坏欲同时也是创造欲。"

然而,不仅这位无政府主义者,而且每一个社会主义者,每一个政治空想的皈依者,一开始都带有千禧年主义者色彩。在近来发生的一些狂热运动中,在对受压迫团体的认同过程中,都存在着无法抑制的渴望和期待:"最后冲突"可能近在眼前。("我们时代的社会主义"成了一面旗帜,它是诺曼·托马斯[Norman Thomas][2]在19世纪30年代为加入社会主义政党的新成员提出来的。)但是,"革命"并不总是近在咫尺,因此如何约束这种千禧年主义热情并使其处于待命状态的问题始终是千禧年主义策略的基本问题。

无政府主义者主张"功名"观。像在亨利·詹姆斯(Henry James)[3]《卡塞曼斯公主》(*Princess Casamassima*)一书中的保罗·蒙纳米特一样,由于他抱着如下隐秘而至上的信念,他可以过着单调乏味的生活:世界将在"瞬间"得到改变,而他能够决定这个瞬间到来的时间。尽管这个愿景是强有力的,但它的信徒只能像梦游者那样生活在一个妄想的世界中。然而,只

---

[1] 卡尔·曼海姆:《意识形态与乌托邦》(纽约,1936年),第190—193页。——原注
[2] 诺曼·托马斯(1884—1968):美国牧师,社会主义者和和平主义者,美国社会主义政党领导人。——译注
[3] 亨利·詹姆斯(1843—1916):美国小说家,代表作有《一个美国人》、《一位女士的画像》、《鸽翼》、《使节》和《金碗》等。——译注

有通过妄想，无政府主义者才能使信仰者不至于变得疲惫和精神空虚。最激进的是乔治斯·索列尔（Georges Sorel）①的做法，他提出了革命神话概念，对于无政府主义者和工团主义者而言，这个神话的作用相当于拯救学说的低劣版本。索雷尔写道：这些统一的形象既不能被证实，也不能被证伪；因此它们能够从存在于社会中的不同情感中"唤起一个没有分化的整体"。"通过把整个社会主义运动集中在总罢工上，工团主义者完美地解决了这个问题；这样一来，对专家们模棱两可的说法中存在的矛盾之处进行调和就没有了任何余地；每件事都已经变得如此的一目了然，以至于只有一种对社会主义的解释是可能的。"按照有关社会主义的这个"毁灭性概念"，像索列尔所谓的那样，"就整体而言，它是一个唯一至关重要的神话"②。

但是，当现实不断与这个神话相背离之时，它究竟能够支撑多久呢？

无产阶级的面纱

什么是无产阶级？在历史的社会主义舞台上，无产阶级扮演着什么角色？无产阶级如何揭去了朦胧的面纱并达到了自我意识？马克思可能会对耶稣说："我是来终结所有的神秘的，不是来让它们不朽的。"就他的自我形象而言，马克思的作用在于揭露奴役现代人的生活，从而驳斥黑格尔的如下主张：自由和理性都已经得到了实现。但是，像他的老朽的导师一样，马克思仅仅探讨了各种"内在的"历史动力，而没有探讨社会行为的构成。③

马克思写道：所有的政治运动都被迫打着过去的旗号。（马克思在

---

① 乔治斯·尤金·索列尔（1847—1922）：法国哲学家，工团主义革命派理论家。——译注
② 乔治斯·索列尔：《反思暴力》（第三版，格伦科，1950年）。——原注
③ 在《德意志意识形态》中，马克思提出了自我利益如何向意识形态转变的问题。他问道："如下情况怎样才成为可能呢：无视这些个人，个人利益不断增长，转化为阶级利益，转化为共同利益，它们反对个别的个人而赢得独立的存在，在这种独立中，它们采取了一般利益的形式，成为实际个体的对立面，并且在这种对立中，它们相应的被规定为一般利益，它们可以被意识理解为理念，甚至理解为宗教的和神圣的利益？"但是，令人恼怒的是，马克思从来没有对这个问题作出过回答。（参阅《德意志意识形态》[纽约，1939年]，第203页。）悉尼·胡克在其载于《社会科学百科全书》（纽约，1933年，第10卷，第219页）的"唯物主义"一文中试图重提意识问题："什么是特殊的唯物主义，经济条件通过它影响着阶级的习惯和动机，并且它断定使个体行动起来的那些动机并不总是受到个体自我利益的触动？既然阶级是由个体组成的，那么阶级利益怎样才能通过个体的非经济动机而得到加强呢？"但是，在更加鲜明地提出这个问题之后，他也没有给出答案。所以还没有马克思主义理论家详细地阐述过这些重要的心理的和制度的联系，这种联系将证明作为自我同一的个体是如何带上了阶级角色的"人格"或面具的。——原注

《路易·波拿巴的雾月十八日》里写道："因此,路德换上了使徒保罗的服装,而1789—1814年的大革命交替挂上了罗马共和国和罗马帝国的服装。")但是,历史是一个不断祛魅的过程;人们已经不再受农业社会的河神和人格神的束缚;他们也不再需要受资产阶级新教抽象的非人格神的束缚。人是具有潜能的。但是,如何去实现人的这种潜能呢?一方面,知识分子具有自我解放的能力,因为他们具有超越其出身的想象力。但是,作为一个阶级,无产阶级只有达到如下条件时才能获得发展:社会的社会关系自身向奴隶揭示了束缚着他的那个锁链。马克思在《资本论》中指出:人并没有因为他能够把其劳动力出卖给他愿意出卖的人而变得更加自由。剥削就蕴藏在资本主义社会的那个结构中,为了生存,资本主义社会必须通过榨取剩余价值和积累新资本而不断地扩大。在这个过程中,无产阶级将沦落为人类存在中最卑微的部分(日益深重的苦难的法则),并因此被剥夺了任何识别标志。在异化的极度痛苦中,无产阶级认识到了把自己和他者联合起来的一种认同感,并产生了革命的联合社会运动。在行动上,无产阶级不再是受人操纵的,他"成就了"自身。①

就这样,宏大戏剧的布景已经设置好了。由于资本主义内在的、剧烈的矛盾,冲突将到处弥漫。既不在这个世界之中,也不属于这个世界的无产阶级将继承这个世界。

但是,大写的历史(用这些拟人化做法)挫败了马克思的预言,至少在西方是如此。日益深重的苦难的法则被巨大的技术进步所驳倒。工会开始给工人们带来诸多好处,并且,在随后的政治斗争中,工会发现,它不用成为反对社会的革命工具,而是接受在社会中的一席之地,也能使自己

---

① 无产阶级如何达到自我意识问题,知识分子角色问题,作为无产阶级领导者来自另一个阶级的个人问题,长期地困扰着这个激进运动。在马克思的著作中,存在着三个不同的阶级概念。在《共产党宣言》中,存在着一种世界末日论观点。根据那种观点,历史的终结把社会两极化为两个阶级,并且通过揭示这个日益扩大的偏见,阶级立场达到了自觉。在《资本论》的结论中,马克思根据收入来源对"实质性的"阶级划分(即作为理想类型而不是作为现实)作出了简单化分析;但是,把收入团体划归相同的类的做法仍然需要回答什么是自我意识的机械论的问题。马克思实际的历史分析,例如在《路易·波拿巴的雾月十八日》中的历史分析,表明了他对社会划分之复杂差异的细微自觉。那些差异在现实中产生了许多不同社会种类和不同政治利益集团。因此,只是在一些"极端"例子中,而不是在日常政治中,阶级划分和同一性成为马克思主义政治学至关重要的东西。(关于马克思阶级理论的讨论,请参阅雷蒙·阿隆:"社会结构和统治阶级",载于《英国社会学杂志》1950年3月。)就意识问题方面的知识分子与无产阶级的关系问题,我在多少有点冗长的下一章——"来自马克思的两条道路"——里作了详细探讨。——原注

生存下去。

阳光下的位置

在19世纪的美国，几乎每一次社会运动都包含着工人摆脱其工人命运的努力。其解决方案一度是免费的土地、低廉的物价、生产者的合作，或者是从乌托邦梦想的华丽布袋中掏出来的其他稀奇古怪的玩意儿。美国劳工联合会的诞生标志着探寻普勒斯特·约翰（Prester John）[①]王国活动的结束。冈珀斯说："工人过于迫切地需要立即改善他们的生存状况，以至于不能全力以赴地投身于一个目标，无论该目标在设想时是如何美好……摆脱工资体系的办法就是通过进一步提高工资来进行的。"[②]

宗派主义者无视工人基本生存状况的极端做法使得工人们彻底地厌恶政治社会主义者。在19世纪80年代，冈珀斯领导的雪茄制造者联合会寻求立法取缔经济公寓雪茄制造业。他明确地表明要报复投票反对这项议案的立法者，并且号召支持投票赞成这项议案的立法者。但是，政治社会主义者坚决反对给旧党候选人投赞成票，甚至坚决反对给同情劳工的候选人投赞成票，他们指责这样一个动议尽管能给雪茄制造者带来一时的好处，但是将"败坏"劳工运动。因此，当第一个经济公寓议案被通过的时候，这些社会主义者拒绝支持再选举冈珀斯的人，即爱德华·格洛西（Edward Grosse）。格洛西在通过该议案过程中曾起过推动作用。这是冈珀斯永远不会忘记的教训。

尽管他对这件事情遮遮掩掩，但是冈珀斯确实知道在世界上占有一席之地的努力还存在着另一层含义。冈珀斯，这位荷兰犹太人的儿子，在13岁时来到美国，并且，在其大半生里，他都牢记着自己的侨民身份。绝大多数美国劳工领袖都是外来的移民或者是移民的近亲，他们渴望为美国社会所接受，正像马尔库塞·李·汉森（Marcuse Lee Hansen）曾经提到的那样，这种渴望是绝大多数移民强大的身份动力之一。实际上，在美国社

[①] 普勒斯特·约翰，传说中一位中世纪的基督徒国王和僧人。据传说，他曾经统治中东或非洲的某个王国。——译注

[②] 在同社会主义者的论战过程中，坎贝尔第一次用这个词阐明了这个见解。它后来变成了关于美国劳工联合会、关于纯粹而简单的工联主义的一个共同描述。请参阅萨缪尔·坎贝尔《劳工七十年》第1卷，第286—287页。——原注

会生活中，移民从来不是一股激进的势力；相反，移民一代已经趋于保守。在 20 世纪初，当美国劳工联合会采取非常有争议的步骤进入国家城市基金会之时，这个基金会是由共和党政治寡头和主席发言人麦克·汉纳（Mark Hanna）领导的一个组织。冈珀斯对这个动议作了如下解释，他写道："它有助于养成如下习惯：把工会接受为一种必要社会力量，并且顺理成章地把各种团体的代表人物吸收进来，以便讨论各种政策。"① 工人的单一志向是：赢得如同企业和教会之类在美国生活中的现行机构那样的"合法的"社会团体的地位。在冈珀斯这位移民男孩看来，这也是一次亲历的远征。在美国生活的所有世俗方面，他都千方百计地去赢得对劳动者的承认：进入白宫并出席白宫听证会、政府的官方声明以及被整个社会所接受。赢得尊重是冈珀斯和劳工们的目标。而且，大约到了 20 世纪中叶，劳工们确实变成了美国生活中一股新崛起的力量。

(285)
等待社会主义

19 世纪的美国激进主义者和美国社会主义者都没有正视过这个社会妥协的问题。19 世纪得到迅猛发展的乌托邦理论认为：在进化过程中，"理性"将找到自身的道路，美好的社会将会出现。但是，在这些乌托邦中，关于人类幸福的典型见解都带有如此多的机械论色彩，以至于对诸如贝拉米的现代解读——它附带着一个征集劳动大军计划（"一个伦敦佬的可怕梦想"，威廉·莫里斯称为《回顾》）——只会让人感到厌恶。

在 19 世纪末和 20 世纪初出现的"科学社会主义"运动，嘲笑了这些乌托邦的非现实性。只有无产阶级的政党组织才能迎来一个更加美好的世界。但是，对这个世界的这种表面相关性本身是一个假象。社会主义的两难仍然是如何去面对以下问题：一方面，它"既存在于这个世界中又属于这个世界"，另一方面，在实践中，早期社会主义运动"拒绝了"这个世界；它只是等待一个新的世界。尽管美国的社会主义政党努力通过提出"即时的要求"并且敦促必要的社会改革来发挥政治作用，但是对于从日常运行着的社会中产生的现实政治问题，几乎没有表示过任何态度。在

---

① 参阅萨缪尔·坎贝尔《劳工七十年》第 2 卷，第 105 页。——原注

1900年，欧仁·V. 德布斯（Eugene V. Debs）①曾经诘问道："对工人的工资而言，'帝国主义'、'扩张'、'银币自由铸造'、'金本位'，等等，除了是一些毫无意义的托词以外，还能是什么呢？以麦金利先生为代表的大资本家和以布赖恩先生为代表的小资本家都对这些'问题'感兴趣，但是，他们不关心工人阶级。"

德布斯说：这些"问题"是离题的，因为工人处于社会的边缘。因此，德布斯和整个社会主义运动与资本主义政党没有任何交流。甚至在地方内政事务上，社会主义政党也没有作出任何让步。由于对未来充满着充分的自信，所以，这个社会主义运动能够"保持"这种纯洁性。"社会主义纲领不是为了被接受或被拒绝而强加于社会的一个理论。它只是对于迟早不可避免的事情的阐释。资本主义已经在为了不让自身毁灭而进行着挣扎。"1904年的社会主义国家纲领就是这样主张的，这是社会主义政党提出的第一个纲领。

而且，社会主义政党和其领导人欧仁·德布斯都在等待着。如果说有一个人可以是内在于社会主义运动历史中的诸多异想天开的矛盾——其深层的情绪化见解、其不切实际而利令智昏的政治行为、其愤世嫉俗而气急败坏的怒火——的化身，那么他就是欧仁·德布斯。德布斯具有神学家所谓的领袖人物才具有的超凡魅力，超凡入圣的内在气度，或者像一位精明的南方人所指出的那样，具有"煽情的威力"。多斯·帕索斯（Dos Passos）写道："德布斯个儿高挑，长着两条修长的螺旋腿，说起话来富于煽动性，他的话语鼓舞起了住在木屋里的铁路工人们的激情……使他们希望得到他所希望的那个世界，诸位兄弟将拥有的那个世界是一个人人有份的世界。"

然而，尽管德布斯充分地实现了先知的救世主角色，但是他缺乏政客的精明和务实，缺乏把握道德最高原则并使之具体化为带有最低限度的必要妥协的特殊事务的能力。他也缺乏如下自觉：一个社会主义领导者必须同时扮演上述两个角色，并且他还缺乏对在这种紧急情况下产生的双重危险——先知的腐败和政客的无能——的自觉。但是，德布斯甚至从来没有能力完完全全地去履行先知的角色。一种肤浅的教条主义使他对死板的道德原则抱有幻想。一位赞同他的传记作家写道："在他无法理解预期的改

---

① 欧仁·德布斯（1855—1926）：美国工会领袖，社会主义者。——译注

良和社会主义之间的直接联系的情况下,他拒绝把时间浪费在改良上。因此,争论就变得毫无意义;他是不会为它所动的。"①

这种教条主义不是源自——像列宁所具有的——坚强的革命意志,而是源自想要成为正统劳动者观念中的"左派"的近乎本能的渴望。这个由来已久的异端倾向不是来自——像海伍德(Haywood)② 那样的——劫富济贫的反叛精神。它源于19世纪一种感伤的浪漫主义。德布斯曾把自己比作欧仁·苏(Eugene Sue)和维克多·雨果(Victor Hugo)。欧仁·苏和雨果对社会下层的关心,卢梭的素朴乐观主义都深深地打动了他。不过,就其个人生活、举止和习性(除了后来私下沉迷于酒以外)来说,德布斯是一个正派人士,他几乎就是一个资产阶级者;他的夫人凯特(Kate)则更是如此。尽管德布斯的文学趣味平淡无奇:他喜欢的诗人是埃尔伯特·哈伯特(Elbert Hubbard),但是在其政治活动中,德布斯把自己装扮成一个浪漫主义者——这既是他的弱点,也是他的优势。这使他成了一个能言善辩且情感细腻的人,使他触及大众对超越自身之外最隐秘目标的渴望。不过,这也使他成为一个不切实际的人,使他逃避了对日常政治决策的责任。他对官僚制度和政党寡头统治充满着刻骨仇恨;他对像他自己那样既过着颠沛流离的生活又从事着离经叛道的事业的人充满了温馨和热情。但这确实是一条最容易走的道路。

尽管如此,孤身只影的德布斯,不辞劳苦地为民请命,到处奔波,感动了所有见过他的人。总而言之,这或许是因为他是一位真正新教徒的缘故。德布斯站立在漫长的宗教改良之路的终点。他有一种近乎神秘的——有时是无所不知的——关于其内在自我命令的信念。像古老的再洗礼派教徒一样,所有的问题都由个体的良心来解除。他从所有信徒的不同教职中脱颖而出,成为担负人性包袱的唯一个体。这种孤独感——和崇高感——触动了同样受到恐怖的孤立感折磨的其他人。由于他是独立无援的,他强调个体及其权利,并且这种"自律"态度在最大程度上对人的尊严作了独一无二的辩护。但是,由于这种极端离经叛道的精神,由于无视理性和传统规范的浪漫主义,它避开了生活在这个世界中的一个更加难办的问题,避开了——像一个人在政治中必须做的那样——对社会公德和政治公正的

---

① 莱伊·然热:《变形的十字架》(新不伦瑞克,新泽西,1949年)。——原注
② 海伍德(1869—1928):美国工会领袖。——译注

相对标准而不是抽象的绝对原则的追求。在产生行动标准的过程中，它只能是一端——而且是必然的一端。但是，由于这位孤立的新教徒拒绝加入"罪人"（sinners）社会之中，所以，这个孤立的先知规避了政治生活的责任。马克斯·舍勒（Max Scheler）曾经说过，先知就像一个路标，矗立在山路旁，他指明了前进的道路却无法走开，一旦他走开了，这里就不再有路标了。人们可能会进一步说，政治家则随身带着路标进入了山谷之中。

对社会主义的观望

不像通往拯救的来世运动，那些运动可以始终推迟复活的日期，生活在当前现实中的社会主义政党不得不去兑现各种结果。它是一种基于"历史"信仰的运动；但是，它发现自己是外在于"时间"的。第一次世界大战最终揭露了它的虚伪性。因为，该党第一次不得不去面对有关现时代的实际问题。并且，该党内几乎所有的知识分子领导层都对那个问题置之不理。结果，人们便放弃了对美国社会主义的支持。

20世纪30年代的社会主义运动，诺曼·托马斯（Norman Thomas）的社会主义，无力确立对不可避免的历史过程的早期信仰。它被迫去表明对当时特殊问题的立场。但是，它也彻底地拒绝了那个形成这些问题的社会前提。事实上，这个社会主义政党承认它生活"在"这个世界上的事实，但是，它拒绝为成为"在"这个世界"中"的一部分承担责任。

然而，此种观望态度对于一场"政治"运动而言是不可能的。它似乎热衷于斗争，而不考虑斗争的武器、地点和准备工作的程度等问题。从政治上讲，其结果是灾难性的。每一个问题只能通过一种模棱两可的政治程式来进行。这种程式既不能让纯粹主义者满意，也不能让纠缠于日常选择问题的行为主义者满意。例如，当西班牙的勤王者要求组织军队时，社会主义政党只能用"工人支持"而非（资本主义）政府支持这样的软弱政策来响应；但是，对于西班牙人而言，组织军队不是理论上美好的东西，而是当下的需要。当青年工联主义者——社会主义者给他们播下了劳工运动的种子——为了保卫进步的合法利益而面临在政治上与罗斯福和新政相妥协的必然性时，社会主义者却提出了一个不与民主党合作的"工党"。正因为如此，这个社会主义政党几乎丧失了其整个工会基础。法西斯主义的威胁和第二次世界大战最终证实是社会主义淘金者不能安全逃过的劫难。

(288)

如果没有资本主义社会的支持，怎么能击败希特勒？一些社会主义者提出了"第三力量"（third force）的口号。无论怎样，社会主义政党认识到那种努力的无效；但在实质上，它选择了放弃。它声称：抵制法西斯主义的最好办法"是在国内推行民主"。但是，要想解决这个问题，除了军事之外，难道还有别的办法吗？反法西斯主义运动的主要问题是必须占领法西斯主义政权的政治中心，即希特勒的柏林，其他任何问题都是次要的。

通过另一种方式，现代社会主义之宗教的狂热的根源得到了自我揭示：在分歧的不断增加过程中，在小宗派集团的不断形成过程中，每个人都在热烈讨论着夺取政权的真正道路问题。社会主义是一个终极性运动。它坚信自己的使命，因为"历史"将引导它达到其目的。但是，尽管它坚信其最后的目标，却从来不存在检验这诸多直接手段的标准。结果是在社会主义生活中的一种持续异端的意识。每一个被采纳的立场时刻都面临着挑战，这些挑战来自那些感到它只会使这个运动背离其最终目标并且误入歧途的人。更进一步地，由于它是一种意识形态运动，囊括了人类政治活动的所有领域，社会主义政党始终面临着对每一个问题——从越南到芬兰，从禁令到不抵抗主义——都去表明其立场的挑战。而且，由于每两个社会主义者始终会有三种政治观点，结果，在其内部生活中，甚至是对单一年度而言，社会主义政党从来没有停止过对某些问题的争论，那些问题预示着有分裂党的危险，也迫使它花费大量时间来解决和好或破裂的问题。在20世纪30年代后期，作为一场政治运动的美国社会主义的缺乏责任心的主要线索之一就是来自于这个事实。① 不过，纵使在政治上它证实了美国社会主义是软弱无能的，但是它仍然是一股道德力量，而且在诺曼·托马斯那里，它有了一个新的路标。

如果说德布斯本质上是美国社会主义的感伤主义者，那么，诺曼·托马斯则是美国社会主义的道德形象。一位共产主义评论家曾经嘲笑诺曼·托马斯，因为他把其对美国贫困问题的研究专著取名为《人类的剥削》（*Human Exploitation*）而不是《资本家的剥削》（*Capitalist Exploitation*）。

---

① 这篇论文没有探讨的领域是迷恋于宗派现状心理类型问题。尽管有人会说，对待历史命运的幻想，与命运的假想性抗争，以及在消灭对手过程中产生的对权力的认同感，都产生了令人满足的崇高感。这种崇高感使得宗派主义者的持续生存值得期望。许多领袖人物的复杂心态，因流言飞语产生的强烈攻击性，强有力派系集团的形成，都证明了心理需求和满足的独特地位，它们在这些微妙的分子式世界中得到了实现。——原注

这位评论家的言下之意是：托马斯提出的不是分析的社会学的问题，而是道德的和情感的问题。从理智上讲，托马斯知道"这个制度"是应该受到责难的；但是，这种抽象的指责对他来说几乎毫无意义。他的兴趣始终在于他亲身经历的由个体所犯下的不公正事件；社会主义者或许会去分析客观原因，而他最快活的时候莫过于能够去解决一些直接的与己相关的问题；在反对发生在阿肯萨斯州巴德松县的沿海种植者暴行的声明中；在印第安纳州的泰勒哈特镇人公然反抗军事法的过程中；在对坦姆巴的三K党的揭露过程中；在对吉米·沃克（Jimmy Walkers）执政纽约时期的市政腐败的揭露过程中；在反对泽西市的立法者们颁布的反对自由言论的法令的过程中，在所有这些事件中，托马斯用雄辩的口才表示了一种艾利雅·洛夫乔伊（Elijah Lovejoy）式的愤怒或威廉·L.加里森（William Lloyd Garrison）式的愤怒。

诺曼·M.托马斯具有这些冲动是顺理成章的。宗教，正统的长老会教义，是其童年家庭生活的中心。像其威尔士出生的祖父一样，其父亲是一位长老会教长。他在一种严格的安息日制法规中长大，但是，其祖先加尔文派的这种严苛性由于其父母的仁爱而得到了缓解。"尽管我的父亲在理论上相信人将永世不能得救，"托马斯写道："但是他从来没有诅咒过人会被罚入地狱。"①

托马斯在1884年出生于俄亥俄州的梅朗镇。因长得过快，他是个多病的小男孩，后来逐渐长成一个既难以对付又瘦弱的顽皮少年，他不愿与同龄人待在一起，而喜欢与比他大的人来往，并且他从阅读中得到了最大满足。诺曼是六个小孩中的老大，全家人忙碌于各类家庭杂务和这个小镇上中产阶级生活的其他活动。母亲埃玛·马特妮更要强，而"父亲则满足于现状"。当托马斯回顾其在这个俄亥俄州小镇上的童年生活时，他叙述道："这是为注重精神分析的传记作家或小说家而特意准备的背景。这是一项对来自长老会的正统观念的反应和来自美国中西部清教主义反应的反叛的研究。其唯一的问题在于，这并非事实。"

在一位叔叔的资助下，托马斯实现了其童年梦想，进入普林斯顿大学

---

① 托马斯在其《如我所见》（纽约，1932年）中曾经提到过自己的一些情况。上面的引文，还有关于托马斯信念的一些描述，来自1944年托马斯为其家人撰写的一部未出版的回忆录，我看过这本回忆录。——原注

就读。1905年大学毕业之时，他是班级致告别词的毕业生代表。因此，他进入政府部门工作多少是一个注定的事实。但是，在上流社会信仰进步的年代里，接受陈旧的正统观念就显得落伍。因此，与那个时代关注社会的许多官员一样，现代主义者和沃尔特·拉申布什（Walter Rauschenbusch）的自由主义言论都有其吸引力。但是，正是在纽约西部地区坑坑洼洼的斯布林大街旁的贫民窟的污秽和贫困使托马斯积极地致力于社会改良。正是第一次世界大战和和解联谊会的影响——这个联谊会是一个宗教不抵抗运动组织——使得他成了一个社会主义者。"我以为，如果上帝的侍者只能以残暴的战争手段为他和正义事业服务，那么上帝肯定不是'神，不是我们的主耶稣基督的父亲'。"托马斯的立场使得他从政府部门退出来，进入到政治和新闻界。（他宁可冒着他的教会可能失去资助的危险也要放弃牧师职位。）托马斯长得高大而英俊，具有非凡的贵族气质，说起话来娓娓动听，能引起人们的强烈共鸣，博取了美国人的充分信任。因此他迅速地在一个缺乏公共形象的党内成为出色的领导者。在1924年，他被提名为纽约州党的负责人；四年后，因为两位经验丰富的党领导人，莫里斯·希尔奎特（Morris Hillquit）和维克多·伯杰（Victor Berger）都生长于欧洲，并且因为丹·霍恩（Dan Hoan）忙于出任米尔瓦奇市市长，托马斯被提名为党的主席。

(291) 作为一个党的领导人，托马斯有两个严重的弱点。第一，他极不信任自己的同代人，因此，追随于他左右的都是一些相当年轻的人，他们与他保持了一种只有钦佩而没有批评的关系。第二，他对被人操纵怀有深深的恐惧，因此，他把每一个政治批评都看做人身攻击。不像德布斯，托马斯坚决要做党的领导人。于是，经常发生如下情况——尤其是20世纪30年代后期——如果党的政策不是倾向于托马斯，而是倾向于其他方向，他就会以辞职相威胁。（否则，他怎么能够用纯粹良心来评说一个问题呢？）然而，托马斯的大多数决定不是根据他已经看到的政治后果作出的，而是根据他看到的道德后果所作出的。而且，由于经历和性情的原因，托马斯大多关注的是各种问题而非各种思想。在党内，他的主要成员千方百计地纯化"理论"，甚至纯化为冗长不堪的派性决议，但是托马斯对特殊问题的兴趣经常意味着改变同其他不同派系之间的联盟，并且摆脱了由这些宗派团体产生的一些没完没了的争论。这样，在20世纪30年代后期，托马斯与右翼一起关注着劳动党问题，并且在战争问题上转向了不抵抗主义和左派。在 20 世纪 30 年代早期和中期，也许是托马斯最不幸的时期，当时，作为一个公开声称的非马克思主义者，他卷入了 57 种宣称是革命正统主张的冲突之中。

作为一个以道德为行事原则的人，托马斯在这个没有道德的社会中已经成为一个真正有道德的人。但是，作为一个政治家，在权谋、对出路的取舍，以及少犯罪过等两难问题中，他陷入了一种无法摆脱的困境之中。作为一个老道的现代人，托马斯已经敏锐地意识到了他的这种模糊角色，并且感觉到他已经作出了政治选择。在 1947 年，他写道："人们被迫根据相关的社会后果来衡量自己的行为……其悲剧在于，没有任何一个选择能够成为实际上是好的选择……从实证的意义上讲，在纳粹的成功不仅可能奴役世界而且可能毁灭世界之前，［不抵抗主义者］在阻止纳粹主义问题上没有做过任何事情。如果一种信仰只包括对不朽的信念，那么它不可能比别的任何信仰更强大，也就是说，除了对上帝能力的宗教信仰之外，它便一无所有。这件事情还不足以充分地证实用战争方法来实现美好目标只能是自取灭亡。它还没有充足的理由说：'如果所有美国人都像甘地那样地行动'，那么我们就更坚信能够击败公开宣称的法西斯主义。也许这是可能的，但是，既然几乎没有一个美国人会这样子做，因此遗留下来的仍是较少的罪恶问题。"托马斯确实吸取了有关较少罪恶的教训，无论怎样，在放弃了做一个绝对不抵抗主义者之后，他逐渐地成为一个犹豫不决的不抵抗主义者。当佛朗哥暴乱发生时，托马斯放弃了他的宗教不抵抗主义，不过他作出了一个模棱两可的区分。通过那个区分，他支持个体的志愿和战斗的权利，但是不支持"通过征兵的战争来实施的美国官方干预"。在珀尔·哈勃（Pearl Harbor）之后，托马斯对美国政府采取了一个"批判性支持"的立场。在最初几年里，这种立场大多表现为忽视对外政策和公开反对国内阵线上的非正义活动。由于害怕另一次分裂，社会主义政党采用了一个足够灵活的和模棱两可的方案，以便允许不抵抗主义者、反对战争的社会主义者和赞成战争的社会主义者继续在党内统一。① 但是，这个方案几乎毫无益处。没有一个人对这种折中感到满意，而且由于各派被剥夺

---

① 一种情况来自德怀特·麦克唐纳的如下说法："在战争问题上的这种无能在我看来一直是在所有社会党小党派中确实缺乏政治严肃性的一个证明。"（"为什么我不愿意支持诺曼·托马斯"，载于《政治学》1944 年 10 月，第 279 页。）——原注

了分裂的动机,党员们便纷纷辞职。从这种观点来推论,社会主义政党已经完全衰落了。

异己的外在力量

对于20世纪的共产主义者而言,这些令人苦恼的伦理和政治问题是不存在的。在充满敌意的敌人领土上,共产主义者只能永远过着异化的生活。由于任何一种支持姿态、对社会改良的任何一个压力,都完全是策略性的,因此一系列波将金(Potemkin)村庄①,那个骗局的外表到时候肯定会被撕破。共产主义者的伦理是一种"终极目标"(ultimate ends)伦理;只有目的是重要的,至于采取什么手段则是次要的。② 因此,布尔什维克主义既不是处于这个世界之中的,也不是属于这个世界的,而是外在于这个世界的。它不会对在社会中采取任何行动而造成的结果承担任何责任,它也没有遭受由默许或拒绝的紧张状态所带来的痛苦。但是,与共产主义者不同,社会主义者缺乏那种狂热的意念,他们经常面临着由涉及社会日常问题并且分担对社会日常问题的责任而带来的痛苦。

正是对"绝对"的这种承诺赋予了布尔什维克主义以宗教的力量。正是这种承诺支撑起20世纪的一个伟大政治神话,即具有钢铁般意志的布尔什维克神话。无私、忠诚、机智、富于事业心的布尔什维克是现时代的主人翁。他是一个崇尚行动的人,一个为了未来而战斗的战士,他独自承继了英勇的传统,这个传统原来是西方文化中高贵的政治遗产,但是现在因资产阶级狭隘的、充满铜臭味的算计而失去了生命力。(商人能成为这种主人翁吗?)这是一个富有特色的神话,许多知识分子曾被它深深地吸引住。正是这个神话使得大多数被开除出共产主义的知识分子、"被剥夺了领导职位"的人对党感到了深恶痛绝和近乎病态的怨恨。因为通过这个关于绝对无私的神话,"布尔什维克"声称要成为一个"超人",一个毫不妥协的人,一个纯粹的人。但是为了要成为有道德的人,知识分子害怕进行比较,因此反对这种主张。这样,知识分子要么承受着某种罪恶感,要

---

① 波将金(1739—1791):俄国政治家,叶卡捷琳娜二世的宠臣。——译注
② 马克斯·韦伯写道:"相信终极目标伦理的人感到,对它唯一'可以作出回应的'是:纯意向的热情是不会熄灭的。"——原注

么承受着心理上的创伤。

除了作为具有钢铁般意志的主人翁的布尔什维克神话以外，20世纪的共产主义为现代政治理论和实践作出了其他几个富有特色的贡献。像诸多其他社会学说一样，这些贡献从来没有以一种充分自我意识的方式被系统地阐述过；然而多年来，它们曾经作为一种前后一致的哲学出现。对于这些贡献，大约有五个方面能够用图表的方式联系起来。这些贡献对于了解美国共产党的历史是至关重要的。

布尔什维克的重要创新之一是他们的政权理论。与19世纪自由主义的观点相反，那种观点把社会的决定看做通过妥协和同意使得不同利益达到和谐一致——这是社会民主党在第一次世界大战之后逐渐开始接受的一种理论，在当时它要求为政府承担责任——政权被规定为对于专政工具的垄断。权力几乎完全根据物理学来考虑，它从字面上几乎等同于如下公式："质量乘以引力等于力。"对于布尔什维克而言，核心于市场社会的自由主义理论的个体是一个无用的实体。只有组织起来的群众才是重要的，而且只有群众基础才能在社会中发挥社会杠杆作用。

但是，群众需要领导。马克思社会学中没有解决的一大难题是无产阶级怎样达到其角色意识的问题。仅仅依赖于对永久历史发展的期待将导致对错误抽象的谬误的依赖。"自发性"，对列宁而言，不是群众政治中的一个实在；工会也不是一个有效的工具。他的答案，他对革命理论的最大贡献，在于提出了党的先锋作用。

列宁反对夸大工会作用的"经济主义"。他认为，在工会基础上建立起来的纯粹社会组织只能导向工薪意识，而不能产生革命意识；他反对罗莎·卢森堡的自发性理论，他主张群众在本质上是落后的。只有起先锋作用的党，才能意识到社会力量不稳定的平衡状态，才能根据革命方向来评价发挥出来的作用，并且才能正确地采取当机立断的策略。这就是列宁在他的《怎么办？》一书中作了经典阐述的革命先锋主义。

在该书中，列宁写道：如果没有"一打"久经考验、才华卓著的领导者——才华卓著者并非随处可见，他们受过职业训练的，具有接受长期学校教育的经历，在工作中善于相互合作——那么，在现代社会中没有任何一个阶级能够进行一场有决定意义的斗争。列宁说："我确信，第一，如果没有一个稳定坚固的领导者组织来维持延续性，那么就没有任何一个运动是能够持久的；第二，群众越是广泛地被自发地拉入到斗争中来并形成

(294)

运动的基础，那么这样一个组织就越有必要，这个组织也就越是稳定（因为，蛊惑人心的政客非常容易把群众中比较落后的那部分人引向歧路）；第三，这个组织必须主要由把革命作为职业来从事的人组成。"①

如果这个党要想成为一个先锋队，那么就必须要有行动的纪律，由此就产生了党的下级服从上级和"中央集权制"原则，并且要由领导者制定出一条约束一切的路线。在1903年，列宁发表的这些学说分裂了俄国的社会主义，并且导致了布尔什维克派和孟什维克派的产生。最初托洛茨基（Leon Trotsky）反对列宁的思想，但是，后来他有条件地服从了。正像托洛茨基在其自传中所写道的那样："毫无疑问，在那个时候，我没有充分认识到一个革命党将需要一种什么样紧张的和迫切的中央集权制来领导千百万人民进行一场反对旧秩序的战争……革命的中央集权制是一个苛刻的、强制的、严格的原则。在与个别党员的关系中，在与整个党组织缔造者的同事关系中，它通常采取了一种绝对冷酷无情的姿态。词语'势不两立'和'严酷无情'并不是没有意义的，这些正是列宁特别喜爱的词汇。"②

从权力原则和党组织理论中产生了布尔什维克主义的其他两个关键信条。一个是阶级的两极分化。因为它只期待那场"最后的冲突"，布尔什维克主义把社会划分为两大阶级，即无产阶级和资产阶级。但是，无产阶级只有通过先锋队的党才能获得解放；所以，任何一个反党分子都是敌人。对列宁来说，绝对的伦理准则是"谁不支持我，谁就是在反对我"。因此，在20世纪30年代早期对"社会法西斯主义"理论的系统阐述也把社会民主主义而非希特勒当作主要敌人，而且它还在几种状况下导致共产主义者为了推翻德国共和国而与纳粹结成了联盟。

第二个信条，源于群众的落后性，是把所有的政策都阐述为强有力的口号的重要的心理学策略。各种口号把客观事件戏剧化，使问题简单化，并且消除了与民主政治行动相伴随的各种限制条件、各种状况的细微差异以及敏感性。在"论口号"一文中③，列宁做的这个最初笔记之一是论述现代大众心理学的。在革命期间，布尔什维克通过使用诸如"所有权力归

---

① V. I. 列宁：《怎么办？》（纽约，1929年），第116页。——原注
② 莱昂·托洛茨基：《我的生活》（纽约，1930年），第161—162页。——原注
③ V. I. 列宁："论口号"，载于《通往夺取政权的道路》，《列宁选集》（纽约，1932年），第21卷，第1册，第43—50页。——原注

于苏维埃"、"国家、和平和面包"等口号灵活地实施了这一策略,每个地方的所有共产党的基本政治策略主要通过使用关键口号来阐述政策。这些口号首先传达到党的领导层,形成文件,逐级传达,然后传达到群众。

这种先锋党及其与群众的关系的理论的后果是一个"二元真理"的体系,或者说,它把特殊的伦理标准赋予给了那些献身于革命目标的人,另一个真理则是针对群众的。从这种信条中产生了列宁的著名告诫:由于这个事业本身拥有较高的真理,因此一个人可以撒谎、偷窃和欺骗。

除了从1935年到1945年法西斯主义和战争的这10年以外,共产党在美国没有取得多少成就。在被误称为"红色10年"的时间里,尽管共产党从来没有成为一种全国性的政治力量,但是它在产业促进会中确实取得了重要影响(它曾经控制了拥有工人代表大会大约20%席位的工会,但是更重要的是,它几乎占据了美国产业促进会的所有重要职位,并且控制着纽约、伊利诺伊、加利福尼亚和其他重要州的大州和城市产业促进会委员会),并且在美国自由和文化部门得到了一个体面的地位。

共产主义宣传机构的最大胜利——第五个创新——是创立了人为而虚假的阵线组织。这些阵线组织打着各种旗号,并且通过各种宣言、公开信、请愿、声明、告示、公告、抗议以及在美国产生的此起彼伏的其他谬论来为共产主义事业服务。这种阵线技术的荒谬性在于:它鼓励一种只有通过"集体意见"才得以执行的群众精神;并且假如有一个批评者敢于对苏联的教条提出挑战,那么他注定要成为众矢之的而被群众的训斥声所湮没。正如欧仁·里昂指出的那样:"造谣者们真是这样说的吗:在像美国那样辽阔的范围里,克里姆林宫为了'惩罚'4000万苏联人而实施了一场可怕的饥荒?从贝佛里山到公园大道小棚屋的整条道路上的50名营养师和农艺师谴责资本家和托洛茨基主义者应该对这种诽谤负责,于是那个谣言便得到了澄清。"

(296)

这种阵线技术的腐败之处在于:尽管许多受骗者想象自己是这些伟大事业的领导者,但是他们仍然发现自己得屈从于宣传鸦片并且成为幕后共产党统治者的软弱工具。在其他情况下,上层阶级主妇们和目中无人的女演员们在共产主义"事业"中看到了取代其陋习的一次令人愉悦的反叛。感受到被终极出卖的是这样一些获得了参与感的阵线大众,他们伤心地发现,由于党的路线的变化,那种参与感是虚假的。他们发现自己是党所操纵的牺牲品。

但是，这些影响只是在共产党在当时与自由社会并驾齐驱的情况下才是可能的，那个自由社会的情绪被希特勒和弗朗哥激发起来。由于其出色的组织，共产党能够成为许多"事业"的领导者。不过，从严格的意义上讲，它的成功多半产生了恶劣的影响。在20世纪30年代，在人民阵线的日子里，共产党突然发现自己在许多领域（劳工运动、好莱坞、城市政治）得到了接受。在那些领域里，他们以前一直受到拒斥和轻视。但是人民阵线是一个策略。作为其寻求民族联盟政策的一部分，它一直受到莫斯科的指使。共产主义者没有放弃对于革命和政权的信念；自由主义者是一股有待于被治理的势力。无论如何，在1943年，在所谓的民族统一的德黑兰阶段，存在着一个新的阶段。布劳德采取了一个决定性的步骤，解散了作为一个政党的共产党，并且把它改组为一个政治联盟。但是，它涉及的远不只是战术。在人民阵线方面以前的成功给了这个党以新的前景。布劳德本人为得到了这个党的新承认和尊敬而感到满意。在社会主义党那里，它正在变成一个得到认可的"左派"，在美国生活中占据着"合法的"位置。这种修正主义究竟走得有多远，这是一个有争议的问题。因为在1945年，布劳德出乎意料地、残酷地被开除了出去。并且，与莫斯科的新的反对西方进攻阵线相呼应，该党进入了一个新的宗派主义阶段。1948年的华莱士军团是号召老的自由主义者支持新的极端路线的一次绝望的努力。但是这个努力的结果只是使共产主义者孤立于劳工运动和自由运动，并且导致了他们被排斥于那个运动之外。

总而言之，共产党主要寄希望于压力集团中无依无靠的知识分子以及上面描述过的为精英分子的呼吁所吸引的"未来工程师们"。出于权宜之计的考虑，尽管党的路线发生了变化，党的事业走向了衰弱，但是它仍然激起了许多美国人去反对不公正，并产生了一些炙手可热的人物。它为想要出人头地的一代人提供了一些无与伦比的政治经验，并且在组织操纵和死心塌地的意识形态忠诚方面——由于其传统和气氛，这个国家发现这些方面是难以理解的——它给了随和、宽容、不修边幅的美国人以教训。不过，尤其值得一提的是，通过它散布的不信任和焦虑的种子，共产主义反而促成了一个反应，一个民主的美国发现自身在以前的岁月里难得有立锥之地的歇斯底里和过激行动。

从16世纪倡导立即得救的狂热的千禧年主义者，到在迈阿密海滩上进行日光浴的20世纪美国劳工领导者，经历了一个漫长的近乎超现实主义的历史跳跃。但是，这些人物是把所有运动都联结起来的一条线上的相反相成的人物。那些运动寻求改变社会的科层社会秩序。

千禧年主义者和无政府主义者在危机中应运而生。在大写的历史的边缘，他们企求世界一下子就得到改变。布尔什维克把自身等同于大写的历史，并且充满信心地期待着历史的车轮将把他推向前进，去代替旧的历史。因此，对于这些人来说，社会妥协问题、伦理和政治张力问题都没有意义。但是对于其他人来说，尤其是对于社会主义者来说，这个两难是无法解决的。

只要一个人生活在世界中，他就不可能拒绝去分担社会决定的责任。(298)在此时此地，人们不是生活在极端状态之下的（不是生活在"整体"之中的，不是生活在索列尔的神话中的），而是生活在"部分"之中的，他们把其生活分割成工作、家庭、邻居、兄弟俱乐部等部分。正像阿克顿指出的那样，大写的历史没有发挥"瓶装香水"的作用。妥协"纵使不是政治的全部，也是政治的灵魂……进步是在折中中达成的"。但是对于生活在这个世界上又不属于这个世界的社会主义运动来说，这恰恰是一个不能接受的智慧。现在，学说犹在；而运动已经失败。

第十三章 三代人的心态

一 第一代、第二代、第三代

> 我们获得了对人类古老时代的一种始终有害的信仰：我们是迟到的幸存者，仅仅是模仿者。
>
> ——尼采（Nietzsche）

我不知道自己是否属于"青年一代"。我在大萧条时期产生了政治意识，并且在1932年加入了社会主义青年团，那时是早熟的13岁。15岁时，我已经在探讨"通往权力之路"的各种方案。在辛辛那提，在20世纪30年代后期，我已经经历了宗派纷争的风风雨雨。自从1938年大学毕业以后，我作为一个作家或教师已经工作了20年，这20年占去了我生命的一半——这是一个体面的阶段，然而，每当有人发表传记性文章时，几乎不可避免地把我称作"青年"美国社会学家或者"青年"美国作家。与我同年龄或稍长一点的其他同代人也是如此。随便举一些例子：现年39岁的哈维·斯旺特斯（Harvey Swados）[①] 虽然已经出版了三部小说，仍然被称作有前途的"青年"作家；理查德·霍夫斯达特（Richard Hofstadter）[②] 已经42岁，出版了四部一流的历史阐释专著，却被称为青年美国学者；詹姆斯·韦克斯勒（James Wechsler）[③] 已经40多岁，仍然被称为青

[①] 哈维·斯旺特斯（1920—1972）：美国社会批评家、小说家。——译注

[②] 理查德·霍夫斯达特（1916—1970）：美国历史学家、哥伦比亚大学历史教授、共识学派代表，著有《美国思想中的社会达尔文主义》、《美国政治思想传统》、《改革年代》、《美国生活的反智主义》和《美国政治的矛盾风格》等。——译注

[③] 詹姆斯·韦克斯勒（1915—1983）：美国记者、自由主义代表人物。——译注

年编辑；索尔·贝娄（Saul Bellow），40多岁，被称为青年小说家；43岁的莱斯利·菲德勒（Leslie Fiedler）[①]被称为青年美国评论家；44岁的阿尔弗雷德·卡真（Alfred Kazin）被称为青年美国评论家，等等。

在第二代人以前，一个40岁上下的人已经不能被人看做青年了。当美利坚合众国创立之时，国父们大多只有30多岁；俄国革命的领导者也同样如此。但是，我们现在生活在一个稍年长者的世界里，我们处在"阴影线"的延长部分上，却被划入了较年轻的一代之中。

但是，除了文化思想状况的一般变化之外，"30年代"上大学的那一代人为什么至今仍然处境艰难，存在着一个特殊的原因。这是因为，当主导"30年代"的这一代人自己站稳脚跟的时候，并且一直到最近，当他们已经在文化界中拥有主要统治势力的时候，都是年轻的。例如，《党派评论》已经创办了23年，然而，它的编辑，威廉·菲利浦斯（William Phillips）[②]和菲利普·拉夫（Philip Rahv）[③]，并不是"老年"人（现年50岁上下）。我们的思想前辈——莱昂内尔·特里林、悉尼·胡克（Sidney Hook）[④]、埃德蒙·威尔逊（Edmurd Wilson）[⑤]、莱因霍尔德·尼布尔（Reinhold Niebuhr）[⑥]、约翰·多斯·帕索斯（John Dos Passos）[⑦]、牛顿·阿维尼（Newton Arvin）[⑧]、F. W. 杜宾（F. W. Dupee）[⑨]、詹姆士·T. 法莱尔（James T. Farreu）[⑩]、理查德·赖特（Richard Wright）[⑪]、

(300)

[①] 莱斯利·菲德勒（1917—2003）：美国评论家。——译注
[②] 威廉·菲利浦斯（1908—2002）：美国记者、评论家，《党派评论》创始人。——译注
[③] 菲利普·拉夫（1908—1973）：美国文学评论家、随笔作家，与威廉·菲利浦斯一起创办《党派评论》。——译注
[④] 悉尼·胡克（1902—1989）：美国实用主义哲学家，曾经一度信奉马克思主义。——译注
[⑤] 埃德蒙·威尔逊（1895—1972）：美国评论家，曾任美国《名利场》和《新共和》杂志编辑、《纽约客》评论主笔。——译注
[⑥] 莱因霍尔德·尼布尔（1892—1971）：美国神学家，著有《信仰和历史》、《自我与历史的戏剧》、《国家与帝国结构》、《基督教义与强权政治》、《基督教现实主义与政治问题》、《虔敬与世俗的美国》、《信仰与政治》、《爱与正义》、《光明之子与黑暗之子》等。——译注
[⑦] 约翰·多斯·帕索斯（1896—1970）：美国小说家。——译注
[⑧] 牛顿·阿维尼（1900—1963）：美国评论家、学者。——译注
[⑨] F. W. 杜宾（1904—1979）：美国评论家。——译注
[⑩] 詹姆士·T. 法莱尔（1904—1979）：美国小说家。——译注
[⑪] 理查德·赖特（1908—1960）：美国黑人作家。——译注

马克斯·莱尔纳（Max Lerner）[1]、艾略特·科恩（Elliott Cohen）——在20世纪20年代末和30年代初，分别确立了作为新生代的标志。根据他们宣称的激进政治观，他们已经取代了他们的上一代人，那么，为什么没有一个人来造他们的反呢？这是因为，他们领导着对自身的"反叛"运动。他们前仆后继，上下求索，经历了长期奋战。他们既崇拜偶像又反对崇拜偶像，他们紧张、勤勉、质朴、单纯而热忱；但是，在莫斯科审判以及苏联和纳粹签订互不侵犯条约之后，他们陷入了绝望之中，并且进行了反省；我们从他们及其经历中继承了主导当今话语的一些关键术语：反讽性、悖谬性、模糊性和复杂性。

令人难以理解的是，尽管他们——以及我们——比20世纪的第一代政治学家们更可悲，或许也更聪明，但是，我们却没有比他们更出色或更伟大。在今天，或者在最近20年来，几乎没有几个人物或几本书可以与杜威、比尔德（Beard）[2]、霍姆斯（Holmes）[3]、凡勃伦和布兰代斯（Brandeis）[4]的光辉形象和著作相媲美。但是，如果我们现在来读解这些人的思想和著作，我们肯定会对其本质上的乐观主义感到震惊（甚至凡勃伦也是如此，请阅读他的《工程师和价格体系》及其专家治国的未来观）。这种乐观主义是基于对理性和人类共同感的无限信任之上的。我们自己，作为"第二代"，在悲观主义、邪恶、悲剧和绝望中看到了智慧。因此，"面对我们的时代"，我们既是年老的，也是年轻的。

正如其发言人诺曼·波德奥列兹（Norman Podhoretz）[5]指出的那样，有关最近的后学院一代的值得注意的一个事实是其对政治复杂性和存在复杂性之慎重的、实在的和"老道的"接受；而且，正像他断定的那样，那是一种潜在的不稳定性，一种孤注一掷的上当受骗感，一种对激情的渴

---

[1] 马克斯·莱尔纳（1902—1992）：美国记者、保守主义专栏作家。——译注
[2] 查尔斯·奥斯汀·比尔德（1898—1948）：美国历史学家、哥伦比亚大学政治学教授，著有《最高法院和宪法》、《美国宪法的经济解释》、《美国现代史》、《杰斐逊民主的经济根源》、《美国人民史》、《政治的经济基础》、《美国文明的兴起》、《国家利益的概念》、《国内的门户开放》、《谈谈人间事务》、《在中途的美洲》、《美国精神》、《美国历史基础》、《共和国》和《1932—1940美国对外政策》等。——译注
[3] 小奥利弗·温德尔·霍姆斯（1841—1935）：美国法学家。——译注
[4] 路易斯·布兰代斯（1856—1941）：美国联邦最高法院法官，被称为"人民法官"。——译注
[5] 诺曼·波德奥列兹（1930— ）：美国新保守主义专栏作家。——译注

望。存在着对实际上从未被虚度的年华的追求。(但是，我猜想，同对唯美主义[感官主义]、同性恋等的强有力强调相呼应，存在着比波德奥列兹先生承认的那种颓废派艺术家更伟大的超验探索。)此外，在更严肃的思想者中间，存在着对"信仰事业"的追求，尽管渴望"事业"本身的这种自觉意识是自欺欺人的。

然而，每一代人都有每一代人的经验，即使是反面的经验。以前，人们曾经把英国19世纪90年代"黄皮书唯美主义"，或者20世纪头10年俄国知识界的神秘主义和放荡淫逸(参阅阿尔彻贝谢夫的《萨尼尼》)看做一些明智时期。在现在的英国，在金斯莱·埃米斯的《幸运的吉姆》或者约翰·奥斯本的《愤怒的回忆》中，我们看到了一些华而不实的东西，那是克利斯朵夫·赛克斯所谓的"红墙主义、地方主义，以及所有诸如此类的无端抱怨"——它意味着对牛津和剑桥近亲文化繁殖的抗议。至于在美国将会发生什么是难以预料的，因为就关于反叛的所有表现而言，无论它是禅宗、抽象的表现主义、荣格主义，还是爵士音乐，都迅速地成为流行时尚，并且迅速地归于平庸无聊。① 在基督审判的改信中(即改造人生的真正经验中)，一个人务必在迷失之后才能被拯救。现在，各种经验已经从道德层面转向了心理层面，并且为了成为"欣喜若狂的"(从字面上讲，就是成为"超然的"，或超越其自我的)，一个人必须彻底地获得"解脱"。但是，关于自我的意识已变得如此与生俱来，以至于"解脱"的冲动也带有自我意识；并因此几乎存在着一种无限的退化。

但是，像波德奥列兹先生所说的那样，这一代人的问题是，他们与其说在于"害怕经验"，不如说在于无力界定谁是他们的"敌人"。只有在某人知道要反对的是谁，是与谁作斗争的时候，他才会有目标，有激情。20世纪20年代的作家——达达主义者，门肯主义者(Menckenian)② 以及虚无主义者——嘲笑资产阶级的道德原则。20世纪30年代的激进主义者要与"资本主义"作斗争；后来，则是同法西斯主义作斗争，而有的激进主

---

① 这写于"垮掉的一代"(Beatnik)时尚展现之前，它探讨了波德奥列兹先生的如下抱怨：他所在的那一代人发现很难采纳一种激进的政治立场。应该指出的是，杰克·克拉奥克，"垮掉者"(Beat)的"发言人"，已经37岁——是一个难以理解的角色的翻转，因为，像戏里不肯长大的彼特·潘(Peter Pan)一样，这些垮掉者千方百计地拒绝成长。当然，这是一个非政治运动。参见由诺曼·波德奥列兹写的论文："一无所知的艺术家们"，载于《党派评论》，春季，1958年。——原注

② 门肯(1880—1956)：美国记者、作家及评论家。——译注

义者则同斯大林主义斗争。在今天，从理智和情感上，谁是人们能够与之斗争的敌人呢？

一个矛盾的情况是，这代人想要过一种"英雄般的"生活，但是他们发现自己的真实形象却是"堂吉诃德式的"。对塞万提斯（Cervantes）[①]的堂吉诃德来说，这是一个时代的终结。对于较年轻的一代来说，正像对所有知识分子一样，也存在着这样一个绝望的境况。这是已经看到意识形态的终结的时代的一部分。

意识形态者——共产主义者、存在主义者、宗教家——想要过一种极端的生活，他们批评普通人无法过崇高的生活。只有当真正存在着下一个时刻，一个"转变时刻"——在那个时刻里拯救、革命或者真正的热情可以被实现——的情况下，一个人才会作出努力。但是，这些千禧年时刻只是一些幻想。而且，留下来的只是非英雄的、日复一日的普通生活。

马克斯·韦伯，40多年以前在一篇题为"作为一种职业的政治"的辛辣论文中，提出了人们对"责任伦理"或者"终极目标伦理"的接受问题。对于后者——"真正的信仰者"——来说，为了实现其信仰，所有牺牲，所有手段，都是可行的。但是，对于那些负责任的人来说，对于那些摒弃了傲慢原罪的人来说，对于那些断定他们知道应该如何来安排他们的生活的人来说，或者对于那些知道应该怎么样来阅读新社会行动计划的人来说，一个人的角色只能是拒绝所有绝对的东西而接受实用主义的妥协。像埃德蒙·威尔逊曾经描述西奥多·罗斯福的态度那样，凡是在存在分享一致性的社会里，政治逐渐成为一种"使自己适应于各种人和事的东西，成为一个人可以在其中得分，但只能通过接受规则和认清自己的对手来得分的游戏，而不是人的纯正标准必须把敌方给予消灭的道德征讨"。

在这个意义上，30年代的一代人，他们的代表人物是莱昂内尔·特里林和莱因霍尔德·尼布尔，根据美国文化，曾经是浪荡的纨绔子弟的这一代人，已经浪子回头，重新回到了家里。但是，一个人不可能两次踏上同一条路。并且，知道他必须成为"道德的"和"负责任的"一代人也就是注定要待在家中的一代人。

[①] 塞万提斯（1547—1616）：西班牙作家，著有《堂吉诃德》等。——译注

二 30年代天真的丧失

对一个小集团而言，30年代具有特殊的意义。这些人经历了激进运动，并且深深地带上了那个时代的烙印。这个集团人数不多，在400万大学生和高中生中，只有不到20000人，或0.5%的大中学生，参加了激进活动。但是，像一滴染料能污染整块布料一样，这个数字给这10年染上了花色。

激进主义者是一个浪子。对他而言，世界是一个他命中注定要去探索的陌生之所。他可能最终会返回到其先祖的家。但是，这种回归是偶然的，不是像留下来的那些人一样，逆来顺受地顺从于先祖安排的一切。一个有弹性的社会，就像聪明的父母一样，理解这种仪式，并且，在对传统的挑战中获得成长。

但是，在30年代，思想分歧是太深刻了。看起来似乎无家可归。人们只能继续前行。每个人似乎都在前进，前进，再前进。《前进，前进》（Marching, Marching）是一部获奖的无产阶级小说的标题。这里有游行、警察的围攻、抗议、农场节假日，甚至有旧金山的一次总罢工。这里也有新人，有共产主义者。他不仅是一个始终异化的、始终试探性的、向其目标开放的激进分子，而且是一个反社会的地下战士。

在短短几年时间里，这种激动便烟消云散了。劳工运动变得迟钝而官僚。热衷于政治的知识分子被吸收到了新政之中。那些虚情假意的无产阶级小说家们摇身一变为好莱坞的雇佣文人。然而，恰恰只有通过理解这些回头浪子和共产主义的命运，人们才能理解天真的丧失。这种丧失是美国30年代与众不同的经验。

默里·肯普顿（Murray Kempton）[①] 在《我们时代的基本要素》一书中对做着梦的，并且——正因为"实实在在地"做着那个梦——试图把那个梦转变成为行动的一小撮人进行了考察。但是，在行动中，一个人需向其性格挑战。在有些人身上，钢铁也会变得脆弱，在有些人身上，它又会变得坚强起来；一些人抛弃了这种钢铁意志，而另有一些人则被那种意志

[①] 默里·肯普顿（1917—1997）：美国记者，1985年获普利策奖，1974年获美国国家图书奖。——译注

所摧毁。最后，几乎所有的人都丧失了梦想，世界成了唯一可疑的世界。

故事很自然地得从阿尔杰·希斯和惠特克·钱伯斯讲起。肯普顿重叙了这个熟悉的故事，不过有些细节上的出入。使得如此陌生的双方走到一起的是他们与巴尔的摩的共同联系。巴尔的摩是一个陈腐的城市，是肯普顿的家乡，他非常了解这个城市的这种陈腐气息。希斯出生于一个破落的上流巴尔的摩家庭，她收拾起自己家庭的那种时过境迁的优雅举止，低声下气地去迎合钱伯斯，去迎合这位来自社会底层而又饱受苦难的人。钱伯斯后来感恩戴德地跨入了那陈腐的阶层。在对对方的冥冥渴望之中，双方都发现，他们以前一直束缚于他们所抗拒的那种生活之中，两人都陷入了难以自拔的水深火热之中。

故事进一步扩展，还写到一些痴迷于革命集体神话的作家、"反叛的女孩"、富有战斗精神的劳工领袖、青年运动以及其他追赶历史潮流的人物。这不是一部关于左派的正史，而是一系列东拼西凑的关于左派的奇谈。它的独特性和巨大感染力在于它哀婉的调子，那种对青春期苦闷的描写。

詹姆斯·默里·梅森·阿贝尔·肯普顿是一个古老的南部家族的后代。在他的全名中承载着众多的血缘关系。他在20世纪30年代就已经是一位学院共产主义者，当过海员，后来成为社会主义者，他避开纽约知识界那种自说自话的做法，不久在新几内亚战斗团中组建了一个团体。像所有乌托邦运动一样，这个教派的生命力只是留在了人们的记忆中，它已不具有持久的现实性。后来，肯普顿回到了纽约。6年以后，作为《纽约邮报》一个拥有广泛读者的专栏作家，他已经是又一位名叫布朗的反偶像崇拜者了。

在那本书中，不存在一个反面人物——不存在令人深恶痛绝的十恶不赦的坏蛋——而只存在生活在谎言中并逐渐为谎言所毁灭的一些苦难者。约翰·哈瓦德·劳森的神经质的《列队行动》在美国戏剧中提出了一种新风格。但是，作为一名好莱坞成员，他通过把"进步的对白"引入平庸的电影来嘲讽革命；李·普勒斯曼，这位老成而杰出的劳工律师，挑选了亨利·华莱士和美国进步党而不是菲尔·墨里和美国产业促进会，并且当他发现这是一个错误选择的时候，已经为时太晚。对于安·摩斯·雷明顿这位"反抗的女孩"的原型来说，如果威廉·雷明顿加入了共青团组织，那么她只有与热情的威廉·雷明顿结婚。但是后来，作为其前妻，在一次伪证案审判中，安·摩斯·雷明顿的证词对他不利。

书中也有英雄人物，肯普顿不像那些幻想破灭的人，他的书中还有一些英雄人物，这些人骨子里是激进分子，虽然受到后来那些把革命等同于思想顽固的"现实主义者"的资助，但是仍然善良、充满着理想。这些人物是：詹姆斯·T.法莱尔，一名粗制滥造的小说家，或许，其对真理的深刻领悟促使他大张旗鼓地去反对共产主义的作家阵线；加德纳·（帕特）·杰克逊，他组织了萨科—万泽提①防御阵线，同共产主义的反道德论者发生了冲突；玛丽·希顿·沃斯，她不是把劳动者写成一个抽象集合体，而是写成单一个体；埃德蒙·威尔逊，他的批评之舟使他一直航行在一条纯洁的诚实航道上。

还有许多其他人：不可思议的J.B.马修斯，一个政治上的戴维森神父式人物，他曾与赤化的萨迪·汤普森同居，在披露他们那段往事的过程中，他表示了对那段艳遇的忏悔；约翰·多斯·帕索斯，他发现，对于其无政府主义的冲动而言，共产主义的操纵太令人恐怖了，于是他转变成了共和党员；乔·柯伦，在从基层法官到劳工领袖的成长过程中，他逐渐陷入了责任的两难之中，并且被迫清除其原来的反叛追随者；鲁瑟小伙子们，他们不为豪放不羁的艺术家们的外表所动，他们企图在美国认真地确立社会纪律感。还有许多其他人——中产阶级的瓦萨学院姑娘们、那个死在西班牙的男孩、那些断然拒绝共产主义且获得新尊严的黑人。像马尔科姆·科莱的《流放者的回归》或者文森特·希恩的《亲历》那样，肯普顿的这本书讲述的是一代人的故事，而且，纵使它有时缺乏对20世纪20年代这些事件的亲历，它仍然具有一股由追求田园牧歌式的理想而激发起来的所向披靡的力量。

这一代人终于失败了。这不是因为理想主义推动力日益衰竭的缘故，而也许是因为这是任何激进一代都无法避免的轨迹。这不是因为这些事件印证了预言，而是因为出现了一个更加健全的美国。但是，因为这一代人确实暂时成了最近的激进一代——之所以是最近的，是因为它是尝试权力且逐渐变成腐败的第一代人。（然而，不仅那个权力是腐败的，并且是因

---

① 1920年4月15日，马萨诸塞州一家鞋厂的出纳及警卫被两名男子抢劫谋杀，三个星期后，两位意大利移民萨科和万泽提被指控杀人，长达七周的审判后，即使罪证不足仍被宣判谋杀罪以及死刑。1927年4月9日，在向麻省所有的法院申诉失败之后，萨科和万泽提最终被判处死刑。1927年8月23日被处以电刑。这个案件后来被搬上了银幕。——译注

为正像亚历克斯·康福特［Alex Comfort］[①]曾经说过的那样腐败的人追逐着权力之故。)但是,腐败的根源在于"拥有权力者"的傲慢。权力竭力追寻着不公正的目的,但是,在教条主义日益巩固,道德感表现为玩世不恭的单一前景中,结果,当现实证实了这个前景的虚假性之时,剩下来的一切便是难题或绝望。

三 40年代的《政治学》

1937年,德怀特·麦克唐纳给《新共和》写了一封长达五页的信,抗议马尔科姆·科莱针对莫斯科审判官方正式文本而展开的谨慎评论,从而开启了一场政治论战;经过相当慎重的讨论之后,《新共和》刊印了此信的三分之一。在更早些时候,在"让资产阶级发抖吧"这个革命口号的鼓舞下,麦克唐纳在菲利浦斯·艾克斯特学院成立了一个专门的俱乐部。在耶鲁,他度过了一段平凡的非革命的日子。随后,在大萧条初期,他在马西工作了很短一段时间,担任执行培训小组的成员(由于这个缘故,我猜想,他现在养成了在参加体育运动时爱穿过分花哨的红黑相间的条纹衬衫的习惯),结果,就像雅可布支持拉邦那样,他在《财富》杂志做了7年的编辑。在两年时间里,麦克唐纳成为一个托洛茨基分子,在1940年,他离开了有组织的政治活动。在当时,一些谢希曼分子发表了一篇3万字的文章中约4000字的一个片段,他们把纳粹社会描写为一种新式社会,一种官僚集体主义的社会。麦克唐纳给政治委员会写了一封8000字的信,提出了一个"最小的请求",即如果想要继续合作下去,就请发表其文章中的另4000字的片段。当委员会集体地、官僚主义地拒绝了这种请求之后,他就辞职而去。在反省这个偶然事件的时候,他宣称该党没有严肃地"从事政治,而只是在从事着元政治"。(说得严重一点,它似乎一直在从事着微观政治。)现在,麦克唐纳专注于编辑《党派评论》,但是,1943年,当他的不抵抗主义逐渐导致与其同事意见分歧时,他又辞职不干了。1944年,麦克唐纳创立了《政治学》月刊,后来改为季刊,这是在个人新闻出版方面取得的一个突出成就。1949年,麦克唐纳对这些努力都感到了厌烦,于是他放弃了《政治学》杂志和政治,转向了更具时尚特性的《纽

[①] 亚历克斯·康福特(1920—2000):英国医生、诗人、小说家、无政府主义者。——译注

约客》杂志。

然而，这种经历在《一个革命者的回忆录》的引论中得到了说明。标以"政治评论"副标题的这些"回忆录"，除了那个引论以外，都不是自传性的或反思性的。它们总共有50篇文章，由摘要、编者按和评论所构成，主要来自《政治学》杂志，一些较短小的往往无足轻重的思想片段是作者的纲要。这本书不包括麦克唐纳讨论大众文化的最著名论文，不包括其雄心勃勃之作，即论文《根即人》，也不包括（除了后来的圣方济各会修道士、多萝西·戴传略之外）任何来自《纽约客》杂志的长篇论文，例如，对莫蒂默·阿德勤《合成论》的诋毁，"自己动手"的风气，等等。

然而，这些文章既展示了在最佳状态下的麦克唐纳：富有生气的、充满智慧的和多才多艺的，也展现了在最糟糕状态下的麦克唐纳：冷嘲热讽的、目中无人的和令人不快的。麦克唐纳可以被称作"一个反复无常的教条主义者"。在特殊情况下，他对自己的地位太过自信了，并且对其对手也太不留情面了。（当他做文字审阅工作时，他是这方面的老手，他诅咒那些使用愚蠢隐喻或运用陈旧文体的作者。）最终，像海森堡的粒子一样，他消失在新的、不确定的移动的下一次历史时刻中，而且通常是作为过去时代的一个教条主义的新姿态消失的。

人们之所以对这些反复无常不感到厌烦（除了麦克唐纳自身健全的幽默外表以及他乐于嘲讽自己的错误以外），是因为有这样几个原因。麦克唐纳是一个具有知识分子气质的记者，但他不是一个社会科学家或哲学家。知识分子以自我为出发点，并把世界与自己的感性联系起来；科学家接受了知识的现存领域，并且试图开辟未被涉足的领域。记者的冲动在于猎奇，在于把其好奇心与时代的紧迫性联系起来；哲学家千方百计地构想出他认为是真实东西，而不管时代需不需要那种真实。这样，不断变化的经验本质始终诱惑着知识分子。这就是麦克唐纳何以在性情上不是对理念而是对道德姿态真正感兴趣的原因，并且，他的兴趣在于对偶然真实事件的持续追求。(307)

这些冲动，加上对其职业的可贵忠诚，确实使他在美国思想史上占有一个独特的地位。因为，当我们更加密切地观察20世纪40年代的时候，由于我们的好奇心现在已转向了更早的那些年代，我们可以看到，《政治学》是唯一一份注意到了并且持之以恒地呼吁人们注意那些发生在道德趣味上的各种变化的杂志，而我们直到现在仍然没有完全认识到那些变化的深度。

《政治学》杂志的一个独特主题是反人格化事件：通过杀戮的非人格化来摧毁个体；恐怖和极端状态的作用；事情发生在人身上的方式以及人变成"物"的方式；社会向机械的转变。通过存在主义、蒂利希神学以及关于大众社会的通俗社会学，反人格化主题现在已经变得抽象和对象化了，几乎成了一个文献商品。但是，这个主题显而易见地存在于《政治学》的具体细节中，并且它阐明了个体丧失人性的多种途径。

可惜的是，这本书中最优秀的论文只占总数的五分之一，是在战争期间写成的。当时，麦克唐纳异常敏锐地审视着富有意义的各种细节，揭示了杀戮心理学，病态的赎罪企图，并对战争进行了大肆讥讽。或许，自从《政治学》杂志创办以来，最为出色的一篇文章是布鲁诺·贝特尔海姆对发表在《变态和社会心理学》杂志上的《极端状态下的行为》一文的摘要。它引发的恐惧感不是来自对在集中营里的虐待狂的描述，而是来自这样一种令人恐怖的意识：一个受害者，出于其自我本质上的深层的、婴儿期形成的、攻击性的方面，自愿地戴上了一副野兽般的可怕面具、姿态和编码。我们后来听到的关于招供、洗脑等的种种传闻，几乎都比不上那些首次被披露的可怕事件。

麦克唐纳之所以对这些事件比较敏感，是因为作为一个不抵抗主义者，他比主张战争合理性的人对这些变化更加敏感也更加恐惧；他还受到了尼古拉·希拉蒙特和与这些令人厌恶的事件有直接牵连的其他避难者的影响。

然后，从更加根本的意义上说，这种意识源于对政治的罕见无知。奥尔特加·加塞特对自由主义的指责之一，像朱迪思·施克拉小姐（Judith Shklar）①在她那本有趣的书《乌托邦之后》中提醒我们的那样，是它忘记了内在于政治的暴力。奥尔特加的推断来自于自由主义者无法理解"国家的凶残本质"。由于对于维持秩序的霍布斯主义的需要，国家必须通过对所有人生命的威胁来进行统治。（并且在奥尔特加看来，这进一步可以推断出，所有政治行为都是退化的和堕落的，对知识分子来说更是如此，他们的职责——对真理的追求——使得他们走到了政治家的对立面，政治家需要权术、妥协和神话。）麦克唐纳从天真无知上摔了下来，并逐渐达到了一种可怕的认识：暴力——统治的驱力——是人的一种渴望；并且，在

---

① 朱迪思·施克拉（1928—1992）：美国女政治学家、哈佛大学政治学教授。——译注

汉娜·阿伦特之后，他认识到现代社会已经变成了一架官僚化的机器，它周期性地且必然地引发着和抑制着这种暴力。并且由于对无知的控诉也在反激进主义中得到了提高，因此，政治——和《政治学》杂志——不得不走向了终结。

这里还存在着一个难以解决的问题——它已远远地超出了本篇论文的范围——即，这样一种理论具有怎样的真实性。这些政治人物的形象都是来源于生活的"英雄式的"和在终极意义上是罗曼蒂克的形象，来源于其在生活中的地位。根据各种相互交错的不同利益水平上的较为世俗的和市民的观点来洞察政治是一种天真的做法。但是，这一直是英国人的经验，并且，除了麦克阿瑟之外，这也是美国人的经验。我们不是过着"极端的"生活（而且，当我们这样做时，像在大众文化中那样，那么它代表着替代性的暴力，而非真正的经验，或许这是一种有用的取代）。或许，这就是我们为什么已经避免了一些使得欧洲遭受破坏的极端意识形态冲突的原因。

除了对丰富多彩的50年代表示冷漠以外，《政治学》杂志不能持续下去的一个理由也许是它从异化的经验中汲取了教训。那么，美国人的生活组织是否已经强大到足以抵制发生在欧洲的这些毁灭呢？战争是否真的悄悄地远离我们而去了呢？德怀特·麦克唐纳的《回忆录》迫使我们再次去面对这类令人绝望的问题。而这正是它的价值所在。

四 50年代的《异议》

《异议》是在政治上公开宣称社会主义并且对当代文化批判持激进观点的为数不多的美国文化期刊之一。像英国《大学和左派评论》（*Universities and Left Review*）和法国《论争》（*Arguments*）一样，它与正统马克思主义的教条主义阐释相冲突，并与追求新社会主义的人道主义思想相一致。但是，在某些重要方面，它们的差异性多于同一性。《大学和左派评论》创刊于共产主义世界骚乱之际，那种骚乱紧随着赫鲁晓夫（Khrushchev）[①]承认

[①] 尼基塔·谢尔盖耶维奇·赫鲁晓夫（1894—1971）：苏联重要领导人，曾担任苏共中央第一书记、苏联部长会议主席等职务。赫鲁晓夫于1956年苏联共产党第二十次代表大会中发表了"秘密报告"，对斯大林展开全面批评，震动社会主义国家阵营，引发东欧一系列骚乱。他在任期内实施去斯大林化政策，为大清洗中的受害者平反，苏联文艺获得解冻。同时他积极推行农业改革，使苏联民生得到改善。——译注

斯大林统治可耻地屠杀了成千上万清白无辜的共产主义者之后。《论争》创刊于 1956 年波兰和匈牙利事件之后，根据其哲学方面强烈的吸收作用，它反思了发生在东欧的修正主义争论。《异议》比这两种杂志早了 5 年，在很大程度上是由几年前参加过托洛茨基运动的幸存者（"1950 年的阶级"）创立的，这些人长期从事马克思主义注释的学理争论。

起源差异带来思想倾向差异和内容差异。前两个杂志是 20 世纪 50 年代的产物，通过战争和那些陈腐的前辈的故事作为分界线与过去相分离，后者是 20 世纪 30 年代的一个回声，它以怨愤的心情来重述过去的各种论题和争论。《大学和左派评论》和《论争》杂志代表了新生的一代，充满着青年人的全部热情，体现了对新鲜气息的追求；《异议》是一本追随者的杂志，是后生的、枯燥无味的、令人厌烦的杂志。《大学和左派评论》和《论争》都是急切的、狂热的、天真的，焕发出了一种自修者对左派在 20 年前所开展的理论争论充满好奇的新气象；《异议》是一个爱发牢骚的、轻蔑的、专横的、宗派性的杂志，也是一个较为世故的杂志。

正如某些极端的说法一贯指出的，这些风格差异体现了欧洲大陆激进主义和美国激进主义之间的鸿沟。这不仅仅是因为美国已经变成一个富裕社会，能够为以前的激进主义者提供场所（在大学或新闻出版界）和威望（如果不是在作为一个整体的社会里，那么也肯定是在大学和新闻出版界里）——注意如下情况是很有意思的：《异议》的两个主编埃尔文·豪和刘易斯·科色尔都是大学教授——而且是因为美国激进主义很久以前就明智地解决了令当今欧洲左派深感苦恼的那些问题。正是这个事实——以及还有一个事实是：通过罗斯福和杜鲁门引入的改良运动，美国社会使马克思主义者关于"法西斯主义和灭亡"的预言落空了——解释了两大洲在思想氛围上存在差异的很大部分原因。

(310) 这看起来是矛盾的。在传说中，欧洲始终是精妙的哲学争论的故乡；美国则是一块只能滋长卑劣实用主义的土壤。问题在于，欧洲人发现，在最近 20 年里，他们的灵魂（它有一种古老说法）在美国获得了再生。无论以前说法的真理性有多大，今天这种倒转是千真万确的。请关注一下最近 5 年引起法国萨特和加缪、东德伍尔夫冈·哈里奇和波兰柯拉科夫斯基这些人注意的问题——目的和手段问题、阶级真理问题、作为一种科学建构的辩证唯物主义的意义问题、对工人国家的界定问题、党的民主问题、资产阶级的本质问题、文学和宣传的关系问题、混合制经济问题——，你将会发现这些问题在

20 多年以前已经由悉尼·胡克、恩斯特·内格尔、刘易斯·柯雷、埃德蒙·威尔逊、菲利普·拉夫、约翰·杜威以及其他 10 余人在《党派评论》、《新国际》和《新领袖》杂志的文章中作过反复推敲和研讨。这并不是说这些人比欧洲马克思主义者具有更多理论洞察力，他们中的许多人——个别而言（最著名的当数伊尼亚齐奥·塞伦在《面包和酒》中）——都探索了这些相同问题。在欧洲，在第二次世界大战爆发以前，只有少数知识分子偏离了共产主义轨道，然而在美国，曾经为马克思主义所吸引的几乎一整个严肃的知识分子集团都在 1940 年左右脱离了共产党。这样，作为一个思想问题，布尔什维克主义几乎在 20 年前就已经从美国舞台上消失了。

这些差异在行为方面的社会学原因是多种多样的。因为，美国与欧洲相距 3000 公里，美国的激进主义者不可能投身于与法西斯主义的直接政治斗争——也不存在不得不成为流亡者的可能性——所以，这里几乎没有理由去压抑那种由莫斯科审判以及纳粹和苏联的互不侵犯条约所引起的政治怀疑。然而，在美国，在劳工运动中，共产党从来没有壮大起来，因此，这里不存在共产党能够用来控制知识分子的任何情感力量。而且，作为自由散漫的知识分子，而非被卷入庞大政治运动的举棋不定的政府官员或行政人员，其争论便更"不负责任"，并且更自由、更激烈。

作为如此推崇自由精神的结果，在 20 世纪 40 年代和 50 年代的美国，前左派知识界的基本政治倾向是反意识形态的——也就是说，它怀疑如下理性主义主张：通过消灭剥削的经济基础，社会主义将解决所有社会问题；而且，在很大程度上，这种反理性主义在思想上源于弗洛伊德主义和新正统神学（例如，莱因霍尔德·尼布尔和保罗·蒂利希的学说），它们都带有反理性的斯多葛主义倾向。而且，由于美国的多元主义、对福利国家的接受、教育的推广以及不断拓展的知识分子的就业机会，美国知识分子在美国找到了一些新优点。在日益加剧的冷战条件下，他们接受了这样一个事实：苏联是当今世界中对自由的主要威胁。这些政治态度大多反映在《党派评论》、《评论》和《新领袖》杂志的文章中。这三个杂志以及聚集在其周围的作者群，最初组成了美国文化自由委员会的核心成员。就学术水准而言，这些重新评价对美国激进主义的民粹主义基础提出了诘难，并认为：对诸如麦卡锡主义之类的 50 年代的政治冲突，与其用阶级或利益集团冲突的较传统观念，不如用诸如"身份的焦虑"之类的社会学概念作出更富于成效的解释。知识分子倾向的这些变化可以在下列书中看到：

莱昂耐尔·特里林的《自由的想象》、理查德·霍夫斯达特的《改革年代》、爱德华·希尔斯的《秘密的苦恼》,以及由本人编辑的发表在《新美利坚的权利》上有关"麦卡锡主义"的各种论文。

于是,在与"老左派"决裂这种语境下,在对这些再评价的反应中,产生了《异议》。它的目标是那些热衷于过时的激进主义的陈词滥调的人,于是一场内部争论便开展了起来。这场争论通常发生在美国,发生在纽约知识界这只庞大的充满异国情调的大锅里。尽管《异议》讨论了美国社会的国教,讨论了对"新思想"的渴望,但是它对激进主义并没有提出多少开拓性的想法。"我们应该做些什么呢?"《异议》编辑刘易斯·科色尔在一篇纲领性文章中提出了这个问题。"毕竟,在我看来",科色尔编辑说,激进主义"肯定会关注着保持、鼓励和促进'激进主义者'这一类人的成长。如果它逐渐灭绝,那么我们的文化将不可避免地因挑战的匮乏而日趋于僵化"。但是,是对什么进行挑战呢?是对什么表现为激进呢?《异议》抨击了《党派评论》和《评论》,因为它们都不是激进的。可是,除了抨击这些杂志之外,《异议》本身几乎没有一点新东西;它从来没有举例说明它所指的激进主义究竟是什么东西;尤其在政治上,它提不出任何新的东西。

(312) 人们确实对《异议》作了过高评价,正如人们对作为一个整体——这是一个空无意义的术语——的左派作了过高估价一样。在过去,激进主义是富有生命力的,因为它代表着一种启示录式的思想形式——它渴望用一次浪潮来涤荡整个社会。(列维奥·斯蒂切尼在给最近一期《异议》写的一篇文章中,用一种极时髦的方式表达了这个杂志的罗曼蒂克情调,他写道:"我去过古巴,因为多年来我逐渐对革命思想和经验感到了失望。我私下盼望着分享尚未成为现实的通过希望和渴望而获得的生活乐趣。")但

(313) 是,正像卡尔·波普尔(Karl Popper)[①]指出的那样,剩下的是"有待逐个解决的技术"问题,是一些既麻烦又必须面对的问题:学校费用、市政服务、城镇扩展,等等,在那些领域里,英勇的激进主义没有用武之地。

如果说《异议》具有一个独立的自成一体的思想——正是这个思想赋予了任何一个激进的杂志以特征——那么就在于它把美国概念化为一个大

[①] 卡尔·波普尔(1902—1994):出生于奥地利维也纳的英国科学哲学家、伦敦经济政治学院哲学教授,著有《决定论的贫困》、《科学发现的逻辑》、《猜想与反驳》、《客观知识》、《开放社会及其敌人》等。——译注

众社会，以及对这个社会之荒唐怪诞的方方面面所作的抨击。于是，《异议》开始把自身等同于《大学和左派评论》，等同于抨击现代社会的左派的其他新声音。然而，大众社会概念是一个模糊概念。那些使用激进主义较陈旧词汇的人可以去攻击"资本家"甚至"资产阶级"，但是就大众社会而言，一个人只不过抽打着"文化"而已，这就很难发现谁或什么是敌人。那些使用大众社会观念的较早作者群——主要是奥尔特加·加塞特、约瑟夫·丕佩尔、卡尔·雅斯贝斯和 T. S. 艾略特——却并非如此。他们具有贵族、天主教或精英论文化概念，在他们看来，由受过教育的有修养的人建立起来的趣味和优雅标准已经被大众抛弃了。他们反对平均主义和工业化社会。实际上，他们不愿意赋予普通民众以"文化的投票权"。但是，"青年激进主义者"很难采取这种姿态。他们也不可能轻而易举地从思想上吸收——尽管许多人已经这样做而没有看到其中的矛盾——这幅田园诗般的罗曼蒂克景象（它源于德国社会学）——古老社区基础已经被非人格化的机械社会所摧毁。这种抗议始终成为反对城市的无根性和匿名性——隐秘性和自由——的乡村社会的呼声。（但是，青年激进主义者不是乡巴佬。）我认为，像《异议》和《大学和左派评论》使用的那样，这幅大众社会的景象是误导人的。像爱德华·希尔斯一直认为的那样，把"大众"带入他们以前一直被拒绝进入的社会是一个漫长而艰难的过程。在"传统社会"里，人们过着一种同样抑郁、单调、生硬、机械有时是野蛮的生活（索尔·帕多维尔在一项法国研究中曾经指出过，相当多的法国人从来没有出去旅游过，从来没有参加过志愿者协会，甚至从来没有去看过博物馆展览），与此相反，伴随着流动性、职业选择、剧院、图书和博物馆的可能性，现代社会是更加多变和丰富多彩的社会，也是更加富足的社会。

  《异议》和《大学和左派评论》的文章充满着对广告和大众文化堕落的攻击。它们通常套用早期的马克思语言，尤其是马克思的异化观念，这些批评只给了这些攻击表面的政治内容。但关键在于，这些问题从本质上讲是文化问题而非政治问题。今天，激进主义思想的问题是重新思考文化和社会的关系。当然，几乎没有人像马克思主义批评家在 20 年前设想文化和政治的关系那样直接设定两者的关系。在吸取极权主义和官僚主义教训之后，当人们逐渐接受——在混合经济和政治多元化状态下——社会政治的温和机制时，要想详细说明"文化激进主义"的内容甚至已变得更加困难。一种似非而是的情况是：无论文化激进主义是什么，它都很快被人们所接受，无论什么东西自称为先锋派，无论是抽象的表现主义，还是"垮掉的一代"的诗歌，它都迅速受到了人们的欢迎。当高级文化产品，从舍恩堡、马蒂斯到纽约学派，成为畅销文化产品的时候，确定标准"腐败"之源泉的问题便成为一个难题。接受先锋派也成为一件非常麻烦的事情，以至于希尔顿·克拉马（《艺术》杂志编辑）不得不在《异议》上著文指出："事情的真相是，自从 1945 年以来，资产阶级社会通过允许所有艺术具有一根更自由的缰绳来加紧对艺术的控制。"（有人或许会说通过一个更加自由的王朝，来加紧对艺术的控制。）

这种情况多少得部分地归结于美国生活对新颖性和敏感性的渴望。但在一个更严肃的层面上，这些变化也是把激进主义吸收进社会的一个特征。正像管理权威部分地由工会来分享，政治权力部分地由种族团体和劳工团体来分享那样，文化也在一定程度上得到了改造。许多新文化鉴赏家（在绘画方面是克莱门特·格林伯格［Clement Greenberg］[①] 和哈罗德·罗森伯格，在文学领域是莱昂内尔·特里林和艾尔弗雷德·卡真）原来是老左派成员。他们的趣味不仅影响着严肃的画家和小说家，而且影响着更大范围的大众标准。还有一个重要方面也必须注意到，文化精英——在某种程度上存在着一个文化精英，我相信它是存在的——主要是一种大学文化，即哈佛文化、哥伦比亚文化、巴克莱文化以及其他大中心的文化；同 50 年以前相比，这是一种"自由文化"，一种兼收并蓄、博采众长、推崇批评、鼓励（有时甚至怀念）争鸣的文化。在此意义上，这是最后一个似非而是的情况，甚至《异议》也成了那种文化的一个合格成员，并且是一个受到欢迎的成员。

[①] 克莱门特·格林伯格（1909—1994）：美国艺术批评家，著有《艺术与文化》、《朴素的美学》等。——译者

第十四章　研究现实的 10 种理论

——对苏联行为的预见

实际上，人们为俄国革命及其后来 40 年的苏维埃统治而写的东西比起他们为人类历史上任何一个断代史而写的东西都要多得多！据说，有关法国大革命的目录索引已经占据了一整排法国国家图书馆索引的资料柜。而研究苏联问题的完整索引——它还有待于人们去编辑，而且有可能永远也编不完，因为它是按几何级数递增的——也将以如下方式一改学术界早些年死气沉沉的萎靡气象：在这个卡纳克（Karnak）[①] 的伟大集成面前，那些较早的坟墓都将被清除掉。

不过，这个庞然大物竟然经受不住如此短时间的考验！假如像托马斯·霍布斯曾经说过的那样人们在发现地狱真相时已经为时太晚，那么，现在人们必须带着声称已经发现了俄罗斯"真相"的数以千计的著作以两步并作一步的步伐跨过这条通往地狱的道路——与此同时，拷打被罚入地狱者让这样一些人，尤其是外交官们，仍然记忆犹新，他们把数百万人的命运托付于如下自负的信念之上：他们能正确预测苏维埃统治者作出反应的方式。[②]

可想而知，在最近十年里，尤其在美国，存在着对苏联社会的新识见，并且产生了大量的研究和著述。有些研究是由俄罗斯背叛者完成的；而绝大多数研究是由设在大学里的隶属于政府或各种基金研究会的专门机

[①] 卡纳克（Karnak），尼罗河右岸的古代底比斯的部分地区，有阿蒙神庙建筑群。作者在此说的意思是，法国大革命研究比起苏联问题研究来，只能算是小巫见大巫了。——译注

[②] 特向罗斯福总统表示敬意，罗斯福曾经在他个人收藏的一本由约瑟夫 E. 戴维斯撰写的替莫斯科大审判的真实性作辩护的《出使莫斯科》的扉页写下了这样的句子："这是一部将留世的著作。"理查德·H. 厄尔曼："戴维斯使命和美苏关系，1937—1941 年"，《世界政治》第 9 卷，第 2 号（1957 年 1 月），第 220 页。——原注

构承担的，其目的在于获取有关苏联行为的可靠知识。我们还看到一些新学科——人类学、社会学和精神病学——也介入了对政治现象的研究。有时，这些较新的研究方法声称要对苏联行为作出全面了解；有时，它们又声称要对现有解释作出修正和补充。不过，对苏联行为的研究是如此艰巨和困难，以至于试图从乱麻中理出一点头绪的门外汉常常会陷入难以自拔的沼泽之中（俄罗斯美妙而动听的召唤具有一种让人迷入歧途的魔力）。

(316) 而且，由于许多此类较新的研究都有一套专门行话，它更愿意显示出对某些话语样式而非公共语言的忠诚。这就更让门外汉摸不着头脑了。（正如R. P. 布莱克默［R. P. Blackmur］① 对文学术语"新批评"所作的评论那样，这个术语已经被定格在时间过程中，并且，"一种技巧的常规病理学变成了一个方法，而方法则成了方法论"。）

在这一章里，我想对这些方法论作出描述，并在一些代表性个案中，对这些方法论作出详细的评价。这不是像美国政府"国家安全委员会"从社会、军队或经济方面对俄罗斯的能力和弱点作出"国家估价"那样的一项工作。它也不是对经验研究的一个"概述"。我试着区分社会理论的 10 种方法，尽管有些方法相互交叉和重叠，但是每一种方法都代表着对苏联行为一套前后一致的判断。我希望，通过"比较"每一个方法，读者可以从中看到分析的或方法上的重要区分的某些意义。除此之外，通过这种比较将有助于我们形成在任何一个全面检讨中都少不了的两个基本判断：第一，在解释事件的过程中，哪一些理论或方法"经得起"检验，哪些经不起检验？第二，假如一个人是决策者，他将会支持哪一种研究，为什么？

一 走进皮兰德娄（Pirandello）②

黑格尔曾经说过，凡是合理的都是现实的。下面讨论的每一个理论似乎都是合理的，然而，并非完全是现实的。因此，要么黑格尔是错误的，要么这些理论是错误的，要么黑格尔和这些理论都是错误的。读者必须自己去作出判断。

---

① 理查德·布莱克默（1904—1965）：美国作家、诗人、文学批评家。——译注
② 皮兰德娄（1867—1936）：20 世纪意大利剧作家，其作品以情节荒诞离奇而闻名于世。——译注

性格学理论

（1）人类学理论：这项研究开始于鲁思·本尼迪克特，林顿（Linton）[1]、卡迪勒（Kardiner）[2]、玛格丽特·米德（Margaret Mead）[3] 和克莱德·克拉克洪（Clyde Kluckhohn）[4] 等采纳了这种理论，当代人类学家发展了"文化和性格"概念。其论点就是：生活于给定文化中的成员分享着处理情感冲动和控制社会行为的某些共同的极其鲜明的方式，那些方式形成了一种独一无二的生活方式，它通常明显地区分于其他文化团体的生活方式。团体的"规范"指明了个体处理产生于社会生活中的重要张力（例如，对待权威的态度、驱力挫折和攻击性行为，等等）的方式，以及社会管理抵御那些违反规范（例如，罪恶和耻辱机制、对受压抑怨恨的处理，等等）的运作方式。

玛格丽特·米德[5]、杰弗里·戈尔（Geoffrey Gorer）[6]、约翰·里克曼（John Rickman）[7] 和亨利·维克多·狄克斯（Henry V. Dicks）[8] 已经尝试着把这些"文化和性格"概念运用于俄罗斯行为分析。尤其是戈尔，他得到了一个不太好的名声，因为怀疑论者将其学说斥之为"尿布学"。约翰·里克曼[9]原来是一位受人尊敬的英国精神病学家，第一次世界大战期间他在俄国生活过。与已故的约翰·里克曼一起，戈尔认为对俄罗斯这个用襁褓紧紧包裹起来的新生婴儿过分溺爱行为导致了满意剥夺循环。这就预先把"大俄罗斯"的民族特征设定为一个在低三下四的屈从和暴力激发之间、在冷漠和散布于各地的受虐性焦虑之间，以及在"口"欲和禁欲之

(317)

---

[1] 拉尔夫·林顿（1893—1953）：美国人类学家，著有《人的研究》和《文化树》等。——译注
[2] 亚伯兰·卡迪勒（1891—1981）：美国精神分析学家和人类学家，著有《个体与社会：原始社会组织的心理动力学》、《社会的心理学前沿》等。——译注
[3] 玛格丽特·米德（1901—1978）：美国人类学家。——译注
[4] 克莱德·克拉克洪（1905—1960）：美国人类学家。——译注
[5] 玛格丽特·米德：《苏联人对权威的态度》（纽约，1951年）。——原注
[6] 杰弗里·戈尔（1905—1985）：英国人类学家，以把精神分析技术应用于人类学而著名，著有《萨德的革命思想》、《英国人性格研究》等。——译注
[7] 杰弗里·戈尔、约翰·里克曼：《伟大的俄罗斯人民》（伦敦，1949年）。——原注
[8] 亨利·V. 狄克斯："对当代俄罗斯行为的观察"，载于《人类的关系》第5卷第2号（1952年），第111—175页。——原注
[9] 约翰·里克曼（1891—1951）：早年毕业于剑桥大学，后师从弗洛伊德学习精神分析，英国精神分析学家。——译注

间的此消彼长的循环。① 这也说明了为什么俄罗斯成年人会服从于独断专横的权威。

狄克斯②的研究工作则更加独特。他是塔维斯多克研究所的一位英国精神病学家（该所创建了英国陆军选拔委员会），狄克斯的见解主要以同俄罗斯反叛者的长期交谈为根据。③ 狄克斯说，俄罗斯人最显著的人格特征是好恶相向性。一方面，他们有一种兼容并包的品格，一种仓促行事且"一蹴而就"的倾向，一种及时且充分地获得满足的需要，一种对躁狂万能者的偏执依恋，一种取消所有束缚和限制的无政府主义要求；另一方面，他们又多愁善感地封闭而多疑、焦虑、无奈地顺从，"道德上受虐和对强大而专横的权威的勉强理想化，那个权威被看做能抵挡俄罗斯人性格偏执的唯一手段"。因此，权威，如果它是一个权威的话，必须是坚不可摧的、拥有生杀大权的、独断专横的和变幻莫测的；如果权威是软弱无力的，就没有人愿意去服从它。

与传统的不纯洁性、无条理性以及俄罗斯大众的无定形性形成鲜明对比的是精英行为。精英必须是清教主义的，能够完全控制住所有自我放纵的和脆弱的情感，并且强大到足以突破"传统"俄罗斯人性格所寻求的那种满足。不过，普通民众和精英在某些重要方面仍然存在着一致性。普通民众期待的和精英们为之陶醉的是冷酷、专横和易变的权威形象。更进一步地，这种体制允许在全体人员中最具权威的小撮人"去肆意妄为"——即，去趋炎附势，去狼狈为奸，去认同其可恶的父辈形象（沙皇、地主，等等）。"根据这个假设"，狄克斯说，"我将解释在苏俄出现了一种顽固的、富丽堂皇的、具有强烈身份意识的和令人忧虑的官僚体制，在这种新体制及其在革命期间的创始人起初成功地与之斗争的那种倾向中，它赢得

---

① 像原子裂变一样，二分法似乎能够无限进行下去。因此，迪尼克·托马斯基在其《俄罗斯文化对苏维埃共产主义的影响》（格伦哥，1953年）的专著中发现俄罗斯的民族性格是两种相反影响力的混合物：一种是"追逐权力的并处在欧亚大平原上的从自我出发的流浪骑士"，一种是"无法无天的且处在欧洲大陆上的从集团出发的（斯拉夫）农民"。人们也能够指出某些自相矛盾之处，如戈登·瓦森发现的那样，俄罗斯人是喜食真菌的民族（mycophiles），而盎格鲁—撒克逊人是害怕真菌的民族（mycophobes）。——原注

② 亨利·维克多·狄克斯：英国精神病学家，利兹大学教授，著有《经许可的大众谋杀》。——译注

③ 狄克斯的创造性研究是在爱德华·A. 希尔斯的参与之下完成的。不幸的是，希尔斯的更广泛的研究工作从来没有被其资助者兰德公司公之于众，因此在此无法对其进行讨论。——原注

了胜利。"①

但是，在自觉或不自觉水平上实现的这个目标转换，呈现出了在苏维埃体制和传统俄罗斯文化模式之间的"显著"背离。因为面临着快速地制造一个技术和管理人格新类型的需求，精英们"运用其自身没有完全消化掉的且与目标驱力相矛盾的驱动力，迫使民众纳入于新文化规范之中"。由于外在的压力越大，内在的冲突就越激烈，精英们"针对外来利益集团提出了实现强制的、施虐的权威统治的种种需要"。因此，它产生了一种"自圆其说"心态，并把所有失败归之于外来敌人的破坏。狄克斯说："很难估量这种妄想狂行为究竟有多少是有意策划的结果，这种内在强制的结果又在多大程度上归咎于高层领导者无法觉察到的文化心理力量。就这一方面而言，我只能去参照令人惊异的关于精神病图画的发现，那些图画是由一个可比较的小宗派所呈现的，这一小撮人是我们可以进行研究的，它就是希特勒的追随者。我们曾经指出过，像戈培尔和希姆勒（Goebbels Himmler）②这样一些人对这种妄想狂冲动所作出的犬儒主义的、冷酷无情的利用——而且我们发现，他们都是它的牺牲品。"③

狄克斯认为，工业化的加速发展将增强在精英人物和普通民众之间的紧张程度。高压统治导致了"对现行制度的憎恨，也导致了反抗力量的蓄积"；借着终极客观善名义的各种剥夺被解释为"对仁爱之心和养育之恩的冷漠"。但是，这些无意识愤怒也导致了公然蔑视权威的罪恶感，而且这种愤怒被投射到精英身上（例如，它在各种层面上产生了这样一种感觉，即精英厌恶普通民众并想要惩罚他们），这种愤怒导致"虐待性焦虑和四处蔓延的恐惧气氛的增长"。因此，这种罪恶感也减弱了破坏或反对社会现行制度的倾向。

（2）**精神分析理论**。纳森·莱特斯（Nathan Leites）④ 在一项得到美国

---

① 狄克斯："对当代俄罗斯行为的观察"，载于《人类的关系》第 5 卷第 2 号（1952 年），第 171 页。——原注
② 戈培尔（1897—1945）：法西斯德国宣传部长。希姆勒（1900—1945）：德国政治家，纳粹党卫队领导人。——译注
③ 狄克斯："对当代俄罗斯行为的观察"，载于《人类的关系》第 5 卷第 2 号（1952 年）。——原注
④ 纳森·莱特斯（1912—1987）：美国精神分析专家，擅长应用精神分析理论于世界领袖人格研究。——译注

空军援助的朗德研究中没有尝试去分析俄罗斯人的性格结构，而是去分析布尔什维克的性格结构，这种尝试尤其在对共产党政治局的举例说明中得到了表现。① 但是，莱特斯的研究无法超越用操作性术语对行为作出单一整合之上。在受到监视和近乎封闭的条件下，莱特斯从事着精神分析的阐释工作，他的阐释是相当激动人心的。布尔什维克精英行为被看做与19世纪知识分子行为正好相反。后者喜怒无常、神经质、追求精神享受、沉思和内省。"布尔什维克"则冥顽不化、多疑、坚强不屈和永远富有攻击性。列宁的最初形象已经打上了这种性格烙印，从精神分析上说，这种性格源于对死亡的恐惧和对潜在同性恋冲动的"反叛"。（由于莱特斯的大部头著作——共639页——是迄今为止解读布尔什维克行为，尤其是其国际关系行为"操作法则"的一次最为雄心勃勃的尝试。对这个理论的更详细叙述将在下面第二节中展开。）

社会学理论

（3）社会制度理论。这种社会心理学理论由哈佛大学俄罗斯研究中心提出来，并在最近由雷蒙德·A.鲍埃尔（Raymond A. Bauer）②、艾利克斯·英克尔斯（Alex Inkeles）③和克莱德·克拉克洪合著的一本书中作了最精确表述。④ 这种理论试图识别苏维埃社会制度在职能上相应的"操作特征"——例如，过分致力于特殊的目标资源；"政治风暴"；对独立的权力集中的拒绝——以及这些行为模式对不同社会集团的影响。通过这种方式，这些作者试图确定在苏维埃社会制度中的各种张力点。（因为它是对苏联行为进行最大宗单一研究计划的概述，所以它将在下面第三节中得到更详细讨论。）

（4）理想类型理论。这种理论在很大程度上以巴林顿·摩尔（Bar-

---

① 纳森·莱特斯：《布尔什维克主义研究》（格伦科，1954年）。——原注
② 雷蒙德·A. 鲍埃尔（1916—1977）：美国心理学家，主要研究苏联心理学，先后任教于哈佛大学和麻省理工学院。——译注
③ 艾利克斯·英克尔斯（1920—2010）：美国斯坦福大学教授，专长于政治行为、现代化、社会心理学研究。——译注
④ 雷蒙德·鲍埃尔、艾利克斯·英克尔斯、克莱德·克拉克洪：《苏维埃制度是怎样运作的》（剑桥，麻省，1956年）。——原注

rington Moore, Jr.）[①] 爵士在哈佛时写的著作为代表[②]（尽管它影响了麻省理工学院 W. W. 洛斯托夫［W. W. Rostow］[③] 的思想和塔维斯多克研究所亨利·狄克斯的思想）。这种理论提出了一套在社会中的权力组织模型，并且试图进一步证明，一个社会，尤其是俄罗斯，在多大程度上适合于其中的形式。

根据摩尔的观点，在一个社会中，权力和地位以下三种结合方式中的一种才得以结合起来：（a）*传统方式*：权力和地位通过家庭或家族血统体系传承而来，例如，父亲传给儿子；（b）*技术—理性方式*：权力和地位的获得以个体自身技巧和技术能力为基础，而与其父辈身份无关；（c）*政治方式*：权力和地位的获得以对政治领袖、政党或利益集团的忠诚为基础。

任何一个标准的使用对解决其他问题而言都会限制其可操作的抉择范围。合理性（b）强调，技能应该成为聘用标准，但是，权力斗争的本质（c）却要求工作应该给予那些值得信赖的人，应该给予人民委员，而非管理者，尽管作为最极端的政治表现的清洗运动不断提醒个体：服从是苏维埃制度的最高法律。与此同时，传统主义（a）仍然是农村以及私下的广大苏维埃工业的"自然"样式，非正式的纽带逐渐成为抵制专制秩序的一个必要手段。

摩尔认为，在俄罗斯，权力的政治标准（例如，军队中的政委，与工业部门有关的党的监督职能）已经变得十分冷酷无情；它甚至以牺牲广大技术专家和身经百战的军官为代价（例如，叶佐夫大清洗运动，这场令人恐惧的 1937—1938 年清洗运动在当时由秘密警察领导者叶佐夫的名字命名）。独裁者在每一个问题上都能专横地介入管理层统治集团的权力导致了一种不安全状态，它使得要继续维持现行社会制度变得困难。摩尔感到，现在的选择只能在"卑躬屈膝的合理性"和传统主义之间进行，或者只能是二者的结合。

由于苏联有意于搞工业化，合理化因素很可能会逐渐成为更深地扎根于社会的一个因素：这将意味着技能标准将替代政治决定，工作将根据技能大小来进行安排，职业期望将具有较高程度的稳定性，而家庭特权可能

[①] 巴林顿·摩尔（1913—2005）：美国政治心理学家、哈佛大学教授，著有《苏联政治学》、《恐怖与进步》、《政治权力与社会理论》、《独裁和民主的社会起源：在现代世界形成过程中的地主和农民》、《人类苦难原因的反思》、《不正义：服从与反叛的社会基础》等。——译注

[②] 巴林顿·摩尔爵士：《恐怖和进步——苏联》（剑桥，麻省，1954 年）和《苏联政治：权力的两难》（剑桥，麻省，1950 年）。——原注

[③] 瓦特·惠特曼·洛斯托夫（1916—2003）：美国经济学家和政治理论家，著有《经济增长的阶段：一个非共产党宣言》。——译注

会传授给子女。反过来，工业管理者、工程师和技术专家的权力和威望将会上升，并且对由"控制"机器——党和秘密警察——把持的权力和威望的分享将逐渐衰弱。

(321)　　在传统主义方向上的一种选择性演变将意味着党和军队仍将居于统治地位。摩尔认为那种演变在政治上"多少是更加可行的"，但是，随着官僚体制内部的私人小宗派和机构逐渐成为此类忠诚的焦点，专横的干预将消失。这种发展也蕴含着地方自治的兴起和对创新和变革的抗拒。

　　这些抉择似乎是可行的，如果说赫鲁晓夫的庞大"分权"方案具有意义，那么其意义似乎在于重新肯定在处理经济事务中的政治标准，而不是确立经济合理性。像理查德·洛温塔尔（Richard Lowenthal）[①] 指出那样[②]，真正的经济分散经营就会使党处于经济活动的附庸地位。尽管有些管理者被吸收入党，但是管理者和党组织书记之间的职能分工已经成为冲突的根源；并且这种状态为马林科夫（Malenkov）[③] 所利用，以此来支持管理团体。赫鲁晓夫的力量一直在党组织部门，他现在所做的一切旨在建立一个职能联合体，在共和国和地方政府层面上，党组织靠那个联合体来负责经济工作计划。正如洛温塔尔得出的结论那样："是'不合理的'赫鲁晓夫及其党的首脑们，而不是'合理的'马林科夫及其管理者和经济管理部门，赢得了最后的胜利；其原因恰恰在于这个党的体制的自我保护逻辑。"[④]

　　如果摩尔是正确的，那么这种逻辑也可以导致经济危机；但是，这还有待于证实。摩尔所做的工作是关注首先作为一项"强制性工业化"职能的苏联的发展，而不是作为一项马克思主义甚至布尔什维克意识形态职能的发展。正像国内权力斗争或斯大林对巩固其统治的渴望一样，摩尔把斯大林的镇压看做工业化进程的必然产物。这个主题也引起了像雷蒙·阿隆和艾萨克·多伊彻（Isaac Deutscher）[⑤] 那样具有不同观点的作者的日益关注，并

[①] 理查德·洛温塔尔（1908—1991）：德国记者，犹太人，曾经担任柏林自由大学政治学教授。——译注

[②] 理查德·洛温塔尔："永久革命将再一次发生"，载于《评论》第24卷第2号（1957年8月），第105—112页。——原注

[③] 马林科夫（1902—　）：苏联政治家，曾任苏联部长会议主席。——译注

[④] 理查德·洛温塔尔："永久革命将再一次发生"，载于《评论》第24卷第2号（1957年8月），第109页。——原注

[⑤] 艾萨克·多伊彻（1907—1967）：波兰出生的活跃于英国的犹太马克思主义者，记者、政治活动家。——译注

且成为爱德华·哈莱特·卡尔①对苏维埃历史作出诠释性分析的核心。② 它的优点在于——这是探讨苏联问题其他著作没有的优点——它思考了一旦苏联完成工业化之后，苏维埃社会将出现的各种可能"方面"。

政治学理论

（5）马克思主义理论。艾萨克·多伊彻对其作了最直接表述，这种方法勾画了基于这样一个假定之上的苏维埃发展理论：生产力水平对行为的可能性始终起着限制作用。这个理论主张，斯大林专政统治是一个历史"必然"阶段，因此它战胜了大众对工业化的抗拒；这个理论进一步主张，然而，一旦这个社会阶段得到完成之后，这个专政机器将"陷入"与经济发展之新的更高阶段的要求的"社会冲突之中"。③

按照多伊彻的说法——在爱德华·哈莱特·卡尔著作中可以看到表示赞同的见解——1920 年代表着苏联革命正处于一个十字路口：④ 工人阶级已经精疲力竭，士气低落，其规模缩小了一半，且急于能够松懈一下；在一次自由选举中，布尔什维克本来应该是落选的；于是，以取缔党内民主为代价（例如，镇压工人反对派"平等主义者或乌托邦理想者"），全靠具有钢铁般意志的布尔什维克领导者拯救了这场革命。于是产生了一个奇怪现象：一场没有工人阶级支持的工人革命。这个似是而非局面的理由在于"历史必然性"：国有化财产代表着社会发展的更高阶段，所以，即使不利于工人也必须捍卫这个阶段。

这种理论，不是对斯大林主义的辩护，在托洛茨基的《新的历程》（1923 年）及后来的《被出卖的革命》（1937 年）中有其来源。在那里，托洛茨基认为，在官僚政治的成长过程中，俄罗斯面临着一个危机：要么把生产力从官僚政治的沉重控制中解放出来，要么来一场"热月革命"，重新回到资本主义形式、国家等中去。在这个问题上，多伊彻提出了不同见解。他说道，农民大众的落后以及他们不愿为工业化作出牺牲的心情就

---

① 爱德华·哈莱特·卡尔（1892—1982）：英国马克思主义者、历史学家、国际关系理论家，著有多卷本《苏联历史》。——译注
② 尤其参阅 E. H. 卡尔《在一个国家的社会主义》，《苏联历史》第 5 分册（伦敦，1958 年）。——原注
③ 艾萨克·多伊彻：《俄国：接下来是什么？》（伦敦，1953）。——原注
④ 艾萨克·多伊彻：《武装的先知：托洛茨基，1879—1921 年》（纽约，1954 年）。——原注

需要有斯大林主义的严厉规范和铁的纪律来统治。但是，多伊彻进一步指出，在 20 世纪 30 年代，随着这个进步的完成，斯大林的恐怖政策和"原始魔力"已经不再适用，逐渐与"苏维埃社会的新需要"发生冲突。他相信，工业化"将唤起大众对民主的渴望"，因为"苏维埃财富的非凡增加……将动摇阶级特权，而正统观念、铁幕统治和关于斯大林主义的精致神话将逐渐丧失社会用途。……斯大林主义难以在达到当前这种生产力水平的这个开放的社会中站住脚跟"。①

多伊彻更多地强调工人阶级是一股"俄罗斯历史上至今为止尚不为人知的巨大政治力量"。他在其最近出版的一篇论文中对这个论断作了进一步阐述。②多伊彻指出，斯大林之后的改革是来自"上层"的改革，这在很大程度上是为了替官僚政治提供一些安全保证。但是，工人阶级，尤其是在工程上有一技之长的那部分工人（大约占整个俄罗斯产业劳动力的三分之一），现在正在表现出对长期受压制的平均主义的渴望。在对原来象征着"进步"的计件工资制的改正上，在缩小工资差距上，在新养老金方案的导入上，以及在教育领域所有学费的废除上，这种对平均主义的渴望都是很明显的。

多伊彻认为，这种平均主义的驱动力——通过正规意识形态得到增强，这种意识形态强调工人是国家的统治力量——肯定会导致与官僚政治的冲突，官僚政治将千方百计地维持其特权和保持现状。这样一种日益逼近的冲突必然产生对制度的要求问题。随着秘密警察权力的消除，军队成了现存秩序的唯一捍卫者。但是，军队迟早会为了自身利益而采取行动，而不是为了维护党的利益来维持秩序。"换句话说"，多伊彻得出结论说："由缺乏领导和明确政治目标的群众运动的暴风骤雨般的复兴而导致的紧张和强制将导致波拿巴式专政统治的建立。由于军队几乎无法用超然态度来对待其面临的局势，他们把那种局势看做对俄罗斯大国地位的威胁，看做对她在上一次大战中赢得的所有战略成果的威胁。于是那种情况便更有可能发生。"③

以下问题非常值得探讨：工业化是否导致了对自由的渴望（甚至它会

---

① 《俄国：接下来是什么？》，第 123、125 页。——原注
② 艾萨克·多伊彻："过渡中的俄罗斯"，载于《大学和左派评论》第 1 卷，第 1 号（1957 年，春），第 4—12 页。——原注
③ 同上书，第 12 页。——原注

导致工人提出占有更大份额财富的要求），财富增加是否将消灭阶级特权。无论俄罗斯的生产力有多么"巨大的"增长，苏联的相对物资匮乏必将延续相当长时期。并且，尽管上层的重要社会团体可以赢得安全保障，但是阶级特权的冻结可能会成为任何一次专政统治松动的真正刹车闸。的确，随着朱可夫（Zhukov）[①]的下台，军队至少暂时再一次处于党的控制之下。多伊彻显然低估了党的作用，在《俄罗斯：接下来是什么？》一书中（出版于1953年），他甚至根本没有提到赫鲁晓夫——他如此远离了内部精英人物的斗争。无论如何，在多伊彻的分析方案中，针对这个局面，其真正切中的是：存在着对变革的主要根源的一个极其确定的感受（不管这种感受从本质上讲是正确的还是错误的）；因此，它所关注的是所有社会理论都必须面对的问题：社会体制改革的源泉问题。

（6）新马克思主义理论：从托洛茨基讨论苏维埃政策的性质开始，有一帮理论家主张：纵使俄罗斯实现了财产的国有化，但它仍然不是一个工人国家，而是一种新的社会形式，即可称之为"官僚集体主义"。[②] 对于马克思主义政党和派别的政治立场来说，这种区分一直是至关重要的。例如，正统的托洛茨基分子声称，尽管俄罗斯是一个"堕落的"工人国家，

(324)

[①] 格奥尔吉·康斯坦丁诺维奇·朱可夫（1896—1974）：苏联军事家、苏联元帅。1943年1月18日，朱可夫被授予苏联元帅军衔，是苏德战争中继斯大林后第二位获此殊荣的苏军统帅，因其在苏德战争中的卓越功勋，被认为是第二次世界大战中最优秀将领之一，也因此成为仅有的四次荣膺苏联英雄荣誉称号的两人之一。——译注

[②] 主张俄国是一个新的阶级国家——称之为"官僚集体主义"——的第一本著作是R.布鲁诺的《官僚化的世界》（巴黎，1939年）。在20世纪40年代初，这个论题在孟什维克的出版物中得到了争论。已故的特奥多尔·丹在《傻瓜纳维》中主张俄罗斯仍然是一个工人国家，而鲁道夫·希尔费尔丁和所罗门·施瓦茨在《维斯特尼克》中则认为情况恰好相反。（在俄罗斯入侵之后，丹给了俄罗斯制度以一定的支持。）希尔费尔丁的论断是新马克思主义立场的一个经典论断。那个论断发表在《现代评论》第1卷第4号（1947年6月），第266—271页，其标题是："国家资本主义还是极权主义的国家经济？"而施瓦茨的见解后来发表在他的文章"俄罗斯工厂的主人"（载于《社会研究》第9期第3号，1942年9月，第315—333页），以及他与格罗奇·比昂斯托克和阿隆·尤格合著的《俄罗斯工业和农业的管理》（纽约，1944年）一书中。这场争论也波及了20世纪40年代托洛茨基派出版物中，主要是在纽约的《新国际》和《第四国际》。托洛茨基的最近见解体现在他的论文集《保卫马克思主义》（纽约，1942年）中。其修正主义的立场可以在詹姆斯·伯纳姆的《管理革命》（1941年）和托洛茨基《新的历程》（纽约，1943年）修订版麦克斯·沙克特曼的"序言"中看到。在法文期刊《社会矛盾》（1959年3月）对一位名叫布鲁诺·利兹的意大利人的生平作了长篇累牍的介绍，并且介绍了官僚集体主义理论的产生经过。要想了解更多的情况，请参阅我的论文："关于R.布鲁诺的陌生传说"，载于《新领袖》1959年9月28日。——原注

但是由于财产的国有化，它在历史上仍是"进步的"。所以，当与资本主义势力发生冲突时，它仍然值得保护。异端的托洛茨基分子则声称，一个新的剥削阶级的社会已经建立起来，因此他们采取了一种"对两边都进行否定的""第三阵营"立场。从分析的意义上讲——即根据其预设的功利性——俄罗斯社会是官僚集体主义社会的观点导致其追随者要么采用类似于摩尔设想的方案，要么用这样一些政治观念来分析俄罗斯体制，那些观念同把苏联看做一个极权主义社会的人的观念没有什么区别。

（7）极权主义理论。在汉娜·阿伦特①的政治哲学范畴中，这种理论得到了最有说服力的表述。这种理论主张，不同于暴政、专政和独裁，德国曾经产生一种激进的新型社会形式，现在这种社会形式却存在于俄国。极权主义的实质新颖之处在于，在领袖和"大众"之间所有居间和间接机构通通被排除掉了，这样，由于不受法律和政治监督的约束，统治者通过恐怖来进行统治。正如比尔德朗·D.伍尔夫（Bertram D. Wolfe）②把这种理论运用于苏维埃联邦那样，这种理论主张，社会制度的本质是没有任何根本性变革是可能的，并且，极权主义通过自身内在的"观念—逻辑"，永远不可能放弃与民主社会相对抗的战斗姿态。作为阐释各种特殊政治情况的一个"有效工具"，这种极权主义理论过于包罗万象。伍尔夫先生也从卡尔·魏特夫（Karl Wittfogel）③的《东方专制主义》（*Oriental Despotism*）中引出这种理论。从这样的高度来看，政治地貌，其山脉和溪谷，都变得平坦了起来，以至于疲乏的徒步旅行者几乎找不到解决具体问题的指南。甚至在较为简单而直观的层面上，人们也可以对该理论的基本假设提出质疑——即社会完全变得原子化了，统治是盲目而直接的。在危机状态下，国家可以粉碎所有的社会生活，并通过恐怖把民众纳入国家意志之中。但是，一个社会能够生活在长期危机之中吗？它能够保持这样一种强硬姿态而既没有爆发战争，也没有从专政统治中摆脱出来吗？所有社会生活的基础不仅要求有最低限度的人身安全，而且要求有来自父母的合理期

---

① 汉娜·阿伦特：《极权主义的起源》（纽约，1951年；在英国以《我们时代的重负》为书名出版）。——原注

② 比尔德朗·大卫·伍尔夫（1896—1977）：美国马克思主义者，以撰写列宁、斯大林、托洛茨基等人传记著名。——译注

③ 卡尔·魏特夫（1896—1988）：德裔美国剧作家、历史学家，马克思主义者，中国问题专家。——译注

望，如希望子女接受教育，发展事业，等等。在那个意义上，"常规化"趋势在任何一个处于危机的国家中都会发挥作用。

（8）苏联政策研究理论。该理论与后来的弗朗茨·博肯诺（Franz Borkenau）①和波里斯·尼古拉也夫斯基（Boris Nicolaevsky）②著作的内容基本上相一致，它主要关注核心精英人物内部权力斗争，试图找到克里姆林宫内部瞬息万变的联盟（"谁和谁在进行斗争"），并以此作为预测各种政治事件的根据。尽管它易受别人嘲笑，但是这些自欺欺人的家伙仍然装出不可一世的样子，纽约《邮报》就有过这方面的教训。它嘲笑那些单单从事件进行想当然推断的做法。事情经过是这样的：有一天，除了贝利亚（Beria）③之外，所有布尔什维克领导人都出席观看了博利查伊的芭蕾舞剧。于是《邮报》调侃道："也许贝利亚不喜欢芭蕾舞。"也许，贝利亚真的不喜欢芭蕾舞，但我们永远没有机会印证这一点了，因为两天后克里姆林宫发表了一份声明：贝利亚因叛国而被逮捕。

以这样或那样的形式，当今的苏联政策研究已为每个对外办事处和绝大多数新闻记者所采用。它所关注的对象基本上是个人和权力集团，而不太重视社会体制以及这些体制能否限制这些领导人的方式。（关于这个理论的讨论将在第四节中展开。）

历史学理论

（9）斯拉夫习惯理论。该理论的较早一代代表人物是尼古拉·别尔嘉耶夫（Nicholas Berdyas）④、伯纳德·帕雷斯（Sir Berrard Pares）⑤爵士和约翰·梅那德（Sir John Maynard）⑥爵士，在某种程度上，其当今代表人物是爱德华·克兰克肖（Edward Crankshaw）⑦、欧内斯特·西蒙斯（Er-

---

① 弗朗茨·博肯诺（1900—1957）：奥地利极权主义研究者。——译注
② 波里斯·尼古拉也夫斯基（1887—1966）：俄罗斯革命的马克思主义者。——译注
③ 贝利亚（1899—1953）：苏联秘密警察首脑。——译注
④ 尼古拉·别尔嘉耶夫（1874—1948）：俄国宗教和政治哲学家，著有《奴役与自由》、《精神王国与恺撒王国》、《论人的使命》、《精神与实在》、《自由的哲学》、《历史的意义》、《俄罗斯思想》、《末世论形而上学》、《俄罗斯的命运》等。——译注
⑤ 伯纳德·帕雷斯（1867—1949）：英国历史学家，苏联问题专家。——译注
⑥ 赫伯特·约翰·梅那德（1865—1943）：早年在牛津大学任教授，英国苏联问题专家。——译注
⑦ 爱德华·克兰克肖（1909—1984）：英国作家、翻译家，苏联问题专家。——译注

nest Simmons)① 和维尔纳·菲利普（Werner Philipp）②（在柏林自由大学任教）。这个流派认为，很多当代俄罗斯行为都能够用传统斯拉夫人人格特征和风俗习惯来解释。欧内斯特·巴克（Ernest Barker）③教授在介绍梅那德的《俄罗斯农民及其他问题研究》（伦敦，1942年）时说："我们老是忘记的一点是，俄罗斯尽管发生了那么多变化，但是大体上仍然保持着原来的样子。"这个主题在约翰爵士的书中得到了详尽阐述："所有俄罗斯社会制度都是一蹴而就的和独断专制的……古老的俄罗斯原本就一直是粗野的，它实施西伯利亚流放制度……对新社会制度本质特征的……规划……并不像初看之下那么新颖……甚至那个'党'——对领导层职业的误称——也不是真正新式的：它只不过是对一个古老制度的古为今用而已，那个制度就是牧师制度……"等等。

(326) 在1951年11月，在由维尔纳·菲利普所作的关于"俄罗斯政治思想的历史前提"演讲中，人们可以发现一个相似的论点。这次演讲是为柏林东欧研究所成立所作的开幕词。④ 一位评论家对菲利普教授的论点作了如下概述："各种条件和传统在俄罗斯产生了一个倒退好几个世纪的确定的政治精神……俄罗斯对西方的不信任、对集体先于个体的崇拜和意识、对处于社会之上的统治权威的无限权力的认知，政治现实和公开宣称的理想之间的差距，苏维埃思想和生活中的所有这些现象在从13世纪初期到16世纪末期这段时间里得到发展的俄罗斯状况有其根源。"⑤ 克兰克肖在《克里姆林宫墙的坍塌》（纽约，1951年）一书中也提出了"永恒的俄罗斯"主题。

提出苏维埃生活在俄罗斯历史中有其深刻根源的主张当然不是为了证明那些习惯的合理性（尽管这个论点本身有时是为某些辩护服务的，在20世纪30年代和40年代，辩护士伯纳德·帕雷斯或莫利斯·辛都斯［Maurice Hindus］⑥ 用这些观念证明了俄罗斯行为的合理性）。但是，像性格学

---

① 欧内斯特·西蒙斯（1903—1972）：美国研究俄罗斯文学的文学批评家。——译注
② 维尔纳·菲利普：德国柏林自由大学东欧研究所教授，苏联问题专家。——译注
③ 欧内斯特·巴克（1874—1960）：英国政治理论家。——译注
④ 哈斯特·雅布翁诺夫斯基、维尔纳·菲利普编：《东欧历史研究》，第1卷（柏林，1954年）。——原注
⑤ 汉斯·科恩载于《俄罗斯评论》的文章（第14卷第4号，1955年10月），第373页。——原注
⑥ 莫利斯·辛都斯（1891—1969）：俄裔美国作家，苏联和中欧问题专家。——译注

理论一样（有人可以称他们为"不相上下的人"），斯拉夫传统理论实际主张的是，既然苏维埃制度取决于历史社会形式，既然它们深深扎根于民族传统之中，那么它们只能缓慢发生变化。

（10）地缘政治学理论。在第二次世界大战中，这个流派在一定程度上成为一种时髦理论（例如，耶鲁的尼古拉·斯皮克曼［Nicholas Spykman］①和威廉·T. R. 福克斯［William T. R. Fox］②合作的《超级大国》，纽约，1944年），并且至今仍然有一些支持者。这种理论主张，俄罗斯外交政策首先由其长期战略利益所决定，这种战略利益源于其作为幅员辽阔的欧亚大国地位；俄罗斯的当代政治野心（例如，在中东）反映了大俄罗斯政策的历史驱动力。这种学说一般倾向于低估意识形态作用（参阅沃尔特·贝德尔·史密斯［Walter Bedell Smith］③为古斯丁［Marquis de Custine］④伯爵的《日记》（*Diaries*）［纽约，1951年］而写的"序言"），并且把俄罗斯政策首先看做是战略大国地位的一项职能。在一定程度上，乔治·凯南早期的政策观点（参见其在普林斯顿大学的演讲，《美国外交政策的现实》，新泽西，普林斯顿，1954年）和亨利·基辛格的政策观点都是这些思考的结果。

二　Kto-Kovo——布尔什维克的本我和自我

在朝鲜停战谈判期间，由纳森·莱特斯写的一本小书《政治局操作法则》被美国谈判代表当作战术指南来使用。莱特斯的研究体现在部头较大的《布尔什维克研究》一书中，这项研究是由美国空军规划部倡导的，这个部给予了莱特斯的首创性研究方法以强大支持（这个方法现在已被运用于法国政治研究），为此我们有必要对其工作作更详细的考察。

莱特斯的研究开始于把"布尔什维克的人格特征"界定为社会历史中的一种独特类型的尝试。界定历史特征的尝试并不是什么新玩意儿（在这些天里我们多少被有关"指向内心的新教徒"形象弄得疲于奔命），莱特斯研究的独特之处在于他选择了一套新颖的范畴，尤其是他的方法。不存

---

① 尼古拉·斯皮克曼（1893—1943）：荷兰裔美国政治理论家。——译注
② 威廉·福克斯（1912—1988）：美国哥伦比亚大学国际关系教授。——译注
③ 沃尔特·贝德尔·史密斯（1895—1961）：美军高级将领。——译注
④ 古斯丁（1790—1857）：法国作家，因撰写俄罗斯游记而闻名。——译注

在对行为的任何观察。像马克斯·韦伯从路德、加尔文、巴克斯特和其他人的著作中引申出"新教伦理"一样，莱特斯审视了列宁和斯大林的著作，从中引申出约束布尔什维克党的相似规范。他认为，布尔什维克的人格特征是对奥勃洛莫夫（Oblomovs）[①]的"反动"，奥勃洛莫夫以睡眠来虚度光阴；它是对拉丁斯（Rudins）的"反动"，拉丁斯是夸夸其谈的空谈家而绝不可能成为实干家；它也是对优柔寡断的、心灵残缺的和喜怒无常的学者们的"反动"。像波勒斯·毕勒涅克（Boris Pilnyak）[②]指出的那样，布尔什维克"反对我们俄罗斯悠久历史中古老的农民劣根性，反对它的无目的性，它的没有目的论的特征……反对托尔斯泰的得过且过的哲学"。俄罗斯知识分子的道德训诫强调要抵制唯我论，反对"败坏知识界的名声"。契诃夫（Chekhov）曾经说过："如果所有社会主义者都用霍乱来达到自身的目的，那么我将鄙视他们。"但是，对于布尔什维克而言，对不择手段的拒绝纯粹是软弱和愚蠢的一种表现；在布尔什维克学说中，最糟糕的唯我主义者恰恰是那些洁身自好的人。布尔什维克党追求人性，并且其"纯洁性"不在于个体对不道德行动的拒绝，而在于对布尔什维克党的献身。在这样的献身中，个体发现自己既抵制了唯我论，又抵制了人格的不纯洁性。

与喜欢谈论终极事物和神圣价值的俄罗斯知识分子相比，布尔什维克对神圣事物保持着沉默。布尔什维克反对宣泄情感的罪恶，而颂扬节制的美德。他们反对抑郁的消极性格、内向、神经质的敏感和躁动不安的古老俄罗斯倾向，反对对形而上学真理的持续追求，反对不断地去追问一些无法回答的问题。与所有这一切相反，只存在着历史决定论、目的的确定性、对行动的承诺、敢于冒犯个人的勇气和行动上的"当机立断"。不愿过一种没有任何追求的生活，不愿过一种充满着无法控制的冲动的满足的生活，那种满足引起了焦虑和罪过，从而导致众所周知的俄罗斯人对死亡的好奇。高尔基（Gorky）说，在其年轻时代，男孩们愿意一动不动地躺在铁轨上，任由火车从他们上方开过。与此相反，存在着工作和党的持久目标。死亡仅仅是一个人有用生活的终点。针对马克思的女婿保罗·拉法格（Paul Lafargue）自杀事件，列宁写道："如果一个人不再为党工作，那

[①] 俄国作家冈察洛夫所作的同名小说中的主人公。——译注
[②] 波斯勒·毕勒涅克（1894—1938）：俄国作家。——译注

么他必须能够直面真理且像拉法格之类的人那样地死去。"

莱特斯认为，从伦理和道德气氛因素中出现了政治"操作规则"（operation code）。对布尔什维克主义来说，所有的政治活动都可以用这样一个公式来概括：即 *Kto-Kovo*——按照其字面含义，就是"谁控制谁"的意思，但是在其最激进意义上，就是"谁杀死谁"的意思。政治关系是统治者和被统治者的关系、使用者和被使用者的关系，不可能存在任何中立者。如果政治学是关于 *Kto-Kovo* 的学问，那么，所有的政治策略都是受如下根本原则指导的：一个人既要量力而行，又要尽力而为，他不应为他人的挑衅所动，不过，一旦他准备停当，便应立即采取行动，如此等等。

用这些粗浅观念陈述的箴言已经成了政治常识，这些箴言类似于军事战略家的一般箴言或马基雅维利的行为准则。莱特斯的分析之所以独到，就在于其对细节的考察：布尔什维克对谈判程序细节的利用；通常不是针对个人而是从政治上考虑的人身攻击（维辛斯基［Vishinsky］在联合国大会上傲慢地称罗摩洛［Romulo］为"一个空桶"，然后，又给在罗摩洛家里开的招待会送玫瑰）；挑衅的作用等。

布尔什维克把敌人描述成同样地冥顽不化居心叵测的人。正像布尔什维克看待自身一样，"大资本家"（big bourgeoisis）是需要小心对付精于心机的人，他们一边控制着权力，一边又服从着权力的"法则"。政治行动不是偶然的；反对统治阶级的任何行动都只能是那场持久战争中的一次敌对运动，那场战争的最终结果必定是一方消灭另一方。另一方面，对小资产阶级，尤其是自由主义者，布尔什维克只对其表现出了深刻的轻视；他们是感伤的、好幻想的、易为意识形态内容蒙蔽的、侈谈说教的，一言以蔽之，从根本上说，他们是微不足道的。

"布尔什维克"的人格特征与其 50 年前是否一样呢？在某些重要方面，它是一样的；莱特斯相信，存在着某些恒定不变的模式。在 1917 年以前，布尔什维克党还是一个面对着一个敌对的国家的小党；现在，在它看来，它面对着一个敌对的世界：其基本姿态至今仍然是相同的。在革命之前反对敌对政治组织的行为曾经在小咖啡馆和大会议厅里得到了表现；现在，其展示的地点是世界政治的大舞台：它重复着相同的行为。对程序问题的热衷——那些问题产生于这样的信念：一个细小的问题将"不可避免地"发展为重大问题因而不能对此姑息迁就——在列宁 1900 年对《火星报》（*Iskra*）编辑委员会的组成中得到了证实（在当时他与敌对的社会(329)

民主党人"共存"),那种热衷在1921年的党内争论中得到了全盘复制,并且在1945年雅尔塔会议、旧金山会议及外交部长会议的国际谈判中再一次得到了复制。

这种分析的政治后果是不容忽视的:如果政治是谁控制谁(胜者为王,败者为寇)的活动,那么作为一种持久妥协的"并存"现象是不可能的。莱特斯直截了当地总结道:"根据西方人的观点,与外部团体达成的一个解决方案——一个明显地、无限期地削弱想要相互消灭对方的威胁的协议——是一个(纵使)令人不可理解但还是要作出的缓兵之计。那必定是一些双方一直在考虑的并且会一再地订立的协议。"① 但是,党"仍然要充分意识到基本的冲突",并在战略性时刻要做到当机立断。正像列宁说的那样,承诺就像馅饼的外壳,是"迟早要破裂的"。

现在,让我们更仔细地考察一下莱特斯对精神分析见解的运用,因为莱特斯著作的新颖性就在于此。如莱特斯那样,如果断定布尔什维克特征的来源在于对19世纪俄罗斯知识分子极端心情的一个反动,就好比是在没有弗洛伊德帮助的情况下去撰写历史;列宁和他的同志们完全意识到他们是在颠覆俄罗斯特征的传统模式,是在克服卡拉特耶夫和奥勃洛莫夫。但是,当莱特斯把布尔什维克特征说成是对无意识的、势不可当的欲望的"反应模式"的时候,他研究的政治方法就是精神分析的方法。

根据莱特斯的观点,两个主要驱力阐释了俄罗斯人的思想特征:对死亡的着迷以及潜在的消极同性恋冲动。俄罗斯知识分子展示出来的对死亡的迷恋激起了布尔什维克的恐惧。(例如,托尔斯泰无法容忍有关死亡或性的观念。)布尔什维克反对那种迷恋,其抵御方法是通过工作来蔑视死亡,更重要的是,通过把自我融入于包容一切的、永垂不朽的党之中来体现个人的无所不能。因此,莱特斯写道:"以前俄罗斯人因人终有一死而看破红尘,如今则和布尔什维克一样,认为死亡是空洞的、微不足道的,死亡干扰不了生活。"②

工作纪律成为最重要的东西。它是抵御各种可怕感觉的基本防御方法。列宁夫人克鲁普斯卡娅(Krupskaya)曾经说过,在流放期间,列宁会几小时着迷于下国际象棋。"而他一回到俄罗斯,弗拉基米尔·伊里奇就

---

① 《布尔什维克主义研究》,第527页。——原注
② 同上书,第137页。——原注

不再下棋了。他说：'下棋占去了你太多的时间，且有碍工作……'"她继续说道："从青少年时起，弗拉基米尔·伊里奇①就能够做到放弃妨碍其主要工作的任何活动。"在流放期间，许多政治犯经常去看电影，而另一些政治犯则嘲笑这种娱乐方式，更喜欢做一些散步之类的体育锻炼。克鲁普斯卡娅说，这个团体就分解成喜欢看电影的人和反对看电影的人，后者被戏称为"反闪米特人"(anti-Semites)。克鲁普斯卡娅在写给列宁母亲的信中说："沃洛佳②是一个坚定的反对看电影的人，而且是一个狂热的散步者。"③

潜在的同性恋主题，一个深深扎根于精神分析奥秘中的主题，被看做俄罗斯心智欲望的一个既到处弥漫又遭受压抑的因素。在陀思妥耶夫斯基的笔下，由通常的筋疲力尽的和一蹶不振的人物作出的最高情感流露就是进行相互拥抱和亲热。而对于布尔什维克来说，人与人之间的相互拥抱的幻想是可憎的和可怕的。当列宁描述那些曾经与其有过亲密关系而现在已经投靠敌人的人时，他会说他们彼此"亲吻"和"拥抱"。（谢德曼分子(Scheidemannites)亲吻着拥抱着考茨基④；"伯恩斯坦的追随者们厚颜无耻地把飞吻抛给了［普列汉诺夫］。"）

对莱特斯来说，一个更有意义的线索存在于以破裂告终的列宁的大量亲密友谊之中。这些人包括司徒卢威（Struve），19世纪90年代的一个亲密伙伴；波特列索夫（Potresev），一位早期《火星报》同事；普列汉诺夫，向孟什维克"投降"的让列宁"既爱又恨的敬爱的导师"；阿列金斯基（Alekinsky），或许在1905年以后的几年时间里是列宁最亲密的战友，列宁后来痛斥他是德国特务；还有马林诺夫斯基（Malinovsky），布尔什维克在国家杜马会议上抨击了他，列宁说他"不会是另一个阿列金斯基"，结果他后来成为一名警察。

莱特斯说："有人可能会推测——在此讨论的资料仅仅表明了这一点——布尔什维克所持有的你死我活的信念，在某种程度上，摆脱了想要拥抱别人或为别人所拥抱的充满恐惧和罪恶感的渴望。这个假说与莱特斯 (331)

---

① 此处原文为 Ilyich, Vladimir，指列宁。——译注
② 此处原文为 Volodya, Vladimir 的昵称，此处指列宁。——译注
③ 《布尔什维克主义研究》，第135、261页。——原注
④ 此处的原文是："谢德曼分子已经把考茨基当作'自己'人来亲吻和拥抱了。"参阅列宁《列宁全集》第三七卷，"资产阶级如何利用叛徒（1919年9月20日）"一文。——译注

研究中描述过的确实存在于布尔什维克中的某些倾向相吻合：害怕被动，害怕被人控制和被人利用，害怕臣服。一旦一个人通过肯定杀人渴望来否定接吻渴望，利用投射机械论，这将有利于增强某人对敌人正渴望着杀人的信念，或许布尔什维克大量地利用了这种机械论。"①

根据什么证据才能得出如此概括性的推理呢？纵使我们完全接受了精神分析理论，但是在没有对布尔什维克领导者进行精神分析的情况下，怎样才能使这些判断成立呢？莱特斯的方法是检测臆想的幻念、由布尔什维克领导人使用的独特的文学隐喻，以及在俄罗斯文学中布尔什维克给予认同的或攻击的虚构人物。俄罗斯文学和俄罗斯人对待它的态度似乎使得这种检测成为可能。几乎没有一种文化的虚构人物如此鲜明地规定了其民族类型，这些类型包括：陀思妥耶夫斯基笔下的系列人物——卡拉马佐夫兄弟、拉斯科尼科夫、梅什金、韦尔霍文斯基；屠格涅夫笔下的罗亭；果戈理笔下的乞乞科夫；冈察洛夫笔下的奥勃洛莫夫；以及契诃夫笔下的各色人物。②俄罗斯人把所有这些人物都作为心理学面具来接受或拒绝。像莱特斯指出的那样，布尔什维克在其讲话和说教中频繁地引用了这些人物并且给予了强调（例如，"奥勃洛莫夫主义"是党必须避免的一种懒惰病）。

莱特斯从这些文学渊源出发，他还吸收了弗洛伊德理论且着重强调了独特意象的潜在意义。例如，对软弱无能的恐惧，对被打败的恐惧（在1931年，斯大林在对苏维埃工业领域的管理人员的一次著名演讲中，仅在一个段落中，10多次提及了战胜别人的意象和被人打败的意象），有关"清除"出布尔什维克党的玩笑，对被作为"尾巴"来使用的恐惧等。因此，作为其理论的主要证据，莱特斯依赖于意象的集合，并且是数量庞大的意象集合。其结果是奇特的、迷惑人的、杂乱无章的引用，他用了大约3000条引文来说明不同观点。

(332) 这种分析方法立即引起了对"还原论"的指责，也就是说，所有观点都可以追溯到更原始的东西。因此，列宁对唯我论的猛烈抨击就被看做表现出了对虚无的痛苦，而他对"群众自发性"的抨击则被看做对于

---

① 《布尔什维克主义研究》，第 403—404 页。——原注
② 我们不太会轻易地全盘接受或拒绝海明威笔下的人物、菲兹杰拉德笔下的青年、霍雷肖·阿尔杰的理论、哈克·芬恩的牛仔和暴徒形象为美国人类型，这些人物体现了美国民族性格的诸多方面。——原注

本能的、狂欢的欲望满足的抵御。有人会问，在什么意义上，隐藏在观念背后的原始本能比观念本身更加"真实"？每当人们进行精神分析的时候，这是一个他们经常遇到的难题。显然地，潜藏在观点背后的心理本能无法检测其真实性；对观念的真实性的检测只能在这个观念出现之后才能进行。然而，我们是不会无视这些潜藏的主要源泉的，因为，我们对这些观念的处理还比不上我们对这些观念之被掌握和被使用的方式的处理。莱特斯的论点是：像所有的共产主义观点一样，被人们顽固地、浮夸地和激烈地提出的任何一个观点，粗暴地拒绝所有的合理检测的任何一个观点，都会作出如下推断：它构成了对强烈的无意识渴望或恐惧的抵御，那些渴望或恐惧矛盾于那个观念。更进一步地，诸如去当兵这样一个明显男性化的职业不是把男人称作一个"潜在的同性恋者"，但是，如果我们发现他紧张地、粗暴地，并且超越理智地坚持其当兵时的姿态，那么"常识"允许我们去怀疑，他可能害怕自己缺少他喜欢表现出来的那种男子汉气概。

纵使精神分析方法在人格研究上的有效性得到了认可，我们仍然必须追问它是否可以被合法地扩展到政治分析领域上去。

埃里克·弗洛姆（Erich Fromm）[①] 在《逃避自由》（*Escape from Freedom*）（纽约，1941年）一书中认为，施虐—受虐性格，这种德国中产阶级的典型性格，在纳粹党内找到了一个宣泄的出口。西奥多·阿多诺（T. W. Adorno）[②] 及其合作者在他们撰写的《极权主义的人格》（*The Authoritarian Personality*）（纽约，1950年）一书中指出，追求极权主义价值的是一些刻板而本能的个体。哈罗德·拉兹威尔（Harold Lasswell）在其早期的《精神病理学和政治学》（*Spychopathology and Politics*）（芝加哥，1930年）一书中试图证明，政治舞台起着展示个人需求的作用。（例如，因性冲动而产生罪恶感的青少年在强调兄弟般情谊的政治运动的被泛化的"爱"的召唤中找到了升华。）这些研究体现了现代社会科学的如下特点：

[①] 埃里克·弗洛姆（1900—1980）：德国社会心理学家、精神分析学家、人道主义哲学家。——译注

[②] 西奥多·阿多诺（1903—1969）：德国哲学家、社会学家，法兰克福学派代表人物，社会批判理论奠基者，著有《启蒙辩证法》、《新音乐哲学》、《多棱镜：文化批判与社会》、《否定的辩证法》、《美学理论》等。——译注

社会结构被看做基础性的,人格的构成要素被看做反应性的。①

不过,莱特斯的观点已经超越了这一点。他认为,人格特征确实决定着政治。因为,布尔什维克主义的主要动力是行动,这个行动通过把布尔什维克主义的人格特征强加于其他人身上,改变了所有政治,并最终改变了社会结构本身。(比较一下有目的的布尔什维克组织和其他利益集团的政党,或中立的意识形态政党,就能看到这种差异性。)在这个意义上,布尔什维克主义可以被看做历史上少数几个成功的纯粹意志运动之一;在这方面,唯一能与之相匹敌的是某些宗教团体。因为,在现代生活中,观念(抽象的哲学的真理概念)已逐渐地转换成为意识形态(把信条当作真理来奉行),当莱特斯这样分析社会现实的时候,是有道理的,也是令人深思的。因为意识形态其实是想把诸观念、行为和人格统一起来的尝试;它们需要强化承诺。共产主义者(或法西斯主义者,或以色列的集体农场主,或百分之一百的美利坚主义者)不仅应该确信某些事情,而且还应该去行动,去成就某件事情,并且在行动中去确定其人格特征。如果一个人是"虔诚的",那么他就要"身体力行"自己的意识形态。因此,意识形态可以说预设了个体的人格特征。

但是,需要再次追问的问题是:是什么东西从根本上决定着人格?像前面已经给出的那样,罗伯特·欧文在《社会的新观点》(*A New View of Society*)或者爱德华·贝拉米在《回顾》(*Looking Backward*)中给出的自由主义的和乌托邦主义的回答是:环境培育了人格特征。例如,资本主义贪得无厌的本性形成了竞争的人格特征。(欧文在关于自由主义信仰的一段经典论述中说道:"只有摆脱了在人类特征中产生罪恶的这些环境,那么罪恶才不会产生。"在物质产品极其丰富的乌托邦社会里,将产生不同的人格特征。)

那么,是什么东西决定着布尔什维克的人格特征呢?莱特斯没有回答这个问题,也许是因为他的书的目的不在于此。他感兴趣的是描述布尔什维克的行动模式,以便发展出一个抵制共产主义的实践方法。他认为:无

---

① 从无意识抗争中建立"社会人格"的努力并不局限于精神分析学。例如,它是帕累托社会学的核心。对帕累托来说,社会活动的源泉是"利益"(或理性估价)、"诱导"(或合理化)和"残余"(或根本驱力)。如帕累托的一位忠实信徒乔治·哈曼斯曾经这样写道:"美国历史学家至多可以讨论'拓荒者人格'、'拓荒者精神'这样的话题。当他们不是全凭幻想来讨论这些品德的时候,它们也就是些残余'拓荒者'美德,尤其是一些个体的诚实美德。"——原注

论他对这个操作法则的描述是否真实,都与布尔什维克本能的根源无关。从形式上看来,莱特斯是正确的,因为这个法则的有效性依赖于其内在的一致性,依赖于使用同样资料的其他分析者的确认,最后,依赖于预测时的有用性。然而,从思想上看来,那个法则的渊源是重要的。因为只有通过对它们的追溯,我们才能获得一个完整的社会分析模型。

关于布尔什维克的人格特征的传统答案是,在革命前夕地下工作条件下的谋反性质——这种环境——造成了布尔什维克精英的独特结构以及独一无二的法则和纪律。但是,还存在着其他的政党、马克思主义者和社会革命者,他们也在同样的环境下展开工作。1903年,在列宁和马尔托夫(Martov)①之间开始了一场关于党员性质的意识形态争论,那场争论预示着"党的工作"的发展:马尔托夫认为,一个社会民主党成员就是一个基本上赞同党的纲领的人;而列宁则认为,只有一个职业革命家,只有一个足智多谋的人,才能成为一个党员。这样看来,这个模式在列宁的思想中就已经预先设定好了。(334)

在我看来,莱特斯将被迫主张:布尔什维克模式是一种纯粹意志的产物,这种纯粹意志取决于某些强烈的无意识驱力。更进一步地,如果莱特斯要想保持精神分析方法的连贯性,那么他将不得不主张如下观点:是列宁的人格特征,这位"鼻祖"缔造了这个党(他的追随者确实称自己为列宁主义者),而不是党的组织和环境造就了列宁和其他布尔什维克分子。就像在1917年4月和7月作出的一些关键性决定那样,正是列宁的个人意志改变了党的政治方向。布尔什维克党比历史上的任何一个其他政党都更加证明了意志的本质。布尔什维克运动过去是,现在仍然是,历史上具有最高自我意识的运动之一。其早期领导人的著作不仅像基督教的《圣经》一样具有典范性,而且也是培养党的"坚强核心"(hard core)成员的"培训资料"(training documents)。个人可能出自各种动机入党,但是,所有人都必须用统一的铸模冲压定形,否则就将被驱逐出去。列宁曾经带着嘲讽的口气说过:"那么民粹党是更加团结的了……就他们而言,众多的小团体并不伴随着

---

① 马尔托夫(1873—1923):俄国革命家,孟什维克代表,1895年参加彼得堡工人阶级解放斗争协会,1900年为《火星报》编辑,1903年在俄国社会民主工党第二次代表大会上带头反对列宁建党原则,成为孟什维克首领之一,斯托雷平反动时期为取消派领袖之一,1917年领导左派社会革命党人,1919年起为全俄中央执行委员会委员,1920年起迁居国外,发起组织第二半国际。——译注

激烈的宗派……［不过］民粹党在政治上是软弱的……无力采取任何政治的群众行动……［虽然］教条主义的'马克思主义者'已分裂成无数宗派……但是他们却成功地展开了积极的活动。"

因此，从一种与众不同的、社会学的眼光来看，规定着共产党特征的这些宗派和清洗运动（在取得政权之后成为血腥的清洗运动）可以被看做一个人格与个性的选择过程：真正的布尔什维克是经受住考验后留下来的那些人。

(335) 我们不妨简要地概括如下：布尔什维克的人格特征是对古老的俄罗斯知识分子人格结构中的各种要素所作出的有意识或无意识的反动。① 这一点在列宁这个人物及其情感和思想中得到了最为鲜明的表现。布尔什维克党是按照列宁的模子铸造的。

莱特斯的研究使我们在一些历史学理论和政治学理论之间兜圈子。100年以前，把历史变化归功于某些"大人物"及其人格力量是一种时尚。后来，我们根据抽象的"社会力量"——人口压力、对市场的寻求等——来阐释历史，那些社会力量在某种程度上通过个别的活动者使自身转化为有形的事件，但是这一过程从来没有得到充分的认识。这些决定论的明显不适当性已经导致了心理学解释的重新引入，并且通过弗洛伊德的影响，导致了性格学阐释的重新引入。甚至连前马克思主义者也不能幸免。居于经济力量之上的"政治首要性"（primacy of politics）这种当代流行理论难道仅仅是一种改头换面的"权力"心理学理论吗？解释当今俄罗斯状况的绝大多数尝试都在"权力"等式中得到了表现。但是事实上这个"权力"等式并没有说出什么东西。它没有谈到为了实施权力而采取的不同策略，所针对的不同社会团体，以及将达到的不同目标。如果一个人要想使用政治心理学理论，那么莱特斯的观点——强调人格特征是权力驱力和意识形态的混合物——尽管它具有诸多局限性和不确定性——比政治学家私下所信奉的心理学观点要敏感得多和有想象力得多。

然而，我们对这个方法仍然有两个问题要问：人格特征的连续性是怎样确立起来的？一个精英团体是怎样把其人格特征强加于一个国家的？并

---

① 莱特斯在随后的《清洗的仪式》（格伦哥，第三卷，1954年）一书中阐释了30年代末的莫斯科审判。简单地说，他的观点是，老一代布尔什维克从心理上陷入自身逻辑车轮之中，迷失了方向，只能逆来顺受地屈从和认罪。——原注

且，在这个过程中，他们遇到了什么困难？

在莱特斯的模型中，正像我们已经看到的那样，存在着这样的一层含义：知识分子人格特征中的初始变化——布尔什维克主义的出现——是一种对塑造的反动，并且，其"鼻祖"的人格特征决定着它的政治进程。这在列宁身上得到了验证，那么这种说法该怎样应用到斯大林及其后继者身上呢？欧内斯特·琼斯（Ernest Jones）[①] 在研究《哈姆莱特》时说道：存在着两类儿子：第一类儿子抗拒父亲；第二类儿子继承父亲的衣钵，把父亲的本质人格特征内在化，并且经常在这个过程中漫画式地表现父亲的人格特征。[②] 从这种观点出发，斯大林是继承了父亲的人格特征的儿子，只是其格调比较粗俗而已。在列宁时代，布尔什维克党拥有着深谋远虑的独断权力；在斯大林时代，党内的一小撮人，甚至领导者个人，拥有了这种独断权，以至于所有的智慧都集中到了他一个人的身上。曾经用来对付敌人的手段，尤其是蒙骗和恐怖，现在被施加到布尔什维克党宣称是他们的代表的群众身上，后来又用到了党自身内部的对手身上。列宁曾经反对个人感情用事，坚持不受个人威信的影响；斯大林主义者对于极细小的冒犯也要上纲上线，作出强烈的反应。列宁反对在党内产生"自夸自大"的风气，斯大林主义者则在自我颂扬方面达到了登峰造极的地步。列宁反对在党内制造"流言飞语"；斯大林则以种种莫须有罪名来清理党的干部。

在布尔什维克行为上的这些变化并非必然地反映了莱特斯把其断定为布尔什维克人格特征之最终源泉的那些无意识欲望和恐惧的变化。心理防御模式是会变化的；诚然，由于旧的防御逐渐地变得不合时宜，它们必须经常地发生变化。但是，当这样的变化发生在一个广大的政治领域时，它们就变得极其重要，而且，我们肯定会追问：为什么在防御机制上发生了这些变化？为什么会发生这样一些特殊变化？还有可能会发生什么进一步的变化呢？在这里，莱特斯几乎没有提出任何见解。他的理论探讨的是布尔什维克主义在其形成过程中的原动力问题，但是，一旦布尔什维克主义诞生之后，像他指出的那样，那个模式便一直没有发生变化。例如，由赫鲁晓夫及其同伙发起的最初的反对斯大林运动就是如此。有人可能会说，

[①] 欧内斯特·琼斯（1879—1958）：英国心理学家。——译注
[②] 《哈姆莱特……以及一项由欧内斯特·琼斯作出的精神分析研究》（伦敦，1947年），第22页。其论点在琼斯的《哈姆莱特和俄狄浦斯》（纽约，1951年）中得到了精辟论述，第83—90页。——原注

它反过来代表着对采取过度压制政策和近乎妄想狂的斯大林的一种反应；或者可能还存在着更加"合理的"解释：去赢得群众支持的需要，等等。此外，我们将怎样去解释赫鲁晓夫人格特征之表面的"开放性"和显著的粗鄙性呢？在这个模型本身中，我们没有得到关于这种变化的可能性或性质的任何指导。

这个模型的稳定性部分地来自于其方法论。布尔什维克的人格特征的基本轮廓不是来自其行动的经验世界，而是来自布尔什维克学说的抽象准则。就其自身而言，这不算是一个太大的错误，因为这种学说本身是明确的。这种理论的更大错误在于如下事实：从固定不变的学说出发，它确定了被称为"人格特征"的固定不变的力量，然后把所有人类活动全都凝聚成一股所向披靡的力量，而这也正是该理论的力量所在。这真是一个矛盾。① 但是，在社会行动中，人格特征或意志究竟在多大程度上经常实际地把自身强加于事件之上的呢？人们大多生活在各种社会制度之中，他们以复杂的方式相互"联结在一起"。毫无疑问地，我们大家都喜欢把我们的"人格特征"强加给世界，但是实际上我们发现我们被迫修改自身的要求以适应各种可能性。因此，我们可以断定，莱特斯赋予其"人格特征"概念以一个虚假的自主权，并且在把这个概念运用于政治过程中——政治是一个最为变幻莫测的现象——曲解了这个论题的性质。

三 哈佛体系是怎样运作的

现在，我们来讨论社会学方法。由哈佛的三位社会学家：雷蒙·A.鲍埃尔、亚历克斯·英克尔斯和克莱德·克拉克洪完成的研究《苏维埃制度是怎样运作的》（*How the Soviet System Works*）是当代社会学提供的最优秀作品，单是从这一点上讲也是值得注意的作品。这本书是由向美国空军提供的一个报告《苏维埃社会制度之战略心理的优缺点》（*Strategic Psychological Strengths and Vulnerabilities of the Soviet Social System*）修改而成的。他们接受美国空军委托，花了5年时间来研究这个项目。从一个

---

① 像乔治·伊凡斯克说过的那样，如果所有男人都可以被划分成狐狸和刺猬，那么，根据萨尔蒂耶柯夫—谢德林（Saltykov-Schedrin）的讽刺作品，他们也可以被划分成穿裤子男孩和不穿裤子男孩。如果列宁是穿裤子男孩，那么赫鲁晓夫难道是不穿裤子男孩吗？——原注

方面讲,这项研究表明了此类资助研究的艰难。因为资助者要求作者们写一本"通俗"读物,以便向自己的管理者展示。结果,这是一次并不令人愉快的合作:"论文"被压缩,只有部分资料得以发表;原来打算采用通俗的风格来写这本书的想法最终没有实现。这个项目以同布尔什维克背叛者的系统交谈为根据。素材来自329份扩充的生活史谈话录,包括详细的性格测试;435份补充谈话录;将近10000份有关各种特殊问题的问卷;2700份普通问卷,以及100次谈话和心理测试,这些资料还与一组相应的美国人作参照。结果,总共收集到了33000页资料。这些资料,加上在准备此书过程中所利用的50多个未出版的专题研究报告和这些作者打算编撰成书的35篇已经发表的论文,显示了他们搜集的资料的丰富性。

经济和政治问题不在这个项目考察的范围之列。该项目的关键性概念是"社会制度"(social system),这个概念是这个哈佛研究小组探讨的核心概念。"社会制度"仅仅是诸社会或亚社会集团为了实现某些特殊目标而组织其活动的富有特征的方式。因为由此产生的各种机构或行为模式是联结在一起的,因此,可想而知,通过一个富有意义的方式,领域的变化将伴随着其他领域的常规的——且确定的——变化。(资本积累率——经济制度的根本性决定因素之一——的变化肯定导致了消费率的变化,如此等等。)在社会制度中,工厂权威结构的重组可能会引发学校体制、家庭等组织的连锁变化。例如,由于斯大林在1931年把单人管理和严格的劳动纪律引入了工厂,人们便可以想象当经理面对来自某"进步"学校的一个无礼学生时,他就会说:"这是什么街头混混?"并且他坚持要求改变学校教育方法以使学生学会服从。无论如何,当教育委员面对着来自破碎家庭的"粗野"儿童之时,只好呼吁加强家庭观念,从而使离婚变得更加困难。于是,古老的、传统的权威形式被重新引入了进来。[1] 然而,这样的社会变化可能是有害的,因为随着工厂的压抑渗透到每一个角落,个体需要去寻找保护,并且在亲密的家庭纽带中去寻求这样的保护。这样,过不了多久,现存的体制就会开始抱怨不合时宜的家庭至上论。尽管这个例证过分简单化了一个社会过程,但是它并非是不适当的。

无论如何,这个哈佛小组并非致力于探讨社会常规制度的变化,如家庭、

---

[1] 这个例子来自亚历克斯·英克尔斯的"了解一个陌生的社会:一个社会学家的观点",载于《世界政治》,第3卷第2号(1951年1月),第269—280页。——原注

政治制度、教育、工业,而是致力于探讨具有典型意义的适当行为模式,这些模式调节着被统治者的生活。这些"核心模式"(central pattern)是:与明确的意识形态达成一致的需求;对允许有独立的权力源泉的抗拒;对所有计划和管理的集中;将资源过分集中在某些目标上;对恐怖和强制性劳动的使用;把"突击行动"(storming)作为达到目标的方法;对不能如期完成计划的推托的容忍(例如,信口雌黄,对非正式协议的广播);等等。根据这些"操作特性"(operating charateristics),这个哈佛小组试图去确定这种制度的一般优点和缺点。即,其缺点是:在政府机关中不存在有秩序的前后承继过程;重工业的经济增长与消费工业的经济增长不成比例;还有持续不断的肃反运动和不安全事件。其优点是:抵制的原子化;俄罗斯人对外在世界的现实的无知;管理集团方面对制度的深深忠诚。

这种探讨方法面临的一个麻烦是:人们实际上并不知道这些"操作特性"中的哪一些特点是重要的,哪一些是次要的,因为这个哈佛小组似乎缺乏作出这些选择的组织原则。例如,"强制性劳动"(forced labor)是这个制度的一个"固有"方面,还是只是失控的且将被抛弃的一个偶然因素?如果是后者,那么这个判断是如何作出的呢?——是根据恐怖已经变成有害的事实,还是根据恐怖是经济上不合算的事实,是因为它受到了来自外面的道德谴责,还是因为别的什么原因?还有,为了测定各种主要社会团体的忠诚和不忠诚程度,如果人们试图去预测"苏维埃领导层各部门……可能作出的反应",那么,这个"核心模式"还不如对同其他利益集团相对应的这些部门及其权力的不同利益的精确界定来得重要。问题在于:我们在分析模式中想要寻找什么?

分析模式是用来把握具有相关特点的某些特殊范畴的。在政治理论中,我们可以像亚里士多德那样把政体划分为君主制、寡头政治或民主制;或者像马克斯·韦伯那样,把政体划分为传统政体、理性政体和神授政体。人的目的决定人的视野。这种划分的危险在于,人们倾向于把范畴当作实在的东西而不是理论的构造。马克思主义思想中就存在着这种错误,那种思想一开始采用了社会制度概念。因为在马克思主义关于资本主义的简单模式里,阶级是在与生产工具的联系中才形成的,所以对于头脑简单的共产主义者来说,既然"人民"已经拥有了工厂,俄罗斯就不可能有任何剥削了,也不可能有任何剥削阶级了。所以,俄罗斯究竟是一个"工人国家",一个"堕落的工人国家",或是别的什么的激烈学理争论也就不可能存在了。

尽管存在着这些陷阱,但是在千方百计地界定一个制度的本质的尝试中所取得的结果是,我们能够确定某些具有因果关系的因素(用现代行话来说,独立的可变项)、对该制度的所有其他部分产生影响的诸多变化。(例如,对马克思而言,资本主义的本质是进行资本积累和再投资的冲动。由于在消费和生产之间日益加深的鸿沟,由于生产过剩,由于利润率的下降,可以推想出来的是,那种下降是高资本投入和低劳动投入的一项职能,危机注定是不可避免的。)(340)

然而,这个哈佛小组放弃了按照他们原来构想那样地详细说明在社会制度中的原动力的打算。他们说:"把重要的等级秩序设定为那些操作特性是困难的,而且是不可能的。因为它们构成了一个相互联系的系统,在其中,每个特性都牵涉到了其他特性。"① 除了有人可能质疑此类"相互联系"的"紧密性"甚至不同"操作特性"的一致性这个事实之外(例如,在作为该制度的特性的"突击运动"和"强制性劳动"之间的联系是什么?),难道去找出最重要因素真有那么困难吗?实事求是地说,如下情况不是一目了然的吗:苏维埃制度从根本上是以政治权力的集中控制为特征的,它是一个命令系统,几乎没有公共机构的监督,并且,这个制度的所有其他方面——不允许有独立的权力、过分依凭于资源等——都是源于这个事实?

但是,一旦那一点得到了承认,那么,一个重要的不确定要素也必须得到承认。因为,在这样一个命令系统中,一小撮人——在斯大林个案中,只有一个人——的决定在改变该制度的性质过程中具有决定性的意义。如果是布哈林②而不是斯大林赢得权力斗争的胜利,那么俄罗斯难道将会是一个不同的社会吗?或者,如果是莫洛托夫而不是赫鲁晓夫掌握了权力,那么俄罗斯的境况难道会在某种程度上不同于今天的样子吗?因此,苏维埃社会的发展依赖于苏维埃政治发展的性质。

如果这种观点是正确的,那么在试图理解苏维埃联邦的过程中,我们

---

① 鲍尔、英克尔斯、克拉克洪:《苏维埃制度是怎样运作的》,第20页。——原注
② 尼古拉·伊万诺维奇·布哈林(1888—1938):联共(布)党和共产国际领导人之一,马克思主义理论家和经济学家,曾任联共(布)党中央委员会委员和政治局委员,共产国际执行委员会委员、主席团委员、政治书记处书记,《真理报》主编,曾经被誉为苏共"党内头号思想家"。列宁逝世后,他同斯大林站在一起,在战胜新反对派和"托—季联盟"斗争中起重要作用,后由于和斯大林政见分歧于1929年被解职,大清洗时被处决。——译注

又回到了苏联政策研究理论。那是一种极其让人着迷又常常令人恼火的神秘游戏,这种游戏着迷于探讨在餐桌上表现出来的微妙礼仪,观察谁被要求到最高苏维埃去讲话,按照什么序列进行,从而推测谁将成为"最高统帅"(on first)。

一个本质性的事实是:这个哈佛体系,由于缺乏对原动力的感悟,无法指明在该制度中的变化的源泉。尽管了解社会行动的诸多"限制"(例如,在提供新的激励措施以前,一个人能在多大程度上调动心怀不满的农民的积极性,或者哪一些团体具备了独立行动的最大潜能)是重要的,但是在政治上,一个人必须知道是谁组成了一个统治集团,该集团是如何达成一个决议的,其下属集团的主张是如何得到调整的,如此等等。因为在像俄罗斯这样的社会里,公共机构模式和行为模式都不是自主的,所以,除非它能够在政治语境中得到界定,否则"社会制度"就没有任何意义。

(341)

四 谁排在谁的前面就餐

苏联政策研究的基本假定是:俄罗斯权力斗争的每一个行动都是通过礼仪、荣誉和权力斗争而得到表现的。因此,由于一个单一的中心日益无力指挥 300 000 家企业的运作,分散经营俄罗斯经济的明确需要便变成了通过这场转变谁的权力应提高、谁的权力应降低的问题。这样,不是在最终分析意义上,而是在当下分析意义上,所有合理的技术标准都屈从于政治标准。因此,就分析俄罗斯政策的任何一个变动而言,我们被迫在此类权力斗争所演绎出来的拜占庭式阴谋诡计中来开辟出我们的道路。

一个实在的问题首先产生于对各种相互竞争的权力集团的界定上,其次产生于我们对个体的联盟,尤其是次要人物的联盟的认定方式上。有一个研究方法是以"功能性"术语来界定权力集团,如政党、军队、秘密警察、国家官僚制度等,并根据这些集团所取得的地位来确定其代言人。因此,已故的弗朗茨·博肯诺(Franz Borkenau)[①],苏联政策研究的主要践

[①] 弗朗茨·博肯诺(1900—1957):奥地利作家和社会活动家,生于奥地利的维也纳,在莱比锡大学学习时产生对马克思主义的兴趣,并加入德国共产党,后成为法兰克福学派成员,1933年离开德国前往伦敦,后来参加西班牙内战,返于西班牙和德国之间,因支持托洛茨基而被共产党逮捕,第二次世界大战爆发后移居伦敦,从事写作,第二次世界大战结束后,回到西德。——译注

行者，在1957年5月6日的《新领袖》中写道："自从斯大林死了以后，在赫鲁晓夫和高尔基·马林科夫之间展开了一场激烈的公开斗争，前者是该党专政统治层的代表，后者一度担任总理职务，是要求独立的管理者的代言人。近四年来，管理者们越来越强烈地要求在经济上获得更多的分散经营权。因此，赫鲁晓夫和他的联盟者拉扎尔·卡冈诺维奇（Lazar Kaganovich）[①] 提出了一个方案，一个削弱管理者阶级基础的迂回计划。"在稍后的一篇文章中（6月3日），卡冈诺维奇被看做站在局外人一边的人，而不是站在斯大林一边的人。

这种总括性陈述存在着几个难题。首先，像"管理者"（managers）这个语词包含着一个基本的模糊性。管理者是业内工厂的负责人，是莫斯科经济管理部门的头儿，还是全俄罗斯经济计划的制订者？如果"管理者"包括了所有这三个类型，那么是否存在着他们中间的利益的同一性呢？（毫无疑问地，人们可以料想到，在追求对自己的活动拥有更大控制权的工厂和莫斯科的管理部门之间存在着相当大的摩擦。）如果这种情况并不存在，那么，在这三个类型中，哪一个代表着真正的"管理者"呢？

第二个难题产生于集团与集团之间的机械对抗。在职能集团之间确实经常存在着利益冲突，但是，由小宗派和小圈子来执行的政治权力斗争的这个性质要求权力人物能够在所有集团中拥有其联盟者。因此，斗争不只是发生在"管理者"和"党"之间，或者在"军队"和"党"之间，而且超越了这些组织。例如，军队是否具有一个统一的利益集团（统一在什么利益之上的）？或者，是不是朱可夫和甲利益集团结成了联盟，科涅夫（Koniev）[②] 和

(342)

[①] 拉扎尔·卡冈诺维奇（1893—1991）：乌克兰犹太人，苏共和苏联政府领导人。1925—1928年任乌克兰共产党中央委员会第一书记。1928—1939年任联共（布）中央委员会书记，1930—1935年兼任莫斯科委员会第一书记。1926年起成为政治局候补委员，1930年成为政治局委员。1938年担任苏联人民委员会副主席。反法西斯战争期间任国防委员会委员，高加索战线军事委员会委员。1946—1947年担任部长会议副主席。斯大林逝世后任党中央主席团委员、部长会议第一副主席。1957年6月，同莫洛托夫、马林科夫、布尔加宁等试图解除赫鲁晓夫的领导职务，被定为"反党集团"成员，开除出主席团和中央委员会。1962年被开除党籍。晚年定居莫斯科直到去世。——译注

[②] 伊凡·斯捷潘诺维奇·科涅夫（1897—1973）：俄国军人和苏联元帅，苏联陆军攻击之王，第二次世界大战中和朱可夫、罗科索夫斯基并称苏联陆军野战三驾马车之一。他在军事上具有敏锐而正确的直觉，擅长步炮协同作战，能把强大炮兵火力和步兵高速度下出其不意的进攻完美结合起来，1943年后打出一系列经典攻击战，直至在柏林战役抢去朱可夫的光芒。他出身政治委员，在激励士气、团结同志上具有朱可夫不可比拟的优势。——译注

乙利益集团结成了联盟,瓦西列夫斯基(Vasilievsky)① 和丙利益集团结成了联盟?就我们从其他地方所了解的军队而言,确实发生着此类内在冲突以及不同的外在联盟——例如,在美国军队中,存在着马歇尔—艾森豪威尔集团和麦克阿瑟集团。因此,问题在于明确:哪些问题使得军队站在了统一的立场上,哪些问题使得军队高层官员产生了分裂。在这样做的过程中,人们将面临去决定是什么因素把小宗派和小圈子联系在了一起的问题:是同学联谊会,忠诚于提拔自己的人,代沟差异,还是共同的战时经历或工作经历,等等。

也不能说是意识形态决定了联盟,因为在某些关键的政策问题上——消费品和重工业的问题,对西方保持一种强硬的或和缓的关系的问题,对卫星国保持一种强硬的或和缓的关系的问题——对此类问题抱着始终如一的态度的单一的意识形态是不存在的。马林科夫本来想要缓和一下国内局势,以便与西方保持更强硬的关系。而且,一个高层领导人为了获取支持经常会机会主义地改变其意识形态的立场。毫无疑问,在这方面斯大林的历史就很有启发性。(人们经常提出这样一个问题:是赫鲁晓夫还是马林科夫代表着斯大林主义派?这些说法的困难是:我们正在考察的是一个宗派的瓦解,而且在一个如此高度亲历的情况下,以前用来确定这些联盟的社会学标准似乎很少有站得住脚的。)

然而,在实施按照路线来确定支持联盟的任务方面,存在着一些更大的困难。每个外事处和宣传机构都存在着为苏维埃精英人物撰写传记的强烈渴望,他们努力地追踪着不断变换的这些人员的蛛丝马迹,把它们看做衡量高层竞争者的相对力量的一个工具。正如下面引用的例子所证实的那

---

① 亚历山大·米哈伊洛维奇·瓦西列夫斯基(1895—1977):苏联红军总参谋长、远东军总司令,1943 年获苏联元帅军衔,1940 年 5 月任总参谋部作战部副部长,主管西方防务,1941 年 8 月任副总参谋长兼总参谋部作战部部长。1942 年 5 月任总参谋长,1942 年 10 月起兼任苏联副国防人民委员。任职期间,几乎经历苏联卫国战争所有重大战役,显示出卓越军事指挥才能。1945 年 6 月,被任命为远东苏军总司令,负责指挥所有的参战部队实施远东战役。战后任苏联武装力量部部长。1953 年起,先后任苏联国防部第一副部长,主管军事科学研究的副部长。1959 年,任苏联国防部总监组总监。他荣获两次"苏联英雄"称号,8 枚列宁勋章,两次获苏联胜利勋章及许多其他勋章。1977 年 12 月 5 日,在莫斯科去世。——译注

样，这种方法往往是极其力不从心的。① 无论一个人可以多么细腻地，不过仍然机械地，探讨这种蛛丝马迹，但是仍然留下了可质问的余地。有一位观察家在评论鲍里斯·迈斯纳的《斯大林神话的终结》一书时抱怨道："他以为他对布尔什维克党的任何职能部门，从高层到下层，都可以评头论足，他可以弄清，某人究竟是赫鲁晓夫的人还是马林科夫的人，是党的政策在这一个或那一个策略细微差异上的支持者。然而，这些断言往往是以无关宏旨的传记资料为根据的。根据迈斯纳的观点，无论是谁，只要过去曾经在马林科夫手下干过一段时间，那么，现在在所有情况下，他都将被看做马林科夫的一个追随者。无论是谁，只要他 20 年以前曾经在乌克兰与赫鲁晓夫一起工作过，那么他至今仍然被看做赫鲁晓夫的知心人。"②

有时，同一件事情会得到截然相反的解释，例如，福罗尔·R. 科兹洛夫（Frol R. Kozlov）③ 被安排到党的主席团候补委员这一关键性位置上

(343)

---

① 1957 年 5 月 14 日，自由电台每日情报公告以"安德罗波夫——中央委员会卫星国家部的领导"为标题播发了如下新闻：1957 年 5 月 12 日的《真理报》两次称苏联驻匈牙利前大使尤·V. 安德罗波夫为"苏共中央委员会部的领导"。据《真理报》报道，安德罗波夫出席了赫鲁晓夫为蒙古人民共和国政府代表团举行的欢迎宴会，并且出席了由布尔加宁主持的为同一个代表团举行的午宴。尽管塔斯社没有精确地说明安德罗波夫控制的是哪一部，但是人们可以猜想得到的是，它就是相当秘密的卫星国家部（而其官方名称仍不为人们所知）。在过去，一直被称作"苏共中央委员会委员"的 B. N. 波诺马廖夫经常参加为欢迎来自卫星国的党和政府代表团而设的这一类宴会。由波诺马廖夫担任的这个职位以前从来没有提到过。就这一方面而言，注意如下情况是很有意思的：（《真理报》1957 年 4 月 13 日）今年 4 月 12 日，为了欢迎奥尔巴尼亚党和政府代表团，出席由布尔加宁和赫鲁晓夫主持的午宴的人依次是……谢罗夫、波诺马廖夫、帕利古诺夫、尼基京……出席刚刚由布尔加宁主持的为蒙古代表团而设的午宴的顺序如下……谢罗夫、安德罗波夫、尼基京、帕利古诺夫……［脚注：出席由赫鲁晓夫主持的欢迎宴会的顺序是：葛罗米柯、皮萨列夫（驻蒙古大使）、安德罗波夫。不过，需要注意的是，根据顺序，出席为外国代表团而设的欢迎宴会，驻所在国的苏联大使总是给予了一种荣誉性的地位，而无论其是否在那个顺序中真的占有那个位置。］虽然有所有这些事实，但是断定安德罗波夫已经代替波诺马廖夫，那将是草率的。因为波诺马廖夫也在一定程度上同国际共产主义运动有联系。（例如，他是出席 1956 年 7 月法国共产党第十四次代表大会苏共代表团的成员。）一种更加说得通的解释是：中央委员会实行了一次"国际劳动分工"。波诺马廖夫将继续负责同其势力范围之外的那些共产党打交道，而安德罗波夫将负责卫星国事务。值得注意的是，就在谢皮洛夫从外交部长的位置上退下来之前由他开始的在外交部高层官员的改组过程中，安德罗波夫被免职（"因被委以其他工作的关系"——《真理报》1957 年 3 月 7 日），是谁提携了安德罗波夫便一目了然了（在排序中他比他的前任领导——V. V. 库茨涅扎夫，第一副外交部长——要高出好几级，参阅《真理报》1957 年 5 月 12 日）。——原注

② 伊曼努尔·本鲍姆："反斯大林运动：动机和后果"，载于《共产主义问题》第 4 卷第 1 号（1957 年，1—2 月），第 41 页。——原注

③ 弗罗尔·R. 科兹洛夫（1908—1965）：俄国政治家。——译注

这样的事情。哈里森·索尔兹伯里（Harrison Salisbury）①在1957年2月16日的纽约《时代》周刊上撰文指出，科兹洛夫是属于别尔乌辛部长（Mr. Pervukhin）②集团的成员，而且"可能是马林科夫部长的一名追随者"。索尔兹伯里说，科兹洛夫是1953年"医生阴谋"关键性宣传文件的作者之一；所以，根据苏联政策研究的逻辑，人们可以推断出马林科夫是这场阴谋的导演之一。但是，理查德·洛温塔尔一天之后在伦敦《观察家》上撰文评论说："不仅通过谢皮洛夫部长（Mr. Shepilov）③重新回到了党的书记处，而且通过列宁格勒地区第一书记弗罗尔·R.科兹洛夫为党主席团候补委员，赫鲁晓夫在党内的位置得到了加强。……在马林科夫统治的早期时代，他又变成了一个默默无闻的人，到1953年底，由于赫鲁晓夫的亲自干预，他才代替了马林科夫的门徒安德里亚诺夫，出任列宁格勒党组织的领导。"因此，根据同样的逻辑，由于科兹洛夫在"医生阴谋"开始时就介入了警戒运动，因此赫鲁晓夫同这场阴谋的实施具有脱不掉的干系。

这不是说这个方法是错误的，而是说某人的情报是不适当的。（根据记录，洛温塔尔先生对科兹洛夫的评论是对的，而索尔兹伯里是错的。）关于苏联政策研究问题所面临的困难究竟有多大可以从1957年8月10日纽约《时代》周刊上的一篇报道中看到。该报道认为美国国务院根本不知道究竟是谁在主持苏联外交事务并制定对外政策。该报道说：

> 尽管国务院所作的尝试已经有一段时日了，但是没有成功地解开一个新的克里姆林宫谜语。
>
> 问题在于：是谁真正掌管着苏联的外交政策？谁是与国家杜马书记处相对立的苏联反对派？……
>
> 有人认为，赫鲁晓夫和马歇尔·布尔加宁（Marshall Bulganin）④都已经不在莫斯科了，他们不再与外交政策专家们共事，因此在最近

---

① 哈里森·索尔兹伯里（1908—1993）：美国战事记者。——译注
② 米哈伊尔·别尔乌辛（1904—1978）：俄国政治家和外交家。——译注
③ 谢皮洛夫（1905—1995）：俄国政治家，曾任外交部长，苏联共产党中央委员会书记。——译注
④ 马歇尔·布尔加宁（1895—1975）：俄国政治家，曾任苏联部长会议主席（1955—1958）。——译注

几个月里他们不可能有时间去"过问事务"。

然而，国务院感到苏维埃外交策略的质量在这段时间内已得到了引人注目的提高。并且现在在对西方世界的理解上表现出了一种非同寻常的精细……

国务卿要求美国情报局寻找证据，但是一直到现在为止，调查人员能拿出来的是一张完全空白的表格……

它对华盛顿产生的影响是，国务院既很难评估苏联的当下意图，也很难评估苏联外交政策的可能的未来。

可想而知，苏联政策研究者们也面临的一个两难是：当发布领导成员发生变动的声明本身并没有对其意义提供任何线索之时，研究者们不得不对在领导层全体人员地位上发生的主要变化作出即时的阐释。这样，在马歇尔·朱可夫已经被解职这样一个简短声明发表后的第二天，纽约《时代》周刊的记者哈里·施瓦茨用如下方式开始叙述朱可夫的故事："自从马歇尔·高尔基·K.朱可夫昨天被免除苏联国防部长的职务以后，将产生两个重大的可能性：要么继续削弱其实权，要么晋升为苏维埃最高统治集团的成员。"（1957年10月27日）

人们能够理解这些职业敏感。亨利·亚当斯在他的《自传》里叙述道：在美国南北战争期间，他在伦敦担任父亲的秘书，父亲当时是美国驻英大使。他当时正在负责撰写一些英国内阁意见分歧的报告，这些报告后来成为美国政策的基础（例如梅森—斯利德尔事件），并且亚当斯当时以为这些报告都是依据第一手情报写成的。然而，20年以后，当英国内阁文件被公开时，他非常沮丧地发现他的报告完全是错误的。在布达佩斯叛乱之后不久，休·盖茨克尔（Hugh Gaitskell）[①] 在下议院提出了这样的问题：是否由于艾登（Eden）[②] 在苏伊士活动的新闻助长了俄国人的干涉。即使盖茨克尔利用这个问题只是为了加强政治优势，它也是无可厚非的。重要的在于弄清是否真有这么回事。但是究竟有没有这回事呢？我们没有办法去深入探讨消息的来源。

可是人们会对方法，至少是就苏联政策研究中一直在运用的方法提出

[①] 休·盖茨克尔（1906—1963）：英国工党政治家。——译注
[②] 艾登（1897—1977）：英国保守党政治家，曾任英国首相。——译注

质疑。简单地说，苏联政策研究通常会成为布尔什维克精神的对应面——也就是说，它变得过于独断。有关布尔什维克精神的实质性事实是，它拒绝承认偶然事件和随机性。每件事情都是有原因的，都有一个预先设定的动机。因此，这些邪恶的叠句用布尔什维克修辞语来说有："同志，这不是偶然的，这不是纯粹偶然的，这是……"或者，"为什么敌人选择了这个时候，为什么偏偏是这个时候？……"带着不可告人的图谋，所有这些问题都导向一个终极的问题：谁战胜谁？谁役使谁？人们可以回顾一下几年前发生的一个插曲：两个乌克兰代表出席联合国会议，一天，他们逛进了纽约一家小熟食店，恰巧遇上抢劫，由于语言不通，他们无法理解抢劫者的命令，其中一个被射伤了腿部。维辛斯基要么是存心想让美国难堪，要么是由于他确实心存疑虑，他拒绝接受纽约警察局的如下解释：既然这是一次抢劫事件，这次枪击事件便不可能是一次政治事件。他追问道："这怎么可能是一次抢劫活动呢？它只是一家很不起眼的熟食店呀。"在他看来，在富裕的资本主义的美国，谁会自找麻烦来抢劫一家小店铺呢？

有时，人们能在苏联政策研究者中发现类似的逻辑。① 每一种变动——既包括国内权力冲突中的人事变动，也包括国外国际舞台上的政策变动——都被看做精心策划的阴谋活动，是深谋已久的表演，是预先设定好了的计划，其每一个结果都是预期的；每一个变动都具有不可告人的意思，它只有通过一些意味深长的礼仪和微妙的语词才能得到揭示。（请设想一下苏联政策研究者和或精神分析学家对印度大使梅农 [K. P. S. Menon]② 的陈述会如何处理吧。梅农是看到斯大林健在的最后一位外国人。他说，在接见的整个过程中，斯大林使自己完全成了一个——

---

① 也许，通过"苏联研究"方法来追溯苏联流放政策的最为非同寻常的尝试是迈伦·拉什的兰登研究：《赫鲁晓夫的崛起》（华盛顿，1958年）。在1955年，拉什观察到，作为党的第一书记（*pervisekretar*），赫鲁晓夫的头衔在常规条件下在俄文报纸上是以小写字形式出现的，但是在1955年5月25日的《真理报》上，它突然以大写字形式（*PerviSekretar*）出现。（第二天，大写字母 S 被去掉了，但是大写字母 P 仍然保留了下来，因此标题变成了 *Pervisekretar*。）从这条细小的线索，加上其他乍看无关紧要的一些情况，他似乎隐约看到了某些相同的倾向（例如，赫鲁晓夫对斯大林大放厥词，他称马林科夫是右倾修正主义者）。在为当时的兰登准备的一篇文章中，拉什认为：赫鲁晓夫正在开始夺权，他将利用斯大林的阶梯，这个党的书记工作，作为往上升的手段。对拉什的推理的一些更加详细的提问，请参阅我对他的著作的评论，载于《共产主义问题》第7卷第2号，1958年3—4月。——原注

② 梅农（1894—1966）：印度政府官员和历史学家。——译注

任由伪君子们耍弄的——木偶。）但是，根据我们对世上每一个使馆工作人员所掌握的情况，很少有政治（甚至军事）活动是预先如此精确设计好的。不考虑偶然因素的分析家冒着像布尔什维克武断地玩着政治游戏那样的风险。

再往前一步，我们便已绕了一圈。无论最高权力具有多大的重要性，无论其统治具有多大的绝对性，没有一个权力集团会放弃其无限的权力。苏联政策研究方法遇到的问题和莱特斯遇到的问题是相同的。想把自己的意志强加于人的每一个企图都不得不考虑到自然资源的有限性和人类制度惯性的抗拒[①]——但是，该如何来考虑呢？

(346)

五　一条路和多条路——皮兰德娄的退场

现在我们已经考察了多条道路，那么是否存在着比别的道路能够更好地把我们引向现实的某些道路呢？（犹太教法典说道："如果你不知道你将要到哪里去，那么任何一条道路都将把你带到你想要的地方去。"）或许，只是在顺序上存在着一些差别——和问题——而已。

不同的时刻

尽管在一些关键时刻一种变化依赖于另一种变化，但是在发生的两种变化之间，在苏联社会（社会制度）的变化和苏联政治的变化之间，应该存在着明显的差异。这种差异是过程和事件之间的差异；或者，它是对偏

[①]　例如，对于苏联科学家在根据科学知识公共基金实施工作过程中的逃避技巧缺乏足够的注意。亚历山大·魏斯伯格—齐布尔斯基原来是苏联物理杂志的一名编辑，在1937—1938年的整肃中被捕之前是哈尔科夫研究所的主任。他讲过一个非常有趣的故事：在这家杂志的论文中，出于政治需要，俄罗斯的研究进展是如何被归结于辩证唯物主义的智慧的，以及当德国科学院询问这种新方法的秘密时，编辑们所面临的各种难题。（参阅《科学和自由》，洪堡大会论文集［伦敦，1955年］。）更晚近地，伊万·D.伦敦注意到科学界宗派主义者的全盘逃避："例如，根据从各种讲演、前言、导论等抽取的标题不难看到：在苏联，感觉器官生理学的整个发展都受共产党的指挥，以便'为列宁的反映论提供具体的根据'，并且满足'各种实践的需要'：工业实践、医学实践和军事实践的需要，尤其是后两者的需要。"不过，通过对技术文献的详细考察，在那些年出版的各种会议纪要都没有表明在苏联感觉生理学领域的这些严肃的研究计划真正在哪些方面受到了实践抑或是党的领导的影响。当然，从表面上看，似乎存在着一个实际计划目标——毕竟，"除了沟通以外，'苏维埃语言'还有预防的功能——但是任何一位对其课题具有敏感性的感觉生理学家都将认出研究项目中那些掩人耳目的目的……"（"给苏联一个实事求是的评价"，《原子科学家公报》第13卷第5号［1957年3月，第170页］。）——原注

执的社会学家威廉·格雷厄姆·萨姆纳（William Graham Sumner）①作出的一个古老区别的复活：即积淀的变化和法定的变化之间的差异。

积淀的变化波澜壮阔，此起彼伏，所向披靡，且依自律尺度而展开。它们要么源于传统观点的有机发展，要么源于价值取向的变化（例如，人们对少生或多生子女的决定），要么源于一旦重要决定被作出之后的技术律令（例如，一个国家一旦实施工业化就需要培训更多的工程师）。

法定的变化是立法者或统治者的有意识决定或意图（例如，宣战、农业集体化、新产业布置，等等），那些为变化立法的人不得不考虑人们的习惯及其掌握的资源，但是，这些仅仅是制约因素而非决定因素。

社会学分析在处理积淀的变化时是最有把握的。这些变化可以被识别，其趋向可以被揭示，并且像浮动的冰山一样，其过程，乃至其解体，比其他变化更易于被阐明。但是，社会学分析通常无法预测政治决定。在历史上存在着黑格尔所谓的"某些千载难逢的时机"，并且，在这些转折关头，人们务必把握的不是纯粹理性，而是实践判断（它是信息、直觉和移情的不确定综合）。布尔什维克主义是一场彻头彻尾的运动，它精确地了解了过去，并且出色地注视着诸事件的战术和战略的微妙差异。它时刻留意着"某些千载难逢的时机"（"革命时机"，如列宁首先意识到的那样），并且面对瞬息万变的局势，它能够当机立断。这些在过去赋予了布尔什维克主义以独一无二的政治优势。

预测的问题

一个人所描述的变化的性质决定了他能够作出的那种预言的种类。一个人可以界定和预测广泛的积淀的变化的范围和限度（例如，如果一个人知道苏联的资源状况——可耕土地的数量、矿藏、人力，等等——那么他就能猜测到其经济增长速度的下降），但是，如果一个人想要预测短期政策的变化，那么他必须去处理各种偶然的、荒唐的以及人性中令人不可琢磨的诸多变量。在20世纪20年代关于苏维埃政治之未来进程的那场争论中，有两个激进的观点是值得回味的。一方说："客观的形势要求托洛茨基这样做，这样做，这样做。"另一方回答说："是呀，你知道托洛茨基务必那样做，我也知道托洛茨基务必那样做，但是托洛茨基知道吗？"

---

① 威廉·格雷厄姆·萨姆纳（1840—1910）：美国社会学家和经济学家。——译注

在权力分析中，一个关键问题是权力继承的模式。苏维埃制度不同于任何宪政体制，似乎没有对合法性作出正式的界定，也不存在任何权力授予的制度。在企图步斯大林崛起之后尘的过程中，赫鲁晓夫把党的书记处作为权力杠杆。但是在这样做的过程中，他是在铤而走险。在战争年代以及战后，斯大林更强调其在政府和军队中的头衔，而非其在党内的地位。1953年，在斯大林逝世时，他仅仅是9位党的书记之一，但他是唯一的苏维埃社会主义共和国联盟部长会议主席。所以，当马林科夫被迫作出选择时，他放弃了党的书记职务，而试图通过其总理和部长会议主席的职务使其权威合法化。赫鲁晓夫的精明之处在于，他正确地估算到了，尽管技术和军队阶层的地位上升了，但是政治权力机械学从20世纪30年代以来并没有发生根本的变化。然而，我们能设想到这些"机械学法则"在任命赫鲁晓夫时能得到执行吗？我们如何界定各种力量的平衡并预见到它们将朝哪个方向倾斜呢？

（考虑到所有这些问题和陷阱，如果苏维埃问题专家小组，定期在不同层面上对可能的苏维埃发展作出预测，并且陈述其推断的理由，那么它将推动社会科学的进步。例如，鲍埃尔、英克尔斯和克拉克洪认为，俄罗斯的高等权力体系能够维持自身的稳定；马隆·拉什则认为，它无法做到这一点，并预见到了赫鲁晓夫的夺权企图。①这样，通过对各种预言、成功和失败的系统化考察，人们可能会获得一个更加灵活的苏联行为运作模式。）

（348）

非理性的作用

在社会理论中，分析总是侧重于合理性阐释。其假设（参见摩尔、罗斯托夫、多伊彻、阿隆等人的观点）为：一个社会在终极意义上依据其面临的合理性出路来作出选择。但是，在解释政治活动的出其不意性和剧烈性的过程中（例如，在德迪叶传记中叙述的铁托对"我们受到像苏联共青团那样的对待"的事实的愤怒②，或者，赫鲁晓夫对在斯大林逼迫之下去跳歌巴克舞［Gopak］③的憎恨），人们能给予愤怒的作用以多大意义呢？

---

① 鲍埃尔、英克尔斯、克拉克洪：《苏维埃制度是怎样运作的》，第239页；拉什：《赫鲁晓夫的崛起》，第21页。——原注
② 维拉迪米尔·德迪叶：《铁托》（纽约，1953年），第327页。——原注
③ 歌巴克舞是乌克兰的一种土风舞。——译注

并且，考虑到莱特斯的研究，作为一种政治姿态的线索，有意识的或无意识的情感因素的作用可以具有多大的重要性呢？难道仅仅是合理性决定着政治的进程，情感决定着人的胆汁，或别的什么吗？

神话和磐石

社会科学分析所面临的一个困难是，它探讨范畴而不探讨人。在对共产主义运动的近期分析中，尤其是在对美国共产主义运动的近期分析中，那个运动被看做一个坚如磐石的东西，每一个追随者都是一个遵守纪律的战士，或者是一个时刻准备听从"党"的命令的"真正信仰者"。

在某种程度上，西方世界自身一直为"布尔什维克"的独特形象所吸引，这个形象也是共产主义统治者们试图用来塑造"崭新的"苏维埃人的。就像任何一个人类团体一样，共产主义者无法超越个人的竞争，更重要的是，他们无法超越困扰着所有激进运动的与生俱来的宗派主义。事实上，有人可能会认为，只要存在着砍掉"左翼"或"右翼"的需求，那么，为了党去保留一个不受玷污的正确性的神话，宗派主义是必要的。然而，毫无疑问，在马尔蒂、狄戎、勒戈尔、哈维、库基、马格纳尼、里尔、铁托、佩特科夫、哥穆尔卡、拉伊克（Rajk）[①]、纳吉，以及数以千计的其他人的背叛、清除和谋杀中——尽管其斗争更加隐蔽和诡秘——早些年的世系和宗派（莱维、露特·菲舍尔 [Levi, Ruth Fischer][②]、布兰德尔、塔尔海默、索发林、拉帕波特、罗斯米尔、波迪加、塞伦、坎农、洛维斯顿和伍尔夫的背叛）有了后继者。事实上，不是一整块的简单划一的磐石而是宗派主义已经成为共产主义运动的基本法则。而我们没有看到这一点，也没有去利用这一点。从一般的政治经验来看——不管它是在工会运动之中，还是在政党之内——我们知道，统治集团是不太会土崩瓦解的，但是，由于随后控制着实质性进程的某些关键权力人物的背叛，它们就走向了式微。这是产业促进会就美国"共产主义问题"所得到的经验，

[①] 马尔蒂（1886—1956）：法国水手和政治家；狄戎（1897—1993）：法国政治家，法国共产党领导人之一；奥古斯特·勒戈尔（1911—1992）：法国共产党领袖；佩特科夫（1889—1947）：保加利亚政治家；哥穆尔卡（1905—1982）：波兰共产党领导人；拉伊克（1909—1949）：匈牙利政治家，曾任匈牙利共产党总书记。——译注

[②] 卡洛·莱维（1902—1975）：意大利画家、作家、参议员；露特·菲舍尔（1895—1961）：德国政治家、记者、德国共产党政治局委员。——译注

也是铁托、纳吉和（或许还有）哥穆尔卡在国际共产主义运动中的意义所在。

不过，它涉及的远不只是从战术上无力利用各种裂缝和断裂。在性格学研究中，并且在苏联政策研究中，经常存在着一个"虚假的实在"。有人把所有共产主义者都当作"敌人"，当作"布尔什维克"，并且把任何动乱，尤其是发生在卫星国的动乱，纯粹地看做互相竞争的领导者之间的权力冲突。但是，存在着比这一点要复杂得多的情况。在私下里，既存在着人类的简单抗争，也存在着人类的简单义举。在施虐狂和权力的引诱之下，谁变成了其走卒？谁没有成为其走卒？谁是官僚主义者？谁是潜伏的理想主义者？谁是拉科西（Rakosi）？① 谁是久利耶·海伊（Gyulya Hay）？正像1956年我们在波兰和匈牙利看到的那样，这些问题都没有得到定论。

现在回过头来看，我们能看到在1954—1955年最初纳吉制度的真实意义。当人们能够相互交流，彼此交换经验，并认识到变化的希望是可能的时候，他们聚集起了多么大的能量。② 但是，为什么几乎所有的苏联事务专家都无法理解在1954—1955年的那些线索的意义呢？这是不是因为他们如此着迷于如下思想的缘故呢：只有"权力"是理解社会冲突意义的单一线索，以至于忘了它对人们的影响？

话虽这样说，但是我们也必须承认，政治事件是不会按照相同的轨道复发的。由于没有抓住"千载难逢的时机"，我们很有可能忘了那样的时机是再也不会有了。从东柏林到布达佩斯，最近几年的教训是，"缓和"正在融化着冰河，疏通着被枯枝败叶堵塞的河道，产生着各种裂缝和碎裂，并把大批的浮冰送入历史的海洋之中。但是，俄国人也没有——他们比大多数民族更善于吸取历史教训——看到这一点，并且，假如他们从这

(350)

---

① 拉科西（1892—1971）：匈牙利共产党政治家，曾经担任匈牙利共产党总书记。——译注

② 我们也认识到了托克维尔的深刻智慧："并不总是在事情变得越来越糟糕的情况下才爆发革命的。相反，更经常发生的情况是，正当人们忍受着长期暴虐统治而被压得喘不过气来之时，他们突然发现统治政府放松了压力，于是他们便拿起武器，起来反对这个政府……由于他们具有如此超常的忍耐力，他们的苦难似乎是无穷无尽的，因此，一旦有了喘息的机会，人们便会想到革命。由于某些权力的滥用已经得到纠正，这个唯一的事实引起了其他人的注意，他们现在显得更加怒不可遏……"亚历西斯·托克维尔：《旧制度和法国大革命》（安乔尔编，纽约，1955年）第176—177页。——原注

些事件中接受了教训，他们就不会作出那样的决定；只要他们愿意，他们就能促成某些新的"缓和"。

语言和行为

每个社会，每个社会组织，都为了一定的目标而存在。那些目标在相当程度上取决于其意识形态。我们知道——借用来自现代工会经验的一个例子——当其学理上的意识形态目标与瞬息万变的现实发生冲突时，许多个体便会采取十足的实用主义行动，并且他们会相应地作出妥协。不过，当他们被要求对那些远离其直接经验的争论表明立场之时，适用于他们的那套唯一的语汇、唯一的修辞学、唯一的分析范畴，甚至简单的套话，便是这些古老的意识形态旗帜。他们使用着这些东西，且不能自拔；因为意识形态既坚定了承诺，也冻结了意见。

既然布尔什维克的意识形态是我们掌握苏维埃意图的唯一正规的行动准则，因此对如下问题的回答便具有了最高的重要性：在什么程度上，苏联领导者投身于正式的布尔什维克意识形态（例如，妥协的不兼容性、把固有的帝国主义目标归属于资本主义等），以及在什么程度上，他们准备根据经验和现实来修改它？

下面的答案是相互矛盾的。（1）如果人们接受了"特征学的证据"（如狄克斯、莱特斯），那么妥协将被排除掉。苏维埃统治者的刻板的心理姿态甚至带有臆想色彩的多疑使得他们难以对西方世界发生的变化作出实事求是的评价。（2）极端的苏联政策研究者可能会说：苏联统治者都是超凡脱俗的，并且把意识形态仅仅看做一个针对群众的必要神话。（3）采用一种完全理性主义观点的地缘政治理论家将主张，是战略利益而非意识形态决定着苏联领导者的行为。（4）某些证据的重要性（参见鲍埃尔、英克尔斯和克拉克洪所著的书的第29—35页）在于，尽管苏维埃统治者玩世不恭地使用着意识形态，但是意识形态是他们的思维方式的一个实在因素，也是形成其目标的一个实在因素。

但是，所有这一切都发生在赫鲁晓夫之前。尽管布尔什维克党在文学和艺术领域内对意识形态实施了重新控制，但是在其他领域里似乎是实践的考虑而不是意识形态决定了政策。例如，苏联经济学家按照马克思主义价值理论就不能承认资本的生产性，不能用利润率来衡量资本的合理配置。但是，即使在社会主义条件下，资本的短缺是存在的，而且如果成本经济要获得成功，为了实现利润率的职能，就必须运用某些潜在的技术。在战后，意识形态学家们对这些教条的规避发起了抨击。罗伯特·坎贝尔写道："在随后的热烈争论中，计划者遇到的非常现实的问题同学说的纯洁性要求之间的冲突是极其一目了然的。苏维埃领导者面对着一个僵局；马克思主义经济学理论的核心假定之一已经被他们自身的经验证明为错误，并且，他们面临着在意识形态和合理的权宜之计之间的痛苦抉择……只要斯大林还活着，没有任何一个官方机构会出来打开这个死结。无论如何，大约在他死了一年之后，这个难解的结总算被解开了，并且是用这样一种方式解开的：它是正统学说向现实的投降。"①

在农业领域，赫鲁晓夫采取了一个戏剧性的和激烈的步骤，他清除了机器和拖拉机站。在斯大林的蓝图中，机器和拖拉机站代表着在消灭农民意识方面的一个巨大进步，并且他要求农民把其农具设备都上交给集体农庄。并且，我们能够推测到，在原子物理学领域里，要求把所有理论都塞进辩证唯物主义的形式主义公式中去的压力已经消除了。毫无疑问，今天谁也不会像25年以前那样讨论爱因斯坦的"资产阶级"物理学了。

然而，在某些场合占优势地位的意识形态的某些实质方面必须被保留下来。但是是在哪些场合呢？是在哪些方面呢？因为，如果缺乏一种具有一定连续性的核心信仰系统，那么，不同的见解便开始传播（例如，在波兰）。没有一件事情能比赫鲁晓夫讲话诋毁斯大林的恶劣影响更好地证实了这些歧见所带来的那种难以预料的影响力，更好地证实了单个政治事件的作用所产生的那种难以预料的影响力。一旦谜底被揭开，当领导层自身摧毁了信仰的道德和心理基础时，广大人民群众，尤其是青年人，怎么能够保留原来的任何一个信念呢？具有矛盾意味的是，这会导致统治者作出甚至更加强烈的努力，去坚持意识形态核心特征的有效性。当"预言失灵之时"，或者当伪善得到揭露之时，也就是一个运动最为疯狂之时，因为，在千方百计地消除心怀恐惧的信仰者的怀疑的努力中，它会变本加厉地维护该信仰的根本原则。②无论一个统治集团变得多么的玩世不恭，他们也会编造出一些对大众而言是必需的"神话"来，在这样的情况下，他们发

---

① 罗伯特·W. 坎贝尔："苏联经济政策的一些最近变化"，载于《世界政治》第9卷第1号（1956年10月），第8页。——原注

② 在这种联系中，请参阅一项有趣的研究《预言破灭的时候》（明尼波利斯，1956年），由列昂·弗斯莱格尔、亨利·W. 莱肯和斯坦利·沙赫特所著。——原注

现自身从心理上已陷入了一个自己设置的话语的陷阱之中,而且在他们看来那个意识形态好像就是真实的了。

外国的和本国的

在过去,在国外共产党的行为中,在苏联政府的政策里,一个决定性的因素一直是苏维埃政党的内部权力斗争。但是,现在有人认为,国内的苏维埃发展的最主要动机(例如,对发展重工业的持续重视)是对紧张的世界局势的反映。(并且在今天,俄罗斯外交政策究竟在多大程度上取决于自主政权的红色中国的崛起呢?)在作出评估时,苏维埃统治者是怎样来衡量这些考虑的呢?

特征学方法和地缘政治学方法实际上都主张,无论苏维埃联邦国内发展得怎么样,苏联政策都将是好战的和扩张主义的;而且,他们都认为,苏维埃统治者对国内和国外局势的深谋远虑只对其攻击行动的时机产生影响。带着人为的意图,这将引导出这次讨论的目的的问题:在什么程度上,苏维埃制度是一个鲜明的新现象,它遵从自身的法则,并且从内部是坚不可摧的;在什么程度上,苏维埃联邦可以逐渐从内部演化成为一个更稳固、更规范的社会?

这些方法广泛地贴上了特征学与苏联政策研究的标签,极权主义将赞同前者,而社会学和新马克思主义,加上某些历史学派,将赞同后者的假定。①

于是立刻产生了如下派生的问题:斯大林是一个心理失常者,还是共产主义就其独特的本质(例如,先锋党、无产阶级专政、布尔什维克意识形态)来说,即使没有一个斯大林,也会经历一个斯大林主义类型的统治阶段呢?欧洲的,尤其是亚洲的,共产主义制度能够"直接跳到"一个美好的时代,而不必经历俄罗斯曾经经历的那种剧变吗?那些受压抑的日子仅仅是强制性工业化的一个插曲吗?现在,像探讨现实之幻灭的皮兰德娄一样,我尽己所能地复述了当年引导我着手研究现实的 10 种理论。但是,除了一个尾声,戏已经演完了。

就事物性质而言,有一个大变量,是这些理论无法加以恰当地考虑

---

① 关于这场论战背景的一次讨论,请参阅列奥波德·海姆逊《俄罗斯马克思主义者和布尔什维克主义的起源》(剑桥,麻省,1955 年),第 36—45 页。——原注

的：自由世界的行为，它是限制共产主义领导者行动自由的最重要的"现实因素"。在这里，社会科学的作用变得极其模糊。因为，我们一直在讨论的这些理论都致力于从共产主义的对立面上来设定自由世界的行为，但是，在这样做时，它们面临着提出一套自话自说的假说的风险，由于我们判断着共产主义者将以我们所期望那样地行动，我们便借助那些假说就采用强迫共产主义者去证实或否证那个判断的各种政策（正像俄罗斯强迫我们进入类似的预先设定的模铸中一样）。这始终是一个危险，但是，如果我们牢记住了：无论我们的社会科学是多么的老成，它都无法替代实践的灵活性，那种灵活性是两个必要的谦卑所要求的：对我们的知识局限性的自觉和对历史的开放性的自觉，那么，我们就能把那个危险降到最低程度。

第十五章　来自马克思的两条道路

——异化和剥削主题以及在社会主义思想中的工人管理

历史的事后说明：作为导论的一个寓言

在 1899 年，一位名不见经传的、现在早已被人遗忘的波兰革命家瓦茨瓦夫·马乔基斯基（Waclaw Machajski）① 出版了一本小册子《社会民主的演变》(*The Evolution of Social Democracy*)。这本小册子在新生的俄国马克思主义运动中激起了一阵涟漪。它的论题是：由于社会主义的新救世主义带上了失意知识分子意识形态的面具，新的社会主义社会将简单地用一个统治阶级取代另一个统治阶级。因此，工人将仍然受到剥削，只是这个时候的剥削者将是一个由职业领导者所组成的新阶级。②

---

① 瓦茨瓦夫·马乔基斯基（Waclaw Machajski，又译马察斯基）：波兰裔俄国革命家。——译注

② 对知识分子角色的恐惧并不是一个新问题；实际上，它是一开始就导致俄国革命分化的一个根本问题。在 19 世纪 70 年代初期，土地和自由运动（Zemlya I Volya）就提出要巩固革命民粹主义的各种力量。它的先驱者彼得·特卡乔夫（1844—1884，俄罗斯政治家、革命家、激进派成员。——译注）在当时声称：革命不会自发地产生，只有具有创造能力的人才能造就革命，知识分子，而非保守或冷漠的群众，是能够发动这场革命的唯一力量。他号召组成一个建立在"权力集中和职能集中"基础上的阴谋组织，因为只有一个"自觉的少数派"才能采取革命行动。俄国马克思主义创始人之一巴维尔·阿克雪里多得（1850—1928，与当时的列宁、普列汉诺夫等人一起是俄国马克思主义者创办的《火星报》编辑部成员。——译注）对特卡乔夫作出了回答。他声称：发展群众的革命意识，使他们为他们自身而行动起来，是社会主义者的主要任务。实际上，这场争论的结果产生了俄国马克思主义。因为在回答只有知识分子能够进行革命的见解的过程中，格奥尔基·普列汉诺夫，这位俄国马克思主义思想之父主张，无视"社会发展客观法则"或"历史残酷法则"的任何一个运动都注定要失败。普列汉诺夫使用后来的俄国布尔什维克最喜爱的一个隐喻来发出如下警告：尽管一个人可以缓解劳动的阵痛，但是一个人不可能"一下子诞生"一个新制度。因此，现在的任务是等待"客观的"社会条件的发展。同公开声称领导群众必要性的民粹主义知识分子相反，马克思主义者把自己等同于无产阶级（尽管列宁不久完全抄搬了特卡乔夫的观点，谈到了发动无产阶级的必要性）。因此，马尔赫列夫斯基指责马克思主义者想要领导无产阶级，他似乎指错了目标，可以轻易地置之不理。——原注

这本著作在被流放到西伯利亚的年轻革命家中间引起了热烈讨论,其中包括俄国的未来统治者。托洛茨基在自传中写道:"在几个月来,马乔基斯基的著作首先引起了勒拿河流亡者的兴趣。"并且在 1902 年的伦敦,当他与列宁初次会面时,当时只有 21 岁的托洛茨基告诉 32 岁的列宁,引起流放者们关注的两部著作是马乔基斯基的那本小册子和列宁的《俄国资本主义的发展》。在两部著作中,人们后来只记住了列宁的著作。马乔基斯基的那种悲观理论,没有对流放的新生革命家们的热情产生什么影响。这也许是完全不可避免的。32 年之后,托洛茨基回忆道:"一个理论因其言辞的消极性而广为传播,它促使我去强有力地反对无政府主义。"① 但也仅此而已。

1904 年,在日内瓦,马乔基斯基出版了他的重要研究著作《知识劳动者》(*The Intellectual Worker*)。它重申和扩充了他原来的论断。他重复道:社会主义理论一直不关心无产阶级的利益,而只关心一股新生的力量——"正在成长起来的知识劳动者大军和新生的中等阶级"——的利益。他说道:作为国家资本主义的一种剥削形式,一场以社会主义名义发生的革命将走向终结。在其中,技术人员、组织者、管理者、教育者和记者(即知识分子)将组成"以国家为人所知的强大的联合股份公司,并且集体地成为压制体力劳动者的新特权阶层"。马乔基斯基说道:因此,将不可能存在称作"工人政府"(workers' government)这样的事物——夺取政权将简单地意味着一个新的统治阶级取代了一个旧的统治阶级。历史是一场持久的阶级斗争。在其中,工人将被迫继续他们的革命斗争,甚至在革命之后也是如此。他们的目标将不在于消灭国家——因为只要作为一个孤立的管理阶级存在着,作为阶级统治的一个工具,国家将继续存在——而在于迫使国家提高体力劳动者的工资,直到其生活水平等同于他们的"受过教育的主人"(educated masters)的生活水平。马乔基斯基得出结论:只有收入的平等才能为知识分子和工人的后代们创造出相似的受教育机会。②

----

① 莱恩·托洛茨基:《我的生活》(纽约,1931 年),第 129—143 页。——原注
② 马乔基斯基的著作的唯一一些英文片段散见于由 V. F. 伽尔文通编的论文集《社会的形成》中(纽约,1937 年)。马克斯·诺马德的文章"白领和辛劳的双手"对马乔基斯基的观点作了最为充分的考察(载于《现代季刊》第 4 卷第 3 号秋季,1932 年),我从该文受益颇多。马乔基斯基的主要弟子诺马德把他的理论当作自己在两部著作中研究革命人格的分析框架:《反叛者和叛变者》(纽约,1932 年)和《革命的传道者》(纽约,1939 年)。通过诺马德,马乔基斯基的观点显然影响了哈罗德·拉兹威尔。拉兹威尔是重要的美国政治学家。在一系列著作中,拉兹威尔考察了由知识分子领导的 20 世纪的革命理论。知识分子打着社会主义的神话和旗号,利用这些

在 1905 年那场流产的革命之后,这种关于体力劳动者和知识分子势不两立的学说在俄国的一些绝望者中间获得了一定的流行。马乔基斯基创办了一家小型杂志《工人的谋反》(Rabochi Zagovor)。在十月革命期间,它对无政府工联主义者和"左派"共产主义者都产生了影响。布尔什维克取得政权之后,马乔基斯基在 1918 年 7 月出版了一个单行本杂志《工人的革命》(Rabocha Revolutsia)。在其中,他重复了他在 18 年以前就提出的警告。他说道:"即使在资本主义消亡之后,工人阶级也并不拥有他们的工人政府。只要工人阶级仍然被贬低为无知的阶级,知识分子将通过工人代表而获得统治。"

这是他最后说的话。而在十月革命初期,他的警告并没有引起人们的注意。像马乔基斯基这样一如既往地坚持自己论断的预言家几乎很少能够长久抓住听众。几乎没有一个预言家是带着荣耀去世的。作为俄国计划委员会的一个经济学家,不为人知且被人遗忘的马乔基斯基在十月革命以后默默无闻地在俄国生活着。他死于 1926 年。在他死后的第二年,托洛茨基由于同斯大林争论马乔基斯基曾经发出的警告的问题而丢失了实权;而那年的 27 年之前,托洛茨基曾经放弃了那个问题——官僚政治的问题。

对异化的改造

针对马乔基斯基的论点,也针对后来的批评家们的论点,马克思主义理论就"一个新的剥削阶级是否将产生于社会主义社会"这一问题作出了简单而又"符合逻辑的"回答:剥削是产生于私有财产制度的一个经济现象,那种制度允许资本家从工人那里通过交换过程"榨取"剩余价值;一旦私有财产被社会化了,这份"剩余价值"便归人民所有,那么剥削的物

革命为自己谋取权力。尤其请参阅哈罗德·拉兹威尔的《世界政治和人格不可靠》(纽约,1935年),第 111—116 页,以及《我们时代的世界革命》(斯坦福,1951 年)。知识分子的双重角色理论,现在也许已经是一个常识了,也可以在罗伯特·米歇尔斯和约瑟夫·熊彼特的著作中找到。在伊尼亚齐奥·塞伦的回忆录小说《面包和黄酒》中,那种理论在彼特罗·斯宾纳和艾里瓦的对话中得到了最为淋漓尽致的表现。在苏联,马乔基斯基的名字几乎完全不为人们所知。篇幅较大的《苏联百科全书》在一篇讨论 A. 瓦尔斯基——马乔基斯基第一次用的笔名——的文章中,对马乔基斯基的生平和思想有一些粗略的评介。——原注

质基础，历史特定阶段的一个产物，将会消亡。① 因此，像责任和选择之类严肃的问题，马克思主义理论都在"历史"中找到了它的安慰和支持。

不过，一个令人感兴趣的事实是，在使马克思成为一个"马克思主义者"的复杂路线中，这个论断——它导致了俄国作为一个工人国家的合理化——只是来自于分化出了黑格尔的激进追随者的一场大辩论，那是一场关于克服异化的争论。在这场争论中，我们找到了最基本的，不过尚未得到发展的马克思主义社会学思想的起源，以及这种思想向着狭隘的经济观念的转变，那个观念迷惑住了几代知识分子的政治人物。

对于黑格尔来说，人的目的是自由。自由是一种人的自我意志状态，在其中人的"本质"将归他自己所有——在其中他可以重新获得"自我"。但是人是被"孤立"于他的本质的，并且同两种似乎是与世俱来的状态联结在一起：必然性和异化。必然性意味着依顺自然和接受自然强加于人的种种限制，既在自然资源的各种限制的意义上，又在身体力量的各种限制的意义上。异化，从其原初意义上讲，是把"自我"激进地分解为行动者和物，分解为千方百计地掌握自己命运的主体和被他者所操纵的客体的过程。

在科学的发展过程中，也许，人将克服必然性并且征服自然。但是他怎样才能克服主体和客体之间这种令人不可捉摸的分离呢？既从语法结构上讲，又从生命的构成上讲，异化是一个本体论的事实。对于自我来说，个体不仅是一个试图按照自己的意愿改造世界的"主我"（"I"），而且是一个"客我"（"me"）、一个客体，他的同一性是由他者赋予给"客我"的图画建立起来的。因此，完全自由的状态，在其中自我只寻求成为一个"主我"，一个按照他自己的意愿对事件进行制造的人物，而不是受他者设置的人物，是一种表面上不可能的状态。在主体和客体、"主我"和"客

---

① 即使像悉尼·胡克这样深思熟虑的社会主义者，在其对马克思的早期主要研究中，也以为社会主义条件下的官僚化问题是一个相对简单的问题。罗伯特·米歇尔斯主张，作为"寡头政治铁的法则"的一个结果，"社会主义者可能会成功，但是社会主义（真正的民主）绝不会成功"，为了抗拒来自罗伯特·米歇尔斯的攻击，胡克在 1933 年写道："米歇尔斯忽视了过去的领导权寡头倾向的社会和经济前提。在过去的社会里，政治领导权意味着经济权力。教育和传统助长了在某些阶级中恃强凌弱的自我肯定倾向，与此同时，千方百计地漠视群众的政治利益。在一个社会主义社会里，政治领导权是一个行政职能，因此，不具有经济权力。在那样的社会里，教育的过程旨在把自我肯定的心理倾向引导到具有寡头抱负的'道德和社会平等'上去。在那样的社会里，一个阶级对教育的垄断已经被消灭，脑力劳动者和体力劳动者之间的劳动分工也相应地被消灭了，米歇尔斯的'寡头法则'将在其传统形式里得到自我表现的危险已经非常遥远。"（悉尼·胡克：《通向理解卡尔·马克思的道路》[纽约，1933 年] 第 312 页。）——原注

我"这种无法还原的二元论面前，一个人怎么样才能实现其成为"自我意愿者"的目标呢？

马克思最初的教师和朋友之一布鲁诺·鲍威尔（Bruno Bauer）①觉得，其解决办法在于发展一种"批判的"哲学。那种哲学将揭示人类关系的"秘密"（即隐藏在社会行动背后的真实动机）。鲍威尔说道：来到这个世界的绝大多数人只是简单地接受了这个世界，既不留意他们的道德原则和信念的来源，也不留意它们的合理性或不合理性的来源；它们是由世界"决定的"。不过，通过让所有的信念屈服于"批判"，人们将成为自我意识的，理性将重新复归于他们身上，并为他们自身所拥有。因此，二元论的克服将通过自我意识的完成而实现。

马克思起初对费尔巴哈（Feuerbach）②在黑格尔的抽象体系方面所取得的实际突破给予了充分肯定。费尔巴哈试图把所有异化的根源确定在宗教迷信和崇拜上。他说道：人是受束缚的，因为他把他自己的感受性放在第一位，并且让它屈从于外在的客体或精神，屈从于他称作神圣的东西。克服异化的办法在于把这种神圣性重新返还给人，通过一种关于人的宗教而非神的宗教，通过一种自爱的宗教，人重新达到了自我统合。批判的职能——运用异化或自我陌生化的激进工具——在于以人类学取代神学，在于废弃上帝的神圣地位而确立人的神圣地位。费尔巴哈说道：人与人的关系，将不得不是建立在我—你基础之上的。具有讽刺意味的是，后来马丁·布伯（Martin Buber）③借用了费尔巴哈的这一用法，并把它用于宗教的目的。哲学将把矛头指向生活；人将从"抽象的幽灵"中解放出来，并且将从迷信的束缚中解脱出来。

对宗教的这种毫不妥协的攻击同样是对所有现存制度的尖锐攻击。但是除此之外，在黑格尔左派的头脑里，异化的观念还产生了一些更加激进

---

① 布鲁诺·鲍威尔（1809—1882）：德国哲学家，青年黑格尔派代表之一，曾在柏林大学、波恩大学任教，否认福音故事可靠性以及耶稣其人的存在，将黑格尔的自我意识解释为同自然相脱离的绝对实在，并用它来代替黑格尔的"绝对观念"，宣称"自我意识"是最强大的历史创造力。马克思和恩格斯曾在《神圣家族》中予以严厉批判。其主要著作有《福音的批判及福音起源史》、《斐洛、施特劳斯、勒男与原始基督教》等。——译注

② 路德维希·费尔巴哈（1804—1872）：德国古典哲学家，人本主义哲学代表，著有《自由、上帝和不朽》、《基督教的本质》、《神统》。——译注

③ 马丁·布伯（1878—1965）：德国存在主义宗教哲学家，晚年移居以色列，著有《我与你》等。——译注

的后果：它开启了现代性的阶段，并且引发了哲学史的直接断裂。在古典哲学中，理想的人是思辨的人。无论中世纪还是向现代的转折性阶段（从17世纪到19世纪），都做不到完全地让自己同斯多亚（Stoa）① 的理想一刀两断。甚至在《浮士德》（Faust）中给了我们以第一个现代人，一个雄心勃勃的现代人的歌德，也把其关于人类理想的道德形象追溯到了古希腊。无论怎样，在讨论自由的时候，黑格尔引进了一个新的原则，行动的原则。为了实现他的"自我"，人必须千方百计地从行动上克服束缚着他的主客二元论。在行动中，人发现了他自身；通过他的选择，他规定了他的品格。对黑格尔来说，行动的原则仍然是抽象的。在费尔巴哈那里，尽管异化的原则得到了鲜明的规定并且异化的根源被确定在宗教领域里，但是这种抽象性仍然被保留了下来。因为费尔巴哈只是谈到了笼统的人、一般的人。在马克思那里，通过对劳动的激进而新颖的强调，行动被给予了具体性。通过劳动，人变成了人，变成了活生生的人。因为通过劳动，人丧失了他的孤立性，并且学会成为一个社会的或合作的生命，并因此了解了他自身；通过劳动，他还能改造自然。

在从劳动方面来探索人的异化的过程中，马克思曾经迈出了把哲学建立在具体的人类活动中的革命性步骤。那是一个漫长而艰难的步骤。通过那个步骤，马克思把自己从抽象的独裁中"解放"了出来。② 作为一名黑

---

① 斯多亚学派是一个重要的古希腊哲学流派，与柏拉图学园派、亚里士多德逍遥学派和伊壁鸠鲁学派共同被称为古希腊四大哲学学派。——译注

② 在汉娜·阿伦特前不久出版的著作《人类的状况》（芝加哥，1958年）中可以找到对青年马克思思想最有意思的讨论。罗伯特·W. 杜克未发表的博士论文《自我与革命：对马克思的道德批判》（哈佛，1957年）对马克思早期思想作了最为深入的探讨。以《卡尔·马克思的异化世界》为书名，这部著作在1960年由剑桥大学出版社出版。杜克的著作第一次长篇累牍地追溯了马克思的哲学思想向经济范畴的转变。他的许多见解让我受益匪浅。对这些早期手稿所进行的一个更加正统的讨论可以在赫伯特·马尔库塞的著作《理性和革命》中找到（纽约，1941年）。在 H. P. 亚当斯《早期著作中的卡尔·马克思》（伦敦，1940年）中，人们可以看到对《共产党宣言》之前马克思著作所作的一个有用但过于简单的考察。在悉尼·胡克的《从黑格尔到马克思》（纽约，1936年）中，尽管胡克忽视了马克思未完成的《1844年经济学—哲学手稿》——在那里人们可以找到关于异化的一些主要讨论——马克思与青年黑格尔之间的关系得到了最为细致的考察。在最近这些年里，从共产主义角度来重建早期马克思著作的最为雄心勃勃的一次尝试是阿古斯都·卡诺撰写的《卡尔·马克思和弗里德里希·恩格斯》（第1卷，巴黎，1955年）。还有一部完全从天主教角度来探讨马克思思想的著作《卡尔·马克思》，作者为皮尔·让·伽尔夫斯（巴黎，1956年）。让·希波利特的《从黑格尔到马克思》对青年马克思思想作了最为通俗流畅的讨论（巴黎，1955年），尤其是第147—155页。——原注

格尔主义者，马克思首先借助于唯心主义二元论考虑了劳动的异化。在劳动过程中，人把自己具体化为客观的物（即，具体化为融入了他的劳动的产品）。这是劳动（arbeit），是"凌驾于他之上的异化的和敌对的世界"的一部分。劳动是被迫的（nicht freiwillig）。在劳动过程中，人是"被统治的，受到了另一个人的强制和役使"。与这种情况相反的是自由状态。在那种状态下，通过自由的、自觉的、自发的创造性劳动，人将改造自然和自身。但是是什么阻碍着人达到这种自由状态呢？由于在劳动的异化状态下，人丧失了对于劳动过程的控制，并且丧失了对于劳动产品的控制，因此，对马克思来说，回应黑格尔的答案是清楚的：异化的根源归根到底来自于财产制度。（宗教是蒙蔽这一事实的鸦片；因此费尔巴哈的分析是次要的。）在劳动组织中——在劳动成为一个社团的过程中——人变成了一个被他者所利用的对象，因此无法从他自己的活动中获得满足。并且通过成为一件商品，他丧失了他的身份感；他丧失了"他自身"。①

非同寻常的是，马克思采用了德国古典哲学看做一个本体论事实的概念，并且赋予它一种社会内容。② 作为本体论，作为终极状态，人只能接受异化。而作为扎根于特定历史关系体系中的一个社会事实，异化可以通过改变社会关系而得到克服。但是在缩小这个概念范围的过程中，马克思冒了两次风险：其一是错误地只在财产私有制中寻找异化的根源；其二是通过如下观念引入了一种乌托邦主义的思想：一旦财产私有制被消灭，人将立即获得自由。③ 不幸地，这两种风险证明都是非常危险的。而马克思的追随者们从这些结论引申出了"庸俗的"含义。因此，这些步骤值得仔

---

① 如摩里斯·瓦特尼克向我指出的那样，有关术语异化的某些混乱是由于马克思是在两层含义上使用它的，也可以说，是在允许作出两种解读的方式下使用它的：一种是陌生于世界的我们当代的心理意义和感觉，一种是哲学的、亚里士多德式的意思，它隔离于在历史未来中人从观念上所处的状态。——原注

② 在另一个极端意义上，克尔凯郭尔（1813—1855，丹麦宗教哲学心理学家、诗人，现代存在主义哲学创始人。——译注）也从黑格尔那里引用了异化概念，并赋予它宗教内容。因为人，借助理性行为，无法克服主体—客体二元论，世界永远是完全荒谬的。因此，在世界上，人是永远受束缚的；只有通过信仰的跳跃，在承认超越他自身之上的某种宗教意义的过程中，人才可能找到与该绝对的某种和谐。——原注

③ 不过，应该指出的是，对早期马克思来说，私有制的废除并不预示着人的自由王国的到来。私有制的废除只是产生了"无思想的"或"粗陋的"共产主义。很明显，马克思关于共产主义的许多观念来自于蒲鲁东的巨著《什么是财产？》。在其关于历史的概述中，蒲鲁东描述了一幅

细地给予追溯。

为什么人们会变得一无所有呢？这个问题引导马克思转向了经济学。尽管马克思把其名字如此紧密地同这门"忧郁的科学"（dismal science）联系在了一起，但是他从来没有真正地对经济学发生过兴趣。在后来与恩格斯的通信中，他对这门学科的轻蔑是随处可见的（他曾讥之为"经济丑学"[economic filth]），而且他还因为他对社会所作的经济机械主义的详尽考察阻碍了他去实施其他研究而深感不快。但是他之所以要继续从事经济学研究，是因为对他来说，经济学是哲学的实践方面，它将揭露异化的秘密，而且他已经在政治经济范畴中找到了那种异化的物质表现：剥削的过程。

在《1844年经济学—哲学手稿》中，我们可以很清楚地看到这个发展。而且当时，马克思已经26岁。这部手稿是一部"人类学"（anthropology）著作，它讨论了人的本质。无论怎样，在马克思主义思想史上，它是一个重要文献，因为它是从早期马克思的左派黑格尔主义向我们后来逐

三阶段演进的图画：在第一个阶段，人生活在原始共产主义（primitive communism）阶段，平等地分享着所有的妇女和所有的生产工具；在第二个阶段，即私有制阶段，通过盗窃，强有力的个体能够把公有财产用于私人目的；第三个阶段，更高级的阶段，将存在个人的所有权以及合作的工作。在讨论费尔巴哈时，马克思指出，否定的否定并不只是一个肯定。相似地，他（在《1844年经济学—哲学手稿》里）说道：废除私有制，这个否定，将不产生人的自由，而产生"粗陋的共产主义"（raw communism）。他说道：这种共产主义"完全忽视了人的人格"。它表达了"忌妒和把一切加以平均化的欲望"。它是"作为权力形成起来的普遍忌妒"。无论怎样，粗陋共产主义将为作为一个"对私有财产的积极扬弃"的真正共产主义开辟出一条道路，并且为一种积极的人道主义开辟出一条道路。按照那种人道主义，"人在一个自我造就的世界里承认自身"。因此，他向着他的"类特性"复归。他不再是一个受其阶级束缚的局部的人，而是再一次成为全面的人，超越了人的自我异化并且"回复于自身"的人。25年之后，在《哥达纲领批判》（Critique of the Gotha Programme）中，当马克思再一次被迫面对未来社会性质的问题时，未来社会两个阶段的图像再一次被提了出来。在这一语境中，清楚的一点是：当他谈到作为"直接过渡阶段"（immediate transitional stage）的"无产阶级专政"（dictatorship of the proletariat）的时候，它是将被真正共产主义的田园式世界所取代的"粗陋的共产主义"。在真正的共产主义那里，每个人将按照"各尽所能，按需分配"（From each according to his means, and to each according to his heeds）的原则来生活。似乎同样清楚的一点是：在其区分社会两个阶段的过程中，列宁在《国家与革命》中注意到了马克思的意思。对列宁来说，过渡阶段也是一个令人讨厌的阶段。列宁对爱德华·伯恩斯坦给予了谴责，后者称巴黎公社法案中把所有工资都归结到一个共同水平为"天真的、原始的民主"。列宁说："[伯恩斯坦]完全没有理解的是，首先，要是不倒退到一定程度上的'原始的民主'，从资本主义向社会主义的过渡是不可能的。"从由马克思和列宁确立起来的标准来看，人们不得不说，今天的苏联社会主义是人们曾经看到过的"缺乏思考的"或"粗陋的"共产主义中最为畸形的产物之一。——原注

渐了解的马克思主义过渡的桥梁。从中我们可以看到,对于异化的最初概念化表述是以劳动(而非抽象的精神或宗教)为基础的。并且我们可以看到对于财产所作的初步分析。在分析财产过程中,我们还可以看到,在马克思思想发展过程中,从哲学范畴向经济学范畴的这种直接转变是极其重要的。

马克思自始至终都在探讨人类被剥夺其潜能的途径。对于费尔巴哈来说,宗教是导致人自我异化的工具;因为在宗教里,人外在化了他的真实"自我"。不过,对于马克思来说,"自我"观念是一个过于抽象的观念。他在劳动的本质中已经找到了答案,但是在探讨经济体系的过程中,他看到,在资本主义的经济中,个体在形式上是自由的;在工人和雇主的接触中,达成了一个基本的协议。那么,是什么因素导致一个人糊里糊涂地成了异化的和受奴役的人呢?马克思在货币那里找到了答案。货币是最客观的价值形式。它表面上是中立的。像仆役对待主人那样,一个人对另一个人之所以具有直接服从的义务,在于他直接地知道凌驾于他之上的权力的来源。但是一个为了取得货币而出卖劳动力的人可能会自以为是自由的。劳动者的产品因此可以轻而易举地被"抽象化"为货币,并且经过交换体系,从他那儿"被抽象出来"。

因此,货币是黑格尔曾经空洞地称作"精神"的哲学抽象与商品过程的具体化,商品过程是劳动者赖以以他的劳动力换取货币的手段。劳动者由此被剥夺了自由,他不知道"剩余价值"正由此从他身上被榨取了出来。因此,这是马克思对由黑格尔提出的关于异化根源的最初难题所作出的具体回答;这是让黑格尔回到大地上来的手段。这样,正如宗教之于费尔巴哈那样,对于马克思来说,政治经济学变成了一个工具,借助于那个工具,人的价值才在人之外得到了"投射",并且获得了既独立于他又高于他的一个存在。① 于是,由于马克思从一开始就把异化理解为是一个个体在劳动中丧失其表现自我能力的过程,然后把它看做剥削,即资本家对于劳动者的剩余产品的占有。因此,实际上包含着社会心理条件的哲学表达被转化成了一个经济范畴。

---

① 它是一种隐藏的机械论货币观念,人们是通过货币才受到剥削的。这种货币观念一直贯穿于马克思对在经济社会中的犹太人所作的刻薄分析;在教条主义观念中,这些分析也成了俄国革命初期企图完全消灭货币的根据。——原注

在政治经济学领域发现了黑格尔"难题"的答案之后，马克思暂时把哲学抛诸脑后。（在《关于费尔巴哈的提纲》中，他曾经信手写道："哲学家们只是用不同的方式解释世界，问题在于改变世界。"）在1846年，马克思和恩格斯在两个大部头著作中完成了对后黑格尔哲学的彻底批判。并且，（除了在1875年的《哥达纲领批判》中偶尔有所涉及以外）两人都没有重新回到这个题目上来。直到40年以后，当时马克思已经过世，恩格斯应德国社会主义理论杂志《新时代》（Neue Zeit）的邀请，对由后来成为著名人类学家的C. N. 斯塔克（C. N. Stracke）著的一部关于费尔巴哈的著作撰写一个评论。恩格斯勉强地表示了同意，撰写了一个长篇评论。两年以后，经过少许扩充，它以《路德维希·费尔巴哈和德国古典哲学的终结》为名的小册子形式出版。在写这个书评的过程中，恩格斯回顾了马克思的一些旧手稿，在这些手稿中间找到了一篇草草地标以"关于费尔巴哈的十一个提纲"的文章。由于它总共没有几页，恩格斯便把它作为"附录"一起发表。在单行本序言里，恩格斯提及了一个大部头手稿（甚至没有提到它的题目《德意志意识形态》），只是说由于出版商不愿意，它没有出版。恩格斯说道："既然我们已经达到了我们的主要目的——自己弄清问题，我们就情愿让原稿留给老鼠的牙齿去批判了。"①（老鼠的牙齿的这种批判是极其实实在在的，因为确实有许多页被老鼠完全地咬掉了！）

但是同样清楚的一点是：作为年轻的哲学学者，他们同其他年轻的黑格尔主义者的争论必然地带着"自我澄清"（self-clarification）的目的，希望把它转化为具体的经济研究和政治活动。这使得早期的哲学问题对他们来说日益丧失了实际意义。1886年2月，恩格斯在致他的美国翻译家弗罗伦斯·凯利—威士涅威茨基（Florence Kelley Wischnewetsky）的信中，顺便提到了他在1845年写的著作："我的那本旧书里有许多半黑格尔式的语言，不仅无法翻译，而且甚至在德文中也已失去了它大部分的意义。"② 在1893年，一位俄国人阿历克塞伊·福登造访了恩格斯。当提到出版其早期

---

① 弗里德里希·恩格斯：《路德维希·费尔巴哈和德国古典哲学的终结》，载于卡尔·马克思《马克思恩格斯选集》（莫斯科，1953年）第1卷，第417页。——原注
② 恩格斯写给弗罗伦斯·凯利—威士涅威茨基的信，收入《卡尔·马克思和弗里德里希·恩格斯写给美国人的信，1818—1895年》（纽约，1953年），第151页。（另请参阅该书中文版，人民出版社1986年版，第409页。——译者注）——原注

哲学手稿的问题时,他发现恩格斯对此表示疑虑。在一篇回忆文中,福登写道:"我们的第二次谈话谈到了马克思和恩格斯的早期著作。起先,当我表示对这些早期著作有兴趣时,他感到了局促不安。他说道:马克思在学生时代还写过诗,但是几乎谁也不会对它发生兴趣。……恩格斯认为,在'这些过时的著作'中,有了关于费尔巴哈的那些最为有血有肉的片段难道还不够吗?"哪一个是更加重要的呢,恩格斯问道:"对他来说,是把他的余生花费在出版19世纪40年代从出版商手中退回来的'过时著作'上呢,还是在《资本论》第三卷出版之后,着手去出版马克思关于剩余价值理论史的手稿呢?"对恩格斯来说,答案是一目了然的。恩格斯说道:除此之外,"人们为了深入探讨那个'过时的说法',他务必对黑格尔本人有兴趣,而到后来谁也没有对此事发生兴趣,准确地说,'考茨基和伯恩斯坦都没有对此事发生兴趣'"①。

(364) 实际上,除了《神圣家族》(*The Holy Family*)以外,无论马克思在世时还是恩格斯在世时,马克思的早期哲学著作都没有得到出版。《神圣家族》是马克思嘲弄布鲁诺·鲍威尔(Bruno Bauer)及其两位兄弟的一组充满激情而又包罗万象的檄文。鲍威尔兄弟及其朋友结成了"神圣家

---

① A. 福登:"与恩格斯的谈话",载于《回忆马克思和恩格斯》(莫斯科,未注明日期),第330—331页。刘易士·费埃尔——我从他的论述中得到许多启发——也向我指出过,在一篇不太著名的文章"论权威"中,恩格斯曾经以一个反对无政府主义的论辩者语气论证道:现代技术把"独立于所有社会组织的一个真正专制"强加于人的身上;因此,质问在一个工厂里的权威的本质是多此一举的。("如果说人靠科学和创造天才征服了自然力,那么自然力也对人进行报复,按他利用自然力的程度使他服从一种真正的专制,而不管社会组织怎样。想消灭大工业的权威,就等于想消灭工业本身,即想消灭蒸汽纺纱机而恢复手纺车。")因此,科学社会主义的"实在论",像当代社会学的"实在论"那样,使马克思和恩格斯从工作过程——异化的起源——转到雇主和工人的正式社会关系。关于恩格斯的这篇文章,参阅《马克思恩格斯政治学和哲学基础读物》,刘易士·S. 费埃尔编(火把丛书,纽约,1959年),第481—485页。——原注

族"。① 重要的注释家考茨基、普列汉诺夫和列宁是否曾经留意过它们的内容仍然不得而知。在他们的著作中找不到关于异化的任何一个问题。每当他们处理哲学问题时，这些后来的马克思主义著作家主要关心的只是简单地替唯物主义观点作辩护，而反对唯心主义的观点。

在当代对于马克思主义思想中异化观念的"重新发现"得归功于匈牙利哲学家乔治·卢卡奇（Georg Lukacs）②。卢卡奇确实对黑格尔很有兴趣。由于它同浪漫主义的自然亲和力，在德国社会学中，尤其在做过卢卡奇的教师的乔治·齐美尔（Georg Simmel）③ 的思想中，异化观念曾经起过重要的作用。齐美尔在写到现代人的"匿名"（anonymity）时，第一次到工业社会中去查找"异化"的根源。通过把人"分解"为一组孤立的角色，工业社会摧毁了人的自我同一性。后来，正如弗洛伊德那样，齐美尔拓展了这个概念，把异化看做人的创造力和社会制度压力之间发生冲突的一个无法避免的结果。在1927年的《文明及其不满》（*Civilization and Its Discountents*）中，弗洛伊德把人的不幸看做本能需求和文明压制之间的张力的必然产物。

在第一次世界大战之后，在对马克思早期手稿一无所知的情况下，卢卡奇开始研究马克思。他从马克思"追溯"到了黑格尔。他把劳动异化看做从绝对观念到人的自我异化的派生物。考茨基—列宁那一代人把马克思主义解释为一种科学的与道德无关的社会分析。但是在卢卡奇的解释中，马克思对社会的经济分析是另一回事。如摩里斯·瓦特尼克（Morris Watnick）提出的那样，它变成了"一个道德哲学家"的工作，那个哲学家

---

① 《神圣家族》第一部分的副标题是"批判批判的批判"，它揭露了埃德加·鲍威尔对蒲鲁东论贫困著作的莫须有误读。这本书接着一下子跳过去详细地分析欧仁·苏的《巴黎之谜》，并且通过曾经用这部著作去论证这种"批判的方法"的一位鲍威尔的支持者，揭露了这部著作——关于巴黎病人和可怜人的论述——中存在的莫须有误读。最后一些章节讨论了法国大革命以及法国唯物主义的兴起。在其浓重的反讽性语气中，马克思给其论改涂上了一层厚重的宗教色彩。不仅鲍威尔家族被称作"神圣家族"，而且在《德意志意识形态》中，马克思称麦克斯·斯蒂纳为"圣·麦克斯"。尽管马克思从其同行中吸取了绝大多数观念——从鲍威尔那里吸取了自我意识观念、从费尔巴哈那里吸取了异化观念、从摩西·赫斯那里吸取了共产主义观念、从蒲鲁东那里吸取了贫困的阶段观念——但是他不满足于只是综合这些观念，而是不得不通常是不可理喻地攻击所有这些人，从而千方百计地使自己的见解显得是全新的见解。——原注
② 乔治·卢卡奇（1885—1971）：匈牙利哲学家，西方马克思主义创始人，著有《历史和阶级意识》。——译注
③ 乔治·齐美尔（1858—1918）：德国社会学家、哲学家。——译注

"声称人的存在的未来带有世俗末世学的特点"。卢卡奇在1923年出版的论文集《历史与阶级意识》(Geschichte und Klassenbewusstein)中所作出的解释，被正统马克思主义者抨击为唯心主义。卢卡奇很快受到了莫斯科的批评。这本书受到了查禁，不是因为它对于异化的讨论，而是因为它以拐弯抹角的形式合理化了共产主义知识分子在其与共产主义运动关系中的精英地位，合理化了他们在共产主义运动中表现为表面屈从的需要。尽管在共产主义的知识界里，这部著作获得了私下的赞誉。在20世纪30年代初，卢卡奇流亡德国，后到苏联寻求庇护。在那些论文已经发表11年之后，他被迫再一次摒弃了他的著作，这是一次奴颜婢膝的自我厌弃之举。①

当马克思的早期哲学著作被发现并终于得到出版的时候②，卢卡奇满意地发现他已经多么准确地重构了青年马克思的思想。但是这不能使他免

---

① 1934年，在给共产主义学院作哲学讲座时，卢卡奇说："我在我的著作《历史与阶级意识》中所犯的错误是完全地同这些偏差［即对列宁的《唯物主义和经验批判主义》的攻击］相一致的……我于是开始成为齐美尔和马克斯·韦伯的弟子……""与此同时，（索列尔的）工联主义哲学对我的发展产生了重大影响；它强化了我的浪漫主义的反资本主义倾向……因此，在1918年，带着一种明确地工联主义和唯心主义的世界观，我加入了匈牙利共产党……""我在1923年出版的这本书……是对于这些倾向的一个哲学总结……在我的实际党务工作中，在我自己弄懂列宁和斯大林著作的过程中，我的世界观中的这些唯心主义因素越来越丧失了其可靠性。尽管我不答应重印我的著作（那些著作在当时已卖完），不过，在从1930—1931年访问苏联期间，尤其是通过当时正在进行的那些哲学争论，我第一次充分地理解了这些哲学问题。""德国共产党的实际工作……反对社会法西斯和法西斯意识形态的直接的意识形态斗争，都使我更加确信：在思想领域，唯心主义的态度也就是反革命的法西斯主义者及其同谋者社会法西斯主义者的态度。向唯心主义的每一次让步，无论其有没有意义，都对无产阶级革命事业带来了危险。因此，我不仅了解到了我在十二年以前写的那本书的理论错误，而且了解到了它的实际危险。""在全俄共产党最高委员会及其领导者斯大林同志的帮助下……为了坚持铁的纪律，同由全俄共产党在多年以前达到的马克思列宁主义衍生出来的所有偏差进行毫不妥协的斗争……"这段引文摘自莫里斯·瓦特尼克的研究论文"乔治·卢卡奇：一个思想传记"，其中有些片段发表在《苏联瞭望》（伦敦）上，第23—25号。(它是近些年发表的关于马克思主义修正主义的一个最好讨论之一。）卢卡奇的书一般在美国是无法买到的。其中一章的标题是"什么是正统的马克思主义"，发表在《新国际》1957年夏季号上。这本书的某些章节已经译成法语，由密努特出版社出版。——原注

② 《德意志意识形态》，尤其是第一部分，主要探讨了历史唯物主义的问题。而《1844年经济学—哲学手稿》探讨的是异化问题。实际上，除了《神圣家族》对异化概念有些简短的讨论以外，只有这些手稿才对这个概念作了唯一一以贯之的讨论。这些手稿写于1844年，《神圣家族》写于1845年，《德意志意识形态》写于1845—1846年。这些早期哲学著作，主要是未完成的《1844年经济学—哲学手稿》和《德意志意识形态》在1932年由S.朗德肖特和J.P.梅叶标上《历史唯物主义》（两卷本）的标题出版（有少部分章节已丢失）。(《德意志意识形态》第三部分的小部分片段在1902—1903年由爱德华·伯恩斯坦发表在《社会主义文献》中。）在1927年由D.列加诺夫出版的在《马克思恩格斯全集》第一卷里，对这些早期手稿，尤其是《德意志意识形态》作了详尽的描述。在V.阿多拉茨基的指导下，其整个文本发表在《马克思恩格斯全集》中（柏林，1932年）。马克思的早期文献由S.朗德肖特以《卡尔·马克思早期文献》的标题在1953年出版，它包括了1932年的版本。对马克思著作的一个全面导读可以在麦克斯米伦·路贝尔的《卡尔·马克思生平传略》（巴黎，1956年）中找到。——原注

于受到攻击。实际上，显著的一点是，在欧洲的最近几年里，受到卢卡奇的启发，新马克思主义的一整个学派都返回到了关于异化的早期学说，以便为对马克思作出新的人道主义解释找到根据。如果把这一尝试看做寻求一个新的激进的社会批判的一次尝试，那么这是一次令人鼓舞的尝试。但是在某种程度上——并且它似乎更像是这么一回事——它是制造新神话的一个形式，以便向马克思的象征靠拢，因此它是错误的。因为尽管它是早期的马克思，但是它不是历史上的那位马克思。历史上的那位马克思其实已经摒弃了异化观念。在马克思看来，由于其具有黑格尔的含义，这个观念是一个过于抽象的观念。并且，由于它具有像诸如"人的状况"之类的心理学回音，它又包含着太多"唯心主义的"含义。对马克思来说，陌生化不得不立足于具体的社会活动之中；并且马克思觉得，他已经在剥削观念中找到了答案，即异化的根源在于经济后果。

不过，具有讽刺意味的事情是，在从"哲学"转向"现实"的过程中，在从现象学转向政治经济学的过程中，马克思本人从一种抽象转到了另一种抽象。因为在他的体系中，自我异化发生了转变：人作为"类的人"（generic man）（即大写的人）被划分成为人的阶级。唯一的社会现实不是大写的人的现实、个体的现实，而是经济阶级的现实。个体及其动机是无关紧要的。可以被转化为行动的唯一意识形式，可以解释历史、过去、现在和将来的意识形式，是阶级意识。（366）

在写于1846年的《德意志意识形态》中，"自我"观念已经从马克思的著作中消失了。马克思于是嘲笑黑格尔左派谈论"人的本质、一般的人的本质，那种人不属于阶级，不具有现实性，只存在于哲学幻想的王国里"。在《共产党宣言》里，这种攻击以更加明确的甚至毫不留情地冷嘲热讽的形式作出。马克思说道：德国著作家"在法国的原著下面写上自己的哲学胡说。例如，他们在批判货币经济作用的法国原著下面写上'人的本质的异化'"。马克思在嘲笑了他以前的哲学同志时轻蔑地讲道："德国的社会主义者给自己的那几条干瘪的'永恒真理'披上一件用思辨的蛛丝织成的、绣满华丽辞藻的花朵和浸透甜情蜜意的甘露的外衣。"

但是，当一个人（像马克思在关于费尔巴哈的提纲的第六条中说的那样）说不存在"为每一个孤立的个体所固有的"人的本质，人的本质只能存在于阶级中的时候，他便引入了一个新的角色、一个新的抽象。在写于1867年的《资本论》"序言"中，马克思本人明确地指出："为了避免可能出现的误解……我决不用玫瑰色描绘资本家和地主的面貌。不过这里涉及到的人，只是经济范畴的人格化，是一定的阶级关系和利益的承担者。我的观点是：社会经济形态的发展是一种自然历史过程。不管个人在主观上怎样超脱各种关系，他在社会意义上总是这些关系的产物。同其他任何观点比起来，我的观点是更不能要个人对这些关系负责的。"①

这样，个人责任转变为阶级道德。个人活动的意义转变为非人的机械论。②

我们由此可以迅速地对这个论断作出概括。在其早期哲学著作中，与黑格尔相反，马克思看到了异化，或自我感的失落，主要地源自劳动而非意识的抽象发展。在劳动组织中，人变成了任由他者摆布的"手段"而非自身的"目的"。作为异化劳动，存在着双重的失落：人失去了对于劳动条件的控制，也失去了对于劳动产品的控制。这个包含双重含义的观念在晚期马克思那里多少得到了表现：对劳动控制的丧失被看做不人道的，它由劳动分工所促成，并被技术所强化；作为剥削，产品的丧失是因为人的劳动的一部分（剩余价值）被雇主所攫取。但是尽管在《资本论》中对劳动的非人性（dehumanization of labor）以及工作的零碎性（fragmentation of work）作了创造性论述，马克思更加重视的是这个问题的第一方面。同后来的社会学家一样，马克思以为对于非人道的劳动的解决取决于劳动时间的减少、劳动自动化和闲暇时间的增加。《资本论》的核心问题变成了：由私有制所产生的雇主和雇员之间的具体社会关系，而不是由技术所产生的各种过程。非人性是技术的产物，也就是资本主义剥削的产物。在《资本论》的关键一章中，即在讨论"商品拜物教"（fetishism of commodities）的那一章里，马克思千方百计地想要揭示剥削的过程：即在复杂的交换过程中，尽管劳动在形式上是自由的，但是剩余价值仍然被从劳动者身上榨取了出来。因此，解决的办法是简单的：只要消灭了私有制，那么剥削制度也将随之消亡。每当批评家们认为社会主义本身也有可能成为一个剥削社会的时候，马克思主义者便胸有成竹地作出了如下回答：权力起源于经济权力，政治机构只是经济权力的一个行政延伸；一旦经济权力得到了社

---

① 《资本论》（芝加哥：芝加哥，第12页），重点号为引者所加。——原注
② 有些用马克思主义思想武装起来的社会学家如刘易斯·科色尔坚信：这样的主张是对角色理论的预期，角色理论探讨了个体以特殊方式去行动以便实现其作为资本家或工人角色的各种驱动力。但是这种说法对这种主张作了太多发挥。——原注

会化，人剥削人的基础也将随之消亡。于是乎，社会主义的目标和合理性就这样流行了起来。

社会主义社会：从远处看

在社会思想史中，最为非同寻常的事实之一是，自从马克思以来，社会主义的领袖们都千方百计地想要赢得千百万人民去赞成关于新社会的观点，却从来没有去考虑那个未来社会的样子及其问题。这些人可以令人信服而不假思索地做到这一点，一部分原因是因为他们怀着对于"革命之后的日子"的启示性信念，理性将使它的预言在历史中得到兑现，意思是一切社会都会公正。在一个激动人心的段落中，托洛茨基曾经把资本主义描述为一个无政府主义的经济体系，"在其中，每个人只为自己考虑，没有人为全体作考虑"①。想当然地，在社会主义条件下，"个人"将会为全体作考虑，但是，这个"个人"，这个大写的"普遍精神"（the Univesal Mind）将怎么样为全体作考虑，却从来没有得到严肃的论证。人们只是简单地假定：资本主义从根本上说是不合理的，"社会管理"（social direction）的产生将把秩序注入社会之中。②

尽管今天的社会主义大体上等同于计划，但是就究竟什么是计划——生产组织、资源配置、工资报酬、劳动监督、新产品开发、投资和消费比例，等等——而言，在这些社会主义思想创始人的著作中却看不到有关它的论述线索。这种欠缺是非同寻常的。在一个国际工人协会总委员会宣言即以《法兰西内战》之名出版的著作中，马克思在一个地方顺便提到过，共产主义将是这样一个制度，在共产主义条件下，"联合起来的合作社按照总体计划组织全国生产"③。但也仅此而已。

1871年的巴黎公社及其蒲鲁东主义的浪漫主义为马克思的《法兰西内战》的发表提供了一个机会。但是，尽管巴黎公社变成了所有后来的马克思列宁主义理论工作的根据，而它仅仅是一个值得同情的榜样而已。从学理上讲，它对社会主义的主要贡献在于它谴责了把劳动和工资等同起来的

---

① 托洛茨基：《卡尔·马克思的活思想》（纽约，1939年），第6页。——原注
② 关于布尔什维克主义"启示经济学"的合理性这个问题的有见地的讨论，请参阅迈克尔·波拉尼伊，"历史的愚蠢"，载于《论战》1957年10月。——原注
③ 卡尔·马克思：《马克思恩格斯选集》（莫斯科，1935年）第2卷，第474页。——原注

劳动和交换委员会。从实践上讲，如作为少数几个马克思主义领导者之一的列奥·弗兰克尔（Leo Frankel）① 辛辣而俏皮地指出的那样，其"唯一真正社会主义的做法"是不允许面包店在夜里烤面包的。②

只是在另一个唯一的地方，马克思确实对未来社会作出了某些概述，它就是后来逐渐为人所知的《哥达纲领批判》。1875年，敌对的拉萨尔派和爱森纳赫派（李卜克内西、倍倍尔、伯恩斯坦）在哥达会面，以形成德国社会主义工人党。作为一个政党，社会主义者第一次面临着去阐明关于向社会主义过渡的政治纲领的任务。吸取巴黎公社的教训，哥达纲领强调了两点要求：得到国家支持的生产合作社和平等。

马克思的批判是猛烈的。他说道：由于生产者合作的要求沾上了比歇③（1848年立宪议会主席）的天主教社会主义的习气，而"对劳动过程进行平等分工"的要求完全是一个资产阶级的法权，因为除了在纯粹的共产主义社会之外，在任何一个别的社会里，让有不同需求的个体平等分享都将只会导致新的不平等。马克思说道：一个过渡社会不可能是完全公有的社会。在以集体所有制为基础的合作社会里，"生产者不相互交换他们的产品"。但是由于有一些社会需要必须被满足，因此仍将存在着对国家机器的需要。中央指导代理机构将从社会生产中被扣除出去：如管理成本、学校、保健等费用。④ 只有在共产主义条件下，作为统治人的国家将被"对物的管理"所取代。

马克思的批判不是政治学的而是哲学的。（有人或许从其语气中推断出马克思的动机是个人的，因为他感到自己被人们遗忘了，于是他决定向世人证明他仍然是大师。）他决定向他的学生们以及他不屑一顾的对手拉萨尔的追随者们证明，他们没有领会一个过渡社会和"纯粹的"共产主义社会之间的差异。这种差异曾经表现为异化和自由之间的哲学关系。当他与黑格尔决裂之后，那种关系是青年马克思30岁以前曾为之着迷的关系。但是在写了（未出版的）《1844年经济学—哲学手稿》和《神圣家族》之

---

① 列奥·弗兰克尔（1844—1896）：匈牙利工人运动和国际工人运动活动家，巴黎公社主要领导人之一，匈牙利工人党创始人。——译注
② 查尔斯·莱斯：《巴黎公社》（日内瓦，1955年），第70—72页，第244页；并参阅弗朗克·耶里尼克《1871年的巴黎公社》（牛津，1937年），第398页，第403页。——原注
③ 比歇（1796—1865）：法国基督教会社会主义者、法国合作运动创始人。——译注
④ 卡尔·马克思：《哥达纲领批判》（伦敦，1943年），尤其是第12—13页，第26页。——原注

后，由于马克思把注意力集中到了在资本主义社会里交换和价值的力学上，他把这个问题一搁便是30多年。在《哥达纲领批判》中，他突然重提这些问题，部分地表明了他可能很想显得自己要高明于他的那些追随者。由于他们作出了某些适当的政治区分，那些区分将对新的德国社会主义工人党纲领产生某些实际后果，他们正在日益把他孤立起来。因此，在《哥达纲领批判》中，尽管对过渡纲领作了理论评价，但是无论是在过渡社会阶段还是在纯粹的共产主义社会阶段，对社会主义经济力学都没有作出什么具体的论述。

卡尔·考茨基（Karl Kautsky）是最早具体地处理在社会主义社会里的生产组织问题的人之一。考茨基是马克思的遗稿管理人，也是德国社会民主党的杰出理论家。在1902年，他发表了一篇标上一个戏剧性题目的文章：《革命后的一天》。这是一位迂腐的老师向其弟子讲述的一个乏味的故事。它只是天真地向人们描述了一幅权力将如何被实施的图画。考茨基说道：只要夺过资本家手中的"贪婪的鞭子"（the whip of hunger），就能为通往社会主义开辟出一条道路来。他论证道，资本家的主要权力在于对失业者的恐吓。一旦无产阶级取得了政治权力，采取措施来维持所有失业者的生计；于是，在这里考茨基勾画出了这样一幅图画，工人将"再也不需要资本家，而后者如果没有工人的话便不［可能］继续把他的企业办下去，从而证明了保守的托利党对全民就业的恐惧。一旦这种情况任由其发展的话，那么，在同雇工的每一次冲突中，雇主都将受到打击，并且他将迅速地向他们作出让步。资本家可能仍然是工厂的领导者，但是他们已经不再是主人或剥削者。一旦他们认识到他们拥有的权力可能只会给其企业带来各种风险并因此而导致倒闭，这些人便会最先放弃资本主义生产规模的进一步扩大，并要求他们的企业被人所购买，因为他们可能从中已无利可图"①。

因此，就像脱落的蛇皮一样，资本主义将被历史毫不怜惜地抛弃。随后，主要的产业将被国有化，尽管诸如电力和交通之类的地方工业仍然由地方政府和合作社来经营。那么，什么东西将刺激工人去工作呢？它将是由工会制定的"无产阶级的纪律"。考茨基写道："社会纪律的维持只有通过把工会纪律引入生产过程才能得到保证。但是那种千篇一律的做法无论

---

① 卡尔·考茨基：《社会革命》（芝加哥，1902年），第112页。——原注

如何是行不通的，因为每个工厂都有自身的特殊性，工人组织必须与那种特殊性相适应。例如，有些行业要是没有一个官僚组织便无法运作，譬如铁路就是这样。民主组织可以这样形成：劳动者选出代表，他们将构成一种议会，议会将确定劳动的条件，并且监督官僚机构政府。其他行业可以接受工会的指导，还有一些行业可以通过合作来经营。"①

在这篇长达86页的文章中，这就是对在社会主义条件下工业的管理、民主监督等问题所作的全部解答。②

除了考茨基的这篇文章以外，到布尔什维克主义者为止，后来的社会主义思想家们都没有探讨过这个问题。当然，关于在社会主义社会里经济组织的经典布尔什维克表述在列宁的《国家与革命》中可以被找到。那部著作完成于1917年8月，约在布尔什维克夺取政权之前两个月。尽管这个小册子是很著名的，不过对其有关行政的描述再作一些概述仍然是有益的。

列宁说道：19世纪70年代的德国社会民主党曾经诙谐地把邮政称作

---

① 卡尔·考茨基：《社会革命》（芝加哥，1902年），第126—127页。——原注
② 应该指出的是，费边社成员没有被如下学说所迷惑：一个人无法正视新"历史时代"的"法则"。他们更擅长于探索在社会主义社会里的行政问题。安妮·贝森特在"论社会主义条件下的工业"一文中就管理问题提出了一个比较实际的见解。该文发表在《费边社论文集》里。安妮·贝森特后来成为一名感伤的神学哲学家。她在写于1889年的文章中写道："在过渡时期，也许在相当长的一段时期，管理的最佳形式将是通过公社顾问委员会，它将任命各种委员会去管理工业的各个部门。这些委员会将为每一个商店、工厂等选派必需的管理人员和领班，并且拥有对他们的任免权。我认为，由雇工直接选举管理人员和领班在实践中是行不通的，或者不符合为运行大型企业所必需的纪律。在我看来更加可行的做法是：公社应该选举它的顾问委员会——以便把总权力掌握在自己的控制之下，但是应该公社授权顾问委员会去选拔干部和职员。这样的话，各种部门的选拔和任免权将控制在整个委员会的被提名者手里，而不是掌握在与之直接相关的特殊团体手里。"（《社会主义费边社论文集》，伦敦，1948年，第147页。）
美国马克思主义者丹尼尔·德莱恩以具有理论洞察力而闻名，但是这是徒有虚名而已。尽管他谈到要用职能性组织或工联主义组织取代地理的或地方的议会选举体系，但是除了像考茨基那样强调社会主义条件下的任务比在资本主义条件下的任务要简单得多以外，他从来没有实际讨论过社会主义社会的生产和交换问题。在谈到社会主义产业议会的时候，他说道："它们的司法工作将不像在利益冲突社会如资本主义社会里的司法工作那样复杂。这是一项通过对所需财富、可产值和所需用工进行统计就可以轻易地完成的工作。"（引自阿诺德·彼特森《无产阶级民主和专政》[第4版，纽约，1937年]，第29页。）
实际上，当他在1905年投入工团主义怀抱之后，德莱恩从法国工团主义者那里吸取了他的大部分观念，参阅《造就丹尼尔·德莱恩政治思想的知识分子和历史力量》，唐纳·麦基著，未出版的哲学博士论文，哥伦比亚大学出版社，1955年。——原注

社会主义体系的一个模型。（为何"诙谐地"是难以理解的。）"把整个国民经济组织得像邮政系统那样，做到在武装的无产阶级的监督和领导下，使技术人员、监工和会计，如同所有公职人员一样，都领取不超过'工人工资'的薪金，这是我们最近的目标。"① 列宁写道："资本主义文化已经创造了大规模生产、工厂、铁路、邮局、电话，等等。在此基础上，'旧国家政权'的大多数职能已经变得如此简单，以至于可以被简化为登记、归档和核对这样一些简单的操作。这种情况就使各部门不可能存在特权以及官方的光环。"

列宁说道：这一切都是现成的。"只要推翻资本家……摧毁现代国家的官僚机器，我们就会有一个除掉了'寄生物'而技术装备程度很高的机构，这个机构完全可以由已经联合起来的工人自己使用，雇用一些技术人员、监工和会计，他们得到的工资与每一个'国家'官吏一样，不多也不少。"列宁说：所有的官吏，无一例外地，都由选举产生，并且随时都有可能被更换。这是以巴黎公社的经验为根据的一个"具体、实际而且立即可实现的纲领"。因此，列宁得出结论："无产阶级实现时就可以而且应该从这里开始做起。在大生产的基础上，这个开始自然会导致任何官吏逐渐'消亡'，使一种不带引号的、与雇佣奴隶制不同的秩序逐渐建立起来，在这种秩序下，日益简化的管理职能和核算职能将由所有的人轮流行使，然后将成为一种习惯，最后就不再成其为特殊阶层的特殊职能了。"

读到这里，人们会感到奇怪，对于组织的重要性有着如此自我意识的这个人，其对政治实践史的主要贡献在于提出政党是在无组织群众内部的特殊组织形式的这个人，对于管理者的监督问题、利益冲突问题和官僚问题竟然会如此视而不见。对照列宁在1917年之前关于政权的重要论断，根据6个月后夺取政权之后列宁对俄国制度发育不全的性质的符合实际的

---

① 所有引文都来自列宁的《列宁选集》第21卷（纽约，1932年）；尤其参阅第184—189页。除了有注明以外，重点号为引者所加。（另请参阅《列宁全集》第31卷，1985年，第47页。——译者注）——原注

判断来理解《国家与革命》①，并且对照列宁在其生命后期对可怕的国家官僚制度的成长和威胁的日益关注，那么显然地，尽管它对意识形态信徒们来说是一个公认的文献，但是《国家与革命》是一个荒唐之作。

(373)

但是为什么会是这样子的呢？我认为，这是因为它假定了合理性是消灭资本家的一个自动后果。如迈克尔·波拉尼伊指出的那样，还有非常明显的一点是，列宁和其他任何一个布尔什维克都不懂经济合理性的意义——市场、价格、资源配置等的意义。因此要想对社会主义社会的经济工作作出描述的任何尝试都必然是不成熟的。但是，《国家与革命》不仅是一个经济学文献，而且是一个政治学文献。只有作为一个政治学文献，它才是有意义的。从严格的意义上说，它是一个令人失望的作品。

像绝大多数马克思主义者一样，列宁原来相信，由于日益加剧的经济危机，社会主义革命将首先发生在完全成熟的资本主义经济的内部，在俄国到处都可以预见到的这场革命理所当然地将是一场"无产阶级革命"。不过，要是没有大量的工人阶级，这场革命是如何可能的呢？②但是在4月之后，一旦夺取政权的思想——和可能性——被提了出来，于是战术问题、鼓动工人情绪的问题、夺取政权的直接手段问题便被提了出来。列宁于是转向了唯一可借鉴的历史经验：巴黎公社。③

(374)

像所有自发的工人示威运动一样，巴黎公社的主要驱动力是一种原始的平等主义观念。后来，无政府主义者和工联主义者最有力地表达了那种平等主义观念。俄国工人的"左派"情绪，再加上它的原始要求，是明确

---

① 1918年4月，在一次全俄中央委员会会议上，列宁展开反对"左派共产主义者"的争论。后者在恢复管理者权威的行动中看到了"国家资本主义的道路"。的确，列宁说道："国家资本主义将是我们向前迈出的第一步。假如我们有能力在一个较短的时间里达到国家资本主义，这将是一个胜利……然后，向完全社会主义过渡将变得容易和确定。由于国家资本主义是一个中央化的、统一的、监督的和社会化的体系。而这恰恰是我们所缺乏的。"（列宁：《列宁选集》第22卷，第484页。引自赫伯特·马尔库塞《苏联马克思主义》[纽约，1958年]，第44页。）——原注

② 当1875年刚成立的德国社会主义工人党采纳哥达纲领号召成立在"劳动人民"民主监督下生产合作社的时候，马克思对他们进行了谴责。他说道："德国的'劳动人民'大多数是农民而不是无产者。"（《哥达纲领批判》，第25页）（另请参阅《马克思恩格斯选集》第3卷，1972年，第19页。——译注）——原注

③ 列宁在1917年10月7—14日的文章"布尔什维克是否能够维持国家政权？"中写道："马克思从巴黎公社的经验中教导我们：无产阶级不可能简单地掌握现成的国家机器并且为了它自身的目的运作起来，无产阶级必须摧毁这个机器并且用新机器取而代之。（我在一本名为《国家与革命——马克思主义关于国家的教训》的小册子以及《无产阶级革命的任务》中，对此作了详细阐述。）巴黎公社曾经创造了这个新的国家机器，现在代表俄国工人、士兵和农民的苏维埃也创造了相同类型的'国家机器'。"（列宁：《列宁选集》第21卷，第25页。）——原注

地无政府主义和工联主义的。由于担心受到孤立，列宁便迎合了这种情绪。因此，列宁此时接受了监督工人的要求，那个要求是对革命运动起推波助澜作用的机会主义的政治努力。列宁不得不认真地考虑社会主义社会应该怎么样恰如其分地运作的问题。

列宁后来声称自己从来没有相信过这类乌托邦梦想。他声明，1917年底和1918年初的战时共产主义政策只是为了宣传，目的是为了能够给其他国家的无产阶级提供启示。因为十月革命可能失败，而某些历史纪念碑必然会铭记它在历史上的地位。①假如这是真的，那么它本身有趣地反映了列宁对于工人的根本驱动力的看法。不过，事情很可能是这样的，后来因1917年的天真做法而感到不安，列宁也轻易地把这些著作作为仅仅是权宜之计来抛弃。这是完全真实的，列宁面对着一个实际的问题。但是当一个人遇到问题的时候，他往往会拿起自己习惯的工具；而对于列宁来说，他所了解的唯一的分析"语言"，唯一的概念框架，是马克思；而在这种语言中，他也成了合理化和行政之类"天真"观念的囚徒。要是人们仔细地顺着列宁在这个阶段的思路，那么就能看到这些观念是怎样被使用的。

在1917年1—2月，列宁身边一直带着一个"马克思主义论国家"的笔记本。这是一个非同寻常的笔记本，因为它对《哥达纲领批判》作了摘录和旁注。由于从来没有考虑过在夺取政权期间及之后社会组织性质的具体问题，列宁拼命搜集着手头能得到的只言片语。而这些片段是马克思对巴黎公社以及体现在《哥达纲领批判》中的关于国家性质的反省。他从中为《国家与革命》获得了一个重要的观念，共产主义社会不同发展阶段的观念：按劳付酬的过渡社会以及"各尽所能，按需分配"的纯粹共产主义的"更高"阶段。②

从所有这一切表现来看，1917年，当列宁被迫面对社会主义这个问题的时候，他对于社会主义的意义或特定内容是一无所知的。在十月革命前后，这一点不仅在理论水平上而且在术语的极端混乱中都得到了明确的表

---

① 关于这个论断的不同解释的讨论，参阅阿尔福莱德·G.梅叶的《列宁主义》（剑桥，麻省，1957年），第187—196页。并请参阅这本书第371—372页的脚注，它谈到了列宁的如下主张：假如俄国已经实现国家资本主义，那么将更容易实现过渡。——原注

② 要想了解列宁笔记的摘录以及他对《批判》的边注，请参阅《哥达纲领批判》"附录二"，马克思列宁主义图书版，第15号（伦敦，1933年），第65—85页。——原注

现。在严峻的1917年4月，布尔什维克党筹备召开全俄苏维埃大会，刚从国外回来的列宁提出了一些基本的策略决议，包括变更党的名称，把社会民主党改为共产党。这个重要的第八号决议声明："不是把'介绍'社会主义作为一项当前的任务，而是苏维埃工人代表大会直接取代对于产品的社会生产和分配"为这个党的任务。但是6个月之后，列宁为夺取政权进行了辩护，因为通过迅速的国家化（因为"从技术上讲……这项工作已经由资本主义替我们完成了"）并且通过实施工人管理，一个"社会主义国家"是可能的。①

"工人管理"这个令人着魔的短语许诺去解决在治理国家过程中遇到的所有行政难题。在这一点上，列宁被他的机会主义和他的天真的合理化弄得忘乎所以了起来。看起来清楚的一点是，有时候，列宁相信工人管理可以治理一个复杂的社会。通过长篇引用他在十月革命前夜撰写的一篇非同寻常的文章，他的这种"天真性"最为淋漓尽致地表现出了他的关于行政的"魔术般的"观念。这篇文章是对高尔基的《诺维真》里的一篇文章的答复。

列宁写道："24万布尔什维克党员似乎不能管理俄国……[但是]我们还有一下子就可以把我们的国家机构扩大10倍的'妙法'，这是任何一个资本主义国家从来没有也不可能有的。这个妙法就是吸引劳动者，吸引贫民参加管理国家的日常工作。

"为了说明这种妙法是多么简便，效果是多么灵验，我们且举一个最显而易见的例子。

"国家有时不得不强迫某一家搬出住宅而让另一家搬进去。这是资本主义国家常有的事，我们无产阶级国家，或者说社会主义国家也会遇到这样的事。

"资本主义国家要撵走一个失去了工作而缴不起房租的工人家庭，就要派来一大批法警、警察或民警。如果是在工人区撵人搬家，那就要派一个哥萨克分队。为什么呢？因为没有很强大的武装保护，法警和'民警'是不肯去的。他们知道，撵人搬家的场面会在邻近所有居民当中，会在成千上万濒于绝望的人当中激起无比的愤怒，激起对资本家和资本主义国家

---

① 关于这些重要段落，请参阅《列宁选集》第20卷，第1册，第101页；第21卷，第2册，第28—29页。——原注

无比的仇恨，这些人随时都可能把法警和民警队打成肉酱。需要大量的兵力，而且一定要从某边远地区调几个团到大城市来，这样士兵就不熟悉城市贫民的生活，不致'传染上'社会主义。

"假设无产阶级国家要让一个极其贫苦的家庭强行搬进富人住宅。假设我们的工人民兵分队由 15 个人组成：2 个水兵，2 个士兵，2 个觉悟工人（就算其中只有 1 人是我们的党员或者党的同情者），再加上 1 个知识分子和 8 个劳动贫民，这 8 人当中至少必须有 5 个妇女，而且要有仆人、粗工，等等。这一队人来到富人住宅进行检查，发现 2 男 2 女住着 5 个房间，于是说：'公民们，请你们挤在两个房间里过冬吧，腾出两间房让住在地下室的两家搬进去。在我们还没有在工程师（您大概是工程师吧？）的帮助之下为所有的人盖好舒适的住宅之前，你们必须挤一挤。你们的电话要 10 家共用。这样可以不必跑遍各个铺子，等等，可以节省 100 来个工时。其次你们家里有两个能从事轻劳动而没有事干的半劳动力，55 岁的女公民和 14 岁的男公民。他们每天要值班 3 小时，监督供应 10 家的食品的合理分配并进行必要的登记。我们队里的一位大学生公民马上就会把这项国家的命令抄成两份，现在请你们给我们一个字据，保证切实执行这个命令。'

"依我看来，资产阶级的旧国家机构和国家管理同社会主义的新国家机构和国家管理对比起来，如用浅显的例子来说明，情形就会是这样。"

就这样，在 10 月 7—14 日一个星期的写作中，列宁对怀疑布尔什维克管理国家能力的人们作出了回答。① 带着这个简单的观念，布尔什维克取得了政权，并开始着手建立一种新秩序。

工人委员会：十字路口

但是，"工人管理"确切地说可以指的是什么意思呢？根据其在《怎么办？》中的著名推论，列宁声称，假如只依靠他们自身的话，工人通过工会只能达到经济意识；只有在先锋党及其职业革命家核心的积极领导

---

① 引自"布尔什维克能保持国家政权吗？"，《列宁选集》第 21 卷，第 2 册，第 34—35 页。对俄国工人委员会的历史和围绕这一问题在俄国运动中的理论论战作出第一个系统探讨的是奥斯卡·安维勒的《俄罗斯议会运动：1905—1921 年》（莱登，1958 年）。（另请参阅《列宁全集》第 32 卷，人民出版社 1986 年版，第 305—306 页。——译者注）——原注

下，工人们才能达到社会主义意识。但是甚至在第一次世界大战之前，列宁的观点不仅受到了来自俄国国内的孟什维克（和托洛茨基）的抵制，而且受到了一小撮马克思主义理论家的抵制，如在德国和波兰的卢森堡，在荷兰的赫尔曼·戈特。卢森堡和戈特认为，列宁的观点是在俄国的落后条件下形成的。他们说：现代工业社会的发展将导致一个自觉的有教养的无产阶级的产生，这个阶级将不再恭恭敬敬地依靠党的领导人，而将能够根据自己的创造力来行动。他们说：在危机条件下，工人们将自发地并且通过"群众行动"行动起来。①

一个非同寻常的事实是，1917—1919年的无产阶级运动并非像列宁所拟想的那个样子发生，正如巴黎公社并非如马克思主义者拟想的那个样子发生的一样，因此在第一次世界大战结束的时候以令人惊奇的速度迅速发展起来的工人委员会并不奉行列宁主义。假如有的话，他们也只是证明了卢森堡和戈特的"群众自发性"（spontaneity of the masses）的观念。在1905年俄国最早产生了工人委员会。起初，工人代表委员会是地方工厂里的自发罢工委员会，它是由钢铁工人和纺织工人组成的。后来那个组织演变成为一个总罢工组织。这种工联主义样式在1917年的俄国和中欧再一次发生。作为中央政府和权威崩溃的一个结果，在战败国，绝大多数工人和士兵委员会都是自发地组织起来的。但是这些委员会迅速地被出于政治目的考虑的政党接受了。只有极少数几个地方真正作出了控制经济生活的尝试。在不来梅，从1919年1月10日至2月3日，工人和士兵委员会取

---

① 意识和自发性问题也许是激进的政治历史中最为关键的问题，因为它一方面涉及了党组织的性质、党与群众的关系，另一方面涉及了知识分子的作用。进一步地，假如群众自身不能达到对社会主义的意识，对于马克思主义唯物主义的整个理论来说，这还意味着存在决定意识吗？并且进一步地，假如这些观念来自知识分子，如列宁的《怎么办？》从考茨基那里引导出他的许多观念那样，总而言之，科学是激进意识的源泉，那么，对于一种马克思主义的观念理论来说，这意味着什么呢？这样一个讨论超出本文的语境太远了。对这些问题的详细讨论请参考我将出版的一部研究共产主义和美国劳工运动的著作中讨论列宁主义的那一章。

在列奥波德·海姆逊研究俄国马克思主义者著作《怎么办？》的第二和第三部分里，他详细探讨了俄国人围绕党组织问题展开争论的历史。不幸地，海姆逊先生没有追溯这些争论在另一些社会主义政党里的表现。他给人留下了这样一个印象：意识和自发性问题是俄国条件的特殊产物。要想对关于列宁主义背景和这些问题所进行的更早的、现在已经被人遗忘的、然而仍然是最有思想深度的研究有所了解，请参阅阿瑟·罗林伯格的《布尔什维克史》（纽约，1934年），尤其是第57—63页。要想了解对戈特观点的详细讨论，请参阅戈特的"群众行动：一个答案"，载于《国际社会主义评论》，芝加哥，1916年9月。要想了解关于罗莎·卢森堡观点的讨论，请参阅上面提到的海姆逊同一部著作的第194—196页。——原注

得了政权。在巴伐利亚，一个苏维埃共和国在 1919 年 4 月 13 日宣告成立，实行了对工厂的工人管理和对银行的国有化，但只过了半个月就被德国政府推翻了。在奥地利，工人委员会扣留了产品并且努力地控制物价，一直到他们向卡尔·勒纳（Karl Renner）权威屈服，后者是新共和国的社会主义领导人。在匈牙利，由比拉·昆（Bela Kun）缔造的苏维埃共和国是通过最高政治手腕而非工人委员会建立起来。但是，这些自发的行动并不是只发生在战败国。在英国，在一个比较小的范围里，由于工会变成了管理工人的代理机构，工会管事运动（shop-steward movement）表明了普通职员反对官僚的工会控制的无休止性，并且反映了广大工人要求成立自己的机构，满足自己的需要的呼声。

至少在俄国革命的头一两年里，这些自发的运动的经验很可能促使列宁相信：无产阶级的"自觉纪律"将使得对社会主义社会经济的管理变得容易起来；并且这些经验说明了他在 1917—1919 年期间的著述中表现出来的工联主义描述。

但是，在欧洲，尤其在德国，左派社会主义的政治失败将促使列宁的思想发生深刻的变化。这些经验，加上正在出现的布尔什维克党在俄罗斯的核心化角色，促使列宁重新去强调核心化组织和党的领导角色的必要性。卢森堡发出警告，这种逆转将导致灾难。尽管在 1919 年她还在狱中时就发出过富于预见性的警告，她说把党凌驾于无产阶级之上的企图将导致党的专政，并且最终在党的内部导致一小撮人的专政。① 但是这个警告并没有人给予理会。

(379)

在共产国际第二次大会（1920 年 7—8 月）上讨论了工人委员会的经验，并否决了其观念。大会采纳了由季诺维也夫起草的一系列提案。总而言之，它声称："确保工人委员会正在为之而战斗的原则的胜利从而取得政权的唯一确定的道路是保证工人委员会由工人政党领导……"这些提案②旨在反对工联主义和直接行动的倾向。那些倾向在法国和西班牙仍然占据着优势，并且在德国社会民主党、美国世界产业工人协会以及英国工

---

① 参阅罗莎·卢森堡的《俄罗斯革命》，载于《行动》第 5 卷第 6 号，1922 年 2 月。英译本重印于纽约，1940 年，由贝特朗姆·D. 伍尔夫作序。——原注
② 参阅"论共产国际的基本任务"和"论共产党在无产阶级革命中的作用"，载于《共产国际文件，1919—1947 年》第 1 卷，1919—1922 年，由让·德格拉斯选编（牛津，1956 年），第 113—127 页（尤其是第 126 页），第 128—136 页。——原注

会管事运动中以不同形式得到了表现。杰克·唐纳在谈到英国工会管事运动时告诉俄国人,他们要向西方学习很多东西。但是现在俄国人完全掌握了控制权,他们听不进任何东西。他们的经验,只有他们的经验,将成为所有其他党的榜样。以巴黎公社失败为例,季诺维也夫说道:"要是当时的这个工人阶级有一个有纪律的共产党……"其言下之意是一目了然的。这些提案被采纳说明:从那以后,共产党以及它们控制的运动将采取一种核心组织的和铁的军事纪律的基本模式。所有"自发的"行动都将被肃清或清除。这是共产国际的宣言,这条道路在俄罗斯已经得到了证明。

工人管理在俄罗斯的命运:渺茫的前景

在很短暂的一段时间里,1917—1918 年的俄罗斯变成了一个名副其实的工人社会。在那些令人陶醉的日子里,人们感到随着革命的宣言,新社会即将来临。紧接着十月革命之后,没有坐等命令的工人们开始占领工厂,驱逐资本家。国有工厂即将产生。非常类似于 1848 年的银行交换代用券,用来分配商品的短期代价券流通了起来。因为在头脑简单的马克思主义者看来,货币是资本家剥削的工具,所以货币应该被消灭掉。(迟至 1921 年,苏联经济学家一直忙于制定一个完全消灭货币并以"工分"取而代之的这种劳动核算单位计划。)因为对于所有的太平盛世者来说,存在着一种"时间的绝对在场"感。

1918 年第一次俄罗斯工会大会认真地探讨了工人管理生产的观念。工会被责成"全力参与到生产管理部门中去;组织劳动监理会;登记和分配劳动;开展城乡劳动交换"。

这个意见被共产党所认可,在 1919 年 3 月第八次大会上,共产党采纳了一个新的纲领以代替 1903 年的旧纲领。"国有工业的基础组织必须首先建立在工会的基础之上。"工业将被集中化为一个"单一的经济单位",工会将说服从事体力劳动的群众立即参与到对经济的管理中去。[①]

但是,在那个混乱的年代里,工人管理只能是一个笑话。例如,1918 年 1 月,对铁路的管理权被托付给了一个工人委员会,但是只在短短的几个月时间里,铁路便陷入了瘫痪。商店委员会无力约束不守纪律的工人。

---

① 引自曼雅·戈登《列宁前后的工人》(纽约,1941 年),第 79 页。——原注

假如一个委员会这样做了，那么它将被罢免，另一个委员会将取而代之。在 3 个月的时间里，对于铁路的控制权已经不再掌握在工人的手里，而是集中在了交通部长的手中，他被授予了完全的专断权力。通过关于扩大国有化的法律，其他企业也脱离了工人的控制。这些企业都由国家来控制了。

由工人管理的失败伴随而来的是新的产业纪律、单人管理以及对于非共产主义者专家的雇用。更加重要的是，这次经历开启了在布尔什维克党内部的一场重大争论，那场争论以工会独立角色的解体而告终，以党自身内部任何民主的解体而告终。

1920 年表现出了十月革命正在面临危机的迹象。在规模上，工人阶级已消耗、退化和萎缩过半。在一次自由选举中，如 E. H. 卡尔（E. H. Carr）和艾萨克·多伊彻（Isaac Deutscher）承认的那样，布尔什维克党很可能会失去权力。在这个时候，以工人的民主为代价，列宁和托洛茨基以铁一般的意志挽救了布尔什维克。

在小册子《论工会的角色》中，托洛茨基提出了这个问题。他攻击了共产党第八次大会基本纲领中关于把经济管理权交给工会作为目标的条款。他反复强调：苏维埃国家是无产阶级国家，因此谈论使无产阶级免受国家压迫是没有意义的。托洛茨基提出，作为一个长远目标，工会将与政府管理部门合而为一。更加直接地，他还提出了整个市民生活军事化的要求，通过适当的劳动军队委员会，在政治工作和实际工作中达到严格的集中。托洛茨基说道：军队是工业效率的榜样。他提出要把军队的组织形式改造成为工人营。他的支持者戈尔茨曼（Goltsman）本人是一位工会领导人。戈尔茨曼建议在工业中产生一个"干部阶级"（officer class），一个由训练有素的各层管理者组织的工人官僚，由他们管理工厂。①

对于列宁和季诺维也夫来说，这些建议是过于极端了。季诺维也夫已经变成了托洛茨基的派系对手。他以列宁的名义攻击了托洛茨基。但是最尖锐的攻击来自工会和"工人反对派"（Workers Opposition）团体。他们说道：这是行不通的。应该给予改组的不是工会而是共产党自身。党已经被农民和中产阶级分子腐蚀了。以一种马乔基斯基的精神，他们说道：

---

① 关于这场争论的讨论，请参阅莱昂纳德·夏佩罗《共产主义独裁的起源》（伦敦，1955 年），第 254—255 页。——原注

"大多数管理职位必须由没有放弃体力劳动的工人去占领。"

反对派提议,"每个共产党员每年都应该到工厂、煤矿去从事体力劳动至少 3 个月。要是他在一年多时间里没有参加过这种劳动,没有与工人一样生活的话,他就没有资格担任干部"。后来转向这个反对派的布哈林说道:"由于整个事务都必须由工会来管理,因此,国民经济最高苏维埃的候选人必须由工会选举产生——并且被政府所接受。"

列宁出其不意地对这种"工联主义废话"(syndicalist twaddle)发起了攻击。他说道:这一整个"工联主义谬论必须被扔到垃圾堆里去"[①]。他对布哈林回答说:"假如我们说不是由党来任命候选人和干部,而是只由工会来做这件事情,那么,它听起来似乎是非常民主的,但是它将使无产阶级专政毁于一旦。"[②]

借助于一种诡辩术,列宁试图证明,他写进党纲中的关于工人管理国民经济的那个句子并不意指它的表面意思。他说道:"工会必须把对于整个国民经济的全面管理掌握在自己的手中"指的意思是对于经济的最高指导将由经理们来执行,而不是具体的工业部门。1920 年 10 月,在第二次全俄矿工大会上,他原原本本地复述他在 3 年以前提出的著名理论见解。他声称:"工人知道怎么样去治理国家吗?实际的人们知道这些都是天方夜谭。"

但是是谁散布了这些天方夜谭呢?

在 1921 年,工人反对派和党的领导之间的问题发展到了紧要关头。从表面上看,这个问题是在工厂里的单人管理问题。实际上,更大的问题是脱离党的控制的工会的独立性问题。

在 1918—1919 年,在控制工厂方面的工人委员会体系已经被一个笨重的"共同决定"形式,或者一个社会管理董事会体系所取代,在其中超党派专家分享着对工会的控制。但是,随着 1920 年 3 月党的第九次大会通过确立单人管理原则的决议,这种情况便告结束。在这样一个组织中,工会可以去挑战管理权威了,与其讨价还价,但也仅此而已。但是工会担心,这些权利可能也会丧失掉,在重要的运输领域,当所有的工会权利都受到否决的时候,这些担忧便很快得到了证实。因此,工会独立性问题被尖锐地提了出来。它被集中到了一个名为中央联合运输委员会的机构里。

---

① 《列宁选集》第 26 卷,第 101、103 页。——原注
② 同上书,第 141 页。——原注

1920年8月，中央联合运输委员会诞生了。托洛茨基作为运输部长负责这个委员会。它把工会的权威抛在了一边。它以集权的政府控制取代了以前由工会实施的权力。更有甚者，工会领导现在由上面任命，而不是由下面选举。

在其对军事纪律的阐述中，托洛茨基丝毫不隐瞒他的意图：清洗工会反对派，必要的话甚至可以把这些领导人投入监狱。为了给他的立场找到证据，托洛茨基作出了如下理论论证："在工人国家里……经济组织和工会组织的并存只能被解释为是一个暂时的现象。"列宁反对这种过于学究气的见解。他说道：工会应该具有一定的活动余地；把这两种组织合并起来只是一个时间问题。(383)

由于感到中央联合运输委员会在将来变成一个现实，由施略普尼柯夫(Shlyapnikov)①领导的钢铁工人的工联主义者小组在1921年第十次大会之前正式提出了工人管理的问题。他们引用党的如下正式宣言：工会应该实现对于国民经济的管理，这个工人反对派提出了一个对苏维埃社会进行工联主义重组的方案。那个方案非常相似于30年以前由美国马克思主义者丹尼尔·德·莱恩(Daniel De Leon)②提出的计划。它提出要组织产业联合会，要通过从永久性的联合会推选出来的中央实体来控制工业。在个别的工厂里，这种控制将由推选出来的工人委员会来实施。那个委员会只附属于上一级工会组织。然而，关键的要求是实行所有官员都由选举产生的原则。它的目标是摧毁党的中央委员会和党的地方委员会凌驾于工会之上的权力。因为只要中央委员会丧失了任命工会干部和委员会成员的权力，那么这个中央机关便将没有能力实施它的政策。

1921年，在布尔什维克党的内部形成了三个立场。一个立场是以托洛茨基为代表的。它实际上是要求消灭工会，集中权力，实施严格控制，但是允许年轻而有经验的工人更自由地进入高层以替代年老的干部。多数人的立场是以季诺维也夫为发言人的那种立场。它想要一个更加宽松的机构、不太严格的控制、并且冻结现有干部的权力。列宁支持季诺维也夫的立场。他觉得工会不应该被取缔，因为它们扎根于工人阶级，尽管它们将

---

① 施略普尼柯夫（1885—1937）：苏联共产党活动家，党内"工人反对派"主要领导人。——译注

② 丹尼尔·德莱恩（1852—1914）：荷兰出生的美国社会主义者。——译注

不应该掌管党的经济。在当时的一项著名声明中，列宁说道："我们是工人阶级的政府，这个政府带有官僚主义的作风。由于我们现在的政府是这样一个政府，以至于把最后一个人都组织起来的无产阶级必须加强自我防范。我们必须运用工人组织来保护工人，使其免于政府的迫害。"① 第三个立场是工联主义者的立场，即工人反对派的立场。

工人反对派的代言人不是一位工人，而是亚历山德拉·科隆太（Alexandra Kollontay）②，向布尔什维克投诚的一位沙皇将军的女儿。这似乎是自相矛盾的。③ 作为一名具有鲜明人格的出色的演说家，科隆太成功地戏剧化了这些问题。她声称，存在着两个问题：一个是工人对工业的管理问题，一个是党内民主问题。她说道：由工人来管理工业是"共产主义的本质"。党受中产阶级分子和农民的主导，而在关键位置上工人阶级的数量只占到了大约 17%。"工人们不禁要问：我们是谁？我们难道真的是阶级专政的点缀吗？我们难道只是一群只配听人使唤的乌合之众吗？我们难道只能去服务于那些口头上说要密切联系群众并且为人民服务而骨子里却只执行自己的政策的打着党的旗号却无视我们的意见和创造力来建设工业的那些人吗？"她由此得出了更加激进的结论。她不仅要求由工会来管理工业，由工人来管理地方政府；而且，她还声明，官僚体制已经变成了抑制这个国家的生命的桎梏。她宣称，这是由于党害怕批评，排斥异己，窒息创造力和讨论的结果。"缺乏思想的自由，就不可能存在自我创造力……"

但是，纵使存在着拓宽党的民主的机会，这些机会也是极少的。它们被喀琅施塔得水兵的叛乱给扼杀了。来自列宁格勒附近海军基地的这些喀琅施塔得水兵曾经揭开了十月革命的序幕。他们对于布尔什维克的支持一直具有决定性的意义。由于对党的日益增长的集权控制感到极其不满，于是他们便揭竿而起。他们声明支持在列宁格勒发生的各种罢工，并且要求

---

① 列宁：《列宁选集》第 9 卷，第 9 页。列宁觉察到官僚主义的威胁是一个直接而当前的现实，这同他自己表达的一些"天真"观点形成了一种不可思议的对比。在写于夺取政权之后没有几天的一篇称作"关于罢免权的报告"的文章中，列宁说道：只要国家还存在着，马克思主义者就没有权力谈论自由。他写道："国家是专政的工具。以前这是整个国家受一小撮有钱人的压迫……为了劳动人民的利益，我们想要组成专政。"对列宁来说，需要给予考虑的是国家将在工人控制之下，因此要接受监督检查。"关于罢免权的报告"，《列宁选集》第 22 卷，第 97 页。——原注

② 亚历山德拉·科隆太（1872—1952）：苏联共产党革命家，早年属于孟什维克；1914 年转向布尔什维克，1919 年成为欧洲第一位女部长；1923 年担任驻挪威大使，成为现代历史上第一位女大使。——译注

③ 在这里我采纳了莱昂纳德·夏佩罗的说法。——原注

进行自由选举。列宁和托洛茨基迅速地作出了反应。水兵们被镇压了下去，"秩序"又恢复了正常。

这次叛乱使党的领导人非常清楚地认识到，党内民主是无法容忍的。尽管工人反对派和喀琅施塔得水兵（其中的绝大多数人都来自农村，同情农民）叛乱没有什么关系，但是反对派仍然被指控鼓励这场叛乱。党内控制加强了，小党派受到了清洗，批评受到了压制。列宁和季诺维也夫一度同意取消的中央联合运输委员会又得到了恢复。1921年5月，在俄罗斯工会大会上，反对派的最后呼声——列加诺夫的呼声静默了下来。（列加诺夫后来成了马克思恩格斯列宁研究院的领导。）列加诺夫向为大会准备决议的党小组提出了一个妥协的方案。他承认："选举产生工会运动领导人必须在党的完全控制之下进行。"但是他要求党"作出特别努力以实行无产阶级民主的常规方法，在工会里尤应如此，在那里，对领导人的选举应该由有组织的群众自己来实施"。但是即使这样的要求也被看做太过分了。列加诺夫被免去了工会工作。斯大林获得授权去彻底清查这个"不守规矩的小党派"。

这个感伤故事的余下部分可以迅速地被讲完。1921年的大会摧毁了工会领导权的独立性。党的中央委员会对于所有工会任命的控制被强制性地确立了起来。不过，只用了很短一段时间，新的工会角色被确立了起来。尽管列宁加紧了对于国家和党的机关的政治控制，但是他仍然通过新经济政策（NEP）在经济事务中给国营企业和私营企业以相当多的自由。

对于列宁来说，新经济政策是一个非同寻常的步骤。因为他不得不承认，在"旧书"中找不到为党的这个激进步骤作准备的任何东西。这个步骤是向资本主义作出的部分让步。在写于他去世之前的一篇文章中——这篇文章证明了曾经统治过列宁的思想的一些条条框框，他忧心忡忡地声称："关于这个问题，马克思连一个字都没有提到过；关于这个问题，他没有留下一句话便离开了我们。这就是我们必须尽自己的最大努力去克服这个困难的原因。"①

对于工会来说，新经济政策把工资政策问题提了出来。在战时共产主义条件下，所有工人都被付给相同的工资，并且通常是以口粮的形式支付

---

① 列宁：《列宁选集》第14卷，第338页。引自西奥多·德拉佩尔《美国共产主义的根基》（纽约，1957年），第249页。——原注

的。在新经济政策条件下，也可以确立不同的工资级别，实施计件工资和奖金。并且这些都要经过集体协商来进行。国营企业和地方企业与政府信托部门签订协议。投诉程序确立了起来。调解和仲裁机构开始运作。从1923 年到 1927 年，尽管已经不再存在工人对管理的任何有效参与，但是集体协商仍然存在着。

工业化的实施标志着作为半独立力量的工会的解体。托洛茨基在 1919 年曾经说过：工会是以"封闭的行业分会的精神"运作的，因此它不得不受到冲击。现在，10 年之后，这句话被斯大林所采纳。斯大林说道：工会的任务在于"通过激发劳动生产力、劳动纪律和社会主义竞赛，并且把待业隔离和'工会主义'的所有残余通通清除掉，以建立社会主义的工业"。这一点在 1930 年共产党第十六次大会上被正式通过。那次大会声明："对工会进行重组的基础是激进的团队运动。"在关于工厂管理者的任务的两次著名讲演中①，斯大林号召对工资平均主义发起进攻，并且提出制定使工人同其工厂连成一体的措施。后来，一些人们熟悉的苛刻的法律得到了实施：要想更换工作必须得到工厂领导的许可，不完成工作份额就要受到处罚、迟到要扣分，如此等等。

今天，苏联工厂②的特点表现为在工人和工程师之间发生了尖锐的阶级分化。作为在战后特许状中颁布的内容（1946 年 4 月第十次工会大会），工会只是作为用来强化劳动纪律的工厂管理手段而存在着。尽管有了这种合理组织的正式结构，但是，极其不合理的工资和计件结构、"家族主义"或宗派保护小团体的滋长、偷工减料的做法，所有这一切都表明在这个社会体系中各种不合理的东西正在滋长起来。在那里，表达和批判的呼声又被封锁得如此严密。管理者统治着一切，而工人却什么也控制不了。

这样，一个借着工人控制的名义产生的运动现在控制着工人。这是一个奇怪而悲惨的结局。因为它自马克思起走过了如此一条漫长的道路，而其结局却落得如此地步。

---

① 参阅约瑟夫·斯大林《列宁主义》第 2 卷，"企业管理者的任务"，1931 年 2 月 4 日；"新的条件——新的任务"，1931 年 6 月 23 日。——原注

② 参阅亚历山大·瓦西尼奇《苏联经济制度：生产单位的社会结构》（斯坦福，1952 年）。——原注

劳动的意义：另一条道路

在其19世纪40年代的早期哲学著作中，马克思曾经周密地思考过在自由的、共产主义的社会里人性的本质。在那样的社会里，人对他们的活动拥有完全的控制权，而不只是对于特殊角色的反映。就我们所知，这些早期哲学著作在"正统的"马克思主义和列宁主义正在发展起来的那些岁月里并没有出版和被人所了解，并且，这些早期哲学思考同马克思的经济学著作的关系也没有被当时的人们所了解。如我们已经看到的那样，这导致了马克思主义思想沿着一条道路发展了下去，那是一条关于人、财产和剥削的原始经济观念的狭隘道路；而另一条道路，一条可能导向关于工作和劳动的新人道主义观念的道路，却被搁置了下来，没有人去探索过那条道路。也许这是无法避免的。但是在这个阶段，随着技术的高度发达以及控制的极端集中，对于这条道路的探索也就是必要的了。(387)

在异化概念的变换过程中，一个根本的见解被丢掉了——异化也是工作组织的一个结果，为了终结异化，一个人必须检验工作过程本身。也许，时间将淡化被扭曲了的主观因素，使人们简单化地理解社会行为，并对"历史"出路抱着一些简单的想法。假如一个人要想有意义地对待自我的失落问题、在现代生活中责任的意义问题，那么他必须再一次开始去探讨某些具体的问题，而在这些问题之中，首要的问题是工作过程自身的本质的问题、异化的原始根源的问题。

在最近几年里，有人提出了这样一种论调。他们认为，单单私有财产的消灭不能保证剥削的终结。问题是：人们应该如何去抵制官僚制度。这是一个实实在在的问题。在社会主义思想中，回答它的"新"答案将仍然是提出关于"工人管理"的主题。这个答案对法国企业委员会（comite's d'enterprise）、德国共同决定权利（Mitbestimmungsrecht）的要求产生了影响。在英国，它也正在成为针对英国工党"工业和社会"计划的一个左派方案。当然，它为波兰和南斯拉夫工人委员会的要求奠定了基础。我对这个要求没有任何异议。但是要想知道这个概念的意思往往不是一件容易的事情。

在共产主义理论中（在一定程度上，它多少有所选择地吸收了某些工联主义观念），"工人管理"的口号几乎完全是在政治学意义上被理解的。

它被人看做夺取资本主义条件下雇主经济权力的手段之一，看做获取权力的手段，而非社会主义条件下民主化的一种技术或对工业的管理。①

另一方面，在第一次世界大战前后的英国，怀旧主义者、分产主义者和工联主义者提出了一些详细的、富于想象力的却无法实施的蓝图，发动了一场互助会社会主义运动。由于互助会社会主义的衰落，正如早期费边社成员们没有被人理解那样，这个运动提出的关于管理的具体问题一直没有被人们所理解。今天摆在社会主义者和管理者社会面前的绝大多数问题在互助会社会主义者的争论中就已经被提了出来。他们注意到，生产手段的国有化将导致国家对个别互助会的剥削（即以消费或消遣为代价设立一些不必要的新投资项目，或者设立严格的工作规章等）。另一方面，工联主义，或者由个别互助会掌握的生产所有权，将会导致一种分离主义，或者"地方霸权主义"，互助会将通过它千方百计地以牺牲别人为代价来获取利益。互助会成员通过跨国资本和土地分配所有权来"解决"这个问题，但是互助会向国家租用财产的租金（或利息），足以用于政府开支。从政治上讲，这种互助会国家将由两院制实体所组成：一个是地方议会，另一个是功能性（即职业性）代表所组成。通过议会，消费者确立生产的目标；互助会代表委员会负责工业的效率行为。每个互助会都将是一个建立在地方委员会基础上的自治体；会员资格是自由开放的，但是假如有会员失去了工作，那么国家将抚养求职者，直到他能工作为止。每个互助会将确立其自身的工作条件——进度、投诉程序，等等。互助会按其成员比例收到奖金，不过它既可以向每个会员平均分配股份，也可以按照不同的技能把股份分成几个等级来分配。与生产相对照，分配将在国家的控制之下进行，由议会来决定工资和价格水平以及新投资的总水平。不可避免地，外贸将由政府专营。但是个人财产、房子、汽车等普通形式，将留给个人支配。

作为国有主义和工联主义之间的一个妥协，互助会社会主义给了我们许多有用的指导。它的弱点是：它企图一劳永逸地解决太多的问题，并且

---

① 请参阅，例如，由托洛茨基提出的明确主张，以"工人管理下的生产"为标题的书信，重印于《新国际》，1951年5—6月，第175—178页。托洛茨基说道："对我们来说，工人管理的观念存在于在资产阶级统治下的一个资本主义体制的范围里……[它]指在工厂、银行、商行等里的一种经济的双重权力……因此，在推翻资产阶级国家期间，工人管理体制，就其本质来说，只能被看做一个暂时的过渡性的制度……"——原注

它把蓝图制定得过于细腻。具有矛盾意味的是，它反而给人留下了过于强词夺理的印象。人类社会不可能一下子得到改天换地的改造。人们不得不务实地从现存的结构开始，从人们所关心的品格、气质和传统——以及愿望——开始。

一旦"工人管理"的口号被提了出来，紧接而来的一个简单问题也许是：工人对什么进行管理？是对整个经济进行管理吗？这是不切实际的。一个工联主义的社会也是一个过于一厢情愿的社会。假如它自身的官僚体制得到了扩张，那么它只是用一种利益维度取代了另一种利益维度而已。那么它指的是对某一产业或企业的管理吗？人们会进一步问道，而这也是一个有意义的——实实在在的——概念。① 在1932年，关于产业管理的英国《TUC报告》实事求是地承认了工人管理的各种局限性，那个报告承认上市公司而不是互助会结构作为国有化财产的形式，并且把公社而不是工联主义组织作为社会管理的形式。关于产业和社会的英国工党新纲领，从理论上讲，在创造企业向社会承担起"社会责任"方面向前推进了很大的一步。那个纲领扩充了通过企业股份国有权来实施社会管理的观念，尽管在这样做的过程中存在着新的"管理"阶级社会的风险。② 那个观念也是工人管理的目标。

正如社会主义者和工联主义者提出的那样，工人管理的观念的主要错误在于"管理"这个语词一直具有双重的含义：第一层意思是指导（例如对汽车行使过程的监控），第二层意思是抑制（例如对某人的怒火的抑制）。在通常意义上，在工人管理问题的争论中，其支持者很少指明这两层不同的含义。大致说来，社会主义者在谈起工人管理的时候，他们指的意思是：由工人自身对整个企业进行指导或管理，或者参与到管理中去。

---

① 汉娜·阿伦特是研究极权主义的最敏锐学者，是对工人委员会观念持同情态度的批评家。她就匈牙利和波兰1957年的经验中肯地写道："平等和自治政治原则是否也可以被应用于生活的经济领域是很值得怀疑的。经济需要主人的统治才能运作良好，这个古老的政治理论主张，由于同生活的必需品联系在一起，所以这个理论也许是一个不会错到哪儿去的理论。"要想了解她对于在1957年事件期间自发出现的工人委员会的意义的非同寻常的讨论，请参阅她的文章"极权主义的帝国主义"，载于《政治杂志》第20期（1958年），第5—43页。——原注

② 必须指出的是，甚至联合协商也面临着沦为口号的危险。有人会讽刺说：实际上联合协商只是变成了一个"扯皮"机制，通过它每一个政党、管理者和工人委员会代表都逃避了自己的责任。就关于这一点的一幅揭示性图画，尤其是对于担心"管理主义"幽灵的人来说，请参阅艾略特·杰克斯的专著《一个工厂的变迁文化》（伦敦，1951年）。——原注

这后一层意思是南斯拉夫现在正在实施的那一层含义。由工人参与管理随之而来的困难是，它逐渐忽视了工人与管理者之间的不同利益差异，并且剥夺了工人在工厂中的独立地位。

从历史上看，工会一直是一个限制性保护组织，它致力于保护工人利益。借着国家团结或者国家利益的名义，一旦工会变成了一个"控制"工人的工具，工人们便会用其他的团体取而代之。这就是在第一次世界大战期间英国工会管事运动以及1956年十月波兰工人委员会的历史。在今天的南斯拉夫，共产党处于一种进退两难的境况中。由于允许工人去参与管理，工会似乎已经不发挥专门的作用了；某些理论家进一步指出，工会应该被取缔。另一方面，在英国，在国有化了的产业里的工会一直拒绝参加到管理董事会里去，或者拒绝为生产承担责任。工会一直扮演着与管理部门针锋相对的独立的保护机构的作用。

那么，工人管理是不是不存在任何作用了呢？如果说工人管理的观念存在着意义，那么它——在商店里——是对于直接地影响着他的工作日生活的事情的控制：工作的节奏、步骤和要求；在确立平等付酬标准方面的呼声；对在他之上的科层的要求的抑制。这些也许是对于大宗问题的"小范围的"解决方案，卡尔·波普尔曾经称之为"修修补补的技术"，但是它们毕竟看到了这些末世论说法将导致的结果！

让我们对两件事情作出区分。我认为这两件事情将对工厂里的工人产生重大的影响：一个是平等对待的问题；一个是技术学和工程文化对工作过程自身的影响。

通过平等，一位工人要求这样的一个处境。在其中，主管不会欺负他或蛮横地对待他；其中将存在着途径，他的申诉可以通过它而得到公正的裁决。还有，通过平等，工人可以确信他的工资，相对于工厂或本地区的其他工人而言，是合理的。工资差别问题是一个难以解决的问题。在过去，这些差别一直是由习惯或者由市场的供求平衡决定的。在最近几年里，通过劳动评估量表，工程师千方百计地想要在阶级和工作之间确立一些"公正的"过渡。在通常情况下，这些量表都是失败的，因为这些"顽固"工人拒绝相信，这些机械的标准，这些机械地得到应用的标准，能够产生平等；而有时是因为在工厂里的"权力"团体拒绝承认不利于他们的量表。① 在西方，一般说来，工会的职责一直是确保认可已经写入集体合约之中的平等标准。在工厂的公平对待方面，资历原则、调定和仲裁程序原则、共享增加工资方法的工会决定原则，所有这些都证明了工人的公平观念的胜利，而不是雇主的公平观念的胜利。

但是在控制的第二个层面上。在对工作过程自身的挑战过程中，工会是失败的。有关当今美国工厂工人——在其他国家的工厂工人也许也是如此——的一个最本质性事实是：他对工作缺乏兴趣。几乎没有人把"工作"看做追求任何价值实现的一个场所。人们往往热衷于购物、游戏、闲聊、参政或集体的生活。但是，工作本身，人们不得不去完成的日常任务，却激不起任何实质性的挑战，被看做仅仅是一项想要躲避的或想要尽快地给予完成的苦差事。

对于工会来说，对工作过程提出挑战将要求对作为一个整体的社会提出激进的挑战：因为去质问工厂的位置或者工厂的规模，将不仅对管理层提出了挑战，而且对消费经济的逻辑提出了挑战。那种逻辑首先考虑的问题是减低成本和提高产量。进一步地，在竞争条件下，一个企业怎么可能去做因重组工作程序而增加它的成本而没有落后于他的竞争者的事情呢？但是，这不仅是"资本主义"社会的失败。在社会主义社会里，可悲的是，几乎一直都没有人富于想象力地尝试着去思考工作过程的意义。并且，在共产主义国家里，少数领导层千方百计地想要推进高速的工业化，对工人的影响也就越来越严峻。

对于生活水平极其低下的不发达国家来说，很难去讨论为了使得工作对工人来说更加具有意义而应牺牲生产的事情。但是这些并不是不能两全的事情，也不应该是只能顾此失彼的事情。工程师们已经知道，假如对于效率的要求过于苛刻的话，那么那些要求便会相互抵消。问题总是在"如何做到恰到好处"上。但是这个问题必须在对于效率问题的考虑之前就被提出来。

人们不必接受机械过程的宿命论——或者等待在自动化领域的新乌

---

① 关于想要确立薪金差别的一个"客观"标准的有趣尝试而言，请参阅由艾略特·杰克斯在《新科学家》（伦敦，1958年6月3日）上发表的一篇文章（第313页）。杰克斯认为，通过测量一个个体凭着自身创造力完成其工作所需的"时间量"，他就能够推导出"一个尚未得到公认的标准体系，该体系将对任何一个特定的工作支付合理的报酬"，并且，这些标准将"从直观上得到工人们的认可"。杰克斯说，这将"为国家的工资和薪水政策提供一个经验根据"。——原注

托邦——就可以看到某些变化是可能的。这些变化包括了从作为真正的反集约化的大范围变化到在工作步骤方面的相对微小而重要的变化。前者给工人带来了工作机会，而不是把大量工人带到工地上去。后者则表现为诸如劳动周期的扩大、劳动量的增大、允许采取自然的工作节奏，等等。

这里还存在着一个特殊问题：现在缺乏的是关于基本态度的变化。用社会学的行话来说，"要求的涌动"（flow of demand）必须来自于工人自身，而不是来自上面强行注入的各种限制。要是有人说，譬如，工人不是商品，那么他就应该采取步骤消灭计件工作制，并且消灭在一个人由根据每周工资制或年薪制支付工资和另一人根据计件或计时工资制支付工资之间所产生的差距。假如人们重新接受了工人曾经抗议过的旧社会主义和人道主义传统的正当性，那么工作场所本身，而不是市场，必将是决定工作节奏和速度的核心因素。

生活的完满性必须在工作自身的本质中被找到。

意识形态在西方的终结：一个结语

> 人们犯下了不知道该什么时候限制自己希望的错误。
>
> ——马基雅维利（Machiavelli）[1]

历史上很少有像基督教寓言所说的那样一个介乎洪荒和天堂之间的时期，那时，人们感到世界已裹足不前，一切都明确地停滞了下来。在写于4000多年前古埃及人的水草纸文书上，人们可以读到这样的词句："无耻当道，人欲横流……国运飘摇……群氓无首……贫者为富，富者为贫。"按照吉尔伯特·墨里（Gilbert Murray）[2]的描述，这个类古希腊时期是一个"元气丧尽，豪情全无"的时期；"悲观厌世之风盛行，自我尊严失落，人们丧失了对今生的希望，也丧失了对常规人类努力的信念"。老家伙塔列朗（Talleyrand）[3]曾经厚颜无耻地声称：只有那些生活在1789年以前的人才品尝到了生活的所有美妙之处。[4]

当今这个时代，还可以补充一些适当的引文——以往长时期对光明的向往反倒使一切都带上了讽喻和辛酸的含义——因为在从1930年到1950

---

[1] 尼可罗·马基雅维利（1469—1527）：意大利政治思想家和历史学家，著有《君主论》、《论李维》等。——译注

[2] 吉尔伯特·墨里（1866—1957）：牛津大学古希腊文学家，著有《欧里庇得斯剧作选》、《欧里庇得斯及其时代》、《阿里斯托芬研究》、《古希腊研究》等。——译注

[3] 塔列朗（1754—1838）：法国改革家。——译注

[4] 卡尔·雅斯贝斯曾经把由每一个时代哲学家提出的各种感伤之辞以一种有趣的方式汇编到一起。那些哲学家都把自己的时代看做灾难深重的时代，而把过去看做黄金盛世时代。这些感伤之辞，以及摘自埃及水草文书的引文和塔列朗的话语，可以在他的《现时代的人》中找到（伦敦，1951年），第2章。吉尔伯特·摩里的引文来自《古希腊宗教的五个阶段》（第二版；纽约，1930年），第4章。——原注

年之间的 20 年中，在历史著作上记载了一些特别严重的事件：世界范围的经济危机和尖锐的阶级斗争、法西斯主义和种族帝国主义在一个曾经站在人类文化发展前列的国家的兴起、曾经宣布要为人类更加美好的理想而斗争的革命一代作出了悲剧性自焚（self-immolation）、一场其深度和广度迄今为止仍然难以料想的破坏性战争、在集中营和死亡秘密审判所对数百万人的官僚化大屠杀。

在对过去一个半世纪的革命冲击非常了解的激进知识分子看来，所有这一切都意味着千禧年希望、太平盛世幻想、天启录思想以及意识形态的终结。因为曾经是行动指南的意识形态现在已经逐渐走到了死亡的终点。

无论意识形态在法国哲学创始人那里原来是个什么样子，作为一种由观念转化为行动的方法，黑格尔左派、费尔巴哈和马克思都用最为明确的语言描述了意识形态。对他们来说，哲学的职责在于批判，在于以现在代替过去。（马克思写道："一切已死先辈的传统，像梦魇一样纠缠着活人的头脑。"[1] 费尔巴哈，这个所有黑格尔左派中最激进的人物，自称为路德第二。他说道：要是我们能够揭去宗教的神秘外衣，那么人类将获得自由。整个思想史就是一部持续的祛魅史，假如最后在基督教领域里，上帝从一个狭隘的神被转变为一个普遍的抽象物，那么，通过运用异化或自我陌生化的激进手段，批判的作用就是以人类学去取代神学，以人去取代上帝。哲学应当面向生活，人应当从"诸抽象物的幽灵"中解放出来，从超自然束缚中解脱出来。宗教只能创造"虚假意识"（false consciousness）。哲学则将揭示"真实意识"（true consciousness）。通过把人而不是神置于意识的中心位置，费尔巴哈竭力把"无限带入有限之中"。[2]

如果说费尔巴哈想使上帝"屈服于现实世界"，那么马克思则企图改造现实世界。在费尔巴哈推崇人类学的地方，马克思则重申黑格尔的基本见解，强调大写的历史和历史背景。世界不是单个人（Man）的世界，而是众多人们（men）的世界；人是阶级的人。由于阶级地位不同，人与人之间是有差别的。真理是阶级的真理。因此，所有真理都只是面具而已，

---

[1] 马克思：《路易·波拿巴的雾月十八日》，参阅《马克思恩格斯选集》第 1 卷，人民出版社 1972 年版，第 603 页。——译注

[2] 来自马克思《路易·波拿巴的雾月十八日》著名开场白的这些引文对异化有一个概括性讨论，不过我在这里从汉斯·斯皮埃尔在其《社会秩序和战争风险》的讨论中受益颇多（纽约，1952 年），第 9 章。——原注

都只是局部真理而已；而真正的真理是革命的真理，并且只有这种真理才是合理的。

在这种情况下，一种动力就被引入到意识形态的分析上来了，被引用于创造一种新的意识形态上来了。通过揭去宗教的神秘面纱，人从上帝和原罪中解脱出来，恢复了人的潜能。通过揭示历史，理性也得到了揭示。在阶级斗争中，只有真实意识而不是虚假意识才能被实现。但是，既然真理只能求诸行动，那么人们就不能不付诸行动。马克思说道，黑格尔左派只是一些文人而已。（对他们来说，办杂志就是"实践"。）对马克思来说，唯一的真正行动是在政治领域里。但是按照马克思对它的理解，行动，革命行动，并不仅仅是社会变革。这种说法不过是以自己的方式恢复全部古老的太平盛世说，恢复再洗礼派教徒的千禧年观念而已。从它的新眼光来看，它是一种新的意识形态。

关于意识形态的分析恰当地说属于关于知识分子的讨论。一个人可以说，牧师所应面对的是宗教，知识分子所应面对的是意识形态。这种情况本身给了我们为厘清其多重职能所需语词和理由的维度的一条线索。"意识形态"这个语词带上了18世纪末法国哲学家特拉西（Destutt de Tracy）的印记。同其他启蒙运动的哲学家一起，同像爱尔维修、霍尔巴赫这样的著名唯物主义者一起，特拉西千方百计地想要找到一条不是通过信仰和权威来发现"真理"的道路，那些传统方法受到教会和国家的支持。同样，受到法兰西斯·培根的影响，这些人试图找到能够消除充满偏颇的偶然意见、根深蒂固的先入之见、与生俱来的个人嗜好和干扰自我趣味或者单纯信仰意愿的方法。所有上述情况，像柏拉图洞穴里的影子一样，产生了关于真理的各种假象。[①] 他们的目标是，必须"提纯"观念，以取得"客观"真理和"正确"思想。其中有的哲学家如爱尔维修认为，一个人不得不去做追本溯源的工作，以便找出失真得以产生的原因。特拉西认为，人们通

---

① 在《新工具》中，通过设定各种失真，法兰西斯·培根试图把理性从"心灵欠缺"中解脱出来。他称这些失真为种族幻象、洞穴幻象（"由于他所受的教育，由于他与别人的交往，由于他所读的书籍和所崇拜的权威，每个人都有一个洞穴，或者他自己的盲点……使他辨不清自然的真假"）、市场幻象和剧场幻象（"由于在我的判断中，所有的一切均来自于错误的理论或哲学，出自被歪曲了的论辩规律"）。要想了解有关在社会科学中与意识形态相关的偏见观念史的讨论，请参阅莱因哈特·本狄克斯的《社会科学和对理性的怀疑》（加利福尼亚大学出版社1951年版）。——原注

过把观念还原为感官知觉以"提纯"他们的观念——这是具有赤裸裸地反宗教偏见倾向的英国经验论的一个过时的法国变种——并且他把这门关于观念的新科学称为"意识形态"(ideology,"观念学")。

对这个术语的消极诠释是由拿破仑提出来的。在他的权力得到稳固之后,他禁止在法国科学院讲授道德和政治科学,并宣布谈论"意识形态"(ideologies)的是一些无耻的投机者,他们把道德和爱国主义混为一谈。作为一个共和主义者,拿破仑一直对哲学家的观点抱着同情的态度;而作为一个皇帝,他认识到了宗教正统对维护国家统治的重要性。

但是,是马克思赋予了"意识形态"这个语词以一些截然不同的含义。在马克思看来,例如在其著作《德意志意识形态》中那样,意识形态同哲学唯心主义具有千丝万缕的联系,或者同以下观念具有千丝万缕的联系:观念是自主的,观念独立地有权力去揭示真理和意识。对作为唯物主义者的马克思来说,这是虚假的,因为"存在决定意识"(existence determined consciousness)而不是相反;要想独自从观念出发来描述关于现实的图画只能产生"虚假意识"。因此,追随于费尔巴哈之后——马克思从费尔巴哈出发得出了绝大多数关于宗教和异化的分析——他把宗教作为一种虚假意识来思考:上帝是人的心灵的创造物,它们只是表现为独立存在的,并且决定着人的命运;宗教因此是一种意识形态。

但是马克思还作出了进一步论述。他说,意识形态不仅是虚假观念,而且还掩盖了特殊利益。各种意识形态声称是真理,但是却反映了特殊团体的各种需要。在其讨论犹太人问题的一些早期论文中,他在其中一个地方专门讨论了关于国家和社会的哲学问题。马克思尖锐地攻击了出现在法国大革命《人权宣言》(Declaration of the Rights of Man)上的"自然法权"(natural rights)观念,以及具体化在宾夕法尼亚和新汉普郡国家宪法上的这些权利。"自然法权"的前提——崇拜自由或自身所有权自由——为,它们是"绝对"权利或"先验"权利;但在马克思看来,它们仅仅是在历史上达到的"资产阶级法权"(bourgeois rights),这些法权被虚假地声称具有普遍有效性。马克思指出,国家的职能在于为"一般意志"(general will,"公意")创造基础。在资产阶级得以产生的"市民社会"(civil society)里,国家被假定为是消极的或中立的。每个人都寻求着自己的利益,社会协同性因此而产生。但实际上,他认为,国家被用来强制实施某些特殊集团的权利。因此,"自然法权"断言完全掩盖了资产阶级想用财产去达到自己利益的要求。马克思认为,"自然法权"的个人主义是一种虚假的个人主义。因为人只有在团体中才能认清自己;并且他认为,真正的自由不是财产自由,也不是宗教自由,而是摆脱财产的自由和摆脱宗教的自由——简言之,是摆脱意识形态的自由。因此,把实际上是阶级利益的东西声称为普遍有效性的企图是意识形态。

马克思不同于边沁和其他功利主义者,他认识到,个人并不总是受直接的自我利益驱动的。(这是"庸俗的享乐主义"[vulgar hedonism]。)他说道,意识形态是一股有意义的力量。他在《路易·波拿巴的雾月十八日》里写道:"然而也不应该狭隘地认为,似乎小资产阶级原则上只是力求实现其自私的阶级利益。相反,它相信,保证它自身获得解放的那些特殊条件,同时也就是唯一能使现代社会得到挽救并使阶级斗争得以避免的一般条件。"因此,对于意识形态的"揭露"也就是揭示出隐藏在观念背后的"客观的"利益,并发现意识形态所发挥的作用。①

所有这一切所包含的含义是完全直接的。对一些人来说,只对政治作理性主义的分析是不够的。人们未必是言行一致的。一个人必须探索隐藏在观念背后的利益结构;他不应去探讨那些观念的内容,而应探讨它们的作用。第二个也是更加激进的结论是,假如观念掩盖了实际利益,那么对于一个学说的"真理的检验"(test of truth)在于看它是为什么阶级利益服务的。简言之,真理是"阶级的真理"(class truth)。因此,不存在客观的哲学,而只存在"资产阶级的哲学"和"无产阶级的哲学";不存在客观的社会学,而只存在"资产阶级的社会学"和"无产阶级的社会学"。但是,马克思主义根本不是这样一种相对主义的学说:存在着关于社会宇宙的一个"客观的"秩序,它通过"历史"而得到了揭示。对马克思和黑格尔来说,历史是一个进步的展开着的理性。在历史中,通过人类对于自然的征服以及对于所有神秘和迷信的破除,社会将向着"更高的阶段"运动。因此,学说的"真理"取决于它"适合于"历史发展的"封闭性";在实践中,它意味着"真理"取决于它是否对革命的推进有所贡献。

关于"观念的社会决定"(social determination of ideas)的理论存在着

---

① 在这个意义上,"对意识形态的揭露"多少类似于弗洛伊德体系中的"合理化"(rationalization)理论。合理化隐藏着潜在的动机。不过,这并不意味着它必然是不好的。实际上,要想有效地发挥作用,合理化务必与现实具有"紧密的符合"(closefit)。不过,一个不在眼前的或潜在的动机也是存在的,而且分析千方百计地要把这一点揭示出来。——原注

许多难点。难点之一是科学的作用。马克思没有说过自然科学是意识形态。不过，有些马克思主义者，尤其是在20世纪30年代的苏联马克思主义者，声称存在着"资产阶级的科学"和"无产阶级的科学"。因此，爱因斯坦的相对论作为"唯心主义的东西"而受到了攻击。然而在今天，尽管几乎没有人再提"资产阶级的物理学"了，但是弗洛伊德的理论仍然被官方斥之为"唯心主义的东西"。不过，假如科学不具有阶级性，那么社会科学是否也如此呢？在马克思主义的思想中，科学自主性的问题从来没有得到令人满意的解决。

第二个难点是决定论假说：在一系列观念和"阶级"目的之间存在着一对一的对应。不过，这种情况是很少发生的。经验论通常同自由的探索联系在一起。不过休谟①，这位最"激进的"经验论者，是一个托利党人；而埃德蒙德·柏克（Edmund Burke），这个为了设计一个新社会而对唯理论作出了最为激烈抨击的人，是一个保守党人；霍布斯，最为深刻的唯物主义者之一，是保皇党人；托马斯·希尔·格林（T. H. Green）②，英国唯心主义复辟的领导人之一，是自由主义者。

第三个难点是阶级的定义。对马克思来说（尽管在他的著作中从来没有对阶级下过一个严格的定义），在社会中的主要社会划分来自于财产的分配。不过，在一个政治和技术相融合的世界里，财产已经日益丧失了作为主导权力的力量，有时甚至丧失了作为主导财富的力量。在几乎所有的现代社会里，作为谋求职业的主导因素，技能变成了比遗产更加重要的因素，并且政治权力优先于经济权力。那么阶级还有什么意义呢？

不过，人们无法完全忽视如下见解的力量："思想的风格"（styles of thought）是同历史上的阶级集团及其利益相联系的，观念是作为社会里不同集团的不同世界观或视野的结果出现的。问题是如何具体化现存基础和"精神产品"（mental production）之间的关系。例如，社会学家马克斯·韦伯主张，在观念和利益之间存在着"可任意选择的亲和力"。一个观念、一个理论家或者一个革命家的社会起源只不过涉及了如下事实而已：某些社会集团"挑选出了"某些观念，他们看到那些观念是适当的，并因此信奉

---

① 大卫·休谟（David Hume）（1711—1776）：苏格兰政治学家、哲学家、经济学家，著有《人性论》等。——译注

② 托马斯·希尔·格林（1836—1882）：英国政治思想家，著有《伦理学绪论》和《政治义务原理讲演录》等。——译注

了它们。这是"新教伦理"理论的基础。在其中，撇开这些观念的彼岸世界的根基不说，他主张，加尔文思想的某些特点以及这种学说所认可的人格在资本主义发展过程中变成了必要的和具有因果关系的东西。另一位社会学家卡尔·曼海姆试着把社会思想划分为两种基本的风格：他称之为"意识形态的风格"和"乌托邦的风格"。他接受了源于马克思的一个如下假设：观念是"受时间制约的"，但是他认为，马克思的观念，作为所有社会主义者的观念，也应该受到相同的约束。由于所有的观念都是为利益服务的，他称为现存秩序辩护的观念为"意识形态的观念"，他称试图改变现有社会秩序的观念为"乌托邦的观念"。但是这样说来，为追求客观真理所作的所有努力难道说都是毫无希望的吗？并且，培根的提问难道说只是一个妄想吗？曼海姆觉得，有一个社会集团可以是相对地客观的，它就是知识分子。因此，知识分子是社会中一个"没有根基的社会阶层"，因此比其他社会集团受到的束缚要少，他们可以获得多重的视角，从而超越了其他社会集团的狭隘局限。(399)

在社会科学的发展过程中，由培根、特拉西、马克思和其他人提出的问题——澄清观念在社会变革中的角色——已经变成了为人所知的"知识社会学"技术领域的一部分。（要想了解关于这些问题的清楚讨论，请参阅罗伯特·K.默顿在他的《社会理论和社会结构》中的有关章节。）但是在通俗用法中，"意识形态"一词仍然是一个模糊的术语。它似乎意指社会集团对社会中的社会处理所持的在常规情况下被证明为正确的世界观、信念体系或信条。因此，人们可以谈论"小商人的意识形态"，或者把自由主义、法西斯主义作为一种"意识形态"来谈论。或者，有的作者会谈论"意识形态的梦想世界，（在那里）美国人把他们的国家看做这样一个地方，在那里每一个孩子都是生来就'机会均等'的，每一个人都是从本质上像其他人一样地优秀"。在这个意义上，意识形态被诠释为一个"神话"而不只是一系列价值观念。

显然地，这些用法，由于把许多事物都混合了起来而导致了混乱。因此，作出某些区分是必要的。

也许，我们可以借用曼海姆作出的一个区分，并在他称作"意识形态的特殊观念"和"意识形态的整体观念"之间作出区分。在第一层意义上，我们可以说，拥有某些价值观念的个体也拥有着利益。我们可以尽量地了解这些价值或信念的意义，或者通过把价值观念同他们拥有的利益联系起来,去了解为什么一旦他们拥有了利益,便会有价值观念随之而来的原因——尽管这些利益不一定都是经济利益;它们也许是社会地位的利益(诸如一个伦理团体想要提高它的社会地位,想要得到社会的支持)、像代表权这样的政治利益等。在这一意义上,我们可以谈论商业的意识形态、劳动的意识形态等。(当艾森豪威尔执政时期的美国国防部长、通用汽车公司临时总裁查尔斯·E. 威尔逊[Charles E. Wilson]说:"对美国是好的东西也就是对通用汽车公司是好的东西,反过来也是如此"的时候,他表达了某种意识形态,即表达了这样一种观点:由于这个国家的福利依赖于企业的财富,因此,经济政策应该满足企业社团的需要。)某种整体的意识形态是关于丰富现实的一个包罗万象的体系,它是充满激情的一系列信念,它试图全面改造生活方式。对于意识形态的这种承诺——对一种"事业"的渴望,对深刻的道德感情的满足——不一定是以观念的形式反映利益。在这一意义上,在我们在这里使用它的这一意义上,意识形态是一种世俗的宗教。

意识形态把观念转化成了社会的杠杆。麦克斯·勒纳曾经把一本书的书名叫做《观念就是武器》(Ideas are Weapons)。他这样称呼绝无讽刺意味,这就是意识形态的语言。不仅如此,这是对观念的结果的认可。当俄国批判主义先驱维萨里昂·别林斯基(Vissarion Belinsky)① 初次读到黑格尔,并且开始相信如下哲学等式的正确性的时候:"凡是现实的都是合理的",他变成了俄国独裁政治的支持者。而当他后来明白了黑格尔的思想中包含着相反的倾向,即从辩证的意义上讲,这个"现实的"蕴含着一层不同的含义时,他又一下子变成了一位革命的先驱者。小拉夫斯·W. 马修逊(Rufus W. Mathewson)② 评论说:"别林斯基改变信仰的例子,形象地说明了他对待观念的态度:这种态度不仅易受一时的情感冲动所左右,而且是缺乏远见的。他对这些观念的反应仅仅是根据一时的相关情形作出的,而且必然地把这些观念贬低为工具。"③

意识形态之所以具有力量也就在于它的激情。抽象的哲学探索总是千方百计地消解激情,而人总是企图合理化所有的观念。对于思想家来说,

---

① 维萨里昂·格里戈里耶维奇·别林斯基(1811—1848):俄罗斯文学评论家。——译注
② 小拉夫斯·W. 马修逊:俄裔美国文学批评家,哥伦比亚大学教授。——译注
③ 小拉夫斯·W. 马修逊:《俄罗斯文学的实际主人公》(纽约,1958年),第6页。——原注

真理产生于行动，它的意义是通过一种"顿悟时刻"被赋予经验的。思想家不是在沉思中求得生存的，而是在"行动"中求得生存的。实际上，可以这样说，意识形态最重要的、潜在的作用就在于诱发情感。除了宗教（及战争和民族主义）以外，很少有哪种形式能够把情感能量引发出来。宗教符号化了人的情感，使它们枯竭了，把来自现实世界的情感能量通通转化成了连祷文、礼拜仪式、圣礼、信条和宗教艺术。意识形态则使这些情感融合到一起并把它们引向了政治。

但是从其最有影响的方面来看，宗教的作用远不止此。它是人们处理死亡问题的一种方式。对于死亡的恐惧——这种恐惧是强有力的、无法避免的，尤其是对于暴力死亡的恐惧，粉碎了关于人具有力量的这个光辉灿烂、富丽堂皇而又转瞬即逝的梦想。正如霍布斯指出的那样，对死亡的恐惧是良知的源泉；回避暴力死亡的努力是法律的源泉。当人们实际地相信天堂和地狱成为可能的时候，对于死亡的恐惧便得到了缓和和控制；要是没有这种信仰，那么将只存在自我的绝对湮灭。①

随着宗教在 19 世纪的日益衰弱，不自觉地表达出来的对作为绝对湮灭的死亡的恐惧或许会高涨起来。或许，它正是非理性得以泛滥的一个原因，这种非理性是我们时代已经变化了的道德气质的一个明显特点。当然，宗教狂热、暴力和残酷在人类历史上并不是罕见的。但是曾经有过这样一个时代，在当时这些狂热和群众的情感可以通过宗教的祷告和实践而得到宣泄、被符号化、被消解和被消散。现在只存在着世俗的生活，自我肯定在对他者的统治中才成为可能——对某些人来说它甚至成了必然的东西。② 人们可以通过强调一种运动的全能性（如共产主义的"必然"胜利）来挑战死亡，或者通过把其他人的意志屈服于一个人的意志（如阿哈布船长的"不朽"那样）来战胜死亡。这两条道路都已经有人走过了。但是，由于政治可以用宗教曾经制度化权力的方式制度化权力，政治变成了取得统治权的捷径。（正如对自我所进行的所有其他宗教改造一样）改造世界

---

① 参阅列奥·施特劳斯（Leo Strauss）《霍布斯的政治哲学》（芝加哥，1952 年），第 14—29 页。——原注

② 迪·萨德侯爵（Marquis de Sade），比任何其他人都更多地探讨过自我肯定的局限性。他曾经写道："当头脑发热的时候，没有一个人不想要成为暴君的……他乐意于做一个孤家寡人……任何一种平等都将毁坏他所享有的专制主义。"因此，萨德建议通过普遍开设妓院来把这些冲动引导到性活动中去，那些妓院将足以耗尽人们冲动的情绪。应该指出，迪·萨德是宗教的劲敌，而且，萨德非常了解宗教在激励情绪方面所起的出色作用。——原注

的现代努力主要地或完全地是通过政治来进行的。这意味着用来调动情感能量的所有其他制度方法都必然地走向衰落。实际上，教派和教堂早就已经变成了政党和社会运动。

要是一个社会运动能够做到如下三件事情的话，它便能唤起民众：第一，简单化观念；第二，提出一个实践真理的主张；第三，把这两者结合起来，付之于行动。因此，如果能做到这三点，意识形态就不仅改造了观念，而且改造了人。通过强调必然性，通过调动追随者的激情，19世纪的各种意识形态已经完全可以同宗教分庭抗礼。通过把必然性同一于进步性，这些意识形态又同科学的实证价值联系了起来。但是更加重要的是，这些意识形态也同正在兴起的知识阶层相联系，那个阶层正试图在社会中找到自己的位置。

(402) 要是知识分子和学者的差异不令人厌恶的话，那么了解那种差异是很重要的。学者有一个确定的知识领域、一个传统，他千方百计地在其中找到自己的位置，给逐渐积累起来的得到检验的过去的知识增添新的内容。学者，作为学者，是极少与他的"自我"纠缠在一起的。而知识分子总是先从他的经验、他个人对世界的理解、他的特权和无能为力出发，并且他根据这些感性的东西来判断世界。由于他对自己的立场自视甚高，他对社会的判断反映了社会对他的处置。在一个商业文明中，知识分子感到某些错误的价值观念受到了推崇，并且对社会造成了危害。因此，这些飘浮无根的知识分子有一股使自己的冲动变成政治冲动的"先天"冲动。因此，在产生于19世纪的意识形态身后有一股知识分子的力量。它们登上了威廉·詹姆斯所谓的"信仰的阶梯"（the faith ladder）。在其对于未来的解释中，它无法区分可能性和或然性，并且把后者偷换成了确定性。

今天，这些意识形态已经衰落了。隐藏在这个重大的社会变化背后的事件是复杂而多变的。像莫斯科审判、纳粹德国和苏联的缔约、集中营、匈牙利工人的被镇压等一系列灾难构成了一条链子；像资本主义的改良和福利国家的产生之类的社会变化又构成了另一条链子。在哲学领域里，人们可以追溯到最简单的理性主义信念的衰落，以及关于人的新斯多葛主义—神学形象的产生，如弗洛伊德、蒂利希、雅斯贝斯等。当然，这不是说像共产主义这样的意识形态在法国和意大利的政治生活中已经无足轻重，也不是说它们没有从其他源泉中获得推动力。但是，从所有的这个历史中，产生了一个简单的事实：对于激进的知识分子来说，旧的意识形态已经丧失了它们的"真理性",丧失了它们的说服力。

较真的人士很少还会认为,人们只要制订"蓝图"并通过"社会工程"就能实现一个社会和谐的新乌托邦。与此同时,那些年岁已高的"反信仰斗士"也已经丧失了他们的知识力量。已经不太有"古典的"自由主义者仍然坚信国家不应在经济中起作用,而且,不太有一本正经的保守主义者,至少在英国和欧洲大陆的保守主义者,还认为,福利国家是"通往农奴制度的道路"。因此,在西方世界里,在今天的知识分子中间,对如下政治问题形成了一个笼统的共识:接受福利国家,希望分权、混合经济体系和多元政治体系。从这个意义上讲,意识形态的时代也已经走向了终结。(403)

不过,一个非同寻常的事实是,正当旧的 19 世纪意识形态和思想争论已经走向穷途末路的时候,正在崛起的亚非国家却正在形成一些新的意识形态以满足本国人民的不同需要。这些意识形态就是工业化、现代化、泛阿拉伯主义、有色人种和民族主义的意识形态。这两种意识形态之间的明显差异中蕴含着 20 世纪后 50 年所面临的一些重大的政治和社会问题。19 世纪的意识形态是普世性的、人道主义的,并且是由知识分子来倡导的。亚洲和非洲的大众意识形态则是地区性的、工具主义的,并且是由政治领袖创造出来的意识形态。旧意识形态的驱动力是为了达到社会平等和最广泛意义上的自由。新意识形态的驱动力则是为了发展经济和民族强盛。

而且,在满足这种需要的过程中,俄国和中国已经成了榜样。这些国家所释放出来的热情已经不再是自由社会的旧观念了,而是经济增长的新观念。假如这意味着对于人的全面强制以及压制人民的新精英力量的兴起,那么新的压制就会给予自圆其说:没有这种强制,经济的进步便不可能足够迅速地发生。甚至对于某些西方的自由主义者来说,"发展经济"也已经变成了一种新的意识形态,它冲洗掉了人们对过去的幻灭记忆。

要想对迅速发展经济和现代化的要求进行辩论是困难的,并且很少有人会对这个目标表示异议,正如很少有人会对平等和自由的要求表示异议一样。但是,在这个强有力的渴望中——其来势之迅猛是令人惊异的——实施这些目标的任何一场运动都有牺牲掉现有一代人的风险,而未来只是由新权贵所进行的新剥削。对于这些新兴的国家来说,这场争论不是关于共产主义的优越性——那种学说的内容已经被其朋友和敌人都遗忘了。问题仍然是一个比较古老的问题：新社会能否通过建立民主制度并且允许人民自愿地作出选择和作出牺牲而获得成长，或者，新的精英，那些拥有权力者，是否将利用极权主义的工具来改造他们的国家。无疑地，在这些传统而古老的殖民地社会里，大众是冷漠的、易于被操纵的，答案将依赖于知识阶层及其关于未来的观念。

(404)　　这样，人们发现了 20 世纪 50 年代末一种令人惊慌失措的中断。在西方的知识分子中间，过去的激情已经耗尽。新的一代既忘记了这些有意义的古老争论，又没有一种可靠的传统可以作为依据，他们只是在社会的政治框架内寻找着新的希望。那个社会从思想上拒斥了过时的启示录的和千禧年的梦想。在寻求一个"事业"的过程中，存在着一种深刻的、绝望的、近乎悲哀的愤怒。这个主题贯穿于由 10 多位最激进的英国青年左派知识分子所撰写的著作《判决》（Convictions）中。他们无法规定他们所寻求的"事业"的内容，但是这种渴望是一目了然的。在美国，也存在着对于新的思想激进主义的无休止探索。理查德·蔡斯（Richard Chase）在其对美国社会富于见地的评论性著作《民主的前景》（The Democratic Vista）中确信，对于世界其余地区来说，19 世纪美国的伟大在于它对人的激进看法（如惠特曼的看法那样），今天呼唤着新的激进主义的批判。不过问题在于，（与工业社会化［socialization of industry］之类问题相伴随的）古老的政治经济激进主义已经丧失了其意义，当代文化（如电视）表现得极为愚蠢，用政治术语来说已经无可救药的了。与此同时，美国文化已经几乎完全接受了先锋派，尤其在艺术领域里的先锋派，而较为古老的学院派风格已经被完全地抛弃。进一步地，对于那些寻求"事业"的人来说更具反讽意义的是，其悲惨境遇曾经是要求社会变革的动力的工人们现在比知识分子更加满足于社会现状。工人们并不想造就乌托邦，他们的期望要低于知识分子的期望，因此他们比知识分子也更容易满足。

　　青年知识分子是不幸的。因为"中庸之道"适合于中年人，而不适合于青年人；那是一条没有激情的道路，一条日渐消沉的道路。① 意识形态从其性质来说要么是全能的，要么是无用的。从气质上说，青年知识分子所需要

---

① 雷蒙·阿隆：《知识分子的鸦片》（纽约，1958 年）；爱德华·希尔斯："意识形态和市民性"，载于《塞文评论》，第 116 卷，第 3 期，1958 年夏，以及"知识分子和权力"，载于《社会和历史比较研究》第 1 卷第 1 期，1958 年 10 月。——原注

的意识形态是一种在理智上已经丧失元气的东西，从理智上讲，只有极少数问题还能用意识形态的术语来加以系统的表述。情感的能量和需要仍然存在着，而如何把这些能量调动起来的问题仍然是一个难以解决的问题。政治已经不再令人激动。青年知识分子中的一些人在科学领域或在大学的职业生涯中找到了出路。但是他们常常是以让自己的才智局限于狭隘的技术为代价的；有些人则在艺术领域里找到了自我表现的机会，但是在这片文化沙漠里，内容的贫乏也意味着创造新形式和新风格的必要张力的匮乏。

那么西方知识分子能否在政治之外找到激情呢？这是一个悬而未决的问题。不幸的是，社会改革既没有任何统一的要求，也没有给年轻的一代以他们所需要的"自我表现"和"自我规定"的出路。热情的轨道已经弯向了东方。在那里，"未来"整个地融入了对于经济乌托邦的新狂喜之中。(405)

意识形态的终结并不是——也不应该是——乌托邦的终结。甚至有可能，人们只有通过留意意识形态陷阱才能重新开始讨论乌托邦。问题在于，意识形态学家是一些"可怕的头脑简单的人"。对于人们来说，意识形态使得让个别问题对立于个别德性的做法成为多余。人们只要求诸意识形态的自动取货机，就能得到预定的结果。一旦这些信念被天启式的狂热搅混了之后，观念便变成了武器，并且会带来极其可怕的后果。

人们需要——像他们一直需要的那样——得到关于其可能性的前景，关于把激情和理智结合起来的方式。在此意义上，今天比以前任何时候都更加需要乌托邦。不过，通往上帝之城的阶梯再也不可能是"信仰之梯"了，而只能是一把经验之梯：乌托邦必须具体化为：一个人想要往何处去，怎么样才能抵达那里，企划的各种成本，对于决定由谁来支付那些成本的认识和确证。

本书以意识形态的终结作结。从思想上讲，这是一部讨论一个时代的著作，一部由于社会的变化而使其论断易于"被推翻的"著作。但是，结束本书并不意味着对它置之不理。现在，鉴于对过去不甚了了的"新左派"正在出现，这一点就显得更加重要。这个"新左派"尽管来势汹汹，但是对未来的把握却心中没数。它的先驱者欢呼它正"在发展中"。但是，它想要走到哪里去呢？它所指的社会主义是什么呢？社会主义如何去抵制官僚化呢？它所谓的民主计划或工人管理是什么意思呢？其中的每一个问题都需要经过深思熟虑之后才能作出回答。

在对待古巴和非洲新兴国家的态度上，思想成熟的意义和意识形态的终结的意义将受到检验。因为在"新左派"中间，有人时刻准备着以一颗纯洁的心灵，去把"革命"作为暴行的托词来接受——简言之，以可怖的激情，去抹掉最近 40 年的教训。在其对于自由的要求方面，在其对于有权利去控制自己的政治和经济命运的要求方面，许多这些正在出现的社会运动是正当的。但是这一事实并不意味着他们有权利以解放的名义随心所欲地去做他们想做的每一件事情。这些运动以自由的名义获取了权力，但是这一事实也不能保证它们将不会演变为帝国主义，（以泛非洲主义或其他意识形态的名义）热衷于权贵，要求它们登上历史的舞台，成为它们所取代的国家。

如果说意识形态的终结有什么意义的话，那么它将要求修辞学和修辞学家的终结，将要求这样的"革命"日子的终结：年轻的法国无政府主义者维朗特给法国众议院扔炸弹，文学批评家拉伦特·泰尔哈特在其辩护词中声称："几个人的生命算得了什么；它原本是一个壮举。"（有人或许会说，在一个令人忧伤的笑话中，壮举走向了终结：两年以后，当一个炸弹扔进一家旅馆时，泰尔哈特失去了他的一只眼睛。）在今天的古巴，按照乔治·谢尔曼（George Sherman）[①] 在《伦敦观察家》（*London Observer*）上的报道："革命是今天的法则，虽然谁也没有明确地说过那个法则是什么。你只要简单地表示赞成或反对就行啦，并且随之而来地，你将审判别人或者受到别人的审判。仇恨和偏执到处泛滥，已经不再有中间道路存在的余地。"

摆在我们美国和世界面前的问题是坚决地抵制在"左派"和"右派"之间进行意识形态争论的古老观念，现在，纵使"意识形态"这一术语还有理由存在的话，那么它也是一个不可救药的贬义词。而"乌托邦"未必会遭受相同的命运。不过，假如现在最为卖力地吹捧新乌托邦的那些人开始借着乌托邦或革命目的的名义去为可耻的手段作辩护，并且忘记了如下简单的道理：纵使这些古老的争论是没有意义的，但是某些古老的真理并不是没有意义的——自由言论的真理、自由办报的真理、反对的权利和自由研究的权利，那么，乌托邦也将会有与意识形态相同的命运。

假如过去几百年的思想史有什么意义和教训的话，那么就让我们来重申一下杰斐逊的格言吧："今天属于活着的人。"这是对其同胞的命运深为

[①] 乔治·谢尔曼（1908—1991）：美国电影导演。——译注

关切的新旧革命者在每一代人身上一再发现的格言。由风流倜傥的波兰哲学家莱谢克·柯拉柯夫斯基（Leszek Kolakowski）①写的一个戏剧主角在一段沉痛的对话中说过这样的话："我决不会相信，人类的道德和思想生活会遵循经济学法则，也就是说我们是为了更好的明天才在今天这样子说的；我决不会相信，我们现在应该用现在的生命来使真理获胜，或者我们应该通过犯罪来开辟出一条通往崇高的道路来。"

(407)

这番话写于波兰"解冻"时期，当时的波兰知识分子从其对"将来"的感悟中曾经信奉过人道主义主张。这番话是对俄罗斯作家亚历山大·赫尔岑（Alexander Herzen）②抗议的遥相呼应。赫尔岑在100年之前的一次对话中对一位早期革命者进行了谴责，那位革命者愿意为了明天而以当前的人类作牺牲："为了支持某些人在某一天能够出人头地，你真的愿意把现在所有活着的人类作为牺牲品供奉给忧伤女神吗？……这仅仅是对人民的一个警告：那遥不可及的目标根本不是目标，而只是陷阱；目标必须是可以逐渐接近的——它应该是，至少应该是，劳动者的工资或在劳动完成之后的快乐。每一个时代，每一代人，每一个生命，都有其自身的完满性……"③

---

① 莱谢克·柯拉柯夫斯基（1927—2009）：波兰哲学家、哲学史和宗教史学家，先后任教于华沙大学、耶鲁大学、加州大学伯克利分校、芝加哥大学等，1970年起在英国牛津大学万灵学院任高级研究员，著有《马克思主义主流》、《宗教，如果没有上帝》、《形而上学的恐怖》等。——译注

② 亚历山大·赫尔岑（1812—1870）：俄国哲学家、作家、革命家。——译注

③ 把历史看做情感和风格的变化，或者甚至于把历史看做不同阶级或民族激发其情感能量并采取不同道德立场的方式，这种见解是比较新颖的。不过，我认为道德风气的历史，尤其是对人产生影响的非理性力量，是了解社会变化的最重要的途径之一。文化阶段的一个伟大范例是J. H.赫伊津哈的《中世纪的衰落》，它讨论了世人对待死亡、残酷和爱的态度的变化。伟大的法国历史学家，吕西安·费夫尔（Lucien Febvre，1878—1956——译注）很早以前就提倡根据不同的情感来撰写历史，他对拉伯雷以及改信者信念问题的研究是这种研究方法的里程碑之一。研究社会运动的大多数历史学家都过于"唯智主义"，它注重学说或者有组织的技术，而不重视情感风格。比起关于布尔什维克行为的常规研究，纳森·莱特斯的《布尔什维克主义研究》更多地探讨了俄罗斯知识界道德风气的变化。就这一点而言，它也许是一部更加重要的著作。奥瑟·科斯勒的小说和自传是欧洲知识分子的信念变化的一面明晰的镜子。赫伯特·洛伊特对剧作家贝尔特·布莱希特的研究（《论战》1956年7月）是对由接受"布尔什维克"图像而产生的道德判断方面的变化所进行的精细剖析的一个精品。匈牙利马克思主义者乔治·卢卡奇的生平对于已经接受了共产主义道德死板原则的知识分子来说是有教益的；除了由弗朗茨·博肯诺提出的一些精辟而言简意赅的评论（参阅他的《世界共产主义》[纽约，1939年]，第172—175页）和由莫里斯·瓦特尼克写的几篇文章（《苏联瞭望》[伦敦，1958年]）以外，几乎没有人写过这位非同寻常的人。奥尼亚齐奥·塞伦的"同志的选择"（重印于《异端的声音》[纽约，1959年]）对激进主义的实际经历作了感性反思。诺曼·库恩的《千禧年的追求》探讨了这个千禧年太平盛世运动的有趣历史。罗纳尔德·诺克斯的专著《狂热》从天主教徒的观点探讨了基督教历史中的"狂热"运动。——原注

跋：重读《意识形态的终结》，1988年

——为纪念雷蒙·阿隆而作

有些著作与其说是因其内容，还不如说是因其书名才出名的。本书就是其中之一。通常来自左派的各种批评家认为，激进主义在60年代中期的崛起反驳了本书的主题。其他批评家则把它看做替"技术治国"（technocratic）思想或"现状"（status quo）所作的一次"意识形态"辩护。更加离奇的是，还有几位批评家认为，本书攻击了各种观念在政治学中的作用。但是，所有这些批评都没有说到点子上。①

本书框架根据其副标题确立起来："50年代政治观念衰微之考察"。不过本书的最后部分仍然作出了某些预测。在考察了青年左派知识分子一再表现出来的对意识形态的渴望之后，我说道，新的启示、新的意识形态和新的认同将来自第三世界。我写道：

> 不过，一个非同寻常的事实是，正当旧的19世纪意识形态和思想争论已经走向穷途末路的时候，正在崛起的亚非国家却正在形成着新的意识形态以满足本国人民的不同需要。这些意识形态是工业化、现代化、泛阿拉伯主义、有色人种和民族主义的意识形态。在这两种意识形态之间的明显差异中存在着20世纪后50年所面临的一些重大的政治和社会问题。19世纪的意识形态是普世性的、人道主义的，并且是由知识分子来倡导的。亚洲和非洲的大众意识形态则是地区性的、工具主义

---

① 这种文字游戏仍在继续进行中。在1985年出版的一部讨论"基础理论"著作的导论中，昆廷·斯金纳（Quentin Skinner）写道，"丹尼尔·贝尔那个臭名昭著的书名"声称"'意识形态的终结'已经实现"。斯金纳把"意识形态的终结"等同于这样一个信念：政治哲学已经完结，人们应"致力于建构自以为是价值中立的……社会行为'经验理论'"。昆廷·斯金纳编：《人文科学基础理论的回归》（剑桥：剑桥大学出版社1985年版），第3—4页。——原注

的，并且是由政治领袖创造出来的意识形态。旧意识形态的驱动力是为了达到社会平等和最广泛意义上的自由。新意识形态的驱动力则是为了发展经济和民族强盛。(第403页)

正如这些章节所表明的那样，我曾经说过，在西方文化中，总是存在 (410) 着对于某个事业的渴望，因为那些驱动力深深地埋藏在基督教思想之乌托邦的和千年至福的根基中。

作为一部著作，《意识形态的终结》并不是孤立的。作为一部警世录，它是当时正发生在知识分子中间的，尤其是正发生在欧洲知识分子中间的，关于苏联和斯大林主义的前景所展开的一场观念论战的一部分。那场论战的一方是法国的萨特（Jean-Paul Sartre）[①]和梅洛—庞蒂（Maurice Merleau-Ponty）[②]，向"东方"倒戈的一些人，如德国的贝尔托特·布莱希特（Bertolt Brecht）[③]和恩斯特·布洛赫（Ernst Bloch）[④]，以及弃暗投明的灰衣主教卢卡奇（Greorg Lukács）[⑤]。另一边是阿尔伯特·加缪、雷蒙·阿隆、亚瑟·库斯勒、伊尼亚齐奥·塞伦、乔治·奥威尔以及切斯瓦夫·米沃什（Czeslaw Milosz）[⑥]等人。有人或许以为，莫斯科审判，那些审判对几乎整个老布尔什维克领导班子的可怕处决，诸如季诺维也夫（Zinoviev）[⑦]、加

[①] 让—保罗·萨特（1905—1980）：法国存在主义哲学家、文学家、戏剧家、评论家和社会活动家，著有《存在与虚无》等。——译注

[②] 莫里斯·梅洛—庞蒂（1908—1961）：法国哲学家，著有《知觉现象学》等。——译注

[③] 贝尔托特·布莱希特（1898—1956）：德国诗人和剧作家。——译注

[④] 恩斯特·布洛赫（1885—1977）：德国哲学家，著有《希望原理》、《革命神学家托马斯·闵采尔》、《主体—客体》、《这个时代的遗产》、《阿维森那与左翼亚里士多德主义者》、《穿越荒漠》、《乌托邦精神》、《自然权利和人类的尊严》、《哲学基本问题》、《图宾根哲学导论》等。——译注

[⑤] 此处原文为"eminencegrise"，原指法国红衣主教黎塞留的亲信约瑟夫神父。此处作者用来暗示卢卡奇曾经有过的一段特殊经历。——译注

[⑥] 切斯拉夫·米沃什（1911—2004）：波兰诗人和翻译家，主要作品有诗集《冰封的日子》、《三个季节》、《冬日钟声》、《白昼之光》、《日出日落之处》，日记《猎人的一年》，论著《被奴役的心灵》，小说《夺权》等，1980年作品《拆散的笔记簿》获诺贝尔文学奖。——译注

[⑦] 格里戈里·季诺维也夫（1883—1936）：共产国际执行委员会首任主席，苏联共产党早期领导人，联共（布）党内新反对派的主要代表之一，1936年和加米涅夫一起被处决。苏联最高法院于1988年6月13日宣布撤销1936年对格里戈里·季诺维也夫的判决，并为其恢复名誉。——译注

米涅夫（Kamenev）①、布哈林，以及数以百计其他领导人的可怕处决；N. I. 叶佐夫肃反案的披露——叶佐夫在担任克格勃领导人期间对成千上万老党员进行了大规模清洗——以及数百万人被关押在劳改营中（后来索尔仁尼琴［Solzhenitsyn］②把它戏剧化为《古拉格群岛》［*Gulag Archipelago*］）；再加上纳粹和苏联签订的互不侵犯条约（当时，为了向里宾特洛夫［Ribbentrop］③表示敬意，莫斯科机场飘扬着万字旗，红军乐队突然演奏起了《韦塞尔丛林曲》）——所有这一切都将终结知识分子对苏联的迷恋。但是，在第二次世界大战期间苏联人民所作出的巨大抵抗和牺牲，对于由这种政权所带来的新缓和的种种希望，使人重新萌发了对于通往社会主义社会乐土历史总长征的许多渴望。于是，梅洛—庞蒂，这位法国现象学哲学家，《现代》（*Les Temps Modernes*）杂志编辑（与萨特一起），写了一部著作《人道主义和恐怖》（*Humanisme et Terreur*），论证了压迫是辩证的螺旋式进步的逻辑。布洛赫则发表了他的洋洋大著《希望原理》（*Der Prinzip Hoffnung*），一种包含着对人类启示的乌托邦原理作出揭示的历史哲学（在第二次世界大战期间，在他返回东德之前，他已经在纽约完成了这部著作）。萨特，这位研究存在决定的哲学家声称，历史将选择苏联或者美国作为通向未来的继承人；并且，苏联比美国具有更多的优越性。因为前者是工人阶级这个普遍阶级的化身，而后者是粗俗的资产阶级世界的化身。在意识形态的旗帜下，这诸多关于"未来"的断言又获得了新的发展。并且，由于这个事件总是同知识分子纠缠在一起，文化便变成了为了争夺盟主地位而展开的这场论战的一个战场。

(411)

在战后的论战中，第一个使用"意识形态的终结"一语的人是阿尔伯特·加缪。他在1946年写道：假如法国社会主义者放弃把马克思主义当作一种绝对哲学，假如他们只承认其批判的方面，那么，"他们将举例证明我们这个阶段标志着意识形态走向终结的途径，即，绝对的乌托邦走向终结的途径。在历史上，通过其最后所索取的代价，那些意识形态走向了

---

① 加米涅夫（1883—1936）：苏联共产党和苏维埃国家早期领导人，联共（布）党内"新反对派"主要代表之一，曾任苏维埃中央执行委员会主席、莫斯科苏维埃主席、人民委员会第一副主席和劳动国防委员会副主席及政治局会议主席等职务，经常主持政治局会议，被杀于1936年8月26日。——译注

② 亚历山大·伊萨耶维奇·索尔仁尼琴（1918—2008）：俄国作家、苏联著名异见者，著有《古拉格群岛》等。——译注

③ 里宾特洛夫（1893—1946）：德国外交官、政治家。——译注

自我毁灭"。"意识形态的终结"一语的语境是发生在法国社会党内部的一场争论。在那场争论中，一派竭力重新肯定马克思主义是不可动摇的历史逻辑。另一派则把马克思主义重申为一种道德力量。加缪写道："最近的党代表大会的主要任务是，用比屠杀更高明的手段来确保人们对马克思主义的信仰，以迎合新的道德愿望。但是一个人无法把难以调和的东西调和起来。"① 在加缪看来，意识形态是一种骗人的把戏。

把意识形态看做一种自欺欺人把戏的论题在一些强有力的主观论断和思想见解中得到了重大发展。由理查德·克罗兹曼主编的《失败的上帝》（*The God that Failed*，1949年）一书收集了库斯勒、塞伦、安德烈·纪德（André Gide）②、理查德·赖特（Richard Wright）③、罗伊斯·弗希尔（Louis Fischer）④ 和斯蒂芬·斯彭德（Stephen Spender）⑤ 对布尔什维克虚假性的各种证明。在《被囚的心灵》（*The Captive Mind*）（1953年）一书中，米沃什用穆斯林术语"畸特曼"（ketman）来说明知识分子通过把教条（辩证唯物主义）供奉为新神学来进行自我欺骗的方式；畸特曼是五花八门意识形态的象征。由于意识形态和政治同流合污于一个极权主义体系之中，从而导致了人们对权力的极度迷恋。（"假如你想要一幅关于未来的图画，请你想象一下印在一个人的脸上的一个靴印吧——那是一个永远抹不去的印记。"）通过这种描写，乔治·奥威尔的《1984》明确把矛头指向斯大林和苏联。而雷蒙·阿隆的《知识分子的鸦片》（*The Opium of the Intellectuals*，1955年）则是对证明恐怖之"历史必然性"各种论点的一次毁灭性打击。

赫鲁晓夫1956年对斯大林致命罪恶的披露，随之而来的波兰十月事

---

① 阿尔伯特·加缪："既无替罪羊，也无刽子手"，载于《现状：1944—1948年记事》（巴黎，1950年）。这篇论文最初发表在1946年11月报纸《战斗》上，并重刊于1947年7—8月《政治学》中，由德怀特·麦克唐纳译成英文。这篇论文作为一个小册子由连环图书公司出版（纽约：1980年），并由罗伯特·比库斯作序。这里的引文出自该版本第39页和第36页。——原注

② 安德烈·纪德（1869—1951）：法国作家，保护同性恋权益代表，主要作品有小说《田园交响曲》、《伪币制造者》等，散文诗集《人间食粮》等，1947年获诺贝尔文学奖，褒奖其著作具有包容性和艺术质地，以对真理无所畏惧的热爱，以敏锐的心理学洞察力，呈现了人性的种种问题与处境。——译注

③ 理查德·赖特（1908—1960）：美国黑人作家，著有《土生子》、《局外人》、《今日的主》、《汤姆大叔的孩子》、《八个男人》等。——译注

④ 罗伊斯·弗希尔（1896—1970）：犹太裔美国记者，著有《列宁生平》和《甘地生平》等。——译注

⑤ 斯蒂芬·斯彭德（1909—1995）：英国诗人、小说家和政论家。——译注

件，都由青年知识分子领导，他们废除了莫斯科强加于人们的旧政治制度；正如20世纪30年代末的事件标志着早期信念者的终结一样，1956—1957年的匈牙利革命（由共产党总理伊姆雷·纳吉［Imre Nagy］①领导，他后来被苏联人处死）使又一代信奉者望而却步。

阿隆以"意识形态时代的终结？"作为其著作最后一章的标题。该问题变成了由文化自由协会（Congress for Cultural Freedom）发起的1955年在米兰召开的一次国际会议的主题。在递交那次大会的论文中，阿隆、迈克尔·波拉尼伊、爱德华·希尔斯、安东尼·克罗斯兰德（C. A. R. Crosland）②、西摩·马丁·李普塞特和本人的观点都是一致的。在接下来的几年中，虽然侧重点和论题各有不同，但是这个核心思想在各种研讨会和著作中得到了精心探讨。我的著作受到了那个特殊背景的启发，但是还存着一些其他的来源和意图。本书不是一部统一的研究专著，而是由一些共同线索联结起来的一个论文集。这些线索是：

对从事观念论战的知识分子的作用作一番社会学考察。

考察在其历史语境中的意识形态观念，对它与宗教的早期角色，即作为一个信念体系，宗教在变更情感和信仰方面所起的作用进行比较。

对美国社会作一些社会学研究，以期证明来自马克思主义的许多分析范畴，尤其是"阶级"概念，已经无力处理美国社会特殊的复杂问题。③

---

① 伊雷姆·纳吉（1896—1958）：匈牙利政治家。纳吉曾于1953年到1955年短暂出任总理，1956年10月匈牙利事件时他再度出任总理，试图推动自由化和退出华约的计划；苏联迅速调派红军长驱直入布达佩斯进行"平乱"，纳吉试图寻求美国和其他西方国家援助但失败，于同年11月22日被捕，1958年在秘密审判后以叛国罪之名被处决。纳吉死后被草草掩埋，所葬之处更被苏联列为机密；直到1989年匈牙利民主化后，他才获重新安葬，被视为自由先驱与英雄。——译注

② 克罗斯兰德（1918—1977）：英国工党政治家、社会主义理论家，著有《社会主义的未来》。——译注

③ 由于原来发表在第一版中的长篇论文，"利益和意识形态：论舆论在产业争端中的作用"（《意识形态的终结》，1960年，第10章）论题过于狭隘，讨论的是塔夫特—哈特利法，我把它在简装本中删去了。不过，其关于利益和意识形态的一般观点仍然是一致的。在那篇论文中，通过运用边沁和功利主义理论，我在"社会决定"和"个人决定的总和"之间作出了区分，在象征的意识形态态度和市场行为之间作出了区分。那篇论文的语境是由现代社会产生的舆论。当意识形态和利益相抵触时，我写道："因此，声称反映公共利益的舆论内在地是意识形态决定和市场决定的不稳定结合。究竟这些意见能否导致行为，以及会导致何种行为，取决于两类动机之间张力的程度，以及相互认同的程度。"（第192页）通过处理两种工会行为，一种是通常由意识形态实施的社会运动，另一种甚至是被迫以牺牲其他工会为代价，首先考虑其会员利益的市场组织，本书论文"无产阶级的资本主义：一种美国工联主义理论"概述了这个问题。——原注

对下一代知识分子提出"忠告"。关于乌托邦希望和政治局限的主题，包括本人对当代的各种反思，在讨论"三代人的心态"的论文中得到了探讨。在后来增补的结语的最后几页中（写于1961年），我以一种忧虑的语气写下了这样几段话：

> 本书以意识形态的终结作结。从思想上讲，这是一部讨论一个时代的著作，一部由于社会的变化而使其论断易于"被推翻的"著作。但是，结束本书并不意味着对它置之不理。现在，鉴于对过去不甚了了的"新左派"正在出现，这一点就显得更加重要啦……
>
> 在对待古巴和非洲新兴国家的态度上，思想成熟的意义和意识形态的终结将受到检验。因为在"新左派"中间，有人时刻准备着以一颗纯洁的心灵，去把"革命"作为暴行的托词来接受……简言之，以可怖的激情，去抹掉最近40年的教训。①

就本人曾经是这些思想论战的参与者而言，这是一部"政治性"读物。不过，由于其所探讨的政治学问题也是一个社会学问题，本书为摆脱规范社会学范畴结构作了一些努力；并且在这个语境中，就其整体论的或面面俱到的社会观而言，马克思主义也是规范的。同面面俱到的模式相反，我对社会的思考是以假定文化和社会结构之间的分离为根据来进行的。功能主义者或马克思主义者把这两者要么看做合而为一的，具有调节行为的价值体系，要么看做一个整体。其中，物质世界的基础结构"决定

---

① 我当时想到的是刚刚诞生不久的大学生民主协会。其发起人之一汤姆·海顿，1961年从密歇根大学毕业后不久便到哥伦比亚大学来看我。在密歇根大学他曾经担任学院报纸编辑，是与工业民主联盟打交道的主要领袖。同海顿的早期谈话引起了我的不安，那些谈话证明，他是浪漫主义姿态和对组织策略采取随机应变犬儒主义姿态的奇怪混合。也许正是因为这样，多年以后，一位曾经的同志称他为左派尼克松。（参阅理查德·帕克"激进肥皂剧"，载于《新共和》1979年11月17日。）就大学生民主协会的创立及其参与民主的希望（因为它既有点怀旧又不失浪漫）近期提出较为肯定的观点，请参阅詹姆斯·米勒的《大街上的民主：从休伦码头到芝加哥围城》（纽约：西蒙—苏斯特出版社，1987年）。短语"参与民主"一直是新左派的指导原则。它声称，人民应该拥有驾驭影响其生活的决定能力——一种善良的民粹主义信念。不过，它还天真地断定，"人民"是进步的，多少摆脱了"精英"、"他人"或其他恶势力的控制。不过，这些激进分子很少去面对这样一个道德两难：人民可能是反动的或顽固的。难道因为他们想要控制自己的生活，想要如其所愿地保持其社区，南部人民（或南波士顿人民）就有权把黑人从他们的学校里赶出去吗？并且，如托克维尔曾经指出的那样，这不也将导致践踏现有自由的"多数专制"吗？典型地说，在这里，修辞代替了思想。——原注

着"政治秩序、法律秩序和文化秩序。我认为，这些观点混淆了不同社会历史水平上的不同变化节奏。在经济或技术方面的变化，由于它们是工具性的，是以"线性"方式进行的。因为它随后存在着一个清晰的新陈代谢原理：假如新事物具有更强的效率或更强的生产能力，那么，从成本上考虑，它将被人们所使用（尽管马克思主义者认为，实际上，财产的"社会关系"抑制了产品的扩张"力量"）。但是在文化领域，不存在这样的新陈代谢原理：文化的各门各派要么受到了传统的维护，要么因不同学术观点的融合而无规则地发生嬗变。但是审美的革新并不"淘汰"以前的形式；它们只是开拓了人类的文化种类。从历史上看，这几个领域有时会宽松地兼容在一起（如在18世纪，资产阶级的品格、文化和经济连成了一体，但是，在更多的时候，例如在今天，它们处于一种相互牵制的关系中。但是不存在一个必然的统一体。①

对侧重点的这种划分反映在本书的结构中。作为检验主导社会学范畴适当性的一个途径，本书前面两个部分探讨的是美国社会结构的变化。这些变化是，作为一个经济仲裁者，出现了州（国家）的角色；家族资本主义（马克思从未讨论过的一个样式）的瓦解，有产阶级从统治集团的分离；从害怕个人债务的封建社会向推崇享乐的消费社会的变化；作为一股政治力量，显赫社会集团的形成；以及职业样式的基本变化（产业工人阶级萎靡不振，工会停滞不前，以及社会阶级结构的变化）。假如精确地给予认定的话，那么这些结构变化经历了漫长时间才得以明朗起来。并且我满意地注意到，在经历了二十五余年之后，这些分析和结论，尤其是关于职业和阶级的分析和结论，仍然是站得住脚的。

本书第三部分探讨了各种信念，并探讨了某种信念体系，即意识形态作为一种世俗宗教的具体表现。不过显然地，这里包含着远远超过了不带偏见地表示关切的东西。因为，这种分析，这种语气和这种热情把我们这一代人的经历同我们对人性和历史的判断联结到了一起。同很多人一样，

---

① 这种分析模式贯穿于我在 70 年代发表的两部著作《后工业社会的来临》和《资本主义文化矛盾》之中。在我的霍布斯讲座"神圣的复归"关于世俗化的讨论中，它得到了最有力的论证。在那里，我认为，绝大多数社会学解释者用来描述现代西方世界的术语"世俗化"混淆了两个不同领域的变化：宗教领域的变化，那里存在一个日益衰落的牧师权威角色，以及信仰层面的变化。但是宗教领域信念体系的兴衰并不来自制度变化。因此，我对我的分析进行了分类，用术语"神圣"和"世俗"来处理制度问题，用术语"神圣"和"异端"来处理信仰的性质。这篇论文重印于我的论文集《蜿蜒之路》中（纽约：基础图书出版社 1980 年版）。——原注

在年轻时（在1932年，13岁），我曾经加入过青年社会主义者运动。我担惊受怕地度过了20世纪30年代和40年代。当时曾经有过纳粹的死亡集中营，一种超乎所有文明人想象的野蛮；还有过苏联集中营，它们使所有的乌托邦景象都蒙上了一层死亡的阴影。人们对它们该作何解释呢？一个自然主义的解释，如悉尼·胡克提出的一个解释认为，它们是由那些社会的文化样式塑造而成的，因此是一些特殊的历史现象。与此相反的是莱因霍尔德·尼布尔（Reinhold Niebuhr）[①]的新奥古斯丁主义的观点。他从这些可怕的活动中看到了周而复始的人性的奸诈，看到了人类的双重性。当现代人越过限定的边界时，他便寻求着自我的无限性并以盲目崇拜告终。在我本人和我的朋友看来，尼布尔的解释是一种更加具有说服力的解释。如我在本书中写道的那样："我们这一代是在悲观主义、罪恶、悲剧和绝望中找到了其智慧的一代。"

我由此产生了对集体行动的恐惧，对政治感情的恐惧，对激情和仇恨政治学的恐惧。这种恐惧形成了贯穿我一生的观点。在早期形式中，我的观点来自对美国民粹运动的研究。我不仅发现了他们的阴谋世界观，而且发现了他们的反犹太主义以及他们把犹太人与货币画上等号的观点。那是一套惊人地预示着纳粹意识形态的观点。不过，要不是美国"进步"历史学家旧事重提的话，这一点已基本上被人忽视了。那些历史学家在民粹主义中只看到了一种善良的农民激进主义。[②]

这种恐惧在我的专著《美国的马克思派社会主义》（1952年）中得到了表达。它探讨了伦理和政治之间的张力。尼布尔曾经称之为"在不道德社会中的道德人"（moral man in immoral society）状况。我使用的一个支配性隐喻是"生存于这个世界但不归属于这个世界"（in but not of the world）

(416)

[①] 莱因霍尔德·尼布尔（1892—1971）：美国神学家，新正统派神学代表人物，基督教现实主义奠基人。——译注

[②] 这些思想最初在1944年一篇文章中得到了表达，并由理查德·霍夫斯达特作了评论。霍夫斯达特后来写道："鉴于卡莱·麦克威廉斯在其《特权的面具：美国反犹太主义》（波士顿：1948年）中把早期美国反犹太主义作为一个上层阶级现象来处理，民粹主义便具有了放任特点。在其对反犹太主义兴起的历史考察中，他确实没有提到过绿色民粹主义传统。丹尼尔·贝尔发表了'美国犹太仇恨的绿色根源'，载于《犹太前线》第XI卷（1944年6月），第15—20页。他是具有如下认识的极少数作者之一：在后来的反犹太活动和早期民粹主义传统之间存在着联系。"理查德·霍夫斯达特：《改革年代》（纽约，纳博夫出版社1955年版），第80—81页，注释3。——原注

政治运动（不仅仅是个体）的两难境况。我认为，由于布尔什维克运动既不生存于这个世界，也不归属于这个世界，它不为"平常"道德问题（对"资产阶级"而言）所困扰。所以，为了达到其目的，任何一个手段，所有手段——包括谋杀和恐怖——在道义上都是可行的。在此时此刻的现实中谋求生存的工会运动务必使自己同社会相适应。但是，反对资本主义社会的社会主义运动发现自己处于担负起责任的两难之中：那些措施将强化那个社会，但是矛盾于那个社会的政治意识形态；因此它经常发觉自己处于一种瘫痪状态。①

在我看来，在其精辟论文《作为政治的职业》结论中，马克斯·韦伯强有力地阐述了伦理和政治之间的这种张力。在那篇论文中，他提出了"责任伦理"（ethics of responsibility）和"终极目的伦理"（ethics of ultimate ends）的两极倾向。如我在这里（及后面）解释的那样，我选择的始终是责任伦理。②

不过，在战后西方，还存在着一些政治希望。（意志乐观主义和心灵悲观主义一直萦绕在我的心里，久久难以忘怀。）在英国，克莱门特·埃德里（Clement Attlee）③工党政府在短短 7 年时间里便确立了贝弗里奇（Beveridge）④社会保障和国家卫生体系，为建立一个公正的福利国家奠定了基础。作为工党领袖，埃德里的继承人休·盖茨克尔⑤曾经提出从工党

---

① 在第二次世界大战以前，主要问题是如何进入"资产阶级"政府的问题。在 1938 年，社会主义国际（Socialist International）提出了所谓的"巴埃尔—丹—切洛姆斯基"论题（最初由受人尊敬的奥地利马克思主义领袖奥托·巴埃尔提出，后来由俄国孟什维克党托尔德·丹和法国左派分子让·切洛姆斯基重新提出），它把任何社会主义者参与到"资产阶级内阁联盟"的活动全部斥之为对社会主义的背叛。不过，在第二次世界大战以后，人们将找不到这样一个西欧国家，在那里，一位社会主义领袖没有在联盟中偶尔会出任首相——最为成功的例子当数奥地利，在那里，社会主义与天主教联合内阁曾经统治 30 多年。——原注

② 在我看来，韦伯这篇论文最后几页隐藏着同一位青年的一个对话。那位青年正在采取达到"终极目标"的一些政治步骤，韦伯对此感到绝望。在论文初恋和早期忧伤（《党派评论》1984 年第 4 期）中，我讲到了这个"道德侦探故事"的奥妙并揭露了那张隐藏的脸：乔治·卢卡奇。——原注

③ 克莱门特·埃德里（1883—1967）：英国工党领袖，曾任首相（1945 年 7 月—1951 年 10 月）。——译注

④ 贝弗里奇（1879—1963）：英国经济学家。1942 年 11 月贝弗里奇向英国政府递交了一份社会保险和事业报告，具有人权宣言性质，世称《贝弗里奇报告》（Beveridge Report）。埃德里工党政府依此确立英国社会保险和国家卫生体系。——译注

⑤ 盖茨克尔（1906—1963）：英国工党政治家。——译注

宪法中删去第四条款的动议（由悉尼·韦伯执笔）。该条款强调把工业的国有化作为该党的首要目标。还有盖茨克尔的被保护者，安东尼·克罗斯兰德，我在当时曾经多次与其交谈，当时对社会主义哲学进行了反思，那种哲学把平等、机会和美德作为工党希望的核心。他在其颇有影响的著作《社会主义的未来》（*Future of Socialism*）（1964年）中阐发了这些主题。在德国，在贝德·戈德斯贝格采纳了的社会民主党（1959年）一个新党纲，抛弃了正统马克思主义，尽管自从1891年在恩格斯的监督下考茨基起草的埃尔富特纲领以来，德国社会民主党一直把自己同正统马克思主义绑在了一起。德国社会民主党声明，它已经不再是一个"阶级政党"，民主是核心于任何社会主义政治秩序的。它寻求改革而非革命。①

这些政治发展得到了理论探索的支持。在其著作《工业社会的阶级和阶级冲突》（美国版，1959年）中，德国社会学家拉尔夫·达伦多夫（Ralf Dahrendorf）②认为，阶级不可能再像第二次世界大战以前那样是按照一个单一尺度来对社会进行两极化划分的东西。曾经是法兰克福学派成员之一的奥托·基希海默（Otto Kirchheimer）③（在1957年）继承了弗兰兹·纽曼（Franz Neumann）④在哥伦比亚的政治哲学，强调"以意识形态为归宿的19世纪政党衰微"的主题。也许，在20世纪30年代，由两个人提出的思想反叛最为引人注目。他们在说服思想界接受资本主义必然灭亡和社会主义必然胜利方面产生过重大影响。一个是英国作家约翰·斯特雷奇（John Strachey）⑤。他的著作《将来的权力斗争》（*The Coming Struggle for Power*）在大萧条时期成为一本畅销书。另一个是路易斯·科莱（Lewis Corey）⑥。

---

① 作为改良主义者，德国社会民主党的这个观点一直受到列宁的歪曲。在早期著作《怎么办？》等中，列宁把那个党看做一个未来样本。他指责那个党在战争爆发时支持帝国，拒绝支持1917年10月的布尔什维克革命。伯恩斯坦曾经提出一个改良主义纲领，但在正统发言人考茨基所在的党内，它遭到了失败。在欧洲各国，尤其是在社会主义政党中间，贝德·戈德斯贝格宣言因此被看做摒弃古典马克思主义的主要历史转折点。——原注

② 拉尔夫·达伦多夫（1929—2009）：德国社会学家、政治家，著有《社会冲突理论探讨》、《工业社会的阶级冲突》、《走出乌托邦》、《社会人》、《后阶级冲突》、《生活的机会》等。——译注

③ 奥托·基希海默（1905—1965）：德国犹太政治哲学家、法学家、法兰克福学派代表。——译注

④ 弗兰兹·纽曼（1904—1974）：德国政治哲学家、法学家。——译注

⑤ 斯特雷奇（1901—1963）：英国政治家、作家。——译注

⑥ 路易斯·科莱（又名路易斯·C. 弗兰纳，1892—1953）：1919年美国共产党创始成员，后来反对斯大林集权主义统治，1940年与马克思主义彻底决裂，著有《革命的社会主义》、《美国资本主义的衰落》等。——译注

他的《美国资本主义的衰落》（*Decline of American Capitalism*）（1932年）认为，由于利润率下降，一场无法避免的危机已经来临。20年之后，这两个人都变成了混合经济和经济计划的先驱。但是正如科莱说的那样，那是一种"没有中央政府经济统制的"混合经济和经济计划。①

也许，意识形态终结主题之最强有力的提法是著名瑞典政治评论家赫伯特·廷格斯顿（Herbert Tingsten）② 的见解。1955年，他在总结斯堪的那维亚经验之后写道："重大的［意识形态的］争论……已经在各种事例中得到了清算……无论是在保守党中间，还是在自由党内部，古老意义上的自由主义已经死亡；社会民主思想几乎已经丧失了纯粹马克思主义的所有特点……'社会主义'或'自由主义'这些实在的词汇正在蜕变为仅仅是一个空洞的称谓而已。"这个主题也是1955年在米兰举行的文化自由大会的会议主题之一。③

---

① 科莱原名路易斯·C. 弗兰纳（Louis C. Fraina），是美国共产党创始人之一和第一代领导人之一。在20世纪20年代初，他曾经被列宁召到莫斯科去重新组织那个党，但是被排斥于政治活动之外，他后来又秘密回到美国。作为一名独立的激进分子，他在20世纪30年代开始了多产的写作活动，后来他又成了安提亚克学院经济学教授。在20世纪40年代民主阵线联合会活动中，以及从1945年到1957年，为了支持新党，在称为国民教育委员会的一次流产的政治运动中，我与科莱进行过合作。作为支持那项努力的文献，大部分由科莱和本人撰写，预示了《意识形态的终结》的许多主题。在《控制经济学》（*Economics of Control*）（1944年）中，艾伦·P. 勒纳为混合经济理论基础给出了最为精辟的公式。勒纳曾经是一位托洛茨基主义者。他在20世纪30年代开始为世人所关注。在当时，同奥斯卡·兰格一起，他写了许多有关社会主义经济理论的著名文章。那些文章就在计划经济里确立合理价格问题对路德维希·迈塞斯和弗雷德里希·冯·哈耶克的挑战作出了回应。在第二次世界大战之后，当他回到波兰，成为受苏联控制的新制度官员的时候，兰格放弃或者不再重视赞成"市场社会主义"的论断。勒纳后来移居美国，成为把凯恩斯原理应用于经济管理的最初作者之一，因为凯恩斯原理允许对民主实行更多保护。勒纳最初在《新领袖》（1944年11—12月）上以一组由5个部分组成的论文阐发了这些见解，当时他是这家杂志的总编。——原注

② 赫伯特·廷格斯顿（1896—1973）：瑞典政治学家。——译注

③ 对这些进展感到最为震惊的人是《通往奴役之途》（1944年）的作者弗里德里希·哈耶克。在1955年大会闭幕词中，哈耶克对与会者认同这种观点哀叹不已。李普塞特对哈耶克的讲话作了如下描述："只有他一个人为大会的整个气氛而烦恼。令他感不安的是，无论他们拥有什么样的政治信念，与会者形成了一种总体共识：区分左派和右派的传统问题已经变得越来越没有意义。实际上，大家都同意，已经在不同国家发生的国家控制力量的不断加强并不会导致民主自由的衰落。社会主义者已经不再提倡社会主义；他们和保守主义者一样地担心一个全副武装国家的危险。划分为左派和右派的意识形态问题已经被还原为一个多一点还是少一点政府所有权和经济计划的问题。……哈耶克真诚地相信，国家干预是不好的，是极权主义的。他发现自己是仍然认真地在民主阵营中孜孜以求的少数派之一。"参阅西摩·马丁·李普塞特"意识形态的终结"，载于《政治人物》修订版（巴尔的摩：约翰·霍布金斯大学出版社1981年版），第440—441页。——原注

发端于法国大革命的19世纪意识形态的景象形成于社会的整体转变。在西方，出现在战后的常规见解是，市民政治学可能会取代意识形态政治学；按图索骥般地组织社会的梦想将必败无疑；如不努力认清人类和社会的代价，就无法了解那些似乎必然发生的深刻社会变化；假如生活方式的变化（如土地的集体化）是不得人心的，那么就不会有这些变化。总而言之，这是一个在过去——以及在现在——被人们错误地称作政治学实用主义的观点（谨慎［prudence］是一个没有多少哲学含义的术语），或者，杜威曾含糊地称作"明智"（intelligence）的观点。在自由主义价值框架之内，这种观点热衷的是把解决问题看做弥补社会弊端和不足的工具。

这就是"意识形态的终结"这一主题的政治和思想背景。毫不奇怪，当我的著作出版之后，这个主题在肯尼迪（John F. Kennedy）① 的言论和信念中得到了共鸣。1962年6月，在耶鲁大学发表的毕业典礼演讲中，肯尼迪总统说道：

> 现在，我们国内的主要问题已经变得越来越微妙和复杂。这些问题虽然无关乎哲学和意识形态的基本冲突，但是却关系到去实现共同目标的途径和手段——关系到去探索解决各种复杂而棘手的难题经过认真推敲的方案。我们今天经济决策所面临的危险，不是来自将以激情扫荡整个国家的那些相互竞争的意识形态的重大论战，而是来自对现代经济的实际管理……各种政治口号和意识形态途径都同解决这些难题的方案无关。②

《意识形态的终结》的出版触动了某些人的神经。尽管它受到莱昂内尔·特里林的称赞（本书是由特里林、雅克·巴尔赞［Jacques Barzun］③

---

① 约翰·肯尼迪（1917—1963）：美国第35任总统。——译注
② 这次耶鲁演讲载于《美国总统公报》，第234号（美国政府印刷局，1963年），第470—475页。一个月之前，肯尼迪总统在华盛顿经济会议上作过一次不太引人注目的演讲。谈到了经济事务中的神话和现实，以及经济问题中日益增长的技术因素。这两个演讲稿都由小亚瑟·M. 施莱辛格起草，他出席了1955年文化自由协会的米兰会议，在那里，意识形态的终结主题第一次被提了出来。——原注
③ 雅克·巴尔赞（1907—2012）：美国文化史学家，著有《种族：一个现代迷信》、《论人类的自由》、《从黎明到衰落：西方文化生活五百年，从1500年至今》等。——译注

和 W. H. 奥顿［W. H. Auden］① 主持的世纪中期图书俱乐部推选书），受到历史学家小亚瑟·施莱辛格（Arthur Schlesinger, Jr.）② 和大卫·波特（David Potter）③ 的称赞，并且受到经济学家罗伯特·海尔布鲁诺（Robert Heilbroner）④ 的称赞。但是，本书——更确切地说，由其题目所表明的主题——不断受到许多激进作者的攻击。而且这场争论已经持续了 25 年之久。⑤ 在其对本书作出回应的回顾中，哈瓦德·布里克（Howard Brick）⑥ 写道：“实际上，'意识形态的终结'逐渐承载起了随后几年知识界热点问题的分量：什么是现代社会变革的前景和局限？激进运动在美国何以必败无疑？知识分子应该对国家和文化担负起什么责任？知识分子应该对现存社会关系采取什么姿态——究竟是敌对姿态还是肯定姿态？在何种程度上知识分子在得势精英的唆使下共同犯了滥用权力的错误？”

---

① 奥顿（1907—1973）：英国诗人，曾任牛津大学诗学教授。——译注
② 小亚瑟·施莱辛格（1917—2007）：美国历史学家。——译注
③ 大卫·波特（1910—1971）：美国历史学家。——译注
④ 罗伯特·海尔布鲁诺（1919—2005）：美国经济学家、经济思想史家。——译注
⑤ 有两本书在 60 年代末前后出版，收录了一些重要文章和交流论文。一本是由 C. I. 瓦克斯曼主编的《意识形态的终结争论集》（纽约：方克—瓦格纳出版社 1968 年版）；另一本是摩斯塔夫·雷雅主编的《意识形态衰落了吗？》（芝加哥：利布尔—阿斯通出版社 1971 年版）。前者收集了一些主要的反对意见。后者多少对这一主题表示了同情，既作为一种经验证据，也作为一种批评，它收集了来自芬兰、荷兰、日本和欧洲的论文。
《意识形态的终结》以及本人的研究工作促成了许多博士论文，其中有不少已经出版。它们包括乔布·L. 狄特贝尔纳的《意识形态的终结和美国社会思想》（安泊尔：UMI 研究出版社 1979 年版）；本耶明·S. 克伦伯格的《后工业时代的美国社会：技术治国，权力和意识形态的终结》（哥伦布斯：查尔斯·E. 梅林出版社 1973 年版）；那桑·列布威茨的《丹尼尔·贝尔和现代自由主义的苦难》（威斯特波特：常春藤出版社 1986 年版）；以及哈瓦德·布里克的《丹尼尔·贝尔和思想激进主义的衰落》（迈迪森：威斯康星大学出版社 1986 年版）。列布威茨和布里克的著作是分别在纽约城市大学和密歇根大学撰写的博士论文的删节本。这两篇论文都有详细的文献目录；在列布威茨的论文中，收录了没有收集过的 100 多篇论文和评论（除了我为《新领袖》撰写的论文以外）；在布里克的论文中，除了列布威茨收录的论文和评论外，还收录了后来发表的大约 40 篇论文和评论。
在普林斯顿的单行本以及本书第 12 章中，尤其是我提出来的关于社会主义在美国的命运的论题已经引发了大量学术论文。这些论文的一个重要集子是《一个梦想的失败？美国社会主义史论文集》，约翰·H. M. 拉斯里特和西摩·M. 李普塞特主编（纽约：双日出版社 1974 年版）。拉斯里特承认："丹尼尔·贝尔的主要论断……也许是在最近 20 年发表的论文中为解释美国社会主义失败所作的一次最有影响的尝试。"（同上书，第 112 页）李普塞特则围绕意识形态的终结的论题写了许多文章。其中有许多文章收录于《政治人物》修订版中（巴尔的摩：约翰·霍布金斯大学出版社 1981 年版），尤其是第 13 章和第 15 章。——原注
⑥ 哈瓦德·布里克：现在为密歇根大学历史学教授。——译注

对本书存在着 5 种不同层面的批评：

《意识形态的终结》是对现状的辩护。

《意识形态的终结》寻求以专家制定的技术治国方略代替社会政治争论。

《意识形态的终结》寻求用舆论代替道德话语。

《意识形态的终结》是冷战的工具。

《意识形态的终结》已经被 60 年代和 70 年代的事件所证伪。那些事件证明，激进主义和意识形态在西方社会和第三世界获得了新的高涨。

最为一目了然的是，这些批评都没有对有关结构变化的基本分析提出挑战，那些变化危及了经典马克思主义的核心：马克思主义关于西方社会的描绘和预言，关于在资本主义条件下日益加深的经济危机和两极化阶级冲突不可避免性的信念。① 这些批评都没有涉及这样一个论点：对外政策不是"国内阶级分裂的反映"，也不是大国之间经济对抗的反映，而是民族与民族之间历史冲突的结果。② 这些批评都没有注意到经济力量性质方面的结构变化。在这些变化中，私有财产作为反对技术技能的力量所起的作用已经越来越小，或者说，作为社会职业基础，"工薪阶级"（salariat）的兴起取代了"无产阶级"（proletariat）。如布里克指出那样："显然，没有一个贝尔的批评家直接对其核心论点提出挑战：社会主义已经不再相关

---

① 马克思主义者关于在资本主义条件下经济危机论断的演变轨迹给人以很大启迪。其经典观点是，国家无法干预解决这些危机，萧条将不得不维持好长一段时间，直到把过剩产品从体系中全部挤出去。在第二次世界大战后提出的第二种观点是，国家可以干预危机，但是只为战争和战时经济调拨款项。实际上，罗斯福和新政没有解决经济危机，但是通过战争才"拯救"了美国经济。第三种观点由詹姆斯·欧肯纳在《国家财政危机》（1973 年）中提出。他在那部著作中认为，作为一种保证"合法性"的手段，资本主义国家被迫为社会服务提供开支。但是这将以牺牲"积累"（资本积累）为代价，并因此抑制经济增长。有意思的是，最近这个转变反映了右派经济学家的观点。他们竭力诋毁现代国家的福利义务。不过，事实是，积累和合法性之间的平衡问题对寻求经济增长的任何一个社会来说都是实际存在的。在苏联，从斯大林时代开始，"原始积累"（套用马克思术语）一直以牺牲社会服务为代价。——原注

② 在 1925 年，在著作《英国往何处去》中，托洛茨基预言，下一次也许是资本主义社会最后一次战争将会发生在英国和美国之间，因为这两个国家在世界上是近来最主要的资本主义国家；由于美国正在损害英国的金融霸主地位，结果，这两个国家将陷入日益严重的冲突之中。——原注

于西方工业社会问题。"

为什么对本书会有如此多"误读"呢？我认为，一个思想原因是我不愿意为"这个"单一问题提出公式，或者不愿意为一些复杂问题提出单一答案。现代社会包含许多不同的思潮（部分因为文化和社会结构的分离，部分因为许多交叉社会形式的"并存"，诸如财产以及作为力量基础的技术技能），而我的目标一直是回避单一概念术语（如"资本主义"）并对相关复杂问题作出分析性区分。这些分析性区分几乎贯穿于本书关于结构变化的每一次讨论中。因此，那些喜欢争论的批评家们可以轻而易举地捡起这些区分的这一方面或那一方面，把它当作批评的对象。①

这些是由于思想误读产生的问题。不过，另一些问题则包含着情感因素。在对浪漫的激进主义感到悲观绝望因而抛弃它成为基调的情况下，许多批评家从本书中——愤怒地——读出了自己的推测，并且顺理成章地作出了自己的反应。如德尼·朗（Dennis Wrong）在对我的著作表示不满时就是这样想的：假如承认了"意识形态的终结"，那么知识分子"将无法扮演作为独立批评家和观察家的角色"。对此人们只能回答说：难道知识分子只能做批评家吗？难道他们不能做一些"建设性"工作吗？难道他们不应该对自己的言论担负起责任来吗？

关于《意识形态的终结》是在为现状作辩护的论断是一个华而不实的大话。什么是"现状"？如我多次指出的那样，没有一个社会是整齐划一的，任何一个单一术语，诸如"资本主义"，都无法包容其不同维度：由势均力敌集团所组成的信奉着不同价值观念和推崇着不同权利主张的民主政体，复合经济，福利国家，社会团体的多元差异，不同因素融合而成的文化，法律规则，等等。其中没有一个维度直接依赖于其他维度。民主政体不是市场经济的产物，而是在司法体系、社会自由和权利传统中具有其独立的根源。由于技术的发展，而不是社会关系的发展，职业结构发生了

---

① 哈瓦德·布里克写道："以贝克的模糊性为根基，还存在着一个关于方法的实质性问题。当他在阐释威廉·詹姆斯时，贝克写道，'每当你遇到一个矛盾……你肯定会作出一个区分。'实际上，《意识形态的终结》塞满了各种'分析性区分'——在工会的经济职能和劳工运动的政治作用之间，在以合理的经济'利益'为基础的协作政治学和以不合理的'现状'意见为基础的分裂政治学之间，当'政治决定'和'实践判断'发生抵触时，经过漫长的时间才发生的客观的或'渐进的'变化与在'某些特定时刻'发生的'法定'变革之间的'分析性区分'。所有这些区分形成了贝尔思想的基本二元结构，形成了怀疑和德行、利益和理想、客观结构和主观愿望之间相反相成的两极"（第425页）。——原注

变化。公民权利的扩张——在过去 25 年里黑人进入政治过程就是证明——并不是依赖于经济上的阶级冲突。不过，本书确实提倡过在社会民主方向上的"逐渐"变革。如果这就是"现状"，那么它就是如此。

如下论断同样是无效的：本书鼓吹对社会实施技术治国方略，用 C. 赖特·米尔斯的话来说，从社会学角度杜撰出一个"经验主义偶像"（fetish of empiricism）。① 这两种说法都是无意义的。因为本书中的一些文章（尤其是"工作及其不满"）对生活的合理化，对韦伯考虑问题的思路，感到了悲哀。本书半数以上的文章（如哈瓦德·布里克再一次注意到的那样）致力于对各种理论进行详尽的探讨，其目的"不仅是为了暴露它们，或者是为了揭露它们对经验事实的歪曲，而且是为了证明，在观察事实的过程中，在从事社会分析时阐述和解决问题的过程中，理论所扮演的必不可少的推测性角色"②。我总是既承认社会政策离不开经验依据，又坚持在形成政策过程中原则和价值取向以及政治学必要作用的首要性。

由哲学家亨利·大卫·艾肯（Henry D. Aiken）③ 提出来的关于意识形态的终结意味着"在政治生活领域中道德话语的终结和融贯的'实用主义'话语的开始"的指责是毫无道理的。④ 例如，他把我对"修辞学的终结"（参阅第 406 页）的呼唤曲解为雄辩的终结，道德判断的终结，（诸如"普遍福利"、"共同善"之类）哲学陈述的终结，政治抽象的终结，诗歌的终结（因为"自从柏拉图以来，理性主义者一直害怕诗歌"），形象语言的终结，并因此指责本人提倡享乐主义的及时行乐的（纵欲的）哲学，"它呈现了我们在这个世界上徒劳无益地同共产主义意识形态进行斗争的

---

① 时间越久远，歪曲越严重，概述也越不得要领。最近由一位青年科学史家哈瓦德·P. 西格尔（Howard P. Segal）撰写的一本书声称（对本人、李普塞特、希尔斯和布热津斯基来说）："一旦有可能，他们便喜欢这样的见解，决定不应该根据政治协商或民众投票来作出，而应该严格建立在技术依据基础上。实际上，他们希望以技术学取代政治学。"《美国文化的技术乌托邦主义》（芝加哥：芝加哥大学出版社 1985 年版），第 135 页。——原注

② 我在本书中写道："在如下意义上，现在存在着的远多于对乌托邦的需要：人们需要——如他们一直需要的那样——得到关于他们的潜力的见解，得到把其情感和理智结合起来的某种方式……通往天堂的梯子已经不再是一把'信仰的梯子'，而是一把经验的梯子；一个乌托邦必须具体化为一个人想要去的是什么地方，如何抵达那个地方，谁将为此有所付出，有所领悟，有所证明，并有所决定。"（第 405 页）——原注

③ 亨利·大卫·艾肯：美国哲学家，著有《意识形态的年代》等。——译注

④ 艾肯的"意识形态的反叛"发表在 1964 年 4 月《评注》，并且在 1964 年 10 月交流文章中重提这一见解。这两篇文章都收录于瓦克斯曼主编的论文集中。——原注

景象"。

　　人们该怎样去领会这些令人感到莫名其妙的指责呢？我只能这样猜测，艾肯把意识形态的终结等同于实用主义了，而实用主义（用他自己的话来说）是对立于政治话语和第一原理的。但是，正如我在我的答复词中指出的那样，所有这一切说明的是在政治哲学和政治意识形态之间一种徒劳无益的混淆。而且，并不是只有艾肯才产生了这种混淆。①

　　一个非常不同的转折是由 C. 赖特·米尔斯作出的尖锐而严厉的攻击。他称《意识形态的终结》是"对冷漠的庆贺"。1952 年，《党派评论》举行了一次以"我们的国家，我们的文化"（Our Country, Our Culture）为标题的专题讨论。米尔斯以一贯好斗的旁观者姿态写道："一想到'那些老《党派评论》撰稿人'把持着'我们的国家'栏目……你就感到无可奈何。"在米尔斯看来，美国不是"我们的"国家。于是，在 1959 年，他去了古巴，受到了卡斯特罗的欢迎，并且写了一本名叫《听哪，美国佬》（Listen Yankee）的著作。1960 年，米尔斯继续频频出击，写了一封著名的"写给新左派的信"（Letter to the New Left）（发表在英文版《新左派评论》上）。他在信中声称，"意识形态的终结"是"历史地过时的"；作为变革的代理人，工人阶级是"历史地过时的"；并且，一种新的力量，"一个赞成变革的可能是直接地激进的代理人"，正在崛起，它就是学生和知识分子。

　　由于知识分子的冷战成了主战场，米尔斯把攻击目标集中在他称作"北约知识分子"的身上。北约知识分子是苏联知识分子在西方的翻版。(425) 他从道义上在两者之间画上了等号，并通常对前者表示不信任。他以如下大声地叫嚷结束了该文："让这些个老妇人去聪明地唠叨'意识形态的终

---

①　有关这个问题所进行的我认为没有多大意思的两次讨论，参阅马丁·西利格（Martin Seliger）的《意识形态和政治学》（*Ideology and Politics*）（伦敦：阿伦—艾文出版社 1976 年版），第 87、291—292 页；以及沃尔特·卡尔纳斯（Walter Carlinaes）的《意识形态的观念和政治分析》（*The Concept of Ideology and Political Analysis*）（韦斯特波特：格林伍德出版社 1981 年版），第 237—238 页。如这两本书指出的那样，由于艾肯和约瑟夫·拉·帕伦巴拉（Joseph La Palombara）,一位提出相似见解的作者，以语义学为根据，把意识形态与政治话语和哲学等同了起来，因此将不可能存在"意识形态的终结"。不过这两个人都忽视了发表在雷加论文集中关于意识形态衰落的经验证据。与此同时，艾肯完全回避了我提出的关于在意识形态的名义下具体化变革（诸如苏联集体化）的代价问题。——原注

跋：重读《意识形态的终结》，1988 年　　409

结'吧，我们又要开始运动啦。"①

从米尔斯的文章中难以引导出一个前后连贯的论点。因为它是以一种时断时续的独特风格写成的。这是一篇不作标点的长篇独白，其中包含着对"激进变革"的多次劝导；但它对究竟什么是"激进变革"却只字未提。因此，在这种派系修辞学的经典策略中，他并不是在提出论点，而是在"给"游戏者"划定界限"（称之为知识社会学），并假定了这种做法的有效性。因此，作为思想实体，它没有什么价值；而作为论战实体，它非常有效。米尔斯悟到了某种正在萌芽的东西，于是他的文章变成了青年新左派的一面旗帜。②

与意识形态的终结似乎相矛盾的一个事件是激进主义在 60 年代中期和 70 年代的高涨。其强度，其愤怒，其言语，其对激进变革的呼吁，所有这一切似乎都预示着意识形态的一个新局面。不过，这种激进主义都没有涉及经济问题，（除了有些激进主义者后来了解了异端马克思主义之外）甚至无法形成一种前后一致的政治哲学。因此，它是道德的和道义的激

---

①　尤其在 20 世纪 50 年代前后，这种关于"道德等价"（Andrei Zhdanov）的肤浅学说大受欢迎。在苏联，斯大林重新开始对异端分子的严厉惩罚，安德烈·日丹诺夫重新强调"社会主义实在论"（socialist realism）的正统地位，例如，他揭发伟大诗人安娜·阿克马托娃（Anna Akhmatova）。后者关于列宁格勒的诗，如"一半是修女，一半是妓女"，对激发人民起来保卫这座城市曾经起过有益的作用。在战争结束后，同贝尔吉尔森（Bergelson）、马尔克斯（Markish）和其他一些著名犹太作家一起，曾经组织过反法西斯抵抗的犹太艺术家费飞（Feffer）和米彻尔斯（Michoels）遭到了流放。我们知道，斯大林当时正在准备对克里姆林宫 16 位犹太医生进行一次现场审判，带着这些公开的审判计划，准备开展一场新的反犹太运动，一场把犹太人从大城市中清除出去的群众运动，这个可怕计划后来由于斯大林在 1953 年去世而夭折。在东欧各国，也存在着新的清洗运动和公开审判。在捷克斯洛伐克，在 1948 年，随着其国家的被接管以及让·马萨利克的被罢免，捷克斯洛伐克党的领导人，鲁道夫·斯兰斯基和弗拉基米尔·克莱门蒂斯和 10 余位其他领导人一起，"被定罪为"是与 R. H. 克罗斯曼和夫拉达·齐利雅布斯狠狈为奸的犹太复国主义代表并被处以绞刑。后两者是英国工党领导人。（生还者之一奥图尔·伦敦在一本书中披露了这些插曲并且在柯斯达斯·加瓦什的电影《判决》[L'aveu] 中把它们戏剧化了。）相似的审判也在匈牙利和保加利亚发生着，结果处死了拉兹洛·拉耶克和匈牙利领导人尼古拉斯·皮特可夫。人们对那些事件的整段历史仍然三缄其口。这是米尔斯和大多数新左派都没有讨论到的冷战的一个侧面，尽管其中有许多人在 1956 年之后脱离了共产党。——原注

②　米尔斯的"书信"重印在瓦克斯曼论文集中，第 126—140 页。我在 1960 年 12 月《论战》中以"从庸俗马克思主义到庸俗社会学"为题的论文中给予了答复。该文重印于我的论文集《蜿蜒之路》中。艾尔文·刘易斯·哈罗威茨对米尔斯作了批判性研究，并著有《C. 赖特·米尔斯：一个美国人的乌托邦》（格伦科：自由出版社 1983 年版）一书。哈罗威茨曾经是米尔斯的遗稿保管者。那部著作提到了我与米尔斯的早期友谊，我在 1942 年的《新领袖》上第一次发表了他的作品。——原注

主义。

　　60年代和70年代的激进主义融合了四股不同思潮：一种崇尚更加自由生活方式的青年文化的出现，包括性和毒品；黑人权力运动的戏剧性崛起，尤其是在"五个盛夏"里看到了在美国许多大城市蔓延的烧杀和抢掠；"解放"运动的泛滥，以及自觉声明对立于西方的第三世界宣言的传播；越南战争，像反对法国的阿尔及利亚战争一样，它激起了大量学生的不满。

　　1. 50年代早期青年文化，以"垮掉的一代"为代表，他们与美国社会格格不入，哀叹美国是一个麻木不仁的社会。从原则上讲，这个运动同过去几百年来一再发生的为世人所熟悉的那些放荡不羁的青年运动没有多少区别——兰波带着魏尔兰过着一种青春期的同性恋流浪生活，22岁时到非洲去冒险；或者在大约一个世纪之后，阿伦·金斯伯格带着他的人马去了加德满都。不过，其差异基于两个重大事实：首先，作为战后生育高峰的结果，青年人数的激增，他们意识到自己的与众不同；其次，通过大众媒介和方兴未艾的音乐和录音产业，对那些令人好奇的偶像的宣传，以及越来越多的青年对这种虚假解放的热切渴望，对"放荡的民主化"的热切渴望。

　　新摇滚和毒品文化的实质是对性的炫耀，这种炫耀是自负的表现，它声称自己对立于"资产阶级的假正经"。但是早于其父辈的爵士年代50年以前，那种假正经态度就几乎已经绝迹了。实际上，当时实际存在的只是来自自由文化的东西而已。在文学和想象中（通常隐含着走投无路的状况），自由文化曾经接受了这些姿态。但是当他们越过想象的界限变成一种离经叛道的生活方式时，文学却无法谴责这些姿态。具有反讽意味的是，它之所以得以泛滥起来，恰恰是因为社会的繁荣允许这些花季少年逃避现实，依靠父母寄的汇款过日子。

　　2. 黑人运动的出现也是自由政体而非压迫政体的一个实例。约翰·F. 肯尼迪民主政府（几乎是在共和党执政10年之后）曾许诺要进行改革。但是，如托克维尔在一个多世纪以前预见到的那样，一旦改革真的运作了起来，对于那些对改革盼望已久的人来说，它似乎又总是太迟缓了。由于受到自由白人多年不公正所犯下的罪过的触动，现在人们可以更公开地表达不满情绪。

　　黑之豹（the Black Panthers）是位于加利福尼亚州奥加兰地区的一个

黑人民族分子组织，它提出了一种新的意识形态：被压迫的不是工人阶级，而是罪犯、吸毒者、流浪者——马克思在《路易·波拿巴的雾月十八日》（*18ᵗʰ Brumaire*）的经典段落中称之为"流氓无产阶级"（the lumpen proletariat）①的那些人，他们现在被欢迎为进行革命变革的历史代理人。艾尔德里奇·克里弗，一个因强奸而被判入狱的罪犯，在一本令人心动的著作《寒心》（*Soul on Lce*）（大部分由曾是他的情人——一位白人律师执笔完成）中提出了这些观点。这个著作后来成了畅销书。黑之豹则由于其领袖胡伊·牛顿（Huey Newton）的一幅戏剧性照片而变得家喻户晓：牛顿坐在一把柳条椅上，手握一把长枪，就像一个非洲酋长握着一支长矛一样。②

由于沉迷于其革命的意识形态，黑之豹发现自己的处境每况愈下。因为，作为一个运动，如果真要想立足"于世界"的话，那么它必须处理好其所提出的每一个极端声明和与现存体系达成妥协关系。终于，黑之豹解体了。克里弗逃到了国外。他在古巴和阿尔及利亚受到了礼遇。但是多年之后，他又回到了美国。他声明自己终于觉悟了过来，并以获得新生的基督徒面目出现。他最后成了罗纳德·里根（Ronald Reagan）③的支持者。

黑人运动之较严肃的方面是它逐渐向政治体系渗透并且取得了一些政治成果：尽管大多数黑人的贫困状况并没有发生变化，但是由于有了公民权利法案、证词诉讼法案和许多黑人候选人的成功，于是有了洛杉矶、芝加哥、底特律、费城、亚特兰大、纽瓦克以及数以百计的其他小城镇的黑人市长。不过在60年代和70年代，由黑人引发的骚乱导致了这个时代更广泛的动荡。

3. 在这20多年里，如果说有什么令人耳目一新的词汇——一个来自第三世界运动的词汇——的话，那么它就是"解放"。解放有两层含义。(428)一层是心理的，一层是政治的。在法国接受教育的一位北非黑人精神病学

---

① 参阅《马克思恩格斯选集》第1卷，第652页。——译注

② 具有反讽意味的是——再说一遍，因为反讽是这个时期的标记——牛顿和克里弗都曾受雇于从事美国政府社会代理计划的研究，尽管他们的思想仍在流传，他们的宣传资料仍在传播。斯大林不得不抢劫银行以筹措革命经费，但他生活在反动沙皇的统治下；而牛顿和克里弗更幸运地生活在先进的资本主义条件下。住在派克大街的白种自由主义者匆忙地把黑之豹党徒赶了出去，托姆·伍尔夫在回忆性文章"激进的时尚"中提到了这一现象。——原注

③ 罗纳德·威尔逊·里根（1911—2004）：美国政治家，第40任美国总统（1981—1989年）。——译注

家弗朗茨·法农（Frantz Fanon）的著述最为生动地戏剧化了解放的心理层面。他在其著作《大地的苦难》（*The Wretched of the World*）中认为，只有通过暴力的清洗行动，哪怕这种暴力把矛头指向旧压迫者的无辜后裔，黑人才能从殖民压迫的传统中获得解放。法农思想的独特之处，不在于他对暴力的论证，尽管这种论证引起了人们的最大关注，而在于他巧妙而富于创造性地把低贱和屈辱看做激进主义的根源。在80年以前，尼采曾经把"不满"这个观念看做下层阶级的动机和德性的根源而予以强调过。但是在尼采（和席勒）意义上的怨愤是以对高贵者的妒忌并为此进行抗争的欲望为根据的。法农的著作为肯定的驱动力提供了一个更加尖锐的意义，那些驱动力隐藏在生活在殖民统治下的人们的愤怒的背后。由萨特作序的法农著作对法国知识分子产生了深远影响——尤其是因为法国发现自己在印度支那之后在阿尔及利亚进行着一场"肮脏的战争"——并对世界各地的黑人知识分子产生了深远影响。①

更富于戏剧性意义的是菲德尔·卡斯特罗（Fidel Castro）和切·格瓦拉（Che Guevara）的闪电式胜利。这两个人当时正好30岁。他们取得革命胜利时，正是马克思主义者断言革命在西方工业化了的社会里已经完全不可能的时候。自从1789年以来，对知识分子来说，革命的理想和"革命"这个语词曾经是一个充满着魔力的法宝。在1917年10月，列宁和托洛茨基取得了意想不到的胜利。他们取得了在一个小小的有纪律的政党的领导地位。这一胜利大大激发了在第二次世界大战之前悠闲的知识分子的幻想，促发了他们去扮演相似的戏剧性角色的渴望。来自叙利亚美斯特拉山基地的一小撮游击队员整装待发的动人场面，吸引住了年轻激进分子的视线。以至于后来随着切第一次把革命火种播种到了非洲，后来又播种到了玻利维亚，在纽约、伦敦和巴黎，数以千计的青少年把他的照片挂在墙上作为崇拜的偶像。他们戴着贝雷帽，留着胡须，无视当地资产阶级，招摇于大街小巷，向美帝国主义发难。②

---

① 再一次地，具有反讽意味的是，法农患了癌症，请求美国的帮助，并由已经对他起诉的中央情报局带到美国；他病死在一家美国医院。——原注

② 事实并非如此。在第二次世界大战快要结束时美国曾经反对过殖民主义，出席了雅尔塔会议及其后的罗斯福曾经给英国、法国和荷兰（它们曾经统治着印度尼西亚）施加压力瓜分了它们的帝国。甚至在古巴，并不是卡斯特罗的强大，而是（通过否认他寻求的军队）美国的军事行动直接导致巴蒂斯塔的倒台。在由卡斯特罗和美国一起织就的这条历史地毯下所发生的一些情况令双方都感到难堪。——原注

由于第三世界的产生，民族解放运动的扩展——谁也料想不到的在第二次世界大战之前发生的一系列事件——在世界历史舞台上涌现了一批新演员。在世界政治的一个新阶段里，恩克鲁玛（Nkrumah）、苏加诺（Sukarno）、尼赫鲁（Nehru）① 和周恩来似乎成了主要人物。并且，在这一切之后，是共产主义中国的突然诞生，是毛泽东的神圣出现，以及在"文化大革命"之后，对人的重新改造。其纯粹性、无私性和道德激励，所有这一切似乎都证明了乌托邦即将成为现实。假如马克思的如下确信是错误的：作为一个历史的必然性，社会主义将崛起于资本主义的生产形式之中，那么当历史被在其心中仍然保持着一份纯洁的（天真的）人们所推动的时候，当确实存在着充满各种理想的愿望的时候——毕竟，这是对意识形态的"真正"规定，历史可能获得一次信仰的飞跃。于是乎，这种新的憧憬便流传了起来。

4. 越南战争引发了三个问题：其目标的道德模糊性；在反对本地人民寻求结束殖民主义运动过程中，美国像卡努特（Canute）② 一样试图开历史的倒车；在意识形态上把反对苏联的冷战转移到了胡志明的无私的理想主义上。

一个重要的事实是，这又是一场自由主义者的战争。（在马克斯威尔·泰勒将军和国家安全顾问麦克乔治·邦迪的劝告之下）约翰·F.肯尼迪促成了越南武装冲突的逐步升级，并且受到了林顿·约翰逊的吹捧。具有反讽意味的是，后者当时正在推广教育、卫生、社会保障和赞助性行动（优待措施）方面的一个庞大社会计划。肯尼迪政府步了已经被赶走的法国殖民主义者和已经被来自越南北部的一位禁欲主义天主教徒吴庭艳（Ngo Dinh Diem）③ 所取代的保大皇帝的后尘。但是，用来反对共产主义的民主力量的观念绝不可能令人信服地用来反对"人民"关于越共的神话，由于人们每天晚上在电视上看到的狂轰滥炸以及对凝固汽油弹的使用，使得这一场战争越来越为民众所憎恨。

---

① 恩克鲁玛（1909—1972）：1960—1966年任加纳总统；苏加诺（1901—1970）：印尼领袖，1945—1968年任总统；尼赫鲁（1889—1964）：1947—1964年任印度总理。——译注
② 卡努特（994—1035）：英王，在位期间1016—1035年，并于1018—1035年兼任丹麦国王，1028—1035年兼任挪威国王。——译注
③ 吴庭艳（1901—1963）：越南共和国（南越）第一任总统；保大：越南最后一个皇帝，1925—1945年在位。——译注

大学生是反战的领袖，尤其是因为征兵使他们有义务去服兵役，尽管实际上那些仍然在校大学生的缓役意味着得由工人阶级和黑人青年去充当炮灰。① 在1968年的事件中爆发了大学生激进主义运动：伯克利，哥伦比亚，随着对抗的传播，蔓延到巴黎，以及其他的欧洲大学。要是人们对隐藏在这些大学生风暴中某些相互联系的结构因素作些观察，他可能会找到这样三个因素。第一个因素是反战运动追随者的"日益增长"。从1940年到1950年，青年追随者，作为人口的一个比例，一直是稳定的；从1950年到1960年，它也是稳定的；从1960年到1968年，作为战后生育的结果，在8年时间里增长到了45%。② 第二个因素是"有组织的约束感"的逼近，对于这一代人的未来来说，这种约束感显得尤其松弛。追随者的规模加重了进入优良大学的竞争（和沮丧），也增加了进入研究生院和专业学校的压力（在那时的名牌大学，有90%以上的每一届毕业生希望继续留在学校里，这是由害怕征兵而强化的一种求职愿望），并且也提高了闯过狭隘入学渠道的竞争和压力。第三个因素是，要是人们想找一个理想主义原因的话，那么存在着对"白皮肤特权"的抗拒以及对第三世界和解放理想的认同。

(431) 那份激动，那份狂热，尤其是在令人着迷的媒体的关注下，重获青春的老知识分子的那种充满激情的思古情怀（在哥伦比亚，诺曼·梅勒[Norman Mailer]③ 成立了一个资金筹措小组；德怀特·麦克唐纳[Dwight Macdonald]④ 向他们的朋友写了一份"请求书"，请求他们从资金上支持

---

① 为了缓和敌对，美国政府提出了一个轮流制度，使得每个人在越南服役的时间不多于18个月。不过，其结果是它为那些有条件的人提供了更多便利，随着其在越南服役义务日期的日益临近，他们越来越不愿意去执行任务。不仅在越南的士兵很方便地从当地的鸦片种植地区得到了毒品，而染上了毒瘾，而且在美国军事史上，第一次如此频繁地发生意外事件，在那些事件中，士兵因意外走火而杀死自己的长官。人们可以用不胜枚举的例子来证明，在一场不受人欢迎的战争中，人们不愿意接受后果的社会学公理以及军官所处的社会学两难状态。——原注

② 谁也不知道激进分子占了大学生总数多大比例，谁也不知道有多少大学生是积极分子。但是单是关注这些数字会忽视关于骨干力量性质的实质性社会学见解。如许多人指出的那样，大学生激进分子的比例并没有比1930年大多少——据说是10%；但是在一所有1000名学生的学校里，10%的人数就达到了100名；在一所有10000名学生的学校里，10%的人数就达到了1000名。尽管其百分比是一样的，但是同100名追随者相比，1000名追随者在学生中产生了更大影响。除了通信工具（步话机）以及电视传播手段的日益改善之外，这种规模的变化是理解大学生激进主义活动的关键变量。——原注

③ 诺曼·梅勒（1923—2007）：美国作家、小说家，作品主题多挖掘剖析美国社会及政治病态问题，风格以描述暴力及情欲著称，代表作为《裸者与死者》。——译注

④ 德怀特·麦克唐纳（1906—1982）：美国作家、编辑、电影评论家、哲学家和激进政治人物。1937年至1943年任《党派评论》编辑，后退出，于1944年至1949年创办杂志《政治》。他还任《纽约客》专栏作家和《时尚先生》影评人。——译注

SDS［学生争取民主社会组织］），使得参与者觉得世界缩小到他们幻想中的那个圈子。曾经进入过在哥伦比亚的一个被占领的建筑物的托姆·海耶顿写了一篇以"两个、三个、很多哥伦比亚大学生"为题的文章发表在《堡垒》(Ramparts) 上。这篇文章是对由切·格瓦拉写的一篇著名文章的自觉响应，那篇文章号召人们支持在拉丁美洲的游击队活动，它的标题是"两个、三个、很多越南人"。①

对革命突发奇思异想，如卡尔·曼海姆记述的早期千禧年运动那样，导致了世界可以被一下子颠倒过来的幻觉。似乎单凭一次行动——一次攻击，一次爆炸，一次总罢工——就可以把世界颠倒过来，就可以改天换地。但是，任何一个这样的浪漫奇想都只是转瞬即逝的东西而已。第二天人们还是得去面对那个灰色的现实。像芝加哥"气象员"（day of rage）②继续"触怒了苍天"一样，有极少数人将会继续触怒警察，使他们不得不采取一些暴力措施。这些人将继续实施爆炸的暴徒策略（在格林尼治村发生的一起炸弹工厂爆炸事件曾炸死了一些气象员），或者在往后几年时间里继续从事地下活动，以等待革命运动时机的到来。再一次地，这是他们的末世学所许下的一个诺言。靠革命修辞学的稀粥哺育起来的大学生运动（不像黑人）不可能把其幼稚的意识形态转变成为一个明确的纲领，因此是注定要失败的。③

难道60年代激进主义的高涨真的"证伪"（disprove）了意识形态的终

---

① 在这种令人难以琢磨的启示录式语言中，既有尼克哈耶夫装腔作势的问答手法，也有雷吉·德布雷的实用教导，海耶顿写道："在抵抗运动中，哥伦比亚开辟了一个新战术阶段……从对大楼的短期占领到永久占领，从小打小闹到革命委员会的产生，从象征性的非暴力反抗到设置路障的抵抗，这些战术不仅正在其他校园得到照搬，而且将变得更加富于军事战术性……这诸多战术也可以被应用于一些罢工间歇期的小打小闹行动：袭击从事武器研究的教授办公室将会在学生们中间赢得实质性支持，同时它使得这所大学变得更加明显地一蹶不振。"——原注
② 指20世纪60年代美国一激进青年组织成员。——译注
③ 如我在1969年写的那样："SDS（学生争取民主社会组织）将被它自己的风格所摧毁。它依靠骚乱而生存，但是却没有能力把这些混乱的冲动力量转化为系统而负责的行为，那种行为对于促成广泛的社会变革是必不可少的。实际上，恰恰是它的风格否定了这些行为的合理性，因为像许多（千禧年主义宗派）一样，其意识形态的唯信仰论渗入了某种相似的心理氛围，或者相反的，渗入了某些离经叛道的因素。它不是强制地导致创新，而是导致了毁灭。"引自"哥伦比亚和新左派"，载于《公众利益》1968年秋季号，重印于丹尼尔·贝尔和艾尔文·克利斯托尔编《对抗：大学》（纽约：基础图书出版社1969年版），第106页。——原注

结的主题吗？我认为没有。① 因为人们在西方看到的不是一种政治现象而是一种文化（和代际）现象。如果说有一个单一的象征性的文告可以用来规定这一现象的话，那么它将是1968年5月贴在巴黎大学的紧锁着的房门上的那份著名的海报："正在开始的这场革命不仅要对资本主义发难，而且要对工业社会发难。消费社会必须死亡。异化社会必须从历史上消失。我们正在创造一个全新的世界——一个难以想象的世界。"②

它是一个乌托邦之梦。但是，一个人要么从噩梦中苏醒过来，要么继续把那个噩梦做下去。在所有的这些骚乱中，不存在新的社会主义观念、新的意识形态和新的纲领。人们看到的只是一些强烈的罗曼蒂克的渴望，那些渴望只是对于前几代人向往的牧歌式田园生活的重温而已。它是对理性的反动，对权威和等级秩序的反动，甚至是对文化的反动。不过，存在着一些实实在在的问题：早在半个多世纪以前马克斯·韦伯探讨过的生活的合理化问题；已经不再拥有权威的过时的精英（包括大学教授）的特权问题；伪造的批量生产的文化，当今的大众文化的泛滥问题，具有反讽意味的是，摇滚和重金属音乐本身是那种文化之不可缺少的部分。

(433) 不过，如我已经说明的那样，所有这一切都是对社会约束的反动。当个体进入新的官僚秩序世界时，这些约束是社会强加于他的东西。正如早在一个半世纪以前，卢德派机器破坏者对第一次工业革命的工厂纪律作出了反应一样③，带着几分夸张，不过也带着几分真理，我把这些反动描述为后工业

---

① 如阿隆在反思这些争论时曾经写道："没有人曾经拒绝过这种分析——即，纵使马克思列宁主义还没有死亡，也不存在想要去取代它的现存意识形态。要不是在意识形态、法西斯主义和千禧年主义的学术系统化过程中间不存在明显混淆的话，那么某些相互矛盾的事件是一目了然的。与此同时，在冷战时期被人遗忘或由于西方经济的成功而被遮蔽的关于社会抗议的论题已经获得了新流行。因此，最近伟大意识形态体系的衰落并没有促成一条通往政治学的实用道路，而是恰恰相反，它激发了广泛的社会抗议。"雷蒙·阿隆："关于恰当地利用意识形态"，载于约瑟夫·本—戴维和特雷·尼古尔斯·克拉克编《文化及其创造者》（芝加哥：芝加哥大学出版社1977年版），第3页。——原注

② 人们或许记得在福楼拜的《情感教育》中展现的发生在智者俱乐部里的一幅讽刺性画面，俱乐部主席是在1848年革命期间一位正直的教师塞尼卡尔："那时，模仿某些人物的言行举止成了一种时尚——有的模仿圣茹斯特，有的模仿丹东，有的模仿马拉。塞尼卡尔千方百计地模仿布朗基。布朗基是罗伯斯庇尔的死党……气氛中带着凝重的革命建议……'打倒学术，打倒学校！''不要传教士！''不要注册！''打倒大学学位制度！''不，'塞尼卡尔说道，'让我们把它们保留下来吧；但是要让它们由普遍的特权、由人民这位唯一真正的法官来授予。'"——原注

③ 1811—1812年英国发生了工人捣毁机器的自发运动，史称卢德派骚乱。——译注

社会的第一次"阶级斗争"。① 不过,在缺乏任何一种实事求是的社会学分析和理解的情况下,它又只能作为一个浪漫主义的断言被提出来。

在1968年事件之后所留下的是想要去探索意识形态的一代人。如哲学家查尔斯·弗朗克尔(Charles Frankel)曾经说过:并不是马克思主义创造了激进分子;而是每一代新的激进分子创造了自己的马克思。在这种情况下,开始在大学、出版界和传媒寻找其位置的一代人在异端的马克思主义中发现了它的意识形态:在法兰克福学派的批判理论中,在重新被发现的卢卡奇的著作中,在安东尼奥·葛兰西被公开的札记中。最为明显的是,(相互之间各不相同的)所有这些作者都一致地采用了文化批判,而不是经济批判或程序性批判。没有人提出积极的建议。社会主义的神话已经变成了一个幽灵。同样真实的是,这些作者和少数读过他们的作品的助手中没有一位公开地质疑斯大林主义的本质,也没有一位作者公开反对由尼布尔提出的关于在运用所有力量改造社会和人的过程中唯心主义腐败的悲惨矛盾——那种腐败于1975年赤化了廉正的波尔布特王朝期间的柬埔寨。

※ ※ ※ ※ ※ ※

下面,我想转而对与今天相关的其他一些思想和政治问题作简要的探讨。自从本书出版25年来,意识形态的概念已经得到了全面的阐释。今天还有什么东西未被考虑为意识形态的呢?各种观念、理想、信仰、教条、热情、价值观、世界观、宗教、政治哲学、道德体系、语言学话语——所有这一切都各尽所能地发挥着其作用。人们还会听到关于"共产主义和资本主义是竞争的意识形态"以及"[在里根之前]的美国没有发展出某种意识形态"之类的说法。在《党派评论》的一篇文章中,意识形态被定义为"在一种肯定的形式中筹划出来的幻想",是一种松懈而令人遐想的思想形式,"具有色情的性质"。刊登在《时代文学副刊》(*Times Literary Supplement*)头版中的一篇讨论前基督教宗教思想的重要文章谈到了"敌对的意识形态(即早期伊壁鸠鲁学派)对基督教护教学家"的影

(434)

---

① 20世纪60年代第一次(也是最为暴力的)学生起义发生在日本。在日本,起义者占领了一些大学并且与警察发生暴力战斗。但是后来,那些毕业的大学生悄悄地到企业上班去了,只有一小撮人在红军小团体活动中继续搞恐怖主义。而在美国,10多年之后(由杰雷·拉宾提出),发生了从嬉皮士到雅皮士的变化。——原注

响。还有一本关于军事战略的著作的书名就是《防御的意识形态：军事决策和1914年的灾难》（The Ideology of the Offensive: Military Decision Making and the Disaster of 1914）。①

还存在着一种死板的马克思主义经院哲学。有一本讨论"电影中的社会再现"的著作，它把意识形态定义为"复制着现存的生产关系"的东西。意识形态"运用图像的构造……来说服我们事物是怎么样的，它们应该是怎么样的，以及为我们现在的位置是我们应该具有的位置。这个定义强调基础和上层建筑的相互关系，或者社会存在和社会意识的相互关系"。不过，马克思主义历史学家乔治·路德（George Rudé）写过一本名叫《意识形态和民众抗议》（Ideology and Popular Protest）的著作。他把意识形态定义为"隐藏在社会和政治活动背后的所有观念和信仰。无论是风格上已过时的统治者的观念和信仰，还是'正在上升的'资产阶级的观念和信仰，或者是'下层'社会团体的观念和信仰"。②

产生这些相互矛盾的用法是有原因的。正如马克思的几乎所有的社会学概念一样，马克思很少明确地阐明他的术语的含义，或者对其保持一以贯之的用法。假如有人通读其著作的话，他将会发现在语词"观念"（ideas）、"意识形态"（ideology）、"意识"（consciousness）和"上层建筑"（superstructure）之间存在着一些令人迷惑不解的混乱和换用——在后一种情况下，我们通常不知道什么时候"上层建筑"是指"制度"或"观念"。在写作《德意志意识形态》时，他有时用"观念的上层建筑"（ideological superstructure）来指因物质实践的变化而变化或者由物质实践决定的社会意识的所有形式。在另一种情况下（《路易·波拿巴的雾月十八日》），马克思又用"上层建筑"这个术语指"由整个阶级……从其物质基础出发

---

① 显然，通过词源学演变，某些语词很快获得了语言学普遍性，于是ideology, ideologie, Ideologie, ideologia这些形态相近的语词在所有欧洲语言中都得到了传播。要是马克思把术语"观念化"（ideationalism）当作物质实践的对应词来使用，谁能想象得到观念的命运将会怎样呢？关于为这些不同用法确立某种类型学所作的最近一次努力，请参阅在欧洲大学研究所佛罗伦萨集刊《意识形态和政治学》上发表的迪尔茨、巴好莱尔和封·雷顿的文章，该文集由马莱斯·克朗斯通和皮特·梅尔主编，1980年由四家出版社出版：斯基霍夫出版社（艾尔芬·安·里雅克），克莱特·柯塔出版社（斯图加特），布路易朗特出版社（布鲁塞尔）和勒·蒙尼出版社（佛罗伦萨）。——原注

② 参阅比尔·尼柯斯《意识形态和图像》，伯明顿：印第安纳大学出版社1981年版，第1页；以及乔治·路德《意识形态和民众抗议》，纽约：潘斯恩图书公司1980年版，第7—9页。——原注

……创造和形成的明确而特殊形式的感情、幻想、思维方式和生活观念"。在 1859 年的《政治经济学批判》序言中,关于马克思的公式的所有继起的争论的根源,他写道"社会的经济结构,即有法律的和政治的上层建筑竖立其上并有确定的社会意识形式与之相适应的现实基础。"(重点号为引者所加)但是由此是否存在着两组平行的关系呢:结构对结构的关系,以及物质实践对意识形态观念的关系?什么是结构对观念的关系呢?这种关系是如何产生的呢?物质基础或社会地位是如何决定或造就了观念的呢?关于这些"微观的"社会过程的问题,马克思——以及马克思主义者——从来没有给出过一个答案。①

那么人们怎样才能做到自圆其说呢?是不是可以确立一些界限呢?一个策略是扩大这个术语,以便把所有这些用法全部包容进来。为此哲学家帕特里克·柯比特(Patrick Corbett)写道:

> 因此,"意识形态"在这里的意思是指构成关于人的本质及其生活于其中的世界的一系列信念的任何智力结构;是关于两套相互依赖的信念的主张;是那些信念应该被完全从属于某个确定的社会团体的……任何一个成员所拥有的要求……按照这一用法,甘地主义、天主教主义、列宁主义、纳粹主义、美国式民主,以及国王的神圣权利,都是或曾经是意识形态,因而类似地,关于英国公立学校或亚马逊部落的神话也是意识形态。由于相对论没有行动含义,它不是意识形态。②

但是由于几乎所有的信念,从素食主义到修道主义,都包含着某些行为后果——实际上,任何一个信条的后面都可以加上后缀"主义"——一个如此包容性的定义完全模糊了所有的差异。至于说到相对论,柯比特也是错误的,因为在正统的列宁主义者看来,相对论(和量子力学)是与简单的知识反映理论和列宁的《唯物主义和经验批判主义》的刻板决定论相矛盾的,所以它是一种"唯心主义的宇宙观";因此,在几十年来,这些理论被判定为"资产阶级的物理学",在苏联物理课中不能公开教授。

---

① 参阅乔杰·拉伦《马克思主义和意识形态》(伦敦:麦克米伦出版社 1983 年版),尤其是第 170—171 页。——原注
② 帕特里克·柯比特:《意识形态》(伦敦:哈钦森出版社 1965 年版),第 12 页。——原注

为了下一个一般的或正式的定义，人们忘记了意识形态概念是一个历史术语，需要在语境中才能得到理解的，要看它是如何出现的，是如何被使用的。如莱因哈特·本狄克斯写的那样：

> ［意识形态］这个术语并不适用于在 17 世纪和 18 世纪之前的西方文明，正如"经济"、"社会"、"知识分子"之类术语不适用于"前现代"时期的西方文明。所有这些术语现在被应用于人们思考其社会的方式。这种变化是文化样式和思想视野的变化之表现，尽管这两个层面之间的关系也是至关重要的。①

在文化的视野里，意识形态是现代性的维度之一。在过去的几百年里，西方世界经历了在意识方面非同寻常的巨变。现代性，这股令人震惊的强大力量，远不只是科学的出现，技术的爆炸，大革命的理念，人民大众的进入社会，尽管它包括了所有这一切。现代性源于原始的普罗米修斯启示，这种启示现在获得了新力量，它旨在要求人们去改造自然和改造自己：使人成为变革的主人，成为使世界适应自觉计划和愿望的设计者。

在马克思主义和曼海姆的传统中，意识形态是一个表面现象，是对经济利益的象征性表达，是阶级和政治的混合物。在我试图拓宽范围的这种论点看来，意识形态是文化和政治的相互作用。在 18 世纪发生的大转折中，意识形态出现于作为一股政治力量的千年至福宗教运动瓦解之时。人们从宗教角度在宗教战争中或者在英国清教革命中看到的政治作用，从世俗意识形态角度看来②，现在已经变成了关于末世信仰的政治表现（"善的宗教"和"人的宗教"）。如我曾经使用的那样，意识形态这个术语处理的是这样一些社会运动，它们千方百计地动员人们为实现这些信仰而奋斗，

---

① 莱因哈特·本狄克斯："意识形态的年代：持续与变化"，载于大卫·阿佩特编《意识形态和不满》（格伦科：自由出版社 1964 年版），第 295 页。——原注

② 关于转变的主题，以及关于在 18 世纪和 19 世纪宗教信仰瓦解的不同反应，在我的霍布斯讲座（1977 年）中得到了讨论："神圣的复归？"，该文重印于《蜿蜒之路》。其英文版（海因曼教育文丛）的书名就叫《社会学论文集，1966—1980 年》。按照这种意识形态观点，我也对克利福特·吉尔兹颇有影响的提法表示了异议。我认为，就强调意识形态首要的文化和象征性质而不是把它看做对于社会结构的反映而言，尽管吉尔兹是正确的。他对这个术语进行了扩充，使其包含为其拥护者提供出发点和意义的任何一套世界观，但是在这样做的过程中，他忽视了已经给予意识形态以情感性和煽动性力量的特定政治维度。参阅克利福特·吉尔兹，"作为文化体系的意识形态"，载于《文化的阐释》（纽约：基础图书出版社 1973 年版），第 8 章。——原注

并且在政治公理和热情的这种结合中，意识形态提供了一个信仰和一系列道德姿态——在马克思主义那里是关于历史将评判一切的观点——借助于它们，目的被用来为不道德的手段作辩护。个人对这些运动的觉悟导致了意识形态在拥护者中间的消解；或者，随着这些运动的成功，意识形态变成了一种强制的力量，被统治者用来维持社会的安定。

其次，就政治后果而言，《意识形态的终结》在今天再一次引起了某些反响，因为我们正处于新一轮打消对共产主义世界抱有幻想的时期。在20世纪30年代末，有过莫斯科审判和纳粹与苏联的互不侵犯条约；在1956年，有过赫鲁晓夫揭示真相和匈牙利起义；在1968年，有过布拉格之春事件，有过勃列日涅夫政府对杜布切克（Dubcek）① 为提出"带有人类面孔的社会主义"（socialism with a human face）所作努力的粉碎。在目前情况下存在着一个显著差异。以前的幻灭是道德的、思想的和政治的。而现在这种被迫承认的失败首先是经济的。

无论以前的祛魅是什么，支持社会主义优越性的首要论点是市场的无政府状态被自觉的社会组织所取代。如恩格斯在《社会主义从空想到科学的发展》中写的那样："社会规律为人所掌握，人第一次能够创造自己的历史。"替斯大林的强行工业化和在农业方面的野蛮集体主义作辩护的理由是，只有通过中央计划机制，并且把重工业的优先性作为后来的产品分配和消费扩大的基础，苏联才能从一个落后民族一跃而成为现代国家。在第二次世界大战之后，随着第三世界的出现，苏联模式被称为"不发达国家"唯一可行的模式，因为不发达国家的经济增长因不平等贸易以及对资本主义社会的依赖而萎缩。② 但是邓小平和米哈尔·戈尔巴乔夫承认，中央计划已经变得日益沉重和缺乏灵活性；并且承认，这两个国家的经济已经开始停滞不前。与此同时，日本、韩国这些东亚小国以及巴西在一个更短时间里取得了比苏联更大的经济成就，为第三世界国家提供了一个极其不同的市场和国家相结合的混合经济模式。

从历史上看，苏联的工业化显然是通过劳动力从农村向城市的重大转

---

① 亚历山大·杜布切克（1921—1992）：捷共领导人，曾于1968年任第一书记。——译注
② 如赫洛维茨在米尔斯逝世论文集序言中指出那样，废除自由主义和保守主义意味着，在社会主义国家，人们将不得不去探寻新道路。"现在，在苏联、中国、波兰、古巴，对社会发展问题作出不同的多元反应已经表现出来。"I. L. 赫洛维茨编：《权力、政治、人民：米尔斯论文集》（纽约：牛津大学出版社1963年版），第13页。赫洛维茨后来改变观点，变成那些制度的激烈批评家。——原注

移以及通过集中于几个主要目标来进行的——其做法相似于实施战时经济的任何一个国家的做法。尽管产品增加了，但是其生产力一直是低下的，并且存在着巨大的浪费和工业部门的低效率，其他部门在住房、基础设施和消费上也存在着巨大不足。然而，一旦大工业基地建成之后，在资本核算（如衡量资本成本的利率）的缺乏以及对工资和价格实行严格控制的情况下，苏联国家计划委员会确定了生产定额和几万种产品的"定价"，造成了一个死板的体系和一种停滞的经济。戈尔巴乔夫似乎说过这样一番话：在社会生产关系（官僚体制）和生产力之间存在着矛盾。①

(439) 在中国，通过在公社的小熔炉和后院里生产钢铁和机床，毛泽东领导千百万中国人民开展了大跃进运动，结果导致了一场灾难。这场灾难促成毛泽东的对手们企图推翻他。这反过来又导致了"文化大革命"的反击和更大的浩劫——思想体制遭到破坏，知识分子受到批判，数以百万计的人受尽了折磨和屈辱——当这场浩劫在中国日益白热化的时候，却受到了如此多欧美无知者的欢呼，直到"四人帮"倒台为止。

在中国和苏联，新政策试图提供物质刺激以提高产量；引入市场机制，给予企业管理者确定自己的产品和价格的决定权；甚至以破产和失业为代价，在一定程度上引入竞争机制，淘汰没有效率的企业。那么，"社会主义"的经济意义在哪里呢？在 20 世纪 20 年代，林肯·斯蒂芬斯（Lincoln Steffens）从苏联回到美国，他提出了一句名言，它在几十年里成了所有具有进步思想的人们的一面旗帜："我已经看到了将来，我为将来而工作。"可是，在罗伯特·列特尔（Robert Littell）（1978 年）写的一本讽刺小说《俄罗斯母亲》（*Mother Russia*）中的一位角色却对苏联生活说了这样一番话："我们已经看到了将来，我们必须为将来而工作。"

从政治层面上讲，东欧局势代表着一种忧郁的矛盾。它完成了马克思主义意识形态的再一次颠倒。在通往发现社会唯物主义基础道路的过程中，马克思试图证明，黑格尔的政治生活观是"虚假的"，因为它们来自意识形态和现实之间一种错误的关系。在其《黑格尔法哲学批判》（*Critique of Hegel's Philosophy of Right*）和《论犹太人问题》（*On the Jewish*

---

① 勃列日涅夫时期一个著名文件对这种说法已多有披露。（据说）那份《诺弗斯贝尔斯基报告》是在阿贝尔·阿根贝坚和塔梯安娜·扎斯拉夫斯卡娅指导下完成的。这两个人现在是戈尔巴乔夫的顾问。也许，对社会主义经济在实行市场程序时遇到的问题作出最出色也最清醒剖析的当数由雅诺斯·柯奈撰写的论文《匈牙利改革过程：观点、希望和现实》，载于《经济文献杂志》1986 年 12 月第 24 期，第 1687—1737 页。——原注

Question)中，马克思认为，通过赋予前者以虚假的自主权，黑格尔颠倒了国家和市民社会的关系。在其单行本著作《路德维希·费尔巴哈和德国古典哲学的终结》(*Feuerbach and the Outcome of German Classical Philosophy*)（1888年）中，恩格斯接过了这个主题，他写道："国家作为第一个支配人的意识形态力量出现在我们面前"，因为它是社会创造出来用来保护共同利益的，它"刚一产生，对社会来说就是独立的，而且它愈是成为阶级的机关，愈是直接地实现这一阶级的统治，它就愈加独立"。这一陈述可能是——也确实是——在波兰国家与社会之关系的一个恰当写照，即是那种制度与工人阶级的关系的一个恰当写照；而在苏联，是特权的"新阶级"与社会其他部分的关系的恰当写照。①

马克思主义意识形态是这样一种信仰：在发达的西方社会，资本家和工人之间存在着不可避免的两极分化趋势，因此，无产阶级的胜利同样地是不可避免的。这种"历史哲学"代替了作为一个信仰体系的奥古斯丁主义的耶稣再临人世学说（parousia）。它预言了"从必然王国向自由王国的飞跃"。② 但是，难道还有人会相信那些幻想吗？

但是，这也涉及了一个不同的思想和理论问题。马克思社会学的基础理论是，从根本意义上说，所有的社会结构都是阶级结构，阶级是政治的相关单位，甚至文化分析也是如此。但是，几乎在所有的社会里，尤其在西方社会，现在最为鲜明的一点是，不仅产业工人阶级迅速萎缩，而且作为社会分工基本尺度的经济阶级也已瓦解。（除日本以外）每个社会都是一个由众多因素构成的"多元社会"（plural society）。除了性别、年龄、宗教、教育、职业的多元身份之外，作为忠诚于某团体标志的种族身份似乎将变得愈来愈突出，并且种族的、语言的或宗教的路线冲突似乎是文化和政治身份的根源。但是在《共产党宣言》中，马克思写道："随着资产阶级的发展，随着贸易自由的实现和世界市场的建立，随着工业生产以及与之相适应的生活条件的趋于一致，各国人民之间的民族隔绝和人们之间的

---

① 也许在退化方面有关这种情况的最贴切证明是波兰总书记雅鲁泽尔斯基（Jaruzelski）在一个黑夜到阴间去拜会列宁以寻求指导的故事。雅鲁泽尔斯基说道："列宁同志，我们正面临着反革命。""反革命？"列宁答道："我们的回答一直是明确的：把工人阶级武装起来！"——原注

② 这句话引自恩格斯的《反杜林论》（1877年）。在那部著作里，在引证了西方资本主义社会在财富方面的巨大增加之后，他谈到社会主义的可能性现在就已经在这里存在着啦（重点号原文中就有）。——原注

对立将日益消失。无产阶级的统治将使它们消失得更快。"

除了在现在的国际工人阶级内部比在过去几百年里任何一个时候的国际工人阶级内部存在着更少的合作和协同性这一事实之外，最为显著的一点是，无论是在共产主义世界里，还是在其他地方，几乎在世界的每一个角落里，民族关系日益紧张。正如塞尔维亚族人和克罗地亚族人之间，塞尔维亚族人和阿尔巴尼亚族人之间的古代对抗一样，根据马克思主义原理，人们该如何解释正在发生的中苏对抗，中越边境战争，越南傀儡政权对柬埔寨的占领，阿尔巴尼亚和南斯拉夫之间的武装对抗，以及南斯拉夫自身的分裂威胁呢？罗马尼亚的匈牙利民族对大量少数民族领土的占领，苏联对波罗的海诸国领土的占领，中亚的穆斯林民族的高人口增长率正在威胁着苏联的民族平衡，人们对此该说些什么呢？

当我们展望 21 世纪的时候，在东南亚，在中东，在内乱迭起的穆斯林世界里的肤色问题、宗派问题、种族差异问题，所有这一切都暴露出了当代社会学，至少是所有的马克思主义社会学所始料未及的难题。我们看到，尤其在马克思主义那里，我们的社会学范畴是多么过分地局限于西方社会的背景。我们看到，启蒙运动、理性、工业化、意识、阶级发展、"历史民族"观念和社会进化这些主题是怎样变成了我们的关注焦点的。我们还看到，马克思，甚至韦伯和涂尔干的见解是多么前后不一致。不过，那也是一次漫长而不同的探索。

在这 25 年里，也许存在着人们对本书感兴趣的第三个理由。因为它是 20 世纪 50 年代的产物，它探讨的是战后时期的社会变化。现在有一种倾向把那个时期看做一个单调而冷静的年代，一个缺乏思想趣味和热忱的年代，一个与 20 世纪 30 年代萧条时期的紧张相反的年代，也是一个与 20 世纪 60 年代的狂热和激越（性解放，至少是对于性的炫耀）不同的年代。我对此不敢苟同。假如有人想起这个时期的思想印记的话，那么它不是一个创造性的年代，而是一个重新发现的年代。是一个对克尔凯郭尔给予解读的年代，一个关于卡尔·巴特（Karl Barth）①、保罗·蒂利希和莱因霍尔德·尼布尔的新正教和新奥古斯丁主义观点的年代。它是一个发现卡夫卡的年代，一个混乱无序盲无目的的世界的年代，一个盛行"卡夫卡式"世界的年代。它是一个对西蒙娜·薇依（Si-

---

① 卡尔·巴特（1886—1968）：瑞士基督教神学家，哲学家，新正统神学代表人物，著有《论罗马人书》、《教会信条》、《神之道与人之道》、《信仰寻求理智》等。——译注

mone Weil)① 及其对无力去找到一个适当信仰的绝望作出解读的年代。它是一个宗教再一次得到严肃讨论的年代，而不是一个"有文化修养的蔑视者"遗产的年代。它是一个批判的年代，一个伟大批评家——利维斯和燕卜荪，兰塞姆和泰特，温特斯和布莱克默，特里林和威尔逊——的年代。它也是对当时人们讨论得最多的作家亨利·詹姆斯进行阐释的年代。它是一个看重复杂性、反讽、模糊性和悖论的年代。它也是一个社会批判的年代。正如激进历史学家理查德·H. 佩尔斯在《保守主义年代的自由精神：20 世纪 40 年代和 50 年代的美国知识分子》一书中指出的那样。在那部著作中，作者对汉娜·阿伦特、大卫·里斯曼、威廉·H. 怀特、约翰·肯尼斯·加尔布雷思、保罗·戈德曼、路易斯·哈兹、丹尼尔·布尔斯汀、德怀特·麦克唐纳、C. 赖特·米尔斯和我本人的工作作出了如下评论：

(442)

> 我还要对他们提出的许多观点表示深深的敬佩。我既不把它们看做是满足于现状的表示，也不是把它们看做是对现状处心积虑的辩护。恰恰相反，由于他们反对并摆脱了战前左派意识形态的教条，由于他们喜欢提出新问题而不是喜欢杜撰新答案，由于他们愿意做自由自在的知识分子而不愿意扮作群众运动的代言人，我认为，与人们所能发现的 20 世纪 30 年代或 20 世纪 60 年代的宣言相比，他们对其社会作出了更深刻和更具想象力的批判。实际上，我认为，[其著作的]质量胜过美国 20 世纪任何其他时代所产生的可比较的著作。因此，当我们试着去超越他们的视野的时候，作为后来者的我们任重而道远。②

---

① 西蒙娜·薇依（1909—1943）：法国哲学家、神秘主义思想家，著有《重负与神恩》、《哲学讲稿》等。——译者

② 理查德·H. 佩尔斯：《保守主义年代的自由精神：20 世纪 40 年代和 50 年代的美国知识分子》（纽约：哈泼出版社 1985 年版），第 X 页。请读者注意由保罗·阿特威尔写的一部著作《20 世纪 60 年代以来的激进主义政治经济：一种知识分析的社会学》（路特吉尔斯大学出版社 1984 年版）。阿特威尔评论了同行的学术成就，对两代人之间连续性的中断表示惋惜："对较年青一代的美国左派学术界来说，要想认同丹尼尔·贝尔及其合作者是很困难的。假如历史采取一个略有不同的进程，那么他这一代人将成为第二次世界大战之后的左派领袖。因为他们是最近美国左派思潮大高涨中间最重要的思想残余分子。他们经历了 30 年代和 40 年代的政治动荡，并且作为左派知识分子脱颖而出。他们对社会主义思想史的了解，他们对政治组织实际问题的了解，美国现在的左派知识分子尚无人能与之匹敌。"（第 1 页）阿特威尔为我们这些"十足社会主义左派分子"以及所宣称的意识形态终结感到惋惜，因为他在激进主义政治经济学中仍然感受到了某种力量。真的存在这样一种力量吗？那也将是另一场争论。——原注

让我对它作些更具个人色彩的解释。在最近的十多年里，人们对称作"纽约知识界"（the New York intellectuals）文化现象及其前辈和后辈的世界给予了日益严肃的关注。这是同诸如《党派评论》《政治学》《评论》《新领袖》《异议》等杂志关系密切的一帮作家和评论家。他们中的第一代人物把自己认同于这样一些人物：莱昂内尔·特里林、悉尼·胡克、菲利普·拉夫、威廉·菲利普斯，及其较年轻的兄弟姐妹，诸如索尔·贝娄、艾尔弗雷德·卡真、克莱门特·格林伯格、哈罗德·罗森伯格和玛莉·麦卡锡。① 为此，已经有了大量的个人回忆录，那个时代的事件参与者的各种报告，以及由学术史家和社会学家撰写的关于个别人物的学术生涯、著述及成就的大量著作。

最为引人注目的一点是，在他们年轻时的小团体冲突和家族争吵如何在近些年较大的文化背景下逐渐衰弱。我既是这一环境的产物，又是这些论战的参与者。我的思想兴趣和关注点是在纽约城市学院时形成的，我的心灵也受到了当时那些思想争论氛围的陶冶。如我的一位朋友和以前的同事艾尔文·克里斯托尔（Irving Kristol）对那些早期岁月描述的那样："丹尼尔·贝尔……是欧文［豪］的另一个极端。他在20世纪30年代就已脱颖而出，是一名真心诚意的提倡社会民主的知识分子，他相信'混合经济'，一个基于英国模式的两党体系，以及其他自由主义遗产……经过了多年之后，他的政治观所发生的变化也许比我们要少得多。由于这个缘故，正如其同学们以前习惯于从左派对其提出批评那样，他们现在从意识形态的所有方面对其提出了批评。"②

在1965年，我与克里斯托尔一起创办了《公众利益》（The Public Interest）。这份杂志通过对公众政策展开合理的公众争论和客观探索，试图超越意识形态。客观探索一直是一件很难做到的事情。如我在谈到这个最重要问题时写的那样："不言而喻，要是没有哲学、宗教、道德或别的什么先入之见，就不可能有人的思想和行动，因为是这些先入之见确立了人的思想和行动目标。但是，意识形态的本质特点是，它们不仅指定了目

---

① 在"美国社会的'知识分子'"一文中，我曾提出这个家族的"系谱学"，参阅《蜿蜒之路》第127—129页。——原注

② "一位托洛茨基主义者的回忆录"，载于《新保守主义的反思》（纽约：基础图书出版社1983年版），第9页。在我的文章"我们的国家——1984年"中，我讨论了我同新保守主义的差异，该文载于《党派评论》50周年刊，1984年。——原注

标，而且对现存的社会现实一以贯之地提出了某些预见性解释——这些解释固执地反对所有明智的改正意见。"

10年后，由于我们的思想道路发生了分歧，我离开了这家杂志。克里斯托尔开始认为，一切现代政治学都不可避免地是意识形态的，因为这些观点都争着要去控制未来的情形。并且，他还认为，自由主义文化是同赞成乌托邦或千年至福主张的驱力相抗衡的一根脆弱的芦苇。那些驱力推动西方文化去摧毁自由。我对这两个观点都表示了反对。我认为，自由主义——以赛亚·柏林的自由主义——足够实在地抵制那些幻想。意识形态是抽象事物的具象化，是现实的僵化模拟，是观念的虚假实在化。它赋予了范畴以虚假的生命。它也是它的致命裂缝，它的致命弱点。它使它最终屈尊于其他认识和信仰形式。

在我们这个时代，我们已经在过去的200年里看到了两种对比鲜明的意识形态样式。一种是把威廉·詹姆斯称作"信仰意志"（the will to believe）的东西，"情感和意志的"倾向，给予调动起来的样式。那些倾向促使人们为了满足情感的需要而违反了逻辑。宗教热忱的消解，对现世问题的关切，现代性的刺激，所有这一切都为世俗乌托邦的崛起提供了信念的阶梯。旧的意识形态已经风光不再，不过，现在随之而来的是"对现代性的反叛"（revolt against modernity），是被压迫者的卷土重来，是宗教原教旨主义的巨大冲击。它们既乞求传统象征的庇护，又试图能与这个丰富多彩的世界相调和。或者，像在伊斯兰世界那样，是来世的殉难。激情与意识形态的结合，鲜血与种族的交融，我们在国家社会主义制度的"反动的现代主义"（reactionary modernism）中第一次看到的那些东西，现在再次出现在世界各地的新狂暴中，譬如在霍梅尼统治下的伊朗。我们再一次看到了充满着相同血腥味的口号，看到了当这种复辟和技术在新的"意志凯旋"（triumphs of the will）中被结合到一起时所产生的实践。①

第二个样式是权力意识形态，是极权主义的制度。借助大字报和标语口号，通过强调"红宝书"或"人格熏陶"，不断背诵创始人语录，强制性参观列宁墓（"列宁的生活"），服从体系，以强行达到步调一致。这是把

---

① 参阅杰夫雷·赫尔夫《反动的现代主义：魏玛和第三帝国时期的技术、文化和政治》（剑桥：剑桥大学出版社1984年版）。在技术和现代主义美学怎样才能不为反动派所用方面，这是一个有益教训。也请参阅我的文章，"现代性的反叛"，载于《公众利益》1983年秋季号。——原注

编码和交往仪式化了的意识形态,是一张意识形态的羊膜,把人们封闭了起来,使他们看不清世界的本来面目。如捷克剧作家,一个伟大异端文献《77宪章》(Charter 77) 起草人之一,瓦克莱夫·哈维尔(Vaclav Havel)对信仰的欺骗性作了如下描述:意识形态冠冕堂皇的外表"给予人类以身份……和道德性的假象,却使他们更易于与之分离",把个人身份束缚于体系的框框之中。① 不过,由于这种意识形态被用于不安定的制度,它也是迟早要瓦解的。之所以如此的一个理由是,最为方便的安定样式是一不做二不休地求诸恐怖。但是,在斯大林时期滥杀无辜和红色高棉到处蔓延的疯狂中,恐怖毕竟有其局限性。人民在生活中寻求的是规范化的东西。纵使它是对平平淡淡的毫无起色的日子的规范化。但是,一旦这种规范化的合法性被摧毁了,便无法再次诉诸明目张胆的恐怖。1956年对斯大林狂想症的披露就是一个例子。

还存在着这样一个事实,这是意识形态话语(无论是左派的还是右翼的)试图给予蒙蔽的一个事实:几乎没有一个运动是步调一致,整齐划一的,或者能够自始至终地把这种整齐性和统一性保持下去。首先,结构的僵化孕育了变革的阻力。无论是经济管理还是政策指导,狭隘的权力基础愈来愈难以驾驭庞大而复杂的社会。因此,假如一个社会不愿陷入停滞或萧条的话,那么就有必要拓宽决策渠道,为某些边缘的个人创造力提供机会。② 当然,这些要求是否能够转变成机构变革是一个至关重要的问题。

更加难以把握的也许是在这些社会转变过程中发挥着作用的心理因素。在被迫扮演迎合斯大林奇想的小丑时,赫鲁晓夫或许感受到了自己的屈辱。这种屈辱加上对制度弊端的认识促成了他立志改革的努力。在"文化大革命"期间,被迫当猪倌的邓小平所遭受的屈辱,可能是促成他修改毛泽东思想的一个动机因素。同时也不能低估萦绕于老共产党心中的理想主义因素,哪怕是在当权者身上也是如此,正是那些因素导致了纳吉和匈牙利知识分子以及在十多年后的杜布切克的捷克斯洛戈克去寻求带有人类

---

① 瓦克莱夫·哈维尔等人:《无权者的权力》(伦敦:休奇森出版社1985年版)。我感谢阿伦·蒙特菲勒在《政府与反对派》(伦敦,1987年春季号)中的有关评论,是它引起了我对那本书的注意。——原注

② 就这些压力所作的有益探讨以及对苏联可能采取的对策所作的预见,请参阅日比涅夫·勒烈日耶夫的《在两个时代之间》(纽约:伟金出版社1970年版),第164—172页。——原注

面孔的社会主义。① 共产主义不仅创造了一致性和服从，而且还创造了异端的共产主义者（参阅本书中的"神话和整体性"一节）。

除了所有这些因素之外，一个最为强有力的缓冲剂也许是人们对其行为进行道德判断的必不可少的和始终不变的需要。道德判断迟早会受到敌对信仰的检验，受到某些先验标准的检验。也许，在马克思主义思想中，最为恶毒的和自欺欺人的原理是嘲笑历史唯物主义理论的道德相对主义。如恩格斯在1877年写道：

> 我们驳斥一切想把任何道德教条当做永恒的、终极的、从此不变的道德规律强加给我们的企图，这种企图的借口是，道德的世界也有凌驾于历史和民族差别之上的不变的原则。相反的，我们断定，一切以往的道德论归根到底都是当时的社会经济状况的产物。而社会直到现在还是在阶级对立中运动的。所以道德始终是阶级的道德。②

借助一种更高道德的名义，布尔什维克撒谎、欺骗和处死了成千上万的人。在诋毁资产阶级民主为一个伪装的过程中，共产主义者同纳粹携起手来在20世纪30年代推翻了魏玛共和国。痛惜啊，痛惜，社会主义者从

---

① 在这一方面，给人最大启迪的著作之一是由德尼克·米纳写的一个被人忽视但令人着迷的回忆录《布拉格之霜》（纽约：卡尔茨出版社1980年版）。米纳是捷克人。他在莫斯科接受法律和哲学方面的教育，第二次世界大战后回到捷克，成为捷克中央委员会的一名高级官员和理论家。多年之后，与杜布切克联合，他开始主张，共产主义不可能实现，这不仅是因为它的僵化，而且是因为它背离了它的最初宗旨。米纳为党的"民主化"草拟了一个计划，并且当捷克领导人被传唤到莫斯科去回答勃列日涅夫指责为异端时，他陪伴杜布切克去了莫斯科。米纳的书不仅对捷克修正主义思想的发展作了重要探讨，而且还为有关苏联领导人如何千方百计地诱骗或恐吓捷克并最终开进坦克以结束布拉格之春的经过提供了为数不多的第一手研究资料。——原注

回到本文一开始提到的几个人物。萨特一直支持苏联到1956年，自那以后，他转向了毛泽东，直至其生命的终点，吸毒、眼瞎，并在以前的一个信徒的影响下，他说了许多充满虔诚的胡话。梅洛—庞蒂否认自己替恐怖作过辩护，但是由于他在1961年过早去世而匆匆结束了其哲学和政治学事业。布莱希特仍然呆在东柏林，在1953年一次工人起义之后，有人用他的讽刺语气报道说："人民已经起来反叛政府；政府必须改造人民。"在去世之前他获得奥地利护照，其著作也已交由西德的出版社出版。战后布洛赫在莱比锡取得教授职位（他此前从没在德国得到过重要学术职位），1961年又很不情愿地回到西方。卢卡奇在1956年加入纳吉政府，当革命被苏联粉碎时他被捕入狱。但是他拒绝放弃他对黑格尔历史观的信念，并且一直待在匈牙利，直到1971年去世。——原注

② 《反杜林论》（芝加哥：基尔出版社1935年版），第93—94页。（《马克思恩格斯选集》第3卷，第133—134页。——译注）——原注

第二次世界大战期间及其后才知道，民主和法权是正常社会的不可侵犯的条件，并且，必然地，自由甚至务必先于社会主义。

至于文化和宗教，在其发端时，它们或许产生于其所处时代的物质条件，但是一旦它们产生之后，它们便具有了自己的生命。只要它们能够成为随着时代的变化而获得新生的道德信念的源泉，它们便具有了继续生存下去的力量。文化的连续性是背离了任何一种历史主义的，其对真理的生生不息的渴望是一只不断地轰击着极权权力磐石的重锤。没有一个政治体系可以存在于道德判断的语境之外。但是，一种道德秩序，假如它想要不用高压和欺骗而生存下去的话，那么它就必须超越利益的狭隘主义，就必须克制其诉诸激情的欲望。而这是意识形态之所以失效的原因所在。

但是，从尼采称作环环相扣的思想的更加广阔的视野来看，所有这一切在现在都仅仅是意识形态思想的一个环节而已。① 今天，在充满激情的话语旋风中，各种头绪纠缠在一起，而意识形态逐渐理清了推崇信仰意志，推崇教条主义或嘶喊的几乎每一个宗派——黑人权利的意识形态，新右派的意识形态，女权主义的意识形态。意识形态这个术语的史学解释已经丧失了其语境，存在的只是充满恶意和令人厌恶的遁词，而不是清晰的概念。意识形态已经变成了一个堕落到不可救药的地步的语汇。罪恶亦复如此。

---

① 载于《人性的，太人性的》格言第 376：“环环相扣的思想家——他思如泉涌，猎取着他听到和读到的每一个新观念，并把它们一一安排在他的链环里。”（受莱尔文·J. 拉斯奇的启发，我随意译成了这段话。）——原注

致　　谢

致谢是作者的美差，却往往是读者的负担，我试着平衡我的责任。

1958—1959年，我在行为科学高级研究中心做研究员，使这些论文汇编成册。没有比"理论阶级的悠闲"和得到如此多不同学者鼓励更好的工作环境了，我要对中心表示真诚而深切的感谢，我尤其要感谢露丝·奥琳小姐提供的研究帮助，感谢达罗赛·布拉什小姐的文秘支持。我感谢朋友皮尔·卡真小姐承担了艰巨的校订工作。

这些文章写于我在《财富》杂志担任劳工编辑的时光。只有两篇文章，一篇讨论码头工人，另一篇讨论犯罪浪潮，以发表在《财富》上的文章为蓝本。我没有把讨论劳工的文章放进本书，既因为它们超出了本书的论题，又因为我想进一步加工这些素材，收入我讨论劳工运动的另一部更统一的著作之中。（《财富》讨论劳工的一份主要论文清单发表在第461页。）我感谢《财富》两位继任编辑小拉尔夫·D.潘恩和哈德莱·多诺凡，感谢他们鼓励和尊重思想差异，使我在《财富》的工作成为一次有价值的经历。

本书多篇论文最初发表在《评论》和《邂逅》上，我感谢厄尔文·克利斯托，作为这两份杂志的编辑，他令这些文章增色不少，作为朋友，他帮我整理了这些文章。

三篇较长论文是最初为文化自由协会主办会议提交的论文。那个促进会是一个反对极权主义的国际知识分子组织。在1956—1957年，我有幸在巴黎工作一年（离开《财富》），担任该协会国际研讨会主任。同研讨会计划委员会成员的讨论让我受益良多，他们是雷蒙·阿隆、克罗斯兰、迈克尔·波拉尼伊和埃德华·希尔斯，有几篇论文，尤其是讨论意识形态的论文，反映了这些交流。同老友米尔文·拉斯奇、赫伯特·巴辛在巴黎和东京的座谈，令人兴奋而疲惫。在愉快的尽责过程中，我还要感谢文化自由协会行政秘书迈克尔·乔瑟森，他的实践政治智慧常常是知识分子奇思异想的镇流器。

我还没有过机会表达我对索尔·列维塔斯和《新领袖》的感谢，列维塔斯做了三十年《新领袖》编辑部主任。我最早的作品都为《新领袖》撰写，无论存在什么政治分歧，《新领袖》一直是知识分子的家园。本书收录的一些较短文章，最初都发表在那份杂志上。同纳森·格拉泽、理查德·霍夫斯达特、李普塞特、罗伯特·默顿和艾伦尼·格拉罕姆的谈话和时断时续的争论令我受益匪浅，使我不经意地找到了用一个短语、一个说明和一个想法想要表达的东西。

无论如何，在人格思想上，我最应当感谢悉尼·胡克。他教会我鉴赏各种观念。虽按常理，我从未做过他的学生，但在与他共事过程中，在与他偶有争议的思想交流中，我受之于他的实在太多。尽管我不赞成胡克的有些偏好，但我分享着他的绝大多数思想关切。我仰慕其人格和思想勇气，无论事业多么不顺，他都一如既往，拒绝逃避战斗，拒绝抛弃朋友。但凡受其传道授业者皆知，此乃一代宗师耳。

我感谢允许重印收录于本书论文的出版社和版权持有者。

第一章是 1955 年 9 月在由文化自由协会主办的在意大利米兰召开的"自由的未来"大会上宣读的论文，略作压缩后，1956 年 7 月发表在《评论》上。

第二章是最早递交给米兰大会论文的一部分，1957 年春季，它以目前的形式发表在《党派评论》上。

第三章是一篇论文的修订版，那篇论文最初提交给哥伦比亚大学社会学学术报告会，并在 1958 年 11 月发表于《美国社会学杂志》。目前这一章包括来自我的论文《美国的非马克思主义革命》的一些内容，那个论文最初发表在 1949 年 3 月《评论》上，且重印于本杰克斯和李普塞特编的《阶级、身份和权力》（格伦塞尔，III：自由出版社 1953 年版）一书中。

第四章发表于 1953 年 3 月《评论》（在压缩和修订过程中，我感谢哥伦比亚大学经济学系格隆·奥林教授的点评）。

第五章是 1958 年 3 月 10 日和 17 日发表在《新共和》上两篇论文的修订版。

第六章最初于 1956 年 1 月发表在《邂逅》上，作为丹尼尔·贝尔主编的《美国新右派》第一章重印（纽约：克瑞特伦出版社 1955 年版）。目前版本包括美国民粹主义讨论的一些内容,那些内容发表在我的论文《美国犹太仇恨的根源》中,载于1944年6月的《犹太前线》。

第七章最早发表在1953年夏季《安迪奥评论》上。

第八章以对于一篇论文《什么是犯罪浪潮?》的研究为基础修订而成,发表于1955年1月《财富》(我感谢宾夕法尼亚大学瑟斯坦·塞林教授和哥伦比亚大学法学院赫伯特·韦希斯勒教授提出的许多建议)。

第九章以《财富》项目提供的研究为基础。有些材料发表在我讨论码头工人的论文中,该文发表在1951年6月《财富》上。

第十章是为巴黎大学乔治斯·弗莱德曼教授研讨班提交的论文,发表在1958年2月《邂逅》上。

第十一章最初以精装本由培根出版社于1956年11月出版,目前版本包括了我的论文《让人适应机器》(1947年1月发表于《评论》)中的部分内容。

第十二章最初发表于1952年3月《安迪奥评论》,是我的删节单行本的序言。《美国马克思主义社会主义的背景和发展》收入以《社会主义和美国生活》为题的概论中,该书由多纳·埃吉伯和斯托·帕森斯编(普林斯顿:普林斯顿大学出版社1952年版)。

第十三章第一节发表在1957年4月1日的《新领袖》上,作为其较年青一代讨论会的一部分。第二节发表于1955年3月21日《周六文学评论》,第三节发表于1957年12月9日《新领袖》,第四节发表于1959年9月《邂逅》。

第十四章是提交1957年6月在英国牛津召开的"苏联社会变化"会议的论文,该会议由牛津圣安东尼学院和自由文化协会共同发起,它发表于1958年4月《世界政治》。

第十五章作为论文发表于1958年9月在维也纳召开的由自由文化协会主办的"工人参与管理"国际研讨会,论文各节分别发表于1959年7月《世界政治》,1959年夏季《异议》。讨论异化一节的扩充版本在美国哲学协会东部分会基督教1959年会议上宣读过,并且刊载于《哲学杂志》,该杂志包括了那次会议的论文。

附 录

人名、地名和术语索引[①]

Abruzzi, Adam	亚当·阿布鲁齐	241, 270
Accardo, Tony	托尼·阿卡多	135, 147n.
Acheson, Dean	迪安·艾奇逊	122
Acton, Lord	阿克顿勋爵	29, 279
Adams, Henry	亨利·亚当斯	344
Adams, John	约翰·亚当斯	106
Adelezzi, Joseph	约瑟夫·阿德兹	186
Adelman, M. A.	M. A. 阿德尔曼	87
Adonis, Joe	乔·阿多尼斯	133, 145, 170, 192
Adoratski, V.	V. 阿多拉茨基	477
Adorno, T. W.	T. W. 阿多诺	332
Advertising	广告	254
AFL	美国劳工联合会	121, 217, 283
Challenge of, to AFL	对国联的挑战	203—206
Africa, ideology in	非洲的意识形态	397
Agrarian League	农民联合会	107
Akselrod, Paul	巴维尔·阿克雪里多得	355n.
Albu, Austen	阿斯顿·奥尔布	260, 261

[①] 本索引根据原英文版索引制作而成,为了便于读者阅读,本书英文版尾注改为脚注,所引页码为英文页码,"n."表示原文所在页码的注释。

附录　人名、地名和术语索引　435

Alienation	异化	25，250，364—367，387，473—477
of critic	批评家的异化	16
definition of	异化的定义	358—360，360n．
of proletariat	无产阶级的异化	283
Alienation and work	异化和劳动	359—363
Allied Stevedoring Co．	装卸联合公司	458n．
Alsop，J. and S．	J. 艾尔索普和 S. 艾尔索普	112
Aluminum Corporation of American	美国铝业公司	237
America	美国	
economy of，	美国经济	68—69，71—72，90—94
political partiesin	美国党派	103—104，106—108
American as a civilization, discussion of	对作为一种文明的美国的讨论	95—102
American character	美国人性格特征、国民性	97—101
American Committee for Cultural Freedom	美国文化自由委员会	311
American Democracy, the	美国民主	95—102
American Federation of Labor	美国劳工联合会，简称劳联	121，217，283
American myth	美国神话	275—276
American Protective Association	美国护国协会	118
Americanism	美利坚主义	97
Amis，Kingsley	金斯莱·埃米斯	301
Anabaptists	再洗礼派教徒	280
Analysis, literary	文学分析	15—16
Anarchism	无政府主义	217—218，281
Anastasia，Albert	阿尔伯特·阿纳斯达西亚	192
Anastasia，Tony	托尼·阿纳斯达西亚	192，203，206
Andropov，Y. V．	Y. V. 安德罗波夫	470，471

Annenberg, Moe	莫·安嫩伯格	133
Anthropology	人类学	100, 316—319
Anweiler, Oskar	奥斯卡·安维勒	478
Anti—Popery Union	反天主教联盟	118
Anti—Saloon League	反聚会联盟	108
Anti—semitism	反犹太主义	116, 117
Apalachin conference	阿巴拉奇会议	140n
Architecture	建筑学	243, 244
Arendt, Hannah	汉娜·阿伦特	21, 25, 31, 308, 324, 451, 469, 479
Arguments	《论争》	308, 309
Aristotle	亚里士多德	28, 264, 339
Aron, Raymond	雷蒙·阿隆	321, 467, 480
Art Nouveau	精雕细琢的艺术	243
Artzybesheff	阿尔彻贝谢夫	301
Asbury, Herbert	赫伯特·阿斯布雷	459
Asia	亚洲	
communism in	亚洲的共产主义	452
ideology in	亚洲的意识形态	397
Assaults	强奸、攻击	154
Assembly line	流水线	234—235
resentment of	对流水线的愤恨	239—242, 460—463
Atombomb, use of	原子弹的使用	54
Augustine	奥古斯丁	28
Aurelio, Thomas	托马斯·奥雷利奥	145, 146
Authority	权威	52, 475
Automation	自动化	464—467
social effects of	自动化的社会后果	266—271
types of	自动化的类型	264—267

Avant-garde, acceptance of	对先锋派的接受	313
B		234
Babeuf, Gracchus	格拉基斯·巴伯夫	281n
Bailyn, Bernard	伯纳德·贝林	41, 454
Bakunin, Michael	米歇尔·巴古宁	281
Balzac, Honorede	奥诺雷·巴尔扎克	47
Banking, international	国际银行业务	42
Baptist church	浸礼会	113
Barbary Coast	巴巴里海岸	172
Barker, Ernest	恩斯特·巴克	325
Baruch, Bernard	伯纳德·巴鲁赫	149
Battle Act	战时法案	73
Bauer, Bruno	布鲁诺·鲍威尔	358, 364
Bauer, Edgar	埃德加·鲍威尔	364n
Bauhaus	包豪斯	243
Bavaria	巴伐利亚	378
Bavelas, Alex	艾里克斯·巴韦拉斯	463
Beard, Charles A.	查尔斯·奥斯丁·比尔德	65
Beatniks	垮掉的一代	35, 301n
Bedeaux, Charles	查尔斯·贝陶	234
Belinsky, Vissarion	维萨里昂·别林斯基	400
Bell, Daniel	丹尼尔·贝尔	409, 455
Bellamy, Edward	爱德华·贝拉米	259, 264, 285, 333
Bellow, Saul	索尔·贝娄	299
Belt work	皮带传动	261—262
Bench mark	标准尺度	236—237
Bendix, Reinhard	莱因哈特·本狄克斯	256, 406
Benedict, Ruth	鲁思·本尼迪克特	100
Bentham, Jeremy	杰里米·边沁	228, 253

Bentham, Sir Samuel	萨缪尔·边沁	228
Berdyaev, Nicholas	尼古拉·别尔嘉耶夫	325
Berger, Victor	维克多·伯杰	290
Beria, Lavrenti	拉夫连季·贝利亚	325
Berlin, Isaiah	以赛亚·伯林	99
Bernstein, Edward	爱德华·伯恩斯坦	477
Bernstein, Irving	艾尔文·伯恩斯坦	460
Besant, Annie	安妮·贝森特	260, 371n.
Bettelheim, Bruno	布鲁诺·贝特尔海姆	307
Biddle, Nicholas	尼古拉斯·比德尔	105
Bienstock, Gregory	格罗奇·比昂斯托克	469
Bilbo, Theodore	西奥多·比尔布	117
Billingsley, Sherman	谢尔曼·比林斯利	136
Birnbaum, Immanuel	伊曼努尔·本鲍姆	471
Birth rate, U.S.	美国出生率	93
Blackmur, R. P.	R. P. 布莱克默	316
Bland Act	布兰顿法案	73
Blumer, Herbert	赫伯特·布鲁默	23, 451
Bohlen, Gustavvon	古斯塔夫·封·波伦	39
Bolsheviks	布尔什维克	321, 375, 376, 377
character structure of	布尔什维克性格结构	318—320, 326, 335
crises of	布尔什维克危机	380—382
and issue of workers' control	布尔什维克和工人管理问题	383—385
Bolshevism, myth of	布尔什维克神话	293
Book clubs	图书俱乐部	454
Borkenau, Franz	弗朗茨·博肯诺	325, 341—342, 480
boss, political	政治老板	149
Bozzo, Joseph	约瑟夫·博扎	170, 456

Bradley, William J.	威廉·J. 布拉德利	205, 206
Brady Robert	罗伯特·布拉迪	63
Brandeis, Louis D.	路易斯·D. 布朗代斯	300
Brass check	黄铜支票	181
Brecht, Bertolt	贝托尔特·布莱希特	47, 480
Breuer, Joseph	约瑟夫·布鲁尔	232
Bricker, John	约翰·布列克	109
Bridges, Harry	哈雷·布里奇斯	197, 206
Briefs, Goetz A.	格茨·A. 布列夫斯	465
Brogan, Denis	德尼·布罗根	116
Browder, Earl	艾尔·布劳德	296—297
Brown, John J.	约翰·J. 布朗	266
Brustein, Robert	罗伯特·布鲁斯坦	16
Bryan, William J.	威廉·J. 布赖恩	114
Buber, Martin	马丁·布伯	359
Buchez, Joseph	约瑟夫·比歇	369
Budget, federal	联邦政府预算	70—72, 91—93
Bukharin, N.	N. 布哈林	381
Building trades	建筑业工会	169, 213—215
Burckhardt, Jacob	雅各布·布克哈特	13
Bureaucracy	官僚政治	24
in Defense Department	国防部官僚政治	53n
Russian	俄罗斯官僚政治	323
under socialism	社会主义官僚政治	357n
Bureaucratic collectivism	官僚集体主义	324, 469
Bureaucratization	官僚化、科层化	74
Burlingame, Roger	罗杰·伯林盖姆	232
Burnham, James	詹姆斯·伯纳姆	469
Burton, Robert	罗伯特·伯顿	281n

Business	商业	
American	美国商业	67—68, 99
Butler, Dick	迪克·巴特勒	188, 190, 191
Butler, Samuel	塞缪尔·巴特勒	264
Butterfield, Herbert	赫伯特·巴特菲尔德	227
Calhoun, John C.	约翰·C.卡尔霍恩	122
California Youth Authority	加州青少年局	157
Calverton, V. F.	V. F. 伽尔文通	473
Cammer, Harold	哈罗德·卡默	198
Campbell, Robert	罗伯特·坎贝尔	351, 472
Camus, Albert	阿尔伯特·加缪	310
Canada	加拿大	104
Cannon, Jimmy	杰米·坎农	130
Capital, investment	投资资本	76—77, 80
Capitalism	资本主义	
American	美国资本主义	75—76, 80, 85
as democracy	作为民主的资本主义	67
struction of	资本主义解体	83—85
expansion of	资本主义扩张	81—83
family	家族资本主义	39—45
finance	资本主义财政	42—44
after revolution	革命后的资本主义	369—370
state	资本主义国家	373n.
Capone, Al	阿尔·卡彭	147
Carr, E. H.	爱德华·哈莱特·卡尔	322, 323, 380, 468
Carroll, James J.	詹姆斯·J.卡罗尔	132, 137—138
Cather, Willa	威拉·凯瑟	97
Catholics	天主教	142
hostility	天主教敌视	117—119

Ceylon	锡兰	73
Chamberlain, John	约翰·张伯伦	109
Chambers, Whittaker	惠特克·钱伯斯	110, 303
Change	变革	
social	社会变革	13, 31
commitment to	变革承诺	30, 36—38
types of	变革类型	346—347
Chaplin, Charlie	查里克·卓别林	244
Chase, James Hadley	詹姆斯·哈德莱·蔡斯	173
Chase, Richard	理查德·蔡斯	398
Checkhov, Anton	安东·契诃夫	327
Chemical industry	化工	219
Ch'en Tu-hsu	陈独秀	452
Chester, Clarence	克莱伦斯·切斯特	138
Chiang Kai-shek	蒋介石	116
Chiaramonte, Nicola	尼古拉·希拉蒙特	307
Chiliasm	千禧年说、千禧年主义	29—30, 280—282
China	中国	398
Chinoy, Eli	艾利·切诺伊	255
Christian Constitutional Society	基督教治宪协会	105
Chrysler, Walter P.	沃尔特·P. 克莱斯勒	255
CIO	产业促进会	217, 236—237, 295
Clair, Rene	勒纳·克莱尔	244
Clark, Colin	科林·克拉克	149, 221, 256
Class, social	社会阶级	40
antagonismsin	社会阶级的对抗	117—118
Class	阶级	
and power	阶级和权力	45
system	阶级体系	65—67

upper	上层阶级	44—45
Class-consciousness	阶级意识	366
Clay, Henry	亨利·克莱	105
Cline, Ray S.	雷·S.克莱因	57
Coal mining industry	煤炭工业	214
Coch, Lester	莱斯特·科奇	463
Cohen, Elliott	艾略特·科恩	299
Cohen, Norman	诺曼·库恩	481
Cold War	冷战	90—92, 311
Coleridge, S. T.	S.T.柯尔律治	95
Collective bargaining	集体谈判	216, 220—221
Comfort, Alex	亚历克斯·康福特	305
Command posts	指挥所	52—54, 56
Commons, John R.	约翰·R.康芒斯	211, 459, 464
Communism	共产主义	31, 32
American, history of	美国共产主义史	292—298, 309—311
in Asia	亚洲共产主义	452
raw	粗陋的共产主义	473—476
Communist issue, in American	美国共产主义问题	109, 110, 120, 122—123
Communist Manifesto	《共产党宣言》	467
Communist Party	共产党	217—218
factionalism of	共产党宗派活动	348—350
Comte, Auguste	阿古斯特·孔德	30, 452
Concentration camps	集中营	307
Condorcet, Marquisde	马奎斯·孔多塞	40
Congress, U.S.	美国国会	115
Congress for Cultural Freedom	文化自由协会	405
Congress of Industrial Organization	美国工业协会	217, 236, 237, 295

Consciousness, class	阶级意识	377
Constitution, U.S.	美国宪法	104－105
Construction trades	建筑业工会	213－214
Consumption policy, U.S.	美国消费政策	14
Cornu, August	阿古斯特·卡诺	474
Corporation	企业	93
growth of	企业的成长	41－43
oversaving by	企业的过分储蓄	79
power of	企业的力量	62－64，87
professionals in	企业里的职业	41
Corridan, John	约翰·柯雷丹	201，459
Coser, Lewis	刘易斯·科色尔	309，311，366n
Costello, Frank	弗朗克·科斯特罗	133，143，144，145，146，147，148
Coughlin, Father C.	考夫林神父	117，278
Cowley, Malcolm	马尔科姆·科莱	305，454
Cox, Archibald	阿奇巴尔德·考克斯	460
Crane, Hart	哈特·克兰恩	244
Crankshaw, Edward	爱德华·克兰克肖	325，326
Crime	犯罪	37，128
"controlled"	"受控制的"犯罪	163
newspaper reports of	犯罪报道	151－152
rise of	犯罪的增长	154－157
and social class	犯罪和社会阶级	457
and social mobility	犯罪和社会流动性	147－148
statistics on occurrence of	对犯罪发生的统计	152－155
waves	犯罪浪潮	151，153－154
white collar	白领犯罪	457
Crime syndycates	犯罪辛迪加	456

Culture	文化	
American, modern	美国现代文化	301
American, of thirties	30年代美国文化	302—306
definitions of	文化定义	34n
in mass society	大众社会文化	23,24,26,27,30,312—314
and personality	文化和人格	316—319
and universities	文化和大学	314
Curran, Joe	乔·柯伦	206,304
Custine, Marquis de	古斯丁	326
Cybernetics	神经机械学	267
Cyprus	塞普鲁斯	453
D		
Dan, Theodore	特奥多尔·丹	469
Data—processing systems	数据处理系统	266
Davies, Joseph E.	约瑟夫·E.戴维斯	468
Davis, Sammy Jr.	小萨弥·戴维斯	35
Death	死亡	271—272
view of, of Bolshevik	布尔什维克死亡观	326—330
Debs, Eugene	尤金·德布斯	117,285—287
Decision—making	决策	
in politics	政治决策	70—74
as power	权力决策	53—57
Dedjier, Vladimir	维拉迪米尔·德迪叶	472
Defense of Department	美国国防部	53n
Degras, Jane	让·德格拉斯	478
De Leon, Daniel	丹尼尔·德莱恩	371n
Demagogues	煽动家	29,117
De Maistre, Joseph	约瑟夫·德·梅斯特尔	29

Democracy	民主	
American	美国民主	105—107
concepts of	民主概念	29,30
and creative elites	民主和创造性精英	451
Democratic Party	民主党	212
Depression, of 1929	1929年大萧条	82—83,277
Derber, Milton	弥尔顿·杜贝尔	460
De Rougement, Denis	德尼·德·鲁日蒙	39
De Sade, Marquis	萨德伯爵	396n
Descartes, Rene	勒内·笛卡尔	99
De Tocqueville, A.	亚历西斯·德·托克维尔	29,68,113,349n
Deutscher, Isaac	艾萨克·多伊彻	321—324,380,468
Dewey, John	约翰·杜威	48n 249,271
Dewey, Thomas E.	托马斯·E.杜威	127,145,175,204,458
Dicks, Henry	亨利·狄克斯	317—320,468
Diggers	掘地派	281n
Di Giovanni, Anthony	安东尼·迪·乔维尼	145
Dissent	《异议》	308,311—314
Donnelly, Ignatius	伊格纳修斯·唐纳利	116
Dos Passos, John	约翰·多斯·帕索斯	286,299,304
Dostoevsky, Feodor	费多·陀思妥耶夫斯基	331
Driscoll, Joseph	约瑟夫·德雷斯科	170
Duchamps, Marcel	马塞尔·杜尚	244
Dunlop, John T.	约翰·T.邓洛普	460
Dunn, John T.	约翰·T.邓	185—186,201
Dupee, F. W.	F.W.杜宾	299
Durkheim, Emile	爱弥尔·涂尔干	245

E

Earle, Edward M.	爱德华·M.艾尔	454

Eastman, Monk	修士伊斯曼	173
Economic theory	经济理论	74—76
Keynesian	凯恩斯经济理论	75—79
of Schumpeter	熊彼特经济理论	80—85
Economy	经济	
dual, U.S.	美国双重经济	71
market	市场经济	68, 69, 70
war	战时经济	90—92, 94
Efficiency	效率	15, 24
in job operations	工作执行中的效率	236—238, 241—242
Egbert, Donald	唐纳·艾吉伯尔特	466
Eisenhower, D. D.	D. D. 艾森豪威尔	54—55, 112, 204
Eliot, T. S.	T. S. 艾略特	29, 312
Elite	精英	51—52
circulation of	精英的循环	61—62
creative, in democracy	在民主制度里的创造性精英	452
Russian	俄罗斯的精英	317—319
Embezzlement	挪用	457
Engels, Friedrich	弗里德里希·恩格斯	67, 276, 362—364, 455, 475
England	英国	379
Entrepreneur, role of	企业家的角色	83
Engineering	工程	
efficiency	工程效率	232—234, 236—238, 141—142
emotional	情感工程	250—252
Equality	平等	28—30
Equilibrium	均衡	248
Erickson, Frank	弗朗克·艾里克松	135—136, 167

Erikson, Erik. H.	艾瑞克·H. 艾里克森	101
Erma	奥玛	266
Ethnic groups	族群	
organizations of	族群组织	32
in politics	政治的族群	106—108, 118—119, 457
in relation to crime	与犯罪相关的族群	141—142, 455
Ethics, in society	社会伦理学	279—280
Evangelic movements	福音运动	113
Evans, Georgy Henry	乔治·亨利·埃文斯	107
Evans, Oliver	奥利弗·埃文斯	235n
Existentialism	存在主义	307
Expansion, of corporations	企业扩张	43—44, 76
Exploitation	剥削	361—363, 367
F		
Factions, in politics	政治要素	122, 348—350
Factory	工厂	228
size of	工厂规模	230—232
Soviet	苏联工厂	386
Fair Deal	公平施政	146, 149, 211
Family	家庭	37
break up of	家庭的解体	43—45
Family wage	家庭工资	234
Farley, Jim	吉姆·法利	149
Farrell, James T.	詹姆斯·T. 法莱尔	299, 304
Fascism	法西斯主义	31, 58n
and idealism	法西斯主义和唯心主义	476
Faulkner, William	威廉·福克纳	173
Febvre, Lucien	吕西安·费夫尔	480
Federalists	联邦主义者	105

Festinger, Leon	列昂·费斯莱格尔	472
Feuer, Lewis	刘易士·费埃尔	475
Feuerbach, Ludwig	路德维希·费尔巴哈	358—360, 361, 362, 394, 474
Fiedler, Leslie	莱斯利·菲德勒	299
Fillmore, Millard	米拉德·菲尔莫尔	118
Fischetti, Charley	查莱·弗泽第	135
Fiske, Marjorie	玛乔丽·弗斯克	457
Fitzgerald	菲兹杰拉德	131
Five Points	五点区	171—173
Flaubert, Gustave	古斯塔夫·福楼贝	40
Florio, Ed	埃德·弗洛里奥	206
Ford, Henry	亨利·福特	235n., 255
Ford Motor Co.	福特汽车公司	239—242, 265
Foreign policy, U.S.	美国外交政策	14, 56, 57, 72—78
importance of	美国外交政策的重要性	119—120
socialist position on	社会主义者对美国外交政策的立场	288—289
Fountain, Clayton	克莱顿·方丹	238
Fourier, Charles	查尔斯·傅立叶	275
Fox, Dixon R.	狄克逊·R. 福克斯	65
Fox, William T. R.	威廉·T. R. 福克斯	326
Franckel, Leo	列奥·弗兰克尔	368
Freedom	自由	358, 478
French Revolution	法国大革命	29
Friedman, Georges	乔治斯·弗里德曼	407
Friedsen, Eliot	艾略特·弗里德森	451
French, John R. P.	约翰·R. P. 弗兰奇	463
Freud, Sigmund	西蒙·弗洛伊德	229, 232, 272, 332, 364
Frustration	失败	97

Functionalism, in art	艺术的功能主义	243
G		
Gaitskell, Hugh	休·盖茨克尔	344
Galbraith, J. K.	J. K. 加尔布雷思	84—90
Gambling	赌博	129—131, 147
decline of	赌博的衰落	149, 166—168
as industry	作为产业的赌博	131—136
men in	在赌场中的男子	135—138
Gardner, Burleigh	伯利·加德纳	250
Garment industry	服装业	213
Gary, Ellbert	艾尔伯特·加里	43
Gavin, James	詹姆斯·加文	53n.
Gemeinschaft	礼俗社会	27, 33
German Socialist Workers Party	德国社会工党	368, 369
Gerth, H. H.	H. H. 吉尔斯	466
Gesellschaft	法理社会	27, 33
Gibbons, Redmond	雷德蒙·吉本斯	162
Gibbons, Thomas J.	托马斯·J. 吉本斯	151
Giedion, Siegfried	西格弗里德·吉迪翁	235, 462
Giddings, F. H.	富兰克林·H. 吉丁斯	67
Gilbreth, Frank	弗朗克·加尔布雷思	234, 242, 244
Gillespie, James	詹姆斯·吉尔斯皮	242—243
Ginger, Ray	莱伊·然热	467
Ginsberg, Allen	阿伦·金斯伯格	36n.
Glazer, Nathan	纳森·格拉泽	249n., 455
Glueck, E. and S.	E. 格鲁克和 S. 格鲁克	160—161
Godwin, William	威廉·戈德温	40
Goethe, Johann	约翰·歌德	359

Goldhamer, Herbert	赫伯特·戈德海默	171
Goldstein, Alvin	阿尔文·戈尔登斯坦	140n.
Goltsman	戈尔茨曼	381
Gomberg, William	威廉·根贝尔格	241
Gompers, Samuel	萨缪尔·冈珀斯	283—285, 467
Goodman, Paul	保罗·戈德曼	231
Goodman, Percival	派斯维尔·戈德曼	231
Gordon, A. D.	A. D. 戈登	272
Gordon, Manya	曼雅·戈登	478
Gorer, Geoffrey	杰弗里·戈尔	317, 468
Gorky, Marxim	马克西姆·高尔基	328, 375
Gorter, Hermann	赫尔曼·戈特	377
Gotha Program	哥达纲领	368
Gouldner, Albin	阿尔宾·古尔德纳	452
Government	政府	
in economic life	在经济生活中的政府	93
representative	政府代表	122
Graft	贪污	457
Greenberg, Clement	克莱门特·格林伯格	34n., 313
Gropius, W.	W. 格鲁普斯	243
Gross, Harry	哈里·格洛兹	162
Grosse, Edward	爱德华·格洛西	284
Group	团体	
informal	非正式团体	249
work	工作团体	464
Guest, Robert	罗伯特·盖斯特	262
Guffey Cola Act	《古费煤炭条例》	213
Guzik, Jake	杰克·库兹克	135

H

Hague, Frank	弗朗克·海牙	190
Haimson, Leopold	列波尔德·海姆逊	377n., 473
Halley, Rudolph	鲁道夫·哈勒	127
Hamilton, Alexander	亚历山大·汉密尔顿	105
Hamlet	哈姆莱特	272
Handlin, Oscar	奥斯卡·汉德林	119
Hanna, Mark	麦克·汉纳	284
Hansen, Alvin	艾尔文·汉森	75, 79, 80, 93
Hansen, Marcus L.	马尔库塞·李·汉森	284
Harich, Wolfgang	伍尔夫冈·哈里奇	310
Harper, James	詹姆斯·哈帕尔	118
Harrington, James	詹姆斯·哈灵顿	106
Harrison, William Henry	威廉·亨利·哈里森	105
Harrod, Roy	罗伊·哈罗德	85n
Harwood Manufacturing Company	哈伍德制造公司	463
Hawthorne Works Study	哈森工作研究	246—248
Hayek, Frederick	弗雷德里克·哈耶克	80
Hearst, William R.	威廉·R.赫尔斯特	190
Heflin, Tom	托姆·赫夫林	117
Hegel, Georg	乔治·黑格尔	24, 324, 358—360, 58—360
Henderson, L. J.	L. J. 亨德森	248
Herzen, Alexander	亚历山大·赫尔岑	401n.
Hess, Moses	摩西·赫斯	364n.
Hicks, J. R.	J. R. 希克斯	85n
Hilferding, Rudolf	鲁道夫·希尔费尔丁	469
Hillman, Serrell	舍列尔·希尔曼	140
Hillquit, Morris	莫里斯·希尔奎特	290
Himmeltarb, Gertrude	盖特路德·希美尔发布	466

Hindus, Maurice	莫利斯·辛都斯	326
Hines, Jimmy	吉米·海因斯	144
Hintz, Anthony	安东尼·欣茨	186
Hippolyte, Jean	让·希波利特	474
Hiss, Alger	阿尔杰·希斯	303
History, theories of	历史学理论	50, 99, 336—337
Hitler, Aldof	阿道夫·希特勒	29, 288, 318
Hoan, Dan	丹·霍恩	290
Hobbes, Thomas	托马斯·霍布斯	28
Hoffa, James	詹姆斯·霍法	168, 206, 219n., 223
Hofstadter, Richard	理查德·霍夫斯达特	111, 112, 299, 311, 455
Holcomber, Arthur N.	奥瑟·N.呼尔康	108
Homans, George	乔治·哈曼斯	470
Homestead Acts	《宅地法》	107
Homicide	凶杀案	153—155
Homosexuality, latent, in Bolsheviks	在布尔什维克中的成人同性恋	329—332
Honor, as code	作为法则的荣誉	58
Hook, Sidney	悉尼·胡克	299, 357n., 466, 473
Hoover, Herbert	赫伯特·胡佛	89
Hoover, J. Edgar	J.埃德加·胡佛	136, 152
Horkheimer, Max	马克斯·霍克海默	272
Housman, A. E.	A.E.豪斯曼	271
Howe, Irving	埃尔文·豪	309
Hughes, Everett	埃夫里特·休斯	257
Huizinga, J. H.	J.H.赫伊津哈	21, 480
Human relation, in industry	在工业中的人际关系	245—253, 262—264
Humphries, Murray	摩雷·胡佛里	134
Hungary	匈牙利	349, 378

Huxley, Aldous	阿尔多斯·赫胥黎	229,250
I		
Idealism and fascism	唯心主义和法西斯主义	476
Ideology	意识形态	
Bolshevik	布尔什维克意识形态	350—353
and character	意识形态和性格	332,333
creation of, in U. S. politics	在美国政治中意识形态的产生	120—123
decline in strength of	意识形态力量的衰落	301—302,393—398,401
growth of	意识形态的成长	467
for managers	管理者的意识形态	89—91
in recent times	最近的意识形态	394
ILA	国联码头工人联合会,简称"国联"	213,216
Immigrants	侨民	141—143,148,277
conservatism of	侨民的保守性	283—284
India	印度	31,32
Indians, American	美国印第安人	157
Indochina	印度支那	54
Indonesia	印度尼西亚	32
Industrial psychology	工业心理学	248—250
Industralization of	工业化	31,32,98—100
after Civil War	内战后的工业化	41—43
Russian	俄国工业化	318—321
Industry	工业	
decentralization of	工业的分散化	268—270
human relation in	工业中的人际关系	245—252
nationalization of	工业的国有化	259—261
Inflation	通货膨胀	90—91,93,220
Inge, william	威廉·英奇	16

Inheritance laws	继承法	39—40
Inkeles, A.	亚历克斯·英克尔斯	319, 337, 468, 470, 472
Installment plan	分期付款办法	254
Institutions	社会制度、机构	51
Integration, of mass society	大众社会的统合	25—26
Intellectuals	知识分子	31—32
in Asian Communism	在亚洲共产主义国家的知识分子	452
as critics of captalism	作为资本主义批判者的知识分子	83—84
outlets for	知识分子的出路	398—400
in party organization	在政党组织中的知识分子	377n.
role of, in revolution	知识分子在革命中的作用	355—358, 365, 472
Russian	俄国的知识分子	327,
and society	知识分子和社会	396
Interest groups	利益集团	224—225
Interests	利益	120—121, 122
definition of	利益的定义	54—57
in politics	在政治中的利益	106, 107, 108
International Ladies' Garmant Workers' Union	国际服装女工联合会	213, 216
International Longshoreman's Association	国际码头工人联合会	181—183, 458
history of	国际码头工人联合会史	187—193
battle of, with AFL	国际码头工人联合会与美国劳工联合会的斗争	202—206
Investment capital	投资资本	76—77, 80, 81
Irish	爱尔兰人	106—108
in loading	装卸业中的爱尔兰人	207
role of, in politics	爱尔兰人在政治领域的崛起	141—143
Italians	意大利人	

in crime	犯罪业中的意大利人	141, 147, 455
in loading	装卸业中的意大利人	208
rise of, in politics	意大利人在政治领域的崛起	107, 141—148
Ivask, George	乔治·伊凡斯克	337n

J

Jablonowski, Horst	哈斯特·雅布翁诺夫斯基	469
Jackson, Gardener	加德纳·杰克逊	304
Jahoda, Marie	玛丽·雅荷达	160
James, Henry	亨利·詹姆斯	97, 281
James, William	威廉·詹姆斯	211, 269
Janowitz, Morris	摩里斯·贾诺威茨	33, 453
Jaques, Elliot	艾略特·杰克斯	479
Jaspers, Karl	卡尔·雅斯贝斯	21, 26, 243, 312, 451, 479
Jellinek, Frank	弗朗克·耶里尼克	477
Jerome, William T.	威廉·T.杰罗姆	127
Jersey City	泽西市（美国）	196
Jews	犹太人	116, 117, 362n
rise of, in America	犹太人在美国的兴起	141, 146—147
Johnson, Malcolm	马尔科姆·约翰逊	201, 459
Johnston, Alva	阿尔法·约翰斯顿	184
Johnston, William	威廉·约翰斯顿	136
Jones, Ernest	恩斯特·琼斯	335, 470
Juenger, Friedrich	弗里德里希·云格尔	23, 451
Juvenile delinquency	青少年犯罪	151
causes of	青少年犯罪的原因	159—162
definition and rates of	青少年犯罪的认定和犯罪率	156—160

K

Kaganovich, Lazar	拉扎尔·卡冈诺维奇	341
Kandinsky, Wassily	瓦西里·康定斯基	243

Kant, Immanuel	伊曼努尔·康德	122
Kanter, Robert	罗伯特·康特	462
Kautsky, Karl	卡尔·考茨基	275, 364, 370, 371, 377n., 477
Kazin, Alfred	阿尔弗雷德·卡真	299, 314
Keating, William J.	威廉·J.基廷	201, 459
Kefauver, Estes	基弗维尔	127, 139, 201, 455
Kefauver Committe	基弗维尔委员会	136
Kelly, Paul	保罗·凯利	173
Kempton, Murray	默里·肯普顿	197, 201, 304
Kendall, Patricia	帕特里希亚·肯德尔	451
Kennan, George	乔治·凯南	73, 326
Kennedy, John F.	约翰·F.肯尼迪	456
Kennedy, Michael	迈克尔·肯尼迪	146, 194
Kenny, John V.	约翰·V.肯尼	196
Kerouac, Jack	杰克·克鲁亚克	301n.
Keynes, John M.	约翰·M.凯恩斯	75—77, 85
Keyserling, Count	凯塞林伯爵	277
Kidnapping	绑架	155
Kierkegaard, S.	S.克尔凯郭尔	360n.
Kissinger, Henry	亨利·基辛格	326
Klee, Paul	保罗·克里	243
Kluckhohn, Clyde	克莱德·克拉克洪	319, 337, 392, 468, 470, 472
Knight, Frank	弗朗克·奈特	75
Knowland, William	威廉·诺兰	109
Knox, Henry	亨利·诺克斯	106
Knox, Ronald	罗纳尔德·诺克斯	481
Koestler, Arthur	奥瑟·科斯特勒	480, 481
Kohn, Hans	汉斯·科恩	469

Kolakowski, Leszek	勒齐克·柯拉科夫斯基	310
Kollontay, Alexandra	亚历山德拉·科隆太	383
Kondratieff	康德拉季耶夫	79
Koniev	科涅夫	342
Korean War	朝鲜战争	54, 110
Kornhauser, A.	A.科恩豪泽	49n
Kozlov, F. R.	弗罗尔·R.科兹洛夫	343
Kramer, Hilton	希尔顿·克拉马	313
Kremlinology	苏联政策研究	325, 340—346
Kronstadt sailors	喀琅施塔得水兵	384
Krupp Co.	克虏伯公司	39
Krupskaya, N.	N.克鲁普斯卡娅	330—331
Khrushchev, N.	N.赫鲁晓夫	321—322, 336, 472
Kuczynski, Jurgen	欧仁·库克金斯基	465
Kun, Bela	比拉·昆	378
Kuznetzov, V. V.	V.V.库茨涅扎夫	471

L

Labor	劳动	367
as commodity	作为商品的劳动	253—254
division of	劳动分工	234—235
Marxism view of	马克思主义劳动观	359—361
U. S., history of	美国劳动史	216—218
Labor force, change in	劳动力的变化	221—223
Labor movement	劳工运动	
corruption in	劳工运动中的腐败	167—170, 175
racketeering in	劳工运动中的诈骗	167—169, 175
Laborism	劳工主义	212, 227
Labriola, Antonio	安东尼奥·拉布利拉	275
Lafargue, Paul	保罗·拉法格	328
LaGuardia, Fiorello	菲尼雷洛·拉瓜迪亚	127, 145—146, 170, 197, 202—203

Lait, Jack	杰克·莱特	139
Lamb, Robert K.	罗伯特·K.拉姆	454
Land, as property	作为财富的土地	39—41, 42
Landes, David	大卫·兰德斯	42, 454
Landshut, S.	S.朗德肖特	476
Lange, Oskar	奥斯卡·兰格	75
Laski, Harold	哈罗德·拉斯基	58n., 95—102
Lasswell, H.	H.拉兹威尔	59, 332, 473
Law	法律	114—116
Lawson, John Howard	约翰·哈瓦德·劳森	304, 305
Lazarsfeld, Paul	保罗·拉扎斯弗尔德	451
Leaver, Eric	艾里克·利维尔	266
Lederer, Emil	爱弥尔·利德勒	21, 25, 31, 451
Lehman, H.	H.里曼	458
Leisure	休闲	
derive for	对休闲的渴望	257—260
Leites, Nathan	纳森·莱特斯	318—320, 326—333, 468, 480
Lemke, William	威廉·莱姆克	117, 118
Lenin, V. I.	V. I.列宁	261, 293, 294, 355n., 364, 371, 380, 381, 464, 468, 474, 478
on party	论政党	334
on socialist organization	论社会主义组织	371—378
on suicide	论自杀	329
on work	论工作	329—331
Lerner, A. P.	A. P.勒纳	75
Lerner, Max	马克斯·勒纳	95—102, 395
Levellers	平等派	280
Lewin, Kurt	库尔特·利文	263, 463
Lewis, John L.	约翰·L.刘易斯	205, 214, 219n.
Lewis, Sinclair	辛克莱尔·刘易斯	115

Lewis, Wyndham	温德姆·刘易斯	98
Lexow investigation	莱克斯夫调查	127
Li Ta—Chao	李大钊	452
Liberals And Communist Party	自由主义者和共产党	91,110,307,296—298
Liberty	自由	29
Liu Shao—Chi	刘少奇	452
Lippmann, Walter	沃尔特·利普曼	112,121
Lipset, S. M.	西摩·马丁·李普塞特	109,111,256,406,455
Loading, waterfront	滨水区的装卸业	131
Loading		
accommodation in	装卸业的协调	198—202
importance of	装卸业的重要性	178,187
income from	装卸业的收入	458
investgation of, and reform of	装卸业调查和改革	202—207
public	公共装卸行	183—184
racketeering in	装卸业中的敲诈	168—169,182—187
"shape" in	装卸业的"形成"	178—182,197
Lohman, Joseph	约瑟夫·罗曼	166
London, Ivan D.	伊凡·D.伦敦	472
London, Jack	杰克·伦敦	55
Long, Huey	休伊·朗	111,144,278
Longshoremen	码头装卸工人	175,191
"shape" of	码头装卸工人的"形成"	178—182,197
Lowenthal, Richard	理查德·洛温塔尔	321,343
Lubel, Samuel	萨缪尔·卢贝尔	456
Luciano	卢西亚诺	127,131,145,458
Ludlow amendment	勒德洛议案	55
Lukacs, Georg	乔治·卢卡奇	364,365,475,480
Luther, Martin	马丁·路德	271,280
Luthy, Herbert	赫伯特·洛伊特	480

Luxemburg, Rosa	罗莎·卢森堡	293, 377, 378, 478
Lynd, R. S.	R. S. 林德	45, 49n.
Lynes, Russell	罗素·莱因斯	36
Lyons, Eugene	欧仁·里昂	296

M

Machajski, Waclaw	瓦茨瓦夫·马乔基斯基	355—358
Machiavelli, N.	N. 马基雅维利	393
MaCarthy, Joseph	约瑟夫·麦卡锡	98, 109—112
MaCarthy, Mary	玛丽·麦卡锡	34n.
MaCarthyism	麦卡锡主义	100, 101, 109—112
MaClellan	麦克莱伦	151
McCormack, William J.	威廉·J. 麦科马克	142, 194—195
MacDonald, Dwight	德怀特·麦克唐纳	305—307, 467
MacDonald, Ramsay	拉姆齐·麦克唐纳	78n.
Machine	机器	23
Machine, political	政治机器	143, 144, 146, 149
McHugh, Edward	爱德华·麦克休	188
Mckee, Donald	唐纳·麦基	371n.
Madison, James	詹姆斯·麦迪逊	106, 122
Mafia, myth of	黑手党神话	139—142
Maine, Sir Henry	亨利·梅因	31, 39
Malenkov, Georgi	高尔基·马林科夫	321, 341
Malthus, T. R.	T. R. 马尔萨斯	30, 30, 253, 452
Man, ideals of	人的观念	359
Management	管理	
scientific	科学管理	232—234
under socialism	社会主义管理	369—370
Managers, professional	专门经理	42—44

Managers	经理	
insecurity of	经理的不可靠性	89－91
Russian	俄国经理	342
Mannheim, Karl	卡尔·曼海姆	24, 29, 31, 280－282, 452, 466
Manno, Pat	帕特·曼诺	130
Mao Tse-tung	毛泽东	452
Marcantonio, Vito	凡多·马康多尼奥	145
Marcel, Gabriel	加布里埃尔·马塞尔	21, 26, 31, 451
Marcuse, Herbert	赫伯特·马尔库塞	373n., 473
Marinelli, Al	阿尔·马里内利	144, 190, 458
Market economy	市场经济	68, 69, 86
Market-unionism	市场联合主义	211－217
Marriage, and family capitalism	婚姻和家族资本主义	37, 39, 40
Marrow, Alfred	艾尔弗雷德·马罗	463
Marshall, Alfred	艾尔弗雷德·马歇尔	171
Marshall, George C.	乔治·C.马歇尔	57
Martin, Dean	迪恩·马丁	35
Martov, Julius	朱鲁士·马尔托夫	334
Marx, Karl	卡尔·马克思	48n., 220, 282, 283, 339, 340, 358－362, 363, 368, 369, 373n., 394, 455, 466, 467, 473, 474, 477, 478, 479
on America	论美国	276
on capital	论资本	82, 83, 84
on division of labor	论劳动分工	234－235
on Say's Law	论萨伊法则	76－77
view of, on *Gotha Program*	对《哥达纲领》的看法	368－370
on work	论劳动	271
Marxism	马克思主义	16
Russian	俄国马克思主义	355n.
Matthewson, Rufus Jr.	小拉夫斯·马修逊	395, 480

Matthews, J. B.	J. B. 马修斯	304
Mass consumption economy	大众消费经济	
and celebrity	大众消费经济和庆典	59
and gambling	大众消费经济和赌博	129, 130
Mass culture	大众文化	23, 26, 27, 29, 30, 312—314
Mass media	大众媒体	26—27
Mass society	大众社会	
attack on	对大众社会的攻击	312, 313
theory of	大众社会理论	14, 21—23, 38
criticisms of	对大众社会的批评	27—33
Masses	大众	
definitions of	大众的定义	22—26
spontaneity of	大众的自发性	377
Mayer, J. P.	J. P. 梅叶	476
Maynard, Sir John	约翰·梅那德	325
Mayo, Elton	艾尔顿·梅奥	245—246
Mead, Margaret	玛格丽特·米德	316—317, 468
Maeny, George	乔治·米尼	203, 223
Medicine, mass	大众医学	26
Meissner, Boris	鲍里斯·迈斯纳	343
Mentalillness	精神疾病	177
Merchants, early American	早期美国商人	41
Merton, Robert	罗伯特·默顿	101
Messiah, and mass society	救世主和大众社会	22
Methodism	方法论	113
Methods-Time-Measurement	方法与时间测量表	238
Meyer, Alfred G.	阿尔福莱德·G. 梅叶	477
Meyers, Frederic	弗雷德里克·梅叶斯	225
Miami	迈阿密	166
Michels, Robert	罗伯特·米歇尔斯	357n., 473

Middle－class	中产阶级	
and moral indignation	中产阶级和道德义愤	111－112
upper	上层中产阶级	149
Mill, John Stuart	约翰·斯图尔特·密尔	122
Miller, Harold	哈罗德·米勒	457
Mills, C. Wright	赖特·C. 米尔斯	215
Missiles	导弹	72
Mobility, social	社会流动性	44, 259
and crime	社会流动性和犯罪	129, 147－148, 149
Money	货币	362
Montaigne, Michelde	蒙田	95, 227
Montesquieu, Baronde	孟德斯鸠	99
Moody, Dwight	德怀特·穆迪	114
Moore, Barrington Jr.	巴林顿·摩尔	319, 320－322, 468
Morality	道德	
extremism in	道德极端主义	128－129
in relation to U. S. politics	道德与美国政治的关系	112－118, 120
Morals	规则	22
Mores	法则	22
Moretti, Willie	威利·莫勒第	140, 170, 456
Morris, William	威廉·莫里斯	260, 264, 285
Morse, Samuel F. B.	萨缪尔·F. B. 莫尔斯	118
Mortimer, Lee	李·麾梯美尔	139, 455
Moscow Trials	莫斯科审判	335n.
Mulligan, Paul	保罗·穆利冈	237
Mumford, Lewis	刘易斯·曼福特	243
Munzer, Thomas	托马斯·闵采尔	280
Murphy, Charles	查尔斯·墨菲	193
Murray, Gilbert	吉尔伯特·墨里	393, 480
Murray, H.	H. 墨莱	465

Myrdal, Gunnar	贡纳尔·默达尔	32, 118, 453
N		
Nagy, Imre	伊姆雷·纳吉	349
Narcotics Bureau	禁毒局	139, 140n.
Narcotics traffic	毒品交易	139, 140n.
Narodniks	民粹党	334
National Association of Manufacturers	美国制造业联合会	63, 64, 121
National Review	《国民评论》	34
Nationalization, of industry	产业国有化	262, 264
Native Americans	土著美国人	118—119
NATO	国际联盟	73
Nazism	纳粹	292, 332, 332
Neal, Clarence	克莱伦斯·尼尔	194
Necessity, Hegelian	黑格尔式的必然性	358
Neo-orthodoxy	新东正教	311
Negroes	黑人	107, 118, 148
and crime	黑人和犯罪	155—157
New Deal	新政	68, 89, 146, 212, 216, 278
New Economic Policy	新经济政策	385
New Orleans	新奥尔良	167
New York	纽约	
police system of	纽约警察体系	163, 164, 192—194
New York Anti-Crime Committee	纽约反犯罪委员会	201
New York Port Authority	纽约港务局	195—196
New York Thruway	纽约高速公路	227
Newman, Albert	阿尔伯特·纽曼	34n.
Newspapers	报纸	151—152
local	地方报纸	33
ownership of	报纸的所有权	42

Nicolaevsky, Boris	波里斯·尼古拉斯也夫斯基	325
Niebuhr, H. Richard	H. 理查德·尼布尔	114
Niebuhr, Reinhold	莱因霍尔德·尼布尔	300, 302, 311
Nietzsche, F.	F. 尼采	299
Nomad, Max	马克斯·诺马德	473
Nonconformism	异教徒	34—36
Non-Partisan League	无党派联盟	104, 117
North Dakota	北达科他	104, 117
Number sracket	一种以报刊上某些数字作赌博的非法赌博	132
Nye, Gerald	杰拉尔德·奈伊	117
Nynders, Isaiah	以赛亚·尼德斯	171—172

O

O'Connor, T. V.	T. V. 奥康纳	189, 190, 191
O'Dwyer, William	威廉·奥德威尔	145, 192, 202
Oilingustry	石油工业	219
Oligopoly	求过于供	86—87
Orders, of hierarchies	等级秩序	51
Organization, voluntary	自愿组织	32, 33, 453
Ornitz, Sam	萨姆·奥尼茨	141
Ortegay, Gasset J.	奥尔特加·加塞特	21, 23, 26, 29, 31, 308, 312, 451
Osborne, John	约翰·奥斯本	301
Output, restriction of	对产量的限制	248
Oversavings	过度储蓄	78, 778, 79, 82, 83,
Owen, R.	罗伯特·欧文	333
Orwell, Georg	乔治·奥威尔	173

P

Padover, Saul	索尔·帕多维尔	312—313

Pagnol, Marcel	马塞尔·帕尼奥尔	39
Panopticon	圆形监狱	222
Pantisocracy	理想的平等社会	95
Panto, Peter	彼特·潘多	192
Pantowski, Casmir	卡斯弥尔·凡特斯基	239
Pares, Bernard	伯纳德·帕雷斯	325, 326
Pareto, V.	V. 帕累托	47, 62, 248, 455, 470
Paris Commune	巴黎公社	368, 373
Parker, William	威廉·帕克	155
Parkhurst, Charles	查尔斯·帕克霍斯特	127
Parsons, Talcott	塔尔科特·帕森斯	455
Party, Communist	共产党	293—295, 348—350
Party, political	政党	277, 259
in America	在美国的政党	103—104, 109
dictatorship of	政党的专政	379
organization of	政党的组织	377n.
origin of	政党的起源	65
Peanuts, subsidy of	花生补贴	109
Perlman, Selig	施利格·佩尔曼	211, 276—277, 460
Persons, Stow	斯托·帕尔森斯	407, 466
Personality, and culture, concept of	人格概念与文化	316—317
Pervukhin	别尔乌辛	343
Peterson, Arnold	阿纳尔多·彼特森	371n.
Philipp, Werner	维尔纳·菲利普	325, 326, 469
Phillips, William	威廉·菲利浦斯	299
Pieper, Joseph	约瑟夫·丕佩尔	258, 312
Pilnyak, Boris	波勒斯·皮尔尼亚克	327
Play	游戏	258
Plekhanov, George	乔治·普列汉诺夫	355n., 364

Plutarch	普卢塔克	29
Podhoretz, Norman	诺曼·波德奥列兹	300, 301
Poland	波兰	387, 389
Polanyi, Michael	迈克尔·波拉尼	252, 260, 373, 477
Police	警察	
and crime records	警察和犯罪记录	152, 153, 155, 156
involved in corruption	警察介入腐败	162—165
Political economy	政治经济	78, 90, 93—94, 121
Politics	政治学、政治	14, 67, 279
decision—making in	政治中的决策	70—74
and interests	政治和利益	96—110
in modern times	现代政治	303—305, 395, 396
moral issues in	政治中的道德问题	112—118
recent changes in	政治中的最近变化	60—63, 69
"statues"	"身份"政治学	110—112
union activity in	政治中的工会活动	104, 107, 216—218, 223—225
Politics	《政治学》	306, 307, 308
Ponomarev, B. N.	B. N. 波诺马廖夫	470
Pope, Generoso	吉尼罗索·波普	146
Popper, Karl	卡尔·波普尔	312, 390
Popular Front	大众阵线	296
Populism, U. S.	美国民粹主义	114—118
Pound, Roscoe	罗斯科·庞德	152n
Power	权力	47
Bolshevik theory of	布尔什维克权力理论	292—294
changes in	权力变化	61
and class position	权力和阶级地位	45
of corporations	企业的权力	63—64, 87
as decision—making	决策权	52—54, 55
definition of	权力的定义	51—53
in stitutions of	权力机构	49—50
in Soviet Union	苏联的权力	319—322, 347
theories of	权力理论	337—395

Power Elite, The	《权力精英》	47—74
Powers, countervailing	均等的力量	88
Presser, William	威廉·普勒泽	168
Pressman, Lee	李·普勒斯曼	304
Presser groups	压力集团	107, 108, 109
Price, theory of	价格理论	87
Prison	监狱	227
Productivity, and wage increase	生产力和工资的增长	220—222
Proletariat	无产阶级	293
alienation of	无产阶级的异化	282
Property	财产	360—361
abolition of	财产的废除	474
and family capitalism	财产和家族资本主义	39—40, 41, 45n
Marxian view of	马克思的财产观	361
and U. S. politics	财产和美国政治	106, 107
Prostitution	问题	130, 149, 165—167, 172
Protest movements, U. S.	美国抗议运动	104
Protest antism, U. S.	美国抵抗主义	113—114
Proudhon, P.	P. 蒲鲁东	474
Puerto Ricans	波多黎各人	157
Puritanism	清教	113

Q

Quill, Mike	迈克·奎尔	104

R

Racketeering	敲诈	
industrial	工业敲诈	176
in loading	装卸业中的敲诈	182—187
in unions	工会中的敲诈	167—169, 175, 222
Rackets	诈骗	129
decline of	诈骗的衰落	164—168
economic function of	诈骗的经济作用	131
in Mafia	黑手党的诈骗	139
in relation to business	诈骗与商业的关系	456

"radical right"	激进的右派	109
Radicalism	激进主义	31，311—312
American	美国激进主义	310—311
Ragen, James	詹姆斯·拉更	133—135
Rahv, Philip	菲利普·拉夫	300
Ransom, John C.	约翰·C.兰色姆	97
Rationalization, types of	合理化的类型	24
Rauschenbusch, Walter	瓦尔特·劳申布什	290
Reade, Winwood	温吾德·里德	243
Relaxation	娱乐	258
Religion	宗教	271，359，360，394
effect of decline of	宗教的衰落的后果	395—396
Remington, Ann Moos	安·摩斯·雷明顿	304
Reminton, William	威廉·雷明顿	304
Renner, Karl	卡尔·勒纳	378
Repulican Party	共和党	
Reuther, Warlter	沃尔特·鲁瑟	104，222，304
Revivalism	宗教信仰复兴运动	113—114
Residues	残民	61—62，470
Revolution, French	法国革命	29
Revolution, Russian	俄国革命	373，378—383
Riazanov, D.	D.列加诺夫	384，477
Rickman, John	约翰·里克曼	317，390
Riecken, Henry W.	W.亨利·莱肯	472
Riemer, Everett C.	C.埃弗里特·利默	464
Riesman, David	大卫·利兹曼	258，455
Rihs, Charles	查尔斯·莱斯	477
Riis, Jacob	雅可布·里斯	142
Rizzi, Bruno	布鲁诺·利兹	469
Rogers, Hugo	雨果·罗杰斯	146

Roggoveen, Adriaan	安得利昂·罗格高文	459
Roosevelt, Archibald	阿奇伯尔德·罗斯福	111
Roosevelt, F. D.	F. D. 罗斯福	68,78n.,108
Roosevelt, Theodore	西奥多·罗斯福	111,121,127,129,302
Roper, Elmo	艾尔姆·罗派尔	133
Rosenberg, Arthur	奥瑟·罗森伯格	377n.
Rosenberg, Harold	哈罗德·罗森伯格	314
Rosenberg case	罗森伯格案件	110
Rosoff, Sam	桑姆·罗索夫	194
Rostow, W. W.	W. W. 洛斯托夫	319
Rothstein, Arnold	阿诺德·罗德斯坦	131—132,141,189
Rousseau, Jean—Jacques	让—雅克·卢梭	95
Rovere, Richard	理查德·罗维尔	54,55
Roy, Donald	唐纳·罗伊	239
Rubel, Maximilien	迈克斯米伦·路贝尔	477
Rush, Myron	迈伦·拉什	472
Russell, Bertrand	伯特兰·罗素	230
Russian Revolution	俄国革命	
nature of	俄国革命的性质	373
workers' control after	俄国革命后的工人控制	379—383
Ryan, Joseph P.	约瑟夫·P. 瑞安	186,189,190—192,193,194,195,198,200,201,205,458

S

Salariat	工薪阶级	221—223,268
Salisbury, Harrison	哈里森·索尔兹伯里	343
Salvey, Harold	哈罗德·萨尔维	136
Sampson, Gene	"基因"·萨普森	201
Sartre, Jean—Paul	让—保罗·萨特	310
Say's Law	萨伊法则	76

Schacht, Hjalmar	希尔马·沙赫特	78n.
Schachter, Stanley	斯坦莱·谢希特尔	472
Schachtman, Max	迈克斯·沙克特曼	469
Schaft, Adam	亚当·沙夫	47
Schapiro, Leonard	莱昂纳德·夏佩罗	478
Scheler, Max	马克斯·舍勒	29, 31, 112, 128, 287
Schiefflein, William	威廉·席费林	459
Schramm, Wilbur	威尔伯·施拉姆	451
Schumpeter, Joseph	约瑟夫·熊彼特	452, 473
Schwartz, Delmore	德尔莫尔·施瓦茨	36, 454
Schwartz, Harry	哈里·施瓦茨	344
Schwartz, Solomon	所罗门·施瓦茨	469
Science	科学	26, 249
social	社会科学	15, 249, 351—353
in Soviet Union	苏联科学	472
Scientific management	科学管理	232—235
Seabury investigation	西伯里调查	127, 193
Self-identity	自我同一性	22
Sellin, Thorstein	索尔斯坦·塞林	157, 407, 456
Selznick, Philip	菲利普·塞尔茨尼克	452
Shakespeare, William	威廉·莎士比亚	28, 95
Shaw, George Bernard	乔治·萧伯纳	211
Shay Rebellion	谢斯起义	106
Sheean, Vincent	文森特·希恩	305
Sheridan, Andrew	安德鲁·夏里丹	185, 186
Shils, Edward	爱德华·希尔斯	101, 311, 452, 468
Shipping companies, in relation to loading rackets	船运公司与装卸业敲诈的关系	176—177, 186, 187, 193, 194, 195, 196, 207
Shklar, Judith	朱迪思·施克拉	308

Shlyapnikov	施略普尼柯夫	383
Shop—steward movement	工会管事运动	378，389
Siegel，Bugsy	布格赛·席格尔	135
Silone，Ignazio	伊尼亚齐奥·塞伦	310，473，481
Simmel，Georg	乔治·齐美尔	24，36，364
Simmons，Ernest	厄内斯特·西蒙斯	325
Sinatra，Frank	弗朗克·辛纳屈	35，147
Slavs	斯拉夫人	157，208
Sloan，Alfred E.	艾尔弗雷德·斯隆	43
Slot machines	老虎机	132
Smelser，Neil	尼尔·斯迈尔斯	454
Smith，Adam	亚当·斯密	233n．
Smith，Alfred	艾尔弗雷德·史密斯	142，194
Smith，Bruce	布鲁斯·史密斯	153，163，164
Smith，J. Allen	J. 阿伦·史密斯	65
Smith，Walter Bedell	沃尔特·贝德尔·史密斯	326
Social change	社会变革	13，31
commitment to	致力于社会变革	30，37—39
Social character	社会性格	470
Social class	社会阶级	173
awareness of	社会阶级的觉悟	466—467
and crime rates	社会阶级和犯罪率	456
and ideology	社会阶级和意识形态	467
Social Credit Party	社会信用党	104
Social disorganization	社会无序状态	37
Social Justice Movement	社会正义运动	118
Social mobility	社会流动	43，257
and crime	社会流动和犯罪	129，146—148，149
Social science	社会科学	
language of	社会科学的语言社会科学	15
and moral problems	和道德问题	249
and prediction	社会科学和预测	351—353
Social system	社会体系	337—340

Socialism	社会主义	
economic organization under	社会主义条件下的经济组织	78n.，356
American, history of	美国社会主义史	367—377
exhaustion of	社会主义的衰落	217，275—279，285—287
modern	现代社会主义	259—262
and participation in political order	社会主义和参与政治秩序	287—288 279—282
society	社会	99
Sociology	社会学	15—16
Sombart, Werner	韦纳·松巴特	276，277
Sondern, Fredric Jr.	弗雷德里克·森德尔	140n.
Sorel, Georges	乔治斯·索列尔	282，466
Southey, Robert	罗伯特·骚塞	95
Soviet Union	苏联	37，57，397
ambivalence of people in	苏联人民的好恶相向情感	317
anthropological theories of	苏联人类学理论	315—319
geopolitical theories of	苏联地缘政治理论	325
historical theories of	苏联历史理论	324—325
political theories of	苏联政治理论	321—325，347
problems instudies of	苏联研究中的问题	347—353
psycholoanalytic theories of	苏联精神分析理论	318—320
science in	苏联的科学	472
sociological theories of	苏联社会学理论	319—323，338—342
workers' control in	苏联的工人管理	379—385
Speier, Hans	汉斯·斯皮埃尔	480
Spencer, Herbert	赫伯特·斯宾塞	243
Spiethoff	斯皮多夫	79
Spontaneity	自发性	293，378
Spykman, Nicholas J.	尼古拉斯·J.斯皮克曼	326
Stagnation theory	萧条理论	78—80
Stalin, J.	J.斯大林	322，331，335—337，347，348，478
on trade unions	斯大林论工会	385，386，387
Stalinism	斯大林主义	352—353

Stamler, Nelson	尼尔森·斯蒂姆勒	456
Starcke, C. N.	C. N. 斯塔克	362
State	国家	
"broker"	国家的"破坏者"	109
in liberal thought	自由思想中的国家	121—123
in Marxist theory	马克思主义理论中的国家	478
status	身份	58
anxieties over	对身份的焦虑	22, 98, 117
Status politics	身份政治学	110—113
Stecchini, Livio	列维奥·斯蒂切尼	312
Steffens, Lincoln	林肯·斯蒂芬斯	151
Steingut, Irwin	艾尔文·斯坦库特	145
Steuben, John	约翰·斯图本	198
Stevenson, Adlai	阿德莱·斯蒂文森	138
Stirner, Max	马克斯·斯递纳	364n
Stolberg, Ben	本·斯托伯格	43
Strauss, Leo	列奥·施特劳斯	480
Strikes	罢工	215, 221n
Strollo, Tony	托尼·斯特罗	196
Strong, George T.	乔治·T. 斯特朗	172
Strong, William L.	威廉·L. 斯特朗	127
studies of	斯特朗研究	314—315
and U. S foreign policy	斯特朗和美国外交政策	72
Strumthal, Adolf	阿道夫·斯图沙尔	78
Subtopia	次等市郊	269
Suburbs	市郊	37
Sue, Eugene	欧仁·苏	364n
Sumner, William	威廉·萨姆纳	346
Sutherland, Edward	爱德华·萨瑟兰	457
Sutherland, Kenny	肯尼·萨瑟兰	145
Swaddling, infant	婴儿襁褓	317
Swados, Harvey	哈维·斯旺特斯	299

Swanstrom, Edward	爱德华·斯万斯特鲁姆	181, 459
Swope, Gerard	杰勒德·斯沃普	43
Sykes, Christopher	克利斯朵夫·赛克斯	301
Symbol groups	象征集团	224
Syndicalism	工联主义	216—218, 281, 282, 387, 388, 389

T

Talleyrand, C.	C.塔列朗	393
Tammany Hall	坦慕尼协会	144, 145, 188, 189, 193, 194
Tannenbaum, Allie	阿利叶·坦尼帮	192
Tanner, Jack	杰克·唐纳	379
Tappan, Paul	保罗·塔潘	158
Tate, Allen	阿莱里·泰特	97
Taylor, Frederick W.	弗雷德里克·W.泰勒	231—233, 234, 261
Taylorism, validity of	泰勒主义的有效性	241
Teagle, Walter	沃尔特·梯格尔	43
Technology	技术	82, 83
and big firms	技术和大公司	87
effect of, on society	技术对社会的影响	24—25
weapons	技术武器	72—74
Textile industry	纺织业	213, 219
Thefts	盗窃	153, 154
Thomas, Norman	诺曼·托马斯	281, 287, 289—291, 467
Tillich, Paul	保罗·蒂利希	21, 311
Time	时间	229
Tito	铁托	348
Tkachev, Peter	彼得·特卡乔夫	355n.
Tolstoy, Leo	列奥·托尔斯泰	40
Tomasic, Dinko	迪尼克·托马斯基	317n.
Tonnies, F.	F.托尼斯	451
Totalitarianism	极权主义	324, 325

Townsend, Francis	弗朗西斯·汤森	117, 278
Townsend, william	威廉·汤森	253
Trade unions	工会	
Trans-American Publishing	超美印刷公司	135
Trilling, Lionel	莱昂内尔·特里林	16, 299, 302, 311, 314
Trist, Eric	艾里克·特里斯特	464
Trotsky, Leon	莱翁·托洛茨基	275, 294—295, 322, 323, 324, 356, 367, 368, 380, 381, 383, 468, 473, 377, 479
Truman, Harry	哈雷·杜鲁门	73, 110, 200,
Tsektran	中央联合运输委员会	383, 384
Tucker, Robert W.	罗伯特·W. 杜克	473
Turkus, Burton	伯顿·土库斯	139
Twain, Mark	马克·吐温	243
W		
Ullman, Richard	理查德·乌尔曼	468
Union, trade	工会	68, 283—285
communists in	在工会里的共产党人	110n.
corruption in	在工会里的腐败	222
general	总工会	219
history	工会史	277
"immigrant"	"移民"工会	187—188
loss of e'lanin	工会中热情的丧失	222—224
as market unions	市场工会	211—217
membership of	工会会员	218—220
role of, in politics	工会在政治中的作用	103, 108, 216—218,
role of, after Russian revolution	俄国革命后工会的作用	223—225 379—385
and social discipline	工会和社会纪律	370—371
as social movement	工会作为社会运动	211—212, 223—226
symbolic role of	工会的象征角色	218—220
for white-collar workers	白领工人工会	
United States Steel	美国钢铁	42, 235—237

Universities, as centers of culture	作为文化中心的大学	314
Universities and Left Review	《大学和左派评论》	309, 313
Urbanization	都市化	32
Ure, Andrew	安德鲁·乌勒	253—254
Utilitarianism	功利主义	229
Utopianism	乌托邦主义	95

V

Vacarelli, Paul	保罗·瓦卡利	189, 190
Vail, T. N.	T. N. 韦尔	43
Values, in mass society	大众社会的价值取向	22
Van Buren, Martin	马丁·范布伦	105
Varick Enterprises, Inc.	瓦雷克企业集团	185
Vasilievsky	瓦西列夫斯基	342
Veblen, Thorstein	索斯坦·凡勃伦	48, 244, 299
Viereck, Peter	彼得·维雷克	455
Violence	暴力	171
and juvenile crime	暴力和青少年犯罪	159—160
In politics	政治中的暴力	307
as power	作为权力的暴力	51—53, 54, 58
Virgil	维吉尔	227
Vishinsky, V.	V. 维辛斯基	328
Voden, Alexei	阿历克塞伊·福登	363, 475
Voice of America	美国之音	110
Vorse, Mary H.	玛丽·H. 沃斯	304
Vucinich, Alexander	亚历山大·瓦西尼奇	479

W

Wage, family	家庭工资	233n
Wage rates	工资等级	93
Wahl, Edward	爱德华·华尔	239

Wallace, Henry A.	亨利·A.华莱士	297, 304
Walker, Charles	查尔斯·瓦尔克	262
Walker, Jimmy	吉米·沃克	127
War	战争	91—92, 94
Ware, Norman	诺曼·华勒	460
Warren, William E.	威廉·E.华伦	198, 199
Wassen, Gordon	戈登·瓦森	317n.
Watnick, Morris	摩里斯·瓦特尼克	360n., 365, 452, 476, 480
Watson, Tom	汤姆·沃森	116
Watt, James	詹姆斯·瓦特	265
Weapons technology	武器技术	72—73
Webb, B and S.	比阿特丽斯·韦伯和悉尼·韦伯	260
Weber, Max	马克斯·韦伯	24, 48, 252, 275, 279, 301—302, 339, 451, 467
Webster, Daniel	丹尼尔·韦伯斯特	105
Weissberg—Cyhulski, A.	A.魏斯伯格—齐赫尔斯基	472
Weizacker, C. F. Von	C. F. 封·魏扎克	461
Welfare state	福利国家	311
Wells, H. G.	H. G. 韦尔斯	260
Wells, Walter	瓦特·威尔斯	459
Wertham, F.	F. 威特海姆	160
Whitehead, T. North	N. 诺斯·怀特海	462
Whyte, William H. Jr.	威廉·H. 怀特	244
Wiener, Norbert	诺伯特·维纳	267
Wild cat strikes	未经总工会许可的罢工	216
Wiley, Sen A.	圣·A. 维利	137—138
Williams, Tennesses	田纳西·威廉斯	16
Wilson, Edmund	埃德蒙·威尔逊	121, 300, 302, 304

Wischnewetsky, F. K.	弗·凯利—威士涅威茨基	363
Wittfogel, Karl	卡尔·魏特夫	324
Wolf, Kathryn	凯瑟琳·沃尔夫	457
Wolfe, Bertram D.	贝尔德朗·D.伍尔夫	110, 324
Wolski, A.	A.瓦尔斯基	473
Women, emancipation of	妇女解放	40—41
Wood, Fernando	费曼多·伍德	171
Work	劳动	
and alienation	劳动和异化	359—364, 366—368
and morality	劳动和道德	270—272
motives for	劳动动机	251—252
Work groups	劳动团体	464
Work process, meaning in	劳动过程的意义	387, 390—392
Workers	工人	
power of	工人权力	479
in relation to Intellectuals	与知识分子的关系	355—357
Workers' control	工人控制、管理	388—390
Workers' councils	工人会议	376—380, 479
Wright, Frank Llyod	弗朗克·列奥德·赖特	243
Wright, Richard	理查德·赖特	299
Y		
Yugoslavia	南斯拉夫	390
Yugow, Aaron	阿隆·尤格	469
Z		
Zhukov, Georgi	格奥尔吉·朱可夫	344
Zinoviev, G.	G.季诺维也夫	379, 381, 383
Zwillman, Longy	朗基·茨维尔曼	170, 456